编 委 会

主编　邓靖武　肖址敏

编委　（按姓氏笔画排序）

　　　王　军（北京市第四中学）

　　　王朝祥（北京市第八十中学）

　　　邓　峰（北京理工大学附属中学）

　　　邓靖武（北京教育学院）

　　　李宇炜（北京师范大学附属实验中学）

　　　肖址敏（北京市十一学校）

　　　吴　滨（北京市第一〇一中学）

　　　张　聪（北京市第八十中学）

　　　赵子龙（中国人民大学附属中学）

　　　俞　鹏（清华大学附属中学）

　　　詹　凯（首都师范大学附属中学）

　　　黎　周（北京市第八中学）

高校强基计划物理教程

电磁学

■ 邓靖武　肖址敏　主编

中国科学技术大学出版社

内 容 简 介

本书以高中物理电磁学内容为起点,通过适度课外延伸、核心问题讨论及分层次练习,帮助学生提升物理学科能力。具体内容包括静电场、恒定电流、磁场、电磁感应、交流电和电磁波。每一章内容不仅涵盖了物理学中电磁学部分的核心知识与典型问题,拓展了与电磁场、电路和电磁波相关的电磁学内容,还融入了大量近年名校的自主招生与强基计划试题。书中对学习所需的相关数学知识也进行了必要的补充,符合读者的知识掌握规律。

本书适合高中阶段有志于备考强基计划、突破高考压轴题和构建中学生物理竞赛知识体系的学生使用。对于高一和高二学生,本书能帮助他们拓展课堂内的知识和方法;对于高三学生,本书能协助他们高效地提升相应考试的应试能力与技巧。此外,本书也可以作为相关教师的重要教学参考用书。

图书在版编目(CIP)数据

高校强基计划物理教程.电磁学/邓靖武,肖址敏主编. —合肥:中国科学技术大学出版社, 2023.1(2025.5 重印)

ISBN 978-7-312-05562-1

Ⅰ.高… Ⅱ.①邓… ②肖… Ⅲ.中学物理课—高中—升学参考资料 Ⅳ.G634.71

中国版本图书馆 CIP 数据核字(2022)第 242670 号

高校强基计划物理教程・电磁学

GAOXIAO QIANGJI JIHUA WULI JIAOCHENG・DIANCIXUE

出版	中国科学技术大学出版社
	安徽省合肥市金寨路 96 号,230026
	http://press.ustc.edu.cn
	https://zgkxjsdxcbs.tmall.com
印刷	安徽国文彩印有限公司
发行	中国科学技术大学出版社
开本	787 mm×1092 mm　1/16
印张	32
字数	753 千
版次	2023 年 1 月第 1 版
印次	2025 年 5 月第 3 次印刷
定价	88.00 元

序

新中国成立初期,我国科技非常落后,为了赶上发达国家,最好的办法就是快速学习先进科技,然后再将其投入生产实际,改善人民生活。经过70多年的不懈努力,尤其是改革开放以来,通过不断学习先进科技和自主创新,我国在盾构机、高铁、桥梁、航天、核能等诸多领域已处于国际先进水平。随着新发展阶段的到来,我国虽然已经在电子商务、超高压输电、光伏发电等领域达到世界领先水平,但在高端芯片与软件、智能科技、新材料、先进制造和国家安全等关键领域仍然有诸多瓶颈有待突破。这就对新时代的科技和教育提出了新的要求:需要加强基础学科人才培养,取得原创性突破。

2020年教育部发布了《教育部关于在部分高校开展基础学科招生改革试点工作的意见》的文件,该文件指出:"强基计划"主要选拔培养有志于服务国家重大战略需求且综合素质优秀或基础学科拔尖的学生,重点在数学、物理、化学、生物等相关专业招生,致力于为国家经济社会发展培养紧缺的高层次人才。针对"强基计划",从高校层面来看,相关高校已经进行了招生制度改革和培养方式的设计;从中学层面来看,不少学校也在积极面向"强基计划"进行资优生的培养。

我在高校物理教学与优秀中学生的培养方面有一些经历与经验。我于2005年从北京大学物理学院获得理论物理博士学位,之后留校承担教学工作,长期讲授热学、普通物理、演示物理学等课程。同时我也多次带队参加了国际物理奥林匹克竞赛(IPhO),接触了不少优秀的物理竞赛学生。多年来,我一直在思考物理教学相关问题,研究物理认知规律,并创建了ETA物理认知模型,将物理认知规律模型化为实验认知(E)、理论认知(T)、应用认知(A)三个模式,并提出了ETA物理教学法,帮助学生深刻理解物理学知识,构建科学认知模型,训练科学方法,养成科学精神,这三者共同构成了科学认知能力。从科学认知的角度分析,国家提出的"强基计划"人才战略,其目标就是培养能看清未来国家科技发展方向的探索型创新人才,而这种人才的核心能力就是科学认知能力。

《高校强基计划物理教程》正是一套响应国家人才战略号召、注重科学认知能力培养的好书。这套书呈现了如下几个特点。

在例题呈现方式上,通过带领学生研究并解决与实际生活相关联的问题来帮助学生深刻理解物理学知识,提升其认知能力。比如,力学篇1.1节的例题3以"物理竞赛班的同学来到颐和园春游,每位同学各驾一只船在宽广而平静的昆明湖中游玩"这样的实际情景为背景,设置了四大问题,从简单到复杂,层层递进,详细地讨论了在不同的参考

i

系中运动学量如何转化的问题。这四大问题虽然由独立的 4 道题目改编而来，但将其编制在一起，便形成了有情境、有逻辑、有层次的问题系列，对知识的探究逐步深入，符合学生的认知规律。

在数学知识的应用上，这套书将数学工具融入物理学习过程中，努力让数学工具顺利服务于物理学习。物理中需要用到许多数学知识，一般书籍的处理方式是把这些公式作为附录部分罗列在书籍的最后，供学生查阅。但从多年的教学实践情况来看，学生往往会被一大堆抽象的数学工具吓退，去查阅公式继续学习的学生并不多，导致罗列的数学工具的使用率并不高。我注意到，这套书把各节需要用到的数学知识直接写进了正文部分，有些数学工具结合物理知识单独成节进行介绍，如《力学》第 1 章中把求导法研究物体的运动和积分法研究物体的运动分别作为两节写进了正文，结合物理来讲解求导和积分，从认知角度来看更加自然合理。

在内容的安排上，遵循认知规律，由简到难，既做到重点突出，又将难点分散。比如，刚体是教学中的一个难点，也是物理学中的重要模型，不管是高中竞赛书籍还是大学书籍，大部分都是把刚体作为一章独立出来系统地介绍。但是，《力学》在第 1 章的圆周运动中，讲解了刚体的平面平行运动等运动学问题；在第 2 章的平衡中，讨论了刚体的力矩平衡等问题；在第 3 章的动力学中，应用了刚体的转动定理；在第 4 章的能量中，计算了刚体的转动动能；在第 5 章的角动量中，拓展了刚体碰撞；在第 6 章的简谐运动中，研究了刚体的振动。这样处理的好处就是化解了难点，使学生易于接受。再比如，对天体运动也采用了类似的处理方式，在第 3~6 章都有部分介绍，逐渐加大难度，使学生的能力螺旋式上升到最高。

物理认知模型、物理方法和物理精神构成了物理学家认知能力的核心，也就是物理文化。物理教育本质上就是传承这种文化。物理文化代表的是人类对未知对象的有效探索能力，也是国家未来发展需要的核心能力。资优生的培养关系到国家与民族的发展，以科学的认知方式来培养显得更为重要。如果能让物理文化植根于每个学生乃至每个公民的心中，显然对整个国家和民族的进步都有巨大的意义。

穆良柱

北京大学物理学院

2021 年 12 月

前　言

  2020年,教育部发布了《教育部关于在部分高校开展基础学科招生改革试点工作的意见》,决定自2020年起,在部分高校开展基础学科招生改革试点工作,也称"强基计划"。强基计划是高校人才选拔培养迎来的一次重大变革,集中体现了新高考的改革方向。

  在多数试点高校的选拔中,物理是重要的选拔科目。为了帮助广大优秀学子提升物理学科能力,通过强基计划进入名校,北京教育学院组织北京知名高中的物理竞赛教练、强基计划辅导教师编写了这套《高校强基计划物理教程》。这套书分3册,分别为力学、电磁学及热学、光学、近代物理。本册为电磁学篇。本册以高中物理电磁学内容为起点,通过适度课外延伸引导读者拓展必要知识,通过核心问题讨论帮助读者加深对问题的理解,通过分层练习提升读者的问题解决能力,进而助力读者提升其物理学科能力。全书共分5章,分别是静电场、恒定电流、磁场、电磁感应、交流电和电磁波。每一章内容不仅涵盖了物理学中电磁学部分的核心知识与典型问题,拓展了与电磁场、电路和电磁波相关的电磁学内容,还融入了大量近年名校的自主招生与强基计划试题。书中对学习所需的相关数学知识也进行了必要的补充,符合读者的知识掌握规律。

  本书在编写过程中注重学科思维的引导与学生能力的提升。思维的发展与能力的提升是学好物理、应对学科挑战的不变法则。本书整体框架的搭建遵循了物理学科的内在逻辑和学习的基本规律。章节栏目也经过了精心的设计,每一节包含"课外知识延伸"、"核心问题讨论"和"习题实战演练"三个板块,其中"核心问题讨论"是引导读者深刻理解各节核心物理问题的精华所在。"核心问题讨论"以问题解读＋例题的形式帮助读者掌握核心思想方法。值得一提的是,在每一道例题的呈现中,不仅给出解答,在解答的前后还有"分析"与"点拨",这是引导读者思考和螺旋式提升思维的关键内容。相信本书能有效助力读者拓展内容、发展思维与提升能力。

  本书在编写过程中关注学习的起点与层次的差异。本书以高中物理课内知识为起点,在每一节开始就提供了必要的"课外知识延伸",既实现了与课内学习的对接,也有效拓展了学习的广度与深度。相对于力学内容而言,大部分同学对电磁学内容比较生疏,本册的"课外知识延伸"部分比力学分册更加详细,对重要的概念和规律都有较为详细的描述和推导。同时,本书在例题和习题的选择上注重选题的基础性与层次性,例如在"核心问题讨论中"都有相对简单的落实基础知识的例题,也有思维量较大的拓展重要方法的例题。在一个例题中,常常采用连续设问,从基础知识到重要方法的拓展层层递进。再如在"习题实战演练"中将习题分为"基础练习"与"提高练习",满足不同起点的读者学习需求。在知识结构层面上,本书关注学生已有的知识结构,遵循学生认知规律。在章节的安排上,充分考虑了内容呈现的顺序与梯度。例如,对于"含容电路",本书的处理就有别于其他书籍,没有将其放在"静电场"这一章,而是放到了"恒定电流"这一章的最后一节,因为这部分内容的学习需要学生已经掌握电路简化和基尔霍夫定律的相关知识,而所需的这部分知识通常在"恒定电流"这一章才会详细学习。

本书在编写过程中充分地考虑了学习内容的实效性与及时性。本书编写团队成员均为具有丰富经验的一线教师,他们正在辅导备战强基计划的优秀学子。因此,本书能够在课外知识延伸、核心问题、例题与习题的选择上注重实效性,抓住关键内容、本质问题、经典练习。同时,团队也选择了不少近年的名校强基计划选拔真题,确保了学习内容的及时性。

本书的编写团队成员均来自北京知名高中学校,具有丰富的强基计划(自主招生)和竞赛辅导经验,其学生曾获得优异的成绩。按照章节编写顺序,他们分别是肖址敏(北京市十一学校)、黎周(北京市第八中学)、王军(北京市第四中学)、李宇炜(北京师范大学附属实验中学)、赵子龙(中国人民大学附属中学)、詹凯(首都师范大学附属中学)、吴滨(北京市一〇一中学)、王朝祥(北京市第八十中学)、张聪(北京市第八十中学)、邓峰(北京理工大学附属中学)、俞鹏(清华大学附属中学)。作为团队的负责人,邓靖武具有多年物理竞赛和自主招生、强基计划辅导经验,所带学生在第31届全国中学生物理竞赛中获得5枚金牌,2枚银牌,其中4人入选国家集训队,1人最终获国际金牌。2015年所带26名物理竞赛学生中有17人顺利升入北京大学、清华大学两所学校。

本书适合于高中阶段有志于备考强基计划、突破高考压轴题和构建中学生物理竞赛知识体系的学生使用。对于高一和高二学生,本书能帮助他们同步地拓展课堂内的知识和方法;对于高三学生,本书能协助他们高效地提升相应考试的应试能力与技巧。此外,本书也可以作为相关教师的重要教学参考用书。

在本书的编写过程中,我们得到了北京教育学院数学与科学教育学院各级领导的关心与支持,也得到了许多老师的指导与帮助,他们包括清华大学的王青教授、北京大学的穆良柱教授、北京教育学院冯华教授和张芳副教授等。我们还得到了北京物理学会李子恒副理事长的关心与指导。中国科学技术大学出版社为本书的出版做了大量工作。在此一并表示衷心的感谢!

由于时间仓促与编者水平有限,书中难免会有不足与疏漏之处,恳请各位读者批评指正!

邓靖武
北京教育学院
2022年7月

目 录

序 ··· (i)

前言 ·· (iii)

第1章 静电场 ·· (1)
  1.1 电场强度 ··· (2)
  1.2 高斯定理 ··· (17)
  1.3 电势能 电势 ·· (35)
  1.4 电势的梯度 ·· (50)
  1.5 静电场中的导体 ··· (65)
  1.6 电像法 ·· (83)
  1.7 电容器 ·· (102)
  1.8 静电能 ·· (124)

第2章 恒定电流 ··· (142)
  2.1 电路的基本概念 ··· (142)
  2.2 等势点断接法和电流分布法简化电路 ··························· (159)
  2.3 自相似和星角变换简化电路 ······································· (172)
  2.4 基尔霍夫定律 ·· (187)
  2.5 含容电路 ··· (204)

第3章 磁场 ·· (219)
  3.1 磁场的大小和方向 ·· (220)
  3.2 安培力 ·· (239)
  3.3 洛伦兹力 ··· (256)
  3.4 复合场中带电粒子的运动 ·· (279)
  3.5 应用电磁场的几种常见仪器 ······································· (303)

第4章 电磁感应 ··· (325)
  4.1 动生电动势 ··· (325)
  4.2 感生电动势 ··· (347)

4.3 电磁感应与电路 ……………………………………………………………… (363)

4.4 自感和互感 …………………………………………………………………… (385)

4.5 电磁感应的综合应用 ………………………………………………………… (401)

第5章 交流电和电磁波 ……………………………………………………………… (422)

5.1 交流电的产生和描述 ………………………………………………………… (422)

5.2 电学元件对交流电的阻碍作用 ……………………………………………… (443)

5.3 交流电的输送 ………………………………………………………………… (458)

5.4 电磁波 ………………………………………………………………………… (479)

第1章 静 电 场

人类对电现象的认识由来已久,早在公元前585年,希腊哲学家泰勒斯就记载了用木块摩擦过的琥珀能够吸引碎草等轻小物体的现象;我国在西汉末年也有关于尖端放电的记载,如"矛端生火",即金属制的矛尖端放电。直到1752年,富兰克林做的"风筝引雷"实验才证明天上的电和人工制造的电是一回事。人们认识到:电不再是那么神秘不可知,而是可以被人类理解并应用的。到19世纪后期,麦克斯韦提出完整描述电磁现象的"麦克斯韦方程组",人类对电现象的认识由表面逐步深入至本质——对场的认识。

在力学中,我们的研究对象经常是小物块(抽象成质点模型)、匀质球或杆(抽象成刚体模型),这些研究对象是单个或有限个物体。在电磁学中,我们的研究对象经常是带电微元(抽象成点电荷模型)、电荷均匀分布的球体或者球面(抽象成体电荷模型或面电荷模型),这些研究对象也仍是单个或有限个物体。因此,在学习电磁学时,力学中的许多观念(如力和运动观念、能量观念、动量和角动量观念等)仍然适用。

麦克斯韦方程描述的对象是电磁场,场不同于单个质点,它是分布在空间中的物质。场似乎很抽象,但它是客观存在的。比如,你能用手机打电话,就表明你所处的空间中存在电磁场;在电梯或者地下室里,手机没有信号,就表明此处空间里没有或者只有很微弱的电磁场。在本章的学习中,大家会接触到电场能量密度的概念,对这个知识点的学习能很好地帮助我们认识到电场确实是一种物质。

初学场时,我们可以从数学性质上去把握、理解场:为三维空间中的每一个点(x,y,z)指定一个标量值,就得到了空间中的一个标量场,如电势场;为三维空间中的每一个点(x,y,z)指定一个矢量值,就得到了空间中的一个矢量场,如电场、磁场。麦克斯韦方程就是空间中的矢量场(电场和磁场)的函数方程。此外,从同学们熟悉的电场线、磁感线的角度去理解场也是十分有益的。虽然场线并不真实存在,但是法拉第创造的"场线"这种形象的几何手段是我们认识、理解场的好帮手。

1.1 电场强度

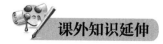

1. 库仑定律

通过高中课程的学习,我们已经知道:真空中两个静止点电荷之间的相互作用力,与它们的电荷量的乘积成正比,与它们的距离的二次方成反比,作用力的方向在它们的连线上,同性相斥,异性相吸。这就是库仑定律,其数学表达式为

$$F = k\frac{q_1 q_2}{r^2}$$

其中,k 是静电力常量,大小为 9.0×10^9 N·m^2/C^2。

在高中课程的基础上,在此作进一步说明:

(1) 库仑定律表达式 $F = k\dfrac{q_1 q_2}{r^2}$ 中的 k 常常被 $k = \dfrac{1}{4\pi\varepsilon_0}$ 替代,其中 ε_0 称为真空介电常量。引入真空中的介电常量,虽然使库仑定律的表达式变复杂了,但却使以后经常用到的电磁学规律的表达式变简单了,这种做法的优越性在以后的学习中才能逐步体会到。

(2) 库仑定律适用于真空中两个静止的点电荷。在此不加论证地给出:电荷均匀分布的两个球体(或电荷均匀分布的球与球外一点电荷)之间的库仑力仍然可以采用表达式 $F = k\dfrac{q_1 q_2}{r^2}$ 计算,其中 r 为两个球心间的距离。在实际情况中,我们也常用表达式 $F = k\dfrac{q_1 q_2}{r^2}$ 近似计算非真空中运动电荷间的库仑力。

2. 点电荷产生的电场

根据库仑定律很容易得出,在点电荷 Q 外 r 处某点的电场强度大小可以表示为

$$E = \frac{F}{q} = \frac{kQ}{r^2}$$

其中,表达式 $E = \dfrac{F}{q}$ 是电场强度的定义式,可用于计算任何形状的带电体产生的电场,q 为试探电荷,要求足够小;表达式 $E = \dfrac{kQ}{r^2}$ 是点电荷产生的电场强度的决定式,只能用于计算点电荷产生的电场,Q 为场源电荷。

3. 非点电荷产生的电场

要计算任意形状的带电体在空间中产生的电场强度:

一方面,我们可以根据电场强度的定义式 $E = \dfrac{F}{q}$,引入电量足够小、几何尺寸可以忽略

的试探电荷,将其放入空间中的一点,测出试探电荷在该点的受力大小和方向,然后根据定义式可以求出该点的电场强度。

另一方面,我们可以将带电体切割成无数多个带电微元,每一个带电微元的带电量为 Q_i,将每一个带电微元看成点电荷,可用点电荷产生的电场强度公式 $E_i = k\dfrac{Q_i}{r_i^2}$ 计算每一个带电微元在空间 r_i 处产生的电场强度 E_i,然后再将这些电场强度 E_i 进行矢量叠加即可。在切割成无数多个带电微元的过程中,我们需要充分地考虑带电体和电场的对称性,这样才能简化计算。

此外,在计算非点电荷产生的电场时,还经常用到等效思想。例如,均匀带电的球体(或球壳)在球外(或球壳外)一点产生的电场可等效为在球心处放置一个电量相等的点电荷产生的电场。

核心问题讨论

1. 如何应用库仑定律处理简单的动力学问题?

在应用库仑定律处理实际动力学问题时,首先得计算带电体间的库仑力大小,把库仑力当成一个已知力,这就变成了普通的力学问题,应用力学中的牛顿运动定律即可求解相应的问题。

实际问题中,物体总有一定的大小和形状,常常不能将其看成点电荷,因而要计算两个带电体之间的库仑力,需要将两个物体都切割成无数多个带电微元,应用库仑定律公式 $F = k\dfrac{q_1 q_2}{r^2}$ 计算这些带电微元之间的库仑力,然后再求和。这样处理往往会遇到比较烦琐的积分,因而并不常出现在考题中,出现在考题中的电荷分布往往具有高度的对称性。

例题 1 如图 1.1.1 所示,半径为 R 的大球 O 被内切地挖去半径为 $R/2$ 的小球 O',余下部分均匀地带有电量 $+Q$。O、O' 连线上距 O 点 $r(r>R)$ 处有一点电荷 $+q$,已知静电力常量为 k,求点电荷 $+q$ 所受库仑力的大小。

分析 大球被内切地挖去小球后,看似形状并不规则,不能应用点电荷间的库仑力公式计算。若将空腔看成是单位体积带电为 $+\rho$ 和 $-\rho$ 的均匀带电球体,则点电荷 $+q$ 所受的库仑力等效于以下两个力的合力。其一是半径为 R、单位体积带电为 $+\rho$ 的均匀带电球对它的斥力;其二是半径为 $R/2$、单位体积带电量为 $-\rho$ 的均匀带电球对它的引力。

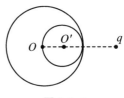

图 1.1.1

解 将空腔看成是单位体积带电为 $+\rho$ 和 $-\rho$ 的均匀带电球体,设半径为 R、单位体积带电为 $+\rho$ 的均匀带电球对 $+q$ 的斥力大小为 F_1,则

$$F_1 = k\dfrac{\rho \cdot \dfrac{4}{3}\pi R^3 q}{r^2}$$

设半径为 $R/2$、单位体积带电量为 $-\rho$ 的均匀带电球对 $+q$ 的引力大小为 F_2，则

$$F_2 = k\frac{\rho \cdot \frac{4}{3}\pi\left(\frac{R}{2}\right)^3 q}{\left(r-\frac{R}{2}\right)^2}$$

点电荷 $+q$ 所受的库仑力等效于以下两个力的合力

$$F = F_1 - F_2$$

根据题意，有

$$Q = \rho\left[\frac{4}{3}\pi R^3 - \frac{4}{3}\pi\left(\frac{R}{2}\right)^3\right]$$

联立以上各式，得

$$F = k\frac{Qq}{7r^2}\left[8 - \frac{4r^2}{(2r-R)^2}\right]$$

点拨 库仑力和万有引力有许多相似之处，如本题在计算库仑力时将空腔看成是单位体积带电为 $+\rho$ 和 $-\rho$ 的均匀带电球体，这种处理方式在计算万有引力时也常用到；在解本题时还用到了"均匀带电的球体与球外一点电荷之间的库仑力，可等效为在球心处放置一个电量相等的点电荷与球外点电荷之间的库仑力"，万有引力中也有相似的结论。

例题 2 如图 1.1.2 所示，在水平的 x 轴上相距 $2a$ 的两个位置各固定一个带正电 q 的点电荷，过这两个点电荷连线的中点 O 作此线段的垂直平分面，在该平面上有一个以 O 为圆心、a 为半径的圆周，在圆周的某一直径两端各有一个点电荷，质量都为 m，带电荷量都是 $-q$，且都沿该圆周做匀速圆周运动。不计重力，已知静电力常量为 k，求运动的两个电荷的角速度 ω。

分析 负电荷做匀速圆周运动，合外力提供向心力，每个 $-q$ 受到其他三个电荷给的库仑力作用，这三个电荷的合力提供向心力。

解 其中一个 $-q$ 点电荷受到其他三个点电荷的库仑力的作用，如图 1.1.3 所示，三个库仑力的合力大小为

$$F_{合} = 2k\frac{q^2}{(\sqrt{2}a)^2}\cos\frac{\pi}{4} - k\frac{q^2}{(2a)^2}$$

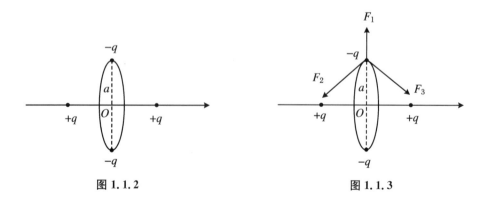

图 1.1.2　　　　　　图 1.1.3

根据牛顿第二定律,得
$$F_合 = m\omega^2 a$$
联立以上两式,解得
$$\omega = \frac{q}{2a}\sqrt{\frac{(2\sqrt{2}-1)k}{ma}}$$

点拨 本题看似是一个电学题,但只有在计算库仑力的时候用到了库仑定律,其他知识点都属于力学范畴。也就是说,本题属于"电学搭台,力学唱戏"。类似于这样的题目在学习电磁学的过程中会经常遇到。

例题 3 如图 1.1.4 所示,在边长为 a 的正方形的四个顶点处分别有电量均为 $+Q$ 的固定的点电荷,在正方形的对角线的交点处放置一个质量为 m、电量为 $+q$ 的自由点电荷。今将 $+q$ 沿某一对角线移动一小段距离,忽略所有重力,$+q$ 将做周期性的振动。已知静电力常量为 k,求振动周期。

分析 当点电荷 $+q$ 向右沿对角线偏移了一小段位移时,左右两侧的正电荷对其施加的库仑力的合力向左,上下正电荷对其施加的库仑力的合力向右。当点电荷 $+q$ 向左沿对角线偏移了一小段位移时,点电荷 $+q$ 也受到类似的力。

解 建立图 1.1.5 所示的坐标系,设 $+q$ 沿 x 轴向右偏移了一小段位移 x,左右两电荷给 $+q$ 的合力为 $F_{左右}$,令 O 点到正方形顶点的距离为 r,则
$$F_{左右} = k\frac{Qq}{(r+x)^2} - k\frac{Qq}{(r-x)^2}$$

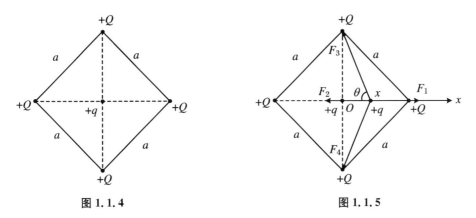

图 1.1.4 　　　　　　　　图 1.1.5

可进一步写成
$$F_{左右} = k\frac{Qq}{r^2}\left(1+\frac{x}{r}\right)^{-2} - k\frac{Qq}{r^2}\left(1-\frac{x}{r}\right)^{-2}$$

因为 $\frac{x}{r}$ 是小量,有 $\left(1+\frac{x}{r}\right)^{-2} \approx 1-\frac{2x}{r}$,所以
$$F_{左右} \approx -4k\frac{Qq}{r^3}x$$

同理,上下两电荷给 $+q$ 的合力为

$$F_{上下} = 2k\frac{Qq}{r^2+x^2} \cdot \cos\theta = 2k\frac{Qq}{(r^2+x^2)^{3/2}} \cdot x$$

则电荷 $+q$ 受到的合力为

$$F = F_{左右} + F_{上下} = -2k\frac{Qq}{r^3}x = -k_0 x$$

其中 k_0 为常数,可见电荷 $+q$ 做简谐振动,振动周期为

$$T = 2\pi\sqrt{\frac{m}{k_0}} = \pi\sqrt{\frac{ma^3}{\sqrt{2}kQq}}$$

点拨 在上述化简过程中应用了"当 $x \to 0$ 时,$(1+x)^n \approx 1+nx$",这在强基或竞赛习题中经常遇到。另外,学习电势能后,本题也可以先写出 4 个 $+Q$ 电荷与点电荷 $+q$ 之间的电势能,然后通过求导求出 k_0,从而求出振动周期。

2. 如何计算线分布的电荷产生的电场强度?

计算线分布的电荷产生的电场强度的基本方法就是:将线分布的电荷分割成无限多个带电微元,然后再应用点电荷产生的电场强度公式和电场强度叠加原理求解。此外,我们应该熟知一些常用的二级结论,才能提高解题速度。

例题 4 如图 1.1.6 所示,一半径为 R 的绝缘环上均匀地带有电荷量为 $+Q$ 的电荷。在垂直于圆环平面的对称轴上有一点 P,它与环心 O 的距离 $OP = x$。已知静电力常量为 k,求:

(1) O 点的电场强度;
(2) P 点的电场强度。

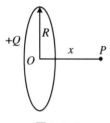

图 1.1.6

分析 本题的均匀带电圆环具有很强的对称性,在将带电圆环切割成无限多个电荷微元时应该充分地考虑该对称性。若在圆环的直径两端各取一个电荷微元 ΔQ,则它们在 P 点产生的电场强度在垂直于 OP 方向抵消,所以只需要计算 OP 方向的分量即可。

解 (1) 在圆环的直径两端各取一个电荷微元 ΔQ,则它们在 O 点产生的电场强度大小相等、方向相反,相互抵消。带电圆环可以切割成无数多个这样的电荷微元对,每对电荷微元在 O 点产生的电场强度都为零,所以 O 点的总的电场强度也为零。

(2) 如图 1.1.7 所示,在圆环上取一个电荷微元 ΔQ,该电荷微元在 P 点产生的电场强度为

$$\Delta E = k\frac{\Delta Q}{R^2+x^2}$$

该电场强度在 OP 方向的投影为

$$\Delta E_x = k\frac{\Delta Q}{R^2+x^2} \cdot \cos\alpha = k\frac{\Delta Q}{(R^2+x^2)^{3/2}}x$$

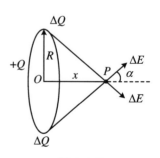

图 1.1.7

考虑到对称性，P 点的电场强度只需对 ΔE_x 求和即可，所以

$$E_P = \sum \Delta E_x = \sum k \frac{\Delta Q}{(R^2+x^2)^{3/2}} x = k \frac{x}{(R^2+x^2)^{3/2}} \sum \Delta Q = k \frac{xQ}{(R^2+x^2)^{3/2}}$$

方向沿 OP 轴方向。

点拨 本题的第 2 问看似需要积分运算，但是所有的电荷微元在 P 点产生的电场强度的方向都相同，将求和表达式中的常数都提出，$\sum k \frac{\Delta Q}{(R^2+x^2)^{3/2}} x$ 可化简成对 ΔQ 求和，即 $k \frac{x}{(R^2+x^2)^{3/2}} \sum \Delta Q$。可见，考虑到电荷分布的对称性，本题的积分是"假"积分，运算并不复杂，这种处理方法在电场和磁场的学习中尤为常见。

例题 5 下面讨论的问题中电荷均匀分布在直线和圆弧上，且线密度（单位长度的带电量）均为常数 η，静电力常量为 k，圆弧半径均为 R。

(1) 如图 1.1.8 所示，1/4 均匀带电圆弧与半无限长均匀带电直线相切于 A 点，过圆心的两条直线在圆弧上和半无限长直线上分别截取 ab 和 cd。求证：ab 上的电荷在圆心 O 处产生的电场强度与 cd 上的电荷在圆心 O 处产生的电场强度相同。

(2) 图 1.1.9 中 AB 和 CD 均为半无限长均匀带电直线，求圆心 O 处的电场强度。

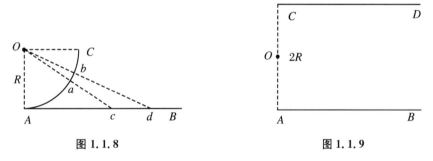

图 1.1.8   图 1.1.9

(3) 图 1.1.10 中 AB 和 CD 均为半无限长均匀带电直线，它们通过均匀带电的半圆弧相连，求圆心 O 处的电场强度。

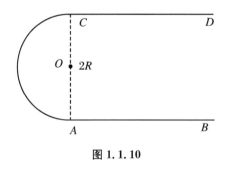

图 1.1.10

分析 显然，本题的关键是第 1 问，如果证明了第 1 问的结论，就可以将均匀带电的半无限长直线 AB 上的电荷在圆心 O 处产生的电场等效成对应的 1/4 均匀带电圆弧在圆心 O 处产生的电场。

解 (1) 如图 1.1.11 所示,令 $\Delta\alpha$ 趋于 0,则 $a'b'$ 和 $c'd'$ 均可看成点电荷。$a'b'$ 在圆心 O 处产生的电场强度大小为

$$\Delta E_1 = k\frac{\eta\Delta\alpha \cdot R}{R^2} = k\frac{\eta\Delta\alpha}{R}$$

电荷微元 $c'd'$ 到圆心 O 的距离为

$$r = \frac{R}{\cos\alpha}$$

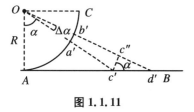

图 1.1.11

在 Od' 上截取一段距离等于 Oc',则 $\angle d'c''c' \to \frac{\pi}{2}$,所以电荷微元 $c'd'$ 的长度为

$$c'd' = \frac{\Delta\alpha \cdot r}{\cos\alpha}$$

电荷微元 $c'd'$ 的带电量为

$$\Delta q' = c'd'\eta$$

电荷微元 $c'd'$ 在圆心 O 处产生的电场强度为

$$\Delta E_2 = k\frac{\Delta q'}{r^2}$$

联立以上各式,可得

$$\Delta E_2 = \Delta E_1 = k\frac{\eta\Delta\alpha}{R}$$

方向也相同。

同理,其他对应的电荷微元也有相同的结论。于是可得 ab 上的电荷在圆心 O 处产生的电场强度与 cd 上的电荷在圆心 O 处产生的电场强度相同。

(2) 半无限长均匀带电直线 AB 和 CD 在圆心 O 处的电场强度均与图 1.1.12 中线密度相同的半圆弧在 O 处产生的电场强度相同,根据对称性,只需要算 AB 方向的电场强度即可,图中电荷微元在 O 处产生的电场强度大小为

$$dE_1 = k\frac{\eta d\alpha}{R}$$

只考虑 AB 方向的分量,则

$$dE_{1x} = k\frac{\eta\sin\alpha d\alpha}{R}$$

积分得

$$E_{1x} = \int_0^\pi k\frac{\eta\sin\alpha d\alpha}{R} = k\frac{\eta}{R}\int_0^\pi \sin\alpha d\alpha = 2k\frac{\eta}{R}$$

(3) 圆心 O 处的电场强度应该等于图 1.1.13 中的均匀带电圆环在 O 处产生的电场强度,根据对称性,该电场强度大小为零。

点拨 本题第 1 问解法的技巧性很高,初学者很难想到,大部分同学可能会想到:把 ab 上的电荷在圆心 O 处产生的电场强度 E_1 与 cd 上的电荷在圆心 O 处产生的电场强度 E_2 分别算出来,发现它们的值相同。虽然这样也能证明,但是比较麻烦。

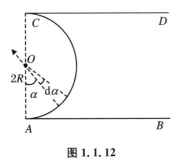
图 1.1.12

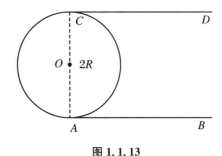
图 1.1.13

3. 如何计算面分布的电荷产生的电场强度?

计算面分布的电荷产生的电场强度与计算线分布的电荷产生的电场强度的基本方法相似,都是将电荷分割成无限多个电荷微元,然后再应用点电荷产生的电场强度公式和电场强度叠加原理求解。但是,面分布的电荷产生的电场强度更为复杂,能求解的情况更少,我们需要熟知常见的面分布电荷产生的电场在空间中的分布情况,根据这些分布,在实际题目中灵活处理。

例题 6 如图 1.1.14 所示,电荷均匀分布的半球壳水平放置。已知静电力常量为 k,电荷面密度(单位面积的带电量)为 $+\sigma$。

(1) 求半球面上的电荷在中心 O 处的电场强度 E_0 的大小。

(2) 如图 1.1.15 所示,若用一个与半球壳底面夹角为 α 且过球心的平面切割半球壳,从半球壳中分出一部分球面,求所分出的这部分球面上(在"小瓣"上)的电荷在 O 处的电场强度大小。

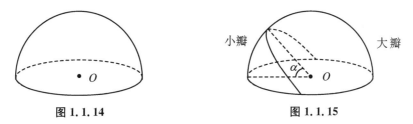

图 1.1.14 　　　　图 1.1.15

分析 根据半球面的对称性,易知带电半球面在 O 点产生的电场强度必定竖直向下,可在半球面上任选一个带电微元,计算出该带电微元在 O 点产生的电场强度的竖直分量,然后再对竖直分量求和。

解 (1) 如图 1.1.16 所示,在半球面上任选一个微面元 ΔS,该微面元上的电荷在球心 O 处产生的电场强度为

$$\Delta E = k\frac{\sigma \Delta S}{R^2}$$

该电场强度在 y 轴上的分量为

$$\Delta E_y = k\frac{\sigma \Delta S}{R^2} \cdot \cos\theta$$

整个半球面上所有电荷在球心 O 处产生的场强的大小为

$$E = \sum \Delta E_y = \sum k\frac{\sigma \Delta S}{R^2} \cdot \cos\theta = k\frac{\sigma}{R^2}\sum \Delta S \cdot \cos\theta$$

其中 $\sum \Delta S \cdot \cos\theta$ 的含义为微面元在底部半圆面上的投影 $\Delta S'$，则

$$\sum \Delta S \cdot \cos\theta = \pi R^2$$

所以

$$E = k\frac{\sigma}{R^2} \cdot \pi R^2 = k\sigma\pi$$

（2）根据对称性，小瓣上的电荷在 O 处产生的电场强度应在角 α 的平分线方向，如图 1.1.17 中的 E_1；同理，大瓣上的电荷在 O 处产生的电场强度方向如图中 E_2 所示。根据总电场强度 E_0 方向和平行四边形法则，可得

$$E_1 = E_0\sin\frac{\alpha}{2} = k\sigma\pi\sin\frac{\alpha}{2}$$

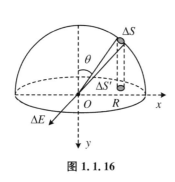
图 1.1.16

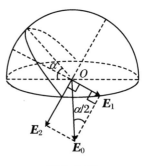
图 1.1.17

点拨 （1）解答第 1 问时考虑到 $\sum \Delta S \cdot \cos\theta$ 的含义为微面元在底部半圆面上的投影 $\Delta S'$，就可以回避烦琐的积分，这种处理方式技巧性较高，但是这种处理方法经常用到，需要大家慢慢体会并掌握。

（2）解答第 2 问时并没有直接求小瓣上的电荷在 O 处的电场强度大小，而是通过分析，找到小瓣上的电荷在 O 处的电场强度方向，再根据总电场强度 E_0 的大小和方向以及合成与分解的思想求出结果。

习题实战演练

基 础 练 习

1. 两个相同的、质量分布均匀的金属球 a 和 b 分别固定于绝缘支座上，设两球质量均为 m，两球心间的距离 l 为球半径 R 的 3 倍。若使它们带上等量异种电荷，所带电荷量的绝对值均为 Q，则 a、b 两球之间的万有引力 $F_{引}$ 和库仑力 $F_{库}$ 的表达式正确的是　　　　（　　）

A. $F_{引} = G\dfrac{m^2}{l^2}, F_{库} = k\dfrac{Q^2}{l^2}$ B. $F_{引} \neq G\dfrac{m^2}{l^2}, F_{库} \neq k\dfrac{Q^2}{l^2}$

C. $F_{引} = G\dfrac{m^2}{l^2}, F_{库} \neq k\dfrac{Q^2}{l^2}$ D. $F_{引} \neq G\dfrac{m^2}{l^2}, F_{库} = k\dfrac{Q^2}{l^2}$

2. (2005 年全国卷 Ⅱ 卷)如图 1.1.18 所示, a、b 是两个点电荷,它们的电量分别为 Q_1、Q_2, MN 是 a、b 连线的中垂线, P 是中垂线上的一点。下列哪种情况能使 P 点场强方向指向 MN 的左侧? ( )

A. Q_1、Q_2 都是正电荷,且 $Q_1 < Q_2$

B. Q_1 是正电荷, Q_2 是负电荷,且 $Q_1 > |Q_2|$

C. Q_1 是负电荷, Q_2 是正电荷,且 $|Q_1| < Q_2$

D. Q_1、Q_2 都是负电荷,且 $|Q_1| > |Q_2|$

3. (2011 年重庆卷)如图 1.1.19 所示,电量为 $+q$ 和 $-q$ 的点电荷分别位于正方体的各顶点,正方体范围内电场强度为零的点是 ( )

A. 体中心、各面中心和各边中点 B. 体中心和各边中点

C. 各面中心和各边中点 D. 体中心和各面中心

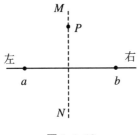

图 1.1.18

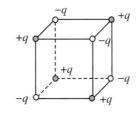

图 1.1.19

4. 甲、乙两带电小球的质量均为 m,所带电量分别为 $+q$ 和 $-q$,两球间用绝缘细线连接,甲球又用绝缘细线悬挂在天花板上,在两球所在空间有方向向左的匀强电场,电场强度为 E,平衡时细线都被拉紧,平衡时的可能位置是 ( )

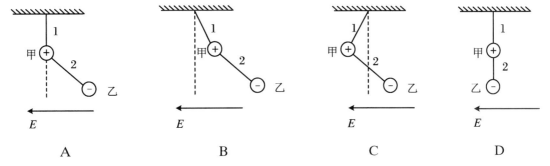

A　　　　　　　B　　　　　　　C　　　　　　　D

5. (2007 年北京卷)在真空中的光滑水平绝缘面上有一带电小滑块。开始时滑块静止。若在滑块所在空间加一水平匀强电场 E_1,持续一段时间后立即换成与 E_1 相反方向的匀强电场 E_2。当电场 E_2 与电场 E_1 持续时间相同时,滑块恰好回到初始位置,且具有动能 E_k。

在上述过程中，E_1 对滑块的电场力做功为 W_1，冲量大小为 I_1；E_2 对滑块的电场力做功为 W_2，冲量大小为 I_2。下列关系式中正确的是 （　　）

A. $I_1 = I_2$　　　　　　　　　　B. $4I_1 = I_2$
C. $W_1 = 0.25E_k, W_2 = 0.75E_k$　　D. $W_1 = 0.20E_k, W_2 = 0.80E_k$

6. 如图 1.1.20 所示，在某点 O 处固定一点电荷 $+Q$，一电荷量为 $-q_1$ 的点电荷以 O 为圆心做匀速圆周运动，另一电荷量为 $-q_2$ 的点电荷以 O 为焦点沿椭圆轨道运动，两轨道相切于 P 点。两个运动电荷的质量相等，它们之间的静电引力和万有引力均忽略不计，且 $q_1 > q_2$。$-q_1$、$-q_2$ 经过 P 点时的速度大小分别为 v_1、v_2，加速度大小分别为 a_1、a_2，则下列关系式正确的是 （　　）

A. $a_1 = a_2$　　B. $a_1 < a_2$　　C. $v_1 = v_2$　　D. $v_1 > v_2$

7. （2009 年北京卷）图 1.1.21 所示为一个内、外半径分别为 R_1 和 R_2 的圆环状均匀带电平面，其单位面积带电量为 σ。取环面中心 O 为原点，以垂直于环面的轴线为 x 轴。设轴上任意点 P 到 O 点的距离为 x，P 点的电场强度大小为 E。下面给出 E 的四个表达式（式中 k 为静电力常量），其中只有一个是合理的。你可能不会求解此处的场强 E，但是你可以通过一定的物理分析，对下列表达式的合理性作出判断。根据你的判断，E 的合理表达式应为 （　　）

A. $E = 2\pi k\sigma \left(\dfrac{R_1}{\sqrt{x^2 + R_1^2}} - \dfrac{R_2}{\sqrt{x^2 + R_2^2}} \right) x$　　B. $E = 2\pi k\sigma \left(\dfrac{1}{\sqrt{x^2 + R_1^2}} - \dfrac{1}{\sqrt{x^2 + R_2^2}} \right) x$

C. $E = 2\pi k\sigma \left(\dfrac{R_1}{\sqrt{x^2 + R_1^2}} + \dfrac{R_2}{\sqrt{x^2 + R_2^2}} \right)$　　D. $E = 2\pi k\sigma \left(\dfrac{1}{\sqrt{x^2 + R_1^2}} + \dfrac{1}{\sqrt{x^2 + R_2^2}} \right) x$

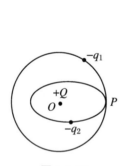
图 1.1.20

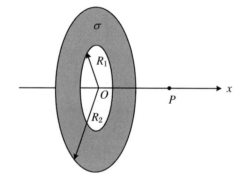
图 1.1.21

8. （2012 年安徽卷）如图 1.1.22(a) 所示，半径为 R 的均匀带电圆形平板，单位面积带电量为 σ，其轴线上任意一点 P（坐标为 x）的电场强度可以由库仑定律和电场强度的叠加原理求出：$E = 2\pi k\sigma \left[1 - \dfrac{x}{(R^2 + x^2)^{1/2}} \right]$，方向沿 x 轴。现考虑单位面积带电量为 σ_0 的无限大均匀带电平板，从其中间挖去一半径为 r 的圆板，如图 1.1.22(b) 所示，则圆孔轴线上任意一点 Q（坐标为 x）的电场强度为 （　　）

A. $2\pi k\sigma_0 \dfrac{x}{(r^2+x^2)^{1/2}}$ B. $2\pi k\sigma_0 \dfrac{r}{(r^2+x^2)^{1/2}}$ C. $2\pi k\sigma_0 \dfrac{x}{r}$ D. $2\pi k\sigma_0 \dfrac{r}{x}$

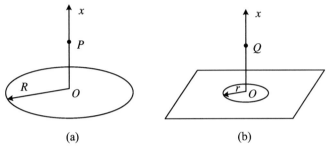

图 1.1.22

提 高 练 习

9. 均匀带电的球壳在球外空间产生的电场等效于电荷集中于球心处产生的电场。如图 1.1.23 所示,在半球面 AB 上均匀分布正电荷,总电荷量为 q,球面半径为 R,CD 为通过半球顶点与球心 O 的轴线,在轴线上有 M、N 两点,$OM=ON=2R$。已知 M 点的场强大小为 E,则 N 点的场强大小为 （　　）

A. $\dfrac{kq}{2R^2}-E$ B. $\dfrac{kq}{4R^2}$ C. $\dfrac{kq}{4R^2}-E$ D. $\dfrac{kq}{4R^2}+E$

10. (2010年华约卷)如图 1.1.24 所示,用等长绝缘线分别悬挂两个质量、电量都相同的带电小球 A 和 B,两线上端固定于 O 点,B 球固定在 O 点正下方。当 A 球静止时,两悬线夹角为 θ。能保持夹角 θ 不变的方法是 （　　）

A. 同时使两悬线长度减半
B. 同时使 A 球的质量和电量都减半
C. 同时使两球的质量和电量都减半
D. 同时使两悬线长度和两球的电量都减半

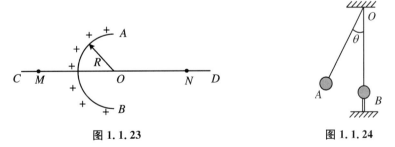

图 1.1.23　　　　图 1.1.24

11. 如图 1.1.25 所示,半径为 R 的 1/4 圆周均匀带电,电荷线密度为 λ,已知静电力常量为 k,试求圆心处的场强大小。

12. 如图 1.1.26 所示,一条直线段 AB 上均匀带有正电荷,试用几何作图语言表述图中直线段外 P 点的场强方向。

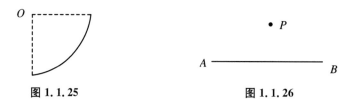

图 1.1.25　　　　　　　　　图 1.1.26

13. (2011年北约卷)如图 1.1.27 所示,在电场强度为 E 的足够大的匀强电场中,有一条与电场线平行的几何线,如图中虚线所示。在几何线上有两个静止的小球 A、B,两球半径相同,质量均为 m,A 带电量 $q(q>0)$,B 不带电,两球相距 L。从 $t=0$ 时刻开始,A 球在电场力作用下开始沿直线运动,并与 B 发生弹性碰撞。设每次碰撞过程中 A、B 之间没有电量转移,且不考虑重力以及两球间的万有引力。求 A、B 两球发生第 8 次碰撞到发生第 9 次碰撞的时间间隔 T。

14. 如图 1.1.28 所示,在边长为 a 的正三角形三个顶点 A、B、C 处分别固定电荷量为 $Q(Q>0)$ 的点电荷,在其三条中线的交点 O 上放置一个质量为 m、电荷量为 $q(q>0)$ 的带电质点,O 点显然为带电质点的平衡位置。设该质点沿某一中线稍稍偏离平衡位置,请证明质点将做简谐振动,并求其振动周期。

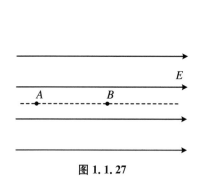

图 1.1.27

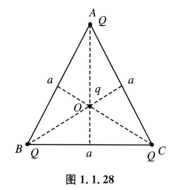

图 1.1.28

《参考答案》

1. C。
2. ACD。
3. D。
4. A。
5. C。
6. D。
7. B。

8. A。

9. A。

提示 将半球面补充成一个电荷密度不变的球壳,根据对称性可知补充的右侧半个球面在 N 点产生的场强大小也为 E,方向由 O 指向 N,那么原半球面在 N 点产生的场强应等于球壳在 N 点产生的场强 $k\dfrac{2q}{(2R)^2}$ 减去右侧半个球面在 N 点产生的场强 E。

10. BD。

提示 设两球的距离为 d,分析 A 球的受力,如图 1.1.29 所示,几何三角形 AOB 与力构成的三角形相似,有

$$\frac{F}{AB} = \frac{mg}{OB} = \frac{T}{OA}$$

可得

$$T = mg, \quad 2mg\sin\frac{\theta}{2} = F = k\frac{q_A \cdot q_B}{d^2}$$

整理得

$$\sin\frac{\theta}{2} = k\frac{q_A \cdot q_B}{2mgd^2}$$

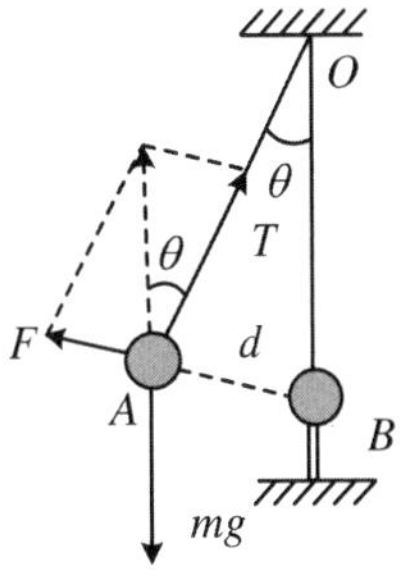

图 1.1.29

11. $\dfrac{\sqrt{2}k\lambda}{R}$。

提示 线密度为 λ 的无限长直导线在 O 点产生的场强为

$$E = k\frac{2\lambda}{R}$$

它可看成是半径为 R、线密度为 λ 的半圆在圆心 O 处产生的场强。而半圆在 O 点产生的场强可看成是两个半径为 R 的 1/4 圆周在 O 点产生的场强的叠加,如图 1.1.30 所示。由对称性可知

$$E' = E\cos\frac{\pi}{4} = k\frac{2\lambda}{R} \cdot \frac{\sqrt{2}}{2} = \frac{\sqrt{2}k\lambda}{R}$$

12. 求线外某点场强的思路为:用线密度相同的圆弧形导线等效替代直导线。连接 PA、PB,构成 $\angle APB$;作 $\angle APB$ 的平分线,其反向延长线的方向即为 P 点场强方向,如图 1.1.31 所示。

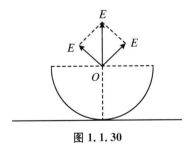

图 1.1.30

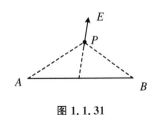

图 1.1.31

提示 过 P 点作直线段 AB 的垂线,垂足为 D,以 P 为圆心、PD 为半径作一段圆弧交 PA、PB 于 M、N 点,则线密度与直导线相同的圆弧导线 MN 在 P 点产生的电场与直导线相同。

13. $T = 2t = 2\sqrt{\dfrac{2mL}{qE}}$。

提示 对 A,$a = \dfrac{qE}{m}$,又 $L = \dfrac{1}{2}at^2$,经过时间 $t = \sqrt{\dfrac{2mL}{qE}}$ 追上 B,碰撞前 A 的速度为 $v_0 = at = \sqrt{\dfrac{2qEL}{m}}$,$A$、$B$ 发生弹性正碰,质量相等,交换速度,速度差为 v_0。以 B 为参考系,A 先做向左的匀减速运动,再做向右的匀加速运动,可知经历的时间为 $2t$,再与 B 碰撞,交换速度,速度差依然为 v_0,所以再经历时间 $2t$ 与 B 碰撞,可知以后两次碰撞的时间间隔均为 $T = 2t = 2\sqrt{\dfrac{2mL}{qE}}$。

14. $T = \dfrac{2\pi a}{3}\sqrt{\dfrac{2am}{\sqrt{3}kQq}}$。

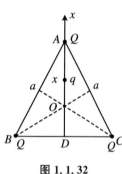

图 1.1.32

提示 如图 1.1.32 所示,以 O 点为坐标原点,在中线 AOD 上建立 x 轴,考查带电质点的小偏移运动。A 处电荷对 q 的作用力为 F_1,B 和 C 处电荷对 q 的作用力之和为 F_2,令 A、O 的距离为 r,O、D 的距离为 h,则

$$F_1 = -\frac{kQq}{(r-x)^2} = -\frac{kQq}{r^2}\left(1 - \frac{x}{r}\right)^{-2}$$

近似处理,得

$$F_1 \approx -\frac{kQq}{r^2}\left(1 + \frac{2x}{r}\right) = -\frac{3kQq}{a^2}\left(1 + \frac{6x}{\sqrt{3}a}\right)$$

同理,可得

$$F_2 = 2k\left[\frac{Qq}{\left(\dfrac{a}{2}\right)^2 + (h+x)^2} \cdot \frac{h+x}{\sqrt{\left(\dfrac{a}{2}\right)^2 + (h+x)^2}}\right] \approx 3k\frac{Qq}{a^2}\left(1 + \frac{\sqrt{3}}{2a}x\right)$$

则电荷 q 受到 A、B、C 三处电荷施加的合力为

$$F = F_1 + F_2 = -\frac{9\sqrt{3}}{2}k\frac{Qq}{a^3}x = -k'x$$

其中 k' 为常数,F 是一个线性回复力,故质点 q 做简谐运动,振动周期为

$$T = 2\pi\sqrt{\frac{m}{k'}} = \frac{2\pi a}{3}\sqrt{\frac{2am}{\sqrt{3}kQq}}$$

1.2 高斯定理

课外知识延伸

1. 电通量

如图 1.2.1 所示,在水平向右、电场强度大小为 E 的匀强电场中,存在几个面积分别为 S_1、S_2、S_3、$S_\perp$ 的平面,已知这些平面的垂线与电场强度的夹角分别为 θ_1、θ_2、θ_3、$90°$,且满足 $S_1\cos\theta_1 = S_2\cos\theta_2 = S_3\cos\theta_3 = S_\perp$。从图形上可以看到,通过 4 个面的电场线条数相同,若用 Ψ 表示电场线条数,则规定 $\Psi = ES\cos\theta = ES_\perp$,这就是电通量的定量表达式。

按照上述规定方式,电场强度与电通量的关系为 $E = \dfrac{\Psi}{S_\perp}$。可见,电场强度也可理解为垂直于电场方向的单位面积上电场线的条数,即电场线的数密度。

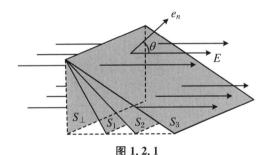

图 1.2.1

如果用垂直于平面的方向作为面积的方向,则上述关系可以用点积的方式表示为 $\Psi = \boldsymbol{E} \cdot \boldsymbol{S}$。对于一些不规则的曲面或非匀强电场,我们需要将曲面分割成许多小面元,每个面元均可以视为平面,将各面元处的电场视为匀强电场,对各面元的电通量求和就可以获得曲面的电通量,即 $\Psi = \iint\limits_{S} \boldsymbol{E} \cdot \mathrm{d}\boldsymbol{S}$,式中符号 $\iint\limits_{S}$ 表示对整个曲面 S 求和,即二重积分。

对于不闭合的曲面,面上各处的法线正方向可以任意选取指向曲面的这一侧或那一侧,闭合曲面则指向外侧。

2. 高斯定理

如图 1.2.2 所示,真空中存在一个电荷量为 q 的正点电荷,以点电荷为球心,以长度 R 为半径作一球面 S 包裹点电荷 q。显然,通过球面的电通量 $\Psi = \dfrac{kq}{R^2} \cdot 4\pi R^2 = 4\pi kq = \dfrac{q}{\varepsilon_0}$。

当曲面不规则时,只要此闭合曲面仍然包裹点电荷 q,由电场线的连续性可知通过不规则闭合曲面的电场线的条数与上述球面相同。因而,通过这一不规则闭合曲面的电通量也

为 $\Psi = 4\pi kq$。

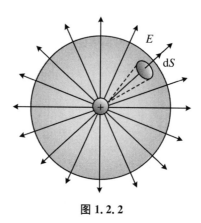

图 1.2.2

如图 1.2.3 所示，当在闭合曲面内存在 n 个点电荷 $q_1, q_2, \cdots, q_n$ 时，它们在小面元 $\mathrm{d}S$ 处的电场强度分别为 $E_1, E_2, \cdots, E_n$，小面元 $\mathrm{d}S$ 处的电通量可表示为

$$\mathrm{d}\Psi = \boldsymbol{E} \cdot \mathrm{d}\boldsymbol{S} = \boldsymbol{E}_1 \cdot \mathrm{d}\boldsymbol{S} + \boldsymbol{E}_2 \cdot \mathrm{d}\boldsymbol{S} + \cdots + \boldsymbol{E}_n \cdot \mathrm{d}\boldsymbol{S} = \mathrm{d}\Psi_1 + \mathrm{d}\Psi_2 + \cdots + \mathrm{d}\Psi_n$$

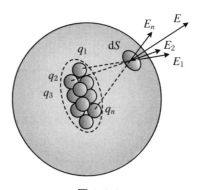

图 1.2.3

对闭合曲面积分可得 $\oiint_S \boldsymbol{E} \cdot \mathrm{d}\boldsymbol{S} = 4\pi k(q_1 + q_2 + \cdots + q_n) = 4\pi k \sum q_i$，$\oiint_S$ 表示积分曲面 S 是闭合的。

如果在闭合曲面外存在由 $Q_1, Q_2, \cdots, Q_k$ 组成的电荷系统，它们各自独立存在时闭合面的电通量为零，根据电场叠加原理，它们在闭合曲面上的电通量之和也为零。

根据上述证明，可以得到这样一个规律：在真空静电场中，通过任意封闭曲面的电通量等于该封闭曲面所包围的电荷量的代数和的 $4\pi k$ 倍，即

$$\Psi = 4\pi k \sum q_{内} = \frac{1}{\varepsilon_0} \sum q_{内}$$

式中，$\sum q_{内}$ 为闭合曲面内的电荷量的代数和，该闭合曲面称为高斯面，这一规律称为高斯定理。

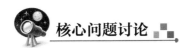

核心问题讨论

1. 如何计算通过某个面积的电通量?

计算匀强电场通过某个平面的电通量,利用定义式 $\Psi = ES\cos\theta = ES_\perp$ 直接计算即可。计算非匀强电场通过某个平面或曲面的电通量,原则上来说,我们需要将平面或曲面分割成无数多个小面元,然后采用积分 $\Psi = \iint_S \boldsymbol{E}\cdot\mathrm{d}\boldsymbol{S}$ 求解。但是,在实际考题中,往往需要综合考虑电场线的性质、对称性等因素求解,不一定需要积分就可求解。

例题 1 已知静电力常量为 k,一点电荷带电量为 $+q$。

(1) 如图 1.2.4 所示,将点电荷置于立方体中心,求通过立方体每个面的电通量。

(2) 如图 1.2.5 所示,将点电荷置于立方体的一个角上,求通过立方体每个面的电通量。

(3) 如图 1.2.6 所示,将点电荷置于球心,求通过与球心相距 d、半径为 R 的球冠的电通量(已知球冠的表面积为 $S_{球冠} = 2\pi Rh$)。

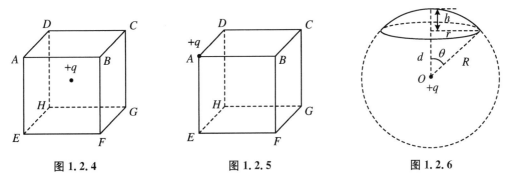

图 1.2.4　　　　图 1.2.5　　　　图 1.2.6

分析　前两问比较容易,根据电场线的特点和对称性就可求解;第 3 问需要注意到孤立的点电荷的电场线向四周均匀地发射,通过球冠的电通量与通过整个球面的电通量之比应该等于球冠与整个球面的面积之比。

解　(1) 点电荷通过立方体 8 个面的总的电通量为
$$\Psi_总 = 4\pi kq$$
立方体每个面关于中心对称,则通过每个面的电通量应该相等,其值为
$$\Psi = \frac{1}{6}\Phi_总 = \frac{2}{3}\pi kq$$

(2) 对于与电荷相邻的三个面,由于电场线方向与平面平行,因此通过这三个面的电通量为
$$\Psi_1 = 0$$
对于与电荷不相邻的三个面,相对于电荷的位置等效,因此通过这三个面的电通量为
$$\Psi_2 = \frac{1}{8}\Psi_总 \times \frac{1}{3} = \frac{1}{6}\pi kq$$

(3) 通过球冠的电通量与通过整个球面的电通量之比为
$$\eta = \frac{S_{球冠}}{S_{球面}} = \frac{2\pi Rh}{4\pi R^2} = \frac{h}{2R} = \frac{1}{2}(1-\cos\theta)$$

因为 $\cos\theta = \dfrac{d}{R}$,所以
$$\Psi_{球冠} = 2\pi kq \cdot \left(1 - \frac{d}{R}\right)$$

点拨 对于第 2 问的 Ψ_2 也可以这样求解,可以将立方体补全成大立方体,该大立方体以 A 为中心,边长是原来小立方体边长的 2 倍,正点电荷就位于补全后的大立方体的中心,则穿过每个大立方体外表面的电通量为 $\Psi' = \dfrac{1}{6}\Psi_{总}$,而穿过每个对应小立方体表面的电通量为大立方体表面的 1/4,即
$$\Psi_2 = \frac{1}{4}\Psi' = \frac{1}{4} \times \frac{1}{6}\Psi_{总} = \frac{1}{6}\pi kq$$

例题 2 两个不等量异种电荷所形成的电场并不完全对称,图 1.2.7 所示曲线为从电荷量为 $+q_1$ 的正点电荷出发、终止于电荷量为 $-q_2$ 的负点电荷的一条电场线,该电场线在正点电荷附近的切线方向与两电荷的连线夹角为 α,在负点电荷附近的切线方向与两电荷的连线夹角为 β。已知真空中的静电力常量为 k,半径为 r、高度为 h 的球冠面积公式为 $S = 2\pi rh$。利用电通量的性质求 α 与 β 之间的关系。

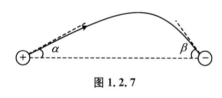

图 1.2.7

分析 分别以点电荷 $+q_1$ 和 $-q_2$ 为中心,取一半径为 r 的很小的球面,球面处的电场可近似视为点电荷电场。穿出 2α 角所对的球冠面的电场线应完全穿入 2β 角所对的球冠面,两个球冠面上的电通量相等,据此可求出 α 与 β 之间的关系。

解 以点电荷 $+q_1$ 和 $-q_2$ 为中心,取一半径为 r 的很小的球面,对应球冠面积可以分别表示为
$$S_\alpha = 2\pi r \cdot r(1-\cos\alpha), \quad S_\beta = 2\pi r \cdot r(1-\cos\beta)$$

穿过两个球冠的电通量分别为
$$\Psi_\alpha = k\frac{q_1}{r^2} \cdot 2\pi r \cdot r(1-\cos\alpha), \quad \Psi_\beta = k\frac{q_2}{r^2} \cdot 2\pi r \cdot r(1-\cos\beta)$$

根据穿过两个球冠的电通量相等,可得
$$k\frac{q_1}{r^2} \cdot 2\pi r \cdot r(1-\cos\alpha) = k\frac{q_2}{r^2} \cdot 2\pi r \cdot r(1-\cos\beta)$$

整理得
$$\frac{q_1}{q_2} = \frac{1-\cos\beta}{1-\cos\alpha}$$

点拨 根据表达式 $\dfrac{q_1}{q_2} = \dfrac{1-\cos\beta}{1-\cos\alpha}$,我们还可以判断图 1.2.7 中 q_1 和 q_2 的大小关系。

因为 $\beta > \alpha$，所以 $q_1 > q_2$。

2. 如何应用高斯定理计算线分布的电荷产生的电场？

高斯定理的表达式为 $\oiint_S \boldsymbol{E} \cdot \mathrm{d}\boldsymbol{S} = 4\pi k \sum q_{内} = \dfrac{1}{\varepsilon_0} \sum q_{内}$，初步一看，应用高斯定理需要二重积分，好像比较麻烦。但是，当电荷高度对称分布时，高斯面往往可以选取成与电场线垂直或平行的封闭曲面，这样电通量的计算就会比较简单。

例题 3　已知电荷线密度（单位长度的带电量）为 λ，真空中的介电常数为 ε_0，求与无限长均匀带电细棒的垂直距离为 r 处的 P 点电场场强（P 点的位置如图 1.2.8 所示）。

分析　如图 1.2.9 所示，由于细棒无限长且均匀带电，因此细棒周围电场在竖直方向上分量为零，即电场强度仅沿径向分布且关于细棒对称。不妨构造以细棒为轴、r 为半径、l 为高的圆柱形高斯面，此时上下表面与电场线平行，侧面与电场线垂直，故仅在圆柱侧面有电通量，通过求出侧面的电通量，即可进一步求得电场强度的大小。

解　如图 1.2.9 所示，构造圆柱形高斯面，电通量为
$$\Psi = \Psi_{侧} + 2\Psi_{底}$$
由于上下表面与电场线平行，故 $\Psi_{底} = 0$，那么就有
$$\Psi = \Psi_{侧} = E \cdot 2\pi r l$$

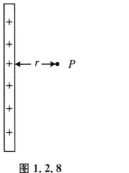
图 1.2.8

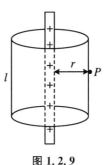
图 1.2.9

根据高斯定理，有
$$\Psi = \dfrac{\lambda l}{\varepsilon_0}$$
联立以上各式，解得
$$E = \dfrac{\lambda}{2\pi\varepsilon_0 r}$$

点拨　将表达式进一步处理成 $E = \dfrac{\lambda}{2\pi\varepsilon_0 r} = \dfrac{2k\lambda}{r}$，这正是 1.1 节例题 5 的结果，由于本题应用了高斯定理，运算过程得到了大大简化。可见，高斯定理在求解具有高度对称性的电场强度时，非常便捷。对于线分布的电荷产生的电场，能应用高斯定理快速求解的情景很少，除了本题很难再找到。例如，若本题的导线不是无限长或电荷分布不均匀，应用高斯定理则并不能快捷地求出结果。

3. 如何应用高斯定理计算面分布的电荷产生的电场?

应用高斯定理计算面分布的电荷产生的电场与应用高斯定理计算线分布的电荷产生的电场在方法上没有本质的区别,关键都是根据电场的对称性选取合适的高斯面。只不过面分布的电荷产生的电场的对称性比线分布的电荷产生的电场的对称性要好处理一些,因而能方便求解的类型会更多一些。例如,对于求解均匀带电的球壳内外的电场分布,根据电荷分布具有对称性,可推知球壳内外的电场分布均具有球对称性,故不妨在球壳内外分别构造与球壳同心的两个球面为高斯面进行求解。

例题 4 已知电荷面密度(单位面积的带电量)为 $+\sigma$,真空中的介电常数为 ε_0,求与无限大均匀带电平面的垂直距离为 r 处的 P 点电场场强(P 点的位置如图 1.2.10 所示)。

分析 根据无限大均匀带电平面的对称性,可以断定整个带电平面上的电荷产生的电场与带电平面垂直并指向两侧,在与平面等距离的各点场强应相等。因此,可作一个圆柱形高斯面,其轴线垂直于带电平面,两底面与带电平面平行且与带电平面等距,再根据高斯定理可求得无限大带电平面两侧的电场强度。

解 作图 1.2.11 所示的高斯面,通过圆筒侧面的电通量为零,那么该圆柱形高斯面总电通量即为两底面电通量之和,通过两底面的电通量为

$$\Psi = E \cdot 2\Delta S$$

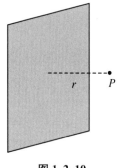

图 1.2.10

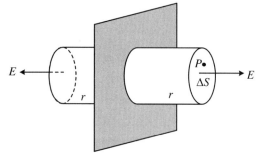

图 1.2.11

根据高斯定理,可得

$$\Psi = \frac{\sigma \cdot \Delta S}{\varepsilon_0}$$

联立以上两式,解得

$$E = \frac{\sigma}{2\varepsilon_0}$$

点拨 (1) 由上述表达式可以看出,电场强度 E 仅与电荷面密度 σ 和真空介电常数 ε_0 有关,与 r 并没有关系,所以无限大均匀带电平面两侧均为匀强电场,且电场强度大小相等。

(2) 上述求解过程中选取的高斯面是圆柱形,我们也可以取立方体、长方体甚至其他不规则高斯面,只要该高斯面的侧面与无限大平面垂直,并且两个底面与无限大平面的距离相等即可。

例题 5 如图 1.2.12 所示,薄球壳的球心为 O,半径为 R,带电量为 $+Q$,其上电荷分布均匀,真空中的介电常数为 ε_0。

(1) 求薄球壳内外的电场强度大小分布情况。

(2) 在薄球壳处挖一小孔,求小孔处的电场强度大小。

(3) 在薄球壳处取一小面元 ΔS,求该面元上的电荷受到的库仑斥力大小。

(4) (2018 年清华领军试题)将薄球壳均匀分成上下两半,求这两半球壳之间的库仑斥力大小。

分析 显然,本题的难点在最后一问,可以认为其他三问是在为最后一问作铺垫。为了求出两半球壳之间的库仑斥力,可以先求出上半球(或下半球)上一个面元 ΔS 上的电荷受到的库仑斥力大小和方向,然后再对上半球(或下半球)上的所有面元进行叠加求和。

解 (1) 如图 1.2.13 所示,在球壳内取高斯面 1,根据高斯定理对于高斯面 1,有

$$\Psi_1 = E_1 \cdot 4\pi r^2 = \frac{\sum q_i}{\varepsilon_0}$$

其中 $\sum q_i = 0$,故球壳内任意一点的电场强度大小为 $E_1 = 0$。

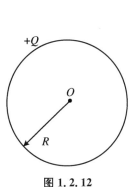

图 1.2.12

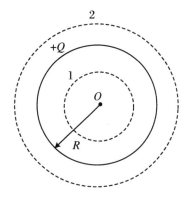

图 1.2.13

在球壳外取高斯面 2,根据高斯定理,对于高斯面 2,有

$$\Psi_2 = E_2 \cdot 4\pi r^2 = \frac{\sum q_i}{\varepsilon_0} = \frac{Q}{\varepsilon_0}$$

故球壳外任意一点的电场强度大小为

$$E_2 = \frac{Q}{4\pi\varepsilon_0 r^2}$$

综上所述,薄球壳内外的电场强度大小分布为

$$E = \begin{cases} 0 & (r < R) \\ \dfrac{Q}{4\pi\varepsilon_0 r^2} & (r > R) \end{cases}$$

(2) 如图 1.2.14 所示,在薄球壳内外分别取无限靠近小孔的两点 A 和 B,A 点和 B 点关于小孔对称。挖孔后剩余电荷在 A 点、B 点和小孔处产生的电场强度相同,大小用 E_1 表

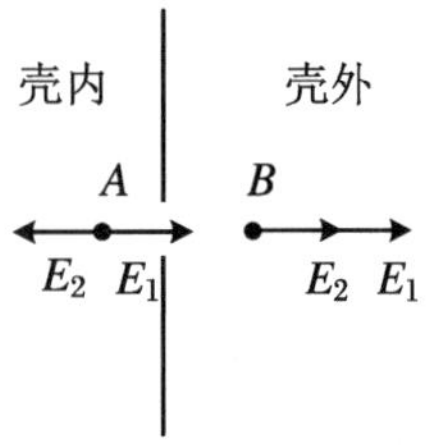

示,小孔在 A 点和 B 点处产生的电场强度大小相同,都用 E_2 表示,方向相反。

因为球壳内 A 点的电场强度为零,所以 $E_1 = E_2$。因为球壳外 B 点的电场强度大小为 $E = \dfrac{Q}{4\pi\varepsilon_0 R^2}$,所以小孔处的电场强度大小为

$$E_1 = E_2 = \dfrac{E}{2} = \dfrac{Q}{8\pi\varepsilon_0 R^2}$$

图 1.2.14

(3) 在薄球壳处取一小面元 ΔS,该面元带电量为

$$\Delta Q = \dfrac{\Delta S}{4\pi R^2} Q$$

该面元上的电荷受到的库仑斥力大小为

$$\Delta F = \Delta Q \cdot E_1$$

联立以上几式,解得

$$\Delta F = \dfrac{\Delta S Q^2}{32\varepsilon_0 \pi^2 R^4}$$

(4) 如图 1.2.15 所示,在上半球面上取一小面元 ΔS,根据上问的求解结果可得该面元受到的电场力大小为

$$\Delta F = \dfrac{\Delta S Q^2}{32\varepsilon_0 \pi^2 R^4}$$

该力在 y 轴方向的投影为

$$\Delta F_y = \dfrac{Q^2}{32\varepsilon_0 \pi^2 R^4} \Delta S \cos\theta$$

其中 $\Delta S \cos\theta$ 的含义为 ΔS 在半球平面处的投影,即图中的 $\Delta S'$。对整个上半球面求和,得

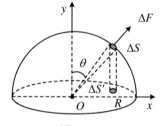

图 1.2.15

$$F_y = \sum \Delta F_y \cos\theta = \sum \dfrac{Q^2}{32\varepsilon_0 \pi^2 R^4} \Delta S'$$

将常数提出,并注意到 $\sum \Delta S' = \pi R^2$,于是

$$F_y = \dfrac{Q^2}{32\varepsilon_0 \pi R^2}$$

考虑到对称性,上半球壳在其他方向上的受力都为零,所以两半球壳之间的库仑斥力大小为

$$F_{斥} = F_y = \dfrac{Q^2}{32\varepsilon_0 \pi R^2}$$

点拨 本题最后一问思维量较大,技巧性较高,从解答过程可以看出,解答求的是所有电荷对上半球面的库仑力,因为上半球壳的电荷对上半球壳的电荷的库仑力为零,所以该力其实就是下半球壳的电荷对上半球壳的电荷的库仑斥力。

4. 如何应用高斯定理计算体分布的电荷产生的电场?

应用高斯定理计算体分布的电荷产生的电场,虽然与应用高斯定理计算面分布的电荷产生的电场在方法上没有本质的区别,但是要注意两者的高斯面包裹的电荷量的变化规律可能不同。

例题 6 如图 1.2.16 所示,有球心为 O、半径为 R、电荷体密度(单位体积的带电量)为 $+\rho$ 的均匀带电球体。已知真空中的介电常数为 ε_0,求空间中的电场强度分布。

分析 求解均匀带电球体的外部场强,其思路与求均匀带电球壳外部场强分布一致,但是对于均匀带电球体的内部场强,需要注意:构造半径为 r 的同心球壳高斯面后,随着半径 r 的改变,其内部包含的电荷量 q 也会改变,故需求得所包含的总电荷量 Q 后再运用高斯定理进行计算。

解 如图 1.2.17 所示,在球内取高斯面 1,根据高斯定理,对于高斯面 1,有

$$\Psi_1 = E_1 \cdot 4\pi r^2 = \frac{\iiint_V \rho \mathrm{d}V}{\varepsilon_0}$$

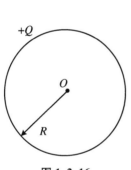

图 1.2.16

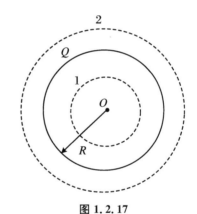

图 1.2.17

其中

$$\iiint_V \rho \mathrm{d}V = \rho \cdot \frac{4}{3}\pi r^3$$

联立以上两式,解得

$$E_1 = \frac{\rho r}{3\varepsilon_0}$$

同理,对高斯面 2,有

$$\Psi_2 = E_2 \cdot 4\pi r^2 = \frac{\iiint_V \rho \mathrm{d}V}{\varepsilon_0}$$

其中

$$\iiint_V \rho \mathrm{d}V = \rho \cdot \frac{4}{3}\pi R^3$$

联立以上两式,解得

$$E_2 = \frac{\rho R^3}{3\varepsilon_0 r^2}$$

点拨 （1）考虑方向后,球体内的电场可表示为 $E_1 = \frac{\rho r}{3\varepsilon_0}$,这个表达式非常有用,希望大家能记住。

（2）在球体内电场强度大小 E 与 r 成正比,在球体外电场强度大小 E 与 r^2 成反比,在球体处（$r = R$ 处）电场强度最大。

（3）对于均匀带电球体,空间中的电场强度是连续分布的;对于均匀带电球壳,空间中的电场强度是不连续分布的;若均匀带电球体和均匀带电球壳的带电量相同,在 $r = R$ 处,球体的电场强度是球壳的2倍。

例题 7 如图 1.2.18 所示,在球心为 O、半径为 a、电荷体密度为 ρ 的均匀带电球体内偏心挖去一个半径为 b 的小球（球心为 O'）,O 与 O' 的距离为 c。已知真空中的介电常数为 ε_0,求：

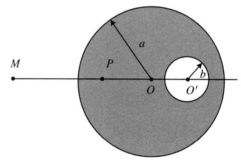

图 1.2.18

（1）O、O' 连线上一点 M（M 在球外且与球心 O 的距离为 r）的电场强度 E_M;

（2）O、O' 连线上一点 P（P 在球内且与球心 O 的距离为 r'）的电场强度 E_P;

（3）空腔内部的电场强度的分布情况。

分析 对于在均匀带电球体内部有空腔的情况,因为球形空腔偏心,所以球内外的场强不对称,不能直接运用高斯定理进行求解。但是考虑空腔内部没有电荷分布,在求解时不妨假设空间任意一点的场强由球心为 O、半径为 a、电荷体密度为 ρ 的实心球体和球心为 O'、半径为 b、电荷体密度为 $-\rho$ 的实心球体在该点的场强叠加而成。故可以对球 O 和球 O' 分别运用高斯定理求场强,再运用叠加原理求得总场强。

解 （1）将空腔看成是电荷体密度为 ρ 的实心球体和球心为 O'、半径为 b、电荷体密度为 $-\rho$ 的实心球体的组合。设 M 点到 O 点的距离为 r,根据高斯定理,实心带电球体 O 在 M 点有

$$\Psi_O = E_O \cdot 4\pi r^2 = \frac{\iiint_V \rho dV}{\varepsilon_0}$$

其中
$$\iiint_V \rho \mathrm{d}V = \rho \cdot \frac{4}{3}\pi a^3$$

联立以上两式,解得
$$E_O = \frac{\rho a^3}{3\varepsilon_0 r^2}$$

同理,实心带电球体 O' 在 M 点有
$$\Psi_{O'} = E_{O'} \cdot 4\pi(r+c)^2 = \frac{\iiint_V (-\rho)\mathrm{d}V}{\varepsilon_0}$$

其中
$$\iiint_V (-\rho)\mathrm{d}V = (-\rho) \cdot \frac{4}{3}\pi b^3$$

解得
$$E_{O'} = -\frac{\rho b^3}{3\varepsilon_0 (r+c)^2}$$

根据叠加原理,可得
$$E_M = E_O + E_{O'} = \frac{\rho}{3\varepsilon_0}\left[\frac{a^3}{r^2} - \frac{b^3}{(r+c)^2}\right]$$

(2) 与上问同理,设 P 点到 O 点的距离为 r,可在 P 点处解得
$$E_O = \frac{\rho r}{3\varepsilon_0}, \quad E_{O'} = -\frac{\rho b^3}{3\varepsilon_0 (r+c)^2}$$

再根据叠加原理,可得
$$E_P = \frac{\rho}{3\varepsilon_0}\left[r - \frac{b^3}{(r+c)^2}\right]$$

(3) 如图 1.2.19 所示,在空腔内部任意一点 N,设 O 点与 N 点的距离为 r,O' 点到 N 点的距离为 r',与上两问同理,可在 N 点处解得
$$\boldsymbol{E}_O = \frac{\rho \boldsymbol{r}}{3\varepsilon_0}, \quad \boldsymbol{E}_{O'} = \frac{\rho \boldsymbol{r}'}{3\varepsilon_0}$$

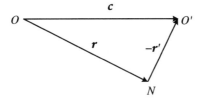

图 1.2.19

再根据叠加原理,可得
$$\boldsymbol{E}_N = \boldsymbol{E}_O + \boldsymbol{E}_{O'} = \frac{\rho}{3\varepsilon_0}(\boldsymbol{r} - \boldsymbol{r}') = \frac{\rho \boldsymbol{c}}{3\varepsilon_0}$$

点拨 因为场强 E_N 与坐标无关,所以该电场为匀强电场。这个性质非常重要,在强基考试和竞赛中比较常见,希望大家在理解的基础上记住它。

习题实战演练

基 础 练 习

1. 如图1.2.20所示,有一电场强度为 E 的匀强电场,电场强度的方向与 x 轴平行,则通过图中一半径为 R 的半球面的电通量为   (   )

A. $\pi R^2 E$ B. $\dfrac{1}{2}\pi R^2 E$ C. $2\pi R^2 E$ D. 0

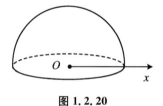

图 1.2.20

2. 在方向如图1.2.21所示、电场强度大小为 E 的匀强电场中,存在一个半径为 R、高度为 h 的圆柱体。

(1) 图中 $ABCD$ 平面过圆柱体的对称轴且与电场线垂直,求通过 $ABCD$ 平面的电通量。

(2) 求穿过整个闭合圆柱体的电通量。

3. 点电荷的电场线分布如图1.2.22所示,球面 S_1、S_2 与点电荷的距离分别为 r_1、r_2。电场线的疏密反映了空间区域电场强度的大小。请计算球面 S_1、S_2 上单位面积通过的电场线条数之比 N_1/N_2。

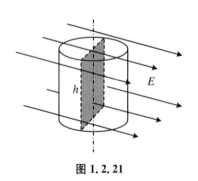

图 1.2.21

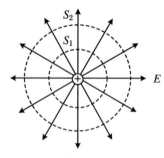

图 1.2.22

4. (2018年清华领军改编)如果库仑定律为距离立方反比的形式,那么:

(1) 高斯定理是否还成立?

(2) 均匀带电的球壳内部电场强度是否还处处为零?

5. 如图 1.2.23 所示,两无限大平行平面的电荷面密度分别为 $+\sigma$ 和 $-\sigma$。已知真空中的介电常数为 ε_0,求两个带电平面被分割成的 Ⅰ、Ⅱ、Ⅲ 三个区域的电场强度的大小。

6. 有一均匀带电球体,半径为 R,球心为 P,单位体积内带电荷量为 ρ,在球内挖一球形空腔,空腔的球心为 S,半径为 $R/2$,且有 $PS=R/2$,如图 1.2.24 所示。有一带电荷量为 q、质量为 m 的质点自 L 点($LS \perp PS$)由静止开始沿空腔内壁滑动,不计摩擦和质点的重力,已知真空中的静电力常量为 k,求质点滑动中速度的最大值。

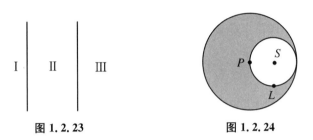

图 1.2.23   图 1.2.24

7. (2021年海淀一模)类比是一种重要的科学思想方法。在物理学史上,法拉第通过类比不可压缩流体中的流速线提出用电场线来描述电场。

(1) 静电场的分布可以用电场线来形象描述,已知静电力常量为 k。

① 真空中有一电荷量为 Q 的正点电荷,其周围电场的电场线分布如图 1.2.25 所示。距离点电荷 r 处有一点 P,请根据库仑定律和电场强度的定义推导出 P 点场强大小 E 的表达式。

② 如图 1.2.26 所示,若在 A、B 两点放置的是电荷量分别为 $+q_1$ 和 $-q_2$ 的点电荷,已知 A、B 间的距离为 $2a$,C 为 A、B 连线的中点,求 C 点的电场强度的大小 E_C 的表达式,并根据电场线的分布情况比较 q_1 和 q_2 的大小关系。

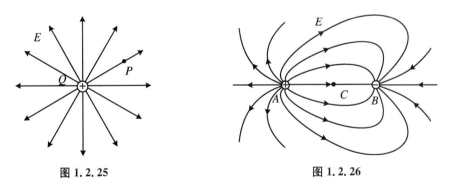

图 1.2.25   图 1.2.26

(2) 有一足够大的静止水域,在水面下足够深的地方放置一大小可以忽略的球形喷头,它向各方向均匀喷射水流。稳定后水在空间各处的流动速度大小和方向是不同的,为了形象地描述空间中水的速度的分布,可引入水的"流速线"。水不可压缩,该情景下水的"流速线"的形状与图 1.2.25 中的电场线相似,箭头方向为速度方向,"流速线"分布的疏密反映水流流速的大小。

① 已知喷头单位时间喷出水的体积为 Q_1，写出喷头单独存在时距离喷头 r 处水流速大小 v_1 的表达式。

② 如图 1.2.27 所示，在水面下的 A 点有一大小可以忽略的球形喷头，当喷头单独存在时可以向空间各方向均匀喷水，单位时间喷出水的体积为 Q_1；在水面下的 B 点有一大小可以忽略的球形吸收器，当吸收器单独存在时可以均匀吸收空间各方向的水，单位时间吸收水的体积为 Q_2。同时开启喷头和吸收器，水的"流速线"的形状与图 1.2.26 中的电场线相似。已知 A、B 间的距离为 $2a$，C 为 A、B 连线的中点。喷头和吸收器对水的作用是独立的，空间水的流速和电场的场强一样都为矢量，遵循矢量叠加原理，类比图 1.2.26 中 C 处电场强度的计算方法，求图 1.2.27 中 C 点处水流速大小 v_2 的表达式。

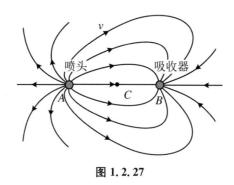

图 1.2.27

提 高 练 习

8. （2020年清华强基）空间中有一个半径为 R、带电量为 Q 的球壳，球壳均匀带电，壳外充满带电物质。要使壳外各点的场强大小均相等，距球心 r 处带电物质的电荷体密度 ρ 应为 （　　）

A. $\rho = \dfrac{Q}{4\pi R^2 r}$ B. $\rho = \dfrac{Q}{2\pi R^2 r}$ C. $\rho = \dfrac{Q}{\pi R^2 r}$ D. 以上均不对

9. 如图 1.2.28 所示，有半径分别为 $2r$、$4r$、$6r$ 的三个同心导体球壳，球心有点电荷 Q，A、B、C 三点与 Q 的距离分别为 r、$3r$、$5r$。已知导体球壳上电荷均匀分布，要使这三个点的电场强度相等，即 $E_A = E_B = E_C$，问：三个球壳的内外面各需带多少电荷？

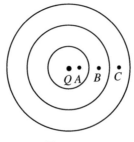

图 1.2.28

10. 如图 1.2.29 所示,在 $-d \leqslant x \leqslant d$ 的空间区域内(y、z 轴方向无限延伸)均匀分布着体密度为 ρ 的正电荷,此外均为真空。

(1) 试求 $|x| \leqslant d$ 处的场强分布。

(2) 若将一质量为 m、电量为 $-q$ 的带电质点从 $x = d$ 处由静止释放,试问:该带电质点经过多长时间第一次到达 $x = 0$ 处?

11. 图 1.2.30 所示为一带电球面,其上一半带有正电荷,另一半带有负电荷,且电荷分布均匀,电荷面密度可表示为 $\sigma(\theta) = \sigma_0 \cos\theta$,其中 σ_0 为 $\theta = 0$ 处的电荷面密度,试求球面内电场强度的分布。

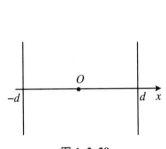

图 1.2.29 图 1.2.30

《参考答案》

1. D。
2. (1) $\Psi = 2EhR$;(2) 0。
3. $\dfrac{N_1}{N_2} = \dfrac{r_2^2}{r_1^2}$。
4. (1) 否。

提示 以点电荷为例,如果库仑定律为距离立方反比的形式,电场穿过闭合球面的通量为

$$\oiint_S \boldsymbol{E} \cdot \mathrm{d}\boldsymbol{S} = \frac{kQ}{r^3} \cdot 4\pi r^2 = \frac{kQ}{r} \cdot 4\pi$$

可见高斯定理不成立。

(2) 否。

提示 如图 1.2.31 所示,两个对顶面元在 P 点产生的场强分别为

$$E_1 = k\frac{\sigma \Delta S_1}{r_1^3} = k\frac{\sigma \Delta \Omega r_1^2}{r_1^3} = k\frac{\sigma \Delta \Omega}{r_1}$$

$$E_2 = k\frac{\sigma \Delta S_2}{r_2^3} = k\frac{\sigma \Delta \Omega r_2^2}{r_2^3} = k\frac{\sigma \Delta \Omega}{r_2}$$

所以内部场强不是处处为零。

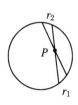

图 1.2.31

5. $E_\text{I} = E_\text{III} = 0, E_\text{II} = \sigma/\varepsilon_0$。

6. $v = R\sqrt{\dfrac{2\pi k\rho q}{3m}}$。

提示 根据本节例题 7 第 3 问，可知空腔内部为匀强电场，$\boldsymbol{E} = \dfrac{4}{3}\pi k\rho \cdot \overrightarrow{PS}$。所以，质点自 L 点静止释放后运动至 PS 的延长线与球体的交点处时的速度最大，根据动能定理，有

$$qE \cdot \frac{R}{2} = \frac{1}{2}mv^2$$

解得

$$v = R\sqrt{\frac{2\pi k\rho q}{3m}}$$

7. (1) ① $E = k\dfrac{Q}{r^2}$。

② $q_1 > q_2$。

提示 根据电场的叠加，C 点的电场强度大小 E_C 的表达式为

$$E_C = E_1 + E_2 = k\frac{q_1 + q_2}{a^2}$$

如图 1.2.32 所示，过 C 点作 A、B 连线的中垂线，交某条电场线于 D 点，由图可知该点场强 E_D 斜向上方，因此 $q_1 > q_2$。

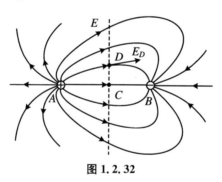

图 1.2.32

(2) ① $v_1 = \dfrac{Q_1}{4\pi r^2}$。

提示 当喷头单独存在时，喷头向空间各方向均匀喷水，设单位时间喷头喷出水的体积为 Q，在距喷头 r 处水流速度大小为 v，考察极短的一段时间 Δt，则

$$v\Delta t \cdot 4\pi r^2 = Q \cdot \Delta t$$

因此，在距喷头 r 处的流速大小为 $v_1 = \dfrac{Q_1}{4\pi r^2}$。

② $v_2 = \dfrac{Q_1 + Q_2}{4\pi a^2}$。

提示 喷头在 C 点引起的流速为 $v_1' = \dfrac{Q_1}{4\pi a^2}$，吸收器在 C 点引起的流速为 $v_2' = \dfrac{Q_2}{4\pi a^2}$。

当喷头和吸收器都存在时,类似于电场的叠加,C 点处的实际流速为 $v_2 = v'_1 + v'_2 = \dfrac{Q_1 + Q_2}{4\pi a^2}$。

8. B。

提示 球外各点场强均等于球壳外表面的场强,即 $E = \dfrac{Q}{4\pi\varepsilon_0 R^2}$。对距球心 r 处的球面运用高斯定理,得 $q = 4\pi\varepsilon_0 Er^2$,$q$ 为球面内包含的总电量,从而可得 $\mathrm{d}q = 8\pi\varepsilon_0 Er\mathrm{d}r$,又由 $\mathrm{d}q = \rho \cdot 4\pi r^2 \mathrm{d}r$ 可得 $\rho = \dfrac{2\varepsilon_0 E}{r} = \dfrac{Q}{2\pi R^2 r}$,选 B。

9. 球壳 1 的内表面带电 $-Q$,外表面带电 $9Q$;球壳 2 的内表面带电 $-9Q$,外表面带电 $25Q$;球壳 3 的内表面带电 $-25Q$,外表面可带任意电荷。

提示 (1) A 点:无论 3 个球壳的内外表面各带多少电荷,它们在 A 点都不产生电场,E_A 只由点电荷 Q 产生,即 $E_A = k\dfrac{Q}{r^2}$。

(2) B 点:由于 Q 的存在和静电感应,球壳 1 的内表面必出现 $-Q$,设球壳 1 的外表面出现感应电荷 q_1,球壳 2 和球壳 3 的电荷在 B 点不贡献电场,则

$$E_B = k\dfrac{Q}{(3r)^2} - k\dfrac{Q}{(3r)^2} + k\dfrac{q_1}{(3r)^2} = E_A = k\dfrac{Q}{r^2}$$

解得 $q_1 = 9Q$,即球壳 1 的内外表面共有电荷 $9Q - Q = 8Q$。

(3) C 点:球壳 2 的内表面感应出 $-9Q$ 电荷,设球壳 2 的外表面出现感应电荷 q_2,球壳 3 的电荷在 C 点不贡献电场,根据叠加原理,有

$$E_C = k\dfrac{Q}{(5r)^2} - k\dfrac{Q}{(5r)^2} + k\dfrac{9Q}{(5r)^2} - k\dfrac{9Q}{(5r)^2} + k\dfrac{q_2}{(5r)^2} = E_A = k\dfrac{Q}{r^2}$$

解得 $q_2 = 25Q$,即球壳 2 的内外表面共有电荷 $25Q - 9Q = 16Q$。球壳 3 的内表面感应出 $-25Q$,外球面可带任意电荷。

10. (1) $E = 4\pi k\rho x (|x| \leqslant d)$,$x > 0$ 时,场强与 x 轴同向;$x < 0$ 时,场强与 x 轴反向。

(2) $t = \dfrac{1}{4}\sqrt{\dfrac{\pi m}{k\rho q}}$。

提示 根据给定区域电荷分布均匀且对称,在 y、z 轴方向无限伸展的特点,我们想象存在这样一个圆柱体:底面积为 S,高为 $2x$,左右底面在 x 轴上的坐标分别是 $-x$ 和 x,如图 1.2.33 所示。可以判断圆柱体左右底面处的场强必定相等,且方向分别是逆 x 轴方向和顺 x 轴方向。再根据高斯定理,便可求出坐标为 x 处的电场强度。

(1) 根据高斯定理 $E \cdot 2S = 4\pi k \cdot \rho \cdot S \cdot 2x$,坐标为 x 处的场强为

$$E = 4\pi k\rho x \quad (|x| \leqslant d)$$

$x > 0$ 时,场强与 x 轴同向;$x < 0$ 时,场强与 x 轴反向。

(2) 若将一质量为 m、电量为 $-q$ 的带电质点置于此电场中,则质点所受的电场力为

$$F = -qE = -4\pi k\rho qx \quad (|x| \leqslant d)$$

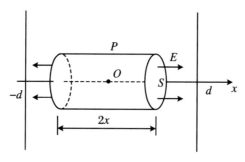

图 1.2.33

显然质点所受的电场力总是与位移 x 成正比,且与位移方向相反,所以质点在电场中的运动是简谐振动,振动的周期为

$$T = 2\pi\sqrt{\frac{m}{4\pi k\rho q}} = \sqrt{\frac{\pi m}{k\rho q}}$$

质点从 $x=d$ 处静止释放后第一次达到 $x=0$ 处所用的时间为

$$t = \frac{T}{4} = \frac{1}{4}\sqrt{\frac{\pi m}{k\rho q}}$$

11. $\frac{4\pi}{3}k\rho d$,其中 d 为由 O_+ 指向 O_- 的矢量,如图 1.2.34 所示。

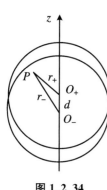

图 1.2.34

提示 球面上这种电荷的分布可用以下的模型等效:两个与球面等大的、体内均匀带电的球体,一个带正电,另一个带负电,电荷体密度分别为 $+\rho$ 和 $-\rho$,它们的球心 O_+、O_- 错开一小距离 d,如图 1.2.34 所示。在两球重叠区,正、负电荷抵消,因而呈电中性,而在两球错开区,即本题的球面处才显出各半球面的正、负电荷,且电荷的分布与球面上的分布等效,即 $\sigma(\theta) = \rho d\cos\theta = \sigma_0\cos\theta$,所以 $\sigma_0 = \rho d$。因此,球面内任意一点 P 的场强可看成是这两个球体的电荷在该点产生的场强 $\boldsymbol{E}_+$ 和 $\boldsymbol{E}_-$ 的叠加,即 $\boldsymbol{E}_P = \boldsymbol{E}_+ + \boldsymbol{E}_-$,由 O_+ 和 O_- 指向 P 点的矢量分别设为 $\boldsymbol{r}_+$ 和 $\boldsymbol{r}_-$,则 $\boldsymbol{E}_+$ 和 $\boldsymbol{E}_-$ 分别为

$$\boldsymbol{E}_+ = \frac{4\pi}{3}k\rho\boldsymbol{r}_+, \quad \boldsymbol{E}_- = -\frac{4\pi}{3}k\rho\boldsymbol{r}_-$$

所以

$$\boldsymbol{E}_P = \boldsymbol{E}_+ + \boldsymbol{E}_- = \frac{4\pi}{3}k\rho(\boldsymbol{r}_+ - \boldsymbol{r}_-) = \frac{4\pi}{3}k\rho\boldsymbol{d}$$

其中 $\boldsymbol{d}$ 为由 O_+ 指向 O_- 的矢量,由上式可知球面内任意一点 P 的场强与 P 点的位置无关,这说明面内场强处处相等,为一匀强电场,场强的方向为 $-z$ 方向,将 $\sigma_0 = \rho d$ 代入,得

$$E = \frac{4\pi}{3}k\rho d = \frac{4\pi}{3}k\sigma_0$$

1.3 电势能 电势

课外知识延伸

1. 电场力做功与路径无关

在高考课程的学习中,我们已经知道,静电场力做功与路径无关,并以匀强电场为例加以证明,但是对于一般的电场,这个结论的正确性并没有加以证明。点电荷产生的电场是最基本的电场,下面以点电荷产生的电场为例,证明"电场力做功与路径无关"这个结论。

如图 1.3.1 所示,在场源点电荷 $+Q$ 产生的电场中,点电荷 q 从 a 点沿任意路径运动到 b 点,a 到 O 点的距离为 r_a,b 到 O 点的距离为 r_b。取其路径上任意一小段位移 Δl_i,电场力在这一小段位移上所做的功为

$$\Delta W_i = F_i \Delta l_i \cos \theta_i$$

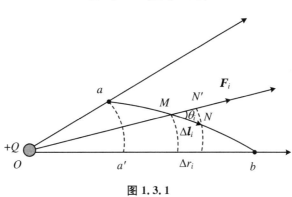

图 1.3.1

又因为 $\Delta r_i = MN' = \Delta l_i \cos \theta_i$,所以

$$\Delta W_i = F_i \Delta r_i$$

对每一小段都可作类似的处理,可见点电荷从 a 点沿任意路径运动到 b 点的过程中电场力做的功都等于从 a' 点沿电场线运动到 b 点的过程中电场力做的功,即电场力做功与路径无关。

2. 电势能和电势

因为电场力做功与路径无关,所以可以引入电势能。电场力做功与电势能变化的关系为 $W_{AB} = E_{PA} - E_{PB}$,规定零势能面后可以进一步求出电势能的表达式。下面以两点电荷为例,推导它们之间的电势能的表达式。

设场源点电荷为 Q,检验电荷为 q,两电荷相距 r,取无穷远处电势能为零。将场源点电荷固定,将检验电荷从 r 处移动到无穷远处,这个过程中电场力做的功为

$$W_{r\infty} = \int_r^\infty k\frac{Qq}{x^2} \cdot \mathrm{d}x = k\frac{Qq}{r}$$

又因为 $W_{r\infty} = E_{Pr} - E_{P\infty}$，所以两个点电荷之间的电势能的表达式为

$$E_{Pr} = k\frac{Qq}{r}$$

进一步可求出场源电荷 Q 在 r 处产生的电势为

$$\varphi_r = \frac{E_{Pr}}{q} = k\frac{Q}{r}$$

值得注意的是，虽然电势能和电势都是标量，但是它们都有正负之分，也就是说在应用以上公式计算电势能和电势时，Q 和 q 必须带上正负号。电势能和电势的正负代表了大小，正电势能肯定大于负电势能。当电势为正时，表示该处的电势比零电势高；当电势为负时，表示该处的电势比零电势低。

3. 电势的标量叠加

表达式 $\varphi_r = k\dfrac{Q}{r}$ 只能用来计算点电荷产生的电场在空间中某点的电势。任何一个复杂带电体系在电场空间某点的电势都可以等效为各电荷元独立存在时在此点电势的叠加，即 $\varphi = \sum \varphi_i$。此处的叠加是标量叠加，因而电势的叠加比电场强度的叠加要简单许多。

4. 电场强度和电势差的关系

在匀强电场中，一方面，电场力做功可表示为 $W_{AB} = q\boldsymbol{E} \cdot \boldsymbol{l}$，其中 $\boldsymbol{l}$ 是检验电荷发生的位移；另一方面，$W_{AB} = E_{PA} - E_{PB} = q\varphi_A - q\varphi_B = qU_{AB}$。所以

$$U_{AB} = \boldsymbol{E} \cdot \boldsymbol{l}$$

同理，在非匀强电场中，一方面，电场力做功可表示为 $W_{AB} = q\int_A^B \boldsymbol{E} \cdot \mathrm{d}\boldsymbol{l}$，其中 $\mathrm{d}\boldsymbol{l}$ 是检验电荷发生的微小位移；另一方面，$W_{AB} = E_{PA} - E_{PB} = q\varphi_A - q\varphi_B = qU_{AB}$。所以

$$U_{AB} = \varphi_A - \varphi_B = \int_A^B \boldsymbol{E} \cdot \mathrm{d}\boldsymbol{l}$$

因为电场力做功与路径无关，所以沿任意路径电场强度对路径的积累都是相同的，都等于始末两点的电势差。当累积路径长度相同时，沿电场方向电势差最大，这说明电场方向是电场电势降落最快的方向。电场强度越大，降落相同电势所用的距离越小，画出的等势面就越密，所以等势面密的地方场强大。

1. 如何根据点电荷的表达式求空间中的电势？

我们已经知道，点电荷电势的决定式为 $\varphi_r = k\dfrac{Q}{r}$，根据电势的叠加，可以求出空间中多个点电荷产生的电势。如果要求带电体在空间中产生的电势，我们可以将带电体切割成无数多个体积元，认为每一体积元电荷密度均匀，求得各个体积元在该点的电势，然后求代数

和即可。

例题 1　在图 1.3.2 所示的三维直角坐标系 $O\text{-}xyz$ 中,在 O 点和 A 点分别放置两个电量为 $+q_1$ 和 $-q_2$ 的点电荷,其中 O 点是坐标原点,A 点的坐标为 $(a,0,0)$。

(1) 若 $q_1 = q_2 = q$,求出空间电势为零的点的解析式。

(2) 若 $q_1 = nq_2 = nq$,求出空间电势为零的点的解析式。

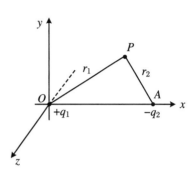

图 1.3.2

分析　这是一道利用点电荷电势公式、电势叠加原理求解问题的基本题。需要注意的是:电势是标量,其叠加是求各点电荷电势的代数和;本题是在三维空间中求解。

解　(1) 设空间中一点 $P(x,y,z)$ 到 q_1 和 q_2 的距离分别为 r_1 和 r_2,根据题意,P 点的电势可表示为

$$\varphi_P = \frac{kq}{r_1} - \frac{kq}{r_2} = 0$$

即 $r_2 = r_1$,将 $r_1^2 = x^2 + y^2 + z^2$ 和 $r_2^2 = (x-a)^2 + y^2 + z^2$ 代入并整理,得 $x = \dfrac{a}{2}$,这是一个平面方程。

(2) 设空间中一点 $P(x,y,z)$ 到 nq 和 q 的距离分别为 r_1 和 r_2,根据题意,P 点的电势可表示为

$$\varphi_P = \frac{knq}{r_1} - \frac{kq}{r_2} = 0$$

即

$$nr_2 - r_1 = 0$$

将 $r_1^2 = x^2 + y^2 + z^2$ 和 $r_2^2 = (x-a)^2 + y^2 + z^2$ 代入并整理,得

$$\left(x - \frac{n^2}{n^2 - 1}a\right)^2 + y^2 + z^2 = \frac{n^2}{(n^2-1)^2}a^2$$

点拨　第 2 问的结果是一个球面方程,球心的坐标为 $\left(\dfrac{n^2}{n^2-1}a, 0, 0\right)$,半径为 $\dfrac{n}{n^2-1}a$,可见不等量异号电荷在空间中形成的电场电势为零的点的轨迹是一个球面。

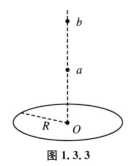

图 1.3.3

例题 2　如图 1.3.3 所示,半径为 R 的均匀带电圆环,圆心为 O,过 O 点且与环平面垂直的轴线上有 a、b 两点,$Oa = R$,$Ob = 2R$。设圆环带电量为 Q,无穷远处电势为零,真空中的静电力常量为 k,求:

(1) 圆环中心 O 点的电势 φ_O;

(2) 圆环轴线 a 点的电势 φ_a;

(3) 圆环轴线 a 点和 b 点的电势差 U_{ab};

(4) 说明沿轴线 Ob 电势和电场强度的增减情况。

分析 虽然带电圆环不是点电荷，但是我们可以将其分割，每一小段都可以视为点电荷，利用点电荷电势公式、电势叠加原理就可以求解。

解 （1）设圆环的电量线密度为 λ（单位长度的带电量），其中 $\lambda = \dfrac{Q}{2\pi R}$，每一小段的长度为 $\mathrm{d}l$，则每一小段在中心 O 点产生的电势

$$\mathrm{d}\varphi = k\frac{\lambda \mathrm{d}l}{R}$$

所以整个圆环在 O 点产生的电势

$$\varphi_O = \int \mathrm{d}\varphi = \int_0^{2\pi R} k\frac{\lambda \mathrm{d}l}{R} = k\frac{\lambda \cdot 2\pi R}{R} = k\frac{Q}{R}$$

（2）每一小段圆环到 a 点的距离 $r_a = \sqrt{2}R$，同理可求得

$$\varphi_a = \int_0^{2\pi R} k\frac{\lambda \mathrm{d}l}{r_a} = k\frac{\lambda \cdot 2\pi R}{\sqrt{2}R} = k\frac{Q}{\sqrt{2}R}$$

（3）同理可得 b 点的电势

$$\varphi_b = \int_0^{2\pi R} k\frac{\lambda \mathrm{d}l}{r_b} = k\frac{\lambda \cdot 2\pi R}{\sqrt{5}R} = k\frac{Q}{\sqrt{5}R}$$

则 a、b 两点的电势差

$$U_{ab} = \varphi_a - \varphi_b = k\frac{Q}{\sqrt{2}R} - k\frac{Q}{\sqrt{5}R}$$

（4）设轴线上任意一点到圆环中心 O 点的距离为 x，则该点的电势

$$\varphi = k\frac{Q}{\sqrt{R^2 + x^2}}$$

所以沿轴线 Ob 方向电势逐渐降低。根据对称性可知圆环轴线上的电场方向应该沿轴线方向，由 1.1 节例题 4 可知该点的电场强度大小

$$E = k\frac{xQ}{(R^2 + x^2)^{\frac{3}{2}}}$$

将公式变形，得

$$E = k\frac{xQ}{(R^2 + x^2)^{\frac{3}{2}}} = k\frac{Q}{\left(\dfrac{R^2}{x^{\frac{2}{3}}} + x^{\frac{4}{3}}\right)^{\frac{3}{2}}}$$

令 $y = \dfrac{R^2}{x^{\frac{2}{3}}} + x^{\frac{4}{3}}$，由均值不等式可知

$$y = \frac{R^2}{x^{\frac{2}{3}}} + x^{\frac{4}{3}} = \frac{R^2}{2x^{\frac{2}{3}}} + \frac{R^2}{2x^{\frac{2}{3}}} + x^{\frac{4}{3}} \geqslant 3\sqrt[3]{\frac{R^2}{2x^{\frac{2}{3}}} \cdot \frac{R^2}{2x^{\frac{2}{3}}} \cdot x^{\frac{4}{3}}} = 3\sqrt[3]{\frac{R^4}{4}}$$

当且仅当 $\dfrac{R^2}{2x^{\frac{2}{3}}} = x^{\frac{4}{3}}$，即 $x = \dfrac{\sqrt{2}}{2}R$ 时取等号，y 有最小值，则电场强度 E 有最大值，所以沿轴

线 Ob 方向电场强度先增大后减小。

点拨 （1）电势是标量，电势的叠加是代数和；电场强度是矢量，场强的叠加遵循平行四边形定则。

（2）第4问求电场强度最大值时也可以利用场强 E 对距离 x 的导数为零来求解。

2．如何根据电场强度和电势差的关系求空间中的电势？

求带电体在空间中一点 A 的电势的一般方法是：首先利用高斯定理求得带电体在空间中产生的电场分布，然后规定空间中某点 B 的电势为零，根据电场强度和电势差的关系 $U_{AB} = \varphi_A - \varphi_B = \int_A^B \boldsymbol{E} \cdot \mathrm{d}\boldsymbol{l}$ 求得电势差 U_{AB}，即为 A 点的电势。

例题 3 已知静电力常量为 k，借助电场强度和电势差的关系来求解下列电势的问题。
（1）求均匀带电球壳（带电总量为 Q，半径为 R）产生的电场中各点电势的分布。
（2）求均匀带电球体（带电总量为 Q，半径为 R）产生的电场中各点电势的分布。

分析 以上两种带电体产生的电场强度在前面已经用高斯定理求解过，因为电场力做功与运动路径无关，所以利用公式 $U_{AB} = \varphi_A - \varphi_B = \int_A^B \boldsymbol{E} \cdot \mathrm{d}\boldsymbol{l}$ 求积分时，我们可以选取一条便于计算的路径，即沿电场线方向的直线。将要求的点作为积分的起点，选择电势已知的点或规定电势为零的点作为积分的终点，比如无穷远处。

解 （1）我们已经知道带电球壳的场强分布为

$$E = \frac{1}{4\pi\varepsilon_0} \cdot \frac{Q}{r^2} \ (r > R); \quad E = 0 \ (r < R)$$

场强方向沿径矢。因此，我们计算电势时，与点电荷的情形一样，沿着径矢积分。

在球壳外（$r > R$），结果与点电荷的情形一样，则

$$\varphi_P = \int_P^\infty \boldsymbol{E} \cdot \mathrm{d}\boldsymbol{l} = k\frac{Q}{r_P}$$

若 P 点在球壳内（$r \leqslant R$），则积分要分两段，如图 1.3.4 所示：一段是从 P 点到球壳表面（$r = R$ 处），在这段里 $E = 0$；另一段是从 $r = R$ 处到 ∞，只有这段对积分有贡献。所以

$$\varphi_P = \int_R^\infty \boldsymbol{E} \cdot \mathrm{d}\boldsymbol{l} = k\frac{Q}{R}$$

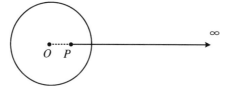

图 1.3.4

综上所述

$$\varphi = k\frac{Q}{r} \ (r > R); \quad \varphi = k\frac{Q}{R} \ (r \leqslant R)$$

电势 φ 随 r 变化的情况如图 1.3.5 所示。

（2）均匀带电球体（带电总量为 Q，半径为 R）的电场分布为

$$E = k\frac{Qr}{R^3} \quad (r < R); \quad E = k\frac{Q}{r^2} \quad (r \geqslant R)$$

场强方向沿径矢。因此，我们计算电势时，与点电荷的情形一样，沿着径矢积分。

在球体外（$r \geqslant R$），结果与点电荷的情形一样，则

$$\varphi_P = \int_P^\infty \boldsymbol{E} \cdot \mathrm{d}\boldsymbol{l} = k\frac{Q}{r_P}$$

若 P 点在球体内（$r < R$），如图 1.3.6 所示，则积分从 P 点到球体表面（$r = R$ 处），在这段里 $E = k\dfrac{Qr}{R^3}$，所以

$$\varphi_P - \varphi_R = \int_{r_P}^R \boldsymbol{E} \cdot \mathrm{d}\boldsymbol{l} = \int_{r_P}^R \frac{kQ}{R^3} r \mathrm{d}r = \frac{kQ}{2R^3}(R^2 - r_P^2)$$

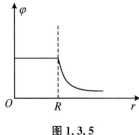

图 1.3.5

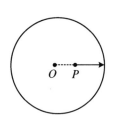

图 1.3.6

又因为 $\varphi_R = k\dfrac{Q}{R}$，所以

$$\varphi_P = \frac{3kQ}{2R} - \frac{kQ}{2R^3}r_P^2$$

综上所述

$$\varphi = \frac{3kQ}{2R} - \frac{kQ}{2R^3}r^2 \quad (r < R); \quad \varphi = k\frac{Q}{r} \quad (r \geqslant R)$$

即在球体外的电势分布与点电荷的情形一样，球体内的电势与到球心的距离是二次函数的关系。

点拨 均匀带电球壳和均匀带电球体在球外的场强分布相同，电势分布也相同；在球内的场强分布不同，电势分布也不同。

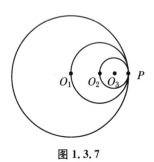

图 1.3.7

例题 4 真空中有三个电量均为 q 的均匀带电薄球壳，它们的半径分别为 R、$R/2$、$R/4$，彼此内切于 P 点，球心分别为 O_1、O_2、O_3，如图 1.3.7 所示，三个球相切但互相绝缘。已知真空中的静电力常量为 k，求 O_3 与 O_1 之间的电势差 U_{31}。

分析 由于均匀带电球壳在壳外产生的场强与电荷集中在球心时相同，因此离球心 r（r 大于球壳的半径）处的电势为 $\varphi = k\dfrac{Q}{r}$。由于均匀带电球壳在壳内的场强为零，因此整个球壳内

的区域是等势的。根据以上两个特点,可以分别求出 O_3 点的电势和 O_1 点的电势,再相减即可得到电势差 U_{31}。

解 将各球壳所带电荷在 O_3 点产生的电势进行叠加,则

$$\varphi_{O_3} = k\left(\frac{q}{R} + \frac{q}{R/2} + \frac{q}{R/4}\right) = k \cdot \frac{q}{R}(1+2+4) = \frac{7kq}{R}$$

将各球壳所带电荷在 O_1 点产生的电势进行叠加,则

$$\varphi_{O_1} = k\left(\frac{q}{R} + \frac{q}{R/2} + \frac{q}{R/2+R/4}\right) = k \cdot \frac{q}{R}\left(1+2+\frac{4}{3}\right) = \frac{13kq}{3R}$$

所以,O_3 点和 O_1 点的电势差为

$$U_{31} = \varphi_{O_3} - \varphi_{O_1} = k \cdot \frac{q}{R}\left(7 - \frac{13}{3}\right) = \frac{8kq}{3R}$$

点拨 我们需要熟记一些带电体的电势分布,有助于求解多个带电体同时出现时的电势分布。

3. 如何根据对称性求带电体在空间中的电势?

具有对称性的带电体在空间中的电势分布容易确定,对不确定电势分布的带电体如果可以构造出具有对称性的带电体,则容易求得此类带电体在空间中的电势分布。

例题 5 如图 1.3.8 所示,有两个同心异体半球面,相对共底的半径关系为 $R_1 > R_2$,大球面均匀带电面密度为 σ_1,小球面均匀带电面密度为 σ_2。已知真空中的静电力常量为 k,求大半球底面的直径 AB 上的电势分布情况。

分析 半球面的电势分布我们并不清楚,但我们知道整个球面的电势分布,如果补全球面,电势分布就很清晰了,但需要消除用来补全的球面对电势分布的影响,根据对称性可知整球面的两个半球面对直径上的电势贡献相同。

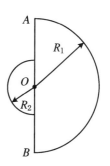

图 1.3.8

解 作大小两个半球的辅助球面,补全后的大球面电荷在直径 AB 上产生的电势为

$$\varphi_{大} = \frac{k\sigma_1 \cdot 4\pi R_1^2}{R_1} = 4\pi k\sigma_1 R_1$$

根据对称性,单独由右半大球面电荷在直径 AB 上产生的电势为

$$\varphi_1 = 2\pi k\sigma_1 R_1$$

同理,补全后的小球面电荷在小球腔内直径上产生的电势为

$$\varphi_{小内} = \frac{k\sigma_2 \cdot 4\pi R_2^2}{R_2} = 4\pi k\sigma_2 R_2$$

单独由左半小球面电荷在小球腔内直径上产生的电势为

$$\varphi_{2内} = 2\pi k\sigma_2 R_2$$

补全后的小球面电荷在小球腔外直径上产生的电势为

$$\varphi_{小外} = \frac{k\sigma_2 \cdot 4\pi R_2^2}{r} = 4k\pi\sigma_2 \cdot \frac{R_2^2}{r}$$

单独由左半小球面电荷在小球腔外直径上产生的电势为

$$\varphi_{2\text{外}} = 2k\pi\sigma_2 \cdot \frac{R_2^2}{r}$$

综上所述，直径 AB 上各段的电势分布为

$$\varphi = \begin{cases} \varphi_1 + \varphi_{2\text{内}} = 2\pi kR_1\sigma_1 + 2\pi kR_2\sigma_2 = 2\pi k(R_1\sigma_1 + R_2\sigma_2) & (r \leqslant R_2) \\ \varphi_1 + \varphi_{2\text{外}} = 2\pi kR_1\sigma_1 + 2\pi k\sigma_2 \frac{R_2^2}{r} = 2\pi k\left(R_1\sigma_1 + \frac{R_2^2\sigma_2}{r}\right) & (R_2 < r \leqslant R_1) \end{cases}$$

点拨 球、球壳、圆环、圆面、正方体、正四面体、无限长直导线、无限大平面板等，这些都是常见的具有高度对称性的物体，在静电场中常常出现，我们在学习中需要不断积累相关素材。

例题 6 （1991 年第 8 届全国中学生物理竞赛预赛试题）电荷 q 均匀分布在半球面 ACB 上，球面半径为 R，CD 为通过半球顶点 C 与球心 O 的轴线，如图 1.3.9 所示，P、Q 两点位于 CD 轴线上的 O 点两侧且与 O 点的距离相等。已知 P 点的电势为 φ_P，试求 Q 点的电势。

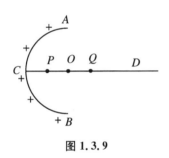

图 1.3.9

分析 无法直接求半球面电荷在 Q 点的电势，我们可以补全半球面，补全后的球面电荷在 P、Q 两点产生的电势相同，此时 P 点的电势是由左半球面电荷和右半球面电荷共同产生的，右半球面电荷在 P 点产生的电势与左半球面电荷在 Q 点产生的电势相同。

解 在半球面 ACB 右侧补齐电量相同且分布均匀的半球面，形成一个完整的带电球面。此时球面内任意位置的电势均为 $k \cdot \frac{2q}{R}$，对于 P 点而言，其电势等于左半球面电势贡献值 φ_P 与右半球面电势贡献值 φ_P' 之和。考虑到左右对称性，φ_P' 等于左半球面在 Q 点的电势 φ_Q。有

$$k \cdot \frac{2q}{R} = \varphi_P + \varphi_P' \Rightarrow \varphi_P' = \frac{2kq}{R} - \varphi_P$$

所以

$$\varphi_Q = \varphi_P' = \frac{2kq}{R} - \varphi_P$$

点拨 以上两道例题都是构造出具有对称性的带电体，将电势分布未知的带电体转化成电势分布已知的带电体，再利用对称性消除割补带来的影响，这是解决这类带电体电势分布的重要方法。

例题 7 （2013 年清华大学保送生考试）如图 1.3.10 所示，三根等长的带电绝缘细棒首尾相接构成等边三角形，其中的电荷分布如同将绝缘棒都换成等长导体棒且已达到静电平衡时的电荷分布。测得图中 A、B 两点的电势分别为 φ_A、φ_B。今将 ab 棒取走，设不影响 ac、bc 两棒的电荷分布，试求此时 A、B 两点的电势 φ_A'、φ_B'。

分析 根据对称性，三根带电棒在 A 点产生的电势相同，bc 棒在 A、B 两点产生的电势相同，ac、ab 两棒在 B 点产生的电势也相同。

解 由对称性可知三根带电棒在 A 点产生的电势相等，设为 φ_1，则
$$\varphi_A = 3\varphi_1$$

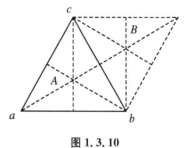

图 1.3.10

ac、ab 两棒在 B 点产生的电势相等，设为 φ_2，则
$$\varphi_B = 2\varphi_2 + \varphi_1$$

可得
$$\begin{cases} \varphi_1 = \dfrac{1}{3}\varphi_A \\ \varphi_2 = \dfrac{1}{2}\varphi_B - \dfrac{1}{6}\varphi_A \end{cases}$$

取走 ab 棒后，A、B 两点的电势分别为
$$\begin{cases} \varphi'_A = 2\varphi_1 = \dfrac{2}{3}\varphi_A \\ \varphi'_B = \varphi_2 + \varphi_1 = \dfrac{1}{2}\varphi_B + \dfrac{1}{6}\varphi_A \end{cases}$$

点拨 此题中不知道电荷的分布情况，因而很难通过积分求空间中电势的分布情况，但是考虑到带电体具有对称性，利用电势分布的对称性、电势叠加原理也可以求得空间中某些特殊点的电势。

4．如何根据电势能求解带电粒子在电场中的运动情况？

带电粒子只在电场力作用下的匀速圆周运动、椭圆运动，类似于天体中的匀速圆周运动和椭圆轨道运动，可以从动力学、功能、角动量三大观点去分析。

例题 8 氢原子中，电子的电量为 e，电子的质量为 m，电子绕氢原子核做匀速圆周运动的轨道半径为 r_0。已知真空中的静电力常量为 k。

(1) 求电子绕原子核做匀速圆周运动的动能 E_k、系统的电势能 E_p、系统的总能量 E 以及电子运动的周期 T_0。

(2) 如果沿电子运动方向给电子再附加一个切向速度 u_τ，试求电子运动的最远距离 r 和周期 T。

分析 电子多了一个切向速度，将做离心椭圆运动，在椭圆轨道中此位置离质子最近。由于是有心力的作用，电子对质子角动量守恒，结合系统能量守恒，容易求得电子与质子的最远距离以及该位置的速度。椭圆的长轴为最近距离和最远距离之和，然后利用开普勒第三定律可以求得电子运动的周期。

解 (1) 电子绕原子核做匀速圆周运动，由库仑力提供向心力，则
$$\frac{ke^2}{r_0^2} = \frac{mv_0^2}{r_0} = m\left(\frac{2\pi}{T_0}\right)^2 r_0$$

从而得

$$E_k = \frac{ke^2}{2r_0}, \quad T_0 = \frac{2\pi r_0}{e}\sqrt{\frac{mr_0}{k}}$$

系统的电势能

$$E_p = \frac{ke \cdot (-e)}{r_0} = -\frac{ke^2}{r_0}$$

系统的总能量

$$E = E_k + E_p = \frac{ke^2}{2r_0} + \left(-\frac{ke^2}{r_0}\right) = -\frac{ke^2}{2r_0}$$

（2）如果给电子再附加一个切向速度 u_τ，设电子运动到最远距离时的速度为 v，根据对原子核角动量守恒和系统能量守恒，有

$$m(v_0 + u_\tau)r_0 = mvr$$
$$\frac{1}{2}m(v_0 + u_\tau)^2 + \frac{ke \cdot (-e)}{r_0} = \frac{1}{2}mv^2 + \frac{ke \cdot (-e)}{r}$$

结合

$$\frac{r_0^3}{T_0^2} = \frac{\left(\frac{r+r_0}{2}\right)^3}{T^2}$$

解得

$$r = \frac{mr_0^2\left(\sqrt{\frac{ke^2}{mr_0}} + u_\tau\right)^2}{2ke^2 - mr_0\left(\sqrt{\frac{ke^2}{mr_0}} + u_\tau\right)^2}$$

$$T = \sqrt{\frac{(r+r_0)^3}{8r_0^3}}T_0 = \sqrt{\frac{\left[\frac{mr_0^2\left(\sqrt{\frac{ke^2}{mr_0}} + u_\tau\right)^2}{2ke^2 - mr_0\left(\sqrt{\frac{ke^2}{mr_0}} + u_\tau\right)^2} + r_0\right]^3}{2r_0}} \cdot \frac{\pi}{e}\sqrt{\frac{mr_0}{k}}$$

点拨 由于库仑力和万有引力有许多相似性，因而在求解相关动力学问题时方法也有许多相通性，即利用能量守恒定律、角动量守恒定律以及开普勒第三定律是解决这类题的关键。当然，此题也可以用开普勒第二定律来替代角动量守恒定律列方程。

习题实战演练

基 础 练 习

1. 如图 1.3.11 所示，一个半径为 R 的均匀带电圆环，其单位长度带电量为 η。取环面中心 O 为原点，以垂直于环面的轴线为 x 轴。设轴上任意点 P 到 O 点的距离为 x，以无穷远处为零电势，P 点电势的大小为 φ。下面给出 φ 的四个表达式（式中 k 为静电力常量），其

中只有一个是合理的。你可能不会求解此处的电势 φ,但是你可以通过一定的物理分析,对下列表达式的合理性进行判断。根据你的判断,φ 的合理表达式应为 ( )

A. $\varphi = \dfrac{2\pi R\eta k}{\sqrt{R^2 + x^2}}$ B. $\varphi = \dfrac{2\pi Rk}{\sqrt{R^2 + x^2}}$

C. $\varphi = \dfrac{2\pi R\eta k}{\sqrt{R^2 - x^2}}$ D. $\varphi = \dfrac{2\pi R\eta k}{\sqrt{R^2 + x^2}} x$

2. (2016年石景山一模)某兴趣学习小组的同学深入学习了静电场中关于电势的知识:若取无穷远处电势为零,在一带电荷量为 $+q$ 的点电荷的电场中,与点电荷相距 r 处的电势为 $\varphi = k\dfrac{q}{r}$;如果某点处在多个点电荷所形成的电场中,则电势为每一个点电荷在该点所产生的电势的代数和。如图 1.3.12 所示,AB 是均匀带电的细棒,所带电荷量为 $+Q$。C 为 AB 棒附近的一点,CB 垂直于 AB。若取无穷远处电势为零,AB 棒上的电荷所形成的电场中,C 点的电势为 φ_0,φ_0 可以等效成 AB 棒上某点 P 处电荷量为 $+Q$ 的点电荷所形成的电场在 C 点的电势。该小组的同学将 AB 棒均分成两段,利用对称性,求得 AC 连线中点 D 处的电势为 ( )

A. $\dfrac{1}{2}\varphi_0$ B. φ_0 C. $\sqrt{2}\varphi_0$ D. $2\varphi_0$

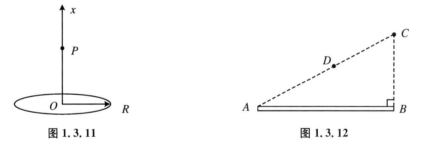

图 1.3.11　　　　　　　　图 1.3.12

3. 在光滑绝缘水平面上有三个同种点电荷,质量都是 m,电荷量都是 q,起初三个点电荷两两之间的距离都是 r,速度都是零。同时释放它们,使它们在静电斥力作用下运动,当它们之间的距离变为无穷大时,各点电荷的速度大小是多少?

4. 绝缘光滑水平面上固定有一正点电荷 Q,带电荷量为 $-q$ 的电荷在水平面上绕着它做椭圆运动,负电荷的质量为 m,与正电荷的最近距离为 a,最远距离为 $3a$,万有引力忽略不计。求负电荷在距正电荷最近点和最远点处的速率。

5. (2007年四川高考题)如图 1.3.13 所示,一根长 $L = 1.5$ m 的光滑绝缘细直杆 MN 竖直固定在场强 $E = 1.0 \times 10^5$ N/C、与水平方向成 $\theta = 30°$ 角倾斜向上的匀强电场中。在杆的下端 M 固定一个带电小球 A,电荷量 $Q = +4.5 \times 10^{-6}$ C;另一带电小球 B 穿在杆上,可自由滑动,电荷量 $q = +1.0 \times 10^{-6}$ C,质量 $m = 1.0 \times 10^{-2}$ kg。现将小球 B 从杆的上端 N 静止释放,小球 B 开始运动。(静电力常量 $k = 9.0 \times 10^9$ N·m^2/C^2,$g = 10$ m/s^2。)

(1) 小球 B 开始运动时的加速度为多大?

(2) 小球 B 的速度最大时,距 M 端的高度 h_1 为多大?

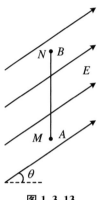

图 1.3.13

(3) 小球 B 从 N 端运动到距 M 端的高度 $h_2 = 0.61$ m 时,速度为 $v = 1.0$ m/s,求此过程中小球 B 的电势能改变了多少?

6. 如图 1.3.14 所示,在光滑绝缘水平面上,相隔 $2L$ 的 A、B 两点固定有两个电荷量均为 Q 的正电荷,a、O、b 是 AB 连线上的三点,且以 O 为中心,$Oa = Ob = L/2$。一质量为 m、电荷量为 q 的点电荷以初速度 v_0 从 a 出发沿 AB 向 B 点运动,在运动过程中电荷受到大小恒定的阻力作用,但速度为零时,阻力为零。当它运动到 O 点时动能为初动能的 n 倍,到达 b 点时刚好速度为零,然后返回往复运动,最后静止。已知静电力常量为 k,设 O 处电势为零,求:

(1) a 点的场强和电势;
(2) 电荷在电场中运动的总路程。

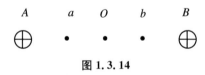

图 1.3.14

7. (2012年北京卷)匀强电场的方向沿 x 轴正方向,电场强度 E 随 x 的分布如图 1.3.15 所示,图中 E_0 和 d 均为已知量。将带正电的质点 A 在 O 点由静止释放。A 离开电场足够远后,再将另一带正电的质点 B 放在 O 点也由静止释放。当 B 在电场中运动时,A、B 间的相互作用力以及相互作用能均为零;B 离开电场后,A、B 间的相互作用视为静电作用。已知 A 的电荷量为 Q,A 和 B 的质量分别为 m 和 $m/4$,不计重力。

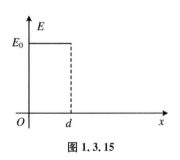

图 1.3.15

(1) 求 A 在电场中的运动时间 t。

(2) 若 B 的电荷量为 $q = \dfrac{4}{9}Q$,求两质点相互作用能的最大值 E_{pm}。

(3) 为使 B 离开电场后不改变运动方向,求 B 所带电荷量的最大值 q_m。

8. （2002年全国卷）如图1.3.16所示，有三根长度皆为 $l = 1.00$ m 的不可伸长的绝缘轻线，其中两根的一端固定在天花板上的 O 点，另一端分别拴有质量 $m = 1.00 \times 10^{-2}$ kg 的带电小球 A 和 B，它们的电量分别为 $-q$ 和 $+q$，$q = 1.00 \times 10^{-7}$ C。A、B 之间用第三根线连接起来。其中存在场强大小 $E = 1.00 \times 10^6$ N/C 的匀强电场，场强方向沿水平向右，平衡时 A、B 球的位置如图所示。现将 O、B 之间的线烧断，由于有空气阻力，A、B 球最后会达到新的平衡位置。问：最后两球的机械能与电势能的总和与烧断前相比改变了多少（不计两带电小球间相互作用的静电力）？

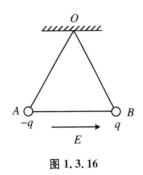

图 1.3.16

提 高 练 习

9. 一个半径为 R 的金属圆盘绕着通过圆心且与盘面垂直的轴高速旋转，角速度为 ω。盘面上有一点 P，与圆心的距离为 x。已知电子的质量为 m，电荷量为 e，求：

（1）P 点处的电场强度；

（2）圆盘边沿部分与圆心之间的电势差的值。

10. （1998年第15届全国中学生物理竞赛预赛试题）真空中有5个电量均为 q 的均匀带电薄球壳，它们的半径分别为 R、$R/2$、$R/4$、$R/8$、$R/16$，彼此内切于 P 点，如图1.3.17所示，球心分别为 O_1、O_2、O_3、O_4、O_5，求 O_1 和 O_5 之间的电势差。

11. 半径为 R 的半球形薄壳，其表面均匀分布面电荷密度为 σ 的电荷，求该球开口处圆面上任一点的电势。

12. （2003年第19届全国中学生物理竞赛复赛试题）如图1.3.18所示，在水平光滑绝缘的桌面上，有三个带正电的质点1、2、3，位于边长为 l 的等边三角形的三个顶点处。C 为三角形的中心，三个质点的质量皆为 m，带电量皆为 q。质点1、3之间和2、3之间用绝缘的轻而细的刚性杆相连，在质点3的连接处为无摩擦的铰链。已知开始时三个质点的速度为零，在此后运动过程中，当质点3运动到 C 处时，其速度大小为多少？

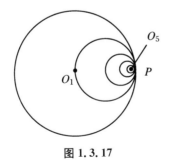

图 1.3.17

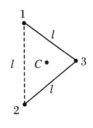

图 1.3.18

《《参 考 答 案》》

1. A。

2. D。

3. $v = q\sqrt{\dfrac{2k}{mr}}$。

4. $v_1 = \sqrt{\dfrac{3kQq}{2ma}}$，$v_2 = \sqrt{\dfrac{kQq}{6ma}}$。

提示 设负电荷在近点和远点处的速率分别为 v_1 和 v_2，根据能量守恒，有

$$\dfrac{1}{2}mv_1^2 - \dfrac{kQq}{a} = \dfrac{1}{2}mv_2^2 - \dfrac{kQq}{3a}$$

电荷 $-q$ 受有心力作用，角动量守恒，则

$$mv_1 \cdot a = mv_2 \cdot 3a$$

解得

$$v_1 = \sqrt{\dfrac{3kQq}{2ma}}, \quad v_2 = \sqrt{\dfrac{kQq}{6ma}}$$

5. (1) $a = g - \dfrac{kQq}{L^2 m} - \dfrac{qE\sin\theta}{m} = 3.2 \text{ m/s}^2$；(2) $h_1 = \sqrt{\dfrac{kQq}{mg - qE\sin\theta}} = 0.9 \text{ m}$；(3) $\Delta E_p = 8.4 \times 10^{-2}$ J。

6. (1) $E_a = \dfrac{32kQ}{9L^2}$，$\varphi_a = (2n-1)\dfrac{mv_0^2}{4q}$ 或 $\varphi_a = \dfrac{2kQ}{3L}$；(2) $s = (2n+1)\dfrac{L}{2}$。

7. (1) $t = \sqrt{\dfrac{2dm}{QE_0}}$；(2) $E_{pm} = \dfrac{1}{45}QE_0 d$；(3) $q_m = \dfrac{16}{9}Q$。

提示 当两质点相互作用能最大时，两质点相距最近，此时二者共速，根据动量守恒求得共速时的速度，再利用能量守恒可求得相互作用能的最大值。为使 B 离开电场后不改变运动方向的临界态是当两质点作用力再次变为零时 B 的速度刚好变为零。

8. 6.8×10^{-2} J。

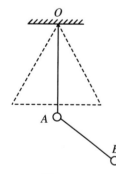

图 1.3.19

提示 烧断 OB 细线后，A、B 球在重力和电场力作用下将向下运动，当最后达到平衡时，如图 1.3.19 所示，由整体法可知 OA 竖直，设 AB 与竖直线的夹角为 α，则

$$T_B \sin\alpha = Eq$$
$$T_B \cos\alpha = mg$$

由上述二式可解得 $\alpha = 45°$。

与原位置相比，A 球重力势能减少了

$$E_A = mgl(1 - \sin 60°)$$

B 球重力势能减少了

$$E_B = mgl(1 - \sin 60° + \cos 45°)$$

A 球电势能增加了

$$W_A = Eql\cos 60°$$

B 球电势能减少了

$$W_B = Eql(\sin 45° - \sin 30°)$$

故两种势能总和减少了

$$W = W_B - W_A + E_A + E_B = 6.8 \times 10^{-2} \text{ J}$$

9. (1) $E = \dfrac{m\omega^2 x}{e}$；(2) $U = \dfrac{m\omega^2 R^2}{2e}$。

提示 金属中的电子受到的电场力提供向心力，则 $eE = m\omega^2 x$，得 $E = \dfrac{m\omega^2 x}{e}$。又圆盘外沿与圆心之间的电势差为

$$U_{\text{外}O} = \int_R^0 \dfrac{m\omega^2 x}{e} \mathrm{d}x = -\dfrac{m\omega^2 R^2}{2e}$$

所以其值为 $U = \dfrac{m\omega^2 R^2}{2e}$。

10. $\dfrac{24.46kq}{R}$。

提示 O_5 的电势为

$$\varphi_5 = k\left(\dfrac{q}{R} + \dfrac{q}{R/2} + \dfrac{q}{R/4} + \dfrac{q}{R/8} + \dfrac{q}{R/16}\right) = \dfrac{31kq}{R}$$

O_1 的电势为

$$\varphi_1 = k\left(\dfrac{q}{R} + \dfrac{q}{R/2} + \dfrac{q}{R/2 + R/4} + \dfrac{q}{R/2 + R/4 + R/8} + \dfrac{q}{R/2 + R/4 + R/8 + R/16}\right)$$

$$= k \cdot \dfrac{q}{R} \cdot 3\left(1 + \dfrac{372}{105}\right) = \dfrac{6.54kq}{R}$$

所以

$$\varphi_1 - \varphi_5 = \dfrac{24.46kq}{R}$$

11. $\varphi_P = 2\pi k\sigma R$。

提示 (1)方法一 设想填补面电荷密度亦为 $+\sigma$ 的另半个球面，如图 1.3.20 所示，则球内任一点的场强均为零，对原半球面开口处圆面上的任一点 P 而言，也有 $E_P = 0$，而 E_P 是上下两个半球在 P 点产生的场强 $E_\text{上}$、$E_\text{下}$ 的合成。另据对称性易知 $E_\text{上}$、$E_\text{下}$ 的大小必定相等，而 $E_\text{上}$、$E_\text{下}$ 的合场强为零，说明 $E_\text{上}$、$E_\text{下}$ 均垂直于半球开口平面，故在半球面带均匀电荷的情况下它的开口圆面应为等势点，即圆面上任一点的电势都等于开口圆面圆心点处的电势。因此

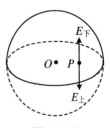

图 1.3.20

$$\varphi_P = \varphi_O = k \cdot \frac{\sigma \cdot 2\pi R^2}{R} = 2\pi k\sigma R$$

（2）**方法二** 设想填补面电荷密度亦为 $+\sigma$ 的另半个球面，如图 1.3.20 所示，则球内任一点的电势均为 $\varphi = k \cdot \frac{\sigma \cdot 4\pi R^2}{R} = 4\pi k\sigma R$，对原半球面开口处圆面上的任一点 P 而言，根据对称性，上下半球面对该点的电势贡献是一样的，所以原半球面开口处圆面上的任一点 P 的电势为 $\varphi_P = \frac{\varphi}{2} = 2\pi k\sigma R$。

12. $v_3 = \sqrt{\dfrac{2kq^2}{3ml}}$。

提示 以三个质点为系统，由对称性可知开始时其质心应位于 C 处，因为质点系所受的合外力为零，由质心运动定理可知质心总是固定不动的。由于杆为刚性杆，质点 1、2 在静电力作用下，要保持质心不动，质点 1、2 必将分别向题图中右上方和右下方运动，而质点 3 将向左运动。当 3 运动到 C 处时，1、2 将运动到 A、B 处，A、B、C 三点在一直线上，1、2 的速度方向向右，3 的速度方向向左，如图 1.3.21 所示。令 v_1、v_2、v_3 分别表示此时它们的速度大小，根据对称性可知 $v_2 = v_1$，根据动量守恒和能量守恒，有

$$mv_3 = 2mv_1, \quad 3k \cdot \frac{q^2}{l} = \frac{1}{2}mv_3^2 + 2\left(\frac{1}{2}mv_1^2\right) + 2k \cdot \frac{q^2}{l} + k \cdot \frac{q^2}{2l}$$

得

$$v_3 = \sqrt{\frac{2kq^2}{3ml}}$$

图 1.3.21

1.4 电势的梯度

课外知识延伸

1. 静电场的环路定理

由于电场力做功与路径无关，在图 1.4.1 所示的任意电场中，当试探电荷由 a 点沿路径 L_1 移动至 b 点时，满足 $\int_{L_1} \boldsymbol{E} \cdot d\boldsymbol{l} = U_{ab}$，由 b 点沿路径 L_2 移动至 a 点的过程中，满足 $\int_{L_2} \boldsymbol{E} \cdot d\boldsymbol{l} = U_{ba}$。由于 $U_{ab} + U_{ba} = 0$，因此，我们可以认为，在静电场中，场强沿任意闭合回路的累积（线积分）等于 0，即 $\oint_L \boldsymbol{E} \cdot d\boldsymbol{l} = 0$（其中符号 $\oint$ 表示积分回路是闭合的），该关系称为静电场环路定理。

2. 电势的梯度

"梯度"一词,通常指一个物理量的空间变化率。用数学语言来说,就是物理量对空间坐标的微商。在三维空间里,一个标量场沿不同方向的变化率不同。我们在一对彼此靠近的等势面之间取一任意方向的线段 PQ,设其长度为 Δl,如图 1.4.2 所示,则电势 φ 沿此方向的微商为 $\frac{\partial \varphi}{\partial l} = \lim\limits_{\Delta l \to 0} \frac{\Delta \varphi}{\Delta l}$,称为电势 φ 沿 $\overrightarrow{PQ} = \Delta l$ 的方向微商,这是一种偏微商;$E_l = -\frac{\partial \varphi}{\partial l} \hat{e}_l$,其中 E_l 为沿 Δl 方向的电场强度分量。

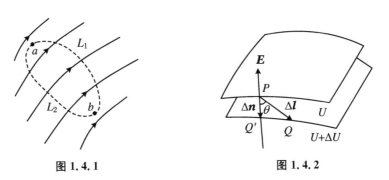

图 1.4.1　　　　　　图 1.4.2

若 PQ' 垂直于等势面,$\overrightarrow{PQ'} = \Delta n$,则沿此方向的微商为 $\frac{\partial \varphi}{\partial n} = \lim\limits_{\Delta n \to 0} \frac{\Delta \varphi}{\Delta n}$,显然此方向的偏微商是最大的,$\frac{\partial \varphi}{\partial l}$ 的偏微商是 $\frac{\partial \varphi}{\partial n}$ 在 $\overrightarrow{PQ} = \Delta l$ 方向上的分量。我们把 $\frac{\partial \varphi}{\partial n}$ 称为电势的梯度,常用 $\nabla \varphi$ 来表示;$E = -\frac{\partial \varphi}{\partial n} \hat{n} = -\nabla \varphi$。

电势的梯度在两类常用坐标系中的具体表达式为

$$\nabla \varphi = \begin{cases} \dfrac{\partial \varphi}{\partial x} \hat{i} + \dfrac{\partial \varphi}{\partial y} \hat{j} + \dfrac{\partial \varphi}{\partial z} \hat{k} & \text{(直角坐标系)} \\ \dfrac{\partial \varphi}{\partial r} \hat{e}_r + \dfrac{1}{r} \dfrac{\partial \varphi}{\partial \theta} \hat{e}_\theta + \dfrac{1}{r \sin \theta} \dfrac{\partial \varphi}{\partial \phi} \hat{e}_\phi & \text{(球坐标系)} \end{cases}$$

 核心问题讨论

1. 在匀强电场中,如何利用等势线与电场强度的关系处理相关问题?

在匀强电场中,电场线与等势面相互垂直;沿电场中任意一条直线,其电势降落是均匀的。利用这两个特点,我们可以根据匀强电场中给出的电势,快速地得出其他点的电势和电场的电场强度。

例题 1　如图 1.4.3 所示,在平面直角坐标系中,有方向平行于坐标平面的匀强电场。其中坐标原点 O 处的电势为 2 V,点 $A(\sqrt{3},0)$ 处的电势为 $(2-\sqrt{3})$ V,点 $B(0,1)$ 处的电势为 $(2+\sqrt{3})$ V。

(1) 点 $C(\sqrt{3},1)$ 的电势是多少?

(2) 电场强度的大小是多少?

(3) 三角形 OAB 的外接圆上最低、最高电势分别是多少?

分析 已知三点的电势,用直线连接最高电势 B 点和最低电势 A 点,沿直线 BA 电势均匀降落,所以直线 BA 上的中点 O' 的电势为 $\varphi_{O'} = \dfrac{\varphi_B + \varphi_A}{2} = 2\text{ V}$,则 O、O' 为等势点,连接 O、O',此直线为等势线,电场线与其垂直。

解 (1) 如图 1.4.4 所示,连接 O、C,OC 与 AB 的交点 O' 刚好为 AB 的中点,则 O' 的电势为

$$\varphi_{O'} = \dfrac{\varphi_B + \varphi_A}{2} = 2\text{ V}$$

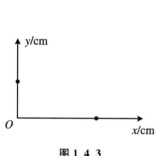

图 1.4.3

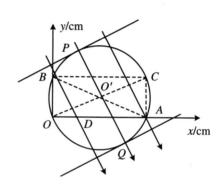

图 1.4.4

又因为 $\varphi_O = 2\text{ V}$,OC 直线为等势线,所以

$$\varphi_C = 2\text{ V}$$

(2) 如图 1.4.4 所示,OO' 为等势线,作直线 BD 垂直于 OO',D 为垂足,则 BD 为匀强电场中的一条电场线,可得

$$d_{BD} = \dfrac{\sqrt{3}}{2}\text{ cm}, \quad U_{BD} = \varphi_B - \varphi_D = \varphi_B - \varphi_O = \sqrt{3}\text{ V}$$

所以电场强度的大小为

$$E = \dfrac{U}{d} = 200\text{ V/m}$$

(3) 如图 1.4.4 所示,过外接圆圆心 O' 的电场线与外接圆相交,P 点电势最高,Q 点电势最低,易知圆半径 $R = 1\text{ cm}$,则

$$\varphi_P - \varphi_{O'} = U_{PO'} = E \cdot PO' = 2\text{ V}$$
$$\varphi_{O'} - \varphi_Q = U_{O'Q} = E \cdot O'Q = 2\text{ V}$$

又 $\varphi_{O'} = 2\text{ V}$,所以

$$\varphi_P = 4\text{ V}, \quad \varphi_Q = 0$$

点拨 第 1 问还可以利用匀强电场中任意两条平行且等长的线段,其两端点的电势差相等。因为 OB 平行且等于 AC,所以 $\varphi_O - \varphi_B = \varphi_A - \varphi_C$,故 $\varphi_C = 2\text{ V}$。

2. 如何利用 φ-x(或 E_p-x)图像研究电场?

我们知道 φ-x 图像的斜率的相反数表示场强 E 在 x 轴上的分量,即 $\boldsymbol{E}_x = -\frac{\partial \varphi}{\partial x}\hat{\boldsymbol{i}}$;纵坐标为 0 的点即为零电势参考点。我们可以得到电势能的梯度表示物体受到的电场力的相反数,即 $\nabla \varepsilon_p = \frac{\partial \varepsilon_p}{\partial n}\hat{n} = q\frac{\partial \varphi}{\partial n}\hat{n} = -q\boldsymbol{E} = -\boldsymbol{F}_{电}$。我们也可以通过求电势能在某一方向的微商,求得该方向上的电场力的分力。知道了受力情况,结合物体运动的初始状态就可以判断物体做什么样的运动了。

例题 2 (2011 年北京卷)静电场方向平行于 x 轴,其电势 φ 随 x 的分布可简化为图 1.4.5 所示的折线,图中 φ_0 和 d 为已知量。一个带负电的粒子在电场中以 $x=0$ 为中心、沿 x 轴方向做周期性运动。已知该粒子的质量为 m,电量为 $-q$,其动能与电势能之和为 $-A(0<A<q\varphi_0)$,忽略重力,求:

(1) 粒子所受电场力的大小;
(2) 粒子的运动区间;
(3) 粒子的运动周期。

分析 由 φ-x 图像的斜率可以求得电场强度的大小,根据沿电场线的方向电势降低,可以判断出场强的方向,从而得到粒子的受力情况,根据粒子所受电场力可以判断出粒子的运动情况。因为在 x 轴的正负半轴内斜率都为常数,所以在 x 的正负半轴内的电场分别为两个场强大小相等的匀强电场,故粒子在两个电场中均做匀变速运动。

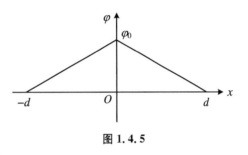

图 1.4.5

解 (1) 由图 1.4.5 可知 O 与 d(或 $-d$)两点间的电势差为 φ_0,则电场强度的大小

$$E = \frac{\varphi_0}{d}$$

电场力的大小为

$$F = qE = \frac{q\varphi_0}{d}$$

(2) 设粒子在 $[-x_0, x_0]$ 区间内运动,速率为 v,由题意得

$$\frac{1}{2}mv^2 - q\varphi = -A$$

由图 1.4.5 可知

$$\varphi = \varphi_0\left(1 - \frac{|x|}{d}\right)$$

联立以上两式,得

$$\frac{1}{2}mv^2 = q\varphi_0\left(1 - \frac{|x|}{d}\right) - A$$

因为动能非负,所以

$$|x| \leqslant d\left(1 - \frac{A}{q\varphi_0}\right)$$

故粒子的运动区间为

$$-d\left(1 - \frac{A}{q\varphi_0}\right) \leqslant x \leqslant d\left(1 - \frac{A}{q\varphi_0}\right)$$

(3) 考虑粒子从 $-x_0$ 处开始运动的 1/4 周期，根据牛顿第二定律，粒子的加速度为

$$a = \frac{F}{m} = \frac{Eq}{m} = \frac{q\varphi_0}{md}$$

由匀加速直线运动规律得粒子运动的时间为

$$t = \sqrt{\frac{2x_0}{a}}$$

解得

$$t = \sqrt{\frac{2md^2}{q\varphi_0}\left(1 - \frac{A}{q\varphi_0}\right)}$$

所以粒子运动的周期为

$$T = 4t = \frac{4d}{q\varphi_0}\sqrt{2m(q\varphi_0 - A)}$$

点拨 本题 $\varphi\text{-}x$ 图像的斜率在 x 轴的正半轴和 x 轴的负半轴互为相反数且为常数，这样的电场并不是虚构出来的，我们在 1.2 节介绍的无限大均匀带电平面产生的电场就属于这种情况。

例题 3 两个点电荷位于 x 轴上，在它们形成的电场中，取无穷远处的电势为零，则在 x 轴的正方向上各点的电势如图 1.4.6 所示。当 $x \to 0$ 时，电势 $\varphi \to \infty$；当 $x \to \infty$ 时，电势 $\varphi \to 0$；电势为零的点的坐标为 x_0，电势为极小值 $-\varphi_0$ 的点的坐标为 $\alpha x_0 (\alpha > 2)$。试根据图线提供的信息，确定这两个点电荷所带电荷的符号、电量的大小以及它们在 x 轴上的位置。

分析 根据 $x \to 0$ 时电势 $\varphi \to \infty$，可知在坐标原点有一正点电荷；又 x 轴的正半轴再无电势 $\varphi \to \infty$ 的地方且有负的电势，可知在 x 轴的负半轴上某处存在一负点电荷。此题又知道了两个位置的电势，根据电势叠加原理可以列出两个方程，还知道 αx_0 处图像的斜率为零，则该处的场强为零。

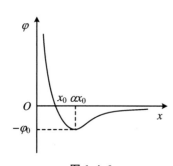

图 1.4.6

解 (1) 设正点电荷带电量为 Q_1，负点电荷位于负半轴距坐标原点 d 处，带电量的绝对值为 Q_2，根据题意有

$$\begin{cases} k\dfrac{Q_1}{x_0} - k\dfrac{Q_2}{x_0 + d} = 0 \\ k\dfrac{Q_1}{\alpha x_0} - k\dfrac{Q_2}{\alpha x_0 + d} = -\varphi_0 \\ k\dfrac{Q_1}{(\alpha x_0)^2} - k\dfrac{Q_2}{(\alpha x_0 + d)^2} = 0 \end{cases}$$

解得

$$\begin{cases} d = \alpha(\alpha-2)x_0 \\ Q_1 = \dfrac{\alpha x_0 \varphi_0}{(\alpha-2)k} \\ Q_2 = \dfrac{\alpha(\alpha-1)^2 \varphi_0 x_0}{(\alpha-2)k} \end{cases}$$

点拨 图像问题的处理要善于抓住斜率的物理意义、图线与某一轴围成的面积的物理意义。电场中 E-x 图像、φ-x 图像、ε_p-x 图像是常见的考点。

3. 如何利用电势求电场强度？

有一些电场不具备很高的对称性，无法用高斯定理求解电场强度，或者用电场强度叠加原理时计算量较大，这时如果电势容易求解的话，我们可以选择合适的坐标系，利用电势的梯度 $\boldsymbol{E} = -\dfrac{\partial \varphi}{\partial n}\hat{\boldsymbol{n}} = -\nabla \varphi$ 来求电场强度。

例题 4 如图 1.4.7 所示，一半径为 R 的绝缘环上均匀地带有电荷量为 $+Q$ 的电荷。在垂直于圆环平面的对称轴上有一点 P，它与环心 O 的距离 $OP = z_0$。已知真空中的介电常数为 ε_0，利用电势求梯度的方法求 P 点的电场强度。

分析 在 1.3 节的例题中，我们已经利用电势叠加的方法求得了轴线上电势的分布，接下来只需要求电势的梯度，即可求得电场强度，但需要选择合适的坐标系来求出场强的各个分量。

解 取轴线为 z 轴，圆心 O 为原点，在轴线上取任一场点，其坐标为 z，它到圆环上每一线段 $\mathrm{d}l$ 的距离为

$$r = \sqrt{R^2 + z^2}$$

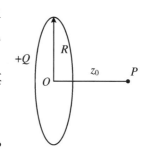

图 1.4.7

可知 r 在整个圆周上是常量。按照电势叠加原理，整个圆环在 P 点产生的电势为各线元 $\mathrm{d}l$ 产生电势的标量叠加，则

$$\varphi(z) = \dfrac{1}{4\pi\varepsilon_0}\int_0^{2\pi R}\dfrac{\eta_e \mathrm{d}l}{r} = \dfrac{\eta_e}{4\pi\varepsilon_0 r}\int_0^{2\pi R}\mathrm{d}l = \dfrac{\eta_e R}{2\varepsilon_0 r} = \dfrac{\eta_e R}{2\varepsilon_0 \sqrt{R^2+z^2}}$$

轴线上场强的投影为

$$E_z = -\dfrac{\partial \varphi}{\partial z} = \dfrac{\eta_e z_0 R}{2\varepsilon_0(R^2+z_0^2)^{3/2}} \quad \left(\eta_e = \dfrac{Q}{2\pi R}\right)$$

点拨 从对称性可以看出，场强矢量的方向就沿轴线，而它的大小 $E = |E_z|$，轴线以外的场强则有多个分量。

例题 5 在图 1.4.8 所示的球坐标系中，电势在空间中的分布为 $\varphi = ar$（其中 a 为常数，$r = \sqrt{x^2+y^2+z^2}$）。已知真空中的介电常数为 ε_0，求：

(1) 空间中的电场强度大小的分布情况；

(2) 空间中的电荷密度大小的分布情况。

分析 因为电势分布只与 r 有关，所以场强分布只存在 E_r 分量，利用 $E_r = -\dfrac{\partial \varphi}{\partial r}$ 即可

求得电场强度的分布;知道了电场强度,利用高斯定理即可求得电荷分布。

解 (1) 因为 $E_r = -\dfrac{\partial \varphi}{\partial r}$,又 $\varphi = ar$,所以

$$E_r = -\dfrac{\partial \varphi}{\partial r} = -a$$

因此,电场强度的大小为一定值 a,方向指向坐标原点。

(2) 选一个圆心与坐标原点重合、半径为 r 的高斯球面,高斯面包含的电量为 Q,由高斯定理 $E_r 4\pi r^2 = \dfrac{Q(r)}{\varepsilon_0}$ 可得

$$Q(r) = 4\pi\varepsilon_0 r^2(-a)$$

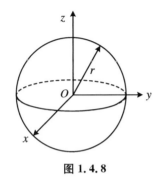

图 1.4.8

所以

$$\rho(r) = \dfrac{\mathrm{d}Q(r)}{\mathrm{d}V} = \dfrac{\mathrm{d}(-4\pi a\varepsilon_0 r^2)}{\mathrm{d}\left(\dfrac{4}{3}\pi r^3\right)} = -\dfrac{8\pi a\varepsilon_0 r \cdot \mathrm{d}r}{4\pi r^2 \cdot \mathrm{d}r} = -\dfrac{2a\varepsilon_0}{r} \propto -\dfrac{1}{r}$$

可知电荷密度与到坐标原点的距离成反比。

点拨 (1) 根据在球坐标系中,$\nabla\varphi = \dfrac{\partial \varphi}{\partial r}\hat{e}_r + \dfrac{1}{r}\dfrac{\partial \varphi}{\partial \theta}\hat{e}_\theta + \dfrac{1}{r\sin\theta}\dfrac{\partial \varphi}{\partial \phi}\hat{e}_\phi$,场强的三个分量为 $E_r = -\dfrac{\partial \varphi}{\partial r}$,$E_\theta = -\dfrac{1}{r}\cdot\dfrac{\partial \varphi}{\partial \theta}$,$E_\phi = -\dfrac{1}{r\sin\theta}\cdot\dfrac{\partial \varphi}{\partial \phi}$。本题中的电势是关于距离 r 的函数,与仰角 θ、方位角 ϕ 无关,所以场强只有 E_r 分量。

(2) 求 r 处的电荷密度时,应当在 r 处取一个厚度为 $\mathrm{d}r$ 的很薄的球壳,再计算球所带电量和球壳体积的比值。

例题 6 两个相距很近的等量异号点电荷组成的系统称为电偶极子。如图 1.4.9 所示,相距 l、电荷量分别为 $+q$ 和 $-q$ 的点电荷构成电偶极子,取二者连线方向为 y 轴方向,中点 O 为原点,建立 xOy 坐标系,P 点与坐标原点 O 的距离为 $r(r \gg l)$,P、O 两点的连线与 y 轴正方向的夹角为 θ,设无穷远处的电势为零,真空中静电力常量为 k。

(1) 求 P 点的电势 $\varphi(r,\theta)$。

(2) 利用电势的梯度求 P 点的电场强度的径向和切向分量 E_r 和 E_θ。

分析 电偶极子的电势利用电势叠加原理求解,然后利用电势的梯度就可计算场强的分布。难度在于计算的处理,需要用到小量近似。

解 (1) 设 P 点到 $+q$、$-q$ 的距离分别为 r_+、r_-,通过 $+q$、$-q$ 作 PO 的垂线,垂足为 C、D,如图 1.4.10 所示。根据图中几何关系,有

$$CO = DO = \dfrac{l}{2}\cos\theta$$

因为 $r \gg l$,所以

$$r_+ \approx r - \dfrac{l}{2}\cos\theta, \quad r_- \approx r + \dfrac{l}{2}\cos\theta$$

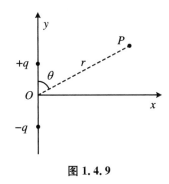
图 1.4.9

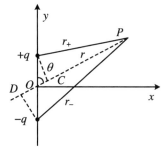
图 1.4.10

根据电势叠加定理,有

$$\varphi = \varphi_+ + \varphi_- = k\frac{q}{r_+} - k\frac{q}{r_-}$$

联立以上各式,可得

$$\varphi = kq\left(\frac{1}{r-\frac{l}{2}\cos\theta} - \frac{1}{r+\frac{l}{2}\cos\theta}\right) = kq \cdot \frac{\left(r+\frac{l}{2}\cos\theta\right) - \left(r-\frac{l}{2}\cos\theta\right)}{\left(r-\frac{l}{2}\cos\theta\right)\left(r+\frac{l}{2}\cos\theta\right)}$$

整理,得

$$\varphi = kq \cdot \frac{l\cos\theta}{r^2 - \left(\frac{l}{2}\cos\theta\right)^2}$$

忽略 l 的平方项,可得

$$\varphi = k\frac{ql\cos\theta}{r^2} = k\frac{p\cos\theta}{r^2}$$

式中 $p = ql$,称为电偶极矩,方向由负电荷指向正电荷。

(2) 根据表达式 $\nabla\varphi = \frac{\partial\varphi}{\partial r}\hat{e}_r + \frac{1}{r}\frac{\partial\varphi}{\partial\theta}\hat{e}_\theta$,场强的两个分量分别为

$$E_r = -\frac{\partial\varphi}{\partial r} = \frac{2kp\cos\theta}{r^3}, \quad E_\theta = -\frac{1}{r} \cdot \frac{\partial\varphi}{\partial\theta} = \frac{kp\sin\theta}{r^3}$$

点拨 (1) 在电偶极子的延长线上 $\theta = 0$ 或 $\theta = \pi$,$E_\theta = 0$,从而有 $E = E_r = \frac{2kp}{r^3}$;在中垂面上,$\theta = \frac{\pi}{2}$,$E_r = 0$,从而有 $E = E_\theta = \frac{kp}{r^3}$。该结果与用点电荷的场强公式叠加求得的结果是相同的。

(2) 本题也可以采用点电荷的场强公式叠加求解电场的径向和切向分量,但是将涉及比较烦琐的矢量求和,运算量将非常大。由于电势是标量,电势的叠加就是标量的直接叠加,这将比电场强度的叠加方便许多。所以,我们往往先求出电势,然后利用方向微商或梯度的方法求空间中场强,这也体现了引进电势这个标量的优越性。

基础练习

1. (2013年朝阳一模)空间存在平行于 x 轴方向的静电场,其电势 φ 随 x 的分布如图 1.4.11 所示,A、M、O、N、B 为 x 轴上的点,$|OA|<|OB|$,$|OM|=|ON|$。一个带电粒子在电场中仅在电场力作用下从 M 点由静止开始沿 x 轴向右运动,则下列判断中正确的是 (　　)

A. 粒子一定带正电

B. 粒子从 M 向 O 运动过程中所受电场力均匀增大

C. 粒子一定能通过 N 点

D. 粒子从 M 向 O 运动过程中电势能逐渐增加

2. 假设空间某一静电场的电势 φ 随 x 变化情况如图 1.4.12 所示,根据图中信息可以确定下列说法中正确的是 (　　)

A. 空间各点场强的方向均与 x 轴垂直

B. 电荷沿 x 轴从 O 移到 x_1 的过程中,在 x 轴方向一定不受电场力的作用

C. 正电荷沿 x 轴从 x_2 移到 x_3 的过程中,电场力做正功,电势能减小

D. 负电荷沿 x 轴从 x_4 移到 x_5 的过程中,电场力做负功,电势能增加

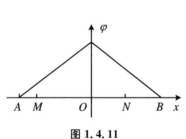

图 1.4.11

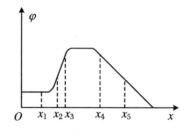

图 1.4.12

3. (2009年江苏卷)空间某一静电场的电势 φ 在 x 轴上的分布如图 1.4.13 所示,x 轴上 B、C 两点电场强度在 x 轴方向上的分量分别是 E_{Bx}、E_{Cx},下列说法中正确的是 (　　)

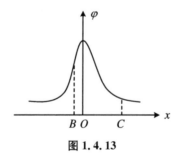

图 1.4.13

A. E_{Bx} 的大小大于 E_{Cx} 的大小

B. E_{Bx} 的方向沿 x 轴正方向

C. 电荷在 O 点受到的电场力在 x 轴方向上的分量最大

D. 负电荷沿 x 轴从 B 移到 C 的过程中，电场力先做正功后做负功

4. 如图 1.4.14 所示，x 轴上有两个点电荷 Q_1 和 Q_2，Q_1 和 Q_2 的连线上各点电势高低如图中曲线所示（$AP>PB$），选无穷远处电势为零，从图中可以看出　　　　（　　）

A. Q_1 的电量一定大于 Q_2 的电量

B. Q_1 和 Q_2 一定是同种电荷

C. P 点的电场强度为零

D. Q_1 和 Q_2 的连线上各点电场方向都指向 Q_2

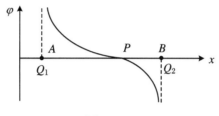

图 1.4.14

5. 如图 1.4.15(a)所示，一条电场线与 Ox 轴重合，取 O 点电势为零，Ox 方向上各点的电势 φ 随 x 变化的规律如图 1.4.15(b)所示，则　　　　（　　）

A. 该电场线的方向将沿 Ox 的正方向　　B. 该电场线可能是孤立正电荷产生的

C. 该电场线可能是孤立负电荷产生的　　D. 该电场线可能是等量异种电荷产生的

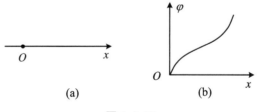

图 1.4.15

6.（2010 年江苏高考）空间有一沿 x 轴对称分布的电场，其电场强度 E 随 x 变化的图像如图 1.4.16 所示。下列说法中正确的是　　　　（　　）

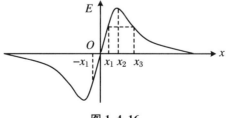

图 1.4.16

A. O 点的电势最低 B. x_2 点的电势最高
C. x_1 和 $-x_1$ 两点的电势相等 D. x_1 和 x_3 两点的电势相等

7. (2014年新课标 I 卷)如图 1.4.17 所示,O、A、B 为同一竖直平面内的三个点,OB 沿竖直方向,$\angle BOA = 60°$,$OB = \dfrac{3}{2}OA$。将一质量为 m 的小球以一定的初动能自 O 点水

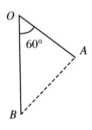

图 1.4.17

平向右抛出,小球在运动过程中恰好通过 A 点。使此小球带电,电荷量为 $q(q>0)$,同时加一匀强电场,场强方向与△OAB 所在平面平行。现从 O 点以相同的初动能沿某一方向抛出此带电小球,该小球也通过了 A 点,且到达 A 点时的动能是初动能的 3 倍;若小球从 O 点以相同的初动能沿另一方向抛出,恰好通过 B 点,且到达 B 点时的动能为初动能的 6 倍。重力加速度大小为 g,求:

(1) 无电场时小球到达 A 点时的动能与初动能的比值;
(2) 电场强度的大小和方向。

提 高 练 习

8. 关于空间中存在的匀强电场,下列说法中正确的是 (　　)
A. 电场线一定是直的且分布均匀
B. 若已知不共线的三点的电势,可求出空间中电势的分布
C. 若已知不共面的四点的电势,可求出空间中电势的分布
D. 若已知不共面的四点的电势,可求出空间中电场强度的分布

9. (2018年清华领军试题改编)下列关于静电场的说法中正确的是 (　　)
A. 对于给定的闭合曲面,电场强度的通量始终为零
B. 对于给定的闭合曲线,电场强度的环量为零
C. 对于以给定闭合曲线 L 为边界的曲面,电场强度的通量均相同

10. 正点电荷 Q_1 和 Q_2 分别置于 A、B 两点,相距 L。现以 L 为直径作半圆,如图 1.4.18 所示,求在此半圆上电势最低点 P 的位置。

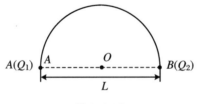

图 1.4.18

11. (2008年第25届全国中学生物理竞赛预赛)有两块无限大均匀带电平面,一块带正电,一块带负电,单位面积所带电荷量的数值相等。现将两带电平面正交放置,如图 1.4.19 所示。图中直线 A_1B_1 和 A_2B_2 分别为带正电的平面和带负电的平面与纸面正交的交线,O 为两交线的交点。

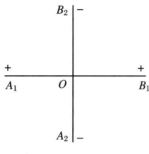

图 1.4.19

(1) 试根据每块无限大均匀带电平面产生的电场(场强和电势)具有对称性的特点,并取 O 点为电势零点,在给出的图上画出电场(正负电荷产生的总电场)中电势分别为 0、1 V、2 V、3 V、-1 V、-2 V、-3 V 的等势面与纸面的交线的示意图,并标出每个等势面的电势。

(2) 若每个带电平面单独产生的电场的场强是 $E_0=1.0$ V/m,求出(1)中相邻两等势面间的距离 d。

12.(1984年第1届全国中学生物理竞赛决赛试题改编)如图1.4.20所示,两个带正电的点电荷,其带电量都是 Q,固定放置在 x 轴上 A、B 两点处,A、B 与原点的距离都是 r。现在原点 O 处放置另一点电荷 P,其带电量大小是 q,质量为 m。已知真空中的静电力常量为 k。

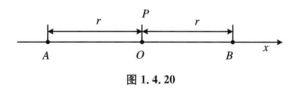

图 1.4.20

(1) 当 $q>0$ 时,限制点电荷 P 只能沿 x 轴做小幅度振动,应用电势能求导的方法求出振动周期。

(2) 当 $q<0$ 时,限制点电荷 P 只能沿 AB 的垂直平分线做小幅度振动,应用电势能求导的方法求出振动周期。

≪参 考 答 案≫

1. C。
2. BD。
3. AD。
4. AD。
5. D。
6. C。

提示 E-x 图像与 x 轴围成的面积表示电势差的大小。

7. (1) $\dfrac{7}{3}$；(2) $E = \dfrac{\sqrt{3}mg}{6q}$，电场方向与竖直向下的方向的夹角为 $30°$。

提示 加电场后，小球从 O 点到 A 点和 B 点，高度分别降低了 $\dfrac{d}{2}$ 和 $\dfrac{3d}{2}$，设电势能分别减小 ΔE_{pA} 和 ΔE_{pB}，由能量守恒定律得

$$\Delta E_{pA} = 3E_{k0} - E_{k0} - \dfrac{1}{2}mgd = \dfrac{2}{3}E_{k0}$$

$$\Delta E_{pB} = 6E_{k0} - E_{k0} - \dfrac{3}{2}mgd = E_{k0}$$

在匀强电场中，沿任一直线，电势的降落是均匀的。设直线 OB 上的 M 点与 A 点等电势，M 点与 O 点的距离为 x，如图 1.4.21 所示，则有

$$\dfrac{x}{\dfrac{3}{2}d} = \dfrac{\Delta E_{pA}}{\Delta E_{pB}}$$

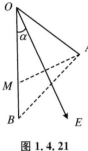

图 1.4.21

解得 $x = d$。MA 为等势线，电场必与其垂线方向平行。设电场方向与竖直向下的方向的夹角为 α，由几何关系可得 $\alpha = 30°$，即电场方向与竖直向下的方向的夹角为 $30°$。设场强的大小为 E，有 $qEd\cos 30° = \Delta E_{pA}$，可得 $E = \dfrac{\sqrt{3}mg}{6q}$。

8. ACD。

提示 已知不共线的三点的电势，只能求出这三点所在平面的电势分布；已知不共面的四点的电势，可求出空间中电势的分布，根据电势梯度可以进一步求得空间中电场强度的分布。

9. B。

提示 由于静电场的电场线不闭合，比如点电荷电场，取一个包围点电荷的球面，显然通量不为零；闭合曲线首末位置重合，电势差为零，所以电场强度的环量为零；比如在以点电荷为圆心的球面上任取一闭合曲线，把球面分成两部分，如果这两部分面积不同，则电场强度的通量不同。

10. P 和 A 的连线与 AB 的夹角为 $\theta = \arctan\sqrt[3]{\dfrac{Q_2}{Q_1}}$。

提示 方法一 求半圆上任意位置的电势，设任一点 P 和 A 的连线与 AB 的夹角为 θ，则

$$\varphi_P = \dfrac{kQ_1}{L\cos\theta} + \dfrac{kQ_2}{L\sin\theta}$$

电势最低点满足

$$\dfrac{\mathrm{d}\varphi_P}{\mathrm{d}\theta} = \dfrac{kQ_1\sin\theta}{L\cos^2\theta} - \dfrac{kQ_2\cos\theta}{L\sin^2\theta} = 0$$

即 $\theta = \arctan\sqrt[3]{\dfrac{Q_2}{Q_1}}$。

方法二 设想有一正检验电荷从 A 处沿圆弧移动到 B 处,电场力先做正功再做负功,所以圆弧上存在一点 P,使得电场力的方向与速度方向垂直,即电荷 q 在 P 点所受库仑斥力 F_1 与 F_2 的合力 F 的延长线必过 O 点,如图 1.4.22 所示。根据电势能变化与电场力做功的关系,圆弧上电势能最低点即为 P 点,此点电势也最低。

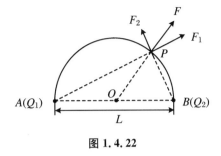

图 1.4.22

设 $\angle PAB = \theta$,则 $\tan\theta = \dfrac{F_2}{F_1}$,其中

$$F_1 = k\frac{Q_1 q}{(L\cos\theta)^2}, \quad F_2 = k\frac{Q_2 q}{(L\sin\theta)^2}$$

所以 $\tan^3\theta = \dfrac{Q_2}{Q_1}$,解得 $\theta = \arctan\sqrt[3]{\dfrac{Q_2}{Q_1}}$。

11. (1) 如图 1.4.23 所示;(2) $\dfrac{\sqrt{2}}{2}$ m。

提示 (1) 无限大均匀带电平面在其两侧空间产生匀强电场。对于第一象限,带正电的 $A_1 B_1$ 板产生竖直向上的匀强电场,$A_2 B_2$ 板产生水平向左的匀强电场,且两电场强度相等,故第一象限内总电场为斜向左 45° 的匀强电场,如图 1.4.23(a)所示。通过类似分析或者根据空间对称性,其他三个象限的总电场也可以确定。等势面处处与电场线垂直,故匀强电场的等势面为一系列均匀分布且相互平行的平面,沿着电场线方向等势面的电势逐渐降低,故等势面的示意图如图 1.4.23(b)所示。

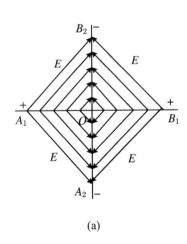
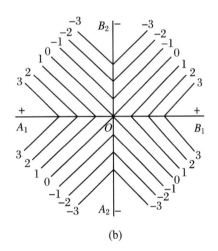

图 1.4.23

(2) 总电场为

$$E = \sqrt{2}E_0 = \sqrt{2}\text{ V/m}$$

由 $U = Ed = 1$ V 得相邻两等势面间的距离

$$d = \frac{U}{\sqrt{2}E_0} = \frac{\sqrt{2}}{2} \text{ m}$$

12. (1) $T = \pi\sqrt{\dfrac{mr^3}{kQq}}$；(2) $T = \pi\sqrt{\dfrac{2mr^3}{kQ|q|}}$。

提示 （1）电荷 P 为正电荷，电荷 P 在 x 处的电势能为

$$\varepsilon_p = \frac{kQq}{r+x} + \frac{kQq}{r-x}$$

电场力沿 x 轴方向，电场力大小为

$$\boldsymbol{F} = -\frac{\mathrm{d}\varepsilon_p}{\mathrm{d}x}\hat{\boldsymbol{i}} = -\left[-\frac{kQq}{(r+x)^2} + \frac{kQq}{(r-x)^2}\right]\hat{\boldsymbol{i}}$$

由于 $x \ll r$，利用 $\alpha \ll 1$ 时 $\dfrac{1}{(1+\alpha)^n} \approx 1 - n\alpha$，且忽略高阶小量，得

$$\boldsymbol{F} = -\left[-\frac{kQq}{r^2\left(1+\dfrac{x}{r}\right)^2} + \frac{kQq}{r^2\left(1-\dfrac{x}{r}\right)^2}\right]\hat{\boldsymbol{i}} \approx -\left[-\frac{kQq}{r^2}\left(1-\frac{2x}{r}\right) + \frac{kQq}{r^2}\left(1+\frac{2x}{r}\right)\right]\hat{\boldsymbol{i}}$$

$$= -\frac{4kQq}{r^3}x\hat{\boldsymbol{i}}$$

可知该电荷做简谐运动，比例系数为 $k' = \dfrac{4kQq}{r^3}$，所以简谐运动的周期为

$$T = 2\pi\sqrt{\frac{m}{k'}} = \pi\sqrt{\frac{mr^3}{kQq}}$$

（2）电荷 P 为负电荷，如图 1.4.24 所示，电荷 P 在 y 处的电势能为

$$\varepsilon_p = \frac{2kQq}{\sqrt{r^2+y^2}}$$

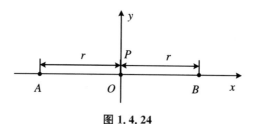

图 1.4.24

电场力沿 y 轴方向，电场力大小为

$$\boldsymbol{F} = -\frac{\mathrm{d}\varepsilon_p}{\mathrm{d}y}\hat{\boldsymbol{j}} = -\left[-\frac{2kQqy}{(r^2+y^2)^{3/2}}\right]\hat{\boldsymbol{j}} = -\left[\frac{2kQ|q|y}{(r^2+y^2)^{3/2}}\right]\hat{\boldsymbol{j}}$$

由于 $y \ll r$，利用 $\alpha \ll 1$ 时 $\dfrac{1}{(1+\alpha)^n} \approx 1 - n\alpha$，且忽略高阶小量，得

$$\boldsymbol{F} = -\left[\frac{2kQ|q|y}{r^3\left(1+\dfrac{y^2}{r^2}\right)^{3/2}}\right]\hat{\boldsymbol{j}} \approx -\frac{2kQ|q|y}{r^3}\hat{\boldsymbol{j}}$$

可知该电荷做简谐运动,比例系数为 $k' = \dfrac{2kQ|q|}{r^3}$,所以简谐运动的周期为

$$T = 2\pi\sqrt{\dfrac{m}{k'}} = \pi\sqrt{\dfrac{2mr^3}{kQ|q|}}$$

此题除了利用电势能的方向微商求解,也可以直接利用库仑定律和电场力的叠加原理求得电场力。

1.5 静电场中的导体

1. 导体的静电平衡

把一块导体放入外界电场中或给一块导体带上一定的电荷时,由于导体内存在大量可以自由移动的电荷——自由电子,在外界电场或者导体自身所带电荷影响下,导体中的自由电荷会极为迅速地达到一种重新分布的稳定状态,称为静电平衡状态。之所以称为静电平衡状态,是因为如果没有其他新的变化出现,比如改变外界电场或者改变导体的带电量,那么导体的这种状态将保持不变。

显然,当导体达到静电平衡状态时,其内部的电场强度处处为零,即 $E_{内}=0$。据此,我们可以得到,当导体达到静电平衡状态时具有以下重要的特点:

(1)电荷分布:达到静电平衡的导体内部不存在净电荷,净电荷只分布在导体外表面上。

(2)电势分布:达到静电平衡的导体是一个等势体,导体表面是一个等势面。

(3)电场强度分布:达到静电平衡的导体外表面附近空间中,场强的方向与导体表面垂直。

2. 导体外表面附近的电场强度大小

如图 1.5.1 所示,在导体表面外紧邻处取一点 P,以 E 表示该处的电场强度。在 P 点附近的导体表面上取一面元 ΔS,其上的电荷分布可看作是均匀的,其电荷面密度为 σ。作一扁圆柱形高斯面,使圆柱侧面与 ΔS 垂直,圆柱的上底通过 P 点,下底在导体内,两底无限靠近且与 ΔS 平行,因此它们的面积都为 ΔS。

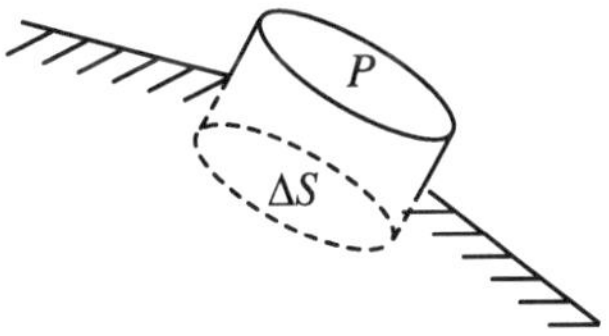

由于导体内电场强度为零,而表面外紧邻处的电场强度又与表面垂直,因此通过高斯面的下底面和侧面的电通量为零,而通过高斯面上底面的电通量为 $E\Delta S$,这也就是通过扁圆柱形高斯面的总电通量。高斯面内的电荷为 $\sigma\Delta S$,根据高斯定理,有

图 1.5.1

$$E\Delta S = 4\pi k\sigma\Delta S$$

解得

$$E = 4\pi k\sigma = \frac{\sigma}{\varepsilon_0}$$

可见,处于静电平衡的导体,电荷面密度大的地方电场强度大;电荷面密度小的地方电场强度小。

需要注意的是:导体表面外紧邻处某点的电场并非仅仅由该处导体表面上的电荷产生,它是由所有的电荷(包括导体上的全部电荷和导体外的其他电荷)共同产生的,电场强度是这些电荷的合场强。当导体外的电荷分布发生变化时,导体上的电荷分布会随之发生变化,而导体外的电场分布也会发生变化。

此外,导体表面上电荷的面密度 σ 与导体表面的曲率有关,一般来说曲率越大的地方电荷的面密度越大,其附近导体外的地方电场强度就越强。由此可知,导体尖端附近的电场特别强,这会导致一个重要的后果,就是尖端放电。在尖端附近强电场的作用下,空气中残留的离子会发生激烈的运动。在激烈的运动过程中它们和空气分子相碰,会使空气分子电离,从而产生大量新的离子,这就使空气变得易于导电。

3. 静电场唯一性定理

设想在一个空间中除 N 个静止的金属导体之外空无一物,这时候,如果给定每个导体的总电量(用 q_i 表达),那么空间中的静电场(用各处的场强 E_i 来表达)、每个导体表面的电荷分布情况(用 σ_i 来表达)、每个导体的电势(用 φ_i 来表达)都唯一确定了,这就是静电场唯一性定理。

静电场唯一性定理的证明可以在与电动力学相关的书籍中找到,这里不再证明。用静电场唯一性定理讨论静电平衡问题是十分有用的。初学者经常想不到或者不会使用此定理,尤其在定性判断静电平衡状态下的电荷分布情况时,如果只会使用"同性电荷相斥,异性电荷相吸"原理,可能得不到正确的结果。本节在"核心问题讨论"部分给出了相关的例题进行讲解。

这里用简洁的话把静电场唯一性定理再表述一次:我们称空间中各个导体的形状、相互间的位置为位形,那么,当空间中的位形确定后,对于空间中的 q、E、σ、φ 四个量,知一个就能确定其他三个。

4. 静电叠加定理

静电场唯一性定理的一个推论就是静电叠加定理,它对我们理解下一节将要介绍的电像法有直接帮助。静电叠加定理的粗略描述就是:一个静电平衡状态叠加另一个静电平衡状态,结果还是静电平衡状态。

以两个带电导体 A、B 为例:在一个空间中,若存在两个位置确定了的导体 A、B,当它们带电量分别为 q_{A1} 和 q_{B1} 时空间中的电场强度分布记为 E_1,当它们带电量分别为 q_{A2} 和 q_{B2} 时空间中的电场强度分布记为 E_2,那么,当它们的带电量分别为 $q_{A1} + q_{A2}$ 和 $q_{B1} + q_{B2}$ 时,根据静电叠加定理,空间中的电场强度分布就是 $E_1 + E_2$。

核心问题讨论

1. 在静电平衡状态下,如何使用电场线定性分析导体上的电荷分布情况?

除了使用静电场唯一性定理,使用电场线帮助我们作定性分析是十分直观和便捷的,我们可能会使用到电场线的如下特点:

(1) 沿电场线方向,电势降低。

(2) 从电荷 q 发出的电场线的条数与电荷量 q 成正比(此句话等价于:电场线数密度正比于场强 E)。

(3) 电场线源于正电荷(或无穷远),终止于负电荷(或无穷远),在无电荷处不中断。有个例外,对于 $E=0$ 的点,既可以发出电场线,也可以汇集电场线,但是发出、汇集的电场线条数要相同。例如,等量同性电荷连线的中点。

虽然电场线是假想的,但是用电场线讨论问题,本质上是在使用静电场的"高斯定理"和"环路定理",是静电场的这两个基本定理的形象化使用。法拉第创造的"场线"这种形象方法是我们学习场论的好帮手。

例题 1 将一个点电荷($+q$)放在一个金属导体附近,导体上将出现图 1.5.2 所示的感应电荷情况(这只是示意图,并不表示只有三对正负电荷,也不表示感应电荷均匀分布)。将导体任何一个部位用导线接地后,讨论下列问题:

(1) 导体上是否还有某区域存在净剩的正电荷?

(2) 如果再断开接地的导线,导体上的负净电荷的分布是否发生变化?

分析 定性判断接地后导体表面各处所带的净剩电荷电性,使用的方法是假设法。依据净剩电荷总要发出或者汇聚电场线,沿电场线电势一定要发生变化,可以看出假设是否成立。

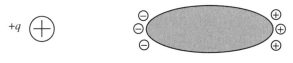

图 1.5.2

解 (1) 我们可以先假设接地后导体上仍然在某处存在净剩的正电荷,则电场线分布如图 1.5.3 所示。这里只是定性画出电场线的分布,并不代表真实电场的场线,请大家关注电场线的条数。依据"从电荷 q 发出的电场线的条数与电荷量 q 成正比",我们在画法上规定"一个电荷发出或汇集一条电场线"。

相信大家已经看出图 1.5.3 有矛盾的地方了。净剩的正电荷无论如何都要发出电场线,而这个电场线如果延伸到无穷远,那么根据"电势沿电场线降低",可知导体电势大于零,这与接地导体电势为零产生矛盾。如果净剩的正电荷发出的电场线不终止于无穷远,而是终止于导体左侧的负电荷,那么又违反了"导体是个等势体"的特点。

由此分析可知,导体接地后任何一处都不存在净剩的正电荷。同时可见,这个结果与接地线在导体何处是无关的。

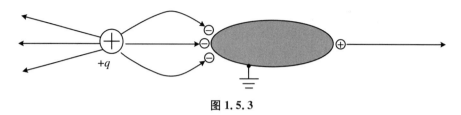

图 1.5.3

（2）首先，我们说的导线不计本身的粗细，因此，去掉导线，我们认为没有改变空间的"位形"。由于导线上没有净电荷，去掉导线后导体上的总电量保持不变。根据静电场唯一性定理，"位形＋电量 q"确定，则空间中 E、导体上的电荷分布 σ、导体的电势 φ 都确定，即它们都不会发生任何变化。

点拨　在高中课程教学中，学生经常会提出以上两个问题。我们如果只使用"电荷间同性相斥，异性相吸"原理，很难作出有力的解释。从这个例子中，我们可以学习如何使用静电场唯一性定理和电场线来定性分析静电感应现象。比如，"添加接地导线会改变电荷分布，去掉接地导线不改变电荷分布"，对于后半句，很多同学并不清楚理由，若用静电场唯一性定理去思考，就豁然开朗了。

例题 2　图 1.5.4 所示为一个具有金属罩壳的验电器装置。A、B 为金属小球，C 为极细的金属杆，D 为金属罩壳。验电器放在绝缘板 S 上，对下列问题进行定性分析：

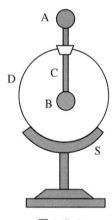

图 1.5.4

（1）现使小球 A 带上一定量的正电荷，分析判断小球 B、金属罩壳 D 内侧和外侧的感应电荷的正负情况。

（2）然后用金属导线将小球 A 与金属罩壳 D 相连，分析判断各处带电情况。

（3）接着移走金属导线，再用金属导线将金属罩壳 D 接地，分析判断各处带电情况。

（4）如果（3）中用金属导线将小球 A 接地，再分析判断各处带电情况。

分析　使 A 带正电后，B 和 D 导体内部将有 A 上电荷产生的电场，若无感应电荷产生的附加电场去抵消，导体内部场强将不是零，所以 B 和 D 上一定会出现感应电荷。

解　（1）因为 A 的电势大于 D 的电势，A、B 又等势，所以 B 上将出现正电荷，发出电场线，终止于 D 的内表面，D 的内表面将出现负的感应电荷。由于 D 整体呈电中性，因此 D 的外表面将出现等量的正的感应电荷，如图 1.5.5 所示。再次指出，图中电场线和电荷分布只是示意图。

依据"从电荷 q 发出的电场线的条数与电荷量 q 成正比"，若将 B 上的电荷量记为 q，则 D 的内表面的感应电荷电量为 $-q$。原因是 B 上的正电荷发出的所有电场线都要终止于 D 的内表面。

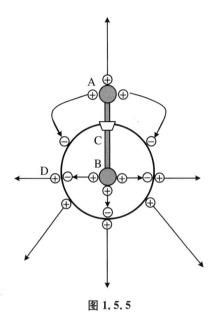

图 1.5.5

D 的内表面出现的都是负的感应电荷,但是在 D 的外表面可能既有正电荷也有负电荷,也可能处处都是正的净剩电荷。根据题给条件无法再进行判断。

(2) 若将 A 与 D 用导线连接,则 A、D 等势,这会导致 B 上无感应电荷。因为,如果 B 上有感应电荷(不论正负),那么在 D 的内表面和 B 之间必定存在电场线,这与 A、B、D 三者等势产生矛盾。

D 的外表面将带上正电荷,并且 D 的外表面将不存在某处的净电荷为负的情况。因为,如果存在负的净电荷,则找不到是从何处发出的电场线汇集于此处的。既不能来自 A 上的正电荷,也不能来自 D 上别处的正电荷,这都将违反 A、D 等势;也不能来自无穷远处,这将导致 D 的电势小于零,而 D 的电势一定要大于零,因为 A 或 D 上的正电荷发出的电场线一定要终止于无穷远,导致 A、D 的电势大于零。所以电荷分布如图 1.5.6 所示。

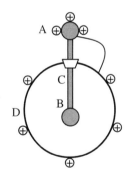

图 1.5.6

(3) 先分析 D 的外表面。由于 D 的电势变为零,因此将有发自 A 上正电荷的电场线终止于 D 的外表面,故 D 的外表面将出现负的感应电荷,同时 D 的外表面将不存在某处的净电荷为正的情况。

再分析 D 的内表面。根据 A、B 等势,D 的电势小于 A,可知 B、D 之间必定有由 B 指向 D 的内表面的电场线。所以 B 将带上正电荷,D 的内表面出现与 B 等量的负的感应电荷,如图 1.5.7 所示。

(4) 如果用金属导线将小球 A 接地,可仿照(3)分析,结果如图 1.5.8 所示。请注意,可以判断出此时 A 上一定带有负电荷。

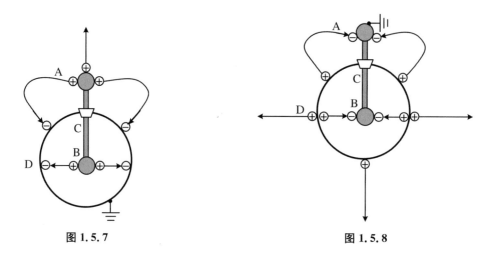

图 1.5.7　　　　　　　　　图 1.5.8

点拨　对于导体表面各区域的净剩电荷电性的判断是一个较难的问题。比如本题(1)中,D 的外表面可能既有正电荷也有负电荷,也可能处处都是正的净剩电荷;但是问题(2)~(4)中,D 的外表面处处都是净剩同种电性的电荷。

可以使用假设法去判断。假如在某区域存在净剩的某种电荷,看看所假设的电荷发出(或者汇聚)的电场线是否能找到去处(或来自哪里),根据电势沿电场线降低,经常可以找到假设的矛盾之处。

2. 在静电平衡状态下,如何使用叠加定理定性分析导体上的电荷分布情况?

依据静电叠加定理,我们可以将一个复杂情形下的平衡态,在满足静电场唯一性定理的要求条件下,分解成几个独立的、简单的平衡态。那么原平衡态上的电荷分布情况也就等于所分解的几个平衡态的电荷分布的叠加。具体使用请看下面的例题分析。

例题 3　有一个半径为 R 的金属球,带电量记为 Q,在其距离球心 $d(d>R)$ 的地方放一个点电荷 q。定性分析金属球表面上各处的面电荷分布情况。

分析　我们很容易想到金属球上的总电量仍然是 Q,但是受到 q 影响后,一定不是均匀分布了。如果想定量计算各处的电荷面密度,从而彻底弄清电荷分布的情况,我们该从何下手呢?这个问题的彻底解答,我们会在 1.6 节"镜像法"中具体介绍。但是,我们需要先用静电叠加定理将其变成几个静电平衡状态的叠加,才有入手计算的方向。

解　依据静电叠加定理,实际的电荷分布情况可以视为图 1.5.9 所示的三个静电平衡状态的叠加。

实际情形下,金属球上的电荷分布情况等同于图 1.5.9 中左侧三个静电平衡状态的电荷分布叠加:① Q 均匀分布的金属球;② 金属球外存在点电荷 q,且在金属球接地情况下金属球上出现不均匀分布的感应电荷 $-q'$;③ q' 均匀分布的金属球。这只是示意图,为了便于大家理解,将感应电荷 q' 和原本的电荷 Q 用深度不同的灰色图形表示。

需要特别指出以下两点:

(1) 将大地和无穷远视为没有区别的同一个边界,所以在第一个图(Q 均匀分布的金属球)中,要看到空间里不仅仅有金属球,还包括无穷远。

(2) 点电荷本身没有体积,有、无点电荷 q 都不算作改变空间的位形。

至此,只有第三个图(接地金属球与球外点电荷 q)的电荷分布情况还不能定量地得到。这个问题就需要用电像法来求解。解决了这个问题,那么不论金属球带的电量 Q 是多少,我们的问题都得到了彻底解决。

点拨 将一个电荷分布未知的平衡态分解成几个电荷分布已知的平衡态的叠加,也是定性分析导体带电情况的常用方法,并且指出了进行定量计算的方向。本例题所演示的"带电导体球+球外点电荷"系统,如果用函数 σ 定量描述导体球上的电荷面密度分布情况,则 σ 完全等同于题中所述三个平衡态下的球面上电荷密度分布函数的标量叠加。

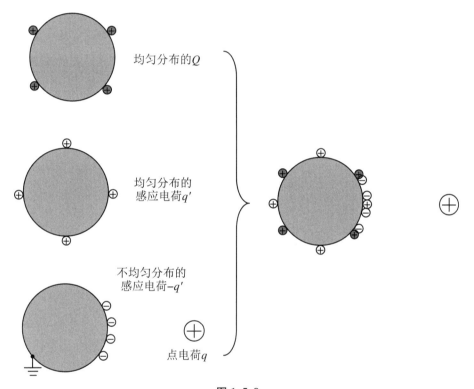

图 1.5.9

为了正确使用静电叠加原理,再强调、说明以下三点:

(1) 构造几个平衡态(如图 1.5.9 中左侧三个平衡态,我们称为分量平衡态),将它们叠加成原情形的平衡态时,所构造的各个分量平衡态需要保持空间位形等同于原情形的位形。

(2) 可以改变各个分量平衡态中导体上的电量,但要保证分量平衡态叠加后各个导体总电量和原情形相同。

(3) 点电荷没有"形",所以将点电荷的电量"拿走"后,点电荷原本所在的位置就只是一个空间几何点,什么都不剩了,因此本题图 1.5.9 中左侧前两个分量平衡态的位形是与原情形完全相同的。

3. 在静电平衡状态下,如何定量计算空间中的电势分布情况?

在求解复杂带电情况的带电体电势问题时,可以根据静电叠加定理将其变为求几个(满足静电场唯一性定理要求的边界条件下的)简单的静电平衡态的电势的叠加。比如,内外两个带电球体在球外某处的电势等于两个球在该处的电势的叠加。

例题 4 如图 1.5.10 所示,有两个同心导体球,内球半径为 R_1,外球是个球壳,内半径为 R_2,外半径为 R_3。已知静电力常量为 k,在下列各种情况下,求空间中电势分布情况:

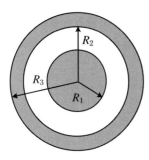

图 1.5.10

(1) 内球带 $+q$,外球壳带 $+Q$;

(2) 内球带 $+q$,外球壳不带电;

(3) 内球带 $+q$,外球壳接地;

(4) 内球通过外壳小孔接地,外球壳带 $+Q$。

分析 根据球的空间旋转对称性,可以知道各个球面处的电荷分布都是均匀的,因此可以使用均匀分布的球面电荷的电势表达式

$$\varphi = \begin{cases} \dfrac{kQ}{r} & (r > R) \\ \dfrac{kQ}{R} & (r \leqslant R) \end{cases}$$

利用电势函数的标量叠加来求各处的电势。

解 (1) R_1 处有均匀的 $+q$,R_2 处必有均匀的 $-q$,R_3 处当然有 $+(Q+q)$。

根据叠加定理,对于 $r \leqslant R_1$ 的空间有

$$\varphi_1 = \frac{kq}{R_1} + \frac{-kq}{R_2} + \frac{k(Q+q)}{R_3} \quad (r \leqslant R_1)$$

腔内 r 处的电势等于内球在 r 处的电势、大球内壁电荷在 r 处的电势、大球外壁电荷在 r 处的电势之和,即

$$\varphi_r = \frac{kq}{r} + \frac{-kq}{R_2} + \frac{k(Q+q)}{R_3} \quad (R_1 < r \leqslant R_2)$$

对于 $R_2 < r \leqslant R_3$ 的空间有

$$\varphi_2 = \frac{kq}{R_2} + \frac{-kq}{R_2} + \frac{k(Q+q)}{R_3} = \frac{k(Q+q)}{R_3} \quad (R_2 < r \leqslant R_3)$$

对于 $R_3 < r$ 的空间有

$$\varphi_r = \frac{kq}{r} + \frac{-kq}{r} + \frac{k(Q+q)}{r} = \frac{k(Q+q)}{r} \quad (R_3 < r)$$

(2) R_1 处有 $+q$,R_2 处有 $-q$,R_3 处有 $+q$。

对于 $r \leqslant R_1$ 的空间有

$$\varphi_1 = \frac{kq}{R_1} + \frac{-kq}{R_2} + \frac{kq}{R_3} \quad (r \leqslant R_1)$$

对于 $R_1 < r \leqslant R_2$ 空间有

$$\varphi_r = \frac{kq}{r} + \frac{-kq}{R_2} + \frac{kq}{R_3} \quad (R_1 < r \leqslant R_2)$$

对于 $R_2 < r \leqslant R_3$ 的空间有

$$\varphi_2 = \frac{kq}{R_2} + \frac{-kq}{R_2} + \frac{kq}{R_3} = \frac{kq}{R_3} \quad (R_2 < r \leqslant R_3)$$

对于 $R_3 < r$ 的空间有

$$\varphi_r = \frac{kq}{r} + \frac{-kq}{r} + \frac{kq}{r} = \frac{kq}{r} \quad (R_3 < r)$$

(3) R_1 处有 $+q$，R_2 处有 $-q$，外球壳接地，外球壳 $\varphi_2 = 0$，R_3 处无电荷。

对于 $r \leqslant R_1$ 的空间有

$$\varphi_1 = \frac{kq}{R_1} + \frac{-kq}{R_2} \quad (r \leqslant R_1)$$

对于 $R_1 < r \leqslant R_2$ 的空间有

$$\varphi_r = \frac{kq}{r} + \frac{-kq}{R_2} \quad (R_1 < r \leqslant R_2)$$

由于外球接地，对于 $R_2 < r \leqslant R_3$ 的空间有

$$\varphi_2 = 0 \quad (R_2 < r \leqslant R_3)$$

对于 $R_3 < r$ 的空间有

$$\varphi_r = \frac{kq}{r} + \frac{-kq}{r} = 0 \quad (R_3 < r)$$

(4) 内球接地电势为零，设内球带 $-q'$，则 R_2 处有 $+q'$，R_3 处有 $Q-q'$。先求 q'，考虑球心处的电势为

$$\varphi_0 = k\frac{-q'}{R_1} + k\frac{q'}{R_2} + k\frac{Q-q'}{R_3} = 0$$

解得

$$q' = \frac{Q}{R_3}\left(\frac{1}{R_3} + \frac{1}{R_1} - \frac{1}{R_2}\right)^{-1}$$

因为内球接地，所以对于 $r \leqslant R_1$ 的空间有

$$\varphi_1 = 0 \quad (r \leqslant R_1)$$

对于 $R_1 < r \leqslant R_2$ 空间有

$$\varphi_r = k\frac{-q'}{r} + k\frac{q'}{R_2} + k\frac{Q-q'}{R_3}$$

代入 q' 的表达式并化简，可得

$$\varphi_r = kQ\frac{R_2}{R_1R_2 + R_2R_3 - R_1R_3}\left(1 - \frac{R_1}{r}\right) \quad (R_1 < r \leqslant R_2)$$

对于 $R_2 < r \leqslant R_3$ 的空间有

$$\varphi_2 = k\frac{-q'}{r} + k\frac{q'}{r} + k\frac{Q-q'}{R_3} = k\frac{Q-q'}{R_3}$$

代入 q' 的表达式并化简,可得

$$\varphi_2 = kQ \frac{R_2 - R_1}{R_1 R_2 + R_2 R_3 - R_1 R_3} \quad (R_2 < r \leqslant R_3)$$

对于 $R_3 < r$ 的空间有

$$\varphi_r = k\frac{-q'}{r} + k\frac{q'}{r} + k\frac{Q-q'}{r} = k\frac{Q-q'}{r}$$

代入 q' 的表达式并化简,可得

$$\varphi_r = k\frac{Q}{r} \frac{R_2 R_3 - R_1 R_3}{R_1 R_2 + R_2 R_3 - R_1 R_3} \quad (R_3 < r)$$

点拨 (1)对于面电荷均匀分布的导体球壳,电势表达式为

$$\varphi = \begin{cases} k\dfrac{Q}{R} & (r < R) \\ k\dfrac{Q}{r} & (r \geqslant R) \end{cases}$$

这个结论在分析静电场中的球形导体时经常用到,请大家务必记住。

(2) 对于本题各处电势,也可以通过对场强沿半径方向求积分来计算,大家可以用此观点验证本题答案。

例题 5 如图 1.5.11 所示,有一个内外半径分别为 r、R 的金属球壳,带电量为 $+Q$。在其内部,距中心 $d(d<r)$ 处放置一个点电荷 $+q$。已知静电力常量为 k,选取无穷远处为电势零点,求解下列问题:

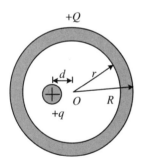

图 1.5.11

(1) 金属球壳内外表面的电荷总量各是多少?定性说明这些电荷如何分布?

(2) 缓慢改变点电荷 $+q$ 的位置,但仍然在球壳空腔中,金属球壳外部的电场是否会发生变化?

(3) 接(1),此时球壳的电势是多少?

(4) 接(1),此时球心处的电势是多少?

分析 静电屏蔽现象是大家熟知的,但是为什么金属壳内外空间的电场互不影响?要说清这个道理并不是很容易,需要用到静电场唯一性定理或静电叠加定理。另外,在求解球心 O 处的电势时,球壳内部的场强分布对称性不强,很难写出电场强度的表达式,因此用电场积分的方法计算球心处的电势已经不切实际,但各处的感应电荷到球心 O 处的距离相等,可以用电势叠加的方法来求解。

解 (1) 不论壳内点电荷 $+q$ 的位置如何,它所发出的电场线只能全部终止于金属壳内表面,所以金属壳内表面的总电量为 $-q$;再由电荷守恒可知金属壳外表面的电荷总量是 $Q+q$。

依据静电叠加定理,球壳内外表面的电荷分布情况可以用图 1.5.12 所示三个静电平衡状态叠加得到。

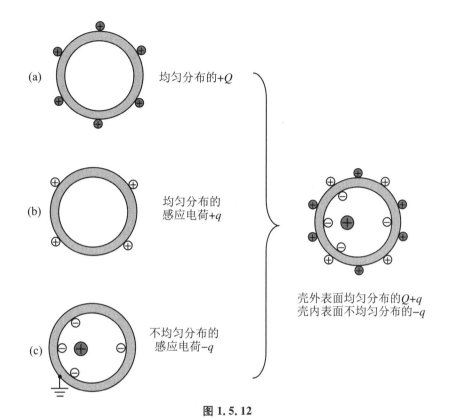

图 1.5.12

(2) 改变点电荷 $+q$ 的位置，只是改变了(1)中图 1.5.12(c)所示的电荷分布情况，对图 1.5.12(a)、(b)所示情况毫无影响。而图 1.5.12(c)所示的状态中，在金属球壳外部的电场强度是零，所以金属球壳外的电场分布情况实际上就是图 1.5.12(a)、(b)所示状态对应的壳外均匀分布的电荷 $Q+q$ 产生的电场。所以，内部放置的点电荷 q 的具体位置根本不影响金属球壳外部的电场分布。为了说明这一点，我们画出图 1.5.13(a)、(b)进行对比。

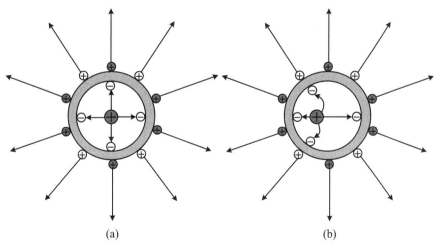

图 1.5.13

(3) 由于球壳外的电场与球壳上均匀分布的电荷 $Q+q$ 产生的场强完全相同,因此壳外场强为 $\boldsymbol{E}=k\dfrac{Q+q}{r^2}\hat{\boldsymbol{r}}$,积分可得球壳处的电势为

$$\varphi_R = \int_R^\infty \boldsymbol{E}\cdot\mathrm{d}\boldsymbol{r} = \int_R^\infty k\dfrac{Q+q}{r^2}\mathrm{d}r = k\dfrac{Q+q}{R}$$

可能有人会担心:壳内表面不均匀分布的 $-q$ 和点电荷 q 会不会影响到壳外的电势呢?答案是不影响。我们用电势叠加的方法再做一次。

壳外电势可以看做(1)中图 1.5.12 所示三个静电平衡状态在壳外单独产生的电势的标量叠加。由于图(c)所示状态中壳内所有电荷在壳外的电势处处为零,图(a)、(b)所示状态的电势叠加结果就是我们积分的结果。可见,壳内表面不均匀分布的 $-q$ 和点电荷 q 对壳外的电势贡献是零。同时,立刻可以看到,内部点电荷 q 的具体位置不影响球壳及其外部电势的值。

(4) 图 1.5.12(a)、(b)所示状态对球心处的电势贡献为

$$\varphi_{Q+q} = k\dfrac{Q+q}{R}$$

图 1.5.12(c)所示状态中,球心电势由球壳内表面不均匀分布的 $-q$ 和点电荷 q 共同叠加而成。由于内表面的 $-q$ 分布不均匀,而分布情况尚且不知,看似无法求出内部电势。但是,注意到不论球壳内表面电荷如何分布,各处到球心的距离都是 r,因此对球心这一点的电势贡献是

$$\varphi_{-q} = k\dfrac{-q}{r}$$

点电荷 q 对球心处的电势贡献为 $\varphi_q = k\dfrac{q}{d}$。

因此,球心处的电势为

$$\varphi_O = \varphi_{Q+q} + \varphi_{-q} + \varphi_q = k\dfrac{Q+q}{R} + k\dfrac{-q}{r} + k\dfrac{q}{d}$$

点拨 本题最后一问求解了球心 O 处的电势,若想求解球壳内任意一点的电势,使用上述方法将会遇到困难,但可以采用 1.6 节将会介绍的电像法来解答。

习题实战演练

基 础 练 习

1.(2020 年清华强基)将一个金属导体放入匀强电场 E 中,则导体内部一点 P 的带电情况和电场情况为 ( )

A. 不带电,电场强度为零

B. 带电,电场强度为零
C. 不带电,电场强度为 E
D. 带电,电场强度为 E

2. 某导体置于电场后,周围的电场分布情况如图 1.5.14 所示,图中虚线表示电场线,实线表示等势面,A、B、C 为电场中的三个点。下列说法中正确的是 （ ）

A. A 点的电场强度小于 B 点的电场强度
B. A 点的电势高于 B 点的电势
C. 将负电荷从 A 点移到 B 点,电场力做正功
D. 将正电荷由导体表面的左端移到右端,电场力做正功

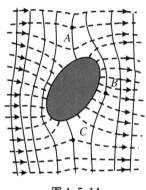

图 1.5.14

3. 如图 1.5.15 所示,一个枕形导体 AB 原来不带电,将它放在一个负点电荷的电场中,点电荷的电量为 Q,与 AB 中心 O 点的距离为 R。由于静电感应,在导体 A、B 两端分别出现感应电荷。当达到静电平衡时 （ ）

A. 导体 A 端电势高于 B 端电势
B. 导体 A 端电势低于 B 端电势
C. 导体中心 O 点的场强为零
D. 感应电荷在导体中心 O 点的场强大小为 $k\dfrac{Q}{R^2}$,方向水平向左

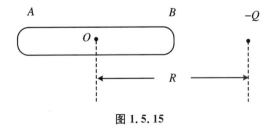

图 1.5.15

4. 如图 1.5.16 所示,一金属小球原来不带电,现沿球的直径的延长线放置另一均匀带电的细杆 MN,金属球上感应电荷产生的电场在球内直径上 a、b、c 三点的场强大小分别为 E_a、E_b、E_c,三者相比,则 （ ）

A. E_a 最大 　　　　　　　　B. E_b 最大
C. E_c 最大 　　　　　　　　D. $E_a = E_b = E_c$

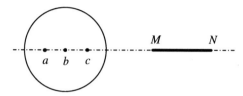

图 1.5.16

5. (2013年西城一模)如图1.5.17所示,正电荷 Q 均匀分布在半径为 r 的金属球面上, x 轴上各点的电场强度大小和电势分别用 E 和 φ 表示。选取无穷远处电势为零,下列关于 x 轴上各点电场强度的大小 E 或电势 φ 随位置 x 的变化关系图正确的是　　　　　( )

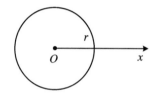

图 1.5.17

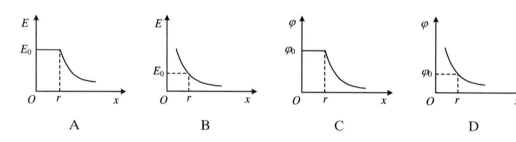

6. 如图1.5.18所示,在验电器A与B的顶端各安装了一个上端开有小孔的金属圆筒,验电器B上的圆筒C带有正电荷,用带有绝缘柄的金属小球E进行下列操作,能将C上的电荷尽量多地搬至D的是　　　　　　　　　　　　　　　　　　　( )

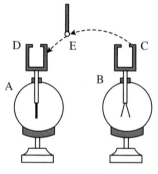

图 1.5.18

A. 把 E 与筒 C 的内壁接触后,再与筒 D 的内壁接触,重复多次
B. 把 E 与筒 C 的内壁接触后,再与筒 D 的外壁接触,重复多次
C. 把 E 与筒 C 的外壁接触后,再与筒 D 的内壁接触,重复多次
D. 把 E 与筒 C 的外壁接触后,再与筒 D 的外壁接触,重复多次

7. (2019 年清华领军)如图 1.5.19 所示,有一带电量为 p 的空腔导体,空腔内部有一带电量为 q 的导体,空腔外有一带电量为 Q 的导体。下列说法中正确的是 （　　）

A. 移动空腔内导体对空腔外导体电荷分布无影响
B. 改变 q 的大小对空腔外导体电荷分布无影响
C. 移动空腔外导体对空腔内导体电荷分布无影响
D. 改变 Q 的大小对空腔内导体电荷分布无影响
E. 改变 p 的大小对空腔外导体电荷分布无影响

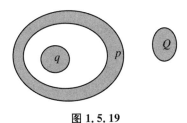

图 1.5.19

提 高 练 习

8. 如图 1.5.20 所示,B 球壳带 $+Q$,导体球 A、C 不带电。
(1) 若将 A、C 通过球壳 B 上的小孔用导线相连,定性分析各处感应电荷的电性情况。
(2) 保持导线连接 A、C,再将 C 接地,定性分析各处感应电荷的电量变化情况。

9. 如图 1.5.21 所示,大、小薄壁球壳均接地,半径分别为 a、b,在空腔区域放一个点电荷 $+Q$,点电荷与球心的距离为 r。问:内外球壳上的感应电荷各是多少?

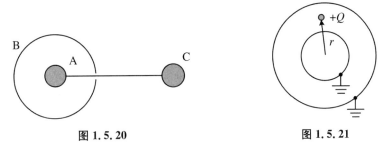

图 1.5.20　　　　　　图 1.5.21

10. 如图 1.5.22 所示,内外薄壁导体球壳均不带电,半径分别为 a、b,外部距离球心 d 处有 $+Q$ 小球(视为点电荷)。现在将内球接地,求:
(1) 内球上电荷量;
(2) 外球电势。

11. (1984年第1届全国中学生物理竞赛预赛)如图1.5.23所示,在半径 r 是 0.1 m 的、原来不带电的金属球壳内放两个点电荷,其电量分别是 $q_1 = -3 \times 10^{-9}$ C 和 $q_2 = 9 \times 10^{-9}$ C。它们与金属球内壁不接触。在距球壳中心 O 点 100 m 处放一个点电荷 q_3,它的电量是 6×10^{-14} C。求 q_3 所受的静电力大小。

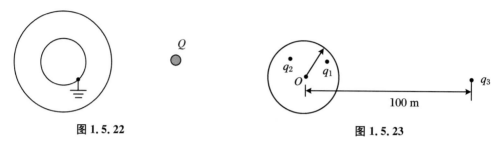

图 1.5.22   图 1.5.23

12. 非导电的薄壳球的质量为 m_1,半径为 r,直径的两端各有一个小孔,均匀带电荷量为 q_1。一个质量为 m_2、带电荷量为 q_2(与 q_1 是同种电荷)的粒子,从无穷远处以速度 v 沿着连接两孔的直线向球运动。球开始时是静止的,但可以自由运动,已知静电力常量为 k,求粒子处于球内的时间。

13. 有 2022 个不带电的导体,彼此隔离。现在使其中一个导体(记为 A)带上正电。试论证:

(1) 静电平衡后,所有导体的电势都高于零;

(2) 静电平衡后,这个导体 A 的电势最高。

14. 有 2022 个导体,彼此隔离,均带正电。论证:静电平衡后,至少有一个导体的表面处处没有负电荷。

15. 在一个半径为 R 的导体球外,有一个半径为 r 的细圆环,圆环的圆心与导体球心的连线长为 d ($d > R$),且与环面垂直,如图 1.5.24 所示。已知环上均匀带电,总电量为 q,试问:

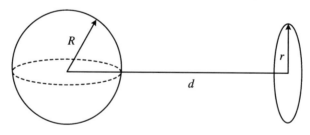

图 1.5.24

(1) 当导体球接地时,球上感应电荷总电量是多少?

(2) 当导体球不接地而所带总电量为零时,它的电势如何?

(3) 当导体球的电势为 φ_0 时,球上总电荷又是多少?

(4) 情况 3 与情况 1 相比,圆环受导体球的作用力改变量的大小和方向如何?

(5) 情况 2 与情况 1 相比,圆环受导体球的作用力改变量的大小和方向如何?

第 1 章 静 电 场

《参考答案》

1. A。
2. AB。
3. CD。
4. C。
5. C。
6. C。
7. ACD。

提示 根据静电屏蔽,移动空腔内导体对空腔外导体电荷分布无影响,移动空腔外导体对空腔内导体电荷分布无影响。

8. (1) 用导线连接 A、C 后,B 的外表面带正电,内表面带正电;A 带负电,C 带正电。

(2) 保持导线连接 A、C,再将 C 接地,C 将不带电,A 上负电荷将变多,B 的内表面正电荷变多,外表面正电荷变少。

提示 (1) 导线未连接 A、C 时,A 与 B 等势,C 的电势比 B 低。导线连接 A、C 后,A、C 电势变为相等,因此将有正电荷从电势高的 A"跑到"电势低的 C 上,最终实现 A、C 等势。并且,A 上负电荷电量将与 B 的内表面的正电荷电量绝对值相等。

(2) C 接地后,电势进一步降低,C 上不会再净剩正电荷(否则净剩的正电荷发出的电场线将无去处)。由于 A、C 仍等势,因此 A 的电势也进一步降低,A 上的负电荷将增多。由于"A 上负电荷电量将与 B 的内表面的正电荷电量绝对值相等",因此 B 内表面的正电荷将变多。由于 B 上总电量不变,因此 B 外表面的正电荷将减少。

9. 大球外表面的感应电荷为零,内表面不均匀分布着感应电荷,电量为

$$q_{a内} = -Q\left[\frac{\frac{1}{b}-\frac{1}{r}}{\frac{1}{b}-\frac{1}{a}}\right]$$

小球表面的感应电荷也不均匀分布,电量为

$$q_b = -Q\left[\frac{\frac{1}{r}-\frac{1}{a}}{\frac{1}{b}-\frac{1}{a}}\right]$$

提示 利用以下两点列方程:

(1) 对于球面上分布不均匀的电荷,在球心处的电势表达式仍是 $k\dfrac{q}{R}$。

(2) 由于点电荷 $+Q$ 所发出的所有电场线都将终止于大球内表面和小球外表面,根据高斯定理可知 $q_{a内}+q_b=-Q$。

10. (1) $-\dfrac{a}{d}Q$;(2) $k\dfrac{Q}{d}\left(1-\dfrac{a}{b}\right)$。

提示 (1) 在大球壳内作高斯面,根据高斯定理,可知小球表面与大球内表面上电荷总量为零;又大球电势高于零,小球电势等于零,因此小球上将带负电,大球内表面将带正电;由对称性可知此两处电荷将均匀分布,故分别记为 $-q$ 和 $+q$。再根据大球电荷总量为零,可知大球外表面的电量为 $-q$,但是分布不均匀。根据球心电势表达式和球心电势也为零,可列方程

$$k\frac{Q}{d} + k\frac{-q}{b} + k\frac{q}{b} + k\frac{-q}{a} = 0$$

可得 $q = \frac{a}{d}Q$。

(2) 外球上电荷分布不均匀,因此无法直接使用电荷分布均匀的球壳电势表达式。但是由于内表面和小球上的电荷是均匀分布的,因此空腔处的场强沿半径分布,可以写出表达式。故可用空腔处的场强沿半径积分,并注意到小球电势为零,可得大球的电势。

11. 3.24×10^{-16} N。

提示 金属球壳外侧电荷量等于 $q_2 - q_1$;题给条件中 q_3 电量比金属球电量小了5个数量级,并且距离金属球中心 100 m,是金属球半径的 1000 倍,这些条件都是在提示大家,不计 q_3 对金属球外表面的电荷分布的影响,因此金属球上电荷可以认为是均匀分布的。

12. $t = \dfrac{2r}{\sqrt{v^2 - \left(1 + \dfrac{m_2}{m_1}\right)\dfrac{2kq_1q_2}{m_2 r}}}$,其中 v 满足 $v > \sqrt{\left(1 + \dfrac{m_2}{m_1}\right)\dfrac{2kq_1q_2}{m_2 r}}$。

提示 设粒子刚进入第一个小孔的速度为 v_2,此时球的速度为 v_1,根据动量守恒,有

$$m_2 v = m_1 v_1 + m_2 v_2$$

根据能量守恒,有

$$\frac{1}{2}m_2 v^2 = \frac{1}{2}m_1 v_1^2 + \frac{1}{2}m_2 v_2^2 + \frac{kq_1q_2}{r}$$

由于静电屏蔽,球壳内没有电场,故粒子处于球内的时间为

$$t = \frac{2r}{v_2 - v_1}$$

联立以上三式,可得

$$t = \frac{2r}{\sqrt{v^2 - \left(1 + \dfrac{m_2}{m_1}\right)\dfrac{2kq_1q_2}{m_2 r}}}$$

13. (1) 导体 A 上的正电荷发出的电场线不能终止于自身,只能终止于无穷远或者其他导体上。其他导体上必定有些区域净剩负电,有些区域净剩正电。净剩正电的区域上正电荷发出的电场线只能终止于电势更低的导体上或者无穷远。而电势最低的导体上的正电荷发出的电场线只能终止于无穷远,因此所有导体电势都高于零。

(2) 其他导体上净剩负电区域的负电荷汇集的电场线如果来自导体 A,自然电势就低于 A;如果来自其他(非 A 的)导体(记为 B),则电势低于导体 B,但是导体 B 上也必定有负电,电场线只能来自 A 或者其他(非 A、非 B)导体(记为 C)……依此逻辑,自然可得导体 A

的电势最高。

14. 将其电势最低的导体的电势记为 $\varphi_{最低}$，电势最高的导体的电势记为 $\varphi_{最高}$。电势最低的导体上的正电荷发出的电场线不能终止于自身，也不能终止于别的导体，只能终止于无穷远，所以 $\varphi_{最低}>0$。假设电势最高的导体上有负电荷，则其上的负电荷发出的电场线不能来自自身（否则本身就不是等势体），也不能来自别的导体（否则比别的导体电势低了，与它的电势 $\varphi_{最高}$ 产生矛盾），只能来自无穷远，所以 $\varphi_{最高}<0$，这与 $\varphi_{最低}>0$ 产生矛盾。故至少这个电势最高的导体上面处处都无负电荷。

15. (1) $q_{感} = -\dfrac{Rq}{\sqrt{r^2+d^2}}$；(2) $\varphi_{球} = \dfrac{kq}{\sqrt{r^2+d^2}}$；(3) $q_{总} = \dfrac{R\varphi_0}{k} - \dfrac{Rq}{\sqrt{r^2+d^2}}$；(4) $\Delta F = \dfrac{Rdq\varphi_0}{(r^2+d^2)^{3/2}}$，向右；(5) $\Delta F' = k\dfrac{Rdq^2}{(r^2+d^2)^2}$，向左。

提示 (1)～(3)均利用球心处的电势表达式来列方程。

(4) 根据静电叠加定理，可知情形 3 空间中的电场是情形 1 中的电场再叠加一个电场——在球表面上均匀分布的电荷 $\dfrac{R\varphi_0}{k}$ 形成的电场。因此，相减得到的力就是在球心处的点电荷 $\dfrac{R\varphi_0}{k}$ 对带电环的力。

(5) 同理，情形 2 空间中的电场是情形 1 中的电场再叠加一个电场——在球表面上均匀分布的电荷 $-\dfrac{Rq}{\sqrt{r^2+d^2}}$ 形成的电场，相减得到的力就是在球心处的点电荷 $-\dfrac{Rq}{\sqrt{r^2+d^2}}$ 对带电环的力。

1.6 电 像 法

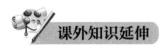

课外知识延伸

1. 电像法和镜像电荷

导体上电荷产生的电场强度在空间中如何分布？原则上说，可以将导体上的电荷分成无数多个微元电荷，每个微元电荷看成是点电荷，再利用点电荷的场强公式进行叠加即可求解。但是在实际情况下，这样操作是难以执行的，除非一些电场有很强的对称性。

在一些特殊情况下，依据静电场唯一性定理，我们可以将导体上分布的电荷在某些区域产生的电场，用特定位置的点电荷产生的电场来等效代替，这些点电荷就称为导体上分布电荷的镜像电荷，这种方法就被称为电像法。电像法要解决的是导体上电荷面密度如何分布以及导体上电荷产生的电场如何分布的问题。

举一个简单的例子,半径为 R、带电量为 Q 的孤立导体球,其表面的电荷均匀分布。该电荷在球外空间产生的电场,可以用位于球心、带电量为 Q 的点电荷在球外空间产生的电场等效替代,位于球心的点电荷 Q 就是这些面电荷的镜像电荷。

高中课本上一般未加证明地告诉了我们一个这样的结论:带电量为 Q、半径为 R 的孤立导体球与位于球心的点电荷 Q 在球外空间产生的电场是一样的。其实,这样操作的依据就是静电场唯一性定理。

一方面,"半径为 R、带电量为 Q 的孤立导体球"这句话告诉了我们"位形 + 总电量",所以此空间的 E、σ、φ 就完全确定了。另一方面,我们又很清楚,位于球心的点电荷 Q 会产生一个半径为 R 的球形等势面,且电势为 $k\dfrac{Q}{R}$。这里等势面的形状和电势,与"半径为 R、带电量为 Q 的孤立导体球"产生的等势面是完全相同的,依据"位形确定后,q、E、σ、φ 四个量中,知一个就能确定其他三个"(这里是由"位形 + 电势"确定"场强"),我们相信,球外空间的场强与位于球心的点电荷 Q 在相同的区域(球外空间)产生的电场是完全相同的。

简而言之,如果我们能够找到位于某些位置的有限个点电荷,它们与导体表面的面电荷产生形状相同、电势值也相同的等势面,那么这些点电荷就是导体表面分布的面电荷的镜像电荷。要求这些带电导体在空间某处产生的场强,去求这些镜像电荷在那个位置的场强就好了。如果我们想求导体上的面电荷密度分布,依据静电平衡导体表面外附近空间的场强和面电荷密度的关系 $E = \dfrac{\sigma}{\varepsilon_0}\hat{n}$($\hat{n}$ 表示导体表面的外法线方向),求出镜像电荷在导体表面所在的空间位置处的场强,问题就解决了。具体如何使用,我们在"核心问题讨论"中的例题部分再详细介绍。

2. 平面镜像电荷和电像法

电像法的实质在于将一给定的静电场变换为另一易于计算的等效静电场,多用于求解在边界面(例如接地或保持电势不变的导体)前面有一个或多个点电荷的问题。

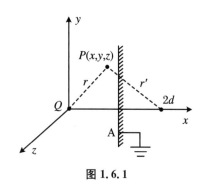

图 1.6.1

如图 1.6.1 所示,一无限大接地导体板 A 前面有一点电荷 Q,则导体板 A 左侧(图中左半平面)的空间电场可看作是在没有导体板 A 存在的情况下由点电荷 Q 与其像电荷 $-Q$ 共同激发产生的。

像电荷 $-Q$ 的位置就是把导体板 A 当作平面镜时电荷 Q 在此镜中的像点位置。于是左半空间任一点 P 的电势为

$$\varphi = kQ\left(\dfrac{1}{r} - \dfrac{1}{r'}\right)$$

式中 r 和 r' 分别是点电荷 Q 和像电荷 $-Q$ 到点 P 的距离,并且

$$r^2 = x^2 + y^2 + z^2, \quad r'^2 = (2d - x)^2 + y^2 + z^2$$

此处 d 是点电荷 Q 到导体板 A 的距离。

3. 球面镜像电荷和电像法

一半径为 r 的接地导体球置于点电荷 q 的电场中,点电荷到球心的距离为 h,球上感应电荷与点电荷 q 之间的相互作用也可以用一个像电荷来替代。由对称性易知像电荷在导体球的球心 O 与点电荷 q 的连线上,设其电量为 $-q'$,到球心 O 的距离为 h',如图 1.6.2 所示,则对球面上任一点 P,其电势为

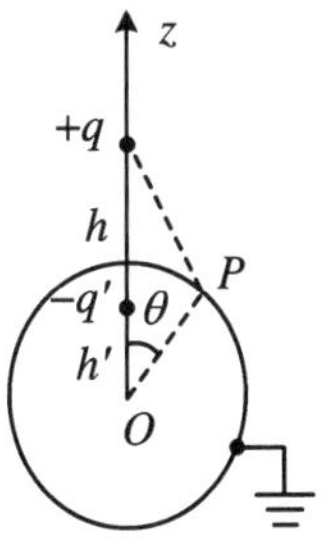

$$\varphi = k\left(\frac{q}{\sqrt{r^2+h^2-2rh\cos\theta}} - \frac{q'}{\sqrt{r^2+h'^2-2rh'\cos\theta}}\right) = 0$$

图 1.6.2

整理并化简,得

$$q^2(r^2+h'^2) - 2q^2 rh'\cos\theta = q'^2(r^2+h^2) - 2q'^2 rh\cos\theta$$

要使此式对任意 θ 成立,必须满足

$$q^2(r^2+h'^2) = q'^2(r^2+h^2) \quad 且 \quad q^2 h' = q'^2 h$$

解得

$$h' = \frac{r^2}{h}, \quad q' = \frac{r}{h}q$$

如果导体球不接地,那么必须在上述结论中再加上一个置于球心的、电量为 q' 的像电荷,才能保证"导体球上总电量为零"这一条件。也就是说,此时导体球上的感应电荷的像电荷有两个,一个是距离球心 h'、电量为 $-q'$ 的点电荷,另一个是在球心处、电量为 q' 的点电荷。

核心问题讨论

1. 如何在点电荷和平面导体所组成的系统中使用电像法求解相关问题?

点电荷在无限大的导体平面上感应出的感应电荷分布情况如何?这看似是一个无从下手的问题,但是我们已经知道导体平面上的感应电荷的镜像电荷是一个与点电荷等量异性的点电荷,因此导体表面所在处的电场可以由点电荷和镜像电荷来求出,再根据静电平衡导体表面外附近空间的场强和面电荷密度的关系 $\boldsymbol{E} = \dfrac{\sigma}{\varepsilon_0}\hat{\boldsymbol{n}}$ 就可以求出导体表面的感应电荷面密度分布。

例题 1 如图 1.6.3 所示,有一个竖直放置的无限大接地金属平板,在其右侧空间距离为 d 的地方放一个点电荷 q。已知静电力常量为 k,讨论下列问题:

(1) 金属平板上的感应电荷的总电量是多少?

(2) 金属平板上面电荷密度如何分布?

(3) 金属平板上以 O 点为圆心、半径为多大的圆形区域内感应电荷量是总感应电荷量的一半?

(4) 金属平板上的感应电荷对板外放置的点电荷 q 的力是多大?

分析 对于感应电荷总量,我们可以使用高斯定理,也可以使用电场线的性质得到答

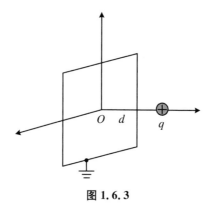

图 1.6.3

案;但是对于面电荷密度分布,我们只能使用电像法,找出平板上的感应电荷的镜像电荷,再利用 $\boldsymbol{E} = \dfrac{\sigma}{\varepsilon_0}\hat{\boldsymbol{n}}$ 来求解。

解 (1) 由于接地金属板是无限大的,延伸至无穷远,因此板外的点电荷 q 发出的所有电场线都可以看作终止于金属板上,故感应电荷的总量必定等于 $-q$。

(2) 根据对称性,可知在以 O 点为圆心的各个半径为 r 的圆环上,金属板上的面电荷密度应该相同,因此 $\sigma = \sigma(r)$。

两个相距 $2d$、等量异性的点电荷,它们的连线中垂面与金属板形状相同,且电势也相同(均为零),如图 1.6.4 所示。依据静电场唯一性定理,金属板上感应电荷与点电荷 q 在金属板右侧空间的电场分布(图(a)),与这两个等量异性点电荷在中垂面右侧空间的电场分布完全相同(图(b)),则在金属板左侧距离为 d 处的 $-q$ 可以看作是金属板上的感应电荷的镜像电荷。

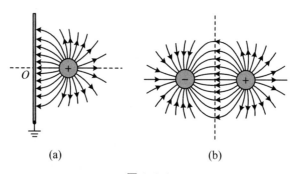

图 1.6.4

等量异性点电荷在中垂面上距离 O 点 r 处的场强为

$$E = k\frac{2qd}{(d^2 + r^2)^{3/2}}$$

方向垂直于中垂面向左侧,所以

$$\sigma = \sigma(r) = \varepsilon_0 \boldsymbol{E} \cdot \hat{\boldsymbol{n}} = -\varepsilon_0 k \frac{2qd}{(d^2 + r^2)^{3/2}} = -\frac{qd}{2\pi(d^2 + r^2)^{3/2}}$$

这就是金属板上的面电荷密度分布表达式,式中 r 是变量。

(3) 对上述表达式积分,并将积分上限从无穷大改为 R,就可以得到半径为 R 的区域内感应电荷量

$$q(R) = qd \frac{1}{\sqrt{d^2 + r^2}}\bigg|_0^R = -q\left(1 - \frac{d}{\sqrt{d^2 + R^2}}\right)$$

可见,当 $R = \sqrt{3}d$ 时,此圆形区域内的感应电荷量就达到感应电荷总量的一半了。

(4) 由于金属板上的感应电荷和其镜像电荷产生的电场完全相同,因此全部的感应电荷对金属板右侧的点电荷 q 的电场力 F 等于镜像电荷对点电荷 q 的电场力,所以

$$F = k\frac{q^2}{(2d)^2}$$

点拨 既然第 2 问求出了面电荷密度分布,那么我们自然可以用积分来计算感应电荷的总量。金属板上的感应电荷为

$$q_{感} = \int_0^\infty \sigma \cdot 2\pi r \mathrm{d}r$$

代入 $\sigma(r)$ 表达式并且积分,得

$$q_{感} = \int_0^\infty -\frac{qd}{2\pi(d^2 + r^2)^{3/2}} \cdot 2\pi r \mathrm{d}r = qd\frac{1}{\sqrt{d^2 + r^2}}\bigg|_0^\infty = -q$$

可见,与我们第 1 问最初的判断相同。

例题 2 有一块很大的接地导体,具有两个相互垂直的表面,在这两个表面外较近处有一个点电荷 q,坐标为 (x_0, y_0),如图 1.6.5 所示。已知静电力常量为 k。

(1) 画出像电荷所在的位置。

(2) 求 q 受到的感应电荷的电场力。

分析 类似例题 1,仅仅在第二象限关于 y 轴对称处的位置加上一个 $-q$,可以使 y 轴成为电势为零的等势面;仅仅在第四象限关于 x 轴对称处的位置加上一个 $-q$,可以使 x 轴成为电势为零的等势面。但是如果只在本题中加上上述两个镜像电荷,那么它们两个之间的影响将无法使得 x、y 轴成为电势为零的等势面。因此,还需要再在第三象限 $(-x_0, -y_0)$ 处加上一个 $+q$。故本题的镜像电荷有三个,如图 1.6.6 所示。

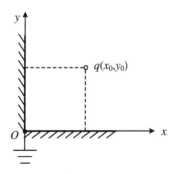

图 1.6.5

解 (1) 镜像电荷如图 1.6.6 所示,位于第二、三、四象限的三个镜像电荷连同原电荷,使得图中 x、y 轴平面成为电势为零的等势面。

(2) 点电荷 q 受到的导体面上感应电荷的电场力完全等同于这三个镜像电荷所提供的电场力。根据库仑定律,并将点电荷 q 的受力沿 x、y 轴两个方向分解,则

$$F_x = kq^2\left[\frac{1}{(2x_0)^2} - \frac{1}{(2x_0)^2 + (2y_0)^2}\cos\theta\right]$$

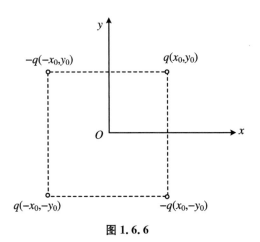

图 1.6.6

其中

$$\cos\theta = \frac{2x_0}{[(2x_0)^2 + (2y_0)^2]^{1/2}}$$

同理可得 F_y。

用正负号代表力沿坐标轴的正负方向，结果统一表达为

$$\begin{cases} F_x = -\dfrac{kq^2}{4}\left[\dfrac{1}{x_0^2} - \dfrac{x_0}{(x_0^2 + y_0^2)^{3/2}}\right] \\ F_y = -\dfrac{kq^2}{4}\left[\dfrac{1}{y_0^2} - \dfrac{y_0}{(x_0^2 + y_0^2)^{3/2}}\right] \end{cases}$$

2. 如何在点电荷和球面导体组成的系统中使用电像法求解相关问题？

对点电荷和球面导体组成的系统，导体球面是一个等势面，所以需要寻找有着球形等势面的、由几个点电荷构成的系统，这并不是容易手动计算的事情，因此对于"课外知识延伸"中提到的结论要熟记。根据静电叠加定理，不论导体球的带电量是多少，我们总可以将之变为球外点电荷和接地导体球组成的静电平衡系统与孤立的带电导体球形成的静电平衡系统的叠加。因此，球外点电荷和接地导体球这个系统所对应的镜像电荷需要先记住，作为分析的起点。

例题 3 （2021 年中国科大强基）导体球外有一带正电的点电荷，下列说法中正确的是

( )

A. 如果导体球带正电，则二者之间的作用力必为排斥力

B. 如果导体球接地，则二者之间的作用力必定为吸引力

C. 如果导体球是电中性的，则二者之间的作用力必为吸引力

D. 如果导体球接地，则其表面任何位置都不会出现正的净电荷

分析 一个孤立的导体放入一个点电荷产生的电场中，由于静电感应现象，导体上的电荷会重新分配，最终达到静电平衡状态，这时导体会形成一个等势体，表面形成一个等势面，导体和点电荷之间的力以及导体上电荷的分布情况可以结合电像法进行定量计算。

解 如果导体球是电中性的,导体上距离点电荷的近端将感应出负电荷,远端将感应出等量异号的正电荷,所以导体球和点电荷间的作用力必为吸引力,故 C 选项正确。

根据以上分析可知,如果导体球是电中性的,导体球和点电荷间的作用力必为吸引力。当导体球带的正电荷较少时,它们之间的作用力必定还是吸引力;当导体球带的正电荷较多时,它们之间的作用力则是排斥力。所以 A 选项错误。

当导体球接地时,导体球上将有负电荷,导体球表面任何位置都不会出现正的净电荷,可以用假设法证明该命题。假设导体表面会有正电荷,根据导体是等势体,该正电荷产生的电场线不可能终止于导体表面的负电荷,而只能终止于无穷远处,这与导体接地,电势为零产生矛盾,所以 D 选项正确。

当导体球接地时,根据以上分析可知,导体表面任何位置都不会出现正的净电荷,所以导体球和点电荷之间的作用力必定为吸引力,所以 B 选项正确。

综上所述,本题选 BCD。

点拨 在上面的求解过程中,A 选项是通过定性分析排除的,也可以通过电像法定量求解二者之间出现排斥力的条件。设导体的带电量为 $+Q$,根据电像法分析,导体上的电荷分布在导体外部产生的电场可以等效成在距离圆心 r 处一个带电量为 $-q'$ 的点电荷和在圆心处一个带电量为 $+(Q+q')$ 的点电荷产生的电场的叠加,如图 1.6.7 所示。其中

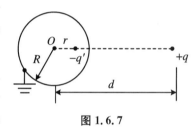

图 1.6.7

$$q' = \frac{R}{d}q, \quad r = \frac{R^2}{d}$$

所以,导体球和点电荷之间的作用力为

$$F = \frac{k(Q+q')q}{d^2} - \frac{kq'q}{(d-r)^2}$$

当 $F>0$ 时,导体和点电荷之间的作用力表现出斥力,由此可解出 Q 应该满足的条件。

例题 4 有一个半径为 R 的金属球,带电量记为 $+Q$,在距离球心 $d(d>R)$ 的地方放一个点电荷 $+q$。已知静电力常量为 k,讨论下列问题:

(1) 点电荷 q 受到球上电荷的电场力是多大?

(2) 点电荷与球上电荷之间的作用力一定是斥力吗?

(3) 金属球上左右两点位于点电荷 q 与球心连线上,这两个位置的面电荷密度是多少?

(4) 金属球的电势是多少?

分析 球上电荷的分布情况如图 1.6.8 所示,我们在前面的例题中有过定性分析。对于本题的定量计算,我们使用电像法找出金属球上的感应电荷的镜像电荷。

利用静电叠加定理,我们可以将原题描述的静电平衡状态等价成图 1.6.9 所示三个静电平衡状态的叠加。三个状态的镜像电荷分布画在了图 1.6.9 中右侧。

图 1.6.9(a)、(b) 所示的镜像电荷已经解释过,对于图(c),现在作如下解释。图(c)所示

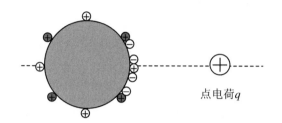

图 1.6.8

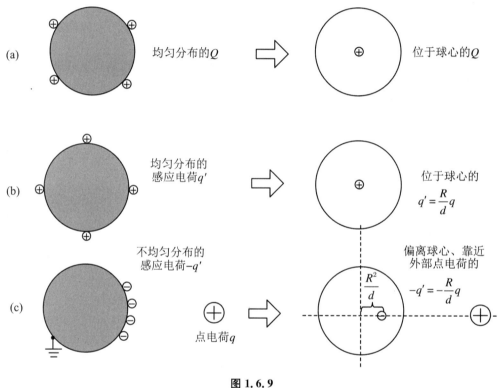

图 1.6.9

状态的金属球面是一个电势为零的等势面,而右图中的两个点电荷产生的电场正好有一个相同的球形等势面,且电势为零,根据静电场唯一性定理,"位形+电势"决定了空间的电场,所以在球外空间的电场与右图中两个点电荷的电场完全一致。

我们不再花费篇幅去证明右图中的两个点电荷产生的电场正好是一个电势为零、形状与金属球面相同的等势面,但是我们将花费一点点的工夫去计算图 1.6.10 中 A、B 两处的电势,从而让大家对这个结果有信心。

$$\varphi_A = k\frac{-\frac{R}{d}q}{R+\frac{R^2}{d}} + k\frac{q}{d+R} = 0, \quad \varphi_B = k\frac{-\frac{R}{d}q}{R-\frac{R^2}{d}} + k\frac{q}{d-R} = 0$$

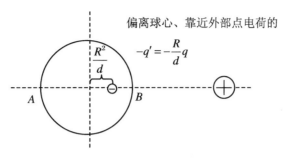

图 1.6.10

图 1.6.9(c)中的接地金属球的电势自然是零,我们在容易计算的 A、B 两个点上计算验证了。特别指出一点:用偏离球心的镜像电荷 $-q'$ 和球外点电荷 q 计算图(c)中球的电势是可以的,计算球外的电势和场强也是可以的,但是不能计算球内的电势和场强。因为镜像电荷 $-q'$ 和球外点电荷 q 产生的电场只在球外空间等同于图(c)中的接地金属球和球外点电荷 q 产生的电场,在球内则是完全不同的。我们有时候会忘记这一点,但是看出这一点来,一点也不困难。图(c)中,金属球达到了静电平衡状态,整个球是等势体,球内场强处处为零;而偏离球心的镜像电荷 $-q'$ 和球外点电荷 q 在球面内部的电场当然不是零。

综上所述,原题中描述的"有一个半径为 R 的金属球,带电量记为 Q,在距离球心 d 的地方放一个点电荷 q"形成的静电平衡状态,金属球上的电荷的镜像电荷就是这样三个点电荷:位于球心的 Q、位于球心的 $q' = \frac{R}{d}q$,以及偏离球心 $\frac{R^2}{d}$、靠近外部点电荷的 $-q' = -\frac{R}{d}q$,如图 1.6.11 所示。

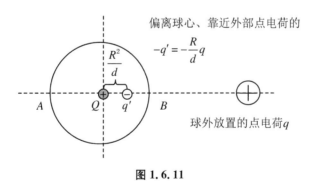

图 1.6.11

解 (1) 球外点电荷 q 受到球上电荷的电场力自然等于三个镜像电荷对其的力,大小为

$$F = Eq = kq\left(\frac{Q + \frac{R}{d}q}{d^2} - \frac{\frac{R}{d}q}{\left(d - \frac{R^2}{d}\right)^2}\right)$$

上式大于零,表示方向向右。

(2) 直觉上,由于金属球带正电,球外点电荷也带正电,相互间的作用力一定是斥力。

但是,从(1)的计算结果我们可以看到,F 可以向左,只要 F 的表达式小于零,这是可能的。化简后,可得

$$F = Eq = \frac{kq}{d^2}\left[Q - q\frac{R^3(2d^2 - R^2)}{d(d^2 - R^2)^2}\right]$$

当 $Q < q\dfrac{R^3(2d^2 - R^2)}{d(d^2 - R^2)^2}$ 时,球上电荷与球外点电荷相互间的作用力为吸引力。这发生在金属球带电量 Q 不太大且球外点电荷距离金属球较近时。

(3) A、B 两点面电荷密度用 $\sigma = \varepsilon_0 \boldsymbol{E} \cdot \hat{\boldsymbol{n}}$ 计算(其中 $\hat{\boldsymbol{n}}$ 为金属表面的外法线方向),所以先要用镜像电荷求球上 A、B 两点以及球外附近空间的电场强度。

$$\boldsymbol{E}_A = k\left\{\frac{q}{(d+R)^2} + \frac{Q + \frac{R}{d}q}{R^2} - \frac{\frac{R}{d}q}{\left(R + \frac{R^2}{d}\right)^2}\right\}\hat{\boldsymbol{n}}$$

$$\boldsymbol{E}_B = k\left\{-\frac{q}{(d-R)^2} + \frac{Q + \frac{R}{d}q}{R^2} - \frac{\frac{R}{d}q}{\left(R - \frac{R^2}{d}\right)^2}\right\}\hat{\boldsymbol{n}}$$

所以

$$\sigma_A = \varepsilon_0 \boldsymbol{E} \cdot \hat{\boldsymbol{n}} = \varepsilon_0 k\left\{\frac{q}{(d+R)^2} + \frac{Q + \frac{R}{d}q}{R^2} - \frac{\frac{R}{d}q}{\left(R + \frac{R^2}{d}\right)^2}\right\}\hat{\boldsymbol{n}} \cdot \hat{\boldsymbol{n}}$$

$$= \frac{1}{4\pi}\left\{\frac{q}{(d+R)^2} + \frac{Q + \frac{R}{d}q}{R^2} - \frac{\frac{R}{d}q}{\left(R + \frac{R^2}{d}\right)^2}\right\}$$

$$\sigma_B = \varepsilon_0 \boldsymbol{E} \cdot \hat{\boldsymbol{n}} = \varepsilon_0 k\left\{-\frac{q}{(d-R)^2} + \frac{Q + \frac{R}{d}q}{R^2} - \frac{\frac{R}{d}q}{\left(R - \frac{R^2}{d}\right)^2}\right\}\hat{\boldsymbol{n}} \cdot \hat{\boldsymbol{n}}$$

$$= \frac{1}{4\pi}\left\{-\frac{q}{(d-R)^2} + \frac{Q + \frac{R}{d}q}{R^2} - \frac{\frac{R}{d}q}{\left(R - \frac{R^2}{d}\right)^2}\right\}$$

由计算结果可见,当 $Q = \dfrac{R^2(3d-R)}{d(d-R)^2}q$ 时,B 处的电荷面密度为零;当 $Q < \dfrac{R^2(3d-R)}{d(d-R)^2}q$ 时,B 处将出现负的感应电荷。

(4) 对于金属球的电势,我们可以求图1.6.9所示三个静电平衡状态的电势,然后叠加,则

$$\varphi_{球} = \varphi_a + \varphi_b + \varphi_c = k\frac{Q}{R} + k\frac{q'}{R} + 0$$

代入相关量并整理,得

$$\varphi_{球} = k\frac{Q}{R} + k\frac{q}{d}$$

点拨 (1) 对于第 4 问的结果,我们并不会感到意外,因为还可以根据整个金属球是等势体,通过求球心处的电势来得到。为什么只求球心电势呢?因为金属球表面上的电荷分布不均匀,但是到球心的距离相同,从而球心电势表达式只与球上总电量有关,与分布无关。所以

$$\varphi_{球} = \varphi_{球心} = \varphi_Q + \varphi_q = k\frac{Q}{R} + k\frac{q}{d}$$

(2) 对于第 4 问,用场强积分的方法行不行?球外的电场分布等同于镜像电荷和球外的点电荷 q 的场强叠加,那么我们当然可以选择方便计算的路径来进行积分运算。比如,沿着 OA 方向延伸到无穷远的直线。在这条直线上,场强表达式可以写为

$$\boldsymbol{E} = k\left[\frac{q}{(d+r)^2} + \frac{Q + \frac{R}{d}q}{r^2} - \frac{\frac{R}{d}q}{\left(r + \frac{R^2}{d}\right)^2}\right]\hat{\boldsymbol{r}}$$

其中 r 为从圆心 O 开始沿着 OA 方向的位矢。所以

$$\varphi_{球} = \int_R^\infty \boldsymbol{E} \cdot \mathrm{d}\boldsymbol{r} = \int_R^\infty k\left[\frac{q}{(d+r)^2} + \frac{Q + \frac{R}{d}q}{r^2} - \frac{\frac{R}{d}q}{\left(r + \frac{R^2}{d}\right)^2}\right]\mathrm{d}r$$

大家可以自行计算这个积分,结果与前面两个观点得到的答案一致。

例题 5 有一个内外半径分别为 r、R 的金属球壳,带电量记为 Q,在其内部距离球心 d 处放置一个点电荷 q。已知静电力常量为 k,讨论下列问题:

(1) 内部点电荷 q 受力是多少?
(2) 球心处的电势是多少?
(3) 球壳内任意一点的电势是多少?
(4) 球壳外任意一点的电势是多少?

分析 根据 1.5 节例题 5 的分析,我们已经清楚了金属球壳内外表面的电荷分布定性情况,如图 1.6.12 所示。由于点电荷 q 并不是放在球心处,金属球壳内表面的电荷分布不是均匀的。因此,求点电荷 q 的受力,我们只能采用"寻找内表面的镜像电荷"这一思路。

内表面的感应电荷的镜像电荷是多少?在什么位置?我们可以将本题与例题 4 的一些量进行互换即可得到。

图 1.6.13 所示的静电平衡状态显示了球内电荷的分布情况,内表面分布不均匀的镜像电荷如右图所示。

归纳如下:本题情景中的静电平衡状态等价于图 1.6.13 和图 1.6.14(a)、(b)所示静电平衡状态的叠加。球外空间的电场由球外表面分布均匀的 $Q + q$ 产生,等价于置于球心处

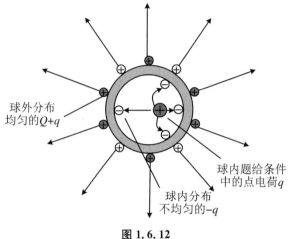

图 1.6.12

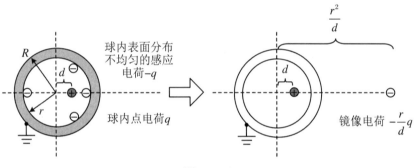

图 1.6.13

的点电荷 $Q+q$ 产生的电场；球内空间的电场由内表面分布不均匀的 $-q$ 和点电荷 q 产生，等价于球内点电荷和球外的镜像电荷 $-\dfrac{r}{d}q$ 共同产生的电场。

解 （1）由于球外表面分布均匀的电荷在球内产生的电场为零，因此内部点电荷 q 的受力就是球内表面感应电荷的电场产生的，可以用图 1.6.13 中的镜像电荷来求解。所以

$$F = Eq = kq\dfrac{\dfrac{r}{d}q}{\left(\dfrac{r^2}{d} - d\right)^2}$$

方向向右，指向镜像电荷。

（2）由于本题情景中的静电平衡状态等价于图 1.6.13 和图 1.6.14(a)、(b)所示的静电平衡状态的叠加，因此球心处的电势也就等于三个平衡状态的电势（分别设为 φ_1、φ_2 和 φ_3）叠加。所以

$$\varphi_{球心} = \varphi_1 + \varphi_2 + \varphi_3 = \varphi_1 + k\dfrac{Q}{R} + k\dfrac{q}{R}$$

φ_1 由两部分组成：球壳内表面分布不均匀的 $-q$ 和偏离球心 d 处的点电荷 q 产生的电

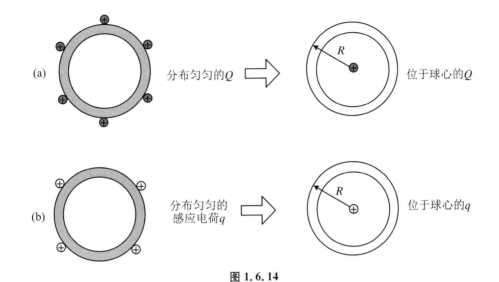

图 1.6.14

势。对于球心处的电势，即便球壳内表面电荷不均匀分布，我们也可以直接写出结果，则

$$\varphi_1 = k\frac{-q}{r} + k\frac{q}{d}$$

对于 φ_1，我们也可以用球外的镜像电荷 $-\frac{r}{d}q$ 和球内的点电荷 q 产生的电势叠加来求，则

$$\varphi_1 = k\frac{-\frac{r}{d}q}{\frac{r^2}{d}} + k\frac{q}{d}$$

显然，两个观点的计算结果是相同的，所以

$$\varphi_{球心} = k\frac{-q}{r} + k\frac{q}{d} + k\frac{Q}{R} + k\frac{q}{R}$$

(3) 对于球壳内任意一点的电势，在求 φ_1 时，(2)中第一个观点当然无法给出答案，但第二个观点（利用了镜像电荷）仍然是成立的，所以电像法是比较普适的，而不仅仅用于计算一些特殊点的电势。

作为一个例子，我们写出球壳内在球内点电荷 q 与球心连线上并且在球心左侧 x 处的电势表达式：

$$\varphi_x = \varphi_1 + \varphi_2 + \varphi_3 = k\frac{-\frac{r}{d}q}{x+\frac{r^2}{d}} + k\frac{q}{x+d} + k\frac{Q}{R} + k\frac{q}{R}$$

(4) 球外的电势是很容易求解的，球外电场完全等同于置于球心处的 $Q+q$ 产生的电场，因此球外距离球心 x 处的电势为

$$\varphi_{球外} = \varphi_1 + \varphi_2 + \varphi_3 = 0 + k\frac{Q}{x} + k\frac{q}{x} = k\frac{Q}{x} + k\frac{q}{x}$$

点拨 本题之所以加上第4问,原因在于我们容易错误地认为球外的电势等同于球心的点电荷 $Q+q$、球内偏离球心 d 处的点电荷 q、球外的镜像电荷 $-\dfrac{r}{d}q$ 共同产生的电势叠加。我们要清楚,球外的镜像电荷 $-\dfrac{r}{d}q$ 和球内的点电荷 q 产生的电场,只在球内空间才和原题中球壳内表面分布不均匀的 $-q$ 和偏离球心 d 处的点电荷 q 产生的电场一致;在球外空间并不相同。因此,球外的电场、电势均不能使用镜像电荷 $-\dfrac{r}{d}q$ 来计算。

习题实战演练

基 础 练 习

1. 如图 1.6.15(a)所示,MN 为很大的薄金属板(可理解为无限大),金属板原来不带电。在金属板的右侧距离金属板 d 的位置上放入一个带正电且电荷量为 q 的点电荷,由于静电感应产生了图(a)所示的电场分布。P 是在点电荷右侧距离也为 d 处的一个点,几位同学想求出 P 点的电场强度大小,但发现问题很难。几位同学从图(b)所示的电场得到了一些启示,经过查阅资料,他们知道:图(a)所示的电场分布与图(b)中虚线右侧的电场分布是一样的。图(b)中两异号点电荷的电荷量大小均为 q,它们之间的距离为 $2d$,虚线是两点电荷连线的中垂线。由此他们分别求出了 P 点的电场强度大小,一共有以下四个不同的结果(式中 k 为静电力常量),其中正确的是 ( )

A. $\dfrac{8kq}{9d^2}$ B. $\dfrac{kq}{d^2}$ C. $\dfrac{3kq}{4d^2}$ D. $\dfrac{10kq}{9d^2}$

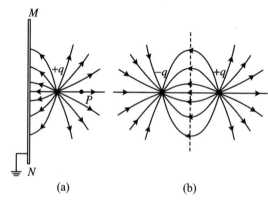

图 1.6.15

2. (2013年东城二模)如图1.6.16(a)所示,MN 为足够大的不带电薄金属板,在金属板的右侧距离为 d 的位置上放入一个电荷量为 $+q$ 的点电荷 O,由于静电感应产生了图(a)所示的电场分布。P 是金属板上的一点，P 点与点电荷 O 之间的距离为 r，几位同学想求出 P 点的电场强度大小，但发现问题很难。几位同学从图(b)所示的电场得到了一些启示，经过查阅资料，他们知道：图(a)所示的电场分布与图(b)中虚线右侧的电场分布是一样的。图(b)中两异号点电荷的电荷量大小均为 q，它们之间的距离为 $2d$，虚线是两点电荷连线的中垂线。由此他们分别对 P 点电场强度的方向和大小作出以下判断，其中正确的是（　　）

A. 方向沿 P 点和点电荷的连线向左，大小为 $\dfrac{2kqd}{r^3}$

B. 方向沿 P 点和点电荷的连线向左，大小为 $\dfrac{2kq\sqrt{r^2-d^2}}{r^3}$

C. 方向垂直于金属板向左，大小为 $\dfrac{2kqd}{r^3}$

D. 方向垂直于金属板向左，大小为 $\dfrac{2kq\sqrt{r^2-d^2}}{r^3}$

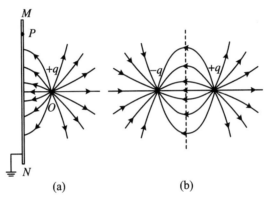

图 1.6.16

3. 长为 R 的绝缘杆两端有两个相同的点电荷 Q，杆与未带电的大导体面垂直放置，如图 1.6.17 所示，导体面与靠近自己的杆端距离也是 R。求带电荷的杆与导电面间的作用力的大小。

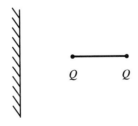

图 1.6.17

提 高 练 习

4. (2018年北大博雅)如图1.6.18所示,A和B是两个带正电的点电荷,另有一不带电的导体球壳将点电荷B包围,下列说法中正确的是 ( )

A. 将点电荷B与导体球壳接触,点电荷A受力变小

B. 将导体球壳接地,点电荷A受力变小

C. 将点电荷B移至球壳内任意位置,点电荷A受力不变

D. 将点电荷B移走,点电荷A受力不变

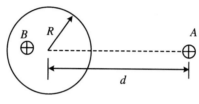

图 1.6.18

5. 如图1.6.19所示,设在一接地导体球的右侧P点处有一点电荷q,它与球心的距离为d,球的半径为R。推导像电荷的电荷量q'和像电荷到球心的距离r的值。

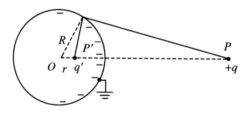

图 1.6.19

6. 如图1.6.20所示,设在一接地导体球的右侧P点处有一点电荷q,它与球心的距离为d,球的半径为R,已知静电力常量为k,求:

(1) 导体球上的感应电荷量;

(2) 点电荷q受到的电场力。

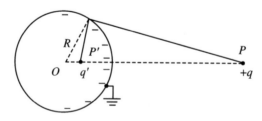

图 1.6.20

7. 如图1.6.21所示,设在一不接地导体球的右侧P点处有一点电荷q,它与球心的距

离为 d，球的半径为 R，已知静电力常量为 k，求点电荷 q 受到的电场力。

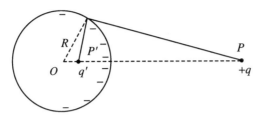

图 1.6.21

8. 如图 1.6.22 所示，一个金属球有两个球形空腔，两个空腔的中心相距 a，连线过球心。在两空腔的中心各有一个点电荷，电量分别为 q_1 和 q_2；球外有一个电荷量为 q 的点电荷，也在连线上，它与点电荷 q_1 的距离为 b。已知金属球上的所有电荷的代数和为零。求金属球上的所有电荷对 q_2 的作用力。

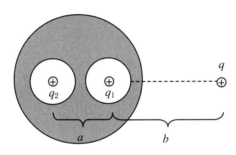

图 1.6.22

9. 如图 1.6.23 所示，有一个很大的接地导体板，在距离为 d 的 A 处放一个带电量为 $-q$ 的点电荷，已知静电力常量为 k。

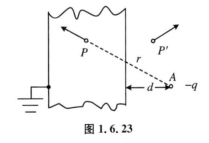

图 1.6.23

(1) 求板上感应电荷在导体内 P 点（$PA = r$）产生的电场强度。

(2) 求板上感应电荷在导体外 P' 点产生的电场强度，已知 P' 点与 P 点关于导体板右表面对称。

(3) 求证：导体板表面的电场强度矢量总与导体板表面垂直。

(4) 求导体板上感应电荷对电荷 $-q$ 的作用力。

(5) 若切断导体板与地的连接线，再把 $+Q$ 电荷置于导体板上，试说明这部分 $+Q$ 电荷在导体板上应如何分布才可以达到静电平衡（略去边缘效应）。

参 考 答 案

1. A。
2. C。
3. $F = \dfrac{77kQ^2}{144R^2}$。

提示 如图 1.6.24 所示，绝缘杆两端的点电荷与它们的像电荷关于导体面对称，像电荷的电量为 $-Q$。因此，求带电荷的杆与导体面间的作用力可转化为求像电荷对杆两端点电荷的作用力，即

$$F = \frac{kQ^2}{(3R)^2} + \frac{kQ^2}{(2R)^2} + \frac{kQ^2}{(3R)^2} + \frac{kQ^2}{(4R)^2} = \frac{77kQ^2}{144R^2}$$

杆与导体面之间的作用力为引力。

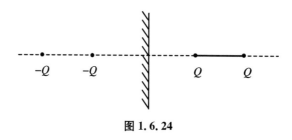

图 1.6.24

4. C。

提示 根据静电屏蔽，将点电荷 B 移至球壳内任意位置，会改变球的内壁的电荷分布，但是不会改变球的外壁的电荷分布，所以点电荷 A 受力不变，C 选项正确。

5. $q' = -\dfrac{R}{d}q$，$r = \dfrac{R^2}{d}$。

6. (1) 感应电荷电量为 $-\dfrac{R}{d}q$；(2) $F = Eq = kq\left[\dfrac{\dfrac{R}{d}q}{\left(d - \dfrac{R^2}{d}\right)^2}\right]$，方向向左。

7. $F = Eq = kq\left[\dfrac{\dfrac{R}{d}q}{\left(d - \dfrac{R^2}{d}\right)^2} - \dfrac{\dfrac{R}{d}q}{d^2}\right]$，方向向左。

提示 利用镜像法，将导体球上的感应电荷等价成置于球心、电量为 $\dfrac{R}{d}q$ 的点电荷和向右侧偏离球心 $\dfrac{R^2}{d}$、电量为 $-\dfrac{R}{d}q$ 的点电荷。这两个镜像电荷对球外点电荷 q 的力就等于球上感应电荷对 q 的力。

8. $F = kq_2\left[\dfrac{q_1}{a^2} + \dfrac{q}{(a+b)^2}\right]$，方向指向 q。

提示 根据静电屏蔽,可知 q_2 所受到的合力是零,但本题所问的是"金属球上的所有电荷"对 q_2 的作用力,因此本题答案不是 0。

金属球面上存在哪些感应电荷呢?① q_2 所在球形空腔的内表面上均匀分布着电量为 $-q_2$ 的感应电荷;② q_1 所在球形空腔的内表面上均匀分布着电量为 $-q_1$ 的感应电荷;③ 金属球外表面分布着 q_1+q_2 的感应电荷,但是受到球外电荷 q 的影响,球外表面的电荷不是均匀分布的。本题求的就是这三部分感应电荷对 q_2 的作用力。

分别来看这三部分感应电荷对 q_2 的作用力:① 由于 $-q_2$ 均匀分布在球形空腔内表面,因此对 q_2 的力为 0;② $-q_1$ 同样均匀分布在球形空腔内表面,因此对 q_2 的力可以等价成在空腔球心处的点电荷 q_1 对 q_2 的力,$F = kq_2 \dfrac{q_1}{a^2}$,方向向右;③ 金属球外表面不均匀分布的 q_1+q_2 感应电荷与球外点电荷 q 在球内空间产生的电场为零,所以 q_1+q_2 感应电荷对 q_2 的力可以通过求球外点电荷 q 对 q_2 的力来得到,则 $F = kq_2 \dfrac{q}{(a+b)^2}$,方向指向 q。综合①~③,即为答案。

9. (1) $E_{感} = E_{-q} = \dfrac{kq}{r_1^2}$,$r_1$ 是 $-q$ 到 P 点的距离,方向沿着 AP 方向;(2) $E_{感P'} = E_{-q} = \dfrac{kq}{r_2^2}$,$r_2$ 为 $-q$ 到 P 点的距离,方向如图 1.6.25 所示;(3) 略;(4) $F = k\dfrac{q^2}{4d^2}$,方向垂直于板面向左;(5) 因为 E_{-q} 和 $E_{感}$ 在导体内处处平衡,所以 $+Q$ 只有均匀分布在导体两侧,才能保持导体内部场强处处为零。

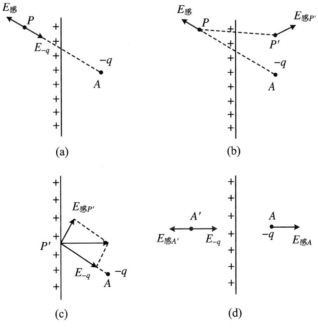

图 1.6.25

提示 (1) 因为静电平衡后导体内部合场强为零，所以感应电荷在 P 点的场强 $E_{感}$ 和 $-q$ 在 P 点的场强 E_{-q} 大小相等、方向相反，如图 1.6.25(a)所示。

(2) 根据对称原理，可知感应电荷在导体外任意一点 P' 处产生的场强一定和感应电荷在对称点 P 处产生的场强镜像对称，如图 1.6.25(b)所示。

(3) 根据(2)的讨论将 P' 点取在导体的外表面，此处的场强由 E_{-q} 和 $E_{感P'}$ 叠加而成，如图 1.6.25(c)所示，不难看出这两个场强的合场强是垂直于导体表面的。

(4) 在导体板内取 $-q$ 所在点 A 的对称点 A'，A' 的场强由 E_{-q} 和 $E_{感A'}$ 叠加而为零。由对称性可知 A 处的 $E_{感A}$ 和 $E_{感A'}$ 应是大小相等、方向相反的，如图(d)所示，所以 $-q$ 所受的电场力大小为

$$F = E_{感A'}q = E_{-q}q = k\frac{q^2}{(2d)^2} = k\frac{q^2}{4d^2}$$

1.7 电 容 器

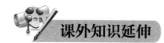

1. 平行板电容器的电容

在高中课程的学习中，平行板电容器电容的表达式常被写为 $C = \dfrac{S}{4\pi k d}$；在强基和竞赛的学习中，平行板电容器电容表达式常见的形式为 $C = \dfrac{\varepsilon_0 S}{d}$。

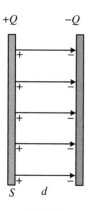

图 1.7.1

图 1.7.1 所示是平行板电容器，两极板的面积均为 S，两极板间的距离为 d，极板间为真空。当两极板间的距离远远小于极板的线度时，可以忽略电容器的边缘效应，而把极板看成是两个无限大的带电平板。假设两极板上带电荷量分别为 $+Q$ 和 $-Q$，则电荷均匀地分布在两极板相对的内表面上，电荷面密度 $\sigma = \dfrac{Q}{S}$。两极板间为匀强电场，根据高斯定理，可得电场强度大小为

$$E = \frac{\sigma}{\varepsilon_0} = \frac{Q}{\varepsilon_0 S}$$

则两极板间的电势差为

$$U = Ed = \frac{Qd}{\varepsilon_0 S}$$

因此，平行板电容器的电容为

$$C = \frac{Q}{U} = \frac{\varepsilon_0 S}{d} = \frac{S}{4\pi k d}$$

可见，平行板电容器的电容与极板的面积成正比，与极板间的距离成反比。电容的大小只取决于电容器的结构。

2．含电介质的电容器

在高中课程的学习中，我们已经知道，在一个带电量为 Q_0 的平行板电容器的两个极板间插入一块电介质（比如玻璃，相对介电常数 ε_r 在 5～10 范围内），电容器的电容值将增大为原先的 ε_r 倍，这是因为电介质在电场中发生了极化现象。

电介质中虽然没有金属那种自由电子，但是仍然会在外电场的作用下发生极化现象，在介质表面堆积极化电荷 q'。极化电荷产生的附加电场虽然不能彻底抵消原电场，但是减弱了电场，使极板间的合电场减小（$\boldsymbol{E} = \boldsymbol{E}_0 + \boldsymbol{E}'$，其中 $\boldsymbol{E}'$ 是极化电荷产生的附加电场，与原电场 $\boldsymbol{E}_0$ 方向相反）。根据电容器的定义，并认为极板间是匀强电场，得

$$C = \frac{Q}{U} = \frac{Q}{Ed}$$

可见，电容值增大了。

电介质是绝缘体，虽然没有自由电子，但是可以存在电偶极子（一对相距很近且等值异号的点电荷的组合）。电偶极子产生的电场与电偶极矩 $\boldsymbol{p}$ 有关（就像点电荷的电场由点电荷的电量 q 来描述一样）。电偶极矩 $\boldsymbol{p}$ 的定义是 $\boldsymbol{p} = q\boldsymbol{l}$，其中 $\boldsymbol{l}$ 是正负点电荷的间距，方向由负电荷指向正电荷；与点电荷用一个带正负号的圆圈表示一样，电偶极矩 $\boldsymbol{p}$ 经常用一个有向箭头表示，如"→"，与点电荷不同之处在于，q 是一个标量，电偶极矩 $\boldsymbol{p}$ 是一个矢量。需要特别指出的是，虽然我们用"→"表示电偶极矩，但电偶极矩也是一个点模型，反映的是一个空间点处的性质。

电介质的极化现象分为无极分子的位移极化和有极分子的取向极化。图 1.7.2 反映了有极分子在外电场的作用下的取向极化。注意到电偶极矩 $\boldsymbol{p}$ 的符号"→"起点是负电荷，末端是正电荷，因此介质的左右两个侧面分别显现了负电和正电（极化电荷），产生的附加电场方向与外电场相反，从而削弱了原电场。

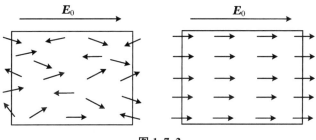

图 1.7.2

对于插入电介质的带电电容器，设电容器极板上的自由电荷为 $Q_自$、极板附近的极化电荷为 $Q_极$、电解质的相对介电常数为 ε_r，$C_0 = \frac{\varepsilon_0 S}{d}$，则

$$\begin{cases} \varepsilon_r C_0 U_0 = Q_{自} \\ C_0 U_0 = Q_{总} = Q_{自} - Q_{极} \end{cases}$$

可以进一步解得

$$\begin{cases} \varepsilon_r = \dfrac{Q_{自}}{Q_{自} - Q_{极}} \\ Q_{极} = \dfrac{\varepsilon_r - 1}{\varepsilon_r} Q_{自} \end{cases}$$

3. 电容器的储能

一电容为 C 的平行板电容器正处于充电过程中。设某一时刻两极板上的电荷分别为 $+q$ 和 $-q$；相应地，在该时刻两极板间的电势差 $U = q/C$。此时，如果继续把 $+dq$ 电荷经由电路从负极板移至正极板，外力克服静电力所做的功为

$$dW = Udq = \frac{q}{C}dq$$

在两极板的电荷量由 0 变为 $+Q$ 的过程中，外力克服静电力所做的总功为

$$W = \int_0^Q \frac{q}{C} dq = \frac{1}{2}\frac{Q^2}{C}$$

上式即为电容器带有电荷量 Q 时所具有的能量。利用关系式 $C = Q/U$，电容器所储存的电能 E_0 可写为

$$E_0 = \frac{1}{2}\frac{Q^2}{C} = \frac{1}{2}QU = \frac{1}{2}CU^2$$

上式表明，在一定电压下，电容器的电容越大，其储存的电能越多。因此，也可以把电容看作是电容器储存电能本领大小的标志。对同一电容器来说，电压越高，储能越多。该特征对于任何电容器都适用。

4. 电场的能量密度

我们知道，平行板电容器储存的电势能为

$$E_0 = \frac{1}{2}CU^2$$

考虑到关系式 $C = \dfrac{\varepsilon_0 S}{d}$ 和 $U = Ed$，上式可以进一步写成

$$E_0 = \frac{1}{2}\varepsilon_0 E^2 \cdot Sd$$

如果认为电容器的能量是储存在其极板间的电场中的，则可以推导出电场的能量密度公式为

$$e_{电} = \frac{E_0}{V_{体积}} = \frac{E_0}{Sd} = \frac{1}{2}\varepsilon_0 E^2$$

若含有电解质，则

$$e_{电} = \frac{1}{2}\varepsilon_r \varepsilon_0 E^2$$

需要注意的是，虽然上式是针对平行板电容器推导的，但是上式的成立具有普遍性。我

们还可以根据电场的能量密度求解空间中所有的电场能,即

$$E_{电} = \iiint e_{电}\,dV = \iiint \frac{1}{2}\varepsilon_r\varepsilon_0 E^2\,dV$$

核心问题讨论

1. 如何根据定义求解一些典型电容器的电容值?

电容器的电容定义为 $C = \dfrac{Q}{U}$,其中 U 是电容器两个极板的电势差,Q 是电容器任意一个极板上的自由电荷总量的绝对值。因此,我们可以先假定电容器带电量为 Q,利用高斯定理求出极板之间的电场强度 E,再利用场强求出极板之间的电势差,进而就能利用电容器电容的定义得到电容值了。

例题 1　如图 1.7.3 所示,内外半径分别为 R_1 和 R_2、长度为 h 的金属圆桶构成同轴柱形电容器。已知 h 远大于 R_1 和 R_2,真空中的介电常数为 ε_0。

(1) 求该电容器的电容值。

(2) 根据上问的结果证明:当 $R_2 \to R_1$ 时,该电容器的电容值与平行板电容器的电容值相同。

分析　对于第 1 问,可以假设电容器的两极板分别带等量异种电荷,从而求出其间的电场强度,由电场强度积分再求出两极板之间的电势差,然后根据电容器电容的定义就可以求出该电容器的电容了。这是求电容器电容值的常用方法。对于第 2 问,需要根据第 1 问求出的表达式,应用适当的近似处理来证明。

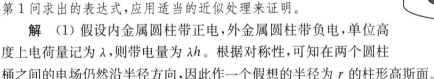

图 1.7.3

解　(1) 假设内金属圆柱带正电,外金属圆柱带负电,单位高度上电荷量记为 λ,则带电量为 λh。根据对称性,可知在两个圆柱桶之间的电场仍然沿半径方向,因此作一个假想的半径为 r 的柱形高斯面。

由高斯定理可得

$$E \cdot 2\pi r h = \frac{\lambda h}{\varepsilon_0}$$

解得

$$E = \frac{\lambda}{2\pi\varepsilon_0 r}$$

内外金属圆柱的电势差为

$$U = \int_{R_1}^{R_2} \boldsymbol{E} \cdot d\boldsymbol{r} = \int_{R_1}^{R_2} E\,dr = \int_{R_1}^{R_2} \frac{\lambda}{2\pi\varepsilon_0 r}\,dr = \frac{\lambda}{2\pi\varepsilon_0}\ln\frac{R_2}{R_1}$$

根据电容器的定义,可得

$$C = \frac{Q}{U} = \frac{\lambda h}{\dfrac{\lambda}{2\pi\varepsilon_0}\ln\dfrac{R_2}{R_1}} = \frac{2\pi\varepsilon_0 h}{\ln\dfrac{R_2}{R_1}}$$

(2) 将结果表示成

$$C = \frac{2\pi\varepsilon_0 h}{\ln\frac{R_2}{R_1}} = \frac{2\pi\varepsilon_0 h}{\ln\frac{R_1+\Delta R}{R_1}} = \frac{2\pi\varepsilon_0 h}{\ln\left(1+\frac{\Delta R}{R_1}\right)}$$

当 $R_2 \to R_1$ 时,$\frac{\Delta R}{R_1} \to 0$,应用 $\ln\left(1+\frac{\Delta R}{R_1}\right) \to \frac{\Delta R}{R_1}$,上式可化为

$$C = \frac{2\pi\varepsilon_0 h}{\ln\left(1+\frac{\Delta R}{R_1}\right)} = \frac{2\pi\varepsilon_0 h}{\frac{\Delta R}{R_1}} = \frac{\varepsilon_0 \cdot 2\pi R_1 h}{\Delta R}$$

这是正对面积为 $2\pi R_1 h$、间距为 ΔR 的平行板电容器的电容值。

点拨 在第2问的化简中,我们应用了"当 $x \to 0$ 时,$\ln(1+x) = x$",这在竞赛和强基考试中经常用到。

例题 2 如图1.7.4所示,内外半径分别为 R_1 和 R_2 的金属球壳构成球形电容器。已知真空中的介电常数为 ε_0。

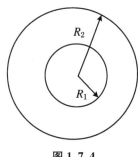

图 1.7.4

(1) 求该电容器的电容值。

(2) 根据上问的结果,证明:一个半径为 R 的孤立金属球形电容器的电容值为 $C = 4\pi\varepsilon_0 R$。

分析 类比平行板电容器,(1)情形的两个极板容易看出是什么,但是(2)情形有些不明确。孤立金属球本身能够储存电荷,从功能上看,也是电容器;类比平行板电容器,它本身可以看作是一个极板,理论分析中另一个极板可以想象成位于无穷远的半径无限大的球壳。因此(2)情形可以看作是(1)情形中 R_2 为无限大的特例。由于无穷远的电势和大地等势(理论分析中,总可以认为大地电势为零),因此(2)情形所求的电容值也就是金属球与大地构成的电容器的电容值。

解 (1) 假设内球壳带正电,电量为 $+Q$;外球壳带负电,电量为 $-Q$。由于在两个球壳之间的电场是沿半径方向的(球壳具有旋转对称性保证的),作一个假想的半径为 r 的球形高斯面,由高斯定理可得

$$E \cdot 4\pi r^2 = \frac{Q}{\varepsilon_0}$$

解得

$$E = \frac{Q}{4\pi\varepsilon_0 r^2}$$

内外球壳的电势差为

$$U = \int_{R_1}^{R_2} \boldsymbol{E} \cdot \mathrm{d}\boldsymbol{r} = \int_{R_1}^{R_2} E \mathrm{d}r = \frac{Q}{4\pi\varepsilon_0}\left(\frac{1}{R_1} - \frac{1}{R_2}\right)$$

根据电容的定义,可得

$$C = \frac{Q}{U} = 4\pi\varepsilon_0 \left(\frac{1}{R_1} - \frac{1}{R_2}\right)^{-1}$$

（2）一个半径为 R 的孤立金属球的电容器，可以看作(1)情形中 R_2 取无限大，因此借助(1)的结果可得

$$C = 4\pi\varepsilon_0 \left(\frac{1}{R} - \frac{1}{\infty}\right)^{-1} = 4\pi\varepsilon_0 R$$

点拨 这个理论计算结果能够修正我们一些错误的想法。比如，我们可能直觉上认为，金属球的带电能力是与其表面积成正比的（$S \propto R^2$）。上述计算结果显示，金属球的带电能力是与其半径 R 成正比的。这个先入为主的错误想法，可能来自我们对金属球带电的模型化认识，认为所带电荷分布于金属表面，因此带电能力也就与表面积成正比；也可能来自对平行板电容器电容的类比 $\left(C = \dfrac{\varepsilon_0 S}{d}\right)$。如果我们认识到平行板电容器极板间是匀强电场，而带电金属球周围不是匀强电场，就能够理解"认为金属球带电能力与表面积成正比"为什么不对了。

2. 平行板电容器极板上的电荷分布有何规律？

高中物理中，平行板电容器的两个极板带电量总是等量异号，学生总是会问："能否让两个极板带不等量的电荷呢？"答案是肯定的。试想，如果我们先将相距无穷远的两个金属板带上不等量的电荷，然后将其靠近，成为平行板电容器，这时每个极板的带电量当然就不同了。"两个极板带电量总是等量异号"的严谨说法是"对无限大的平行板电容器，两个极板的正对面总是带等量异号电荷"。下面来详细讨论这种情况。

例题 3 相距足够近的两个足够大金属板带电量分别为 Q_1 和 Q_2（$Q_1 > Q_2 > 0$），将其靠近，成为平行板电容器。分析各个面上的带电量。

分析 将 4 个面分别记为 A、B、C、D，设带电量分别为 q_A、q_B、q_C、q_D，如图 1.7.5 所示。关于这 4 个未知量，我们可以写出哪些方程呢？根据电荷量守恒可以写出两个方程，剩下两个方程根据金属板内电场为零，使用高斯定理来列。

解 根据电荷守恒，可列出方程

$$q_A + q_B = Q_1, \quad q_C + q_D = Q_2$$

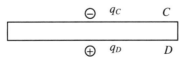

图 1.7.5

作高斯面,如图 1.7.6 所示。根据极板无限大的特点,可知电荷分布应该是均匀的,由高斯定理可得

$$\oiint \boldsymbol{E} \cdot \mathrm{d}\boldsymbol{S} = 0 = \frac{(\sigma_B + \sigma_C)S}{\varepsilon_0}$$

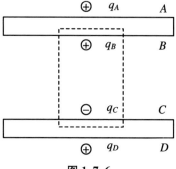

图 1.7.6

其中使用了"金属导体内场强为零"这一特点,由此可得

$$q_B + q_C = 0$$

由于对称性,对于外侧面有

$$q_A = q_D$$

联立上述方程,可以解出

$$q_A = q_D = \frac{Q_1 + Q_2}{2}, \quad q_B = -q_C = \frac{Q_1 - Q_2}{2}$$

点拨 由于极板无限大,每一个面上的电荷面密度都是均匀的,则有 $E = \frac{\sigma}{2\varepsilon_0}$。我们能看到,上述电荷分布情况可以保证每个金属板内的电场为零,如图 1.7.7 所示。

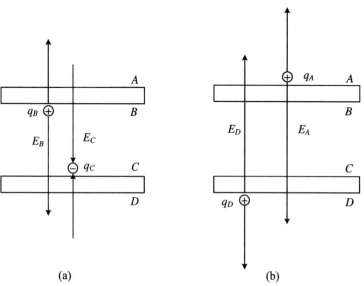

图 1.7.7

例题 4 （2021 年清华强基）如图 1.7.8 所示，两块面积较大的金属板平行放置，正对面积为 S，间距为 d，带电量分别为 Q 和 q。已知 d 较小，不考虑边缘效应，两者内部电荷间的相互作用力的大小为　　　　　　　　　　　　　　　　　　　　　　（　　）

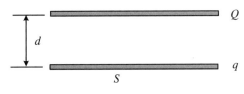

图 1.7.8

A. $\dfrac{(Q-q)^2}{8\varepsilon_0 S}$　　　　B. $\dfrac{(Q-q)^2}{4\varepsilon_0 S}$　　　　C. $\dfrac{Qq}{4\pi\varepsilon_0 S}$　　　　D. $\dfrac{Qq}{2\pi\varepsilon_0 S}$

分析　不考虑边缘效应，两板外侧的电荷量必然相等，电性也必然相同，内侧所带电荷量绝对值相等，电性相反，据此可求出两板内外侧电荷的分布，从而求出板内的电场大小，进而求出相互作用力的大小。

解　设上下极板内侧所带电荷量分别为 Q' 和 $-Q'$，根据电荷守恒，可得上下极板外侧所带电荷量分别为 $-Q'+Q$ 和 $Q'+q$，两板外侧的电荷量必然相等，电性也必然相同，即
$$-Q'+Q = Q'+q$$
解得
$$Q' = \frac{Q-q}{2}$$

取图 1.7.9 所示的高斯面，根据高斯定理可算得极板间的电场强度为
$$E = \frac{Q-q}{\varepsilon_0 \cdot 2S}$$

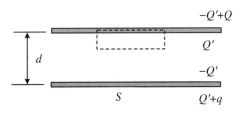

图 1.7.9

该电场强度有一半是下极板内侧电荷贡献的，所以下极板内侧电荷受到的电场力为
$$F = \frac{E}{2}Q'$$

联立以上各式，解得
$$F = \frac{(Q-q)^2}{8\varepsilon_0 S}$$

由于外极板在两内侧电荷处激发的电场正好抵消，该力就是内侧电荷之间的相互作用力。本题应该选 A。

点拨 在上述解题过程中,应用了"无限大两极板外侧的电荷面密度相同,电性也相同"的性质,该性质可以利用"金属板内部的电场为零"的特征结合高斯定理加以证明,也可以利用对称性得到,并且该性质还可以推广到多个无限大平板平行正对放置的情况。

例题 5 相距无穷远的三个无限大金属板带电量分别为 Q_1、Q_2、Q_3,将其靠近,使间距均为 d,各个面上的电荷量将重新分配,如图 1.7.10 所示。

(1) 求各个面上的带电量。

(2) 若 $Q_1 = 7\,\text{C}$,$Q_2 = 5\,\text{C}$,$Q_3 = 1\,\text{C}$,计算(1)中结果。

(3) 接(2),将外侧的两个面用导线短接,再求各个面上的带电量。

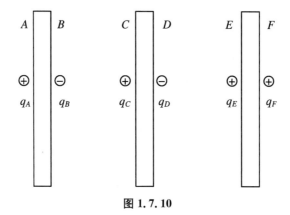

图 1.7.10

分析 我们知道,为了保证金属板内部的电场为零,需要具有以下特点:① 金属板正对面的电荷量总是等量异号;② 最外侧的两个面总是带等量同号的电荷。本题可利用这两个特点求解。

对于(3),当用导线短接最外侧的两个金属板后,电荷 Q_1 与 Q_3 在外侧两个金属板上会重新分布,根据电荷守恒,我们只能知道这两个金属板总电量为 $Q_1 + Q_3$,而无法立刻知道每一个金属板带多少电荷。与问题(1)、(2)相比,这里少了一个电荷守恒方程,但是多了一个电势方程——外侧两个金属板等势,从而补齐了方程数,结果仍是确定的。

解 (1) 由于金属板无限大,可设各个面上的带电量和电性如图 1.7.11 所示。

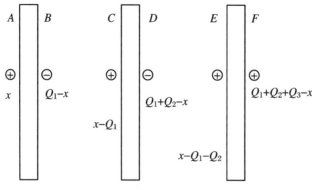

图 1.7.11

将 q_A 记为 x,根据最外侧的两个面总是带等量同号的电荷,可得
$$x = Q_1 + Q_2 + Q_3 - x$$
解出 x,进一步可得各个面上的电荷量为
$$q_A = \frac{Q_1 + Q_2 + Q_3}{2}, \quad q_B = \frac{Q_1 - Q_2 - Q_3}{2}, \quad q_C = -q_B = \frac{Q_2 + Q_3 - Q_1}{2}$$
$$q_D = \frac{Q_2 - Q_3 + Q_1}{2}, \quad q_E = -q_D = \frac{Q_3 - Q_1 - Q_2}{2}, \quad q_F = \frac{Q_1 + Q_2 + Q_3}{2}$$

(2) 已知 $Q_1 = 7\,\mathrm{C}, Q_2 = 5\,\mathrm{C}, Q_3 = 1\,\mathrm{C}$,则
$$q_A = \frac{13}{2}\,\mathrm{C}, \quad q_B = \frac{1}{2}\,\mathrm{C}, \quad q_C = -\frac{1}{2}\,\mathrm{C}$$
$$q_D = \frac{11}{2}\,\mathrm{C}, \quad q_E = -\frac{11}{2}\,\mathrm{C}, \quad q_F = \frac{13}{2}\,\mathrm{C}$$

各个面的电量标记在图 1.7.12 中。

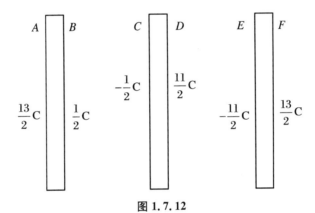

图 1.7.12

(3) 我们先根据上述分析中的两个特点,标记各个面上的电荷量,如图 1.7.13 所示。

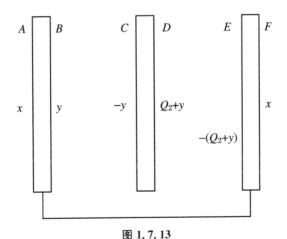

图 1.7.13

根据最外侧两个金属板的电荷守恒,可列方程

$$x + y - (y + Q_2) + x = Q_1 + Q_3$$

得

$$x = \frac{Q_1 + Q_2 + Q_3}{2}$$

根据最外侧两个金属板的电势差为零,可列方程

$$0 = \varphi_A - \varphi_F = (\varphi_A - \varphi_B) + (\varphi_B - \varphi_C) + (\varphi_C - \varphi_D) + (\varphi_D - \varphi_E) + (\varphi_E - \varphi_F)$$
$$= (\varphi_B - \varphi_C) + (\varphi_D - \varphi_E)$$

记 B 与 C、D 与 E 之间的电容为 C,又有

$$\varphi_B - \varphi_C = \frac{Q}{C} = \frac{y}{C}, \quad \varphi_D - \varphi_E = \frac{Q_2 + y}{C}$$

得

$$\frac{y}{C} + \frac{Q_2 + y}{C} = 0 \Rightarrow y = -\frac{Q_2}{2}$$

已知 $Q_1 = 7\,\text{C}, Q_2 = 5\,\text{C}, Q_3 = 1\,\text{C}$,则

$$q_A = \frac{13}{2}\,\text{C}, \quad q_B = -\frac{5}{2}\,\text{C}, \quad q_C = \frac{5}{2}\,\text{C}$$

$$q_D = \frac{5}{2}\,\text{C}, \quad q_E = -\frac{5}{2}\,\text{C}, \quad q_F = \frac{13}{2}\,\text{C}$$

各个面最终电量标记在图 1.7.14 中。

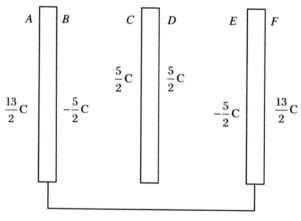

图 1.7.14

点拨 (1) 上述计算结果显示,最外侧的两个面的带电量有两个特点:① 所带电量等大、同性且为三个极板总电量的一半;② 不论是否有导线连接,最外侧两个面的带电量都不受影响。为什么具有上述两个特点呢?

在我们假设金属板无限大的情形下可以利用高斯定理论证的。由于极板无限大,最外侧的电场分布一定是相同的;记最外侧的电场为 E,作包围所有极板的高斯面,由高斯定理可得 $2ES = \dfrac{Q_\text{总}}{\varepsilon_0}$,可见外侧电场只由总电量决定,与是否将极板用导线相连无关。而外侧电

场与最外侧面电荷密度有关系 $E=\dfrac{\sigma}{\varepsilon_0}$,因此场强不变,电荷分布也就不变,(1)和(2)所求的结果也验证了这一点。

如果三个极板的总电量为零,那么最外侧两个面的电量将为零,这一特殊情况也请大家格外留意。

(2) 根据上述讨论,我们认识到最外侧的电量不发生变化,则只有 y 一个未知量。我们可以将上述三个金属板看成两个电容的串联,导线连接代表了电容器的放电,从"串联电容器放电"的角度也可以求解出结果。

下面再给出从电容器串、并联角度的求解方法。

导线连接之前 $\varphi_B - \varphi_E = \dfrac{\frac{1}{2}}{C} + \dfrac{\frac{11}{2}}{C} = \dfrac{6}{C}$,导线连接之后 $\varphi_B - \varphi_E = 0$,所以 $\Delta U = \dfrac{6}{C}$。根据电容器的串联,总的电容值为 $C_{总} = \left(\dfrac{1}{C} + \dfrac{1}{C}\right)^{-1} = \dfrac{C}{2}$,因此电容器放电量为 $\Delta q = C_{总}\Delta U = \dfrac{C}{2}\dfrac{6}{C} = 3\,\mathrm{C}$。

这 Δq 的电量经过导线,由正极板(B 面)流入负极板(E 面),所以

$$q'_B = q_B - \Delta q = \left(\dfrac{1}{2} - 3\right)\mathrm{C} = -\dfrac{5}{2}\,\mathrm{C}, \quad q'_E = q_E + \Delta q = \left(-\dfrac{11}{2} + 3\right)\mathrm{C} = -\dfrac{5}{2}\,\mathrm{C}$$

3. 如何求解电容器所储存的静电能?

电容器的储能公式为 $E_{电容} = \dfrac{1}{2}CU^2 = \dfrac{Q^2}{2C}$。我们可以设想一个电容器充电过程,求解这个过程中克服电场力所做的功,从而推得上述公式,见"课外知识延伸"部分。

另一个观点认为电容器的能量储存在其极板间的电场中,则可以从电容器这个特殊的例子推导出普适的电场能量密度公式 $e_{电} = \dfrac{1}{2}\varepsilon_r\varepsilon_0 E^2$,有了能量密度公式,对于电容器储能变化的问题,我们就可以通过计算电场能量来求解,即

$$E_{电容} = E_{电场} = \iiint e_{电}\mathrm{d}V = \iiint \dfrac{1}{2}\varepsilon_r\varepsilon_0 E^2 \mathrm{d}V$$

例题 6 用图 1.7.15 所示电路给一个理想电容器充电。电池内阻不计,电动势记为 U,电容器极板间距为 d,正对面积为 S,其间充满了相对介电常数为 ε_r 的均匀、各向同性的线性电介质。

(1) 这个过程中电池消耗的化学能是多少?
(2) 电容器获得的电场能是多少?电阻上产生的焦耳热是多少?
(3) 电容器间的场强 E 是多少?
(4) 认为静电能是储存在电场中的,推导电场的能量密度表达式。
(5) 用外力把极板间的距离拉大到 $2d$ 并填充相同的电介质,此时电容器的电场能是多少?
(6) 若先断开电源,再把极板间距拉大到 $3d$,则电容器增加的电场能是多少?

(7) 在这个过程中外力需要克服极板间的静电力做多少功?

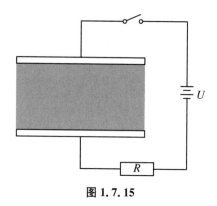

图 1.7.15

分析 对于(1),在用电池给电容器充电的过程中,能量转化情况是:电池的化学能先转化为电能,最终转化为电容器的储能和电路中电阻的焦耳热。其中电池消耗的化学能可以用"电池电动势×经过电池的电荷量"来计算。

对于(2),电池消耗的电能并未全部转化为电容器获得的电能,还有一部分消耗在电路中的电阻上。由于充电过程中电流并不恒定,因此不能直接使用焦耳定律求解电阻上的焦耳热。我们需要求出电容器获得的能量,再利用能量守恒间接地得到电阻上的焦耳热。

对于(5),用外力把极板间距拉大到 $2d$ 时,电容器储存的能量发生了变化。我们可以从两个观点来看这个能量变化问题:① 电容器的电容值和储存的电荷量都发生了变化,根据电容器储能公式 $E_{电容} = \frac{1}{2}CU^2 = \frac{Q^2}{2C}$,可以求解出电容器能量的变化。② 根据电场能的观点,利用(4)中推得的电场能量密度表达式,可以计算出电容器内部电场的能量变化。对比两种观点的结果,可以帮助大家理解"电场能量密度"这个新物理量,并认识到电容器储存的电能完全可以认为就是其内部电场的能量。

对于(7),由于场强恒定,可以认为缓慢拉开两个极板的力也恒定。为了便于计算,我们可以设想下极板静止,外力缓慢拉动上极板。

那么,上极板受到的电场力是多大呢?

需要注意的是,上极板受到的力 F 并不是 $EQ = \frac{Q^2}{\varepsilon_r \varepsilon_0 S}$,因为此时极板间的场强 $E = \frac{Q}{\varepsilon_r \varepsilon_0 S}$ 是上下极板电荷产生的场强的叠加,上极板受到的电场力只是下极板电荷产生的电场所提供的。由于上下极板电荷密度相同,各自产生的电场为其总值的一半,$E_{下极板} = \frac{Q}{2\varepsilon_r \varepsilon_0 S}$。因此,$F = E_{下极板} Q = \frac{Q^2}{2\varepsilon_r \varepsilon_0 S}$。

解 (1) 电容器的电容为

$$C = \frac{\varepsilon_r S}{4\pi k d} = \frac{\varepsilon_r \varepsilon_0 S}{d}$$

其中 ε_0 是真空介电常数。

充满电后,电容器储存的电量为

$$Q = CU = \frac{\varepsilon_r \varepsilon_0 S}{d} U$$

因此,电池消耗的化学能为

$$E_{化学能} = UQ = CU^2 = \frac{\varepsilon_r \varepsilon_0 S}{d} U^2$$

(2) 对于电容器的充电过程,我们可以想象一个过程:当电容器上已经有一定的电量时,极板电压记为 u,这时再充入 $\mathrm{d}q$ 的电量,需要克服电场力做功 $u\mathrm{d}q$。$u\mathrm{d}q$ 就是使电容器增加的电能 $\mathrm{d}E$,积分后可得到电容器最终获得的能量,即

$$E_{电} = \int_0^Q u\,\mathrm{d}q = \int_0^Q \frac{q}{C}\,\mathrm{d}q = \frac{Q^2}{2C}$$

由于 $Q = CU$,也可写为

$$E_{电} = \frac{1}{2} CU^2$$

代入 C 的表达式,得

$$E_{电} = \frac{1}{2} CU^2 = \frac{1}{2} \frac{\varepsilon_r \varepsilon_0 S}{d} U^2$$

(3) 由于可认为理想电容器内部是匀强电场,因此 $E = \dfrac{U}{d}$。

(4) 如果认为电容器的能量是储存在电场中的,那么它一定与电场强度有关。我们用 Ed 换掉电容器储能式子中的 U,可得

$$E_{电} = \frac{1}{2} \frac{\varepsilon_r \varepsilon_0 S}{d} U^2 = \frac{1}{2} \frac{\varepsilon_r \varepsilon_0 S}{d} (Ed)^2 = \frac{1}{2} \varepsilon_r \varepsilon_0 E^2 Sd$$

注意到 Sd 恰好是电容器极板间的空间体积,则电场的能量密度为

$$e_{电} = \frac{E_{电}}{V} = \frac{1}{2} \varepsilon_r \varepsilon_0 E^2$$

(5) 用外力把极板间的距离拉大到 $2d$,电容器的电容值、储存的电荷量和电场强度都发生了变化,储存的能量也就发生了变化。

方法一 极板间距增大后,电容为

$$C' = \frac{\varepsilon_r \varepsilon_0 S}{2d}$$

由于极板间的电压保持恒定,因此

$$E_{电} = \frac{1}{2} C' U^2 = \frac{1}{2} \frac{\varepsilon_r \varepsilon_0 S}{2d} U^2$$

方法二 (电场能观点)由于此时电场强度变化为 $E' = \dfrac{U}{2d}$,代入电场能量密度公式,可以求出此时电场能为

$$E_{电} = \iiint e_{电}\,\mathrm{d}V = \frac{1}{2} \varepsilon_r \varepsilon_0 E^2 V = \frac{1}{2} \varepsilon_r \varepsilon_0 \left(\frac{U}{2d}\right)^2 S \cdot 2d = \frac{1}{2} \frac{\varepsilon_r \varepsilon_0 S}{2d} U^2$$

(6) 若先断开电源,由于电容器上储存的电荷量不变,可以推导出极板间的电场强度保持不变。再把极板间距拉大到 $3d$,根据电场能量的观点,可知此时电容器储存的电场能为开始的 3 倍。

记此时电容器储存的电量为 Q,可以推出场强表达式 $E = \dfrac{Q}{\varepsilon_r \varepsilon_0 S}$,所以

$$E'_{电} = \frac{1}{2}\varepsilon_r \varepsilon_0 E^2 V = \frac{1}{2}\varepsilon_r \varepsilon_0 \left(\frac{Q}{\varepsilon_r \varepsilon_0 S}\right)^2 S \cdot 3d = \frac{1}{2} Q^2 \frac{3d}{\varepsilon_r \varepsilon_0 S}$$

注意到 $C' = \dfrac{\varepsilon_r \varepsilon_0 S}{3d}$,可见此时电场能量就等于电容器储存的能量 $E'_{电} = \dfrac{Q^2}{2C'}$,增加的电能为

$$\Delta E_{电} = E'_{电} - E_{电} = \frac{1}{2}Q^2 \frac{3d}{\varepsilon_r \varepsilon_0 S} - \frac{1}{2}Q^2 \frac{d}{\varepsilon_r \varepsilon_0 S} = \frac{Q^2 d}{\varepsilon_r \varepsilon_0 S}$$

(7) 此时极板间的场强 $E = \dfrac{Q}{\varepsilon_r \varepsilon_0 S}$ 是上下极板电荷产生的场强的叠加。由于上下极板电荷密度相同,上下极板各自产生的电场为其总值的一半,即

$$E_{下极板} = \frac{Q}{2\varepsilon_r \varepsilon_0 S}$$

则

$$F = E_{下极板} Q = \frac{Q^2}{2\varepsilon_r \varepsilon_0 S}$$

因此克服电场力所做的功为

$$W = Fx = \frac{Q^2}{2\varepsilon_r \varepsilon_0 S} \cdot 2d = \frac{Q^2 d}{\varepsilon_r \varepsilon_0 S}$$

这个结果与(6)一致,这正是能量守恒的体现。

点拨 本题设置如此多问,目的是带领大家一步一步加深对电容器储能的理解,为下一节关于电场能的讨论作铺垫。

不同角度的对比能够帮助我们更深刻地理解知识。大家也可以在学习其他知识的过程中,仿照此题的对比设问,多从不同角度去理解知识。

比如,本题在充电过程中从克服电场力做功的角度计算电容器储能,对比此过程中电池消耗的化学能,大家会认识到:电池电动势的恒定和电容器极板电压的不恒定(从 0 至 U)导致电容器储存的能量是电池消耗的能量一半。

又如,对于电容器能量的变化,从储能公式 $E_{电容} = \dfrac{1}{2}CU^2 = \dfrac{Q^2}{2C}$ 和电场能量密度公式 $e_{电} = \dfrac{1}{2}\varepsilon_r \varepsilon_0 E^2$ 两个角度计算,结果互相印证,可以使我们更容易接受"电场能"这一概念。

基 础 练 习

1. 如图 1.7.16 所示,平行板电容器经开关 S 与电池连接,a 处固定有一电荷量非常小的点电荷。S 是闭合的,φ_a 表示 a 点的电势,F 表示点电荷受到的电场力。现将电容器的 B 板向下稍微移动,使两极板间的距离增大,则 (　　)

A. φ_a 变大,F 变大   B. φ_a 变大,F 变小

C. φ_a 不变,F 不变   D. φ_a 不变,F 变小

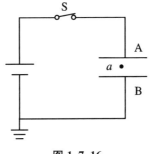

图 1.7.16

2. 如图 1.7.17 所示,A、B 为水平正对放置的平行金属板,板间距离为 d。一质量为 m 的带电油滴在两金属板之间,油滴运动时所受空气阻力的大小与其速率成正比。将油滴由静止释放,若两金属板间的电压为零,一段时间后油滴以速率 v 匀速下降。若两金属板间加电压 U,则一段时间后油滴以速率 $2v$ 匀速上升。由此可知油滴所带电荷量的大小为 (　　)

A. $\dfrac{mgd}{U}$ B. $\dfrac{2mgd}{U}$ C. $\dfrac{3mgd}{U}$ D. $\dfrac{4mgd}{U}$

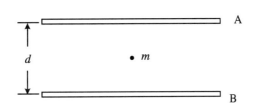

图 1.7.17

3. 如图 1.7.18 所示,一平行板电容器的两极板与一电压恒定的电源相连,极板水平放置,极板间距为 d;在下极板上叠放一厚度为 l 的金属板,其上部空间有一带电粒子 P 静止在电容器中。当把金属板从电容器中快速抽出后,粒子 P 开始运动。已知重力加速度为 g,则粒子运动的加速度为 (　　)

A. $\dfrac{l}{d}g$ B. $\dfrac{d-l}{d}g$ C. $\dfrac{l}{d-l}g$ D. $\dfrac{d}{d-l}g$

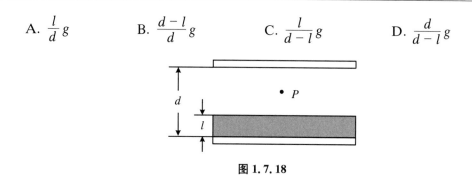

图 1.7.18

4.（2012 年北约）两个相同的电容器 A 和 B 如图 1.7.19 所示连接，它们的极板均水平放置。当它们都带有一定电荷并处于静电平衡时，电容器 A 中的带电粒子恰好静止。现将电容器 B 的两极板沿水平方向移动使两极板错开，移动后两极板仍然处于水平位置，且两极板的间距不变。已知这时带电粒子的加速度大小为 $g/2$，求 B 的两个极板错开后正对着的面积与极板面积之比。设边缘效应可忽略。

5. 如图 1.7.20 所示，A、B 为平行金属板，两板相距 d，分别与电源两极相连，两板的中央各有一小孔 M 和 N。今有一带电质点，自 A 板上方距离为 h 的 P 点由静止自由下落（P、M、N 在同一竖直线上），空气阻力忽略不计，到达 N 孔时速度恰好为零，然后沿原路返回。通过计算来说明以下问题中质点的运动情况。

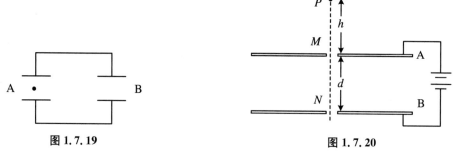

图 1.7.19 图 1.7.20

(1) 保持两极板与电源相连，质点仍自 P 点自由下落。

操作甲：若将 A 板向下移动一些，则带电质点将如何？

操作乙：若将 B 板向下移动呢？

(2) 两个极板充满电后，将它们与电源断开，质点仍自 P 点自由下落。

操作甲：若将 A 板向下移动一些，则带电质点将如何？

操作乙：若将 B 板向下移动一些呢？

6. 电容器是一种重要的电学元件，基本工作方式就是充电和放电。由这种充放电的工作方式延伸出来的许多电学现象使得电容器有着广泛的应用。如图 1.7.21 所示，电源与电容器、电阻、开关组成闭合电路。已知电源电动势为 E，内阻不计，电阻阻值为 R，平行板电容器电容为 C，两极板间为真空，两极板间距离为 d，不考虑极板边缘效应。

(1) 闭合开关 S，电源向电容器充电。经过时间 t，电容器基本充满。请在图 1.7.22 中画出充电过程中电容器的带电量 q 随电容器两极板间电压 u 变化的图像，并求出稳定后电

容器储存的能量 E_0。

(2) 稳定后断开开关 S。将电容器一极板固定,用恒力 F 将另一极板沿垂直于极板方向缓慢拉开一段距离 x,在移动过程中电容器电量保持不变,力 F 做功为 W;与此同时,电容器储存的能量增加了 ΔE。请推导证明:$W = \Delta E$。要求最后的表达式用已知量表示。

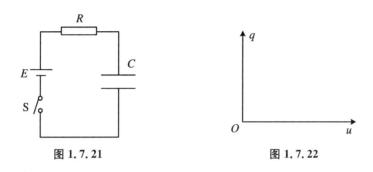

图 1.7.21　　　　图 1.7.22

提 高 练 习

7. (2020年清华强基)一个半径为 R 的导体球带电量为 Q,另一个半径为 $\dfrac{R}{2}$ 的导体球带电量也为 Q,则两者接触后的带电量情况为　　　　　　　　　　　　　　　(　　)

A. 两者带电量不变

B. 大球带电量多于小球带电量

C. 大球带电量少于小球带电量

D. 无法判断

8. (2020年清华强基)三块金属导体板 A、B、C 依次平行放置,A 板与 B 板间距为 d_1,B 板与 C 板间距为 $d_2 = 2d_1$。现已知 B 板带电量为 q,A、C 两板呈电中性且用导线相连,则图 1.7.23 中各板面带电量情况为　　　　　　　　　　　　　　　　　　　　　(　　)

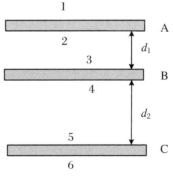

图 1.7.23

A. $q_1 = 0, q_2 = -\dfrac{2}{3}q, q_3 = \dfrac{2}{3}q, q_4 = \dfrac{1}{3}q, q_5 = -\dfrac{1}{3}q, q_6 = 0$

B. $q_1 = \frac{1}{3}q, q_2 = -\frac{1}{3}q, q_3 = \frac{2}{3}q, q_4 = \frac{1}{3}q, q_5 = -\frac{2}{3}q, q_6 = -\frac{1}{3}q$

C. $q_1 = \frac{1}{2}q, q_2 = -\frac{2}{3}q, q_3 = \frac{2}{3}q, q_4 = \frac{1}{3}q, q_5 = -\frac{1}{3}q, q_6 = \frac{1}{2}q$

D. $q_1 = 0, q_2 = -\frac{1}{3}q, q_3 = \frac{2}{3}q, q_4 = \frac{1}{3}q, q_5 = -\frac{2}{3}q, q_6 = 0$

9. (1989年第6届全国中学生物理竞赛预赛)使一原来不带电的导体小球与一带电量为 Q 的导体大球接触,分开之后,小球获得电量 q。今让小球与大球反复接触,在每次分开后,都给大球补充电荷,使其带电量恢复到原来的值 Q。求小球可能获得的最大电量。

10. 如图1.7.24所示,在面积为 S 的平板电容器中充满了固态的电介质。将电容器充电 Q 后,断开电源,把固态电介质与下端的导体平板固定,然后用外力将上端导体板缓慢向上移动 d 的距离。设上端导体平板的质量可忽略,试计算外力所做的功 W。

11. 如图1.7.25所示,有一平行板电容器,极板面积为 S,板间距离为 d,与电动势为 U 的稳恒电源串联。现将一厚度为 d、面积为 S、相对介电常数为 ε_r 的电介质插入极板之间,求该过程中外力做的功。

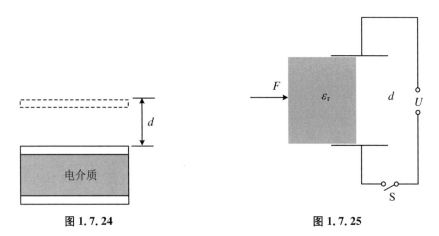

图 1.7.24   图 1.7.25

12. (2000年第17届全国中学生物理竞赛预赛)某些非电磁量可以通过一些相应的装置转化为电磁量来测量。一平板电容器的两个极板竖直放置在光滑的水平平台上,极板的面积为 S,极板间的距离为 d。极板1固定不动,与周围绝缘;极板2接地,且可在水平平台上滑动并始终与极板1保持平行。极板2的两个侧边与劲度系数为 k、自然长度为 L 的两个完全相同的弹簧相连,两弹簧的另一端固定。图1.7.26(a)是这一装置的俯视图。先将电容器充电至电压 U,然后立即与电源断开,再在极板2的右侧整个表面上施以均匀的、向左的待测压强 p,使两极板之间的距离发生微小的变化,如图1.7.26(b)所示。测得此时电容器的电压改变量为 ΔU。设作用在电容器极板2上的静电作用力不会引起弹簧的可测量到的形变,试求待测压强 p。

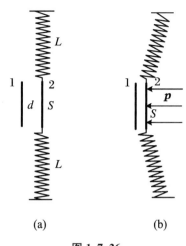

图 1.7.26

《参考答案》

1. B。

2. C。

3. A。

4. 1∶3。

5. (1) 操作甲：假设仍能够下落 $h+d$ 的高度，由于重力做功和电场力做功均不变，因此带电质点到达 B 板时的速度仍然恰好为零。

操作乙：假设带电质点仍能够到达 B 板，则由于电场力做功不变，重力做功变大，因此带电质点从 B 板的孔中穿出。

(2) 两个极板充满电后，将它们与电源断开，极板间的电压会发生变化，但是场强不变。

操作甲：假设带电质点仍能够下落 $h+d$ 的高度达到 B 板，由于重力做功不变，电场力做功（负功）变小，因此带电质点从 B 板的孔中穿出。

操作乙：由于场强不变，因此带电质点下落 $h+d$ 的高度时，重力做功与电场力做功之和为零，质点的速度减小为零，此时尚未到达 B 板的新位置，所以带电质点将在此处原路返回，即到达不了 B 板。

6. (1) $E_0=\dfrac{1}{2}CE^2$；(2) 可证明 $W=\Delta E=\dfrac{2\pi kQ^2}{S}x=\dfrac{CE^2}{2d}x$。

提示 (1) 根据 $q=Cu$，画出 $q\text{-}u$ 图像，如图 1.7.27 所示，由图像可知图线与横轴所围面积即为电容器储存的能量。

(2) 设两极板间场强为 E'，两极板正对面积为 S，根据 $E'=\dfrac{U}{d}=\dfrac{Q}{Cd}$，$C=\dfrac{S}{4\pi kd}$，得

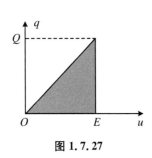

图 1.7.27

$E' = \dfrac{4\pi kQ}{S}$，可知极板在移动过程中板间场强不变，两极板间的相互作用力为恒力。两板间的相互作用可以看作负极板电荷处于正极板电荷产生的电场中，可知两板间的相互作用力 $F' = \dfrac{1}{2}E'Q$。

极板缓慢移动时有 $F = F'$。

根据功的定义，代入已知量，得

$$W = \dfrac{2\pi kQ^2}{S}x = \dfrac{CE^2}{2d}x$$

另一方面，电容器增加的能量为

$$\Delta E = \dfrac{Q^2}{2C'} - \dfrac{Q^2}{2C}$$

代入

$$C = \dfrac{S}{4\pi kd}, \quad C' = \dfrac{S}{4\pi k(d+x)}$$

可得

$$\Delta E = \dfrac{2\pi kQ^2}{S}x = \dfrac{CE^2}{2d}x$$

即得证。

7. B。

提示 "接触"的效果是使两个球等势。根据带电球体的电势公式 $\varphi = k\dfrac{q}{R}$，可知在相同的电势下，半径大的球带电量多。

此外，本题还可以用特殊值法去做。比如把一个带电的孤立导体球接地，电荷全部传导到地球，可知大球带电量多于小球的带电量。

8. C。

提示 易知 $q_2 + q_3 = 0$，$q_4 + q_5 = 0$，则 $q_1 + q_6 = q$。其实，只要抓住这一条，就可以把正确答案 C 选出来。根据对称性，1 面上方场强 E_1 与 6 面下方场强 E_6 相等，且 $E_1 = \dfrac{q_1}{\varepsilon_0 S}$，$E_6 = \dfrac{q_6}{\varepsilon_0 S}$，可知 $q_1 = q_6 = \dfrac{1}{2}q$。由 $d_2 = 2d_1$ 可知 $C_1 = 2C_2$，而 $U_1 = U_2$，则 $q_3 : q_4 = 2 : 1$，又 $q_3 + q_4 = q$，可得 $q_3 = \dfrac{2}{3}q$，$q_4 = \dfrac{1}{3}q$。

9. $q_m = qQ/(Q-q)$。

提示 对于这种"无限次"操作的问题，我们都可以这样想：无限次操作后，将达到一种稳定不变的状态。在本题中，无限次操作后，将大球电量补充至 Q，再与小球接触，小球、大球都不会再出现电量的变化。因此，可列方程

第 1 章 静 电 场

$$\frac{q_m}{Q} = \frac{q}{Q-q}$$

10. $W = Fd = \dfrac{2k\pi dQ^2}{S}$。

提示 下板在上板处的电场强度为

$$E = 2k\pi\sigma = \frac{2k\pi Q}{S}$$

故上板所受电场力为

$$F = EQ = \frac{2k\pi Q^2}{S}$$

在用外力将上板缓慢上移 d 的过程中,外力所做的功

$$W = Fd = \frac{2k\pi dQ^2}{S}$$

11. $W_F = -\dfrac{\varepsilon_r - 1}{2}\varepsilon_0 \dfrac{S}{d}U^2$。

提示 插入电介质前后电容分别为

$$C_1 = \varepsilon_0\frac{S}{d}, \quad C_2 = \varepsilon_0\varepsilon_r\frac{S}{d}$$

电容器储能分别为

$$E_{C_1} = \frac{C_1 U^2}{2}, \quad E_{C_2} = \frac{C_2 U^2}{2}$$

电源做功为

$$W_{电源} = (Q_2 - Q_1)U = \frac{(C_2 - C_1)U^2}{2}$$

根据功能原理,有

$$W_F + W_{电源} = E_{C_2} - E_{C_1}$$

则外力做功为

$$W_F = -\frac{(C_2 - C_1)U^2}{2} = -\frac{\varepsilon_r - 1}{2}\varepsilon_0\frac{S}{d}U^2$$

12. $p = \dfrac{kd^3}{L^2 S}\left(\dfrac{\Delta U}{U}\right)^3$。

提示 电容器充电后与电源断开,由于极板上的电量保持不变,故两板之间的电压 U 与电容 C 成反比。又由于平板电容器的电容 C 与极板间的距离 d 成反比,故平板电容器两板之间的电压与距离 d 成正比,即

$$U = Ad \qquad\qquad ①$$

式中 A 为比例系数。

极板 2 受压强作用而向左移动,并使弹簧变形。设达到平衡时,极板 2 向左移动的距离为 Δd,电容器的电压减少了 ΔU,则有

$$U - \Delta U = A(d - \Delta d) \qquad\qquad ②$$

由①与②式得

$$\frac{\Delta U}{U} = \frac{\Delta d}{d} \qquad ③$$

极板 2 移动后,连接极板 2 的弹簧偏离原来位置 θ 角,弹簧伸长了 ΔL,如图 1.7.28 所示,弹簧的弹力在垂直于极板的方向上的分量与施加在极板 2 上的压力平衡,则有

$$pS = 2k\Delta L \sin\theta \qquad ④$$

由于 θ 是小角,由几何关系知

$$\sin\theta = \frac{\Delta L}{\Delta d} \approx \frac{\Delta d}{L} \qquad ⑤$$

由③~⑤式得

$$p = \frac{kd^3}{L^2 S}\left(\frac{\Delta U}{U}\right)^3$$

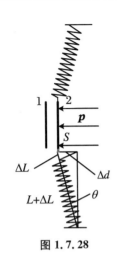

图 1.7.28

1.8 静 电 能

课外知识延伸

1. 带电体的静电能储存在电场中

(1) 带电体的静电能

我们可以假设一个带电体的电荷是由相距无穷远的无数个无穷小的 $\mathrm{d}q$ 按照一定的形式分布而成的,每一个 $\mathrm{d}q$ 都有自己的位置。由此我们就能看出,带电体应该具有静电势能,因为在按照上述方式形成这个带电体的过程中,必定要克服静电力做功。在这个过程中,克服静电力所做的总功就称为带电体的静电势能,也称静电能。同时,这也是求解带电体静电能的一种方法。

(2) 电场能

人们曾经认为带电体的能量是储存在电荷上的。但是后来研究发现,电磁波(由电磁场相互激发而形成)可以脱离电荷单独存在,并且电磁波可以携带能量。现在认为静电能是储存在静电场中的。这种能量和电磁波一样,统称为电磁场能。

当然,对于静电场而言,电场无法脱离产生它的电荷而单独存在。因此,在处理静电场的电场能时,可以不必在意能量定域于何处。我们会在"核心问题讨论"中对有些问题用"静电能"和"电场能"两种观点来计算,结果将是一致的,从而帮助大家理解"场能"的概念。

2. 点电荷体系的互能和带电体的自能

(1) 自能和互能

一个点电荷自身是没有"静电势能"概念的。可能有同学会提出疑问:如果说"电场能"

和"静电势能"没有区别,那么一个点电荷也是可以产生静电场的,怎么能说没有"能量"呢?这里"一个点电荷自身是没有'静电势能'概念的"是指一个点电荷自身的能量是无穷大的。这与点电荷电场表达式 $E=k\dfrac{q}{r^2}$ 在 $r=0$ 处变为无穷大,是一致的。

对于点电荷体系,我们只能计算它们克服相互之间的静电力做功所对应的能量(称为互能)。只有对于面电荷分布、体电荷分布的带电体,才可以计算其表面上分布的电荷或其体内分布的电荷所对应的自能。

(2) 计算自能和互能的两种常用观点

计算带电体的静电能有两种观点,我们将在"核心问题讨论"中通过具体问题带领大家详细分析。下面以一个带电总量为 Q 的带电体为例,简单地介绍一下这两种观点。

观点一:设想将无数个 $\mathrm{d}q$ 从无穷远处按照一定的次序一个接一个地移动至它所在原体系中的位置。这个过程中克服静电力所做的功就是体系的静电能。因此,体系的静电能可表示为

$$E = \int_0^Q \varphi_q \mathrm{d}q$$

式中的 φ_q 是某个 $\mathrm{d}q$ 就位前,已经就位的电荷在 $\mathrm{d}q$ 将要就位的位置产生的电势,所以 φ_q 是一个变量。

观点二:设想将某个 $\mathrm{d}q$ 从无穷远处移动至它所在原体系中的位置。与观点一的不同之处在于,这个 $\mathrm{d}q$ 就位前,其余的所有电荷(电量为 $Q-\mathrm{d}q$,略去高阶小量后就是 Q)已经就位了,它们在这个 $\mathrm{d}q$ 将要就位的位置产生的电势记为 φ_Q。需要特别指出的是,由于各个电荷均已就位(除这个 $\mathrm{d}q$ 自身外),体系中各点的电势都已经确定,不再随时间变化,因此在这个 $\mathrm{d}q$ 将要就位的位置的电势 φ_Q 是一个定值,不是变量;而观点一中的 φ_q 是一个变量。这是正确理解观点二与观点一不同之处的关键。按照观点二,体系的静电势能可表示为

$$E = \frac{1}{2}\int_0^Q \varphi_Q \mathrm{d}q$$

特别指出,如果带电体是一个孤立的带电导体,由于它是等势体(电势记为 φ_Q),其静电能(自能)为

$$E = \frac{1}{2}\int_0^Q \varphi_Q \mathrm{d}q = \frac{1}{2}\varphi_Q \int_0^Q \mathrm{d}q = \frac{1}{2}\varphi_Q Q$$

可见,带电体的静电能(自能)可以理解为无数个 $\mathrm{d}q$ 的互能之和;点电荷体系的静电能(自能)是有限个点电荷 q_i 的互能之和。

3. 一个带电体和一个点电荷所组成体系的总静电能

如果体系是由几个带电导体和几个点电荷组成的,则体系的总能表达式为(以两个带电导体和两个点电荷组成的系统为例)

$$E = \frac{1}{2}(\varphi_1 Q_1 + \varphi_2 Q_2 + \varphi_1' q_1 + \varphi_2' q_2)$$

式中,φ_1、φ_2 分别为这两个导体的电势,Q_1、Q_2 分别为两个导体的带电量,q_1、q_2 分别为两个点电荷的电量,φ_1'、φ_2' 分别为两个点电荷所在位置的电势。

核心问题讨论

1. 如何计算点电荷体系的互能?

在"课外知识延伸"部分已经提到,要计算点电荷体系的互能可以从两个观点入手。这两个观点分别对应两个重要的公式,它们是 $E = \int_0^Q \varphi_q \mathrm{d}q$ 和 $E = \frac{1}{2}\int_0^Q \varphi_Q \mathrm{d}q$。严谨的说法是将积分修改为求和,即 $E = \sum_0^Q \varphi_q q_i$ 和 $E = \frac{1}{2}\sum_0^Q \varphi_Q q_i$,式中 φ_q 和 φ_Q 的含义不同。

例题1 如图1.8.1所示,正六边形的边长为 R,各个顶点固定有正的点电荷 q,中心有负的点电荷 $-2q$。已知静电力常量为 k,求该体系的互能。

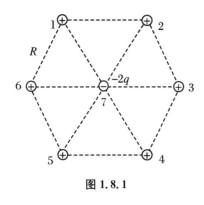

图 1.8.1

分析 我们可以用两种观点来计算。

观点一:我们设想从无穷远处按照一定的顺序依次将这7个点电荷放入它们最终的位置,计算这个过程中放入每个点电荷时需要克服的已经放置到规定位置的其他点电荷产生的电场力所做的功。无论按照什么样的次序依次移入这7个点电荷,都不影响最终结果。我们选取这样的一种移入次序:先给7个点电荷编号1~7,再按照编号从小到大的顺序移入。大家也可以尝试按别的移入方式计算所做的总功,将结果进行对比。如果你相信静电能只与位置有关,而与过程无关,你就会确信不论按何种次序移入,计算结果都是相同的。

观点二:我们不再去设想移入的次序,将1号从无穷远处移入它的最终位置时,认为其他的所有点电荷(2~7号)都已就位。这样,移入1号时,其他所有点电荷共同产生的电场对1号施加电场力,计算其他所有点电荷对1号做的负功。同样地,移入2号时,设想其他所有电荷(1号和3~7号)已就位……对这7个点电荷都进行同样的操作。大家可想而知,这样计算的总功一定比观点一的大。但是大多少呢? 刚好是观点一的2倍。因此,只需要再除以2,就是最终答案了。

解 方法一 将1号从无穷远处移入它的最终位置时,不需要克服任何电场力做功,即
$$E_1 = 0$$
将2号移入时,需要克服1号电荷电场力做的功,使体系增加的电势能为
$$E_2 = E_{12} = k\frac{q^2}{R}$$
将3号移入时,需要克服1号、2号电荷电场力做的功,使体系增加的电势能为
$$E_3 = E_{13} + E_{23} = k\frac{q^2}{\sqrt{3}R} + k\frac{q^2}{R}$$
将4号移入时,体系增加的电势能为

$$E_4 = E_{14} + E_{24} + E_{34} = k\frac{q^2}{2R} + k\frac{q^2}{\sqrt{3}R} + k\frac{q^2}{R}$$

将 5 号移入时,体系增加的电势能为

$$E_5 = E_{15} + E_{25} + E_{35} + E_{45} = k\frac{q^2}{\sqrt{3}R} + k\frac{q^2}{2R} + k\frac{q^2}{\sqrt{3}R} + k\frac{q^2}{R}$$

将 6 号移入时,体系增加的电势能为

$$E_6 = E_{16} + E_{26} + E_{36} + E_{46} + E_{56} = k\frac{q^2}{R} + k\frac{q^2}{\sqrt{3}R} + k\frac{q^2}{2R} + k\frac{q^2}{\sqrt{3}R} + k\frac{q^2}{R}$$

将 7 号移入时,体系增加的电势能为

$$E_7 = E_{17} + E_{27} + E_{37} + E_{47} + E_{57} + E_{67} = 6k\frac{-2q^2}{R}$$

因此,总的互能为

$$E_{互} = E_1 + E_2 + E_3 + E_4 + E_5 + E_6 + E_7 = k\frac{q^2}{R}\left(\frac{6}{\sqrt{3}} - \frac{9}{2}\right)$$

方法二 将 1 号移入时,其他所有电荷已经就位,其他所有电荷在 1 号位置产生的电势为

$$\varphi_1 = 2k\frac{q}{R} + 2k\frac{q}{\sqrt{3}R} + k\frac{q}{2R} + k\frac{-2q}{R}$$

移入 1 号,体系增加的电势能为

$$E_1 = 2k\frac{q^2}{R} + 2k\frac{q^2}{\sqrt{3}R} + k\frac{q^2}{2R} + k\frac{-2q^2}{R}$$

移入 7 号,体系增加的电势能为

$$E_7 = 6k\frac{-2q^2}{R}$$

考虑到分别将 2~6 号移入,体系增加的电势能与将 1 号移入时体系增加的电势能相同,所以总的互能为

$$E_{互} = \frac{1}{2}(6E_1 + E_7) = k\frac{q^2}{R}\left(\frac{6}{\sqrt{3}} - \frac{9}{2}\right)$$

点拨 两个观点对应了两个公式:$E = \int_0^Q \varphi_q \mathrm{d}q$ 和 $E = \frac{1}{2}\int_0^Q \varphi_Q \mathrm{d}q$。现在,我们对于第二个公式中的"2 倍"进行解释,以帮助大家理解两个观点的区别和联系。我们以只有三个点电荷的体系为例来说明。记:将 2 号移入它的最终位置时,1 号的电场力对 2 号做的功为 $-E_{12}$,导致体系增加的电势能为 E_{12}。依据观点一,体系总的能量为 $E = E_{12} + E_{13} + E_{23}$。依据观点二,计算的结果将是 $E = E_{21} + E_{31} + E_{12} + E_{32} + E_{13} + E_{23}$。项数是前者的 2 倍,可这还不足以说明后者计算的总能就是前者的 2 倍。还需要证明什么呢? 大家已经想到了,只需再证明 $E_{12} = E_{21}$。两个点电荷间的电势能公式是 $E_p = k\frac{q_1 q_2}{r_{12}}$,自然有 $E_{12} = E_{21}$。不需要再证明任意个数的点电荷体系都满足上述结果,除了书写过程中数学记号更复杂一些,已

经没有任何需要再理解的了。

对于点电荷体系的互能,两个观点在计算的复杂程度上似乎差别不大。但是对于带电导体,第二个观点将展示出非常大的便利。

2. 如何计算一个带电体的自能?

与计算点电荷体系的互能类似,计算一个带电体的自能,也有两种不同的观点,即 $E = \int_0^Q \varphi_q \mathrm{d}q$ 和 $E = \dfrac{1}{2} \int_0^Q \varphi_Q \mathrm{d}q$。由于被积函数 φ_q 和 φ_Q 的不同,两种观念在计算上有一定的差别。第一种观点中,被积函数 φ_q 是一个函数,随着移入的 q 的增加,φ_q 在变化;而第二种观点中,被积函数 φ_Q 在一定情况下可能是一个定值,不随移入的 q 的增加而改变。

计算金属导体的自能时,采用第二种观点的计算量会大大地减少,因为金属导体所带电荷都是分布在导体表面的,整个导体是一个等势体。根据这两个特点,在使用第二种观点 $E = \dfrac{1}{2} \int_0^Q \varphi_Q \mathrm{d}q$ 计算时,是将无数个 $\mathrm{d}q$ 从无穷远处移至导体表面,在这个过程中,φ_Q 是一个定值,从而可以将 φ_Q 提到积分号前面,使得积分计算变成了不需要积分的表达式——$E = \dfrac{1}{2} \varphi_Q Q$,这就是孤立带电导体自能的表达式,式中 Q 是带电体的总电量。

例题 2 如图 1.8.2 所示,半径为 R 的孤立导体球带电量为 Q。已知静电力常量为 k,求该导体球的自能。

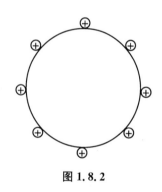

图 1.8.2

分析 我们继续采用例题 1 的两种观点来分别计算,从中能看出观点二处理电荷连续分布情形的优势。

我们还将从电场能的角度计算该导体球产生的静电场的场能,帮助大家理解"静电场的场能"和"静电能"是完全相同的。

解 方法一 将最终导体球上分布的面电荷分成无数小块的面电荷,电量记为 $\mathrm{d}q$,在将其移入前,导体球上均匀分布的面电荷总量为 q,这些电荷在导体球表面产生的电势为

$$\varphi_q = k \dfrac{q}{R}$$

因此,将 $\mathrm{d}q$ 从无穷远处移至导体球表面,使体系增加的能量为

$$\mathrm{d}E = \varphi_q \mathrm{d}q = k \dfrac{q}{R} \mathrm{d}q$$

可得最终体系的静电能为

$$E = \int_0^Q \mathrm{d}E = \int_0^Q k \dfrac{q}{R} \mathrm{d}q = k \dfrac{Q^2}{2R}$$

方法二 将电量为 $\mathrm{d}q$ 的小块面电荷移入它的最终位置前,导体上其他所有电荷 $Q - \mathrm{d}q$ 均已经就位,在导体球面上产生的电势为

$$\varphi_Q = k \dfrac{Q - \mathrm{d}q}{R}$$

因此,将 dq 从无穷远处移至导体球表面,使体系增加的能量为

$$dE = k\frac{Q - dq}{R}dq$$

式中$(dq)^2$ 为高阶小量,自然忽略了,所以体系总的静电能为

$$E = \frac{1}{2}\int_0^Q k\frac{Q}{R}dq = \frac{1}{2}k\frac{Q}{R}\int_0^Q dq = k\frac{Q^2}{2R}$$

方法三 真空中,电场的能量密度是 $e = \frac{1}{2}\varepsilon_0 E^2$,半径为 R 的孤立导体球形成的电场具有空间旋转对称性,因此用积分计算整个空间的电场能量并不复杂,积分区域从半径 R 至无穷远。所以

$$E = \int e dV = \int \frac{1}{2}\varepsilon_0 E_{场}^2 dV$$

将 $E_{场} = k\dfrac{Q}{r^2}$ 代入并积分,得

$$E = \frac{1}{2}\varepsilon_0 \int_R^\infty \left(k\frac{Q}{r^2}\right)^2 \cdot 4\pi r^2 dr = k\frac{Q^2}{2R}$$

点拨 (1)通过本题的演算,对比了两个观点。从对比中,我们能体会两个观点的不同。并且,我们可以认识到观点二处理连续带电体(比如导体)的自能更有优势。

① 带电体是等势体时(需要注意的是,非导体带电体可能不是等势体),在积分时,可以将带电体的电势作为不变量提到积分号外。对于金属导体的静电能,可以直接写出 $E = \frac{1}{2}\varphi Q$,其中 φ 是导体的电势,Q 是导体的总电量。

② 使用观点一时,我们得去设想依次移入 dq 的过程如何,而静电能与过程无关,所以这一步的思考本质上是无用功。

(2)计算体系的静电能时,大家要避免盲目地套公式,要理解公式背后对应的物理过程。比如对 dq 的积分,表达的是从电势为零处移入 dq 的过程。对这个过程的计算结果是克服电场力做的功,因此对应了这份 dq 使体系静电能的增加量。

(3)有同学会思考:移入的 dq 放置在球上何处呢?放在球上某点后,球还会是等势体吗?这次 dq 放置的位置对计算下一次移入 dq 克服电场力所做的功有影响吗?

学生之所以会有这样的疑问,可能是因为没有把"点电荷"模型和"面电荷"模型区分开,误认为"面电荷分布"就是在面上分布了无穷多的"点电荷"。

这样想是错误的。之所以有这种错误的想法,可能是因为受到我们所画的示意图的误导。我们说导体表面带有一定分布的面电荷,经常在导体表面画若干个小球状的正电荷(或负电荷)来表示。

在这里再次强调一下面电荷、体电荷和点电荷这三种模型的区别:点电荷是在无限小的体积上带有有限值的电量,用数学式表示是 $\dfrac{q}{dV}$,因此电荷密度无穷大;面电荷是在无限小的面上带有无限小的电量,用数学式表示是 $\dfrac{dq}{dS}$,因此电荷面密度是有限值;体电荷是在无限小的

的体积上带有无限小的电量,用数学式表示是 $\dfrac{\mathrm{d}q}{\mathrm{d}V}$,因此电荷体密度也是有限值。弄清这种区别后,我们就能理解为什么点电荷的自能无穷大,而面电荷、体电荷的自能是有限值。

对于"移入的 $\mathrm{d}q$ 放置在球上何处""放置位置是否影响下一次移入 $\mathrm{d}q$ 所做功的数值",我们可以这样去想象过程:由于无穷远是一个等势面,将无限小的面电荷(总电量为 $\mathrm{d}q$)从无穷远处移至球上时,先将 $\mathrm{d}q$ 均匀分布到无限大的球形表面上(由于无限大的球面各处均与无穷远处等势,因此这个过程不需要做功);然后将这个无限大球面收缩至导体球面。这样,导体球在每次获得 $\mathrm{d}q$ 前后都是等势体,电势由 $k\dfrac{q}{R}$ 变为 $k\dfrac{q+\mathrm{d}q}{R}$,这是观点一中积分计算的逻辑基础。

如果是点电荷模型,我们即便将这个点电荷的电量"打破"而形成无数小份,也无法将它们分布到某个面上。请大家区分开"点电荷"和"面电荷"模型,不能将面电荷理解为面上分布着点电荷。

例题 3 (2021 年清华强基)一半径为 R 的绝缘球体均匀带电,带电量为 Q,则带电球体的静电能(自能)E_p 为 ( )

A. $\dfrac{1}{4\pi\varepsilon_0}\cdot\dfrac{Q^2}{R}$
B. $\dfrac{3}{20\pi\varepsilon_0}\cdot\dfrac{Q^2}{R}$
C. $\dfrac{1}{\pi\varepsilon_0}\cdot\dfrac{Q^2}{R}$
D. $\dfrac{1}{8\pi\varepsilon_0}\cdot\dfrac{Q^2}{R}$

分析 本题中的均匀带电球体不是金属球,不是等势体,不同半径的球壳处,电势各不相同,我们需要先计算出各个球壳处的电势。和例题 2 类似,我们仍然可以采用两种观点来计算带电体的静电能(自能)。

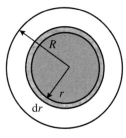

图 1.8.3

对于观点一,我们设想这样一个过程:$\mathrm{d}q$ 均匀分布在无穷远处的一个球面上,然后像肥皂泡收缩一样,汇聚到半径为 r 的均匀带电球体表面上,使之增加了一个 $\mathrm{d}r$ 的球壳,如图 1.8.3 所示。计算这个过程克服半径为 r 的均匀带电球体的电场力做的功,就得到了这个过程增加的电势能。对这个过程从 0 积分至 R,就得到了最终均匀带电球体的自能。

对于观点二,将 $\mathrm{d}q$ 从无穷远处移至它的最终位置前,导体上其他所有电荷 $Q-\mathrm{d}q$ 都已经就位,因此计算移入 $\mathrm{d}q$ 所增加的静电能时有两个问题需要解决。

问题 1:移入的 $\mathrm{d}q$ 放置在何处?

问题 2:$\mathrm{d}q$ 位置的电势是多少?

对于问题 1,我们仍然和观点一一样,将 $\mathrm{d}q$ 均匀分布在无穷远处的一个球面上,然后像肥皂泡收缩一样,汇聚到半径为 r 的均匀带电球体表面上。

对于问题 2,φ_r 将不同于观点一,因为此时 r 到 R 之间存在早已就位的电荷。

解 方法一 令 $\rho=\dfrac{Q}{\dfrac{4}{3}\pi R^3}$,则半径为 r 的均匀带电球体的总电量为

$$q = \rho \cdot \frac{4}{3}\pi r^3$$

该球体表面处的电势为

$$\varphi_r = k\frac{q}{r}$$

$\mathrm{d}q$ 从无穷远处汇聚到该球体表面上的过程中,增加的静电能为

$$\mathrm{d}E = \varphi_r \mathrm{d}q$$

可见

$$E = \int \mathrm{d}E = \int_0^R k\frac{\rho \cdot \frac{4}{3}\pi r^3}{r} \cdot \rho \cdot 4\pi r^2 \mathrm{d}r$$

积分并代入 $\rho = \dfrac{Q}{\frac{4}{3}\pi R^3}$,得

$$E = \frac{3}{5}k\frac{Q^2}{R} = \frac{3}{20\pi\varepsilon_0}\frac{Q^2}{R}$$

方法二 根据高斯定理,可以求出均匀带电球体的场强表达式为

$$\boldsymbol{E} = \begin{cases} k\rho \cdot \dfrac{4}{3}\pi r \hat{\boldsymbol{r}} & (r \leqslant R) \\ k\dfrac{\rho \cdot \frac{4}{3}\pi R^3}{r^2}\hat{\boldsymbol{r}} & (r > R) \end{cases}$$

球体内 r 处的电势为

$$\varphi_r = \int_r^\infty \boldsymbol{E} \cdot \mathrm{d}\boldsymbol{r} = \int_r^R k\rho \cdot \frac{4}{3}\pi r \mathrm{d}r + \int_R^\infty k\frac{\rho \cdot \frac{4}{3}\pi R^3}{r^2}\mathrm{d}r = k\rho \cdot \frac{4}{3}\pi\left(\frac{3R^2}{2} - \frac{r^2}{2}\right)$$

带电球体的静电能为

$$E = \frac{1}{2}\int_0^R \varphi_r \mathrm{d}q$$

将 $\mathrm{d}q = \rho \cdot 4\pi r^2 \mathrm{d}r$ 和 φ_r 的表达式代入,得

$$E = \frac{1}{2}\int_0^R k\rho \cdot \frac{4}{3}\pi\left(\frac{3R^2}{2} - \frac{r^2}{2}\right)\rho \cdot 4\pi r^2 \mathrm{d}r$$

代入 $\rho = \dfrac{Q}{\frac{4}{3}\pi R^3}$ 并化简,可得

$$E = \frac{3}{5}k\frac{Q^2}{R} = \frac{3}{20\pi\varepsilon_0}\frac{Q^2}{R}$$

方法三 根据高斯定理,可以求出均匀带电球体的场强表达式为

$$\boldsymbol{E} = \begin{cases} k\rho \cdot \dfrac{4}{3}\pi r \hat{\boldsymbol{r}} & (r \leqslant R) \\ k\dfrac{\rho \cdot \frac{4}{3}\pi R^3}{r^2}\hat{\boldsymbol{r}} & (r > R) \end{cases}$$

根据真空中的电场能量密度 $e = \frac{1}{2}\varepsilon_0 E^2$，可得

$$E = \frac{1}{2}\varepsilon_0 \int_0^R \left(k\rho \cdot \frac{4}{3}\pi r\right)^2 \cdot 4\pi r^2 \mathrm{d}r + \frac{1}{2}\varepsilon_0 \int_R^\infty \left(k\frac{\rho \cdot \frac{4}{3}\pi R^3}{r^2}\right)^2 \cdot 4\pi r^2 \mathrm{d}r$$

$$= \frac{3}{5}k\frac{Q^2}{R} = \frac{3}{20\pi\varepsilon_0}\frac{Q^2}{R}$$

点拨 （1）注意本题和例题 2 的不同。在例题 2 中，导体球本身是等势体，因此采用观点二时，φ_Q 是定值，可以提到积分号外。此题中的对象是电荷体密度均匀的带电体，整个带电体并不等势。球体内 r 处的电势为 $\varphi_r = k\rho \cdot \frac{4}{3}\pi\left(\frac{3R^2}{2} - \frac{r^2}{2}\right)$，因此即便采用观点二，移入的 $\mathrm{d}q$ 放置的位置不同，φ_r 也不同，因此无法把 φ_r 移到积分号外。因此，无论采用哪种观点，都无法避免积分的计算。

（2）通过本题的演算，我们再次明确了观点一（$E = \int_0^Q \varphi_q \mathrm{d}q$）和观点二（$E = \frac{1}{2}\int_0^Q \varphi_Q \mathrm{d}q$）的区别。对于本题，观点一中的被积函数是 $\varphi_q = k\frac{q}{r} = \frac{\rho \cdot \frac{4}{3}\pi r^3}{r}$，观点二中的被积函数是 $\varphi_Q = k\rho \cdot \frac{4}{3}\pi\left(\frac{3R^2}{2} - \frac{r^2}{2}\right)(r \leqslant R)$。

3. 如何求解一个带电导体和一个点电荷组成的体系的静电能？

需要明确的一点是，对一个点电荷和一个带电导体组成的体系，其总能不可以认为是"此状态下的自能 + 此状态下的互能"（对多个带电体和多个点电荷组成的体系也同样）。只有当两者相距足够远，以至于各自的电量分布情况不受对方影响时，才可以认为"总能 = 此状态下的自能 + 此状态下的互能"。"此状态"指的是各个带电体已经带着各自的电量就位于体系中的相应位置。当各个带电体已经就位于体系中的相应位置时，就无法将总能再分成独立的自能与互能两部分。

但是，有时候题目会让我们求体系的互能，那是怎么回事呢？原来，这里仍然认为"体系总能 = 自能 + 互能"，只不过，这里的"自能"，并不是各个带电体带着各自的电量就位于体系中的相应位置，相互间发生影响，以至于带电体上面电荷、体电荷分布都受到其他带电体的影响时所具有的自能，而是各个带电体相距无穷远而互不影响时各自所具有的自能。

例题 4 如图 1.8.4 所示，有一个半径为 R 的金属球，将其接地，在距离球心 d 的地方放一个点电荷 q。已知静电力常量为 k，求：

（1）这个体系的总静电能（总能）；

（2）金属球与点电荷之间的互能。

分析 根据"课外知识延伸"中的知识点 3，带电导体和点电荷组成的体系的总静电能可以用 $E = \frac{1}{2}(\varphi_{\text{体}}Q + \varphi_q q)$ 来求。本题中，由于金属球接地，电势为零。对于互能，我们可以采用两种方法来计算。

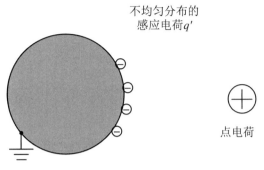

图1.8.4

解 （1）镜像电荷如图1.8.5所示，根据电像法，求出球外点电荷所在处的电势为

$$\varphi_q = k\frac{-\dfrac{R}{d}q}{d - \dfrac{R^2}{d}}$$

所以总能为

$$E = \frac{1}{2}(\varphi_{\text{体}}Q + \varphi_q q) = \frac{1}{2}k\frac{-\dfrac{R}{d}q}{d - \dfrac{R^2}{d}}q = -\frac{1}{2}kq^2\frac{R}{d^2 - R^2}$$

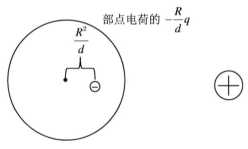

图1.8.5

（2）方法一 点电荷 q 就位之前，由于金属球原本不带电，体系无静电势能，故

$$E_{\text{互}} = E - 0 = -\frac{1}{2}kq^2\frac{R}{d^2 - R^2}$$

方法二 根据镜像电荷，求出距离球心 r 处的场强为

$$\boldsymbol{E} = -k\frac{\dfrac{R}{r}q}{\left(r - \dfrac{R^2}{r}\right)^2}\hat{\boldsymbol{r}}$$

将点电荷 q 从无穷远处移至 d 处，电场力做正功，大小为

$$W = \int_\infty^d \mathrm{d}W = \int_\infty^d k\frac{\dfrac{R}{r}q}{\left(r - \dfrac{R^2}{r}\right)^2} q\,\mathrm{d}r$$

$$= \frac{1}{2}kq^2 \frac{R}{d^2 - R^2}$$

因此,静电势能为

$$E_互 = -W = -\frac{1}{2}kq^2 \frac{R}{d^2 - R^2}$$

点拨 对于第2问,方法一利用了计算静电能的观点一,考虑了这样一个过程:先设想体系中的各个带电体和点电荷全部相距无穷远而互不影响,让各个带电体逐渐带上各自的电量,这时带电体的能量即为所谓的自能;然后让各个带电体按照一定的顺序依次就位于最终位置,在这个就位过程中,各个带电体的电量不再变化,但是由于相互影响,电荷分布可能会发生变化,体系所增加的能量就是题目所求的互能。大家可以对照方法一中的演算来理解这个想法。

使用方法二的思路时可能会出现下面这样的错误。

利用镜像电荷,金属球表面上分布的电荷在 d 处电势为

$$\varphi_q = k\frac{-\dfrac{R}{d}q}{d - \dfrac{R^2}{d}}$$

因此,点电荷与金属球间的互能为

$$E = \varphi_q q = \left(k\frac{-\dfrac{R}{d}q}{d - \dfrac{R^2}{d}}\right)q = -kq^2 \frac{R}{d^2 - R^2}$$

这个结果比正确答案少了"$\dfrac{1}{2}$"。为什么用镜像电荷在点电荷 q 处的电势直接乘 q 算不对互能呢?下面对此进行分析。

两个点电荷(Q、q)之间的互能是 $E = \varphi q = k\dfrac{Qq}{r}$,即用 Q 在 r 处产生的电势乘 q 得到,那么点电荷和金属球间为什么不行呢?

原因在于 Q 是点电荷,在移入 q 的过程中,点电荷 Q 的"电量分布"没有发生变化(点电荷当然没有"电荷分布"之说,这里是为了帮助大家理解,用了"电量分布"这个说法),所产生的电场一直是 $E = k\dfrac{Q}{r^2}\hat{r}$,而不论 q 移动到了什么位置。

将点电荷 q 从无穷远处移到导体附近的过程中,导体上的电荷分布一直在变化,产生的电场一直在变化,所以求这个过程中克服静电力所做的功时,必定要使用积分计算,绝不能拿点电荷 q 就位后导体上分布的电荷在 q 所在处产生的电势乘 q 表示体系的互能。

4. 如何利用静电能求解带电球壳的表面张力?

对于求表面张力的问题,我们一般有两种方法:① 对体系静电能求梯度;② $F = \int E_{球面} \mathrm{d}q$。需要注意的是,对于①,尽可能先考虑对称性,判断出力的方向,从而确定沿哪个空间方向求导数;② 公式中球面上的场强 $E_{球面}$ 是球面外侧的场强的一半。

例题 5 如图 1.8.6 所示,有一个半径为 R 的金属球壳,带电量为 Q,已知静电力常量为 k。

(1) 用"对体系静电能求梯度"的方法求金属球壳单位面积上的静电力 f。

(2) 用"静电场的叠加"的方法求金属球壳单位面积上的静电力 f。

分析 (1) 根据对称性,可知球壳上每处受到的静电斥力都是沿着半径向外的,因此我们只需要对静电能求半径方向的梯度(张力)。在物理过程上,我们可以设想球壳因带同性电荷而半径扩大,整个球壳的静电能将因此而减小。根据 $F = -\dfrac{\mathrm{d}E_p}{\mathrm{d}r}$ 可得整个球面的静电斥力大小。

问题(2)中,需要特别注意:$\mathrm{d}F = E\mathrm{d}q$ 中的 E 并不是导体球面外侧的场强,而是导体面上的场强,两者数值有差异,如图 1.8.7 所示。

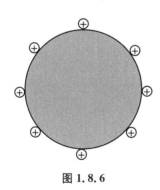

图 1.8.6

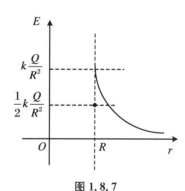

图 1.8.7

原因分析:导体球面外侧的电场强度为 $E = \dfrac{\sigma}{\varepsilon_0}$,其中 σ 为电荷面密度;内侧场强为零。在整个球面上,以一小块面积 $\mathrm{d}S$ 为研究对象,则它受到的电场力为

$$\mathrm{d}F = E_{其他} \mathrm{d}q = E_{其他} \sigma \mathrm{d}S$$

式中 $E_{其他}$ 是指整个球面除去 $\sigma \mathrm{d}S$ 这一小块面电荷,其他部分在此处产生的场强。它是多少呢?

可以认为,整个球壳外侧的场强 $E = \dfrac{\sigma}{\varepsilon_0}$ 是 $E_{其他}$ 和 $\sigma \mathrm{d}S$ 这一小块面电荷的电场(记为 $E_{自身}$)的叠加结果;内侧场强为零,也是 $E_{其他}$ 与 $E_{自身}$ 叠加的结果。如图 1.8.8 所示,又因为球壳内部 E 为零,所以

$$E_{自身} = E_{其他} = \dfrac{\sigma}{2\varepsilon_0}$$

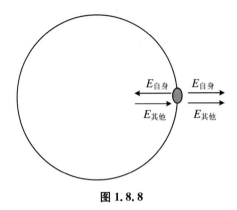

图 1.8.8

解 (1) 半径为 R、带电量为 Q 的金属球壳静电能为 $E = k\dfrac{Q^2}{2R}$,将 R 改写为 r,视为变量,则

$$F = -\frac{dE_p}{dr} = -\frac{d}{dr}\left(k\frac{Q^2}{2r}\right) = k\frac{Q^2}{2r^2}$$

因此单位面积上的静电力为

$$f = \frac{F}{4\pi R^2} = \frac{k\dfrac{Q^2}{2R^2}}{4\pi R^2} = k\frac{Q^2}{8\pi R^4}$$

(2) 球面上的场强为 $E = \dfrac{\sigma}{2\varepsilon_0}$,则单位面积上的静电力为

$$f = \frac{dF}{dS} = \frac{E_{其他}\sigma dS}{dS} = \frac{\sigma^2}{2\varepsilon_0}$$

又有 $Q = \sigma \cdot 4\pi R^2$,代入可得

$$f = \frac{1}{2\varepsilon_0}\frac{Q^2}{(4\pi R^2)^2} = k\frac{Q^2}{8\pi R^4}$$

点拨 (1) 通过对势能表达式求梯度来得到力的方法在力学中也常用。比如求解振动体系的回复力,我们可以先写出体系的势能,求势能在振动位移方向的方向导数,就可以得到回复力。

(2) 导体表面的场强是导体外侧面场强的一半,这个结论不仅对球形导体适用,对其他导体也适用:

$$\boldsymbol{E}_{面} = \frac{\boldsymbol{E}_{内侧面} + \boldsymbol{E}_{外侧面}}{2}$$

习题实战演练

基础练习

1．(2012 年海淀二模)物理关系式不仅反映了物理量之间的数值关系,也确定了单位间的关系。对单位的分析是检验研究结果正确性的一种方法。下面是同学们在研究平行板电容器充电后储存的能量 E_C 与哪些量有关的过程中得出的一些结论,式中 C 为电容器的电容,U 为电容器充电后其两极板间的电压,E 为两极板间的电场强度,d 为两极板间的距离,S 为两极板正对面积,ε 为两极板间所充介质的相对介电常数(没有单位),k 为静电力常量。下面给出的关于 E_C 的表达式可能正确的是 （　　）

A. $E_C = \dfrac{1}{2}C^2 U$ B. $E_C = \dfrac{1}{2}CU^3$

C. $E_C = \dfrac{\varepsilon}{8\pi k}E^2 Sd$ D. $E_C = \dfrac{\varepsilon}{8\pi k}ESd$

2．(2019 年清华领军)已知平行板电容器正对面积为 $S = 1.0 \text{ m}^2$,两板间的距离为 $d = 0.01 \text{ m}$,接在电动势为 $U = 200 \text{ V}$ 的电源上。将距离增大 1 倍,外力做功为 （　　）

A. 8.9×10^{-6} J B. -8.9×10^{-6} J

C. 1.8×10^{-5} J D. -1.8×10^{-5} J

3．四个点电荷分别位于边长为 R 的正方形四个顶点,电荷量分别为 q 和 $-q$,如图 1.8.9 所示。已知静电力常量为 k,求这个系统的静电能。

4．四个点电荷的电荷量均为 q,位于棱长为 R 的正四面体的四个顶点,如图 1.8.10 所示。已知静电力常量为 k,求这个系统的静电能。

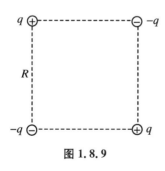

图 1.8.9

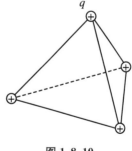

图 1.8.10

5．有一直径为 10 cm 的导体球,电势为 800 V,求其外侧面附近的电场能量密度。(已知真空介电常数 $\varepsilon_0 = 8.854188 \times 10^{-12}$ F/m。)

6．根据汤姆孙定理,导体上的电荷分布具有这样的特点:在达到静电平衡时,电荷分布应使得电场的能量为最小。以一个金属球为例,当它带电时,在电荷呈球对称分布这个前提下,论证:带电金属球的电荷应该全分布在外表面。

提 高 练 习

7. (2018年清华领军)有一导体球壳,均匀带电 Q,则左右半球电荷间的排斥力大小为 （　　）

A. $\dfrac{Q^2}{4\pi\varepsilon_0 R^2}$　　B. $\dfrac{Q^2}{8\pi\varepsilon_0 R^2}$　　C. $\dfrac{Q^2}{16\pi\varepsilon_0 R^2}$　　D. $\dfrac{Q^2}{32\pi\varepsilon_0 R^2}$

8. (2018年北大博雅)如图1.8.11所示,在边长为 a 的正六边形的每个顶点上放一个正电荷 $+q$,中心放一个负电荷 $-2q$。已知静电力常量为 k,则每个正电荷与其他所有电荷的相互作用能为_____,整个系统的相互作用能为_____。

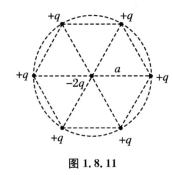

图 1.8.11

9. 一个球形电容器由半径分别为 R 和 r 的两个同心金属薄球壳构成,两壳间是空气。当它们带有等量异号电荷时,电势差为 U。已知真空中的介电常数为 ε_0,用电容器储能公式和电场能量密度两个观点计算电容器的储能。

10. 半径为 R 的导体球带有电荷量 Q,已知静电力常量为 k。
(1) 求它的静电能。
(2) 半径在多大范围内的球面内的电场能量为导体球静电能的一半?

11. 半径为 R 的一个雨点带有电荷量 Q,将它打破而形成两个完全相同的雨点并分开到相距很远。问:静电能变大了还是变小了?静电能变化量是之前的静电能的百分之几?

《参 考 答 案》

1. C。
2. A。

提示　设距离增大前后电容器的电容分别为 C_1 和 C_2,储存的能量分别为 E_1 和 E_2,所带电量分别为 Q_1 和 Q_2,则

$$\begin{cases} E_1 = \dfrac{1}{2}C_1 U^2 \\ E_2 = \dfrac{1}{2}C_2 U^2 \end{cases},\quad \begin{cases} Q_1 = C_1 U \\ Q_2 = C_2 U \end{cases}$$

所以
$$\begin{cases} \Delta Q = (C_2 - C_1)U \\ \Delta E = \dfrac{1}{2}(C_2 - C_1)U^2 \end{cases}$$

因此,外力做功为
$$W = \Delta E - \Delta QU = \dfrac{1}{2}(C_2 - C_1)U^2 - (C_2 - C_1)U^2 = -\dfrac{1}{2}(C_2 - C_1)U^2$$

将 $C_1 = \dfrac{\varepsilon_0 S}{d_1}$ 和 $C_2 = \dfrac{\varepsilon_0 S}{2d_1}$ 代入,得
$$W = \dfrac{1}{4d_1}\varepsilon_0 S U^2$$

将常数和已知量的值代入,得
$$W = 8.9 \times 10^{-6} \text{ J}$$

3. $-(4-\sqrt{2})k\dfrac{q^2}{R}$。

4. $6k\dfrac{q^2}{R}$。

5. $e_{电场} = \dfrac{1}{2}\varepsilon_0 E^2 = 1.1 \times 10^{-3} \text{ J/m}^3$。

6. **提示** 本题并不是去证明普适情形,而是在题干给定的前提下去论证。本题论证的前提是:如果电荷不全分布在球面外,在球内也有分布的话,电荷仍呈球对称分布。这样,本题的论证难度就比普适证明大大降低了。

如果有部分电荷均匀分布在球内,那么在球外空间所产生的电场与所有电荷均匀分布在球壳表面时是一模一样的。但是此时在球内部仍有电场存在。当电荷均匀分布在球体表面时球内电场为零。根据电场能定域在电场空间,可知:有部分电荷均匀分布在球内时的电场能必定大于电荷均匀分布在球体表面的情形。

本节例题2和例题3的结果也印证了这一点。

7. D。

提示 方法一 根据虚功原理可得
$$p \cdot 4\pi R^2 \cdot \Delta R = \dfrac{1}{2}\dfrac{kQ^2}{R} - \dfrac{1}{2}\dfrac{kQ^2}{R + \Delta R}$$

应用小量近似,可得
$$\dfrac{1}{2}\dfrac{kQ^2}{R + \Delta R} = \dfrac{1}{2}\dfrac{kQ^2}{R\left(1 + \dfrac{\Delta R}{R}\right)} = \dfrac{1}{2}\dfrac{kQ^2}{R}\left(1 - \dfrac{\Delta R}{R}\right)$$

由上述两式可得
$$p \cdot \pi R^2 = \dfrac{1}{8}\dfrac{kQ^2}{R^2} = \dfrac{Q^2}{32\pi\varepsilon_0 R^2}$$

方法二 球壳处的电场强度大小为

$$E' = \frac{1}{2}\frac{kQ}{R^2} = \frac{Q}{8\pi\varepsilon_0 R^2}$$

取一面元,则该面元受到的电场力大小为

$$\Delta F = E' \cdot \sigma \Delta S = \frac{Q}{8\pi\varepsilon_0 R^2} \cdot \sigma \Delta S$$

所以半球面受到的电场力大小为

$$F = \sum \Delta F\cos\theta = \sum \frac{Q}{8\pi\varepsilon_0 R^2} \cdot \sigma \Delta S\cos\theta = \frac{Q\sigma}{8\pi\varepsilon_0 R^2}\sum \Delta S_\perp$$

$$= \frac{Q\sigma}{8\pi\varepsilon_0 R^2} \cdot \pi R^2 = \frac{Q^2}{32\pi\varepsilon_0 R^2}$$

8. $\left(\dfrac{2}{\sqrt{3}} + \dfrac{1}{2}\right)k\dfrac{q^2}{a}$,$\left(2\sqrt{3} - \dfrac{9}{2}\right)k\dfrac{q^2}{a}$。

提示 (1) 应用点电荷间的电势能公式 $E_p = k\dfrac{Q_1 Q_2}{r}$,依次相加,得

$$E_1 = k\frac{q^2}{a}\left(2\times\frac{1}{1} + 1\times\frac{-2}{1} + 2\times\frac{1}{\sqrt{3}} + 1\times\frac{1}{2}\right) = \left(\frac{2}{\sqrt{3}} + \frac{1}{2}\right)k\frac{q^2}{a}$$

(2) 应用相互作用能公式 $E_p = \dfrac{1}{2}\sum\varphi_i q_i$,得

$$E_2 = \frac{1}{2}\left(6E_1 + k\frac{-2q\cdot 6q}{a}\right) = \left(2\sqrt{3} - \frac{9}{2}\right)k\frac{q^2}{a}$$

9. $E = 2\pi\varepsilon_0 U^2 \dfrac{Rr}{R-r}$。

提示 根据高斯定理可以求出空腔处的场强 $E = k\dfrac{Q^2}{r}$,再根据 $U = \int_r^R E\mathrm{d}r = \int_r^R k\dfrac{Q^2}{r}\mathrm{d}r$ 可以得到

$$Q = \frac{U}{k\left(\dfrac{1}{r} - \dfrac{1}{R}\right)}$$

然后由电场能量密度可得

$$E = \iiint \frac{1}{2}\varepsilon_0\left(k\frac{Q}{r^2}\right)^2\mathrm{d}V = \int_r^R \frac{1}{2}\varepsilon_0\left(k\frac{Q}{r^2}\right)^2 \cdot 4\pi r^2\mathrm{d}r = \frac{1}{2}kQ^2\left(\frac{1}{r} - \frac{1}{R}\right)$$

将 Q 用 U 表达,可得

$$E = 2\pi\varepsilon_0 U^2\frac{Rr}{R-r}$$

10. (1) $E = k\dfrac{Q^2}{2R}$;(2) $2R$。

提示 (2) 根据电场能量密度 $e = \dfrac{1}{2}\varepsilon_0 E^2$ 积分,可得

$$E = \iiint \frac{1}{2}\varepsilon_0\left(k\frac{Q}{r^2}\right)^2\mathrm{d}V = \int_R^r \frac{1}{2}\varepsilon_0\left(k\frac{Q}{r^2}\right)^2 \cdot 4\pi r^2\mathrm{d}r$$

$$= \frac{1}{2}kQ^2 \int_R^r \frac{1}{r^2}dr = \frac{1}{2}kQ^2\left(\frac{1}{R} - \frac{1}{r}\right)$$

可知 $r = 2R$ 时,球面内的能量为总能量的一半。

11. 因为这个过程中相互间的斥力做正功,所以静电能减少了;减少比例为 37%。

提示 将雨点当成导体,电荷均匀分布在其表面上,因此原本的静电能为 $E = k\dfrac{Q^2}{2R}$。分成两个雨点后,每个雨点的半径为 $r = \dfrac{R}{2^{1/3}}$,电量为 $q = \dfrac{Q}{2}$,代入静电能公式,可得

$$E' = \frac{2^{1/3}}{4}k\frac{Q^2}{2R}$$

所以静电能增量为

$$\Delta E = 2E' - E = \left(\frac{1}{2^{2/3}} - 1\right)k\frac{Q^2}{2R} < 0$$

第 2 章 恒 定 电 流

电能的大规模应用是现代社会的重要标志,风能、太阳能、氢能等新能源要较为便捷地使用,往往也需要先转化为电能,然后通过输电网络输送给用户。在电能的产生、传输、使用等各环节,将会涉及电源、电流、电功、电热以及各种电路元件等诸多知识。

电荷的定向移动形成电流,若电流的大小和方向都不随时间发生变化,则这样的电流称为恒定电流。电流流过电学元件时将会做功,从而实现电能向其他形式能量的转化。完整的电路包括电源、导线和用电器以及各种元器件。电源的特性如何?电路的电阻、电容等电学参量是怎样的?电路的结构以及电流的分布有什么特点?研究电路时如何化繁为简?这都是本章将要研究的重要问题。

本章的内容主要包括电路的基本概念、等势点断接法和电流分布法简化电路、自相似和星角变换简化电路、基尔霍夫定律应用、含电容的电路分析等知识。本章知识是在电场的基础上对电学知识的拓展和延伸,也是后续进一步学习磁场、电磁感应、交流电等电磁学内容的知识和方法基础。

2.1 电路的基本概念

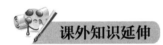

1. 电流强度与电流密度

(1) 电流强度

电流强度是描述电流强弱的物理量,若时间 dt 内通过导体横截面的电量为 dq,则电流强度为

$$I = \frac{dq}{dt}$$

电流强度是标量,与其他标量不同的是,因为电荷在同一根导线中定向移动时可以有两个不同的方向,所以电流具有方向性,规定正电荷定向移动方向为电流的正方向。

(2) 电流密度

在垂直于电流的方向上,单位面积内的电流强度称为电流密度,表示为

$$j = \frac{dI}{dS_\perp}$$

电流密度的单位为 A/m²。电流密度 j 是矢量,其方向与电流方向一致。如图 2.1.1 所示,通过面积 S 的电流强度可以理解成电流密度 j 的通量,即 $I = \int_S \boldsymbol{j} \cdot d\boldsymbol{S}$。

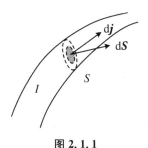

图 2.1.1

(3) 电流强度的微观表达式

设均匀直导线的横截面积为 S,单位体积的自由电子数(又称电子的数密度)为 n,电子定向移动的速度大小为 v,方向向右。经过时间 t,通过图 2.1.2 中横截面的电子就是原来在 S 左边以 S 为底、vt 为高的圆柱体内的自由电子。此圆柱体内自由电子的总数为 $N = nSvt$,这些自由电子通过该横截面形成的电流强度为

$$I = \frac{q}{t} = \frac{Ne}{t} = \frac{n \cdot Svt \cdot e}{t} = neSv$$

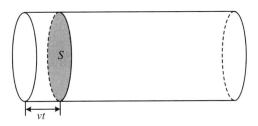

图 2.1.2

相应地,电流密度可表示为

$$j = nev$$

2. 电阻定律

若导线的长度为 L,横截面积为 S,导体的电阻为 R,则电阻

$$R = \rho \frac{L}{S} = \frac{L}{\sigma S}$$

这就是电阻定律。式中 ρ 为电阻率,σ 为电导率,$\sigma = \frac{1}{\rho}$。电阻率的单位为 $\Omega \cdot m$,电导率 σ 的单位为 $\Omega^{-1} \cdot m^{-1}$。

实验表明,多数金属材料的电阻率都随温度的升高而增大,在 0 ℃ 附近,纯金属的电阻率与温度之间近似有如下线性关系:

$$\rho = \rho_0(1 + \alpha t)$$

其中 ρ_0 为该金属在 0 ℃时的电阻率，ρ 为该金属在温度 t 时的电阻率，α 为该金属的温度系数，多数金属的 α 值接近 4×10^{-3} ℃$^{-1}$。

某些半导体和绝缘体的电阻率随温度升高而减小，即 $\alpha<0$。某些导体材料在温度低于某一临界温度时，其电阻率会突然减为零，这种现象称为超导现象。

3. 欧姆定律

导体中的电流强度 I 与其两端所加的电压 U 成正比，与它的电阻 R 成反比，即

$$I = \frac{U}{R}$$

这就是欧姆定律。上式适用于金属导电和电解液导电的情况，对非线性元件（如二极管）和气体导电等情况不适用。

在通电导体中取一小段，长为 $\mathrm{d}L$，其两端电压为 $\mathrm{d}U$，则有

$$\mathrm{d}U = I \cdot \mathrm{d}R = I \cdot \rho\frac{\mathrm{d}L}{S} = I \cdot \frac{\mathrm{d}L}{\sigma S}$$

又因为 $\frac{\mathrm{d}U}{\mathrm{d}L}=E$，且有 $\frac{I}{S}=j$，所以上式可化为

$$j = \sigma E$$

上式给出了电流密度与推动电荷流动的电场强度之间的对应关系，被称为欧姆定律的微分形式，考虑到电流密度和电场强度的矢量性，上式还可写成

$$\boldsymbol{j} = \sigma\boldsymbol{E}$$

4. 焦耳定律

焦耳通过实验得到结论：如果通过一段只有电阻元件的电路的电流为 I，这段电路的电阻为 R，通电时间为 t，则电流在这段时间内产生的热量为

$$Q = I^2 Rt$$

这就是焦耳定律。

这段电路中电流的发热功率为

$$P = I^2 R$$

电流做功的过程实际上就是电场力做功的过程，该过程导致电势能减少，其他形式的能增多，电能转化为其他形式的能。在纯电阻电路中，电功等于电热。在非纯电阻电路中，如电路中存在电动机、电解槽等装置，电能除了一部分转化为内能，还有一部分将转化为机械能、化学能或其他形式的能，此时电热在数值上只是电功的一部分。

若导体内各处电流密度不同，则发热的情况一般也不同。为了细致描述导体内各点的发热情况，将导体单位体积内的热功率定义为热功率密度，用 p 表示。若在一段导体中取一导体元，体积为 $\mathrm{d}\tau$，此体积的热功率为 $\mathrm{d}P$，则

$$p = \frac{\mathrm{d}P}{\mathrm{d}\tau}$$

联立 $\mathrm{d}\tau=\mathrm{d}S\mathrm{d}L$，$\mathrm{d}P=(\mathrm{d}I)^2\mathrm{d}R$，$j=\frac{\mathrm{d}I}{\mathrm{d}S}$，$\mathrm{d}R=\frac{\mathrm{d}L}{\sigma\mathrm{d}S}$，$\mathrm{d}U=E\mathrm{d}L$ 并整理，得

$$p = \frac{j^2}{\sigma} = \sigma E^2$$

此式称为焦耳定律的微观表达式。

5. 焦耳热的微观机制

当导体两端存在电势差时,导体中会建立电场,导体中的自由电子在电场力作用下做定向运动。这些自由电子在定向运动时与金属中原子实(金属原子脱离自由电子后剩下的部分)发生碰撞,自由电子的一部分能量传递给了原子实,使得原子实无规则热运动加剧。宏观表现为电流通过导体发热,电能转化为内能。

设电子每次与导体中的原子实碰撞后速度都变为零,电子两次与原子实碰撞的时间间隔均为 τ。再设导体的电阻为 R,长度为 L,横截面积为 S,电阻率为 ρ,单位体积内的电子数为 n,电子与原子实碰撞前的速率为 v_m。

从宏观上看,在时间 τ 内,导体产生的热量可表示为

$$Q = I^2 R \tau$$

考虑电流的微观表达式和电阻定律,上式可进一步表示为

$$Q = (neS\bar{v})^2 \cdot \rho \frac{L}{S} \cdot \tau \qquad ①$$

从微观上看,该热量来源于电子与原子实碰撞前的动能,则

$$E_k = N E_{km} \qquad ②$$

电子在与原子实碰撞前做匀加速运动,所以

$$E_{km} = \frac{1}{2} m v_m^2 = 2 m \bar{v}^2$$

考虑到 $N = nSL$,②式可写成

$$E_k = nSL \cdot 2m\bar{v}^2 \qquad ③$$

宏观上的产热来源于微观上电子与原子实的碰撞,根据能量守恒,有

$$Q = E_k \qquad ④$$

由①③④式可解得

$$\rho = \frac{2m}{ne^2 \tau}$$

式中 $\tau = \frac{\lambda}{v_{热}}$,$\lambda$ 为原子实间的平均距离,称为平均自由程,$v_{热}$ 为电子热运动速率。需要注意的是:$v_{热}$ 的值为 10^5 m/s 左右,远远大于电子定向移动速率,后者的值为 10^{-5} m/s 左右。

核心问题讨论

1. 如何计算某处的电流密度和电场强度?

通过面积 S 的电流强度是电流密度 j 的通量,即 $I = \int_S \boldsymbol{j} \cdot d\boldsymbol{S}$。常常根据此表达式求电流密度,然后根据 $\boldsymbol{E} = \rho \boldsymbol{j}$ 求电场强度,再由 $U = El$ 求匀强电场中两点的电势差。在此过程中,

求解电流密度往往成为关键的一步,因为它是打通电场和电路的物理量。

例题 1 如图 2.1.3 所示,无穷大的空间中充满电阻率为 ρ 的导电物质,在其中相距 L 的 A 点和 B 点之间接上电源,从电源流进、流出的电流强度均为 I。计算这两点连线中点 O 处的电流密度。

分析 电流从 A 点流入、从 B 点流出的过程可以看成是两个过程的叠加。第一个过程是让电流从正极 A 均匀地流向无穷远;第二个过程是从无穷远均匀流来的电流汇聚到负极 B。分别计算两个过程的电流密度,再进行叠加即可。

解 计算空间中只有一个点接电源时在中点 O 处的电流密度。设只有 A 点接正极,则空间中的电流密度分布呈以 A 点为中心的点辐射构型,如图 2.1.4 所示,所以在 O 点处的电流密度为

$$j_1 = \frac{I}{4\pi\left(\dfrac{L}{2}\right)^2} = \frac{I}{\pi L^2}$$

方向由 A 指向 B。

同理,只有 B 点接负极,在 O 点处的电流密度为

$$j_2 = \frac{I}{4\pi\left(\dfrac{L}{2}\right)^2} = \frac{I}{\pi L^2}$$

方向由 A 指向 B。

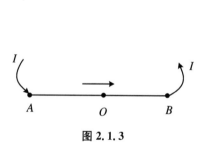

图 2.1.3   图 2.1.4

实际电流密度为

$$j = j_1 + j_2 = \frac{2I}{\pi L^2}$$

点拨 (1) 电流密度是矢量,其叠加满足矢量叠加法则。因为 O 在 A、B 连线上,矢量叠加可转化成标量叠加。若要计算空间中其他点处的电流密度,则需要按矢量叠加法则进行。

(2) 将电流密度也用线来描述,疏密表示大小,切线表示方向,从本题的求解过程可以看出,电流密度线的分布与电场线的分布高度一致。

例题 2 如图 2.1.5 所示,同轴电极 A、B 之间充有电阻率为 ρ 的均匀介质,两电极长度均为 l,电极 A、B 与中心轴线的距离分别为 R_1 和 R_2。电流 I 从中心电极 A 流向电极 B,假设不同高度处电流均匀分布,忽略边缘效应,求:

(1) 距离轴线 $r(R_1 < r < R_2)$ 处的电场强度 $E(r)$;
(2) 两电极间的电势差 U_{AB}。

分析 本题已知量是电流强度 I,属于电路中的物理量,而要求的物理量是电场强度和电势差,属于电场中的物理量,所以需要找到它们之间的联系,联系电流强度和电场的物理量就是电流密度。

解 (1) 根据题意,距离轴线 r 处的电流密度满足
$$j \cdot 2\pi r l = I$$
根据微观的欧姆定律得
$$E(r) = \rho j$$
联立以上两式,得
$$E(r) = \frac{\rho I}{2\pi r l}$$

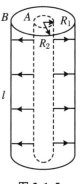

图 2.1.5

(2) 电场对路径积分得电势差,即
$$U_{AB} = \int_A^B E(r) \cdot dr$$
(1)问已经求得电极 A、B 之间的电场分布 $E(r)$,代入上式,得
$$U_{AB} = \frac{\rho I}{2\pi l} \ln \frac{R_2}{R_1}$$

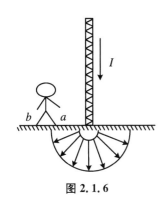

图 2.1.6

点拨 由电流求电流密度,由电流密度求电场,由电场求电势差,这是一类常见问题。图 2.1.6 所示的"跨步电压"就属于这类问题,电线一端触及地面,使电流强度为 I 的电流由接触点流入地内,土地的电导率为 σ,当一个人走近输电线接地端时,左右两脚间(间距为 d)的电压称为跨步电压。易求得距离高压线触地点 L 处的跨步电压为
$$U_{ab} = \int_a^b \frac{I}{2\pi r^2 \sigma} \cdot dr = \frac{I}{2\pi\sigma}\left(\frac{1}{L} - \frac{1}{L+d}\right)$$
将 $I = 500$ A,$\sigma = 10^{-2}$ S/m,$d = 0.6$ m,$L = 10$ m 代入上式,得 $U_{ab} \approx 45$ V,已经超出安全电压 36 V。

2. 如何应用电阻定律计算导体的电阻?

导体的电阻 R 与其长度 L、横截面积 S 和电阻率 ρ 都有关系,电阻定律告诉我们,它们之间的关系为 $R = \rho \frac{L}{S}$。当导体的横截面积 S 或电阻率 ρ 随长度发生变化时,我们需要先求一个微元的电阻,即 $dR = \rho(x)\frac{dx}{S(x)}$,然后再积分求得整个导体的电阻。

不同材料的电阻率随温度变化的特性可能不同,若温度变化不大或电阻率温度系数较小,有时候会忽略温度引起的电阻率变化。但在需要精确研究电阻问题时,温度的影响就不可忽略,需要结合电阻率随温度变化的关系式加以计算。

例题3 如图 2.1.7 所示,有一段长为 l、横截面积为 S 的均匀导体,其电阻率与图中 x

的关系是 $\rho = \rho_0\left(1 + \dfrac{x}{l}\right)$，求这段导体的电阻。

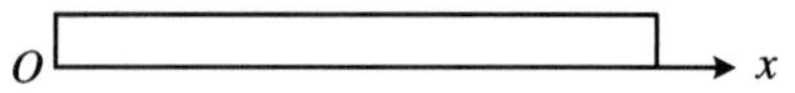

图 2.1.7

分析 本题中导体的横截面积 S 一定，电阻率 ρ 与到 O 端的距离 x 成线性关系。在求整个导体的电阻时，需要根据电阻定律先写出距离 O 端 x 处的一小段导体元的电阻表达式，然后再进行积分。

解 （1）根据电阻定律

$$R = \rho \frac{l}{S}$$

得整个导体棒的电阻为

$$R = \int_0^l \frac{\rho}{S} \mathrm{d}x = \int_0^l \frac{\rho_0}{S}\left(1 + \frac{x}{l}\right)\mathrm{d}x = \frac{\rho_0}{S}\left(l + \frac{1}{l}\cdot\frac{l^2}{2}\right) = \frac{3\rho_0 l}{2S}$$

点拨 本题中电阻率 ρ 并非常数而是随距离 x 变化的，在求解这种类型的导体电阻时，需要用到微积分。解题时可以先按照电阻定律写出每一小段导体元的电阻表达式，代入电阻率随长度变化的关系式，借助积分公式能够比较方便地求出导体棒的电阻。微积分等数学知识在物理中的应用非常广泛，常见的微积分公式必须熟练掌握，在解决参数变化的累积问题时往往非常有用。

例题 4 为了使一圆柱形导体棒电阻不随温度变化，可以将两根截面积相同的碳棒和铁棒串联起来。已知碳的电阻率为 $\rho_{0碳} = 3.5 \times 10^{-5}\ \Omega\cdot\mathrm{m}$，电阻率温度系数为 $\alpha_{碳} = -5 \times 10^{-4}\ ℃^{-1}$，而铁的电阻率为 $\rho_{0铁} = 8.9 \times 10^{-8}\ \Omega\cdot\mathrm{m}$，$\alpha_{铁} = 5 \times 10^{-3}\ ℃^{-1}$，求这两棒的长度之比。

分析 本题需要考虑温度变化对碳棒和铁棒电阻带来的影响。各种材料的长度和截面积都会随温度变化而变化，但它们的电阻率变化比线度的变化要明显得多（一般相差两个数量级），因此可以忽略线度的变化。由于碳棒和铁棒的电阻率温度系数一正一负，将它们串联使用有可能使得总电阻不随温度发生变化。

解 将金属电阻随温度变化的关系式 $\rho = \rho_0(1 + \alpha t)$ 代入电阻定律 $R = \rho\dfrac{L}{S}$，得

$$R = R_0(1 + \alpha t)$$

式中 R_0 为材料在 $0\ ℃$ 时的电阻。将碳棒和铁棒串联，总电阻为

$$R = R_{碳} + R_{铁} = R_{0碳} + R_{0铁} + R_{0碳}\alpha_{碳}t + R_{0铁}\alpha_{铁}t$$

要使 R 不随温度变化，必须有

$$R_{0碳}\alpha_{碳} + R_{0铁}\alpha_{铁} = 0$$

由 $R = \rho\dfrac{L}{S}$ 可知截面积相同的两棒长度之比为

$$\frac{L_{铁}}{L_{碳}} = -\frac{\rho_{0碳}\alpha_{碳}}{\rho_{0铁}\alpha_{铁}} = 39.3 : 1$$

点拨 在使用电阻定律解决问题时,除了需要考虑导体长度、横截面积、电阻率对电阻产生的影响,还需要根据问题设定的条件来确定是否需要考虑电阻率随温度的变化。需要注意的是,不同的导体电阻率随温度变化呈现出不同的关系,温度系数的数值和正负可能不同。

例题5 把 $m=2.92\text{ g}$ 的食盐溶解在 1 L 的水中,测得 $\eta=44\%$ 的食盐分子发生电离。若钠离子的迁移率(单位电场强度所产生的平均速率)为 $k_+ = 4.5\times 10^{-8}\text{ m}^2/(\text{s}\cdot\text{V})$,氯离子的迁移率为 $k_- = 6.67\times 10^{-8}\text{ m}^2/(\text{s}\cdot\text{V})$。已知氯化钠的摩尔质量为 $M = 58.5\text{ g/mol}$,阿伏伽德罗常数为 $N_A = 6.0\times 10^{23}\text{ mol}^{-1}$,求食盐溶液的电阻率。

分析 因为溶液中的电流是正负离子共同提供的,所以溶液中电流的微观表达式为

$$I = I_+ + I_- = neS(v_+ + v_-)$$

根据欧姆定律、电阻定律可以导出电阻率与钠离子、氯离子迁移率之间的关系,利用分子动理论求出离子体密度,代入数据可求解食盐溶液的电阻率 ρ。

解 溶液中电流的微观表达式为

$$I = neS(v_+ + v_-)$$

根据欧姆定律和电阻定律,上式可进一步写成

$$I = \frac{U}{\rho \frac{l}{S}} = \frac{E\cdot S}{\rho} = neS(v_+ + v_-)$$

整理得

$$\frac{1}{\rho} = ne\left(\frac{v_+}{E} + \frac{v_-}{E}\right) = ne(k_+ + k_-)$$

又由分子动理论求得氯离子或钠离子体密度

$$n = \frac{m}{MV}\cdot N_A \cdot \eta$$

(其中 η 为电离率,M 为摩尔质量,N_A 为阿伏伽德罗常数),所以

$$\rho = \frac{1}{ne(k_+ + k_-)} = \frac{MV}{mN_A\eta e(k_+ + k_-)} = 4.17\ \Omega\cdot\text{m}$$

点拨 (1) 在研究离子溶液的电阻率问题时,首先要弄清其导电的原理。离子溶液中载流子既有正离子也有负离子,在外加电场的作用下,正负离子定向运动的方向相反,但它们产生的电流方向是相同的。根据电流的微观表达式和离子迁移率的定义以及电阻定律,可以建立离子溶液电阻率与其他条件的关系,进而求出其电阻率。

(2) 金属、液体和气体导电的机理各不相同,其电阻率的影响因素也不同。金属中的载流子是自由电子,温度越高,自由电子与金属原子碰撞越激烈,表现为电阻率增加。而液体导电的载流子是正负离子,其电阻率大小除与温度有关外,还与化合物中离子电离的程度有关。

3. 如何从微观角度解释与电流相关的宏观现象?

对于同一物理问题,常常可以从宏观与微观两个不同的角度进行研究,找出其内在联

系，从而更加深刻地理解其物理本质。例如，金属导体宏观上表现出电阻，其微观原因是电子在运动过程中会与金属离子（金属原子失去电子后的剩余部分）碰撞；再如，金属导体宏观上产生热量，其微观原因是电子不断地把动能传递给金属离子，使金属离子振动加剧，即宏观上表现出温度升高。

例题 6 超导体在温度特别低时电阻可以降到几乎为零，这种性质可以通过实验研究：将一个闭合超导金属圆环水平放置在匀强磁场中，磁感线垂直于圆环平面，逐渐降低温度，使超导环发生由正常态到超导态的转变，然后突然撤去磁场，此后若环中的电流不随时间变化，则表明其电阻为零。为探究该圆环在超导状态的电阻率上限 ρ，研究人员测得撤去磁场后环中电流为 I，经一年以上的时间 t 未检测出电流变化。实际上仪器只能检测出大于 ΔI 的电流变化，其中 $\Delta I \ll I$，当电流的变化小于 ΔI 时，仪器检测不出电流的变化，研究人员便认为电流没有变化。设环的横截面积为 S，环中电子定向移动的平均速率为 v，电子的质量为 m、电荷量为 e，环中定向移动的电子减少的动能全转化为圆环的内能。试用上述给出的各物理量，求超导状态的电阻率上限 ρ。

分析 由于超导圆环中存在电阻，电流在流过圆环时将会做功，宏观上看电能转化为内能。圆环中的电流变小，说明电子定向移动的平均速率变小了，微观上看是定向移动的电子动能转化成无规则运动的动能，所有电子减少的定向移动动能总和等于在宏观上产生的内能。利用电流的微观表达式，可以表示出时间 t 内电流变化与电子定向移动平均速率变化的关系，进而可计算出单个电子定向移动动能的变化。利用焦耳定律，可以计算出时间 t 内圆环产生的内能。而圆环内所有电子在时间 t 内的定向运动动能减少量等于产生的内能，所以可以据此求得该圆环超导状态的电阻率上限。

解 根据能量守恒定律，金属圆环内自由电子动能的减少量等于该过程导体产生的热量，即
$$\Delta E_k = Q_R$$
设电流变化大小为 ΔI 时，相应定向移动电子的平均速率变化大小为 Δv，则
$$\Delta I = neS\Delta v$$
在时间 t 内单个电子在环中定向移动时减少的动能为
$$\Delta E_{ki} = \frac{1}{2}mv^2 - \frac{1}{2}m(v - \Delta v)^2$$
圆环中总电子数为
$$N = nlS$$
设时间 t 内环中定向移动电子减少的动能总和为 ΔE_k，则
$$\Delta E_k = \Delta E_{ki} \cdot N = \left[\frac{1}{2}mv^2 - \frac{1}{2}m(v - \Delta v)^2\right] \cdot nlS$$
$$\approx mv\Delta vnlS = mvl\frac{\Delta I}{e}$$
根据焦耳定律，时间 t 内圆环产生热量
$$Q_R = I^2 Rt = I^2 t \cdot \frac{\rho l}{S}$$

可得
$$\rho = mvS\frac{\Delta I}{I^2 te}$$

点拨 本题是一道电磁学联系实际的综合问题,命题的背景知识比较丰富,涉及焦耳定律、电阻定律、电流微观表达式、超导、能量转化等知识。解决本题需要借助能量守恒的思想,将宏观上电能向内能的转化与微观上定向移动速率变化引起电子动能减小联系起来,结合焦耳定律和电流的微观表达式,并在计算过程中进行合理的近似处理,最终求得电阻率的上限。

例题 7 (1)有一段长为 l、电阻率为 ρ、横截面积为 S 的细金属直导线,单位体积内有 n 个自由电子,电子的电量为 e、质量为 m。该导线通有电流时,构建合理的物理模型,证明:电子受到的平均阻力正比于电子定向移动的速率,即 $f = kv$。求比例系数 k 的表达式。

(2)将上述导线弯曲成一个闭合圆线圈,若该不带电的圆线圈绕通过圆心且垂直于线圈平面的轴匀速转动,则线圈中不会有电流通过。若线圈突然停止转动,则线圈中会有短暂的电流通过。若电子受到的沿导线的平均阻力满足(1)问的规律,求以角速度 ω 匀速转动的该线圈突然停止转动时通过导线横截面的电荷量 Q。

分析 对于第 2 问所述情景,当线圈突然停止转动时,虽然正离子晶格(金属离子)静止,但是由于惯性,自由电子将在线圈中继续沿导线运动,从而形成电流,又由于电子在导线中运动会受到沿导线的阻力,只会形成短暂的电流。

解 (1)稳定时,电子受到的电场力和平均阻力平衡,则
$$f = Ee$$
又因为
$$E = \frac{U}{l} = \frac{IR}{l}, \quad R = \rho\frac{l}{S}$$
注意到 $I = neSv$,所以
$$f = ne^2\rho v = kv$$

因此,电子受到的平均阻力正比于电子定向移动的速率,即 $f = kv$,其中 $k = ne^2\rho$。

(2)根据(1)问的结果,可知电子受到的平均阻力 $f = ne^2\rho v$,对于一小段时间 Δt,有
$$f \cdot \Delta t = ne^2\rho v \cdot \Delta t$$
两边对时间进行累加,有
$$\sum f \cdot \Delta t = \sum ne^2\rho v \cdot \Delta t$$
设定向移动速率为 v_0 的自由电子,在运动距离为 x 时静止,则
$$\sum f \cdot \Delta t = ne^2\rho \sum v \cdot \Delta t = ne^2\rho x$$
再根据 $\sum f \cdot \Delta t = mv_0$,可得
$$x = \frac{mv_0}{ne^2\rho}$$
又因为 $v_0 = \omega r, l = 2\pi r$,所以线圈突然停止转动时通过导线横截面的电荷量

$$Q = ne \cdot Sx = \frac{m\omega lS}{2\pi e\rho}$$

点拨 经典物理学认为,金属的电阻源于定向运动的自由电子和金属离子的碰撞,该碰撞常常可以简化成以下两个模型。模型一:该过程可等效为施加在电子上的一个沿导线方向的平均阻力与电场力平衡。模型二:该过程可看成是自由电子在导线中做匀加速运动,然后与金属离子碰撞,碰撞过程中把其动能全部传递给金属离子,然后再加速再碰撞,如此循环下去。对于本题,显然需要建立上述的模型一。

习题实战演练

基 础 练 习

1. 如图 2.1.8 所示,一根横截面积为 S 的均匀带电长直橡胶棒沿轴线方向做速度为 v 的匀速直线运动。橡胶棒单位长度所带电荷量为 $-q$,则因棒的运动而形成的等效电流的大小和方向是 ( )

A. vq,方向与 v 的方向相反 B. vqS,方向与 v 的方向相反

C. $\dfrac{vq}{S}$,方向与 v 的方向相反 D. $\dfrac{vq}{S}$,方向与 v 的方向相同

2. 某电解质溶液内,若在 1 s 内有 1.0×10^{19} 个 2 价正离子和 2.0×10^{19} 个 1 价负离子通过某截面,则通过这个截面的电流是 ( )

A. 6.4 A   B. 3.2 A   C. 1.6 A   D. 0

3. 如图 2.1.9 所示,电解池内有 1 价的电解液,t 时间内通过溶液内截面 S 的正离子数是 n_1,负离子数是 n_2,设元电荷为 e,以下解释中正确的是 ( )

A. 正离子和负离子定向移动形成的电流方向都是 $A \to B$

B. 电解液内正负离子向相反方向移动,电流抵消

C. 电流 $I = \dfrac{n_1 e}{t}$

D. 电流 $I = \dfrac{(n_1 + n_2)e}{t}$

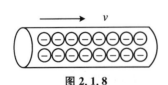

图 2.1.8

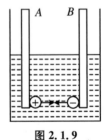

图 2.1.9

4. 某导体中的电流随其两端电压的变化如图 2.1.10 所示,则下列说法中正确的是
( )

A. 加 5 V 电压时,导体的电阻是 5 Ω
B. 该元件是非线性元件,所以不能用欧姆定律计算导体在某状态下的电阻
C. 由图可知,随着电压的增大,导体的电阻不断减小
D. 由图可知,随着电压的减小,导体的电阻不断增大

5. 电位器是变阻器的一种,如图 2.1.11 所示,如果把电位器与灯泡串联起来,利用它改变灯泡的亮度,那么下列说法中正确的是 ( )

A. 连接 A、B 使滑动触头顺时针转动,灯泡变暗
B. 连接 A、C 使滑动触头逆时针转动,灯泡变亮
C. 连接 A、C 使滑动触头顺时针转动,灯泡变暗
D. 连接 B、C 使滑动触头顺时针转动,灯泡变亮

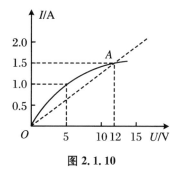
图 2.1.10

图 2.1.11

6. 在图 2.1.12(a) 所示的电路中,电源电动势为 3.0 V,内阻不计,R 为定值电阻,L_1、L_2 为阻值随温度变化的相同小灯泡,它们的伏安特性曲线如图 2.1.12(b) 所示。当开关闭合,电路稳定后,理想电流表 A 的示数为 0.2 A,则此时 ( )

A. L_1 的电阻为 7.5 Ω 　　B. L_1 的电功率为 0.25 W
C. L_2 的电阻为 7.5 Ω 　　D. L_2 的电功率为 0.25 W

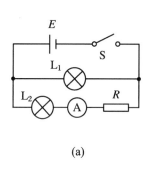
(a)
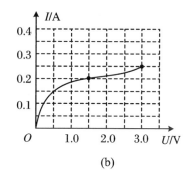
(b)

图 2.1.12

7. (2010 年东城一模) 某个由导电介质制成的电阻截面如图 2.1.13 所示。导电介质的

电阻率为 ρ，制成内外半径分别为 a 和 b 的半球壳层形状（图中阴影部分）。半径为 a、电阻不计的球形电极被嵌入导电介质的球心，成为一个引出电极；在导电介质的外层球壳上镀上一层电阻不计的金属膜，使其成为另一个电极。设该电阻的阻值为 R。下面给出的四个 R 表达式中只有一个是合理的，你可能不会求解 R，但是你可以通过一定的物理分析，对这些表达式的合理性作出判断。根据你的判断，R 的合理表达式应为 （　　）

A. $R = \dfrac{\rho(b+a)}{2\pi ab}$ 　　　　　　　　B. $R = \dfrac{\rho(b-a)}{2\pi ab}$

C. $R = \dfrac{\rho ab}{2\pi(b-a)}$ 　　　　　　　　D. $R = \dfrac{\rho ab}{2\pi(b+a)}$

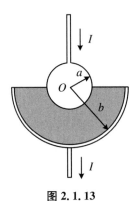

图 2.1.13

提高练习

8. 有两根材料相同的均匀导线 a 和 b，a 长为 l，b 长为 $3l$，串联在电路中时沿长度方向的电势随位置变化的规律如图 2.1.14 所示，则导线 a 和 b 的横截面积之比为 （　　）

A. 1∶9　　　　B. 9∶1　　　　C. 1∶4　　　　D. 4∶1

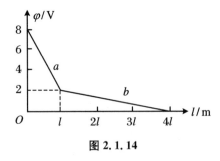

图 2.1.14

9. （2019 年中国科大自招）如图 2.1.15 所示，一电缆 AB 长为 50 km，中间某点发生漏电，相当于该处电缆的两导线之间接了一个电阻，现作下列检查：将 B 端断开，在 A 端加上 200 V 电压，测得 B 端电压为 40 V；再将 A 端断开，在 B 端加上可调电压，当调到 300 V 时，A 端电压为 40 V。发生漏电的地点与 A 端的距离为 （　　）

A. 9 km　　　　B. 19 km　　　　C. 29 km　　　　D. 9 km

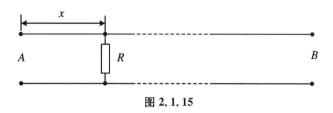

图 2.1.15

10. 如图 2.1.16 所示,来自质子源的质子(初速度为零),经一加速电压为 800 kV 的直线加速器加速,形成电流强度为 1 mA 的细柱形质子流。已知质子的电荷量为 $e = 1.60 \times 10^{-19}$ C。

(1) 求这束质子流每秒打到靶上的质子数。

(2) 假定分布在质子源与靶之间的加速电场是均匀的,在质子束中与质子源相距 L 和 $4L$ 的两处各取一段极短的长度相等的质子流,其中的质子数分别为 n_1 和 n_2,求 $n_1 : n_2$。

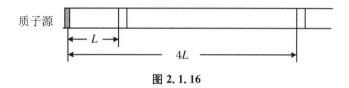

图 2.1.16

11. 如图 2.1.17 所示,有一长为 L 的圆台形均匀导体,两底面半径分别为 a 和 b,电阻率为 ρ。试求它的两个底面之间的电阻。

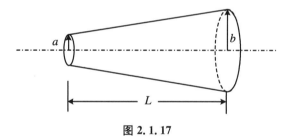

图 2.1.17

12. (1987 年第 4 届全国中学生物理竞赛预赛)如图 2.1.18 所示,P 为一块均匀的半圆形薄电阻合金片。先将它按图(a)所示的方式接在电极 A、B 之间,测得它的电阻为 R。然后再将它按图(b)所示的方式接在电极 C、D 之间,这时 P 的电阻值为多少?

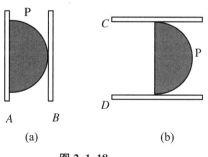

图 2.1.18

13. 下面请根据以下微观模型来研究焦耳热。设有一段横截面积为 S、长为 l 的直导线,单位体积内自由电子数为 n,每个电子电量为 e,质量为 m。在导线两端加电压 U 时,电子定向运动,在运动过程中与金属离子碰撞,将动能全部传递给离子,就这样将由电场得到的能量变为相撞时产生的内能。"金属经典电子论"认为,电子定向运动是一段一段加速运动的接替,各段加速都从定向速度为零开始。根据统计理论,若一个电子从某一次碰撞后到下一次碰撞前经过的平均时间为 t,1 s 内一个电子经历的平均碰撞次数为 $\dfrac{\sqrt{2}}{t}$,请利用以上叙述中出现的各量表示这段导体发热的功率 P。

14. 在长为 $l = 1000$ m 的直导线中,通过的电流强度为 $I = 70$ A,求此导线内电子的总动量。已知电子带电量 $e = 1.602 \times 10^{-19}$ C,电子的质量为 $m_e = 0.911 \times 10^{-30}$ kg。

《参考答案》

1. A。
2. A。
3. AD。
4. A。
5. AD。
6. C。
7. B。
8. A。

提示 从图像中可以得到两段导线各自分得的电压,进而计算出导线的电阻之比,然后利用电阻定律求出两段导线的横截面积之比。

9. B。

提示 该电路图可化简为图 2.1.19,根据电阻定律 $R = \rho \dfrac{l}{S}$,可知导线的电阻与其长度成正比。又因为串联电路中各电阻上分得的电压与其阻值成正比,所以

$$\frac{R}{2R_1} = \frac{40}{160}, \quad \frac{R}{2R_2} = \frac{40}{260}$$

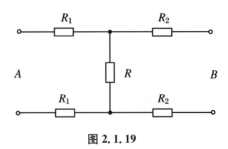

图 2.1.19

可解得

$$\frac{R_1}{R_2} = \frac{8}{13}$$

所以

$$x = \frac{R_1}{R_1 + R_2} \cdot 50 \text{ km} \approx 19 \text{ km}$$

10. (1) 6.25×10^{15}；(2) $2:1$。

提示 根据电流强度可计算出 1 s 打到靶上的总电量，除以单个质子的电量，即可得到每秒打到靶上的质子数。利用在质子束中与质子源相距 L 和 $4L$ 的两处电流相等，结合电流的微观表达式，可求出 $n_1:n_2 = v_1:v_2$，式中 v_1、v_2 分别为在 L 和 $4L$ 处质子的速度。利用动能定理，计算出 v_1、v_2 之比，即可求得 $n_1:n_2 = 2:1$。

11. $R = \dfrac{\rho L}{\pi ab}$。

提示 以导体一端为坐标原点，建立图 2.1.20 所示的一维坐标系，则某一位置处的导体横截面积为

$$S(x) = \pi \left[\frac{x}{L}(b-a) + a\right]^2$$

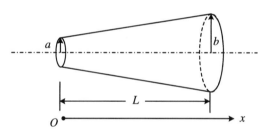

图 2.1.20

两个底面之间的电阻为

$$R = \int_0^L \frac{\rho}{S(x)} dx = \frac{\rho}{\pi} \int_0^L \frac{dx}{\left(\dfrac{b-a}{L}x + a\right)^2}$$

令 $u = \dfrac{b-a}{L}x$，则

$$R = \frac{\rho}{\pi} \cdot \frac{L}{b-a} \int_0^{b-a} \frac{du}{(u+a)^2} = \frac{\rho L}{\pi(b-a)} \cdot \left(\frac{1}{b} - \frac{1}{a}\right)\ldots$$

$$ = \frac{\rho L}{\pi ab}$$

12. $4R$。

提示 如图 2.1.21 所示，图(a)所示电路可视为两个 $\dfrac{1}{4}$ 圆形电阻的并联，图(b)所示电路可视为两个 $\dfrac{1}{4}$ 圆形电阻的串联。根据电路的串、并联关系，可求得图(b)所示电路中 P 的电阻值为 $4R$。

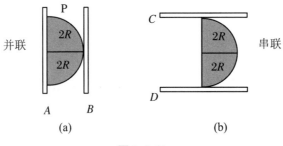

图 2.1.21

13. $P = \dfrac{\sqrt{2}\,nSte^2U^2}{2ml}$。

提示 经过时间 t 电子获得的定向运动速率为
$$v = at = \frac{eE}{m}t = \frac{eU}{ml}t$$

由电能转化的动能为
$$E_k = \frac{1}{2}mv^2 = \frac{e^2U^2t^2}{2ml^2}$$

已知 1 s 内一个电子经历的平均碰撞次数为 $\dfrac{\sqrt{2}}{t}$，则 1 s 内一个电子获得的动能为
$$\frac{\sqrt{2}}{t}E_k = \frac{\sqrt{2}\,e^2U^2t}{2ml^2}$$

整段导线在 1 s 内获得的内能为
$$nSl\frac{\sqrt{2}}{t}E_k = \frac{\sqrt{2}\,nSte^2U^2}{2ml}$$

1 s 内由电能转化的内能即这段导线的发热功率，因此
$$P = \frac{\sqrt{2}\,nSte^2U^2}{2ml}$$

14. 0.40×10^{-6} kg·m/s。

提示 电子在导线中的运动包括热运动和沿电流方向的漂移运动。由于电子热运动完全无规律，热运动的动量为零，因此讨论导线中电子的总动量时只需考虑电子的漂移运动。直导线中通过的电流强度和电流密度分别为
$$I = enuS, \quad j = enu$$

式中 n 为单位体积中的电子数，u 为电子的平均漂移速度，S 为导体的横截面面积。由此得
$$u = \frac{I}{enS}$$

导线中总电子数为
$$N = nlS$$

所以导线内电子的总动量为

$$P = N \cdot m_e u = nlS \cdot m_e \cdot \frac{I}{enS} = \frac{m_e lI}{e} = 0.40 \times 10^{-6} \text{ kg} \cdot \text{m/s}$$

2.2 等势点断接法和电流分布法简化电路

课外知识延伸

1. 二端电阻网络

如果某电阻网络由若干电阻用理想导线连接,该电阻网络只有两个外接端 A、B 与外电阻或外电源连通,则这样的电路称为二端电阻网络。最简单的二端网络可以是一个电阻,因为电流从电阻的一端流入,从另一端流出,所以称为二端网络,而三极管就是一个简单的三端网络。

设二端电阻网络的两端 A、B 之间的电压为 U_{AB},并设从 A 端流入、从 B 端流出的电流强度为 I,则 U_{AB} 与 I 成正比,比例系数 $R_{AB} = \dfrac{U_{AB}}{I}$ 称为二端电阻网络的等效电阻。

2. 平衡对称电路

对一个电路,用垂直平分端口的平面横切,可将该电路切成完全相同的两部分,而且这两部分之间没有交叉连接和支路,这种电路称为平衡对称电路。

如图 2.2.1 所示,所用的横切面,即该电路对端口的平衡对称面为图中的 OO' 平面。一般情况下,平衡对称面只有一个,若在端口处加上电压,则在平衡对称面上的点都是等势点,该平面是一个等势面。

3. 传递对称电路

对一个电路,用过端口的平面直切,可将该电路切成完全相同的两部分,这种电路称为传递对称电路。

如图 2.2.2 所示,所用的直切面,即该电路的传递对称面为图中的 SS' 平面。传递对称面可能不止一个,与传递对称面对称的点称为传递对称点,如在端口处加上电压,每一对传递对称点的电势都是相等的。

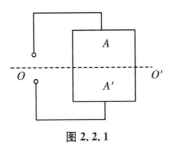

图 2.2.1

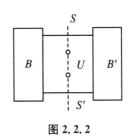

图 2.2.2

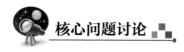

1. 怎样用等势点断接法简化对称电路？

在一个复杂电路中，如果能找到一些以两端连线为对称轴完全对称的节点，则这些节点的电势是相等的。可以将接在等电势节点间的导线、电阻或不含电源的支路断开，也可以用导线、电阻或不含电源的支路将等电势节点连接起来，这些操作都不影响电路中电流和电势的分布情况，等势点断接前后的电路具有等效性。利用等势点断接法，可以将一个较为复杂的电路进行简化，便于进一步分析电压、电流、电阻等问题。

例题 1（2010 年北大自招）用导线连接成图 2.2.3 所示的正四面体框架 $ABCD$，框架中每段导线的电阻都是 $r = 1\,\Omega$。求 A、B 间的总电阻。

分析 本题是对称特点明显的复杂电路，电路中对称的节点的电势是相等的，所以可以采用等势点断接法，将其中一些导线去掉，将电路转化为简单的并联电路。

解 设想 A、B 两点的电势分别为 U_A、U_B，则 A、B 两点的电势差为 $U_A - U_B$，由电路的对称性可以知道 C、D 两点等电势，数值为 $U = (U_A - U_B)/2$。去掉 CD 段导线，对 A、B 间的总电阻不会有影响。当去掉 CD 段导线后，A、B 间原来的正四面体框架电路就成为三路并联，即 A-C-B、A-D-B 和 A-B，等效电路图如图 2.2.4 所示。

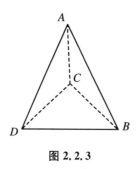

图 2.2.3

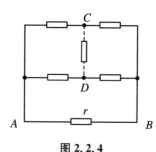

图 2.2.4

根据等效电路图，得

$$\frac{1}{R_\text{总}} = \frac{1}{R_{A\text{-}C\text{-}B}} + \frac{1}{R_{A\text{-}D\text{-}B}} + \frac{1}{R_{A\text{-}B}} = \frac{1}{2r} + \frac{1}{2r} + \frac{1}{r}$$

所以

$$R_\text{总} = \frac{r}{2} = 0.5\,\Omega$$

点拨 对复杂电路进行分析，发现其存在的对称性后，可以先依据对称节点电势相等的特点，寻找电路中的等势点。然后采用等势点断接法，去掉电路中某个或某些支路，使得电路简化成简单的串、并联电路形式。

例题 2 图 2.2.5 所示为一个正五边形和一个五角星组成的图形。已知连接 A、B、C、D、E 任意两点间的 10 根直电阻丝的电阻都是 $r = 1\,\Omega$，图中除 A、B、C、D、E 5 个点为连接点外，其余交叉部分均相互绝缘。求 A、B、C、D、E 任意两点间的等效电阻 R。

分析 A、B、C、D、E 5 个点的地位均等，任意两点间的等效电阻均相等。只需求 A、B 间的等效电阻 R_{AB} 即可。若电流 I 从 A 点流入、从 B 点流出，考虑电路的对称性，C、D、E 三点等势，可抽去 C、D、E 之间的 3 个电阻。

解 抽去 C、D、E 之间的 3 个电阻后，剩下 7 个电阻的连接如图 2.2.6 所示。

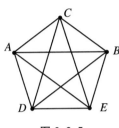

图 2.2.5

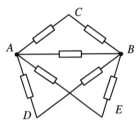

图 2.2.6

根据串、并联关系，可得

$$\frac{1}{R_{AB}} = \frac{1}{2r} + \frac{1}{2r} + \frac{1}{2r} + \frac{1}{r}$$

代入数据，解得 A、B 间等效电阻

$$R_{AB} = \frac{2}{5}r = \frac{2}{5}\,\Omega$$

该电阻就是 A、B、C、D、E 任意两点间的等效电阻 R。

点拨 可将本题推广成更为普适的情况：空间中有 n 个点，每两个点之间连有阻值为 r 的电阻，任意两点之间的电阻均为 $R_{AB} = \dfrac{2r}{n}$。

如图 2.2.7 所示，求 A、B 两点间的等效电阻，则其余 $n-2$ 个点等势，可抽去其余任意两点间电阻，根据串、并联关系，可得

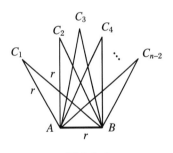

图 2.2.7

$$\frac{1}{R_{AB}} = \frac{1}{r} + \underbrace{\frac{1}{2r} + \frac{1}{2r} \cdots + \frac{1}{2r}}_{n-2}$$

解得

$$R_{AB} = \frac{2}{n}r$$

将 $n = 4$ 代入上式，得 $R_{AB} = \dfrac{2}{4}r = \dfrac{1}{2}r$，这正是例题 1 的结果；将 $n = 5$ 代入上式，得 $R_{AB} = \dfrac{2}{5}r$，这正是例题 2 的结果。可见，上述表达式更具有一般性。

2. 怎样使用电流分布法简化电路？

设一个二端电阻网络中存在两点 A、B，电流 I 从 A 点流入、从 B 点流出，应用电流分流

的思想和网络中任意两点间经不同路径电压相等的思想,建立以网络中各支路电阻中的电流为未知量的方程组,解出各支路电流与总电流 I 的关系,然后选取某一路径计算 A、B 两点间的电压 U_{AB},再由 $R_{AB} = \dfrac{U_{AB}}{I}$ 即可求出 A、B 间的等效电阻。

例题 3 如图 2.2.8 所示,10 根电阻均为 r 的电阻丝连接成"目"形电阻网络。求 A、B 两点之间的等效电阻 R_{AB}。

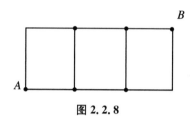

图 2.2.8

分析 根据该电路的结构对称性,电流 I 从 A 点流入后在 A 点附近的电流分布应与电流 I 从 B 点流出前在 B 点附近的电流分布相同,中间四方形则具有上下电流分布对称和左右电流分布对称的特点。利用此特点标注出各支路电流,然后选择若干条从 A 到 B 的不同路径,利用该路径上各段电路电流与电阻乘积之和等于总电压 U_{AB},建立起各条路径之间的关联,从而进一步求出等效电阻。

解 根据该电路的对称性,可设此网络内电流分布应如图 2.2.9 所示。对于图中 C 点(或 D 点),电流关系为

$$I - I_1 = I_2 + (I_1 + I_2) \quad 或 \quad (I_1 + I_2) + I_2 = I - I_1$$

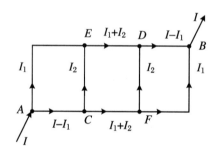

图 2.2.9

解得

$$I_1 + I_2 = \dfrac{1}{2}I \qquad ①$$

根据 A、E 两点间不同路径的电势差相等,有

$$I_1 \cdot 2r = (I - I_1)r + I_2 r$$

解得

$$3I_2 - I_1 = I \qquad ②$$

由①②两式可得

$$I_1 = \frac{3}{8}I, \quad I_2 = \frac{1}{8}I$$

选择线路 AEDB，有

$$U_{AB} = I_1 \cdot 2r + (I_1 + I_2)r + (I - I_1)r = \frac{15}{8}Ir$$

因此，A、B 间的等效电阻为

$$R_{AB} = \frac{U_{AB}}{I} = \frac{15}{8}r$$

点拨 （1）采用电流分布法简化电路时，关键是利用对称性寻找电路中电流相等的支路，在此基础上标注出整个电路的分布情况，然后根据电流分布情况计算各个支路的电流值。在电流流入端与流出端之间确定一条路径，利用欧姆定律计算其等效电阻即可。

（2）对于解答中的 $I_1 + I_2 = \frac{1}{2}I$，也可以这样快速得到：因为向右流过的总电流为 I，即 ED 和 CF 支路向右流过的总电流为 I，考虑对称性，这两个支路中的电流均为 $I_1 + I_2$，所以 $I_1 + I_2 = \frac{1}{2}I$。

3. 怎样使用电流叠加法对无穷网络电路进行简化？

电路中某条支路的电流可以看成多个电流在此支路叠加的结果，这就是电流叠加法的基本思想。在采用电流叠加法简化无穷网络电路时，可以先考虑一个流入或流出系统的电流，把它看作在给系统充电或放电，利用对称性求出系统中的电荷分布和电流场分布，求出每一个电流造成的分布后进行叠加，使得电荷分布全部抵消，而电流场叠加即为所求的电流场。

例题 4 图 2.2.10 所示为一个无限平面方格导线网，各节点紧密连接，连接两个节点的导线的电阻为 r。

(1) 如果将 A 和 B 接入电路，求此导线网的等效电阻 R_{AB}。
(2) 若将连接 A 和 B 的电阻 r 去掉，求此导线网的 A、B 间等效电阻 R'_{AB}。
(3) 若将连接 A 和 B 的电阻换成阻值为 R 的电阻，求此导线网的 A、B 间等效电阻 R''_{AB}。

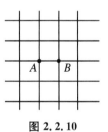

图 2.2.10

分析 假设电流 I 从 A 点流入，向四面八方流到无穷远处，根据对称性，有 $\frac{1}{4}I$ 电流由 A 点流到 B 点。假设电流 I 经过无限长时间稳定，再由四面八方汇聚到 B 点流出，根据对称性，同样有 $\frac{1}{4}I$ 电流经 A 点流到 B 点。

解 （1）假设电流 I 从 A 点流入、从 B 点流出，从以上分析看出，AB 段的电流便由两个 $\frac{1}{4}I$ 叠加而成，为 $\frac{1}{2}I$，则

$$U_{AB} = \frac{I}{2}r$$

所以 A、B 之间的等效电阻

$$R_{AB} = \frac{U_{AB}}{I} = \frac{r}{2}$$

(2) 去掉连接 A 和 B 的电阻 r 前的电路可以看成是将连接 A 和 B 的电阻 r 去掉的电路与连接 A 和 B 的电阻 r 的并联，所以

$$\frac{1}{R_{AB}} = \frac{1}{R'_{AB}} + \frac{1}{r}$$

将第 1 问的结果代入，解得

$$R'_{AB} = r$$

(3) 本问可以看成是在第 2 问的基础上并联了一个 R，则

$$R''_{AB} = \frac{R'_{AB} \cdot R}{R'_{AB} + R}$$

将 $R'_{AB} = r$ 代入，解得

$$R''_{AB} = \frac{R \cdot r}{R + r}$$

点拨 本题第 2 问和第 3 问，对于去掉连接 A 和 B 的电阻 r 后的电路，若还从电流分布的角度考虑，将非常麻烦，这时候应该尝试一下别的方法。很容易看出，去掉连接 A 和 B 的电阻 r 前的电路可以看成是将连接 A 和 B 的电阻 r 去掉的电路与连接 A 和 B 的电阻 r 的并联，从而用我们非常熟悉的串、并联知识即可求解。

例题 5 有一个无限平面导体网络，它由大小相同的正六边形网眼组成，如图 2.2.11 所示，所有六边形每边的电阻为 R_0。

(1) 求节点 a、b 之间的电阻。

(2) 如果有电流 I 由 a 点流入网络、由 g 点流出网络，那么流过 de 段电阻的电流 I_{de} 为多大？

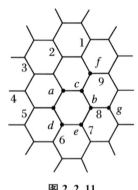

图 2.2.11

分析 本题可使用电流分布法进行求解，在(1)中假设有电流 I 自 a 点流入，流到四面八方无穷远处，那么必有 $\frac{1}{3}I$ 电流由 a 流向 c，有 $\frac{1}{6}I$ 电流由 c 流向 b。再假设有电流 I 由四面八方汇聚到 b 点流出，那么必有 $\frac{1}{6}I$ 电流由 a 流向 c，有 $\frac{1}{3}I$ 电流由 c 流向 b。将以上两种情况综合，即有电流 I 由 a 点流入、自 b 点流出。同样的道理，在(2)中可设电流从 a 点流入，流到四面八方无穷远处，分析电流的分布，然后再设电流从四面八方汇聚到 g 点流出，也分析电流的分布。在同一个电阻上两次通过的电流叠加即为电流由 a 点流入、由 g 点流出时的电流，因此可求得流过 de 段电阻的电流 I_{de}。

解 (1) 若有电流 I 由 a 点流入、自 b 点流出，将其视为自 a 点流入到无穷远处流出的电流 I 与自无穷远处流入到 b 点流出的电流 I 的叠加。由电流叠加原理可知

$$I_{ac} = \frac{I}{3} + \frac{I}{6} = \frac{I}{2} \quad (由\ a\ 流向\ c)$$

$$I_{cb} = \frac{I}{3} + \frac{I}{6} = \frac{I}{2} \quad (由\ c\ 流向\ b)$$

因此，a、b 两点之间的等效电阻为

$$R_{ab} = \frac{U_{ab}}{I} = \frac{I_{ac}R_0 + I_{cb}R_0}{I} = R_0$$

(2) 假如有电流 I 从 a 点流进网络，流向四面八方，根据对称性，a 点所在六边形中与 a 点相对的顶点往外连接的电阻上流过的电流 I_1、I_4、I_7 相等，可以设

$$I_1 = I_4 = I_7 = I_A$$

同样根据对称性，a 点所在六边形中与 a 点相隔的顶点往外连接的电阻上流过的电流 I_2、I_3、I_5、I_6、I_8、I_9 相等，可以设

$$I_2 = I_3 = I_5 = I_6 = I_8 = I_9 = I_B$$

以上 $I_1 \sim I_9$ 的电流总和即为从 a 点流入的电流 I，所以有

$$3I_A + 6I_B = I$$

因为 b、d 两点关于 a 点对称，所以

$$I'_{de} = I_{be} = \frac{1}{2}I_7 = \frac{1}{2}I_A$$

同理，假如有电流 I 从四面八方汇聚到 g 点流出，仿照上面分析，应该有

$$I''_{de} = I_B$$

根据电流的叠加原理，当电流 I 由 a 点流入网络、由 g 点流出网络时，流过 de 段电阻的电流

$$I_{de} = I'_{de} + I''_{de} = \frac{1}{2}I_A + I_B = \frac{1}{6}(3I_A + 6I_B) = \frac{1}{6}I$$

点拨 采用电流分布法简化电路，相当于把一个复杂网络中的电流看作是由两部分相对简单的电流叠加而成的。然后可以利用电路的对称性，寻找合适的电流通路，得到各个支路上两部分电流各自流动的情况，再根据电流的叠加原理得出总电流的情况。

习题实战演练

基 础 练 习

1. 一个 T 形电路如图 2.2.12 所示，电路中的电阻 $R_1 = 10\ \Omega$，$R_2 = 120\ \Omega$，$R_3 = 40\ \Omega$，有一稳压电源可以对外提供 100 V 恒定测试电压。下列说法中正确的是（　　）

A. 当 c、d 端短路时，a、b 之间的等效电阻是 40 Ω

B. 当 a、b 端短路时，c、d 之间的等效电阻是 40 Ω

C. 当 a、b 两端接通测试电压时，c、d 两端的电压为 80 V

D. 当 c、d 两端接通测试电压时，a、b 两端的电压为 80 V

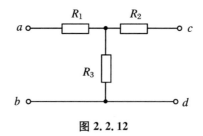

图 2.2.12

2. (2013年海淀一模)某种角速度计的结构如图 2.2.13 所示。当整个装置绕轴 OO' 转动时，元件 A 相对于转轴发生位移并通过滑动变阻器输出电压，电压传感器(传感器内阻无限大)接收相应的电压信号。已知 A 的质量为 m；弹簧的劲度系数为 k，自然长度为 l；电源的电动势为 E，内阻不计。滑动变阻器的总长也为 l，电阻分布均匀，装置静止时滑片 P 在变阻器的左端。若系统以角速度 ω 转动，则　　　　　　　　　　　　　　　( )

A. 电路中电流随角速度的增大而增大

B. 电路中电流随角速度的增大而减小

C. 弹簧的伸长量为 $x = \dfrac{m\omega l}{k - m\omega^2}$

D. 输出电压 U 与 ω 的函数式为 $U = \dfrac{Em\omega^2}{k - m\omega^2}$

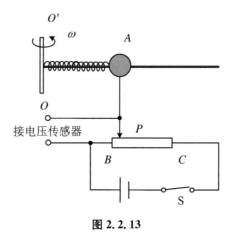

图 2.2.13

3. 如图 2.2.14 所示，M、N 间有恒定电压 U_0，R_1、R_2 是两只阻值较大的定值电阻，V_1、V_2 是两只完全相同的电压表，其内阻对电路的影响不可忽略。将单刀双掷开关先后接 1 和 2，测得电压表 V_1、V_2 的示数分别是 8 V、4 V。下列结论中正确的是　　　　( )

A. $U_0 = 12$ V　　　　B. $R_1 = 2R_2$　　　　C. $R_1 > 2R_2$　　　　D. $R_1 < 2R_2$

4. 在图 2.2.15 所示的电路中，$R_1 = 1\ \Omega$，$R_2 = 4\ \Omega$，$R_3 = 3\ \Omega$，$R_4 = 12\ \Omega$，$R_5 = 10\ \Omega$，试求 A、B 两端的等效电阻 R_{AB}。

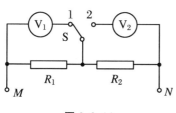
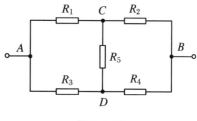

图 2.2.14　　　　　　　　　　　图 2.2.15

5. 在图 2.2.16 所示的电路中，$R_1 = R_2 = R_3 = R_4 = R_5 = R$，试求 A、B 两端的等效电阻 R_{AB}。

6. (2012 年北大自招)在图 2.2.17 所示的电路中，$R_1 = R_2 = R_3 = R$，变阻器 R_4 的最大阻值也为 R，滑动头 D 可自由滑动。求 A、D 两点间的电阻的最小值和最大值。

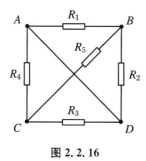
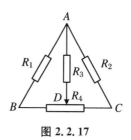

图 2.2.16　　　　　　　　　　　图 2.2.17

提 高 练 习

7. (2014 年复旦自招)平面上有 100 个点，每两点之间连有阻值为 R 的电阻，在任意两点间加上电压 U，则电路消耗的总功率为　　　　　　　　　　　　　　　　　　(　　)

A. $\dfrac{100U^2}{R}$　　　　B. $\dfrac{50U^2}{R}$　　　　C. $\dfrac{10U^2}{R}$　　　　D. $\dfrac{U^2}{R}$

8. (2009 年北大自招)7 个电阻均为 R 的网络如图 2.2.18 所示，试求 A、B 间的等效电阻 R_{AB}。

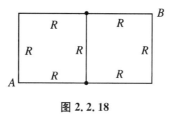

图 2.2.18

9. 有一无限大平面导体网络，它由大小相同的正六边形网眼组成，如图 2.2.19 所示，所有六边形每边的电阻均为 r。求节点 a、b 间的等效电阻 R_{ab}。

10. 如图 2.2.20 所示,20 个相同的电阻 R 按图所示那样连接,求 A、B 两点间的等效电阻 R_{AB}。

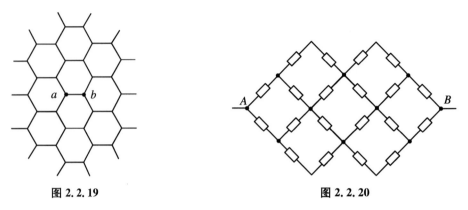

图 2.2.19   图 2.2.20

11. 在图 2.2.21 所示的有限网络中,每一小段导体的电阻均为 R,试求 A、B 两点之间的等效电阻 R_{AB}。

12. 三个相同的金属圈两两正交地连成图 2.2.22 所示的形状,若每一金属圈的电阻为 R,试求 A、B 两点间的等效电阻 R_{AB}。

13. 电阻均为 R 的 12 根导线构成立方体框架,如图 2.2.23 所示,求:

(1) A、G 两点之间的等效电阻;

(2) A、H 两点之间的等效电阻。

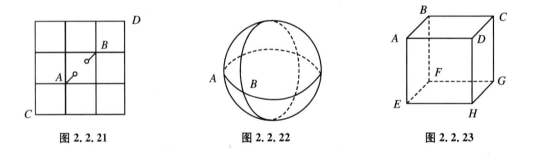

图 2.2.21   图 2.2.22   图 2.2.23

《参考答案》

1. AC。

2. D。

3. B。

4. $R_{AB} = \dfrac{15}{4}\ \Omega$。

提示 该电路满足 $\dfrac{R_1}{R_2} = \dfrac{R_3}{R_4}$ 的关系,这是一个平衡电桥电路,C、D 两点的电势相等,可

以将 R_5 去掉,将 C、D 缩为一点 C,电路简化为图 2.2.24,求 R_{AB} 就非常容易了。

5. $R_{AB} = \dfrac{3}{8}R$。

提示 可以采用等势点断接法解决问题,其基本原理是:导线是等势体,用导线相连的点可以缩为一点。将题图中的 A、D 两点缩为一点 A,转换成图 2.2.25,这样求 R_{AB} 就容易了。

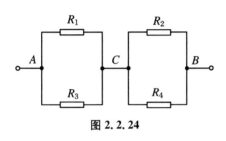

图 2.2.24

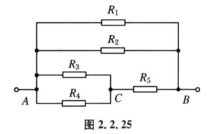

图 2.2.25

6. 最小值为 $\dfrac{2}{5}R$;最大值为 $\dfrac{3}{7}R$。

提示 A、D 两点间的等效电路如图 2.2.26 所示,设 B、D 间接入的电阻为 $xR_4(0 \leqslant x \leqslant 1)$,则左边和右边两条支路的并联电阻为

$$R = \dfrac{(R_1 + xR_4)(R_2 + R_4 - xR_4)}{R_1 + R_2 + R_4} = \dfrac{(1+x)(2-x)}{3}R$$

$$= \dfrac{-\left(x - \dfrac{1}{2}\right)^2 + \dfrac{9}{4}}{3}R$$

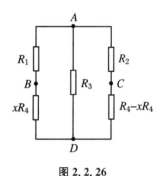

图 2.2.26

由二次函数的性质可知,当 $x=0$ 或 $x=1$ 时上式有最小值 $\dfrac{2}{3}R$,再和中间支路 R_3 并联得 A、D 间电阻的最小值为 $\dfrac{2}{5}R$。当 $x=\dfrac{1}{2}$ 时上式有最大值 $\dfrac{3}{4}R$,再和中间支路 R_3 并联得 A、D 间电阻的最大值为 $\dfrac{3}{7}R$。

7. B。

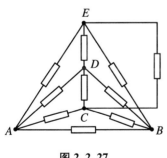

图 2.2.27

提示 由于任意两点之间均连有电阻,根据对称性,可认为每个点的地位相同,即任意两点间的等效电阻相同。为了研究问题方便,先讨论平面上 5 个点的简单情况。根据排列组合知识,平面上 5 个点中任意两点相连的情况有 $C_5^2 = 10$ 种。

对于这 5 个点,可以按图 2.2.27 所示进行排列,这样的处理可以让电路具有左右对称性,则 C、D、E 三点的电势相等,三点中任意两点间的电阻上无电流通过,不对系统电阻产生影响。

对于 100 个点的情况,同样可以进行这样的处理。将除 A、B 两点之外的 98 个点排列在竖直线上,同理可知这 98 个点的电势相等,继而将电路简化,总电阻满足

$$\frac{1}{R_{AB}} = \frac{1}{R} + \frac{1}{\frac{2R}{98}}$$

解得

$$R_{AB} = \frac{R}{50}$$

所以电路消耗的总功率为

$$P = \frac{U^2}{R_{AB}} = \frac{50U^2}{R}$$

8. $\dfrac{7}{5}R$。

提示 等效电路如图 2.2.28 所示,根据对称性,电流 I 从 A 点流入后在 A 点的电流分布应与电流 I 从 B 点流出前的电流分布相同,即

$$I = I_1 + I_2 \qquad ①$$

根据 A、C 两点间不同路线的电压相等,有

$$I_1 \cdot 2R = I_2 R + (I_2 - I_1)R \qquad ②$$

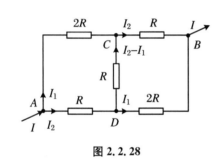

图 2.2.28

联立①②式,得

$$I_1 = \frac{2}{5}I, \quad I_2 = \frac{3}{5}I$$

选择线路 ACB,有

$$U_{AB} = I_1 \cdot 2R + I_2 R = \frac{7}{5}IR$$

所以 A、B 间的等效电阻

$$R_{AB} = \frac{U_{AB}}{I} = \frac{7}{5}R$$

9. $R_{ab} = \dfrac{2}{3}r$。

提示 等势点断接法不适用于这种网络的计算,可以考虑使用电流注入法。

将无穷远处接地,a 点接电源正极,从 a 点注入电流 I 时,ab 小段导体的电流必为 $\dfrac{1}{3}I$。

将无穷远处接地,b 点接电源负极,从 b 点抽出电流 I 时,ab 小段导体的电流必为 $\dfrac{1}{3}I$。当上面"注入"和"抽出"的过程同时进行时,ab 小段导体的电流必为 $\dfrac{2}{3}I$。

最后,分别对导体和整个网络应用欧姆定律,不难求出 $R_{ab} = \dfrac{2}{3}r$。

10. $R_{AB} = 2R$。

提示 由对称性分析可知最小重复单元如图 2.2.29 所示,设该单元等效电阻为 R_0,由

串、并联关系可知

$$R_0 = R + \frac{1}{\frac{1}{2R} + \frac{1}{2R}} = 2R$$

所以原电路可化简为图 2.2.30,根据串、并联关系,可知 A、B 两点间的等效电阻

$$R_{AB} = \frac{1}{\frac{1}{2R_0} + \frac{1}{2R_0}} = R_0 = 2R$$

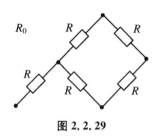
图 2.2.29

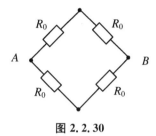
图 2.2.30

11. $R_{AB} = \frac{5}{7}R$。

提示 当将 A、B 两端接入电源,电流从 A 流向 B 时,关于 A、B 连线对称的点电流流动的情形必然是完全相同的,即在图 2.2.31 中标号为 1 的点电势彼此相等,标号为 2 的点电势彼此相等……将标号相同的点连接,1 点和 B 点之间的等效电路如图 2.2.32 所示。不难求出,$R_{1B} = \frac{5}{14}R$,而 $R_{AB} = 2R_{1B} = \frac{5}{7}R$。

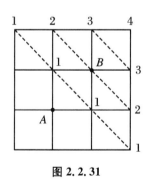
图 2.2.31

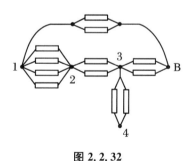
图 2.2.32

12. $\frac{5}{48}R$。

提示 由于整个电阻网络相对于 A、B 的流入与流出方式具有上下对称性,因此上下可对叠成图 2.2.33 所示的电路。可以看出从 A 点到 O 点的电流与从 O 点到 B 点的电流必相同,从 A' 点到 O 点的电流与从 O 点到 B' 点的电流必相同。据此可以将 O 点断开,等效成图 2.2.34 所示的简单网络,使问题得以解决。图中 $r = \frac{1}{4}R$,所以 $R_{AB} = \frac{5}{12}r = \frac{5}{48}R$。

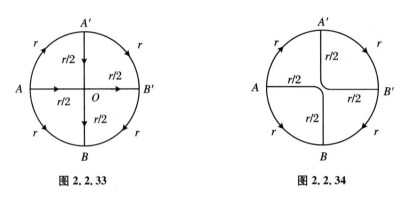

图 2.2.33　　　　　　　　　　图 2.2.34

13. (1) $\dfrac{5}{6}R$；(2) $\dfrac{3}{4}R$。

提示　(1) 将该立方体框架改画为平面图，如图 2.2.35 所示。若电流从 A 到 G，B、D、E 三点关于电路对称，其电势相等，可连接这三点。同理，C、F、H 电势相等，其等效电路为：AB、AD、AE 三只电阻并联，GC、GF、GH 三只电阻并联，另外 6 只电阻并联，然后再串联，等效电阻为 $R_{AG}=\dfrac{5}{6}R$。

(2) E 和 F 对称，C 和 D 对称，拆去 EF、CD 电阻，$R_{AH}=\dfrac{3}{4}R$。

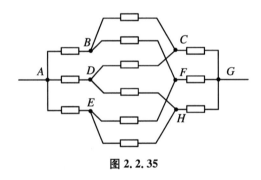

图 2.2.35

2.3　自相似和星角变换简化电路

1. 自相似无穷网络电路

如果某个无穷网络电路去除或添加其外层或内层的一部分后，新电路仍然与原电路结构相同或相似，且该电路可以无限嵌套下去，这样的电路称为自相似或自全等无穷网络电路。如图 2.3.1 所示,若每个电阻的阻值都是 r,从 A、B 向右看,这就是一个自全等无穷网络电路;若每一级的两个电阻都是下一级对应两个电阻的 k 倍,从 A、B 向右看,这就是一个自相似无穷网络电路。

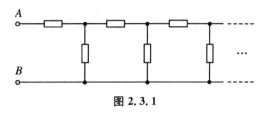

图 2.3.1

2. 星形(Y形)电路与三角形(△形)电路的等价转化

星形或三角形电路是针对三端网络而言的,它们往往是二端网络的一个局部。如图 2.3.2 所示,图(a)所示是三端电阻的星形网络元,图(b)所示是三端电阻的三角形网络元,这两个部分之间可以实现等效变换。

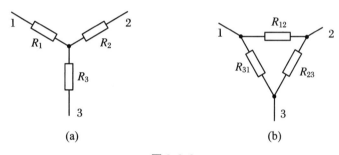

图 2.3.2

若以上两个电路是等效的,则 1、2、3 三个端点之间的电阻应该对应相等,即

$$\begin{cases} R_1 + R_2 = \dfrac{(R_{31} + R_{23}) \cdot R_{12}}{(R_{31} + R_{23}) + R_{12}} \\ R_1 + R_3 = \dfrac{(R_{12} + R_{23}) \cdot R_{31}}{(R_{12} + R_{23}) + R_{31}} \\ R_2 + R_3 = \dfrac{(R_{12} + R_{31}) \cdot R_{23}}{(R_{12} + R_{31}) + R_{23}} \end{cases}$$

若把上述方程中的 R_1、R_2 和 R_3 当成已知量,可得Y形电路到△形电路的转化公式:

$$\begin{cases} R_{12} = \dfrac{R_1 R_2 + R_2 R_3 + R_1 R_3}{R_3} \\ R_{23} = \dfrac{R_1 R_2 + R_2 R_3 + R_1 R_3}{R_1} \\ R_{31} = \dfrac{R_1 R_2 + R_2 R_3 + R_1 R_3}{R_2} \end{cases}$$

若把上述方程中的 R_{12}、R_{23} 和 R_{31} 当成已知量,可得△形电路到Y形电路的转化公式:

$$\begin{cases} R_1 = \dfrac{R_{12}R_{31}}{R_{12}+R_{23}+R_{31}} \\ R_2 = \dfrac{R_{12}R_{23}}{R_{12}+R_{23}+R_{31}} \\ R_3 = \dfrac{R_{23}R_{31}}{R_{12}+R_{23}+R_{31}} \end{cases}$$

应用上述公式,可以实现△形电路和Y形电路之间的相互等效转化,更重要的是这种转化改变了电路的拓扑结构,可以用于简化复杂电路。

核心问题讨论

1. 怎样使用等效变换法对自相似无穷网络电路进行简化?

具有自相似特点的无穷网络电路去除或添加其外层或内层的一部分后,新电路仍然与原电路结构相同。利用这个特点,可以将新电路视为由原电路与增加(删除)的部分电路连接而成的,它们的电阻相等。构建整体与部分的关系,求出无穷网络电路的等效电阻,这就是解决自相似无限网络问题的基本思路。

例题 1 在图 2.3.3 所示的无限网络中,求解下列问题。

(1) 若每个电阻的阻值均为 R,试求 A、B 两点间的电阻 R_{AB}。

(2) 若第 1 个节点有阻值为 R 的两个电阻,第 2 个节点有阻值为 $2R$ 的两个电阻,第 3 个节点有阻值为 $4R$ 的两个电阻,如此无限循环下去,试求 A、B 两点间的电阻 R'_{AB}。

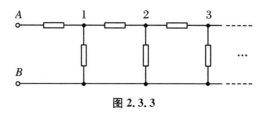

图 2.3.3

分析 (1) 中电路为自相似无限网络,在此模型中,我们可以将"并联一个 R 再串联一个 R"作为电路的一级,这样通过无穷级的叠加构成了总电路。

(2) 中电路也为自相似无限网络,连接在 A、B 两点间的电阻在有规律地成倍变化,而电路结构特点不变,因此第 2 级及以后的电路等效电阻即为 A、B 两点间等效电阻的两倍。

解 (1) 如图 2.3.4 所示,虚线部分右边可以看成原来的无限网络,当它添加一级后,仍为无限网络。所以,根据串、并联关系,有

$$R_{AB} = R + \dfrac{R_{AB}R}{R_{AB}+R}$$

解得

$$R_{AB} = \dfrac{1+\sqrt{5}}{2}R$$

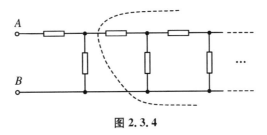

图 2.3.4

(2) 设 A、B 两点间的电阻为 R_{AB},则第 2 级及以后的无限网络等效电阻为 $2R_{AB}$,等效电路如图 2.3.5 所示,有

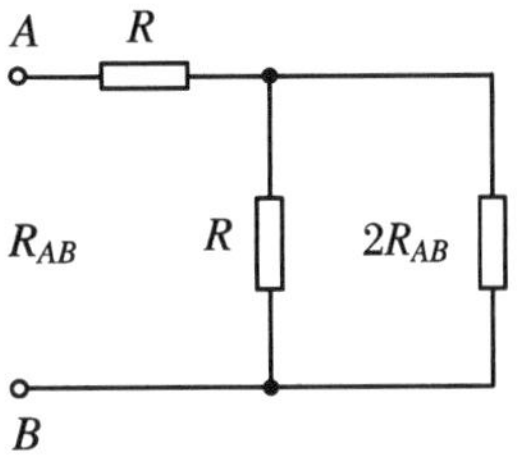

$$R_{AB} = R + \frac{2R_{AB}R}{2R_{AB} + R}$$

即

$$2R_{AB}^2 - 3RR_{AB} - R^2 = 0$$

解得

$$R_{AB} = \frac{3 + \sqrt{17}}{4}R$$

图 2.3.5

点拨 在自相似无限网络问题中,由于相似部分的重复特性,可将原电路电阻、新增部分电阻与电路总电阻的关系按照串、并联电路规律表示出来,其中原电路电阻与电路总电阻往往相等或存在一定的数量关系,进而可求出自相似无限网络电路的等效电阻。这种解决问题的思想与解决下面的数学问题类似:若 $x = \sqrt{a + \sqrt{a + \sqrt{a + \sqrt{a + \cdots}}}}$ $(a > 0)$,在求 x 值时,注意到 x 是由无限多个 $\sqrt{a}$ 组成的,去掉左边第一个 $\sqrt{a+}$ 对 x 值毫无影响,即剩余部分仍为 x,这样就可以将原式等效变换为 $x = \sqrt{a + x}$,即 $x^2 - x - a = 0$,解得 $x = \frac{1 + \sqrt{1+4a}}{2}$。利用重复的特性,构建整体与部分的数量关系,这是物理学中解决无限网络问题的重要思路。

例题 2 如图 2.3.6 所示,该框架是由一连串内接等边三角形构成的,所有三角形各边用同种金属丝制成,金属丝单位长度的电阻为 ρ,内接等边三角形的数目可认为趋向无穷大。取 AB 边长为 a,以下每个三角形的边长依次减小一半,则框架上 A、B 两点间的电阻为多大?

分析 该电路具有自相似的特点,设长度为 a 的金属丝电阻值为 R,则原电路可以用图 2.3.7 所示的等效电路来代替,其中用电阻为 $\frac{R_{AB}}{2}$ 的等效电阻来代替由无数层"格子"构成的"内"三角,再结合串、并联关系可将电路简化。

解 简化电路如图 2.3.7 所示,设 A、B 间总电阻 $R_{AB} = R_x$,再设长度为 a 的金属丝电阻值为 R,则 $R = a\rho$,根据电路串、并联关系,有

$$\frac{1}{R_x} = \frac{1}{R} + \frac{1}{R/2 + R/2 + \frac{RR_x/2}{R + R_x/2}}$$

解得

$$R_{AB} = R_x = \frac{\sqrt{7}-1}{3}R = \frac{\sqrt{7}-1}{3}a\rho$$

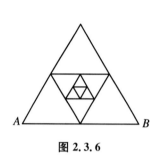

图 2.3.6

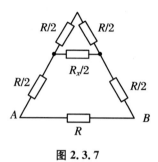

图 2.3.7

点拨 采用等效变换法简化电路时,需要找到电路中的相似部分,利用电阻串、并联规律,建立等效变换前后电路各部分之间的电阻关系。

2. 如何使用星角变换处理目标结构电路?

在某些复杂的电阻网络中,若某几个电阻构成了星形或三角形的电路结构,可以依据星形和三角形的相互变换方法,对电路的连接方式进行等效转换,将复杂电路转化为简单电路。需要注意的是,在星角变换时,除了电路的连接方式要改动,连接在相应支路上的电阻值也需要依据星角变换公式进行计算和替换。

例题 3 7 个电阻均为 R 的网络如图 2.3.8 所示,试求 A、B 间的等效电阻 R_{AB}。

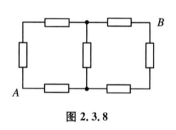

图 2.3.8

分析 该电路大家比较熟悉,在上节中曾经用电流分布法计算过 A、B 间的等效电阻 R_{AB}。在学习星角变换的知识后,我们发现电路中有两个节点与三个电阻相连接,可以考虑采用星角变换的方法来化简电路。

解 方法一(从Y到△) 先把题目提供的电路简化,如图 2.3.9 所示。图中虚线圈里的三个电阻的连接方式是Y形连接,把它们转换成△形连接,如图 2.3.10 所示。根据星角变换公式,可求得

$$R_1 = \frac{2R \cdot R + 2R \cdot R + R \cdot R}{R} = 5R$$

$$R_2 = \frac{2R \cdot R + 2R \cdot R + R \cdot R}{R} = 5R$$

$$R_3 = \frac{2R \cdot R + 2R \cdot R + R \cdot R}{2R} = \frac{5}{2}R$$

再根据图 2.3.10 中各电阻的串、并联关系,可以得到 A、B 间等效电阻

$$R_{AB} = \frac{\left(\frac{R_2 \cdot R_4}{R_2 + R_4} + \frac{R_3 \cdot R_5}{R_3 + R_5}\right) \cdot R_1}{\left(\frac{R_2 \cdot R_4}{R_2 + R_4} + \frac{R_3 \cdot R_5}{R_3 + R_5}\right) + R_1} = \frac{7}{5}R$$

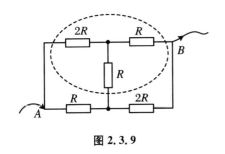

图 2.3.9

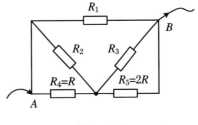

图 2.3.10

方法二（从△到Y） 先画出该电路的简化电路，如图 2.3.11 所示，利用 Y-△ 变换可将 C、D、B 间电路变换，得到的等效电路如图 2.3.12 所示。

$$R_c = \frac{1 \times 1}{1+1+2}R = \frac{1}{4}R$$

$$R_d = \frac{1 \times 2}{1+1+2}R = \frac{1}{2}R$$

$$R_b = \frac{1 \times 2}{1+1+2}R = \frac{1}{2}R$$

再根据图 2.3.12 中各电阻的串、并联关系，可以得到 A、B 间等效电阻

$$R_{AB} = \frac{\left(2R+\frac{1}{4}R\right)\cdot\left(R+\frac{1}{2}R\right)}{\left(2R+\frac{1}{4}R\right)+\left(R+\frac{1}{2}R\right)} + \frac{1}{2}R = \frac{7}{5}R$$

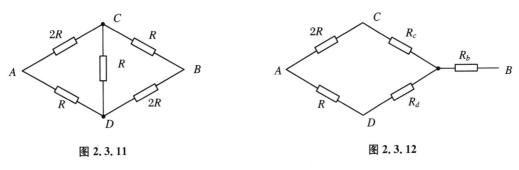

图 2.3.11　　　　　　　　　图 2.3.12

点拨 在电路化简问题中，往往有多种方法可以采用。当电路中某些节点连接电阻有 3 个时，可以将其看成是Y形电路，并将其尝试转换成△形电路。同样，当某一个电路单元有 3 个电阻首尾相连时，也可以将其看成是△形电路，并将其尝试转换成Y形电路。在同一个问题中，有时既可以采用从Y到△的变换，也可以采用从△到Y的变换，需要根据实际情况灵活进行选择。

例题 4 若图 2.3.13 所示电阻网络中每个电阻的阻值均为 R，求 a、b 两点间的等效电阻 R_{ab}。

分析 图 2.3.13 中的电路是一个三棱柱型立体结构，可以结合串、并联规律和星角变换知识，将立体电路向平面电路进行转化，然后再利用星角变换，将复杂电路转换为简单电

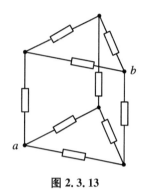

图 2.3.13

路,进而较为方便地求出简化后的电路中 a、b 两点间的等效电阻。

解 首先将图 2.3.13 中的第 3 条棱"压到"a、b 两棱所在平面形成图 2.3.14(a)所示的电路。对虚线框内的电阻作△→Y变换形成图 2.3.14(b)所示的电路。接下来对图 2.3.14(b)虚线框内的电阻作△→Y变换形成图 2.3.14(c)所示电路。

再利用电阻串、并联的规律,可得 a、b 间的等效电阻

$$R_{ab} = \frac{\left(\frac{4}{3}R + \frac{1}{6}R\right) \cdot \left(\frac{1}{3}R + \frac{2}{3}R\right)}{\left(\frac{4}{3}R + \frac{1}{6}R\right) + \left(\frac{1}{3}R + \frac{2}{3}R\right)} + \frac{2}{15}R = \frac{11}{15}R$$

点拨 采用星角变换简化电路时,需要找到电路中的△(或Y)部分,利用星角变换公式,将其转化为Y(或△)形连接方式,使得转换后的电路与其余部分构成简单的串、并联关系。对于某些复杂问题,星角变换可以数次使用,使电路简化到较为容易求解的程度。

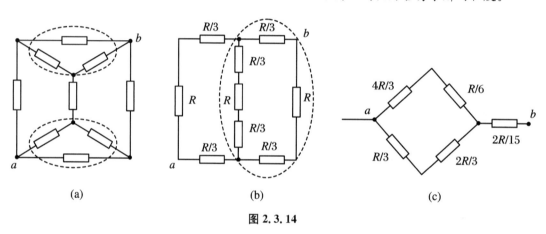

图 2.3.14

习题实战演练

基 础 练 习

1.(2012年清华夏令营)图 2.3.15 所示为一多级电阻网络,适当选择末端电阻 R_x 的值,可使端点 A、B 间的电阻 R_{AB} 与级数无关,则　　　　　　　　　　　　(　)

A. $R_x = 3R$,$R_{AB} = 2R$　　　　　　B. $R_x = 2R$,$R_{AB} = 3R$

C. $R_x = 2R$,$R_{AB} = 6R$　　　　　　D. $R_x = 6R$,$R_{AB} = 3R$

2.(2008年清华大学自主招生)如图 2.3.16 所示,在有限电阻网络电路中,除最后一只电阻为 R_x 外,其余电阻阻值都是 R。要使 a、b 两点间的等效电阻与网络级数 n 无关,$R_x =$

_____ R。

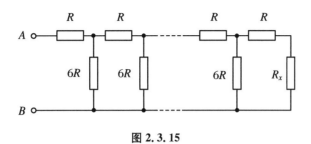

图 2.3.15

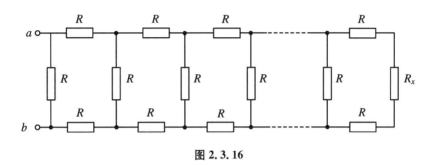

图 2.3.16

3. 图 2.3.17 所示为一长电阻网络,长度未知,图中右端的电阻阻值为 $1\,\Omega$,其余电阻中竖直方向放置的阻值均为 $2\,\Omega$,水平方向放置的阻值均为 $0.5\,\Omega$,求图中 a、b 两点间的电阻 R_{ab} 的值为多少?

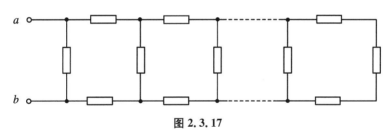

图 2.3.17

4. 在图 2.3.18 所示的电路中,$R_1 = 2\,\Omega$,$R_2 = 4\,\Omega$,$R_3 = 3\,\Omega$,$R_4 = 12\,\Omega$,$R_5 = 10\,\Omega$,试求 A、B 两端的等效电阻 R_{AB}。

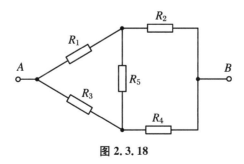

图 2.3.18

提 高 练 习

5. 如图 2.3.19 所示,已知 $R_0 = R_1 = R_2 = R_3 = \cdots = R_n = R_{2011} = 3\ \Omega, R_a = 2\ \Omega$。$a$、$b$ 之间的电压为 6 V,则通过 R_{2011} 的电流大小是多少?

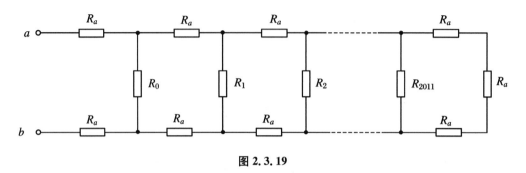

图 2.3.19

6. (2008 年南京大学自招)在图 2.3.20 所示电路中,$R_1 = R_3 = R_5 = \cdots = R_{99} = 5\ \Omega$,$R_2 = R_4 = R_6 = \cdots = R_{98} = 10\ \Omega, R_{100} = 5\ \Omega, \varepsilon = 10\ \text{V}$,内阻不计。

(1) 求 R_2 上的电功率。
(2) 找出各电阻上电功率的规律。

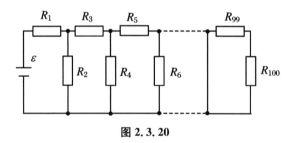

图 2.3.20

7. 图 2.3.21 所示为一正立方结构的三维无限网络,其在前后、左右、上下均延伸向无限。设图中每一段金属导线的阻值均为 r。求 A、B 两点之间的等效电阻 R_{AB}。

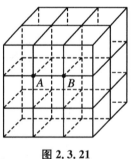

图 2.3.21

8. 在图 2.3.22 所示的三维无限网络中,每两个节点之间的导体电阻均为 R,试求 A、B 两点之间的等效电阻 R_{AB}。

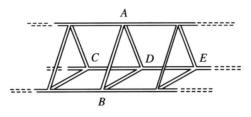

图 2.3.22

9. 图 2.3.23 所示是一无限长的三角形电路,每个电阻值都为 1 Ω,求 a、b 两点之间的电阻。

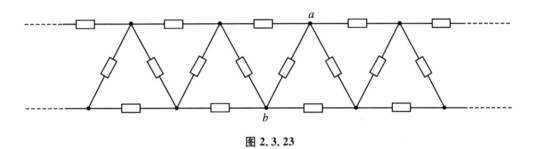

图 2.3.23

10. 试求图 2.3.24 所示的电阻网络与电源连接两端间的等效总电阻。

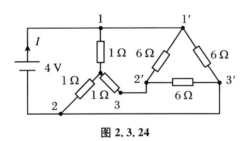

图 2.3.24

≪ 参 考 答 案 ≫
---

1. B。

提示 从左边起,去掉一个或有限个单元,不会改变网络的等效电阻,则有

$$\frac{6R(R+R_x)}{6R+(R+R_x)} = R_x$$

解得

$$R_x = 2R$$

从而

$$R_{AB} = R + R_x = 3R$$

181

2. $R_x = (\sqrt{3}-1)R$。

提示 方法一 如图 2.3.25 所示，设电阻网络有 n 级时，a、b 之间的总电阻为 R_n。

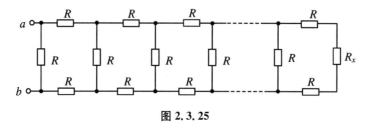

图 2.3.25

如图 2.3.26 所示，增加一级后，a、b 之间的总电阻为 R_{n+1}。

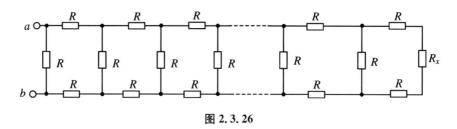

图 2.3.26

由于 a、b 两点之间的等效电阻与网络级数 n 无关，根据串、并联关系有

$$R_x = \cfrac{1}{\cfrac{1}{2R+R_x} + \cfrac{1}{R}}$$

可解得

$$R_x = (\sqrt{3}-1)R$$

方法二 如图 2.3.27 所示，当电阻网络只有 1 级时，a、b 两点之间的等效电阻为 R_1。

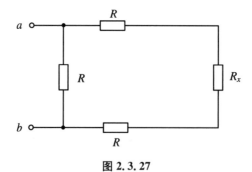

图 2.3.27

如图 2.3.28 所示，当电阻网络有 n 级时，a、b 两点之间的等效电阻为 R_n，可将其看作由第 1 级与后面的 $n-1$ 级组合而成。

因为 a、b 两点之间的等效电阻与网络级数 n 无关，所以有

$$R_1 = R_n = R_{n-1}$$

则

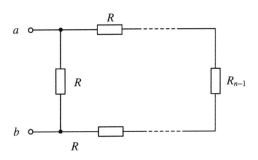

图 2.3.28

$$R_x = R_{n-1} = R_1$$

根据串、并联关系,可得

$$R_x = \cfrac{1}{\cfrac{1}{2R+R_x}+\cfrac{1}{R}}$$

所以

$$R_x = (\sqrt{3}-1)R$$

3. $R_{AB} = 1\ \Omega$。

提示 如图 2.3.29 所示,将右端的电阻 1 同与之相连的两个 $0.5\ \Omega$ 的水平电阻串联后总电阻为 $2\ \Omega$,与电阻 2 并联后总电阻又为 $1\ \Omega$,如此重复,所以最后 a、b 之间的总电阻为 $1\ \Omega$。

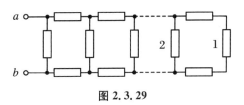

图 2.3.29

4. $R_{AB} = \dfrac{618}{145}\ \Omega$。

提示 该电路的电桥已经不再"平衡",故不能采取等势点断接法简化电路。这里可以将电路的左边或右边看成△形电路,然后进行△→Y 变换。

根据△→Y 变换的公式,将左边电路转换成图 2.3.30 所示的 Y 形电路,有

$$R_a = \frac{R_1 R_3}{R_1 + R_3 + R_5} = \frac{2\times 3}{2+3+10}\ \Omega = \frac{2}{5}\ \Omega$$

$$R_b = \frac{R_1 R_5}{R_1 + R_3 + R_5} = \frac{2\times 10}{2+3+10}\ \Omega = \frac{4}{3}\ \Omega$$

$$R_c = \frac{R_3 R_5}{R_1 + R_3 + R_5} = \frac{3\times 10}{2+3+10}\ \Omega = 2\ \Omega$$

进一步可求得

$$R_{AB} = R_a + \frac{(R_b + R_2)(R_c + R_4)}{R_b + R_2 + R_c + R_4} = \frac{618}{145} \, \Omega$$

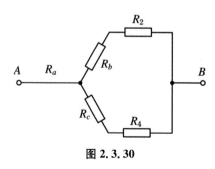

图 2.3.30

5. $\frac{2}{3} \times \left(\frac{1}{3}\right)^{2011}$ A。

提示 三个串联的 R_a 等效电阻为 $6\,\Omega$，由并联电阻公式可得 R_{2011} 和三个串联的 R_a 并联后的电阻为 $2\,\Omega$。以此类推，a、b 之间的等效电阻为 $6\,\Omega$。通过左边第 1 个 R_a 的电流为 $1\,\text{A}$。根据并联电阻分流原理，通过 R_0 的电流为 $\frac{2}{3}$ A，通过左边第 2 个 R_a 的电流为 $\frac{1}{3}$ A。同理，通过 R_1 的电流为 $\frac{2}{3} \times \frac{1}{3}$ A，通过左边第 3 个 R_a 的电流为 $\frac{1}{3} \times \frac{1}{3}$ A。通过 R_2 的电流为 $\frac{2}{3} \times \left(\frac{1}{3}\right)^{2}$ A，通过左边第 4 个 R_a 的电流为 $\frac{1}{3} \times \frac{1}{3} \times \frac{1}{3}$ A。⋯⋯以此类推，通过 R_{2011} 的电流为 $\frac{2}{3} \times \left(\frac{1}{3}\right)^{2011}$ A。

6. (1) $P_2 = I_2^2 R_2 = 2.5\,\text{W}$；(2) $P_n = \frac{5}{2^{n-1}}\,\text{W}\,(n=1,2,\cdots,99)$，$P_{100} = I_{100}^2 R_{100} = I_{99}^2 R_{100} = \frac{5}{2^{98}}\,\text{W}$。

提示 (1) 电阻 R_{99}、R_{100} 串联的阻值为 $10\,\Omega$，与 R_{98} 并联后的电阻为 $5\,\Omega$，再与 R_{97} 串联的总电阻值为 $10\,\Omega$。

所以

$$I_{总} = \frac{\varepsilon}{R_{总}} = 1\,\text{A}$$

通过电阻 R_2 的电流强度为

$$I_2 = \frac{1}{2} I_{总} = 0.5\,\text{A}$$

R_2 上的电功率

$$P_2 = I_2^2 R_2 = 2.5\,\text{W}$$

(2) 通过电阻 $R_1, R_3, R_5, \cdots$ 的电流强度分别为 $1\,\text{A}, 0.5\,\text{A}, 0.25\,\text{A}, \cdots$，则

$$P_{2m-1} = I_{2m-1}^2 R_{2m-1} = \frac{5}{2^{2m-2}}\,\text{W} \quad (m=1,2,\cdots,50) \qquad ①$$

通过电阻 $R_2, R_4, \cdots, R_{98}$ 的电流通式为

$$I_{2m} = \frac{1}{2^m} \text{ A}$$

则

$$P_{2m} = \frac{5}{2^{2m-1}} \text{ W} \quad (m = 1,2,\cdots,49) \quad ②$$

合并①②式,得

$$P_n = \frac{5}{2^{n-1}} \text{ W} \quad (n = 1,2,\cdots,99)$$

所以

$$P_{100} = I_{100}^2 R_{100} = I_{99}^2 R_{100} = \frac{5}{2^{98}} \text{ W}$$

7. $R_{AB} = \frac{1}{3}r$。

提示 分别从 A 点注入电流流向无穷远处,从无穷远处流入电流从 B 点流出,采用电流叠加法可求得 A、B 两点之间的等效电阻为 $R_{AB} = \frac{1}{3}r$。

8. $R_{AB} = \frac{2}{\sqrt{21}}R$。

提示 当 A、B 两端接入电源时,根据"对称等势"的思想,可知 $C,D,E,\cdots$ 各点的电势是彼此相等的,电势相等的点可以缩为一点,它们之间的电阻也可以看成不存在。所以,将 C 与 D、D 与 E 之间的导体取走后,电路可以等效为图 2.3.31 所示的二维无限网络。对于这个二维无限网络,根据串、并联关系,不难求出

$$R' = \frac{3 + \sqrt{21}}{3}R$$

所以,A、B 两点之间的等效电阻 R_{AB} 可以看成是两个阻值为 R' 的电阻与一个阻值为 $\frac{2R}{3}$ 的电阻并联,则

$$R_{AB} = \frac{2}{\sqrt{21}}R$$

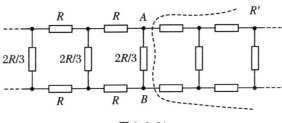

图 2.3.31

9. $0.45 \ \Omega$。

提示 把 ab 断开,则左、中、右的电路图分别如图 2.3.32 所示。
左边电路中上下每个电阻对称,其中两个电阻为一个单元(只要每个单元相同,单元越

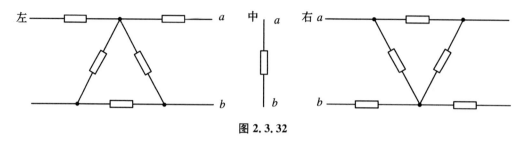

图 2.3.32

小越好),因为电路无限长,所以去掉一个单元后电阻不变,则

$$R_x = \frac{R_x}{R_x + 1\ \Omega} + 1\ \Omega$$

解得

$$R_x = \frac{1 + \sqrt{5}}{2}\ \Omega$$

同理,右边电路中

$$R'_x = \frac{1 + \sqrt{5}}{2}\ \Omega$$

把左、右、中三部分并联,计算总电阻,得 $R_{ab} = 0.45\ \Omega$。

10. $R_{总} = \dfrac{4}{3}\ \Omega$。

提示 这是包含一个Y形电路和一个△形电路的网络,解决问题的方向为:可将左边Y形网络元变换成△形网络元,或将右侧△形网络元变换成Y形网络元。

将左侧Y形网络变换成△形,如图 2.3.33 所示,已知 $R_1 = R_2 = R_3 = 1\ \Omega$,则有

$$R_{12} = \frac{R_1 R_2 + R_2 R_3 + R_3 R_1}{R_3} = 3\ \Omega$$

$$R_{23} = \frac{R_1 R_2 + R_2 R_3 + R_3 R_1}{R_1} = 3\ \Omega$$

$$R_{31} = \frac{R_1 R_2 + R_2 R_3 + R_3 R_1}{R_2} = 3\ \Omega$$

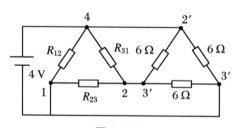

图 2.3.33

由图 2.3.33 可进一步将电路整理为图 2.3.34 所示。利用电路串、并联规律可求得 $R_{总} = \dfrac{4}{3}\ \Omega$。

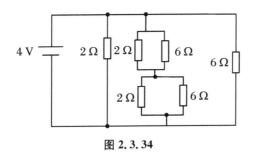

图 2.3.34

将右侧△形网络元变换成Y形网络元,同样利用电路串、并联规律可求得 $R_\text{总} = \frac{4}{3}$ Ω。

2.4 基尔霍夫定律

1. 复杂电路

如图 2.4.1 所示,尽管该电路的结构很简单,但我们并不能用电阻的串、并联公式对该电路进行简化求解。通常把不能用电阻的串、并联公式简化求解的电路称为复杂电路。可见,这里所说的复杂电路并不是指电路的结构有多么复杂,而是针对电路是否可用串、并联公式进行简化而言。

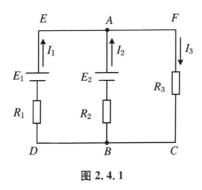

图 2.4.1

基尔霍夫方程组是用来求解复杂电路问题的终极解决方案,它包含两大类方程,即节点电流方程组和回路电压方程组。其基本思想在本章第 2 节和第 3 节已经渗透了,本节将更加系统地讲解。

2. 基尔霍夫电流定律

先介绍两个重要概念,即支路和节点。支路是指电路中具有两个端点且通过同一电流的无分支的电路部分,如图 2.4.1 中的 AB 段就是一个支路;节点是指电路中三条或三条以上支路的连接点,如图 2.4.1 中的 A 点就是一个节点。

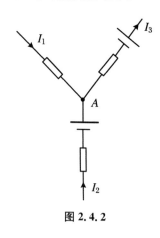

图 2.4.2

本节我们研究的都是稳恒电路,电路中的电流不随时间改变。我们可以在电流节点处作一个闭合曲面围住节点,由于电荷守恒定律,单位时间内流入该节点的电量与流出该节点的电量必然相等。由此可知流入该节点的电流之和与流出该节点的电流之和一定相等,这样的一类方程就是基尔霍夫电流定律或基尔霍夫第一定律。

如图 2.4.2 所示,$I_1 + I_2 = I_3$,即
$$I_1 + I_2 - I_3 = 0$$

从上式可以看出,若要把所有电流都写在等式的一边,则某些电流前应写"+",另一些电流前应写"-"。通常这样规定:凡流入节点(或假设流入节点)的电流前写"+",凡从节点流出(或假设从节点流出)的电流前写"-"。这样处理后,当 k 条支路连接于某一节点时,其节点方程总可以写为

$$\sum_{i=1}^{k}(\pm I_i) = 0$$

在电路中,我们可以假设每一条支路上的电流的大小和方向,然后对电路中的每一个节点都列一个节点电流方程。当电路中共有 n 个节点时,能写出 n 个上述方程,但只有 $n-1$ 个节点方程是独立的。

3. 基尔霍夫电压定律

电路中任一闭合的路径称为一个回路。图 2.4.1 所示电路中的 $CDEFC$、$AFCBA$、$EABDE$ 路径均为回路,该电路的回路数目为 $l=3$。不含有分支的闭合回路称为网孔。如图 2.4.1 电路中的 $AFCBA$、$EABDE$ 回路均为网孔,该电路的网孔数目为 $m=2$。

(2) 基尔霍夫电压定律

在任何时刻,沿着电路中的任一回路绕行方向,回路中各段电势降低(或电势升高)的代数和恒等于 0。这就是基尔霍夫电压方程或基尔霍夫第二定律,表达式为

$$\sum U_i = 0$$

基尔霍夫第二定律本质上是由恒定电场的保守性决定的,恒定电场类似于静电场,有

$$\oint \boldsymbol{E} \cdot d\boldsymbol{l} = 0$$

在列回路电压方程时,对每一个回路,我们首先要规定一个回路绕行方向,这个回路绕行方向是随意规定的,顺时针或者逆时针都可以。然后再随意假设每一条支路上的电流方向,规定绕行方向之后,可以从回路上任意点开始,顺着规定的回路绕行方向,依次写出电流经过各个元件后电势的升高或降落,然后对整个闭合回路来说这些电势变化之和必为零,这就是回路电压方程。

需要注意电势升降变化的符号法则,笔者推荐的符号法则如下:顺着电流方向经过电阻,电势降低,记为正;逆着电流方向经过电阻,电势升高,记为负。从电源正极到负极,电势

降低,记为正;从电源负极到正极,电势升高,记为负。

例如,在图 2.4.3 所示的电路中,我们假设各条边上的电流方向如图所示,然后规定回路绕行方向为顺时针。从 A 点开始,依次写出电势变化,回到 A 点时,总的电势变化必为零,即

$$-E_1 + I_1 r_1 + I_2 R_2 + E_2 + I_3 r_2 + I_3 R_3 - I_4 R_1 = 0$$

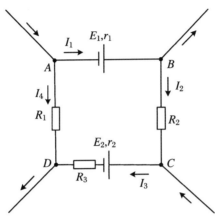

图 2.4.3

4. 等效电压源定理

所谓理想电压源,是指无论外电路如何变化都能在路端产生一个恒定电压的理想电源;而相应的理想电流源是指无论外电路如何变化都能产生一个恒定电流的理想电源。

为了便于解决问题,实际的电源往往可以等效为一个理想电压源与一个电阻的串联,或者一个理想电流源与一个电阻的并联。我们在解决一些复杂电路网络的问题时,有时可以根据等效电压源定理或等效电流源定理,将一个网络等效为一个电源,这样可以达到化繁为简的目的。

等效电压源定理又称戴维南定理,内容是:两端有源网络可等效于一个电压源,其电动势等于网络的开路电压,内阻等于从网络两端看除电源以外网络的电阻。

图 2.4.4 所示为两端有源网络与电阻的串联,网络可视为一电压源。等效电源电动势 E_0 等于 a、b 两点开路时端电压,等效内阻 r_0 等于去除网络内所有电源(但保留其内阻)后该网络的等效电阻,如图 2.4.5 所示。

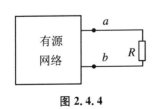

图 2.4.4

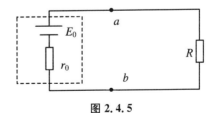

图 2.4.5

5. 等效电流源定理

实际电源 (E, r) 对外电阻 R 提供的电流为

$$I = \frac{E}{R+r} = \frac{E}{r} \cdot \frac{r}{R+r}$$

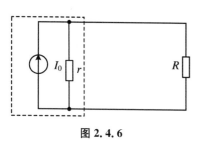

图 2.4.6

其中 $\frac{E}{r}$ 为电源短路电流 I_0，因而实际电源可看作是一定的内阻与恒流源并联的电流源，如图 2.4.6 所示。

等效电流源定理又称诺顿定理，指的是任意一个线性含源二端网络可以等效为一个理想电流源与一个电阻的并联。该电流源的内阻为去除网络内所有电源（但保留其内阻）后该网络的等效电阻，其理想电流源的电流为该含源二端网络的短路电流。

6. 电流叠加定理

在处理复杂电路时，还常常用到叠加定理：当线性电路中有几个电源共同作用时，各支路的电流（或电压）等于各个电源分别单独作用时在该支路产生的电流（或电压）的代数和（叠加）。

电流叠加定理的正确性实际上是由场强叠加原理保证的，在欧姆定律的微分形式中 $j = \sigma E$，由此可以看到由于场强满足线性叠加定理，电流密度可以线性叠加，在电路中，因为电流只有正反两个方向，所以只要代数相加就可以。

在使用叠加定理分析电路时应注意以下几点：① 叠加定理只能用于计算线性电路（电路中的元件均为线性元件）的支路电流或电压（不能直接进行功率的叠加计算）；② 电压源不作用时应视为短路，电流源不作用时应视为开路；③ 叠加时要注意电流或电压的参考方向，正确选取各分量的正负号。

 核心问题讨论

1. 如何使用全电路欧姆定律讨论输出功率相关问题？

对于纯电阻电路，电源的输出功率可表示为

$$P_\text{出} = I^2 R = \left(\frac{E}{R+r}\right)^2 R$$

上式可以进一步变形为

$$P_\text{出} = \left(\frac{E}{R+r}\right)^2 R = \frac{E^2}{\frac{(R-r)^2}{R} + 4r}$$

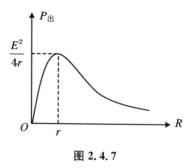

图 2.4.7

可见当外电阻等于内电阻时电源的输出功率最大，但电源的效率仅为 50%。对于 $P_\text{出}$ 和 R 的函数关系，可用图 2.4.7 大致表示。

例题 1 如图 2.4.8 所示，外电路由一个可变电阻 R（0～10 Ω）和一个阻值为 $R_0 = 4$ Ω 的固定电阻串联构成，电源电动势为 $E = 6$ V，电源内阻 $r = 1$ Ω。

（1）R 为多少时，R_0 上将得到最大功率？

(2) R 为多少时,R 上将得到最大功率?

(3) R 为多少时,电源的功率最大?

分析 要使滑动变阻器 R 获得的电功率最大,需要列出 R 获得的功率 P 和 R 的函数关系,利用函数关系求最大值;要使电源获得的输出功率最大,根据 $P_\text{出} = EI$,满足电路的电流最大即可。

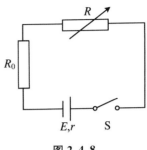

图 2.4.8

解 (1) 由于 R_0 的电阻恒定,根据 $P = I^2 R_0$,流过 R_0 的电流最大,R_0 上将获得最大功率,可见当 $R = 0$ 时 R_0 获得的功率最大。

(2) 设 R 获得的功率为 P,则有

$$P = I^2 R = \left(\frac{E}{R + r + R_0}\right)^2 R$$

上式可以进一步变形为

$$P = \left(\frac{E}{R + r + R_0}\right)^2 R = \frac{E^2}{\dfrac{(R - r - R_0)^2}{R} + 4(r + R_0)}$$

可见当 $R = r + R_0 = 5\,\Omega$ 时电源的输出功率最大,为

$$P = \frac{E^2}{4(r + R_0)} = 1.8\,\text{W}$$

(3) 经过上述分析,可得当 $R = 0$ 时电源的功率最大。

点拨 在图 2.4.8 所示的电路中,可变电阻获得的功率相同时,其电阻的阻值不一定相同。设可变电阻的阻值先后调为 R_1 和 R_2 时两次的功率相同,则

$$P_1 = \left(\frac{E}{R_1 + r + R_0}\right)^2 R_1 = P_2 = \left(\frac{E}{R_2 + r + R_0}\right)^2 R_2$$

整理得

$$\sqrt{R_1 R_2} = r + R_0$$

2. 如何应用基尔霍夫方程组求解复杂电路的电流和电压?

以各支路电流为未知量,应用基尔霍夫定律列出节点电流方程和回路电压方程,解出各支路电流,从而可确定各支路(或各元件)的电压和功率。这种解决电路问题的方法称为支路电流法,这是求解复杂电路问题常用的方法。

对于具有 b 条支路、n 个节点的电路,可列出 $n - 1$ 个独立的电流方程和 $b - (n - 1)$ 个独立的电压方程,再联立这些独立的方程,总可以解出所有支路的电流和电压。

例题 2 在图 2.4.9 所示的电路中,已知 $E_1 = 42\,\text{V}$,$E_2 = 21\,\text{V}$,$R_1 = 12\,\Omega$,$R_2 = 3\,\Omega$,$R_3 = 6\,\Omega$。试求各支路电流 I_1、I_2、I_3。

分析 该电路支路数 $b = 3$,节点数 $n = 2$,所以可以列出 1 个独立的节点电流方程和 2 个独立的回路电压方程。

解 对于节点 e,可列节点电流方程

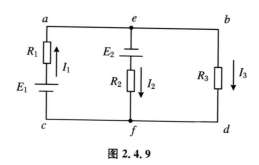

图 2.4.9

$$I_1 = I_2 + I_3$$

对于网孔 $aefc$，取顺时针为参考方向，可列电压方程

$$R_1 I_1 + R_2 I_2 - E_1 - E_2 = 0$$

对于网孔 $ebdf$，取顺时针为参考方向，可列电压方程

$$R_3 I_3 - R_2 I_2 + E_2 = 0$$

联立上述各方程并代入已知数据，解得

$$I_1 = 4\,\text{A}, \quad I_2 = 5\,\text{A}, \quad I_3 = -1\,\text{A}$$

电流 I_1 与 I_2 均为正数，表明它们的实际方向与图中所标定的参考方向相同，I_3 为负数，表明它们的实际方向与图中所标定的参考方向相反。

点拨 利用基尔霍夫电压定律列回路电压方程时，应该注意以下几点：

（1）标出各支路电流的参考方向并选择回路绕行方向（既可沿着顺时针方向绕行，也可沿着逆时针方向绕行）。

（2）电阻元件的端电压为 $\pm RI$，建议当电流 I 的参考方向与回路绕行方向一致时取"+"；否则取"-"。

（3）电源电动势为 $\pm E$，当电流 I 的正负按上述推荐的方式判断时，电源电动势的方向只能这样取：电源电动势标定方向与回路绕行方向一致时，选取"-"；否则取"+"。

例题 3 在图 2.4.10 所示的电路中，已知三个电源电动势和内阻分别为 $E_1 = 4\,\text{V}$，$E_2 = E_3 = 2\,\text{V}$，$r_1 = r_2 = r_3 = 1\,\Omega$，定值电阻分别为 $R_1 = 7\,\Omega$，$R_2 = 1\,\Omega$，$R_3 = 3\,\Omega$。求 A、B 之间的电压 U_{AB} 的大小。

分析 一方面，可以设三个支路的电流为未知量，列出 1 个独立的节点电流方程和 2 个独立的回路电压方程，即可解出各支路的电流；然后任选一条包含 A 和 B 在内的支路，列出支路电压方程，即可求出 A、B 之间的电压 U_{AB}。另一方面，也可以直接设 A、B 之间的电压 U_{AB} 为未知量，分别表示各支路的电流，然后对节点 A 或 B 列节点电流方程。

解 方法一 以支路电流为未知量，设三个支路上的电流分别为 I_1、I_2 和 I_3，取电流方向和回路的绕行方向如图 2.4.11 所示，根据基尔霍夫定律可得

$$\begin{cases} I_1 - I_2 + I_3 = 0 \\ E_2 + I_2(r_2 + R_2) + I_1(r_1 + R_1) - E_1 = 0 \\ E_2 + I_2(r_2 + R_2) + I_3(r_3 + R_3) - E_3 = 0 \end{cases}$$

解得 $I_2 = \dfrac{1}{7}$ A。

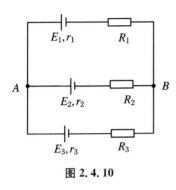

图 2.4.10

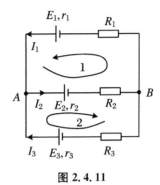

图 2.4.11

因为
$$U_{AB} = E_2 + I_2(r_2 + R_2)$$
所以 $U_{AB} = \dfrac{16}{7}$ V。

方法二 设支路电压为未知量,设三个支路上的电流方向如图 2.4.12 所示,针对 A 点列电流方程,有
$$\dfrac{E_1 - U_{AB}}{r_1 + R_1} + \dfrac{E_2 - U_{AB}}{r_2 + R_2} + \dfrac{E_3 - U_{AB}}{r_3 + R_3} = 0$$
由此可得 $U_{AB} = \dfrac{16}{7}$ V。

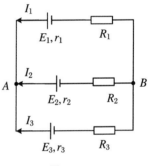

图 2.4.12

点拨 通过上面的两种方法求解,我们可以看到,在应用基尔霍夫定律求解复杂电路问题时,既可以设电流为未知量,列回路电压方程,也可以设电压为未知量,列节点电流方程。两种方法没有优劣之分,在不同的题目中各有优势。在本题中,显然方法二的计算量更少。一般来说,当回路较多、节点较少时,方法一的计算量会更少;当节点较多、回路较少时,方法二的计算量会更少。

3. 在含源二端网络中如何使用等效电压源定理?

"线性"是指网络中只含有线性元件,即对该元件来说电压和电流的变化是线性的。例如,电阻就是典型的线性元件,但二极管、三极管等就是非线性元件。"含源"的意思是网络中含有电源,不能是纯电阻的网络。"二端"的意思是网络只有两个对外的接口。例如,最简单的二端网络可以是一个电阻,因为电流从电阻的一端流入,从另一端流出,而三极管就是一个简单的三端网络。

等效电压源定理有很多应用,例如在一些较为复杂的电路中,我们可以利用等效电压源定理将电路的一部分等效为一个电源,这样便于电路化简。

例题 4 在图 2.4.13 所示的电路中,R_1、R_2、R_3 为定值电阻,但阻值未知,R 为电阻箱,电源电动势未知但恒定,其内阻不计。当电阻箱电阻为 $R_{c1} = 10$ Ω 时,通过它的电流为

$I_1 = 1\,\text{A}$;当电阻箱电阻为 $R_{c2} = 18\,\Omega$ 时,通过它的电流为 $I_2 = 0.6\,\text{A}$。问:当通过电阻箱的电流为 $I_3 = 0.1\,\text{A}$ 时,电阻箱的电阻为多少?

分析 本题看起来似乎是考查闭合电路欧姆定律的普通问题,但题目中未知电阻的数目太多,计算很容易变得比较烦琐。我们仔细分析题目中的条件,发现题目中给定数值的都是电阻和流过该电阻的电流,如果我们把虚线框(如图 2.4.14 所示)中的含源网络想象成一个电源,似乎根据题目中的条件可以很容易地确定该电源的电动势和内阻,于是问题可解。

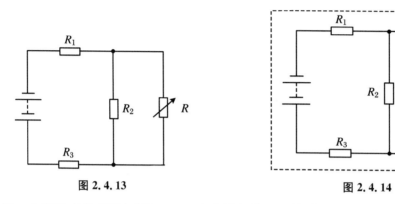

图 2.4.13　　　　　　图 2.4.14

解 由戴维南定理可知图 2.4.14 中虚线部分可以等效为一个电压源,等效电源的电动势设为 E,内阻设为 r,则原电路可以化简为一个电源和外电路电阻 R 的简单连接。根据闭合电路欧姆定律,有

$$E = I_1(R_{c1} + r)$$
$$E = I_2(R_{c2} + r)$$
$$E = I_3(R_{c3} + r)$$

已知 $I_1 = 1\,\text{A}, R_{c1} = 10\,\Omega, I_2 = 0.6\,\text{A}, R_{c2} = 18\,\Omega$,可解得 $E = 12\,\text{V}, r = 2\,\Omega$。

那么,当 $I_3 = 0.1\,\text{A}$ 时,有 $R_{c3} = 118\,\Omega$。

点拨 如果不使用戴维南定理,直接设出各个未知电阻,列出闭合电路欧姆定律的方程,本题也是可以求解的。

$$I_1 = \frac{\varepsilon}{r + R_1 + R_3 + \dfrac{R_{c1} R_2}{R_{c1} + R_2}} \times \frac{R_2}{R_2 + R_{c1}}$$

$$I_2 = \frac{\varepsilon}{r + R_1 + R_3 + \dfrac{R_{c2} R_2}{R_{c2} + R_2}} \times \frac{R_2}{R_2 + R_{c2}}$$

$$I_3 = \frac{\varepsilon}{r + R_1 + R_3 + \dfrac{R_{c3} R_2}{R_{c3} + R_2}} \times \frac{R_2}{R_2 + R_{c3}}$$

以上三个方程联立求解,消掉未知的 R_1、R_2、R_3 以及 E 和 r,依然可以解出 $R_{c3} = 118\,\Omega$。但这样做无论是列方程还是计算都较为烦琐。在实际做题时,要尽量避免用复杂的办法解题。以后我们再遇见类似这样的题目中有一个或多个未知电阻或电源,但所求的变量较为单一时,可以尝试一下用戴维南定理或诺顿定理来化简电路。

4. 电流叠加定理有哪些常见的用法?

电流叠加定理其实相当灵活,在很多电阻网络问题中,巧妙地利用电流叠加定理可以把原先看似不具有对称性的问题变得具有对称性;在多电源的复杂电路问题中,电流叠加定理可以把电路转化为单电源电路,这样很多电路就从复杂电路变成了简单电路,使得求解难度大大降低;电流叠加定理和场强叠加原理共同应用,可以解决不少大块导体导电的问题。

例题 5 在图 2.4.15 所示的电路中,已知 $E_1 = 1.5$ V, $E_2 = 1.0$ V, $R_1 = 50$ Ω, $R_2 = 80$ Ω, $R = 10$ Ω,电池的内阻都可以忽略不计。应用电流叠加定理求通过 R 的电流。

分析 电流叠加定理告诉我们通过电阻 R 的实际电流等于电源 E_1 和 E_2 分别单独存在时通过 R 的电流的代数和。我们在考虑电源 E_1 的作用的时候,要把电源 E_2 的电动势去除,只保留其内阻,当然在本题中内阻为零,然后计算此时通过 R 的电流 I_1 的大小和方向。接下来在考虑电源 E_2 的作用的时候,也要把 E_1 的电动势去除,保留其内阻,当然其内阻也为零,再次计算通过 R 的电流 I_2 的大小和方向。最后将 I_1 和 I_2 求和就可以了。

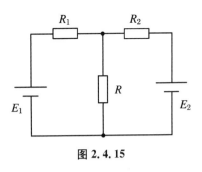

图 2.4.15

解 用电流叠加定理来计算通过 R 的电流的大小和方向时,我们首先去掉 E_2,将电路变成图 2.4.16(a)所示,电路中的总电阻为

$$r_1 = R_1 + \frac{R_2 R}{R_2 + R} = \frac{530}{9} \ \Omega$$

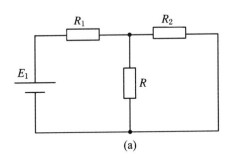
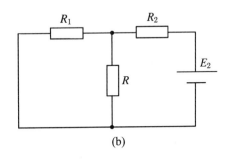

(a)   (b)

图 2.4.16

总电流为

$$I = \frac{E_1}{r_1} = \frac{27}{1060} \ \text{A}$$

通过 R 的电流为

$$I_1 = \frac{I R_2}{R + R_2} = \frac{6}{265} \ \text{A}$$

电流的方向为从上到下。

接下来我们去掉电源 E_1，仅保留电源 E_2，则电路变成图 2.4.16(b)所示，此时电路的总电阻为

$$r_2 = R_2 + \frac{RR_1}{R+R_1} = \frac{265}{3}\ \Omega$$

总电流为

$$I' = \frac{E_2}{r_2} = \frac{3}{265}\ \text{A}$$

流过电阻 R 的电流为

$$I_2 = \frac{R_1}{R+R_1}I' = \frac{1}{106}\ \text{A}$$

电流的方向为从上到下。

根据电流叠加定理，流过 R 的电流为

$$I_R = I_1 + I_2 = \frac{17}{530}\ \text{A}$$

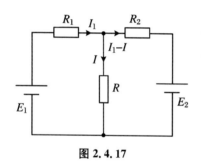

图 2.4.17

点拨 本题也可以使用基尔霍夫方程组来求解通过 R 的电流，如图 2.4.17 所示，对左侧回路和右侧回路分别列出回路电压方程

$$I_1 R_1 + IR - E_1 = 0$$
$$R_2(I_1 - I) + E_2 - IR = 0$$

以上两个方程联立即可解得

$$I = \frac{17}{530}\ \text{A}$$

由此可见，使用电流叠加法和基尔霍夫方程求解的结果是一样的，在做题时可以根据具体情况灵活地选择。

例题 6 电路中各电阻的阻值如图 2.4.18 所示（单位为 Ω，图中未标出），输入电压分别为 U_1、U_2、U_3。应用电流叠加定理求解 B 点的电势。

分析 使用电流叠加定理的要点在于多次计算，每次计算的时候电路中仅保留一个电源或者电压，然后每次都求出所有支路的电流或各点的电势，最后再把各支路的电流或电势进行叠加。

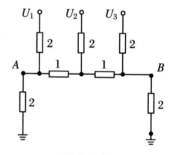

图 2.4.18

解 仅保留输入电压 U_1，U_2 和 U_3 节点接地，等效电路如图 2.4.19(a)所示，则

$$\varphi_{B1} = \frac{1}{3} \times \frac{1}{2} \times \frac{1}{2}U_1 = \frac{1}{12}U_1$$

仅保留输入电压 U_2，U_1 和 U_3 节点接地，等效电路如图 2.1.19(b)所示，则

$$\varphi_{B2} = \frac{1}{3} \times \frac{1}{2}U_2 = \frac{1}{6}U_2$$

仅保留输入电压 U_3,U_2 和 U_1 节点接地,等效电路如图 2.4.19(c)所示,则

$$\varphi_{B3} = \frac{1}{3}U_3$$

由电流叠加定理可得

$$\varphi_B = \varphi_{B1} + \varphi_{B2} + \varphi_{B3} = \frac{1}{12}U_1 + \frac{1}{6}U_2 + \frac{1}{3}U_3$$

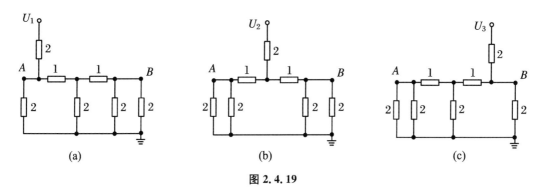

图 2.4.19

点拨 接地符号意味着该点电势为零,所有接地点电势相等,可以认为是直接用导线相连的,除此以外就没有别的效果了。如果电流分布确定,那么电路中任意两点的电势差也就确定了,电流叠加之后,对应点的电势差也要叠加,这时如果零点的选择总是相同的,就可以直接进行电势的叠加。

习题实战演练

基 础 练 习

1. 一个微型吸尘器的直流电动机的额定电压为 U,额定电流为 I,线圈电阻为 R,将它接在电动势为 E、内阻为 r 的直流电源的两极间,电动机恰好能正常工作,则 （　　）

A. 电动机消耗的总功率为 UI　　　　B. 电动机消耗的热功率为 $\dfrac{U^2}{R}$

C. 电源的输出功率为 EI　　　　　　D. 电源的效率为 $1 - \dfrac{Ir}{E}$

2. (2007年重庆卷)汽车电动机启动时车灯会瞬时变暗。如图 2.4.20 所示,在打开车灯的情况下,电动机未启动时电流表读数为 10 A,电动机启动时电流表读数为 58 A。若电源电动势为 12.5 V,内阻为 0.05 Ω,电流表内阻不计,则电动机启动使车灯的电功率降低了

（　　）

A. 35.8 W　　　B. 43.2 W　　　C. 48.2 W　　　D. 76.8 W

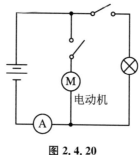

图 2.4.20

3. 在图 2.4.21 所示电路中,电源电动势为 12 V,电源内阻为 1.0 Ω,电路中的电阻 R_0 为 1.5 Ω,小型直流电动机 M 的内阻为 0.5 Ω,闭合开关 S 后,电动机转动,电流表的示数为 2.0 A。以下判断中正确的是 ( )

A. 电动机的输出功率为 14 W

B. 电动机两端的电压为 7.0 V

C. 电动机产生的热功率 4.0 W

D. 电源输出的电功率为 24 W

4. (2011 年北京卷)在图 2.4.22 所示电路中,电源电动势为 E,内阻 r 皆恒定。开关 S 闭合后,电表可视为理想表,在变阻器 R_0 的滑动端向下滑动的过程中 ( )

A. 电压表与电流表的示数都减小

B. 电压表与电流表的示数都增大

C. 电压表的示数增大,电流表的示数减小

D. 电压表的示数减小,电流表的示数增大

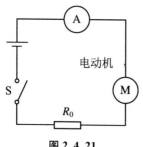

图 2.4.21

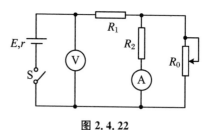

图 2.4.22

5. (2006 年上海卷)在图 2.4.23 所示电路中,闭合开关 S,当滑动变阻器的滑动触头 P 向下滑动时,四个理想电表的示数都发生变化。电表的示数分别用 I、U_1、U_2 和 U_3 表示,电表示数变化量的大小分别用 ΔI、ΔU_1、ΔU_2 和 ΔU_3 表示,下列关于比值的说法中正确的是 ( )

A. U_1/I 不变,$\Delta U_1/\Delta I$ 不变

B. U_2/I 变大,$\Delta U_2/\Delta I$ 变大

C. U_2/I 变大,$\Delta U_2/\Delta I$ 不变

D. U_3/I 变大,$\Delta U_3/\Delta I$ 不变

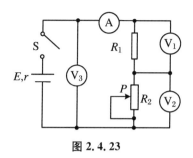

图 2.4.23

6. 图 2.4.24 所示是电路的一部分,其中 $R_1=5\,\Omega, R_2=1\,\Omega, R_3=3\,\Omega, I_1=0.2\,\text{A}, I_2=0.1\,\text{A}$,那么流过 R 的电流为 (　　)

A. 0.2 A,方向向右
B. 0.15 A,方向向左
C. 0.2 A,方向向左
D. 0.3 A,方向向右

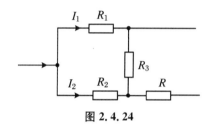

图 2.4.24

提 高 练 习

7. (2012 年华约卷)已知两电源的电动势 $E_1>E_2$,当外电路电阻为 R 时,外电路消耗的功率正好相等。当外电路电阻减为 R' 时,电源为 E_1 时对应的外电路功率为 P_1,电源为 E_2 时对应的外电路功率为 P_2,电源 E_1 的内阻为 r_1,电源 E_2 的内阻为 r_2,则 (　　)

A. $r_1<r_2,P_1<P_2$
B. $r_1>r_2,P_1>P_2$
C. $r_1<r_2,P_1>P_2$
D. $r_1>r_2,P_1<P_2$

8. 在图 2.4.25 所示的电路中,$R_1=2\,\Omega, R_2=1\,\Omega, R_3=3\,\Omega, E_1=10\,\text{V}, E_2=6\,\text{V}, r_1=1\,\Omega, r_2=2\,\Omega, o$ 点接地。试确定 a、b、c、d 各点电势以及每个电池的端电压 U_{ab} 和 U_{cd}。

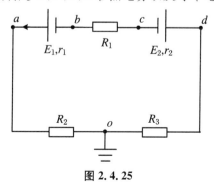

图 2.4.25

9. 如图 2.4.26 所示,已知电源的电动势 $E_1=3$ V,$E_2=1$ V,内阻 $r_1=0.5$ Ω,$r_2=1$ Ω,电阻 $R_1=10$ Ω,$R_2=5$ Ω,$R_3=4.5$ Ω,$R_4=19$ Ω。求电路中三条支路上的电流强度。

10. 一个电路如图 2.4.27 所示,已知 $R_1=R_2=R_3=R_4=3$ Ω,$R_5=2$ Ω,$E_1=10$ V,$E_2=8$ V,$E_3=9$ V,$r_1=r_2=r_3=1$ Ω。

(1) 求 U_{ab} 和 U_{cd}。

(2) 若将 c、d 用导线连接,则 a、b 间电势差 U'_{ab} 是多少?

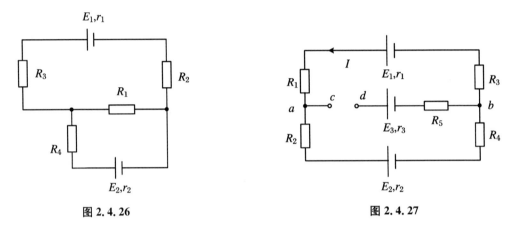

图 2.4.26 图 2.4.27

11. 如图 2.4.28 所示,已知电路中 $E_1=20$ V,$E_2=18$ V,$E_3=7$ V,$r_1=r_2=r_3=1$ Ω,$R_1=6$ Ω,$R_2=4$ Ω,$R_3=2$ Ω,试求各支路电流以及 a、b 两点间的电压 U_{ab}。

12. 如图 2.4.29 所示,已知 $E_1=3$ V,$E_2=1.5$ V,$E_3=2.2$ V,$R_1=1.5$ Ω,$R_2=2$ Ω,$R_3=1.4$ Ω,电源内阻不计,试求 U_{ab}。

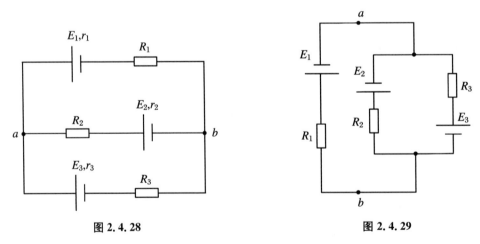

图 2.4.28 图 2.4.29

13. 在图 2.4.30 所示的电路中,已知 $E_1=1$ V,$E_2=2$ V,$E_3=3$ V,$r_1=r_2=r_3=1$ Ω,$R_1=1$ Ω,$R_2=3$ Ω,试求:

(1) 通过电源 E_3 的电流;

(2) R_2 消耗的功率;

(3) 电源 E_3 对外供给的功率。

14. 如图 2.4.31 所示，E_1 是内阻可不计的电源，E_2 则有一定的内阻，此时有一个电流通过 E_2，若现在使 E_2 的电动势增加 1.5 V，但仍要保持通过 E_2 的电流不变，则电源 E_1 的电动势应该增加多少？

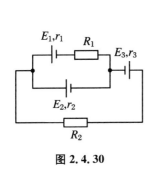

图 2.4.30

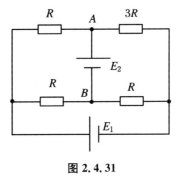

图 2.4.31

《参考答案》

1. AD。
2. B。
3. B。
4. A。
5. ACD。
6. C。
7. D。

提示 在外电路电阻相同的情况下，外电路功率相同，说明此时流过两电源的电流相等，而 $E_1 > E_2$，必有 $r_1 > r_2$。当外电路电阻减小相同的数值时，通过 E_1 的电流 I_1 的增加量小于通过 E_2 的电流 I_2 的增加量，故此时必有 $I_2 > I_1$，因此 $P_2 > P_1$。

8. $\varphi_a = \dfrac{4}{9}$ V，$\varphi_b = -\dfrac{82}{9}$ V，$\varphi_c = -\dfrac{74}{9}$ V，$\varphi_d = -\dfrac{4}{3}$ V，$U_{ab} = \dfrac{86}{9}$ V，$U_{cd} = -\dfrac{62}{9}$ V。

提示 先算出电路中的总电流 $I = \dfrac{4}{9}$ A，由于 o 点接地，故

$$\varphi_o = 0, \quad \varphi_a - \varphi_o = IR_2 = \dfrac{4}{9} \text{ V}$$

所以 $\varphi_a = \dfrac{4}{9}$ V，其余各点电势类似可求，最后再求 U_{ab} 和 U_{cd}。

9. $I_1 = -160$ mA，$I_2 = 20$ mA，$I_3 = -140$ mA。

提示 假设各支路上的电流如图 2.4.32 所示，则有

$$I_3 = I_1 + I_2$$

再列出回路电压方程

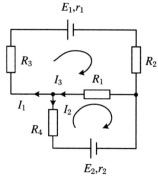

图 2.4.32

$$E_1 + I_1(r_1 + R_2 + R_3) + I_3 R_1 = 0$$
$$-E_2 - I_2(r_2 + R_4) - I_3 R_1 = 0$$

联立上述各式即可求解。

10. (1) $U_{ab} = 9 \text{ V}$, $U_{cd} = 0$；(2) $U'_{ab} = 9 \text{ V}$.

提示 (1) 先求出电路中的总电流 $I = \dfrac{1}{7} \text{ A}$，则

$$U_{ab} = IR_2 + E_2 + Ir_2 + IR_4 = 9 \text{ V}$$
$$U_{cd} = IR_2 + E_2 + Ir_2 + IR_4 - E_3 = 0$$

注意到在 b、d 之间没有电流，则 R_5 两端的电势差为零。

(2) 由于不连线时 c、d 间的电势差已经为零，说明 c、d 是等势点，两等势点之间的导线无论相连或断开都不会影响电路中的电流分布，自然也不会影响 a、b 间的电压，故 $U'_{ab} = U_{ab} = 9 \text{ V}$。

11. $U_{ab} = 13 \text{ V}$，上方支路电流 $I_1 = 1 \text{ A}$ 从右向左，中间支路电流 $I_2 = 1 \text{ A}$ 从右向左，下方支路电流 $I_3 = 2 \text{ A}$ 从左向右。

提示 本题可以利用基尔霍夫方程组求解，设上方支路电流 I_1 从右向左，中间支路电流 I_2 从右向左，根据节点电流方程，下方支路电流 $I_3 = I_1 + I_2$ 从左向右。对上下两个最小回路单元列出回路电压方程

$$-4I_2 + 18 - I_2 + 6I_1 - 20 + I_1 = 0$$
$$7 + 1(I_1 + I_2) + 2(I_1 + I_2) + I_2 - 18 + 4I_2 = 0$$

解得

$$I_1 = 1 \text{ A}, \quad I_2 = 1 \text{ A}$$
$$U_{ab} = -4I_2 + 18 - I_2 = 13(\text{V})$$

12. $U_{ab} = -0.63 \text{ V}$。

提示 利用基尔霍夫方程组设出各条支路的电流，然后求解过程与第 11 题类似。设通过 E_1 的电流为 I_1，从上到下；通过 E_2 的电流为 I_2，从上到下；通过 E_3 的电流为 I_3，从上到下。列出节点电流方程

$$I_1 + I_2 + I_3 = 0$$

分别在左右两个回路中列出回路电压方程

$$-E_1 + I_1R_1 - I_2R_2 + E_2 = 0$$
$$-E_2 + I_2R_2 - E_3 - I_3R_3 = 0$$

联立上述各式,可解得 I_1、I_2、I_3,则

$$U_{ab} = -E_1 + I_1R_1 = -0.63 \text{ V}$$

13. (1) 0.29 A;(2) 0.24 W;(3) 0.78 W。

提示 设通过 E_1 的电流为 I_1,从右向左;通过 E_2 的电流为 I_2,从右向左。根据节点电流方程,可知通过 E_3 的电流应该是 $I_1 + I_2$,从右向左。在两个回路中列出回路电压方程

$$E_1 + I_1(r_1 + R_1) - I_2r_2 - E_2 = 0$$
$$E_1 + I_1(r_1 + R_1) - E_3 + (I_1 + I_2)(r_3 + R_2) = 0$$

由上述二式可解出各条支路的电流 I_1、I_2。

电源 E_3 对外供给的功率为

$$P = [E_3 - (I_1 + I_2)r_3] \cdot (I_1 + I_2)$$

14. 6 V。

提示 本题的思路在于将除 E_2 以外的电路想象成一个等效电源,这个等效电源给 E_2 充电。现在要求 E_2 增加 1.5 V,但充电电流不变,相当于使得等效电源的电动势 U_{AB} 也增加 1.5 V,然后据此反算 E_1 的增加量。

先设出各条支路的电流:设电流 I_1 从左向右流经上方支路左侧 R,电流 I_2 从左向右流经下方支路左侧电阻 R,电流 I 从下向上流经电源 E_2。I 不变,即

$$\Delta U_{AB} = \Delta E_2 = 1.5 \text{ V}$$

电源 E_1 两端的电压为

$$I_1 R + (I_1 + I) \cdot 3R = I_2 R + (I_2 - I)R$$

得

$$I_2 = 2I_1 + 2I$$

I 不变,所以

$$\Delta I_2 = 2\Delta I_1$$

因为

$$(\Delta I_1 - \Delta I_2)R = -\Delta U_{AB}$$

所以

$$\Delta I_1 = \frac{1.5 \text{ V}}{R}$$

于是

$$\Delta E_1 = \Delta I_1 \cdot 4R = 6 \text{ V}$$

2.5 含容电路

1. 含容电路的稳态和暂态

(1) 含容电路的稳态

本章中的含容电路指的是电路中包含电容器的直流电路。稳态是指电路中各处的电压和电流都不随时间发生变化的状态。在达到稳态的电路中,电容器可认为处于断路状态,不会影响电路中其他部分电流分布。

(2) 含容电路的暂态

电容器接入直流电路后,会在短暂的一段时间内进行充电或者放电,并在最终趋于稳态,这个充放电的过程称为暂态过程。研究暂态过程的基本方法还是闭合电路欧姆定律。

2. 电容器的串联及其特点

如图 2.5.1 所示,将多个电容器首尾依次相连称为电容的串联。常用到电容器串联的

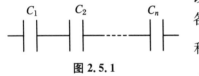

图 2.5.1

以下特点:① 给串联好的原本均不带电的电容器充电后,各个电容器具有相同的电荷量;② 各个电容器的电压之和等于总电压;③ 总电容的计算表达式为 $\frac{1}{C} = \frac{1}{C_1} + \frac{1}{C_2} + \cdots + \frac{1}{C_n}$;④ 电压分配与电容成反比。

对于特点③,证明如下:如图 2.5.1 所示,流入电容器组的电荷 Q 全部进入第一个电容器的左极板,所以其右极板带 $-Q$,于是第二个电容器的左极板也带 Q,右极板带 $-Q$,故串联总电容为

$$C = \frac{Q}{U} = \frac{Q}{U_1 + U_2 + \cdots + U_n} = \frac{Q}{\frac{Q}{C_1} + \frac{Q}{C_2} + \cdots + \frac{Q}{C_n}}$$

整理得

$$\frac{1}{C} = \frac{1}{C_1} + \frac{1}{C_2} + \cdots + \frac{1}{C_n}$$

3. 电容器的并联及其特点

如图 2.5.2 所示,将多个电容器首首相连且尾尾相连的情况称为电容的并联。常用到电容器并联的以下特点:① 各个电容器电压相等;② 总电量等于各个电容器电量之和;③ 总电容的计算表达式为 $C = C_1 + C_2 + \cdots + C_n$;④ 电量分配与各个电容器的电容成正比。

对于特点③,证明如下:如图 2.5.2 所示,流入电容器组的电荷 Q 分别进入所有电容器

的左极板,因而有
$$Q = Q_1 + Q_2 + \cdots + Q_n$$
故并联总电容为
$$C = \frac{Q}{U} = \frac{Q_1 + Q_2 + \cdots + Q_n}{U} = C_1 + C_2 + \cdots + C_n$$
整理得
$$C = C_1 + C_2 + \cdots + C_n$$

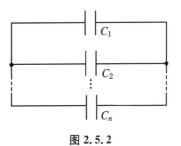

图 2.5.2

电容器并联时电容增大,例如增大平行板电容器的正对面积可看成就是将多个电容器并联。电容器串联时,电容虽然减小,但是提高了耐压能力。串联时,总电压分配在各个电容器上,因此串联电容器组有着比每个电容器都高的耐压能力。

 核心问题讨论

1. 电容器充电和放电过程中电流随时间如何变化?

不管是暂态电路还是稳态电路,处理的基本方法都是利用闭合电路欧姆定律。注意到电容器两极板间的电压由电容器两板上的带电量决定,所以我们一般假设电容器某一个极板的带电量为 $q(t)$,这样电容器两极板间的电压为 $q(t)/C$,支路上的电流就可以表示为 $\mathrm{d}q/\mathrm{d}t$,然后依次表示出电路中各个元件的电势变化,应用基尔霍夫电压方程即可求解。

例题 1 在图 2.5.3 所示的电路中,开始时电容器不带电。求闭合开关后,电路中的电流 i 随时间 t 的变化关系 $i(t)$。

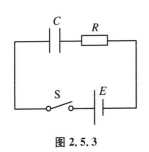

图 2.5.3

分析 我们假设电容器在充电过程中某一时刻,电容器左极板的带电量为 $q(t)$,则电路中的电流可以表示为 $i(t) = \dfrac{\mathrm{d}q}{\mathrm{d}t}$,对电路列出基尔霍夫电压方程,即电容器两极板间的电压与电阻 R 两端的电压之和等于电源电动势。然后求解微分方程即可得到 $q(t)$ 的关系式,然后将 $q(t)$ 的关系式对时间求导就得到了电流 $i(t)$。

解 设电容器左极板的带电量为 $q(t)$,则有
$$\frac{q}{C} + iR = \varepsilon$$
即
$$\frac{q}{C} + \frac{\mathrm{d}q}{\mathrm{d}t}R = \varepsilon$$
将这个微分方程分离变量,得

$$\frac{\mathrm{d}q}{\varepsilon - \dfrac{q}{C}} = \frac{1}{R}\mathrm{d}t$$

考虑初始条件,积分得

$$\int_0^q \frac{\mathrm{d}q}{\varepsilon - \dfrac{q}{C}} = \int_0^t \frac{\mathrm{d}t}{R}$$

$$q(t) = \varepsilon C(1 - \mathrm{e}^{-\frac{t}{RC}})$$

上式对时间 t 求导,得电路中的电流 i 随时间 t 的变化关系

$$i(t) = \frac{\mathrm{d}q}{\mathrm{d}t} = \frac{\varepsilon}{R}\mathrm{e}^{-\frac{t}{RC}}$$

点拨 (1)我们作出 RC 电路中电容器所带电量 q 与时间 t 的关系图像,如图 2.5.4 所示。根据上述表达式,结合图像,我们可以得到以下结论:

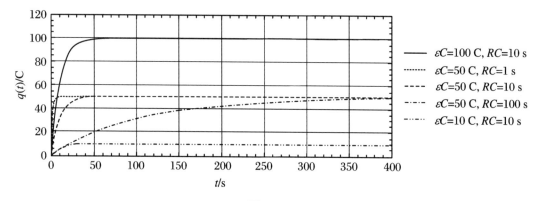

图 2.5.4

① 在电路达到稳态后,因为电容器本身相当于一个断路,所以电路中的电流必为零,这时电阻两端的电势差为零,电容器两端的电势差与电源电动势 ε 相同,故此时电容器极板上的带电量为 εC。在图中不同的 εC 对应不同的电容器稳态时的带电量。

② 根据 $q(t)$ 关系,电容器极板上的带电量随时间按照指数关系变化,式中的 RC 具有时间的量纲。我们用 τ 表示,即 $\tau = RC$。

当 $t = \tau$ 时,$q(\tau) = \varepsilon C(1-\mathrm{e}^{-1}) = 0.632\varepsilon C$,也就是说 τ 等于电容器两极板上的电量从 0 增加到最大值的 63.2% 所需要的时间;当 $t = 5\tau$ 时,可以计算出此时 $q(\tau) = \varepsilon C(1-\mathrm{e}^{-5}) = 0.993\varepsilon C$,即经过 5τ 时间,电容器极板上的电量基本已经达到最大,暂态过程基本结束。由此可见,$\tau = RC$ 是标志 RC 回路中暂态过程持续时间长短的物理量,我们将其称为 RC 电路暂态电路的时间常数。

从图像中也可以看到,时间常数 τ 越大,电容器极板电量达到稳定值所需要的时间就越长。我们可以定性地分析出,R 越大,充电电流越小,C 越大,同等情况下电容器极板能容纳的电量就越多,因此充满电所需要的时间越长。当然,严格来讲,完全达到最大值需要的时间是无穷长。

（2）我们再作出该 RC 电路的电流 i 随时间 t 的关系图像,如图 2.5.5 所示。根据上述表达式,结合图像,我们可以得到以下结论:

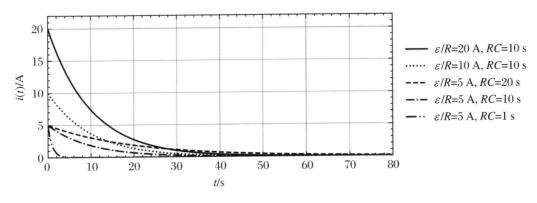

图 2.5.5

① 电流 i 随时间的变化也是指数形式,当 $t=0$ 时,电容器两端电压为 0,这时电源电压直接加在电阻 R 上,使得这时流过 R 的电流为 ε/R,之后随着电容器的充电,电容器两端的电压越来越高,加在电阻 R 两端的电压逐渐减小,根据欧姆定律,流过电阻的电流也逐渐减小,电容器的充电也越来越慢。当 $t=\tau=RC$ 时,电路中的电流变为最大电流的 36.8%;当 $t=5\tau$ 时,电路中的充电电流约为最大电流的 0.7%,此时可以认为暂态过程已经结束。

② 考虑一种极限情况,如果电路中没有电阻,只有一个理想的电容,那么我们可以得到时间常数 $\tau=0$,且 $5\tau=0$,也就是说闭合开关的瞬间,充电过程就结束了。这时电路中电源提供的能量为 $W=\varepsilon Q=\varepsilon^2 C$,而电容器获得的电场能为 $E=\varepsilon Q/2=\varepsilon^2/(2C)$,可以看到电源提供的能量是电容器获得的能量的 2 倍,那么另外的 $\varepsilon^2/(2C)$ 的能量去哪里了?

正确的答案是能量以电磁辐射的形式辐射出去了。如果电路中没有电阻,那么电路中的电流在无穷小的时间内发生了突变,迅速变化的电流产生了电磁波,消耗了能量。

如果电路中的电阻不为零,那么电流不会发生突变,虽然电流的变化也会形成电磁波,但是这部分能量极小,往往可以忽略不计。在这种情况下我们仅考虑电流通过电阻产生的焦耳热,根据能量守恒可以发现这部分焦耳热等于电源做的功 $\varepsilon^2 C$ 减去电容器获得的静电能 $\varepsilon^2/(2C)$,因此也是 $\varepsilon^2/(2C)$。

2. 如何求解简单电容电路的等效电容值?

简单电路是指电路元件可以化简为简单的串、并联形式的电路,而复杂电路是指电路元件不能化简为简单的串、并联形式的电路。求解简单电容电路的等效电容值,关键是认清各电容之间的串、并联关系,然后根据电容器之间的串、并联关系即可求解。

例题 2　面积为 S、极板间距为 d 的平行板电容器,在其内部插入一块面积为 $S/2$、厚度为 $d/2$ 的金属板,如图 2.5.6 所示。已知真空中的介电常数为 ε_0,不考虑边沿效应,求 A、B 间的等效电容值。

分析　金属板的上沿和 A 板的正对部分构成电容器;金属板的下沿和 B 板的正对部分

构成电容器。因此我们可以将原题情形等效成图 2.5.7 所示的电容器的串、并联,再应用电容器的串、并联关系求解即可。

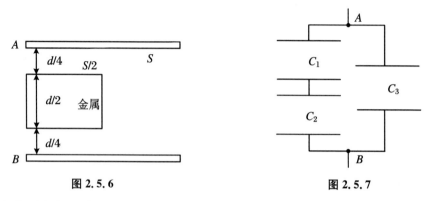

图 2.5.6　　　　　　　　　图 2.5.7

解　根据平行板电容器电容值表达式,可知

$$C_1 = C_2 = \frac{\varepsilon_0 \frac{S}{2}}{\frac{d}{4}} = 2\frac{\varepsilon_0 S}{d}, \quad C_3 = \frac{\varepsilon_0 \frac{S}{2}}{d} = \frac{\varepsilon_0 S}{2d}$$

再根据电容器串、并联关系,可知

$$C_总 = \left(\frac{1}{C_1} + \frac{1}{C_2}\right)^{-1} + C_3$$

联立以上两式,得

$$C_总 = \frac{3\varepsilon_0 S}{2d}$$

点拨　在带电的平行板电容器之间插入金属板,金属板内部的电场为零,其他部分的电场不变,根据 $U = Ed$ 可知两板之间的电势差变小,所以两板之间的电容变大。这个过程可以看成是平行板电容器公式 $C_总 = \varepsilon_0 \frac{S}{d}$ 中的 d 变小了。

例题 3　(2017 年清华领军卷)如图 2.5.8 所示,一电容器由三块金属板构成,中间两块金属板之间填充了相对介电常数为 ε_r 的介质,中间两块极板面积为 S。已知真空介电常量为 ε_0,求此电容器的电容大小。

分析　图 2.5.8 中,与"+"相连的极板有着两重身份,一方面它与"-"极板构成电容器,另一方面它与最上面的极板构成电容器。同理,与"-"相连的极板也有两重身份,一方面它与"+"极板构成电容器,另一方面它与最下面的极板构成电容器。所以本题涉及三个电容器之间的串、并联关系。

解　该电容可看作由三个电容组成,其等效电路如图 2.5.9 所示。其中 C_0 的大小计算公式为

$$C_0 = \varepsilon_0 \frac{S}{d}$$

则总电容为

$$C_{总} = \frac{\varepsilon_r C_0}{2} + \frac{1}{\dfrac{1}{C_0} + \dfrac{1}{C_0}} = \frac{1}{2}(\varepsilon_r + 1)\varepsilon_0 \frac{S}{d}$$

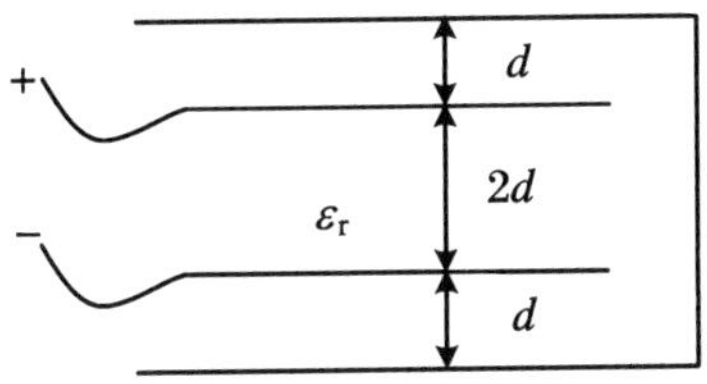

图 2.5.8 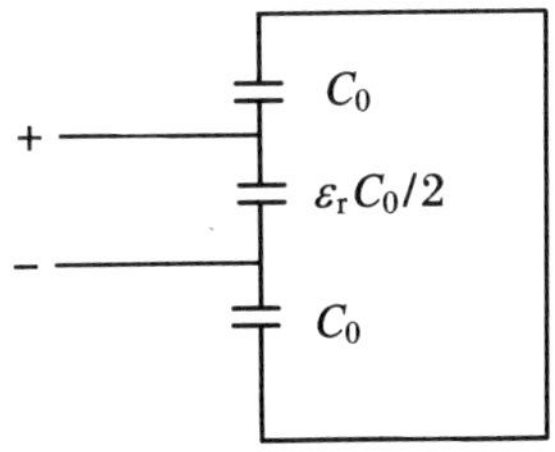　　图 2.5.9

点拨　在本题中,通过导线连接的两个金属板电势相同,在等效电路中应视为同一个金属板。如果我们想用电容器串、并联的方式去求解简单电容电路的等效电容值,关键在于要能识别出各电容器之间的串、并联关系,这需要做一定量的练习题才能熟能生巧。

3. 如何将复杂电容电路简化?

求解复杂电容电路和复杂电阻电路有许多相似性:例如,不管是复杂电容电路还是复杂电阻电路,根据对称性和相似性进行化简一定是第一步,然后才考虑其他的方法;再如,求解复杂电容电路和复杂电阻电路的基本办法都是利用基尔霍夫方程组,如果是纯电容电路,那么节点电流方程可以由"孤岛"的电荷守恒方程来替代,其余步骤与求解复杂电阻电路的步骤相同。

例题 4　在图 2.5.10 所示的纯电容网络中,已知 AG 支路上的电容为 $2C$,其余每一个电容都是 C。试求该网络 A、E 两点间的等效电容 C_{AE}。

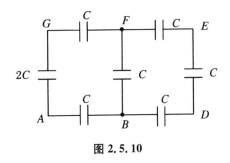

图 2.5.10

分析　由于对称性并不存在,本题中 A、E 两点间的等效电容网络并不是简单电路,我们先尝试使用基尔霍夫方程组来求解。

解　首先将电路进行简单的化简,并设出电容器各个极板上的带电量,标记在图上,如图 2.5.11 所示。

对 F 点列电荷守恒方程,有

$$q_4 + q_3 - q_1 = 0$$

对 B 点列电荷守恒方程,有

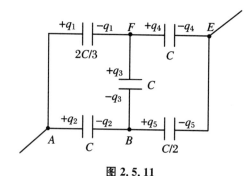

图 2.5.11

$$q_5 - q_2 - q_3 = 0$$

对回路 $AFBA$ 列出回路电压方程,有

$$\frac{q_1}{\frac{2}{3}C} + \frac{q_3}{C} - \frac{q_2}{C} = 0$$

对回路 $FEBF$ 列出回路电压方程,有

$$\frac{q_4}{C} - \frac{q_5}{\frac{C}{2}} - \frac{q_3}{C} = 0$$

以上方程联立求解,将 q_2、q_3、q_4 和 q_5 都用 q_1 表示,有

$$\begin{cases} q_2 = \dfrac{7}{6} q_1 \\ q_3 = -\dfrac{1}{3} q_1 \\ q_4 = \dfrac{4}{3} q_1 \\ q_5 = \dfrac{5}{6} q_1 \end{cases}$$

再用 q_1 将 A、E 两点间的电压 U_{AE} 表示出来,有

$$U_{AE} = \frac{q_1}{\frac{2}{3}C} + \frac{q_4}{C} = \frac{17}{6C} q_1$$

于是 A、E 间的电容可以表示为

$$C_{AE} = \frac{q_1 + q_2}{U_{AE}} = \frac{13}{17} C$$

点拨 (1) 通过上面的求解过程我们很容易发现,含容电路中的电量在形式上与电阻电路的电流类似。比较 $R = U/I$ 和 $1/C = U/Q$,若我们将电容器取倒数,则会发现 $1/C$ 与 U、Q 的关系在数学上和 R 与 U、I 的关系一样,因此 R 的串、并联规律和 $1/C$ 的串、并联规律一样。基于上述考虑,我们可以在进行等效电容的计算时,将 $1/C$ 看成是电容 C 对应的"类电阻"。

(2) 接下来我们用这种"类电阻"的方法来推导电容器的 Y-△ 变换。在图 2.5.12(a) 中,已知 Y 形接法中三个电容 C_A、C_B 和 C_C,试求对应的图(b)中的 △ 形接法中的等效电容 C_{AB}、C_{AC} 和 C_{BC}。

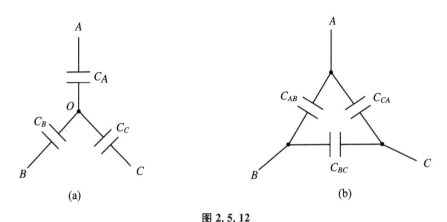

图 2.5.12

我们先将所有的电容对应的"类电阻"写出来,然后代入电阻的 Y-△ 变换公式,有

$$\frac{1}{C_{AB}} = \frac{\frac{1}{C_A}\frac{1}{C_B} + \frac{1}{C_A}\frac{1}{C_C} + \frac{1}{C_B}\frac{1}{C_C}}{\frac{1}{C_C}} = \frac{C_A + C_B + C_C}{C_A C_B}$$

由此解得

$$C_{AB} = \frac{C_A C_B}{C_A + C_B + C_C}$$

同理,有

$$C_{BC} = \frac{C_B C_C}{C_A + C_B + C_C}$$

$$C_{CA} = \frac{C_C C_A}{C_A + C_B + C_C}$$

我们再将"类电阻"代入电阻的 △-Y 变换公式,有

$$\frac{1}{C_A} = \frac{\frac{1}{C_{AB}}\frac{1}{C_{CA}}}{\frac{1}{C_{AB}} + \frac{1}{C_{BC}} + \frac{1}{C_{CA}}} = \frac{C_{BC}}{C_{BC}C_{CA} + C_{AB}C_{BC} + C_{CA}C_{AB}}$$

即得

$$\begin{cases} C_A = \dfrac{C_{BC}C_{CA} + C_{AB}C_{BC} + C_{CA}C_{AB}}{C_{BC}} \\ C_B = \dfrac{C_{BC}C_{CA} + C_{AB}C_{BC} + C_{CA}C_{AB}}{C_{CA}} \\ C_C = \dfrac{C_{BC}C_{CA} + C_{AB}C_{BC} + C_{CA}C_{AB}}{C_{AB}} \end{cases}$$

(3) 用 Y-△ 变换公式重新计算一遍上述例题中的等效电容 C_{AE}。我们将原电路简化

简得到图 2.5.13,然后将 AFEB 这个Y形电容电路转化为△形电路,变换后的电路如图 2.5.14 所示。

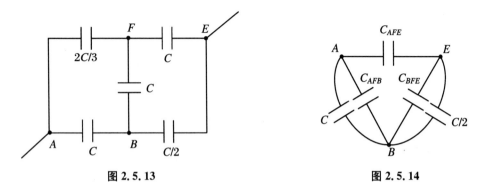

图 2.5.13　　　　　　　　图 2.5.14

C_{AFE}、C_{AFB} 和 C_{BFE} 满足关系

$$C_{AFE} = \frac{\frac{2}{3}C \cdot C}{\frac{2}{3}C + C + C} = \frac{1}{4}C$$

$$C_{AFB} = \frac{\frac{2}{3}C \cdot C}{\frac{2}{3}C + C + C} = \frac{1}{4}C$$

$$C_{BFE} = \frac{C \cdot C}{\frac{2}{3}C + C + C} = \frac{3}{8}C$$

这样,我们就通过Y-△变换将复杂电路转变成了简单电路。A、E 间可以看成是上下两条支路的并联,其中下支路又可以视为 C_{AFB} 和 C 的并联、C_{BFE} 和 $C/2$ 的并联,之后两者再串联。于是

$$C_{AE} = C_{AFE} + \frac{35C}{68} = \frac{13C}{17}$$

这和由基尔霍夫方程组得到的结论相同。这两种办法没有优劣之分,同学们可以根据自己的习惯来选择。

习题实战演练

基　础　练　习

1. 在图 2.5.15 所示的电路中,电源的电动势为 E、内电阻为 r,C 为电容器,R_0 为定值电阻,R 为滑动变阻器。开关闭合后,灯泡 L 能正常发光。当滑动变阻器的滑片向右移动时,下列判断中正确的是　　　　　　　　　　　　　　　　　　　　　　　　(　　)

A. 电压表示数将减小   B. 灯泡 L 将变亮
C. 电容器 C 的电容将减小   D. 电容器 C 的电荷量将增大

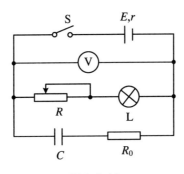

图 2.5.15

2. 在图 2.5.16 所示的电路中,电源的负极接地,其电动势为 E、内电阻为 r,R_1、R_2 为定值电阻,R_3 为滑动变阻器,C 为电容器,Ⓐ、Ⓥ 为理想电流表和电压表。在滑动变阻器的滑片 P 自 a 端向 b 端滑动的过程中,下列说法中正确的是   (   )

A. 电压表示数变小   B. 电流表示数变小
C. 电容器 C 所带电荷量增多   D. a 点的电势降低

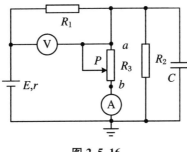

图 2.5.16

3. 在图 2.5.17 所示的电路中,$E = 10\text{ V}$,$r = 1\text{ }\Omega$,$C_1 = C_2 = 30\text{ }\mu\text{F}$,$R_1 = 3\text{ }\Omega$,$R_2 = 6\text{ }\Omega$,先闭合开关 S,待电路稳定后,再将 S 断开,则断开 S 后流过电阻 R_1 的电量为多少?

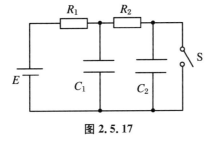

图 2.5.17

4. 四个电容 C_1、C_2、C_3 和 C_4 都已知,分别求图 2.5.18 所示两种接法中 A、B 间的电容。

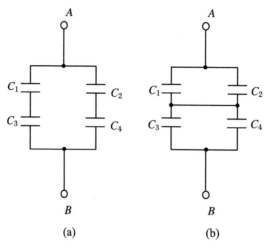

图 2.5.18

5. 四个电容器的电容都是 C，分别按图 2.5.19 所示两种方式连接，求 A、B 间的电容，哪种接法总电容较大？

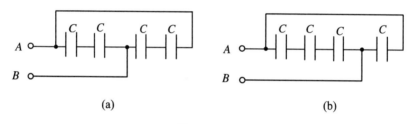

图 2.5.19

6. 四个电容器的电容分别为 C_1、C_2、C_3 和 C_4，如图 2.5.20 所示相连，试求：
(1) A、B 间的电容；
(2) D、E 间的电容；
(3) A、E 间的电容。

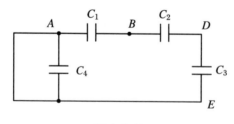

图 2.5.20

提 高 练 习

7. 5个电容均为 C_0 的电容器采用图2.5.21所示的方式连接。求 A、B 两点间的等效电容 C_{AB}。

8. 如图2.5.22所示,已知 $R_1 = 1\,\Omega$,$R_2 = 2\,\Omega$,$C_1 = 1\,\mu\text{F}$,$C_2 = 2\,\mu\text{F}$,在 c、d 两点外加电压 $U_{cd} = U_c - U_d = 6\,\text{V}$。试求:

(1) 当开关 S 断开时,a、b 两点间的电势 U_a 和 U_b;

(2) 当开关 S 接通时,a、b 两点间的电势 U_a 和 U_b;

(3) 在开关 S 接通后,流过 S 的正电荷及流动方向。

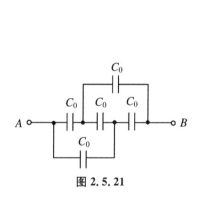

图 2.5.21

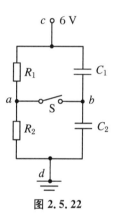

图 2.5.22

9. 两个电容器的电容之比 $C_1:C_2 = 1:2$,把它们串联后接到电源上充电,它们的电能之比是多少? 如果并联充电,电能之比是多少?

10. 在图2.5.23所示的电路中,已知 $R_1 = R_2 = R_3 = R_4 = 20\,\Omega$,$E = 100\,\text{V}$,$r = 10\,\Omega$,$C = 10^{-6}\,\text{F}$。开关 S 闭合,对电容器进行充电,再将开关 S 断开,试求通过电阻 R_2 的电量。

11. 如图2.5.24所示,两个电池的电动势 $E_1 = 4E$,$E_2 = E$,电容器 C_1、C_2 的电容均为 C,电阻器 R_1、R_2 的阻值均为 R。问:当开关 S 由位置1转换到位置2后,在电阻 R_2 上消耗的热量是多少?

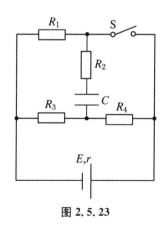

图 2.5.23

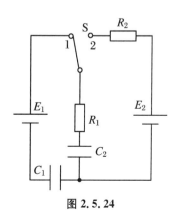

图 2.5.24

12. 11张金属箔片平行排列,奇数箔片连接在一起作为电容器的一极,偶数箔片连接在一起作为另外一极,如图2.5.25所示。已知每张箔片的面积都是S,相邻箔片的间距都是d,真空中的介电常数为ε_0,不计边缘效应,求总的电容值。

图 2.5.25

13. 在图2.4.26所示的电路中,先将开关接1对电容器进行充电。已知电阻的阻值R、电容器的电容C和理想电源的电动势E。

(1) 求该电路的时间常数τ。

(2) 经过几倍τ的时间,电容器两端的电压升高至电源电动势的一半?

(3) 当电容器充满电后,将开关拨至2,使电容器放电,求电路中的电流-时间关系式$i(t)$。

(4) 从放电时开始计时,经过几倍τ的时间,电容器所存储的能量减少为原来的一半?

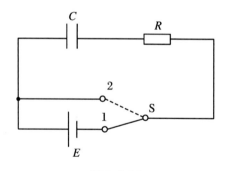

图 2.5.26

《参考答案》

1. D。
2. D。
3. $Q = 4.2 \times 10^{-4}$ C。
4. $C_a = \dfrac{C_1 C_3}{C_1 + C_3} + \dfrac{C_2 C_4}{C_2 + C_4}$; $C_b = \dfrac{(C_1 + C_2)(C_3 + C_4)}{C_1 + C_2 + C_3 + C_4}$。
5. $C_a = C$, $C_b = \dfrac{4C}{3}$。
6. (1) $C_{AB} = \dfrac{C_1 C_2 + C_2 C_3 + C_3 C_1}{C_2 + C_3}$; (2) $C_{DE} = \dfrac{C_1 C_2 + C_2 C_3 + C_3 C_1}{C_1 + C_2}$; (3) A、E 间短

路,相当于 $C_{AE} = \infty$。

7. $C_{AB} = C_0$。

提示 画出该电路的等效电路图,如图 2.5.27 所示。中间的电容连接在两等势点中间,可以拆除,所以 A、B 间的等效电容是两个 C_0 电容先串联,然后左右两个支路再并联。

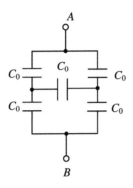

图 2.5.27

8. (1) $U_a = 4$ V, $U_b = 2$ V;(2) $U_a = U_b = 4$ V;(3) 由 a 流向 b 的电量为 $6\,\mu$C。

提示 (1) S 断开时,先计算左侧回路,电流为 $I = \dfrac{U_{cd}}{R_1 + R_2} = 2$ A,因此 $U_a = IR_2 = 4$ V;再计算右侧回路,设电容器带电量为 Q,有 $\dfrac{Q}{C_1} + \dfrac{Q}{C_2} = U_{cd}$,可得 $Q = 4\,\mu$C,所以 $U_{bd} = \dfrac{Q}{C_2} = 2$ V。

(2) 当开关 S 接通时,a、b 两点等电势,故 $U_a = U_b = 3$ V。

(3) 当开关 S 接通,且电路处于稳定状态时,C_1 和 C_2 两端的电压分别为 2 V 和 4 V,因此 C_1 下极板带负电荷 $-2\,\mu$C,C_2 上极板带正电荷 $8\,\mu$C,总带电量为 $6\,\mu$C,这些电量都是通过 S 从左侧流到右侧支路电容器极板上的,故流过 S 的正电荷为 $6\,\mu$C,方向为从 a 到 b。

9. 串联时 $W_1 : W_2 = 2 : 1$;并联时 $W_1 : W_2 = 1 : 2$。

提示 串联的两电容器电量相同,设为 Q,则有

$$W_1 : W_2 = \dfrac{Q^2}{2C_1} : \dfrac{Q^2}{2C_2} = C_2 : C_1 = 2 : 1$$

并联充电时,两电容器的电压相同,设为 U,则有

$$W_1 : W_2 = \dfrac{U^2 C_1}{2} : \dfrac{U^2 C_2}{2} = C_1 : C_2 = 1 : 2$$

10. $\dfrac{480}{7}\,\mu$C。

提示 开关闭合时 C 并联在 R_4 两端,电流通路为 R_1 与串联的 R_3、R_4 并联,外电阻 $R = \dfrac{40}{3}\,\Omega$,$U_{R_4} = \dfrac{200}{7}$ V,则电容器上电量 $q = CU_{R_4} = \dfrac{200}{7}\,\mu$C,且上极板带正电。

开关断开后,电流通路为 R_3、R_4 串联,C 并联在 R_3 两端,此时 $U_{R_3} = 40$ V,电容器上电量 $q' = CU_{R_3} = 40\,\mu$C,且上极板带负电,可知通过电阻 R_2 的电量为 $\dfrac{480}{7}\,\mu$C。

11. $Q = \dfrac{1}{4}CE^2$。

提示 开关 S 在位置 1 时，C_2 两端电压为 $2E$，带电量为 $2CE$，上正下负。当开关在位置 2 时，稳定后 C_2 两端电压为 E，上正下负，于是知道 $q = CE$ 的电量流过了电阻 R_2。因为两个电阻的阻值相同，所以它们在通过相同的电量时产生的热量也相同。于是对开关在位置 2 时的电路在稳定前后列出能量守恒关系式

$$\frac{1}{2}C(2E)^2 - \frac{1}{2}CE^2 = 2Q + qE$$

得

$$Q = \frac{1}{4}CE^2$$

12. $C_\text{总} = 10\dfrac{\varepsilon_0 S}{d}$。

提示 假设奇数极板带正电，偶数极板带负电，则这相当于 10 个平行板电容器的并联。

13. (1) $\tau = RC$；(2) $t = \ln 2\,\tau = 0.693\tau$；(3) $i(t) = \dfrac{E}{R}\mathrm{e}^{-\frac{t}{RC}}$；(4) $t = \sqrt{2}\tau$。

提示 对于第 2 问，仿照例题写出充电时电容器两端电压的 $U(t)$ 关系式，为

$$U(t) = E(1 - \mathrm{e}^{-\frac{t}{RC}})$$

令 $U = \delta C/2$ 即可得到结果。

对于第 3 问，设某时刻电容器两极板的带电量为 q，列出欧姆定律方程 $\dfrac{q}{C} = \dfrac{\mathrm{d}q}{\mathrm{d}t}R$，求解即可得到 $q(t) = C\delta \mathrm{e}^{-\frac{t}{RC}}$，然后再将 q 对 t 求导得到 $i(t)$。

对于第 4 问，只需电容器两端的电压变为原来的 $\dfrac{\sqrt{2}}{2}$ 即可。

第 3 章 磁　　场

人们对磁现象的认识由来已久。早在 2000 多年前，我国春秋战国时期的一些著作，如《管子·地数篇》《山海经·北山经》《吕氏春秋·精通》等就有关于磁石的记载与描述。到了东汉时期，著名思想家王充在《论衡》中描述的"司南勺"是我国古代四大发明之一，被认为是最早的磁性指南器具。北宋科学家沈括在其《梦溪笔谈》中首次明确记载了"指南针"，他还在其中记录了天然强磁体通过摩擦进行人工磁化制作指南针的方法。

1820 年，奥斯特发现了电流的磁效应，表明"电能生磁"，使电与磁第一次建立起了直接的联系。1831 年，法拉第发现了电磁感应现象，表明"磁能生电"，使电与磁实现了相互转化。1865 年，麦克斯韦提出了麦克斯韦方程组的最初形式，概括和发展了电磁理论，预言了电磁波的存在，使电与磁交织在了一起。

从奥斯特发现电流的磁效应到今天，仅有大约 200 年的时间，电磁学理论以及我们的生活都发生了翻天覆地的变化。当麦克斯韦写下著名的方程组，并预言了电磁波的存在时，他可能没想到，仅仅 100 多年的时间里，交流电的发明点亮了千家万户。随后我们逐渐实现了"顺风耳"——电报电话、"千里眼"——视频通信，无线网络技术让我们的生活品质更上一层楼。上海、北京相继开通的磁悬浮轨道交通线路，让磁悬浮技术真正走入我们的生活。

课内知识告诉我们，"电"与"磁"本不分。然而在学习电磁部分时，相信不少小伙伴都有这样的感觉：学习电场时，好像还挺明白；一旦学习磁场，就容易糊涂。这是为什么呢？笔者认为，磁场相较于电场似乎更为复杂的原因来自两个方面。

一方面，我们很难说清楚磁场的来源。我们都知道，电场的"场源"与电荷有关。从宏观角度来说，电场来源于带电体，我们时刻都能感知到带电体，例如冬季脱掉外衣之后，我们自身很可能就是一个带电体；从微观角度来说，带电是微观粒子的内禀属性。而磁场来源于哪里呢？从宏观上来说，电流的周围存在磁场；但从微观上来说，我们还没有探测到磁单极子。爱因斯坦利用狭义相对论将电场与磁场用所谓的"相对论电磁场变化"统一起来，这让人难以琢磨与理解。

另一方面，磁场对电流或者动电荷的作用力是"切向力"，遵循矢量叉乘的数学运算法则，这就比电场的数学计算处理要复杂得多。电场与电荷之间的作用力性质是"径向力"，学习者判定电场力的大小和方向比磁场力的难度要小很多。

基于以上问题，通过本章五节内容的学习，希望同学们对于磁场的认识能够深入一步。3.1 节是"磁场的大小与方向"。在课内学习磁场时，我们认识到电流周围具有磁场。但从来没有直接利用电流的大小和回路的构型定量计算空间中的磁场分布，本节我们着力解决这个问题。3.2 节是"安培力"。相较于课内对安培力进行更加深入的研究，并由此引入"磁矩"的概念。3.3节是"洛伦兹力"。课内仅解决了速度方向与磁场垂直时的问题，大量的科研实际中，都会面临速度方向与磁场有一定夹角的问题。这时我们应当如何处理呢？3.4节是"复合场中带电粒子的运动"。这节的内容是在课内学习的基础上，将进一步介绍处理电磁复合场中带电粒子的运动的方法——配速法。3.5节是"应用电磁场的几种常见仪器"。有了前四节的理论铺垫，通过本节的学习，我们将体会磁场对于科学研究的巨大帮助。

学习本章时，同学们一定要注意将磁场的各种计算规律和计算方法与电场的计算规律和计算方法进行对比，找出两者之间的相同与不同，这对于学习这两章内容会有所帮助。我们更希望通过这两种"场"的学习，同学们能够初步了解研究"场"的常用方法，无论是工程学中的"流体场"还是理论物理中的"规范场"，场的研究方法都有相通之处。

3.1 磁场的大小和方向

1. 毕奥-萨伐尔定律

在载流导线上任取一微元，用 Idl 表示该电流元。设电流元 Idl 在空间任一点 P 产生的磁感应强度为 dB，Idl 与位置矢量 r 的夹角为 θ。实验表明，在真空中有

$$dB = k\frac{Idl\sin\theta}{r^2}$$

其中 $k = \mu_0/(4\pi)$，且 μ_0 为真空中的磁导率，其值为 $4\pi\times10^{-7}$ N·A^{-2}。故上式常改写为

$$dB = \frac{\mu_0}{4\pi}\frac{Idl\sin\theta}{r^2}$$

另外，dB 的方向由 $Idl\times r$ 确定，即 Idl、r 和 dB 三者满足右手螺旋定则，如图 3.1.1 所示。

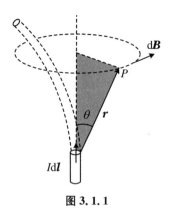

图 3.1.1

综上所述，电流元 $I\mathrm{d}l$ 在空间任意一点 r 处产生的磁感应强度可表示为

$$\mathrm{d}\boldsymbol{B} = \frac{\mu_0}{4\pi} \frac{I\mathrm{d}\boldsymbol{l} \times \boldsymbol{r}}{r^3}$$

需要说明以下几点：

(1) 毕奥-萨伐尔定律中的"电流元"的长度是无穷小的，所以"电流元"是一种理想模型。

(2) 磁场中的"电流元"模型与电场中的"点电荷"模型类似，电流元产生的磁感应强度的表达式和点电荷产生的电场强度的表达式也类似，不同的是"电流元"是个矢量，其方向为该小段电流的方向。

(3) 上述表达式仅给出了"电流元"在空间中某点产生的磁感应强度，要计算一整段电流在该点产生的磁感应强度就需要积分。

2. 磁场的安培环路定理

如图 3.1.2 所示，在恒定磁场中，磁感应强度 B 沿任意闭合环路 L（称为安培环路）的线积分，等于穿过该环路所有电流强度代数和的 μ_0 倍，即

$$\oint_L \boldsymbol{B} \cdot \mathrm{d}\boldsymbol{l} = \mu_0 \sum_{(L\text{内})} I$$

这就是磁场的安培环路定理。

需要说明以下几点：

(1) 虽然安培环路定理中的 I 只计算穿过环路的电流（与未穿过环路的电流无关），但是环路上任意一点的磁感应强度 B 却是所有电流（无论是否穿过环路）激发的场在该点叠加后的总场强。

(2) 安培环路定理中的 I 的正负规定为：当穿过回路 L 的电流方向与回路 L 的环绕方向服从右手螺旋定则时，I 取正，否则 I 取负，在图 3.1.2 所示的情况中，$\sum I = I_1 - 2I_2$。

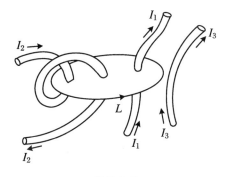

图 3.1.2

3. 磁场的高斯定理

由于磁感线是封闭的曲线，可以想象，若一条磁感线从封闭曲面的某处穿入，必定会从另一处穿出，因此通过任意封闭曲面的磁通量都恒等于 0，这就是磁场的高斯定理，表达式可写为

$$\oiint_S \boldsymbol{B} \cdot d\boldsymbol{S} = 0$$

下面我们尝试更深入地理解这一定理的物理意义。如果在场的范围内任取一个封闭曲面，若场强相对于面积的积分不为 0，则表示有场线穿入或穿出了曲面，却并未穿出或穿入，这就说明在封闭曲面内部包含场线的起点或终点，这样的点就是场源。满足这类高斯定理的场就是有源场，例如静电场，当曲面中包含点电荷时，就会使得穿过曲面的电通量不为 0。若对于场内的任意封闭曲面，上述积分都为 0，就说明在这样的场中完全不存在场线的起点或终点，即不存在场源。满足这类高斯定理的场就是无源场，磁场就是典型的无源场。磁场的无源特性表明自然界中不存在磁单极子。

核心问题讨论

1. 已知磁场的强弱，如何将磁场进行叠加？

描述磁场强弱的物理量是磁感应强度 B，磁感应强度是矢量，其叠加规律满足一般矢量叠加的普遍法则，即平行四边形法则或三角形法则。在进行磁感应强度叠加前，往往需要判断每个分磁感应强度的方向，这就要求我们非常熟悉常见的磁场的磁感线，如无限长通电直导线周围的磁感线是一系列同心圆环，通电螺线管和地球周围的磁感线与条形磁铁的磁感线分布类似。

例题 1 已知无限长通电细直导线周围 P 点的磁感应强度的大小 B，与电流的强度 I 成正比，与 P 点到通电直导线的垂直距离 r 成反比，即 $B = k\dfrac{I}{r}$，其中 k 为比例常数。

(1) 如图 3.1.3 所示，两根相互平行的长直细导线分别通有方向相反的电流 I_1 和 I_2，且 $I_1 > I_2$；a、b、c、d 为导线某一横截面所在平面内的四点，且 a、b、c 与两导线共面；b 点在两导线之间，b、d 的连线与导线所在平面垂直。a、b、c、d 点中磁感应强度可能为零的点有哪些？

(2) 如图 3.1.4 所示，两根相互平行的长直细导线分别通有方向相同的电流 I_1 和 I_2，且 $I_1 = I_2$；在垂直于两导线的一个平面内，O 为两导线连线的中点，P 为到两导线距离相等的一点，设 $PO = x$。已知两导线间的距离为 $2l$，问：x 为多大时，P 点的磁感应强度的值最大？

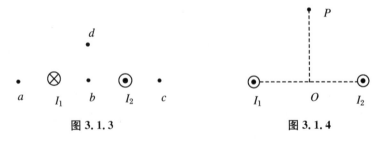

图 3.1.3   图 3.1.4

(3) 如图 3.1.5 所示，三根相互平行且共面的长直细导线分别通有方向相同的电流 I_1、

I_2 和 I_3，且 $I_1 = I_2 = I_3$；P 为导线某一横截面所在平面内的点，若 P 点的磁感应强度为零，则这样的 P 点有多少个？（提示：在计算导线所在位置磁场时，应该除去该导线自身产生的磁场。）

分析 本题的第 1 问较简单，根据无限长通电直导线周围的磁场分布，按照矢量叠加规则进行叠加即可。本题的第 2 问需要定量计算，根据题意，很容易写出 B 与 x 的函数关系，由该函数关系即可求出 B 的最值。当然，在实际操作过程中，往往写成 B 与 θ 的函数关系更容易求最值。本题的第 3 问的可能性较多，需要进行分类。如图 3.1.6 所示，以 B_1、B_2、B_3 分别代表三根导线在空间某处各自的磁感应强度，根据磁场的分布规律可知，在三根导线所在的平面外，总磁场在平行于三根导线所构成的平面方向一定有不为零的分量，因此磁感应强度不可能为零，所以磁感应强度为零的位置一定在三根导线所在的平面内，这样讨论的空间范围就大大缩小了。

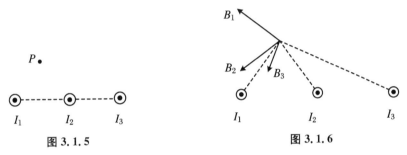

图 3.1.5　　　　　　　　图 3.1.6

解 （1）根据题意知两电流在 a 点产生的磁场方向相反，但始终都有 $B_1 > B_2$，所以合场强不可能为零；两电流在 b 点产生的磁场方向相同，所以合场强不可能为零；两电流在 c 点产生的磁场方向相反，由于 $I_1 > I_2$，I_1 到 c 点的距离大于 I_2 到 c 点的距离，可能存在 $B_1 = B_2$，所以合场强可能为零；两电流在 d 点产生的磁场都有垂直于两电流所在的平面向下的分量，所以合场强不可能为零。

综上所述，a、b、c、d 点中磁感应强度可能为零的点是 c 点。

（2）电流 I_1 和 I_2 产生的磁感应强度 B_1 和 B_2 的方向如图 3.1.7 所示，其大小都为

$$B = k\frac{I}{r}$$

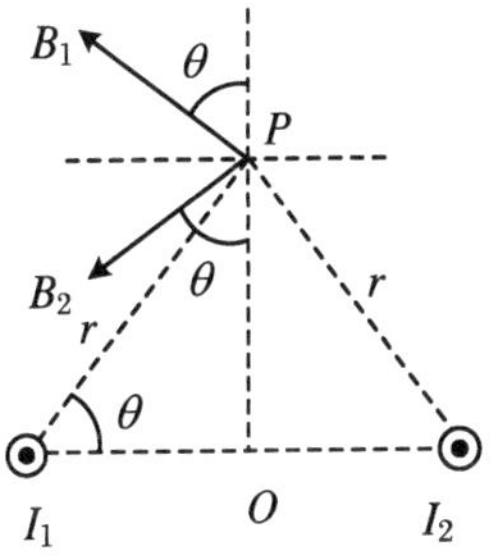

磁感应强度 B_1 和 B_2 在垂直于 I_1 和 I_2 所构成的平面的分量相互抵消，所以 P 点的合磁感应强度为

$$B_{合} = 2k\frac{I}{r}\sin\theta$$

图 3.1.7

考虑到 $r = \dfrac{l}{\cos\theta}$，得

$$B_{合} = 2k\frac{I}{l}\sin\theta \cdot \cos\theta = k\frac{I}{l}\sin 2\theta$$

可见，当 $\theta = 45°$，即 $x = l$ 时，P 点的磁感应强度有最大值，$B_{合\max} = k\dfrac{I}{l}$。

(3) 磁感应强度为零的位置只可能在三根导线所构成的平面内。如图 3.1.8 所示，在中间导线所在位置，左右两导线在该处产生的磁感应强度相互抵消，故总的磁感应强度为零。

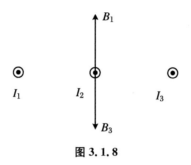

图 3.1.8

如图 3.1.9 所示，在左侧导线和中间导线之间的位置，左侧导线产生的磁感应强度方向和中间导线、右侧导线产生的磁感应强度方向相反，故总可以找到某一点，其磁感应强度为零。

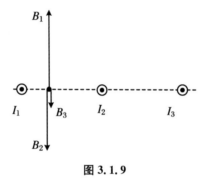

图 3.1.9

同理，如图 3.1.10 所示，在右侧导线和中间导线之间的位置，右侧导线产生的磁感应强度方向和中间导线、左侧导线产生的磁感应强度方向相反，故总可以找到某一点，其磁感应强度为零。

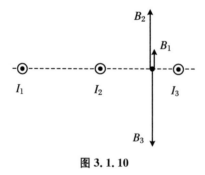

图 3.1.10

其他位置的磁感应强度不可能再为零，所以有 3 个点的磁感应强度为零。

点拨 (1) 本题第 1 问由 2011 年全国卷改编而来，本题第 3 问由 2011 年复旦大学千分考试题改编而来。

（2）第 3 问很容易漏掉中间导线所在位置的磁感应强度也为零这种情况，在计算导线所在位置的磁场时，应该除去该导线自身产生的磁场，该导线的作用相当于第 1 章中的试探电荷，可以断定中间导线受到的安培力也为零。

2. 如何应用毕奥-萨伐尔定律计算一段电流产生的磁场？

计算一段普通形状的电流在空间中某点产生的磁场，可以先把这段电流分割成无限多个电流元，应用毕奥-萨伐尔定律求出每个电流元在该点产生的磁感应强度，再利用场强叠加原理就可以计算出整段电流在该点产生的磁感应强度。

这与计算任意形状的带电体在空间某点产生的电场强度的方法是类似的，即先把带电体分成无限多个电荷元，求出每个电荷元在该点产生的电场强度，再根据场强叠加原理就可以计算出整个带电体在该点产生的电场强度。

值得一提的是，空间中可以存在孤立的点电荷，但空间中不可以存在孤立的电流元，因为电流必须是闭合回路。在计算电流产生的磁场时，能够严格计算出磁场的电流空间构型较为有限，而且这些构型常常都具有对称性。

例题 2 应用毕奥-萨伐尔定律计算无限长通电直导线在周围空间产生的磁感应强度 B。已知电流强度大小为 I，直导线的粗细可以忽略不计，真空中的磁导率为 μ_0。

分析 要计算无限长通电直导线产生的磁场，需要先计算出直导线上一个电流元产生的磁场，为此可以先分析一个电流元产生的磁感应强度的方向。如图 3.1.11 所示，根据毕奥-萨伐尔定律，可得任意电流元 $I \mathrm{d}l$ 在 P 点产生的磁感应强度 $\mathrm{d}\boldsymbol{B}$ 的方向都相同，都为垂直于纸面向里。因此，在求总磁感应强度 B 的大小时，只需求 $\mathrm{d}B$ 的代数和即可。

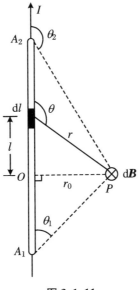

图 3.1.11

解 设电流元 $I \mathrm{d}l$ 到 P 点的位置矢量为 r，根据毕奥-萨伐尔定律得

$$dB = \frac{\mu_0}{4\pi} \frac{Idl\sin\theta}{r^2}$$

应用场强叠加原理,得有限长通电直导线 A_1A_2 在 P 点产生的磁感应强度为

$$B = \int_{A_1}^{A_2} dB = \frac{\mu_0}{4\pi} \int_{A_1}^{A_2} \frac{Idl\sin\theta}{r^2}$$

从 P 点作直导线的垂线 PO,设它的长度为 r_0,由图 3.1.11 可以看出以下几何关系:

$$l = r\cos(\pi - \theta) = -r\cos\theta$$
$$r_0 = r\sin(\pi - \theta) = r\sin\theta$$

消去 r,得

$$l = -r_0\cot\theta$$

取微分,得

$$dl = \frac{r_0 d\theta}{\sin^2\theta}$$

将上面的积分变量 l 换成 θ,得到

$$B = \frac{\mu_0}{4\pi} \int_{\theta_1}^{\theta_2} \frac{I\sin\theta}{r_0} d\theta = \frac{\mu_0 I}{4\pi r_0}(\cos\theta_1 - \cos\theta_2)$$

式中 θ_1、θ_2 分别为 θ 在 A_1、A_2 两端的数值。

若导线为无限长,则 $\theta_1 = 0$,$\theta_2 = \pi$,得

$$B = \frac{\mu_0 I}{2\pi r_0}$$

点拨 (1) 以上结果表明,无限长通电直导线周围的磁感应强度 B 的大小与场点到导线的距离 r_0 的一次方成反比。我们在实际中遇到的当然不可能是无限长的直导线,若在闭合回路中有一段长度为 l 的直导线,则在其附近 $r_0 \ll l$ 的范围内上述表达式近似成立。

(2) 本题在计算积分时,若对 l 直接进行积分难度将较大,通过找到 l 和 θ 的关系,两边取微分就可以将积分变量从 l 变换成 θ,这是一种常用的处理方法,需要慢慢体会。

(3) 本题计算中间结果 $B = \frac{\mu_0 I}{4\pi r_0}(\cos\theta_1 - \cos\theta_2)$ 可用于计算有限长通电直导线周围的磁感应强度,这个表达式经常用,最好能记住。

例题 3 如图 3.1.12 所示,有一通电载流圆环,其半径为 R,电流强度为 I。已知真空中的磁导率为 μ_0。求:

(1) 圆环中心 O 点的磁感应强度;

(2) 线圈轴线上到圆心 O 的距离为 r_0 处的 P 点的磁感应强度。

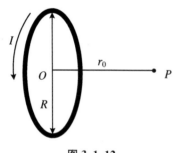

图 3.1.12

分析 如图 3.1.13 所示,其上任一点 A 处的电流元在轴线上一点 P 产生元磁场为 $d\boldsymbol{B}$,它位于 POA 平面内,且与 AP 连线垂直,因此 $d\boldsymbol{B}$ 与轴线 OP 的夹角 $\alpha = \angle PAO$。由于对称性,在通过 A 点的直径的另一端 A' 点处的电流元产生的元磁场 $d\boldsymbol{B'}$ 与 $d\boldsymbol{B}$ 关于轴线 OP 对称,合

成后垂直于轴线方向的分量互相抵消。整个圆周都可以沿直径两端找到这样的电流元对，因此总磁感应强度 B 将沿轴线方向，它的大小等于 $\mathrm{d}B\cos\alpha$ 的代数和。

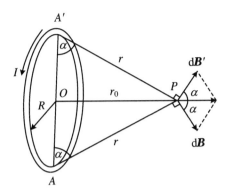

图 3.1.13

解 （1）根据毕奥-萨伐尔定律，线圈上每个电流元 $I\mathrm{d}l$ 在 O 点产生的磁感应强度的大小都是

$$\mathrm{d}B = \frac{\mu_0}{4\pi} \cdot \frac{I\mathrm{d}l}{R^2}$$

方向都是由 $O \to P$，所以 O 点的实际磁感应强度大小为

$$B = \oint \mathrm{d}B = \frac{\mu_0}{4\pi} \cdot \frac{I \oint \mathrm{d}l}{R^2} = \frac{\mu_0 I}{2R}$$

实际的磁感应强度方向为由 $O \to P$。

（2）如图 3.1.13 所示，r_0 为场点 P 到圆心的距离。根据毕奥-萨伐尔定律得

$$\mathrm{d}B = \frac{\mu_0}{4\pi} \cdot \frac{I\mathrm{d}l}{\left(\dfrac{r_0}{\sin\alpha}\right)^2}$$

只考虑 OP 方向的磁场，积分可得

$$B = \oint \cos\alpha \cdot \mathrm{d}B = \frac{\mu_0}{4\pi} \cdot \frac{I}{r_0^2} \sin^2\alpha \cos\alpha \oint \mathrm{d}l$$

由几何关系可知

$$\cos\alpha = \frac{R}{\sqrt{R^2 + r_0^2}}, \quad \sin\alpha = \frac{r_0}{\sqrt{R^2 + r_0^2}}, \quad \oint \mathrm{d}l = 2\pi R$$

所以

$$B = \frac{\mu_0}{4\pi} \cdot \frac{2\pi R^2 I}{(R^2 + r_0^2)^{3/2}} = \frac{\mu_0 R^2 I}{2(R^2 + r_0^2)^{3/2}}$$

点拨 （1）对于第 2 问的结果，当 $r_0 = 0$ 时，轴线上的磁感应强度最大，最大值为 $B = \dfrac{\mu_0 I}{2R}$，这恰好回到第 1 问的结果；当 $r_0 \gg R$，即远离圆心 O 处时，轴线上的磁感应强度的表达式可简化为 $B = \dfrac{\mu_0 R^2 I}{2r_0^3}$，即与距离 r_0 的三次方成反比。

(2) 中学物理实验常用到的洛伦兹力演示仪的核心部分就是由平行放置且通有相同大小和方向电流的两个相同的圆线圈构成的,如图 3.1.14 所示。该装置能在其中心位置附近形成较好的匀强磁场,这样的线圈组被称为亥姆霍兹线圈。设两线圈绕行方向一致,线圈的半径为 R,二者的间距为 a,可以证明:当 $a=R$ 时,距两线圈中心等远的点 O 处附近的磁场最均匀。本书不再证明这个结论。

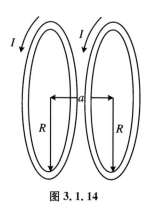

图 3.1.14

3. 如何用安培环路定理计算常见的磁场?

通过以上几个例题可以看出,用毕奥-萨伐尔定律计算电流产生的磁场时,往往会遇到较为复杂的数学微积分计算,稍有不慎就可能会算错。当导线产生的磁场具有很强的对称性时,可以考虑应用安培环路定理计算,这将使运算量得到大大简化。

例题 4 应用安培环路定理计算无限长通电直导线在周围空间产生的磁感应强度 B。已知电流强度大小为 I,直导线的粗细可以忽略不计,真空中的磁导率为 μ_0。

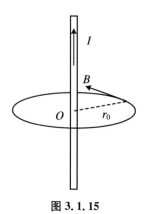

图 3.1.15

分析 根据对称性可知,无限长通电直导线周围的磁感线为一系列的同心圆环,在半径相同处磁感应强度 B 的大小也相同。如图 3.1.15 所示,如果将安培回路选为垂直于导线且以 O 为圆心的闭合圆环,应用安培环路定理计算磁感应强度 B 将会回避烦琐的积分运算。

解 选取垂直于导线且以 O 为圆心的安培环路,如图 3.1.15 所示,利用安培环路定理可得

$$B \cdot 2\pi r_0 = \mu_0 I$$

由此可得

$$B = \frac{\mu_0 I}{2\pi r_0}$$

点拨 该计算结果与例题 2 的结果相同,但是运算量却减少了很多。通过本题我们应该可以感受到,当磁场分布具有高度对称性时,利用安培环路定理计算磁感应强度,可能会大大简化计算过程。

例题 5 利用安培环路定理求解无限长直载流圆柱体在空间中的磁感应强度 B 的分布

情况。设圆柱面内的电流强度为 I,且各处均匀,柱体半径为 R,真空中的磁导率为 μ_0。

分析 在第 1 章中,我们求解均匀带电球体在空间中产生的电场时,球内外的电场分布必须分开计算,因为闭合曲面所包含的电荷量不同。类似地,在计算本题的磁场分布时,也应当考虑到圆柱内外的安培环路所包含的电流是不同的,因此圆柱内外也应分别计算。

解 当 $r \leqslant R$ 时,取图 3.1.16 所示的安培环路,环内所包含的电流为

$$I_{内} = \frac{\pi r^2}{\pi R^2} I = \frac{r^2}{R^2} I$$

根据安培环路定理,$B_{内} \cdot 2\pi r = \mu_0 I_{内}$,可得

$$B_{内} = \frac{\mu_0 r}{2\pi R^2} I$$

当 $r > R$ 时,取图 3.1.17 所示的安培环路,环内所包含的电流是 I,根据安培环路定理,$B_{外} \cdot 2\pi r = \mu_0 I$,可得

$$B_{外} = \frac{\mu_0 I}{2\pi r}$$

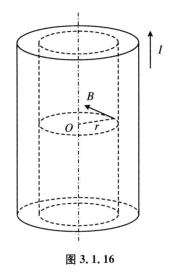
图 3.1.16

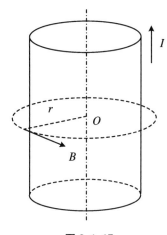
图 3.1.17

综上所述,无限长直载流圆柱体周围的磁场分布为

$$B = \begin{cases} \dfrac{\mu_0 r}{2\pi R^2} I & (圆柱内部) \\ \dfrac{\mu_0 I}{2\pi r} & (圆柱外部) \end{cases}$$

点拨 (1) 画出 B 与 r 之间的函数图像,如图 3.1.18 所示,从图像我们可以更清楚地看到:在圆柱内,B 的大小跟 r 成正比关系;在圆柱外,B 的大小跟 r 成反比关系;在圆柱表面处,磁感应强度最大,最大值为 $B_{\max} = \dfrac{\mu_0 I}{2\pi R}$。

(2) 若引入电流密度 $j = \dfrac{I}{\pi R^2}$,则在圆柱内部的磁感应强度的大小可表示为

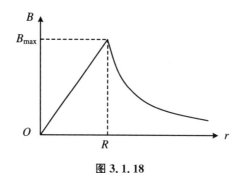

图 3.1.18

$$B = \frac{\mu_0 r}{2\pi R^2} I = \frac{1}{2}\mu_0 \cdot \frac{I}{\pi R^2} \cdot r$$

若考虑方向,则磁感应强度可表示为更简洁的形式,即

$$\boldsymbol{B} = \frac{1}{2}\mu_0 \boldsymbol{j} \times \boldsymbol{r}$$

例题 6 我们都知道,通电螺线管在空间产生的磁场类似于条形磁铁产生的磁场。设通电螺线管的电流强度大小为 I,单位长度的匝数为 n,真空中的磁导率为 μ_0。利用安培环路定理求解下列问题。

(1) 如图 3.1.19 所示,计算无限长直通电螺线管内部的磁感应强度大小。

(2) 如图 3.1.20 所示,计算通电螺绕环内部中心处的磁感应强度大小。

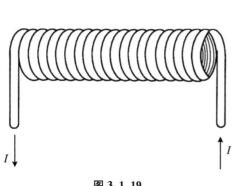

图 3.1.19

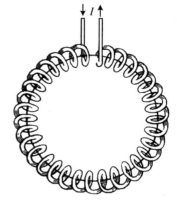

图 3.1.20

分析 对于第 1 问:一方面,可以利用例题 3 中根据毕奥-萨伐尔定律计算出的结论,结合积分进行计算,但是仅能计算中心轴上的磁感应强度,而且涉及积分,计算比较烦琐;另一方面,利用安培环路定理很容易分析出,无限长直通电螺线管内部为沿轴向的匀强磁场,外部磁场可以视为零,只要我们选取的安培环路合适,积分将变得非常简单。对于第 2 问,也可以作类似的分析处理。

解 (1) 如图 3.1.21 所示,选取长为 L、宽为无穷小的长方形安培环路,其上半部分在螺线管外,下半部分在螺线管内,环路所在平面平行于螺线管的对称轴。螺线管外部的磁感

应强度为零。根据安培环路定理,可得
$$BL = \mu_0 nLI$$

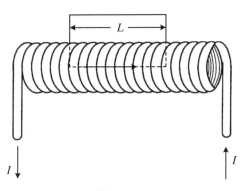

图 3.1.21

由此可知通电螺线管内磁感应强度大小为
$$B = \mu_0 nI$$

(2) 取图 3.1.22 所示的安培环路,易知安培环路与磁感应强度的方向一致,根据安培环路定理可得
$$B \cdot 2\pi R = \mu_0 NI = \mu_0 n \cdot 2\pi RI$$

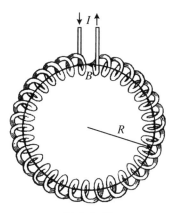

图 3.1.22

由此可知通电螺绕环内部中心处的磁感应强度大小为
$$B = \mu_0 \frac{N}{2\pi R} I = \mu_0 nI$$

当 R 很大时,我们可以认为通电螺绕环内部的磁感应强度大小相同,都为 $B = \mu_0 nI$。

点拨 (1) 实际螺线管并不是无限长,较为准确的 B 值比该值略小一些,严格计算需要结合积分,此处仅给出结论:
$$B = \frac{\mu_0}{4\pi} \cdot 2\pi nI \int_{\beta_1}^{\beta_2} \sin\beta \, d\beta$$
$$= \frac{\mu_0}{4\pi} \cdot 2\pi nI (\cos\beta_1 - \cos\beta_2)$$

其中,β_1 和 β_2 两个角度的含义如图 3.1.23 所示。

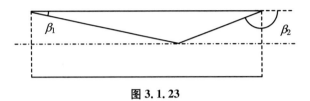

图 3.1.23

(2) 如果是半无限长的螺线管,其端面处轴向的磁感应强度 B 是中心处的一半,这个结论对于细长直螺线管也近似成立。细长直螺线管轴线处的磁感应强度大小随位置分布大致如图 3.1.24 所示。

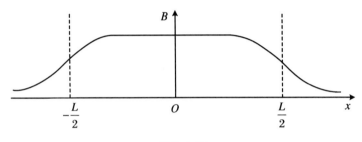

图 3.1.24

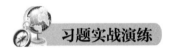

习题实战演练

基 础 练 习

1. (2021年扬州市高三期中练习题)磁单极子是物理学家设想的一种仅带有单一磁极(N 极或 S 极)的粒子,它们的磁感线分布类似于点电荷的电场线分布。目前科学家还没有证实磁单极子的存在。若自然界中存在磁单极子,以其为球心画出两个球面 1 和 2,如图 3.1.25 所示,a 点位于球面 1 上,b 点位于球面 2 上,则下列说法中正确的是　　(　　)

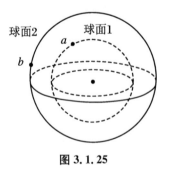

图 3.1.25

A. a 点比 b 点的磁感应强度大　　　　　B. a 点比 b 点的磁感应强度小

C. 球面1比球面2的磁通量大　　　　　　D. 球面1比球面2的磁通量小

2. (2012年全国卷)如图3.1.26所示,两根互相平行的长直导线过纸面上的 M、N 两点,且与纸面垂直,导线中通有大小相等、方向相反的电流。a、o、b 在 M、N 的连线上,o 为 MN 的中点,c、d 位于 MN 的中垂线上,且 a、b、c、d 到 o 点的距离均相等。关于以上几点处的磁场,下列说法中正确的是　　　　　　　　　　　　　　　　　　　　　　　（　　）

A. o 点处的磁感应强度为零

B. a、b 两点处的磁感应强度大小相等,方向相反

C. c、d 两点处的磁感应强度大小相等,方向相同

D. a、c 两点处的磁感应强度方向不同

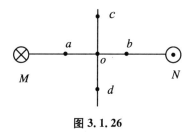

图 3.1.26

3. 如图3.1.27所示,在小磁针的附近放一个条形磁铁,条形磁铁的轴线和小磁针的中垂线重合,设地磁场的磁感应强度的水平分量为 B_x,测出小磁针偏转的角度为 θ,则条形磁铁的磁场在小磁针处的磁感应强度大小为　　　　　　　　　　　　　　　　　（　　）

A. $B_x\sin\theta$　　　　B. $B_x\tan\theta$　　　　C. $B_x\cos\theta$　　　　D. $B_x/\cos\theta$

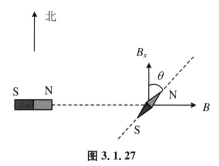

图 3.1.27

4. (2011年复旦千分考真题)一个充电的球形电容器因绝缘层的轻微漏电而缓慢放电,则　　　　　　　　　　　　　　　　　　　　　　　　　　　　　　　　　　　　　（　　）

A. 放电电流将产生垂直于球面的磁场

B. 放电电流将产生沿着经度线的磁场

C. 放电电流将产生沿着纬度线的磁场

D. 放电电流产生的总磁场为零

5. 如图3.1.28所示,两条无限长直载流导线垂直而不相交,其间最近距离为 $d =$

$2.0\ \mathrm{cm}$,电流分别为 $I_1=4.0\ \mathrm{A}$ 和 $I_2=6.0\ \mathrm{A}$。P 点到两导线的距离都是 d,真空中的磁导率为 $\mu_0=4\pi\times10^{-7}\ \mathrm{N/A^2}$,求 P 点的磁感应强度 B。

6. 如图 3.1.29 所示,一条无穷长直导线在一处弯折成 1/4 圆弧,圆弧的半径为 R,圆心为 O,直线的延长线都通过圆心。已知导线中的电流为 I,真空中的磁导率为 μ_0,求 O 点的磁感应强度。

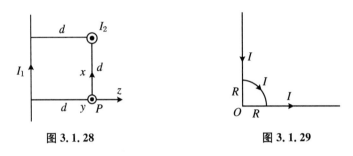

图 3.1.28　　　　　　　　图 3.1.29

提 高 练 习

7. (2009 年上海交大冬令营)长度 L 远大于半径的通电直螺线管内部为匀强磁场,在其轴线上的磁感应强度分布如图 3.1.30 所示。已知管口截面中心处磁感应强度为管内的一半,若在管口截面上距中心 r(r 小于管半径)处的磁感应强度为 B,则可能　　　　(　　)

A. $B\geqslant B_0$　　B. $B_0/2<B<B_0$　　C. $B=B_0/2$　　D. $B<B_0/2$

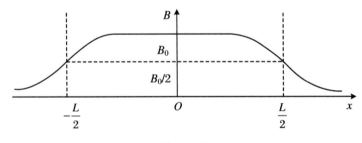

图 3.1.30

8. (1) 在没有电流的空间区域里,如果磁感线是平行直线,磁感应强度的大小 B 在沿磁感线和垂直于它的方向上是否可能变化(磁场是否一定是均匀的)?

(2) 若空间中存在电流,上述结论是否还对?

9. 如图 3.1.31 所示,无限长空心圆柱面上均匀通有电流,已知无限长通电直导线周围磁感应强度为 $B=\dfrac{\mu_0 I}{2\pi r}$,应用无限长直导线周围磁场的特点,证明:圆柱内任意点的磁感应强度为零。

10. 如图 3.1.32 所示,将用均匀细导线做成的圆环上任意两点 A 和 B 与固定电源连接起来,计算由环上电流在环心产生的磁感应强度。

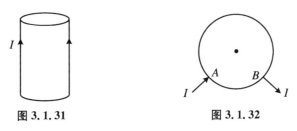

图 3.1.31　　　　　　　　图 3.1.32

11. 有一矩形截面的螺绕环，尺寸如图 3.1.33 所示，导线中通有大小为 I 的电流，螺绕环总匝数为 N。证明：通过螺绕环截面（图中阴影区）的磁通量为

$$\Phi_B = \frac{\mu_0 NIh}{2\pi}\ln\frac{D_1}{D_2}$$

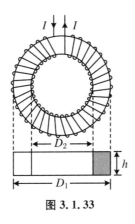

图 3.1.33

12. （2019 年北大博雅）如图 3.1.34 所示，三根导线构成棱长为 a 的正四面体的底面三角形，D 点为正四面体的顶点。若在导线中通以图示方向的电流 I，真空中的磁导率为 μ_0，求 D 点的磁感应强度大小和方向。

13. 长直圆柱均匀载流导线内磁场具有轴对称性。现有半径为 a 的金属长圆柱体内挖去一半径为 b 的圆柱体，两圆柱的体轴线平行，相距 d，如图 3.1.35 所示，电流 I 沿轴线方向通过，且均匀分布在柱体的截面上，试求空心部分的磁感应强度大小。

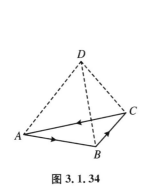
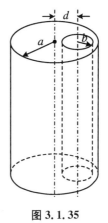

图 3.1.34　　　　　　　　图 3.1.35

《参考答案》

1. A。
2. C。
3. B。
4. D。

提示 由于充电的球形电容器中的电场方向为径向均匀辐射状,故放电电流也为径向辐射状,且垂直于球面,如图 3.1.36 所示。取两个元电流,OO' 为其对称轴,i_A 在 P 点产生的磁感应强度方向垂直于纸面向里,i_B 在 P 点产生的磁感应强度方向垂直于纸面向外,这两个磁感应强度将相互抵消。由此推广,关于 OO' 对称的所有元电流在 P 点产生的总磁感应强度为零,故 D 选项正确。

5. 7.2×10^{-5} T,方向在 yOz 平面内,与 z 轴的夹角为 $33.7°$,如图 3.1.37 所示。

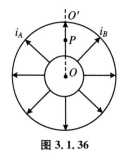

图 3.1.36   图 3.1.37

提示 B 的大小为

$$B = \frac{\mu_0}{2\pi d}\sqrt{I_1^2 + I_2^2} = 7.2\times10^{-5}\text{ T}$$

6. $\dfrac{\mu_0 I}{8R}$,方向垂直于纸面向里。

提示 两条直载流导线通过 O 点,在 O 点产生的磁感应强度应为零,中间 1/4 圆弧在 O 点的磁感应强度为 $\dfrac{\mu_0 I}{8R}$,因此整个载流导线在 O 点产生的磁感应强度为 $\dfrac{\mu_0 I}{8R}$,方向垂直于纸面向里。

7. AB。

提示 长度 L 远大于半径的通电螺线管内部为匀强磁场,磁感应强度为 B_0,我们可以将该通电螺线管一分为二,将里面的磁场看成是左右两个半通电螺线管产生磁场的叠加。在距中心 r 处,左右两个半通电螺线管产生的磁感应强度分别为 B_1、B_2,如图 3.1.38 所示。根据对称性,有 $B_1 = B_2 = B$,且 B_1、B_2 的合磁感应强度为 B_0,如图 3.1.39 所示,则有

$$2B\cos\theta = B_0$$

解得

$$B = \frac{B_0}{2\cos\theta} \quad (0° < \theta < 90°)$$

当 $0° < \theta < 60°$ 时，有 $B_0/2 < B < B_0$，B 选项正确；当 $60° \leqslant \theta < 90°$ 时，有 $B \geqslant B_0$，A 选项正确。

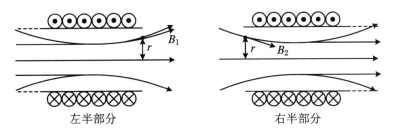

图 3.1.38

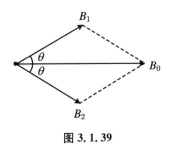

图 3.1.39

8. (1) 一定为匀强磁场；(2) 不一定对。

提示 (1) 在没有电流的空间区域里磁感线是平行直线，根据磁高斯定理，作柱状高斯面可以证明，沿磁感线方向各点磁感应强度相等；根据安培环路定理，作矩形环路，可证明垂直于磁感线方向各点磁感应强度相等。从而可得：在没有电流的空间区域内磁感线平行，则磁场必定是均匀磁场。

(2) 若存在电流，则得不出上述结论。比如长直螺线管内外的磁场有突变。

9. **证明** 选取圆柱内任意一点 P，分析其所在的圆柱横截面，如图 3.1.40 所示。在圆柱面上选取两个关于 P 点对称的无限长微元，宽度分别为 Δl_1 和 Δl_2，与 P 点的距离分别为 r_1 和 r_2。由几何知识可得

$$\frac{\Delta l_1}{r_1} = \frac{\Delta l_2}{r_2}$$

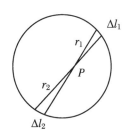

图 3.1.40

两微元分别可视为无限长直导线，则单一微元在 P 点产生的磁感应强度大小为

$$\Delta B = \frac{\mu_0 \Delta I}{2\pi r} = \frac{\mu_0 j \Delta l}{2\pi r}$$

则

$$\Delta B_1 = \frac{\mu_0 j \Delta l_1}{2\pi r_1} = \frac{\mu_0 j \Delta l_2}{2\pi r_2} = \Delta B_2$$

由矢量叉乘可知两磁感应强度方向相反,故两对称微元在 P 点产生的合磁感应强度为零。通过微元求和可得圆柱面在内部任意一点产生的磁感应强度为零。

10. 0。

提示 设 A、B 两点之间的电压为 U,导线单位长度上的电阻为 ρ,则

$$I_1 = \frac{U}{\rho R \alpha}$$

$$I_2 = \frac{U}{\rho R(2\pi - \alpha)}$$

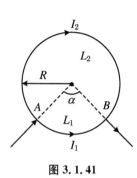

图 3.1.41

如图 3.1.41 所示,磁感应强度 B 可以视为圆环的各个部分(将圆环视为许多个很小长度部分的累加)的贡献之和。由此可得

$$B_1 = \frac{\mu_0}{4\pi} \frac{I_1}{R^2} L_1 = \frac{\mu_0}{4\pi} \frac{I_1 \alpha R}{R^2} = \frac{\mu_0}{4\pi} \frac{U}{\rho R^2}$$

$$B_2 = \frac{\mu_0}{4\pi} \frac{I_2}{R^2} L_2 = \frac{\mu_0}{4\pi} \frac{I_2(2\pi - \alpha)R}{R^2} = \frac{\mu_0}{4\pi} \frac{U}{\rho R^2}$$

两者方向相反,因此在环中心的磁感应强度等于零。

11. $\Phi_B = \frac{\mu_0 NIh}{2\pi} \ln \frac{D_1}{D_2}$。

提示 在螺绕环内作一圆形回路,根据安培环路定理有

$$B = \frac{\mu_0 NI}{2\pi r}$$

通过螺绕环截面的磁通量为

$$\Phi_B = \int_{R_2}^{R_1} Bh\,dr = \int_{R_2}^{R_1} \frac{\mu_0 NI}{2\pi r} h\,dr = \frac{\mu_0 NIh}{2\pi} \ln \frac{D_1}{D_2}$$

12. $\frac{\sqrt{3}\mu_0 I}{6\pi a}$,方向为竖直向上。

提示 根据毕奥-萨伐尔定律,可得每条边在 D 点产生的感应强度大小为

$$B_0 = \frac{\mu_0 I}{4\pi \cdot \frac{\sqrt{3}}{2}a}(\cos 60° - \cos 120°) = \frac{\sqrt{3}\mu_0 I}{6\pi a}$$

根据几何关系,B_0 与竖直方向的夹角满足 $\cos\theta = 1/3$,所以 D 点磁感应强度竖直向上,大小为

$$B = 3B_0 \cos\theta = \frac{\sqrt{3}\mu_0 I}{6\pi a}$$

13. $B = \frac{\mu_0}{2\pi} \cdot \frac{Id}{a^2 - b^2}$,匀强磁场,方向与 OO' 垂直。

提示 利用填补法,可得

$$\begin{cases} \boldsymbol{B}_a = \frac{\mu_0}{2} \boldsymbol{j} \times \boldsymbol{r}_a \\ \boldsymbol{B}_b = -\frac{\mu_0}{2} \boldsymbol{j} \times \boldsymbol{r}_b \end{cases}$$

合磁感应强度可表示为 $\boldsymbol{B} = \boldsymbol{B}_a + \boldsymbol{B}_b$，即

$$\boldsymbol{B} = \frac{\mu_0}{2}\boldsymbol{j} \times \boldsymbol{r}_a - \frac{\mu_0}{2}\boldsymbol{j} \times \boldsymbol{r}_b = \frac{\mu_0}{2}\boldsymbol{j} \times (\boldsymbol{r}_a - \boldsymbol{r}_b) = \frac{\mu_0}{2}\boldsymbol{j} \times \boldsymbol{d}$$

代入数据，整理得

$$B = \frac{\mu_0}{2} \cdot \frac{I}{\pi(a^2 - b^2)}d$$

方向与 OO' 垂直，为一均匀磁场区域。

3.2 安 培 力

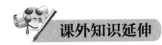

1. 安培力的本质

将一根通电导线放入磁场中，因为导线中的电流是由自由电子的定向运动形成的，电子受到洛伦兹力作用而向侧面漂移时，与晶格上的正离子碰撞，对其施加力的作用，所以通电导线在磁场中会受到力的作用，这就是安培力。可以这样认为，安培力是导线中运动电荷受到的洛伦兹力的宏观表现。

设一段通电直导线长为 L，截面积为 S，单位体积内有 n 个载流子（金属内的载流子为电子），通过导线的电流强度为 I，周围有垂直于导线的磁场 B，根据洛伦兹力的表达式 $f_洛 = evB$，安培力的大小可表示为

$$F_安 = \sum f_洛 = nLS \cdot evB$$

又因为电流的微观表达式为

$$I = neSv$$

所以

$$F_安 = ILB$$

当电流方向与磁场方向的夹角为 θ 时，安培力的大小为

$$F_安 = ILB\sin\theta$$

结合以上两个表达式，再考虑安培力的方向，安培力可以写成矢量叉乘的形式

$$\boldsymbol{F}_安 = I\boldsymbol{L} \times \boldsymbol{B}$$

其中 $I\boldsymbol{L}$ 整体可视为矢量，与前一节中电流元矢量是一致的。

2. 匀强磁场中弯曲通电导线受到的安培力

如图 3.2.1 所示，通常情况下，导线是弯曲的。在载流曲线上任选一电流元 $Id\boldsymbol{l}$，该电流元受到的安培力为

$$d\boldsymbol{F} = Id\boldsymbol{l} \times \boldsymbol{B}$$

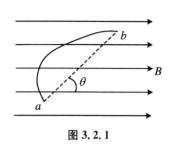

图 3.2.1

从 a 到 b，这条曲线受到的总的安培力为

$$F = \int_a^b d\boldsymbol{F} = \int_a^b I d\boldsymbol{l} \times \boldsymbol{B}$$

考虑到 I 和 B 是常数，可以将它们提到积分号之外，得

$$\boldsymbol{F} = \int_a^b I d\boldsymbol{l} \times \boldsymbol{B} = I\int_a^b d\boldsymbol{l} \times \boldsymbol{B} = I\boldsymbol{L} \times \boldsymbol{B}$$

所以，安培力的大小为

$$F = BIL\sin\theta$$

其中 L 等于 a、b 连线的直线段长度，θ 为 ab 与 B 的夹角。根据以上推导，可知：在匀强磁场中，任意一段载流导线所受到的安培力的合力可以用一个等效安培力替代，等效安培力的大小和方向与相同电流流过的直导线 ab 所受的安培力的大小与方向相同。

由此可得到一个简单的推论：任何一个闭合稳恒电流回路（实际上稳恒电流都应当是闭合的），在匀强磁场中受到的安培力的合力为零。

3. 安培力矩

我们已经知道，在匀强磁场中，任何一个闭合稳恒电流回路受到的安培力合力都为零，如果不考虑别的外力，这个回路是不是就能静止在匀强磁场中呢？

如图 3.2.2 所示，一单匝矩形线圈放置于匀强磁场中，电流沿 $a \to b \to c \to d$ 方向，线圈平面法向与 $\boldsymbol{B}$ 的夹角为 θ。线圈 ab 和 cd 段受到的安培力大小相等、方向相反，安培力合力为零。ab 段受到的安培力竖直向上，cd 段受到的安培力竖直向下，两个安培力构成一个力偶，会产生一个力矩，该力矩的大小为

$$M = BIS\sin\theta$$

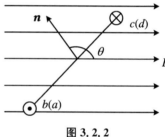

图 3.2.2

这个力矩被称为安培力矩。在该力矩的作用下，载流线圈在磁场中总会呈现"顺磁性"——线圈自身电流产生的磁场总要转向与外加磁场一致的方向。由此可见，虽然载流回路在匀强磁场中所受合力为零，但它很可能受到力矩的作用，使其转向顺磁方向。

值得注意的是，这个计算式虽然是从矩形线圈推出来的，但对置于匀强磁场中的任意形状的平面线圈都适用。

4. 磁偶极矩——磁矩

面积很小的载流线圈称为磁偶极子，用磁偶极矩（简称磁矩）来描绘，符号为 $\boldsymbol{m}$。磁偶极矩的大小为平面线圈的面积与所载电流的电流强度的乘积，即

$$m = IS$$

其方向满足右手螺旋法则，即伸出右手，四指绕电流流动方向旋转，大拇指所指方向即为磁偶极矩的方向。

考虑磁矩之后，线圈在匀强磁场中所受力矩可表示为

$$\boldsymbol{M} = \boldsymbol{m} \times \boldsymbol{B}$$

利用线圈磁矩的顺磁性,可以在经典电磁学范围内对"铁磁性物质的顺磁性"做出一个定性解释:核外电子绕核的运动形成等效电流,每个原子都可以看成是一个小磁矩。当外加磁场存在时,每个小磁矩都具有顺磁性,于是每个小磁矩的磁场与外加磁场叠加起来,合磁场更大。正因如此,在螺线管内放入铁芯之后,磁场会进一步增强。

然而稍作思考,我们会发现以上解释也有不少的漏洞:第一,既然所有的物质都是由原子或分子构成的,为什么只有铁、钴、镍等少数物质具有较强的顺磁性,其余物质几乎不表现出顺磁性?第二,按照这个解释,如果去掉外加磁场,那么所有的铁磁性物质应该恢复常态而不具有磁性,那么"永磁铁"是怎么回事?第三,现代原子模型早已没有"电子轨道"的概念,更无从谈起"分子环流",那么原子或分子的"磁矩"又从何而来?

现代物理学的深入研究表明,磁性以及磁性物质材料并不像我们所说的这样简单,必须用量子力学进行解释,这就不是本书所研究的范围了。但无论如何,经典电磁学对于铁磁性的唯象解释,在当时科学发展的时代背景下还是非常先进的,特别是尝试利用物质的微观结构对宏观现象进行解释的这种科学探究精神,值得我们学习。

核心问题讨论

1. 如何定量计算通电直导线之间的安培力?

例题 1 如图 3.2.3 所示,两根相同的长直导线平行水平放置,距离为 r,r 远远大于导线的直径。导线中分别通以稳恒电流,其电流大小分别为 I_1 和 I_2。已知真空中的磁导率为 μ_0,求:

(1) 每根导线单位长度的线段内受另一根导线的作用力的方向;

(2) 每根导线单位长度的线段内受另一根导线的作用力的大小。

分析 导线 2 处于导线 1 产生的磁场中,可以先应用磁场的安培环路定理计算出该磁感应强度的大小 B_{12},再在导线 2 上取一段长度为 ΔL_2 的导线计算其受到的安培力,从而计算出单位长度的线段内受到的作用力的大小。

解 (1) 导线 1 受到导线 2 施加的安培力方向为水平向右,导线 2 受到导线 1 施加的安培力方向为水平向左,如图 3.2.4 所示。

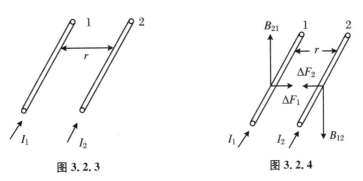

图 3.2.3　　　　图 3.2.4

(2) 根据安培环路定理,载流导线 1 在导线 2 处产生的磁感应强度大小为

$$B_{12} = \frac{\mu_0 I_1}{2\pi r}$$

方向为垂直于导线 2 且竖直向下。所以导线 2 上长度为 ΔL_2 的一段导线受力为

$$\Delta F_2 = B_{12} I_2 \Delta L_2 = \frac{\mu_0 I_1 I_2}{2\pi r} \Delta L_2$$

导线 2 上单位长度受力大小为

$$f_2 = \frac{\Delta F_2}{\Delta L_2} = \frac{\mu_0 I_1 I_2}{2\pi r}$$

同理可得,导线 1 上单位长度受力大小 f_1 与上述结果相同,即

$$f_1 = \frac{\Delta F_1}{\Delta L_1} = \frac{\mu_0 I_1 I_2}{2\pi r}$$

点拨 (1) 根据右手螺旋定则,结合左手定则,可以得出:当导线通电方向一致时,两导线互相吸引;当导线通电方向相反时,两导线互相排斥。

(2) 安培(A)是国际单位制中表示电流的基本单位,那么安培的"单位"是如何定义的呢? 在 1948 年 9 月召开的第 9 届国际计量大会上通过决议:在真空中,截面积可忽略的两根相距 1 m 的平行且无限长的圆直导线内,通以等量恒定电流,导线间相互作用力在 1 m 长度上为 2×10^{-7} N 时,每根导线中的电流强度为 1 A。直到 2018 年第 26 届国际计量大会通过"修订国际单位制"决议,才将 1 A 重新规定为"1 s 内通过导体某一横截面的 $10^{19}/1.602176634$ 个电子移动所产生的电流强度"。从安培力的角度定义电流强度沿用了 70 年,可见这种定义的重要性。

例题 2 (2018 年清华领军)如图 3.2.5 所示,在一个半径为 R、长为 L 的导电圆筒内通以电流 $I = 2\pi R j$。当沿圆筒轴线将其分为相同两部分时,两部分受力的大小为 ( )

A. $\mu_0 j^2 L R$ B. $2\mu_0 j^2 L R$ C. $\pi \mu_0 j^2 L R$ D. $2\pi \mu_0 j^2 L R$

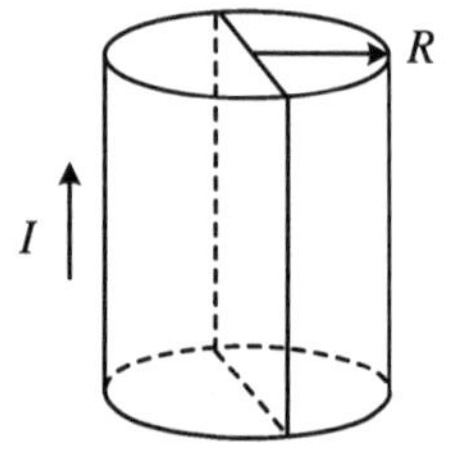

分析 本题难度较大,甚至连研究对象都不好取。可以在圆筒上取一条细电流,长度为 L,宽度为 Δl。先求出这一细电流受到的安培力的大小和方向,再按照矢量叠加规则求出左半边或右半边受到的总的安培力大小。

图 3.2.5

解 根据安培环路定理,圆筒外表面处的磁感应强度 B 满足

$$2\pi R B = \mu_0 \cdot 2\pi R j$$

解得

$$B = \mu_0 j$$

取圆筒上的一条细电流,长度为 L,宽度为 Δl,则电流强度为

$$\Delta I = j \cdot \Delta l$$

因为圆筒内磁感应强度为零,所以其余电流在圆筒内产生的磁感应强度与 ΔI 在圆筒内产生的磁感应强度等大反向。又因为细电流 ΔI 在筒外和筒内近电流处产生的磁感应强度等大,所以圆筒面上其余电流在 ΔI 处产生的磁感应强度为

$$B' = \frac{1}{2} \mu_0 j$$

则 ΔI 受到其他电流的磁场力为

$$\Delta F = B'L\Delta I = \frac{1}{2}\mu_0 j^2 L \Delta l$$

方向由圆筒壁指向圆筒轴心方向,如图 3.2.6 所示。考虑磁场力的方向,对 ΔF 求和,得

$$F = \sum \frac{1}{2}\mu_0 j^2 L \Delta l \cdot \sin\theta = \frac{\mu_0 j^2}{2}L\sum \Delta l \sin\theta$$

$$= \frac{\mu_0 j^2}{2}L \cdot 2R = \mu_0 j^2 LR$$

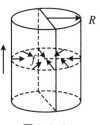

图 3.2.6

点拨 在求出 ΔF 之后,本题也可以按照如下思路进行求解。圆筒壁处的压强为

$$p = \frac{\Delta F}{L\Delta l} = \frac{1}{2}\mu_0 j^2$$

该压强的方向为垂直于圆筒壁指向轴线中心。对于一半的圆柱来说,受到的力可以等效为作用在面积为 $2RL$ 的平面上的力,则

$$F = p \cdot 2RL = \mu_0 j^2 LR$$

2. 如何求解通电弯曲导线所受安培力的相关问题?

通电弯曲导线受到的安培力比直导线受到的安培力要复杂很多,若弯曲导线处于匀强磁场中,可以用等效长度计算整段导线受到的安培力,但是若要分析导体内部任意一点的张力,则往往需要取很小一段电流元进行受力分析,再结合动力学和静力学知识进行求解。

例题 3 质量 m 分布均匀的一段柔软细导线如图 3.2.7 所示放置,它的两端固定在同一高度,导线处于磁感应强度大小为 B、方向垂直于纸面向外的水平匀强磁场中。在导线中通以电流 I,作用在导线悬点的拉力与水平方向成 α 角。重力加速度 g、尺寸 L 和 h 均为已知量。求导线最低点处的内部张力 T。

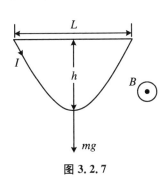

图 3.2.7

分析 导线在最低点处的切线一定是水平的,柔软细线内部的张力一定沿绳的切线方向,并指向绳子收缩的方向。要想求出最低点处内部张力,可以先以整体为研究对象,根据平衡条件求出悬点处绳子的拉力,再隔离出左半边或右半边作为研究对象,根据平衡条件求出最低点处内部张力。

解 对整段导线研究,受力如图 3.2.8 所示,整根通电导线受安培力的等效长度为 L,根据受力平衡,有

$$2F_{Ty} = BIL + mg$$

取右半边导线研究,在 x 方向,导线受力如图 3.2.9 所示,右半边通电导线受安培力的等效长度为 h,根据导线处于受力平衡状态,有

$$T = F_{Bx} + F_{Tx} = F_{Bx} + F_{Ty}\cot\alpha$$

将 F_{Ty} 的表达式代入,得

$$T = BIh + \frac{mg + BIL}{2} \cdot \cot\alpha$$

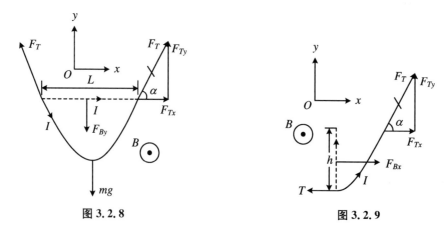

图 3.2.8　　　　　　　　　　　　图 3.2.9

点拨　本题将常规的重力场中的问题迁移到了匀强磁场中,成为一个通电匀质悬垂软导线的平衡问题,显得比较新颖,若应用等效长度简化计算通电曲导线受力,就可将其转化成力学中的常规平衡问题。

例题 4　(2010 年中国科大自招,第 1 届全国中学生物理竞赛决赛试题)图 3.2.10 所示为一质量 m 均匀分布的细圆环,其半径为 R。令此环均匀带正电,总电量为 Q。现将此环平放在绝缘的光滑水平桌面上,并处于磁感应强度为 B 的均匀磁场中,磁场方向竖直向下。当此环绕通过其中心的竖直轴以角速度 ω 沿顺时针方向匀速旋转时,求环中的张力大小。

分析　当圆环做匀速圆周运动时,环上的每一小段圆弧都在做匀速圆周运动,它受到的合力为其提供向心力。我们需要隔离出一小段电流元进行受力分析,如图 3.2.11 所示,任取一个小的圆心角 $d\theta$,其对应的一小段圆弧为 dl,其受到的两侧张力 T 和安培力 ΔF 这三个力的合力为其提供向心力。

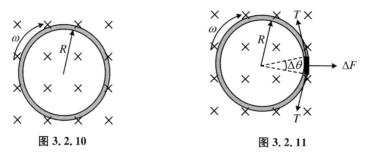

图 3.2.10　　　　　　　　图 3.2.11

解　圆环做匀速圆周运动,形成一个等效的稳恒电流,其电流强度为

$$I = \frac{Q}{T} = \frac{Q\omega}{2\pi}$$

一小段圆弧受到的安培力为

$$\Delta F = BI\Delta l = \frac{BQ\omega}{2\pi}\Delta l$$

该段小圆弧受到的两侧张力的合力为

$$T_{合} = 2T\sin\frac{\Delta\theta}{2} \approx 2T\frac{\Delta\theta}{2} = T\Delta\theta$$

对小圆弧运用牛顿第二定律,得

$$T_{合} - \Delta F = \Delta m \omega^2 R$$

将 ΔF 和 $T_{合}$ 的表达式代入,并考虑到 $\Delta m = \frac{\Delta\theta}{2\pi}m$,得

$$T = \frac{\omega R}{2\pi}(QB + m\omega)$$

点拨 (1) $T_{合} = 2T\sin\frac{\Delta\theta}{2} \approx 2T\frac{\Delta\theta}{2} = T\Delta\theta$ 用到了:当 $\Delta\theta \to 0$ 时,$\sin\Delta\theta \to \Delta\theta$。这样的处理方法在力学中常常用到,相信大家已经非常熟练了。

(2) 若圆环带负电或圆环逆时针转动,不难看出,圆环张力可能为零,甚至还可能出现环中张力为斥力的情况。

3. 如何从安培力的表达式出发,根据动量定理计算电荷量?

注意到安培力的表达式为 $F = BIL$,取一小段时间 Δt,等式两边同时乘 Δt,即 $F\Delta t = BIL\Delta t$。若系统不受到其他力或其他外力可以忽略,则等式的左边为研究对象受到的合外力的冲量,而等式右边可以进一步写成 $BL\Delta q$,再利用动量定理可以得到 $\Delta(mv) = BL\Delta q$,其中 m 为研究对象的质量,Δq 为流过研究对象某一横截面的电荷量。注意到,若电流 i 是变化的,在 $\Delta t \to 0$ 的情况下 $\Delta(mv) = BL\Delta q$ 也成立,所以可以对上式求和,得到一个常用的式子 $mv_2 - mv_1 = BLq$。这种处理方法在计算电荷量时非常常见。

例题 5 如图 3.2.12 所示,在磁感应强度大小为 B、方向为水平且垂直于纸面向里的匀强磁场中,竖直放置相距 L 的有电阻的金属杆支架,在其下端连接电容器。已知电容器的电容为 C,带电量为 Q_0,质量为 m 的轻导体棒 AB 水平搁在竖直支架上。当闭合开关 S 后,AB 随即跳起,且上升高度为 h。重力加速度 g 已知,在 S 接通后至 AB 跳起前这一极短时间内,求:

(1) 流过 AB 杆的电荷量;
(2) 回路产生的焦耳热。

分析 虽然回路中产生的焦耳热满足焦耳定律 $\Delta Q = i^2 R \Delta t$,但在这一极短时间内电流强度 i 是变化的,而且电阻 R 也是未知的,所以从这个角度很难求出焦耳热,可以从能量守恒的角度出发,问题将得到快速的解答。

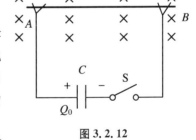

图 3.2.12

解 (1) 根据动量定理,对杆跳起瞬间的一小段时间列方程

$$BLi\Delta t = \Delta(mv)$$

可进一步写成

$$BL\Delta q = \Delta(mv)$$

两边求和,可得
$$BLq = mv$$
由 $v = \sqrt{2gh}$ 可得回路中流过的电量为
$$q = \frac{m}{BL}\sqrt{2gh}$$

(2) 电容器释放的能量为
$$|\Delta E| = \frac{1}{2}\frac{Q_0^2}{C} - \frac{1}{2}\frac{(Q_0 - q)^2}{C}$$

根据能量守恒,该过程中产生的焦耳热为
$$Q_\text{热} = |\Delta E| - mgh = \frac{1}{2}\frac{Q_0^2}{C} - \frac{1}{2}\frac{(Q_0 - q)^2}{C} - mgh$$

代入第1问的结论,整理得
$$Q_\text{热} = \frac{1}{2}\frac{Q_0^2}{C} - \frac{1}{2}\frac{(BLQ_0 - m\sqrt{2gh})^2}{B^2L^2C} - mgh$$

点拨 (1) 本题用到的安培力冲量的计算方法,在这类问题中经常使用,各位同学需要着重掌握。其中 Δq 的含义是回路中流过的电量,在一些带有电容器的题目中,该电量就是电容器带电量的变化值。

(2) 在计算能量的问题中,需要从"能量守恒"这个大观念出发来解决问题,既不要纠结于各种能量来回转化的细节计算,也要把每种能量都考虑进去。

4. 如何计算安培力矩?

一方面,我们可以从力矩的定义出发,先计算出每个力的力矩,再进行矢量叠加;另一方面,对于放在匀强磁场中的闭合通电线圈,可以考虑应用力矩计算式 $\boldsymbol{M} = I\boldsymbol{S} \times \boldsymbol{B}$ 求解安培力矩。

例题 6 如图 3.2.13 所示,$abcd$ 是竖直的矩形导线框,线框面积为 S,放在磁感应强度为 B 的均匀水平磁场中,ab 边在水平面内且与磁场方向成 $60°$ 角。若导线框中的电流强度为 I,则导线框所受的安培力对某竖直固定轴的力矩等于 ( )

A. IBS

B. $\dfrac{1}{2}BIS$

C. $\dfrac{\sqrt{3}}{2}BIS$

D. 由于导线框的边长以及固定轴的位置未知,无法确定

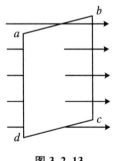

图 3.2.13

分析 题目中没有告诉固定轴的位置,我们可以设 OO' 为某竖直固定轴(轴与 ad 边和 bc 边平行),俯视图如图 3.2.14 所示。所求的安培力矩就是 ad 边受到的安培力对 OO' 轴的力矩与 bc 边受到的安培力对 OO' 轴的力矩之和。ad 边和 bc 边所受安培力的大小为

$F=BIL$,安培力的方向与电流方向有关,题中虽然没有给出线圈中的电流方向,但 ad 边的电流方向与 bc 边的电流方向相反,于是我们就可以进行求解了。

解 图 3.2.14 中画出了 ad 边和 bc 边在磁场中受力的方向,可知安培力矩
$$M = F \cdot Oa \cdot \cos 60° + F \cdot Ob \cdot \cos 60° = Fl_{ab}\cos 60°$$
考虑到 $F = BIl_{ad}$,得
$$M = BIl_{ab}l_{ad}\cos 60° = BIS/2$$
可见 M 与导线框的边长以及固定轴的位置无关,所以 B 选项正确。

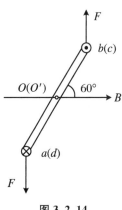

图 3.2.14

点拨 (1) 通过求解此题,我们可以看到:当线圈平面与磁场方向的夹角为 $0°$,即磁场方向与线圈平面平行时,安培力矩最大,$M_{max} = BIS$;当线圈平面与磁场方向垂直时,安培力矩于零。如果 $abcd$ 是电动机中的通电线圈,将此线圈放在与磁感线平行的位置上再通电,则电动机最容易转动。

(2) 若应用 $\boldsymbol{M} = I\boldsymbol{S} \times \boldsymbol{B}$ 求解本题,将更方便,即 $M = ISB\sin 30° = \dfrac{ISB}{2}$。

例题 7 (2021 年清华强基)如图 3.2.15 所示,一均匀带电圆盘的半径为 R,电荷的面密度为 σ,放置在与圆盘平面平行、磁感应强度为 B 的匀强磁场中。当圆盘以角速度 ω 绕过圆心且与圆盘表面垂直的竖直轴匀速旋转时,下列说法中正确的是 （   ）

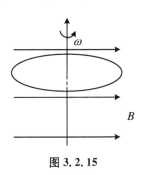

图 3.2.15

A. 有安培力矩,大小为 $\dfrac{1}{4}\pi B\omega\sigma R^4$

B. 有安培力矩,大小为 $\dfrac{1}{2}\pi B\omega\sigma R^4$

C. 有安培力矩,大小为 $\dfrac{1}{4}\pi B\omega\sigma R^3$

D. 有安培力矩,大小为 $\dfrac{1}{2}\pi B\omega\sigma R^3$

E. 无安培力矩

分析 带电圆盘转动起来,电荷随着圆盘一起转动,因而在圆盘上形成等效电流,圆盘上不同的地方电流强度不一样,受到的安培力也不一样,所以很难从力矩的定义出发求解本题。考虑用二级结论 $\boldsymbol{M} = I\boldsymbol{S} \times \boldsymbol{B}$ 求解,这里 I 的选取成为求解本题的关键,考虑到圆盘的对称性,我们可以选取距圆心 r、宽度为 dr(面积为 $2\pi r dr$)的一个面元电流,先求出该电流对应的安培力矩,再积分即可。

解 取圆盘上半径为 r、宽度为 dr 的圆环作为微元,根据环状电流在磁场中的安培力矩为 $\boldsymbol{M} = I\boldsymbol{S} \times \boldsymbol{B}$,可得微元所受力矩大小为
$$dM = B \cdot \pi r^2 \cdot dI$$
其中 dI 表示流过面元截面积 $2\pi r dr$ 的电流强度,大小为

$$dI = \frac{\sigma \cdot 2\pi r dr}{T}$$

考虑到 $T = \frac{2\pi}{\omega}$，得

$$dI = \omega \sigma r dr$$

联立以上各式，得

$$dM = \pi \sigma \omega B r^3 dr$$

故整个圆盘所受力矩为

$$M = \int_0^R dM = \int_0^R \pi \sigma \omega B r^3 dr = \frac{1}{4}\pi \sigma \omega B R^4$$

所以本题选 A。

点拨 在应用 $\boldsymbol{M} = I\boldsymbol{S} \times \boldsymbol{B}$ 求解安培力矩时，要充分地考虑到对称性，这样就可以回避烦琐的积分。另外，还要注意力矩计算式成立的前提条件是磁场必须是匀强磁场，否则就只能根据力矩的定义求解了。

5. 如何计算磁矩？

平面线圈的面积与所载电流的电流强度的乘积被定义为磁矩，其表达式为 $m = IS$。在实际考题中往往需要计算等效电流，很有可能还会涉及微积分，这时我们需要充分地考虑对称性，可以使计算大大简化。另外，通电平面圆环绕过圆心且垂直于圆环面的轴转动时，其磁矩为 $m = \pi r^2 I$，不少题目可以以此为基础进行计算。

例题 8（2020 年清华强基）一根线电荷密度为 λ 的均匀带电绝缘杆 MN 置于光滑水平面上，绕过固定点 O 的竖直轴以角速度 ω 旋转，如图 3.2.16 所示。已知杆的延长线始终过 O 点，杆的近端与 O 点的距离始终为 a，杆的远端与 O 点的距离始终为 b，O 点处的电场强度 E、磁感应强度 B 的大小以及杆的磁矩 m 分别为 （　　）

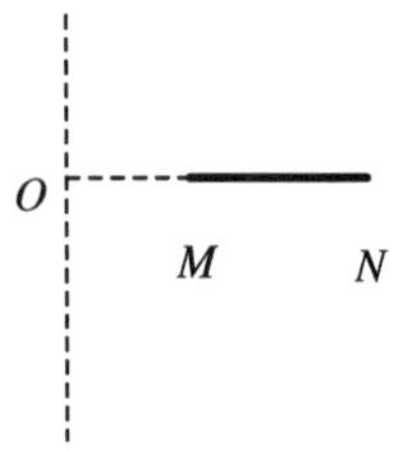

A. $E = \dfrac{\lambda}{4\pi\varepsilon_0}\dfrac{b-a}{ab}$，$B = \dfrac{\mu_0\lambda\omega}{4\pi}\ln\dfrac{b}{a}$，$m = \dfrac{1}{6}\lambda\omega(b^3 - a^3)$

B. $E = \dfrac{\lambda}{4\pi\varepsilon_0}\dfrac{b-a}{ab}$，$B = \dfrac{\mu_0\lambda\omega}{8\pi}\ln\dfrac{b}{a}$，$m = \dfrac{1}{3}\lambda\omega(b^3 - a^3)$

C. $E = \dfrac{\lambda}{8\pi\varepsilon_0}\dfrac{b-a}{ab}$，$B = \dfrac{\mu_0\lambda\omega}{8\pi}\ln\dfrac{b}{a}$，$m = \dfrac{1}{6}\lambda\omega(b^3 - a^3)$

D. $E = \dfrac{\lambda}{8\pi\varepsilon_0}\dfrac{b-a}{ab}$，$B = \dfrac{\mu_0\lambda\omega}{4\pi}\ln\dfrac{b}{a}$，$m = \dfrac{1}{3}\lambda\omega(b^3 - a^3)$

图 3.2.16

分析 空间中 P 点的电场与场源点电荷和 P 点连线的位置矢量 $\boldsymbol{r}$ 共线，将线分布的电荷分割成无数多点电荷，应用点电荷产生电场的公式，再进行积分即可求解。

可将带电绝缘杆分割成无数多小段，每一小段在绕 O 点旋转时都形成一个等效电流 dI，应用上一节例题 3 的结论（通电圆环在环心处产生的磁感应强度为 $dB = \dfrac{\mu_0 dI}{2r}$），再进行积分运算即可求解。

我们知道通电平面圆环绕过圆心且垂直于圆环面的轴转动时,其磁矩为 $m = \pi r^2 I$,所以可将带电绝缘杆分割成无数多小段,每一小段在绕 O 点旋转时都相当于一个等效的电流,应用上述公式,再进行积分运算即可求解。

解 先求 O 点处的电场强度大小。

将带电绝缘杆分割成无数多小段,每一小段看成点电荷,在 O 点产生的电场强度大小为

$$dE = \frac{1}{4\pi\varepsilon_0} \frac{\lambda dr}{r^2}$$

每一小段在 O 点产生的电场强度方向相同,所以矢量叠加变成代数叠加,即 O 点处的总的电场强度大小为

$$E = \int_a^b \frac{1}{4\pi\varepsilon_0} \frac{\lambda dr}{r^2} = \frac{1}{4\pi\varepsilon_0} \cdot \frac{b-a}{ab}$$

再求 O 点处的磁感应强度大小。

将带电绝缘杆分割成无数多小段,每一小段在绕 O 点旋转时都形成一个等效电流 dI,则

$$dI = \frac{\omega \lambda dr}{2\pi}$$

该等效电流在 O 点产生的磁感应强度为

$$dB = \frac{\mu_0 dI}{2r} = \frac{\mu_0 \omega \lambda dr}{4\pi r}$$

方向相同,所以矢量叠加变成代数叠加,则 O 点处的总的磁感应强度大小为

$$B = \int_a^b \frac{\mu_0 \omega \lambda dr}{4\pi r} = \frac{\mu_0 \omega \lambda}{4\pi} \ln \frac{b}{a}$$

最后求杆的磁矩大小。

每一小段等效电流 $dI = \frac{\omega \lambda dr}{2\pi}$ 产生的磁矩为

$$dm = \frac{\omega \lambda dr}{2\pi} \cdot \pi r^2$$

方向相同,所以矢量叠加变成代数叠加,则杆产生的总的磁矩为

$$m = \int_a^b \frac{\omega \lambda dr}{2\pi} \cdot \pi r^2 = \frac{1}{6} \lambda \omega (b^3 - a^3)$$

综上所述,本题选 A。

点拨 有关线圈磁矩的计算是强基试题中经常出现的题目(尤其是清华大学的强基试题),这部分内容已经远远超出了高考范围,所以大部分同学对这部分内容都比较陌生。同学们需要熟练掌握这类问题的求解方法,有时还需要有意识地记住一些常见构型的磁矩。

习题实战演练

基 础 练 习

1. 如图 3.2.17 所示,两根平行放置的等长直导线 a 和 b 载有方向相反的电流,大小分别为 I_a 和 I_b,且 $I_b = 2I_a$,I_b 对 I_a 的作用力为 F_1,I_a 对 I_b 的作用力为 F_2,则两导线之间的相互作用力为 (　　)

A. 相互吸引,$F_1 < F_2$ B. 相互吸引,$F_1 = F_2$

C. 相互排斥,$F_1 > F_2$ D. 相互排斥,$F_1 = F_2$

2. 如图 3.2.18 所示,将条形磁铁放在光滑的斜面上,它被平行于斜面的轻弹簧拉住而平衡,A 为水平放置的固定直导线的截面。当导线中无电流时,磁铁对斜面的压力为 F_{N1};当导线中有垂直于纸面向里的电流时,磁铁对斜面的压力为 F_{N2}。下列表述中正确的是 (　　)

A. $F_{N1} < F_{N2}$,弹簧的伸长量减小 B. $F_{N1} = F_{N2}$,弹簧的伸长量减小

C. $F_{N1} > F_{N2}$,弹簧的伸长量增大 D. $F_{N1} > F_{N2}$,弹簧的伸长量减小

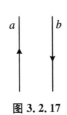

图 3.2.17

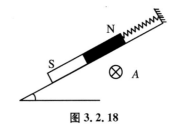

图 3.2.18

3. (2013 年西城二模)彭老师在课堂上做了一个演示实验:装置如图 3.2.19 所示,在容器的中心放一个圆柱形电极,沿容器边缘内壁放一个圆环形电极,把 A 和 B 分别与电源的两极相连,然后在容器内放入液体,将该容器放在磁场中,液体就会旋转起来。王同学回去后重复彭老师的实验步骤,但液体并没有旋转起来。造成这种现象的原因可能是该同学在实验过程中 (　　)

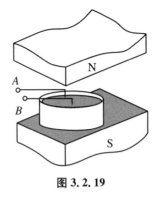

图 3.2.19

A. 将磁铁的磁极接反了 B. 将直流电源的正负极接反了
C. 使用的电源为 50 Hz 的交流电源 D. 使用的液体为饱和食盐溶液

4. 如图 3.2.20 所示,一水平导轨处于向左上方与水平方向成 60°的磁场中,在磁场作用下,一根通有恒定电流的金属棒在轨道上向右做匀速运动,在磁场方向顺时针转动到竖直的过程中,金属棒始终保持匀速滑动。已知导体棒与轨道之间的动摩擦因数恒定,则磁感应强度大小的变化可能是 （　　）

A. 一直变大 B. 一直变小
C. 先变大再变小 D. 先变小再变大

5. 图 3.2.21 所示的天平可用来测定磁感应强度。天平的右臂下面挂有一个矩形线圈,宽为 l,共有 N 匝。线圈的下部悬在匀强磁场中,磁场方向垂直于纸面。当线圈中通有电流 I（方向如图所示）时,在天平左右两边加上质量分别为 m_1、m_2 的砝码,天平平衡。当电流反向（大小不变）时,在右边再加上质量为 m 的砝码后,天平重新平衡。由此可知磁感应强度 （　　）

A. 垂直于纸面向里,大小为 $\dfrac{(m_1-m_2)g}{NIl}$ B. 垂直于纸面向里,大小为 $\dfrac{mg}{2NIl}$

C. 垂直于纸面向外,大小为 $\dfrac{(m_1-m_2)g}{NIl}$ D. 垂直于纸面向外,大小为 $\dfrac{mg}{2NIl}$

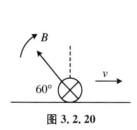

图 3.2.20

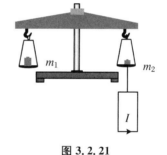

图 3.2.21

6. 在磁感应强度为 B 的匀强磁场中,有一段通有电流的弯曲导线,设电流强度为 I,导线两端点之间的距离为 L,导线所在平面与磁场垂直,如图 3.2.22 所示,试求通电导线所受安培力的大小和方向。

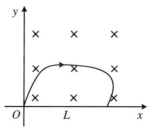

图 3.2.22

7. 图 3.2.23 所示是一个可以用来测量磁感应强度的装置：一长方体绝缘容器内部高为 L，厚为 d，左右两管等高处装有两根完全相同的开口向上的管子 a、b，上下两侧装有电极 C（正极）和 D（负极）并经开关 S 与电源连接，容器中注满能导电的液体，液体的密度为 ρ；将容器置于一匀强磁场中，磁场方向垂直于纸面向里，当开关 S 断开时，竖直管子 a、b 中的液面高度相同，开关 S 闭合后 a、b 管中液面将出现高度差。若开关 S 闭合后 a、b 管中液面将出现高度差 h，电路中电流表的读数为 I，求磁感应强度的大小 B。

8. 两条光滑的水平金属导轨彼此平行，金属棒 ab 架在两导轨端点并与导轨垂直，导轨区域内有竖直向下的匀强磁场，导轨另一端与电源、电容器连成电路，如图 3.2.24 所示。已知金属棒的质量 $m = 5 \times 10^{-3}$ kg，两导轨间距 $L = 1.0$ m，电源电动势 $E = 16$ V，电容器的电容 $C = 200\ \mu\text{F}$，磁场的磁感应强度 $B = 0.5$ T。金属棒在通电后受安培力作用而平抛出去，下落高度 $h = 0.8$ m，抛出至落地水平位移 $s = 0.064$ m。试求开关 S 先接 1 再接 2，金属棒被抛出后电容器上电压的数值。

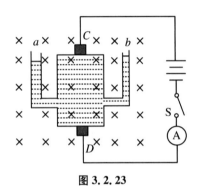

图 3.2.23

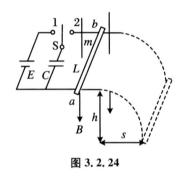

图 3.2.24

提 高 练 习

9. 如图 3.2.25 所示，两根平行长直通电导线 L_1、L_2 中的电流分别为 I 和 $2I$，此时 L_1 受到的磁场力大小为 F。现将另一根长直通电导线 L_3 平行放在 L_1 上侧，三根导线间距相等且处于同一平面，L_1 受到的磁场力大小变为 $2F$，则 L_3 中的电流大小可能是 （　　）

A. $2I$　　　　　B. $4I$　　　　　C. $6I$　　　　　D. $8I$

图 3.2.25

10. 如图 3.2.26 所示,一个半径为 R 的导电圆环与一个轴向对称的发散磁场处处正交,环上各点磁感应强度 B 的大小相同,方向均和环面轴线方向成 θ 角。若导线环上载有一恒定电流 I,方向如图所示,试求磁场作用在圆环上安培力的大小和方向。

11. 如图 3.2.27 所示,两平面 S_1 与 S_2 的夹角为 φ,相交于直线 MN。匀强磁场的磁感应强度为 B,其方向与平面 S_1 平行且与两平面的交线 MN 垂直。一半径为 R 的半圆周导线 ab 中通有直流电 I。今将此半圆周载流导线的整体放在平面 S_2 的不同部位上。试求它所受到的最大安培力 $F_{\max}$ 和最小安培力 $F_{\min}$。

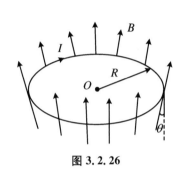

图 3.2.26

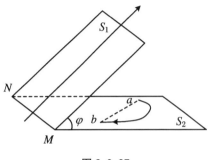

图 3.2.27

12. 如图 3.2.28 所示,半径为 R 的圆形线圈共有 N 匝,处于方向竖直、磁感应强度为 B 的匀强磁场中,线圈可绕其水平直径(绝缘)轴 OO' 转动。一个质量为 m 的重物挂在线圈下部,当线圈通以恒定电流 I 后,求重物静止时线圈平面和磁场方向的夹角 θ(已知重力加速度大小为 g)。

13. 如图 3.2.29 所示,斜面上放有一个木质圆柱,圆柱的质量为 $m = 0.25$ kg,半径为 R,长度为 $L = 0.1$ m,顺着圆柱缠有 $N = 10$ 匝的导线,而这个圆柱体的轴位于导线回路的平面内。在这个斜面处,有一竖直向上的匀强磁场,磁感应强度为 $B = 0.5$ T。如果绕线组的平面与斜面平行,系统处于静止状态,取重力加速度大小 $g = 10$ m/s^2,则通过的电流至少为多少?

14. 如图 3.2.30 所示,一平面塑料圆盘,其半径为 R,表面均匀带电,电荷面密度为 σ,设圆盘绕其轴线 AA' 以角速度 ω 转动,匀强磁场 B 的方向垂直于转轴 AA',求磁场作用于圆盘的力矩大小。

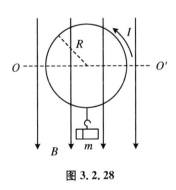

图 3.2.28

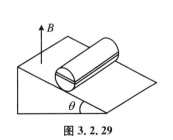

图 3.2.29

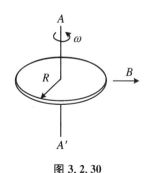

图 3.2.30

《参考答案》

1. D。
2. A。
3. C。
4. AD。
5. D。
6. ILB,y 轴方向。
7. $B = \dfrac{\rho ghd}{I}$。

提示 开关 S 闭合后,导电液体中有电流由 C 流到 D,根据左手定则可知导电液体要受到向右的安培力 F 作用,在液体中产生附加压强,这样 a、b 管中液面将出现高度差。在液体中产生的附加压强为

$$p = \frac{F}{S} = \frac{BLI}{Ld} = \frac{BI}{d} = \rho gh$$

所以磁感应强度的大小

$$B = \frac{\rho ghd}{I}$$

8. 8 V。

提示 开关 S 与 1 接通后,电容器的电量为

$$Q = CE = 3.2 \times 10^{-3}\ \text{C}$$

S 与 2 接通后,电容器放电,ab 棒受到的水平向右的安培力的冲量为

$$BLi\Delta t = \Delta(mv)$$

两边求和,得

$$BL\Delta q = mv$$

根据平抛运动学可得杆的速度为 $v = 0.16\ \text{m/s}$,由此可知电容器的放电量为

$$\Delta q = \frac{mv}{BL} = 1.6 \times 10^{-3}\ \text{C}$$

电容器的电压为

$$U = \frac{Q - \Delta q}{C} = 8\ \text{V}$$

9. AC。

提示 依据右手螺旋定则与左手定则,可知 L_1 受到 L_2 的磁场吸引力。L_3 平行放在 L_1 上侧,三根导线间距相等且处于同一平面,L_1 受到的磁场力大小变为 $2F$,若 L_3 中的电流方向向左,依据右手螺旋定则与左手定则,可知 L_1 受到 L_3 的磁场排斥力,那么 L_3 中的电流大小为 $2I$;若 L_3 中的电流方向向右,依据右手螺旋定则与左手定则,可知 L_1 受到 L_3 的磁场吸引力,那么 L_3 对 L_1 的磁场力大小为 $3F$,因此 L_3 中的电流大小为 $6I$,故选项 A、

C 正确，B、D 错误。

10. $F = 2\pi BIR\sin\theta$。

提示 将磁感应强度 B 沿垂直于环面方向和平行于环面方向分解，可得
$$B_\perp = B\cos\theta, \quad B_{/\!/} = B\sin\theta$$
其中垂直于环面方向的分量对电流的作用力沿环面方向，由圆的对称性可知其合力为零。根据左手定则判断，平行于环面方向的分量对电流的作用力垂直于环面向上，所以该磁场作用在圆环上的安培力方向垂直于圆环面向上，其大小为
$$F = B_{/\!/} I \cdot 2\pi R = 2\pi BIR\sin\theta$$

11. $F_{\max} = 2IBR$，$F_{\min} = 2IRB\sin\varphi$。

提示 载流直导线 ab 所受安培力的大小为
$$F = IBL\sin\theta = 2IBR\sin\theta$$
式中 θ 是直导线 ab 与 B 的夹角，由于 ab 在平面 S_2 上，故 $\varphi \leqslant \theta \leqslant \pi/2$，则 $\sin\varphi \leqslant \sin\theta \leqslant \sin\pi/2 = 1$。当 $\theta = \pi/2$ 时，$F_{\max} = 2IBR$；当 $\theta = \varphi$ 时，$F_{\min} = 2IBR\sin\varphi$。

因为载流半圆周与载流直导线 ab 所受的安培力大小相等，方向相反，所以将载流半圆周放在平面 S_2 上的不同位置，它所受到的最大安培力为 $F_{\max} = 2IBR$，最小安培力为 $F_{\min} = 2IRB\sin\varphi$。

12. $\theta = \arctan\dfrac{N\pi BIR}{mg}$。

13. 2.5 A。

提示 圆柱体受到 4 个力的作用，如图 3.2.31 所示，分别为：重力 mg，通过质心，竖直向下；斜面对圆柱的静摩擦力 f，沿着斜面向上；斜面的支持力 F_N；磁场对载流线圈的电磁力 F（这是一对作用在线圈两长边的力，大小相等，方向相反）。圆柱体不向下滚动的条件是：质心不平动，圆柱不转动。

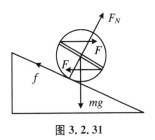

图 3.2.31

根据质心不平动，可列出方程
$$f - mg\sin\theta = 0$$
选圆柱体中心轴为力偶矩中心，摩擦力 f 和线圈两边受力 F 的力偶矩相互平衡，则
$$fR - NISB\sin\theta = 0$$
式中 S 为线圈的面积，且 $S = 2RL$，θ 为线圈平面的法线与 B 之间的夹角。以上两式联立可得
$$I = \frac{mg}{2NBL} = 2.5\text{ A}$$

14. $M = \dfrac{1}{4}\pi\omega\sigma R^4 B$。

提示 在圆盘上取半径为 r、宽为 Δr（小量）的圆环，如图 3.2.32 所示。当圆环以角速度 ω 转动时，单位时间内通过的电量（电流强度）为

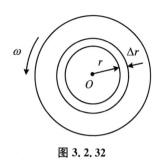

图 3.2.32

$$\Delta I = 2\pi r \Delta r \cdot \sigma \cdot \frac{\omega}{2\pi} = \omega r \Delta r \cdot \sigma$$

此电流环的磁矩大小为

$$\Delta m = \Delta I \cdot S = \sigma \omega r \Delta r \cdot \pi r^2$$

转动圆盘的总磁矩为

$$m = \sum \Delta m = \sigma \omega \pi \int_0^R r^3 \mathrm{d} r = \frac{1}{4}\pi\omega\sigma R^4$$

再由安培力矩表达式得到磁场作用于转动圆盘的力矩大小为

$$M = |\boldsymbol{M}| = |\boldsymbol{m} \times \boldsymbol{B}| = mB\sin\frac{\pi}{2} = mB = \frac{1}{4}\pi\omega\sigma R^4 B$$

3.3 洛伦兹力

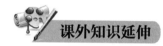课外知识延伸

1. 洛伦兹力的矢量表达式

洛伦兹力的方向一定与粒子运动方向垂直，也与磁场的方向垂直，即与 $\boldsymbol{v}$ 和 $\boldsymbol{B}$ 所在的平面垂直，如图 3.3.1 所示。具体方向可用左手定则判定，但应注意，这里所说的粒子运动方向是指正电荷运动的方向，若粒子带负电，则应当取其运动方向的反向作为速度的方向。

用来判断洛伦兹力方向的一个简单方法就是：仿照安培力的判断方法，无论粒子带正电还是带负电，都按照"等效电流"方向作为 $\boldsymbol{v}$ 的方向，用左手定则判断即可。

考虑洛伦兹力的方向，洛伦兹力可表示为

$$\boldsymbol{f} = q\boldsymbol{v} \times \boldsymbol{B}$$

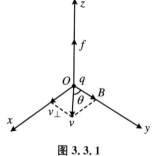

图 3.3.1

洛伦兹力总是与粒子速度垂直，因此洛伦兹力不做功，不能改变运动电荷速度的大小，只能改变速度的方向。

2. 带电粒子仅在洛伦兹力作用下的运动

已知一个粒子的受力情况，讨论其运动情况，这是牛顿定律应用中的基本问题。但是这个力与运动方向垂直，还与速度大小有关，所以动力学方程往往非常难解，不妨先看几个简单的例子。

（1）带电粒子原来静止

若带电粒子原来静止，即使它在磁场中也不会受洛伦兹力的作用，因而保持静止。

（2）带电粒子运动的方向与磁场方向在一条直线上

如果带电粒子运动的方向与磁场方向在一条直线上,该粒子仍不受洛伦兹力的作用,粒子就以这个速度在磁场中做匀速直线运动。

(3) 带电粒子速度方向与磁场方向垂直

若带电粒子速度方向与磁场方向垂直,带电粒子在垂直于磁场方向的平面内以速度 v 做匀速圆周运动。洛伦兹力提供向心力,则

$$qvB = m\frac{v^2}{R} = m\omega^2 R = m\frac{4\pi^2}{T^2}R = 4\pi^2 mf^2 R$$

所以

$$R = \frac{mv}{Bq}, \quad \omega = \frac{Bq}{m}, \quad T = \frac{2\pi m}{Bq}, \quad f = \frac{Bq}{2\pi m}$$

(4) 带电粒子速度方向与磁场方向成非 90°夹角

设带负电粒子速度方向与磁场方向的夹角为 θ,如图 3.3.2 所示。采用运动的分解与合成的思想,将速度分解为与磁场平行方向的分量 $v_{/\!/} = v\cos\theta$ 和与磁场垂直方向的分量 $v_\perp = v\sin\theta$。在与 B 平行方向的分运动不受力的作用,为匀速直线运动;在与 B 垂直方向的分运动受洛伦兹力的作用,为匀速圆周运动。两个方向运动合起来,粒子做等距螺旋运动。

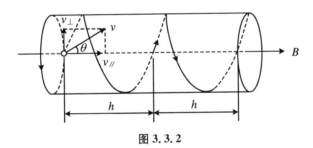

图 3.3.2

粒子在垂直于 B 方向做圆周运动的半径取决于 $v_\perp$,粒子做螺旋运动的半径和周期分别为

$$R = \frac{mv_\perp}{qB} = \frac{mv\sin\theta}{qB}, \quad T = \frac{2\pi R}{v_\perp} = \frac{2\pi m}{qB}$$

粒子在沿 B 方向的运动具有一定的空间周期性,用螺距 h 来描述,则

$$h = v_{/\!/} \cdot T = \frac{2\pi mv\cos\theta}{qB}$$

上述计算都没有考虑磁场范围的问题,在实际应用中我们不可能拥有无限大区域的磁场,因此会遇到有界磁场的问题。

3. 磁聚焦与磁透镜

带电量相同的粒子经过相同的电场加速,其动能相同,但粒子的运动方向并不一定一致。这样的话,一束粒子在前进过程中可能会逐渐散开,不利于进行科研实验。这时我们就需要对这些粒子进行聚焦,让它们重新聚拢。

有一种简单的聚焦方法,可以解决粒子运动方向差别不大且速度大小相同时的聚焦问

题。如图 3.3.3 所示,有一束粒子,其速度大小相同,它们几乎都沿着磁场方向运动,但一些粒子与磁场之间有很小的夹角。根据粒子做螺旋运动的周期和螺距公式可以看出,这些粒子螺旋一周的周期都相同,运动时的螺距也近似相同(θ 很小,$\cos\theta \approx 1$),每经过 $T = \dfrac{2\pi m}{qB}$,粒子都会在相隔 h 处重新聚于一个点,这就是磁聚焦,其中

$$h = v_{/\!/} \cdot T = \dfrac{2\pi m v \cos\theta}{qB} \approx \dfrac{2\pi m v}{qB}$$

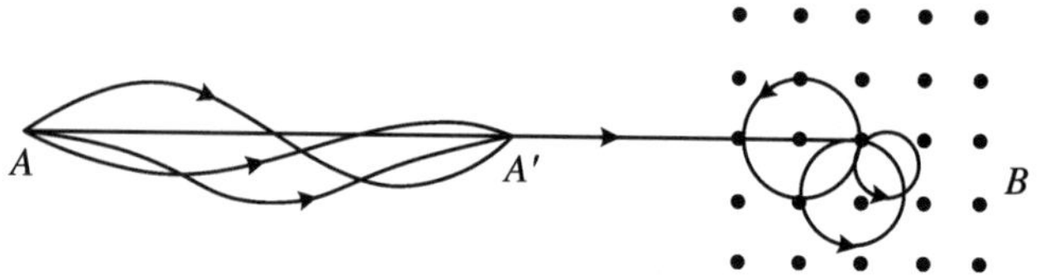

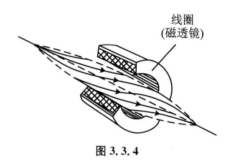

图 3.3.3

粒子在运动过程中从一个点散开到另一个点汇聚到一起,有点像凸透镜作用下的成像方式,因此也形象地把这种方式称为磁透镜。对于运动方向差别不大且速度大小相同的带电粒子,只要将长直螺线管包裹在其运动的方向上,就可以实现磁聚焦,如图 3.3.4 所示。

图 3.3.4

当然,能用这种方式进行聚焦的粒子必须是速度方向差别不大的粒子。在一些问题中,我们可能会遇到粒子速度方向往四面八方散开的问题,在这样的情况下,磁透镜就无法使用了,但是我们还是能想办法添加合适的磁场区域对粒子进行聚焦,相关的内容我们将在例题中给大家讲授。

4. 磁镜与磁约束

在受控热核聚变的实验研究中,因为热核聚变反应是在几千万度的环境中进行的,在这样高的温度下,物质早已处于等离子体状态,即物质原子内电子脱离原子核的吸引而形成带负电的自由电子和带正电的离子共存的状态。在这样高的温度下,任何固体容器的材料都会被熔化。因此,不可能用固体容器约束等离子体,于是人们试图用磁场来对其进行约束,这里我们主要介绍两种约束方式。

(1) 磁镜和磁瓶

在非均匀磁场中,速度不沿磁场方向的带电粒子也要做螺旋运动,但半径和螺距都将不断发生变化。特别是当粒子向磁场较强处螺旋前进时,它受到的磁场力有一个和前进方向

相反的分量,如图 3.3.5 所示。这一分量有可能最终使粒子的前进速度减小到零,并继而沿反方向前进。强度逐渐增加的磁场能使粒子发生反射,因此把这种磁场分布称为磁镜。

我们可以用两个电流方向相同的线圈产生一个中间弱、两端强的磁场,如图 3.3.6 所示。这一磁场区域的两端形成两个磁镜,平行于磁场方向、速度分量不太大的带电粒子将被约束在两个磁镜间的磁场内来回运动而不能逃脱。这种能约束带电粒子的磁场分布称为磁瓶。

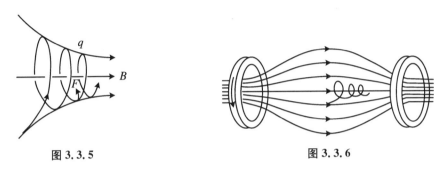

图 3.3.5　　　　　　　　　　图 3.3.6

磁瓶约束也存在于自然界中。如图 3.3.7 所示,地球磁场两极强、中间弱就是一个天然磁瓶。外层空间的带电粒子进入后,将绕地磁感线做螺旋运动,并被两极来回反射,约束在地磁感线区域,形成所谓的范·阿伦辐射带。生活在地球上的人类及其他生物都应十分感谢这个天然的磁镜约束,正是靠它才能将来自宇宙空间、威胁生物生命安全的各种高能射线或粒子捕获住,使人类及其他生物不被伤害,得以安全地生存下来。

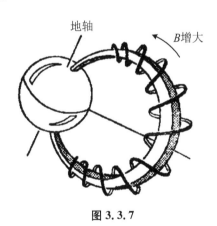

图 3.3.7

如图 3.3.8 所示,美丽的极光也是范·阿伦辐射带中的粒子因空间磁场的变化而在地极附近的大气层产生的发光现象。另外,如果没有地球的磁场,地球的大气会像火星一样被太阳喷射的离子流吹走。

(2) 托卡马克装置

在磁镜中,如果粒子沿磁感线方向的速度平行分量 $v_\parallel$ 太大,那么粒子就会从左右两端漏出去,所以这套装置仅能约束那些速度平行分量不是太大的带电粒子。如果需要将所有粒子都约束在一定空间范围内,就要用到外形如图 3.3.9 所示的托卡马克装置的环形磁场。

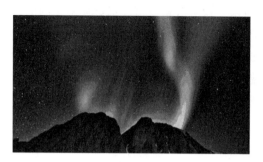

图 3.3.8

图 3.3.9

带电粒子在托卡马克装置中的运动类似于在长直螺线管中的运动,为了能让粒子运动约束在螺绕环中,只需在垂直于螺绕环的平面内再加上一个极向磁场即可,如图 3.3.10 所示。

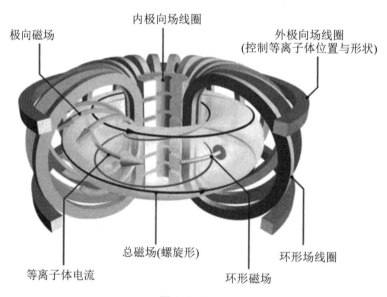

图 3.3.10

中国科学院合肥物质科学研究院等离子体物理研究所就有一座有"人造太阳"之称的全超导托卡马克核聚变实验装置(EAST)。2021 年 12 月 30 日晚,这台装置又创造了一个世界之最——实现 1056 s 的长脉冲高参数等离子体运行,而且是在 7×10^7 ℃ 的高温下。这样的科技突破让我们向受控核聚变的实施又迈进了一步。

核心问题讨论

1. 如何解决带电粒子在矩形磁场区域内的运动问题？

处理带电粒子在矩形磁场区域内的运动问题时，常常需要找轨道圆心。找轨道圆心时常用到的知识有：① 半径垂直于速度方向；② 半径垂直于弦必平分弦；③ 速度偏转角等于半径偏转角，即等于轨迹对应的圆心角。另外，常常还需要考虑多解和对称性等。

例题 1 如图 3.3.11 所示，在正方形 $abcd$ 区域内充满方向垂直于纸面向里、磁感应强度为 B 的匀强磁场。在 $t=0$ 时刻，一位于 ad 边中点 O 的粒子源在 $abcd$ 平面内一次性发射大量的同种带正电的粒子，所有粒子的初速度大小相同，方向与 Od 边的夹角分布在 $0°\sim 180°$ 范围内。已知沿 Od 方向发射的粒子在 $t=t_0$ 时刻刚好从磁场边界 cd 上的 P 点（图中未画出）离开磁场，粒子在磁场中做圆周运动的半径恰好等于正方形边长 L。粒子的重力以及粒子间的相互作用力均不计，求：

(1) 粒子的比荷 q/m；

(2) 假设粒子源发射的粒子在 $0°\sim 180°$ 范围内均匀分布，在 $t=t_0$ 时刻仍在磁场中的粒子数与粒子源发射的总粒子数之比；

(3) 从粒子发射到全部粒子离开磁场所用的时间。

分析 若已知粒子的入射方向和圆周运动的半径，可以确定粒子在正方形区域内做圆周运动的圆心，进而可以画出粒子的运动轨迹。同一时刻仍在磁场中的粒子到 O 点的距离相等，在 t_0 时刻仍在磁场中的粒子应位于以 O 为圆心、OP 为半径的弧上。因为所有粒子的运动轨道半径一样，所以在磁场中运动时间最长的粒子的弧长应该最长，弧对应的弦也应该最长，即粒子的轨迹应该与磁场边界 b 点相交。

解 (1) 初速度沿 Od 方向发射的粒子在磁场中运动的轨迹如图 3.3.12 所示，其圆心为 n 点，由几何关系有

$$\angle OnP = \frac{\pi}{6}$$

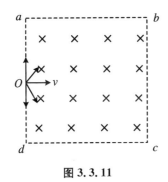

图 3.3.11

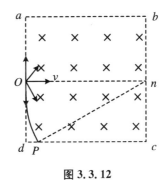

图 3.3.12

设完整的圆周运动周期为 T，则

$$t_0 = \frac{T}{12}$$

粒子做圆周运动的向心力由洛伦兹力提供,根据牛顿第二定律得

$$Bqv = m\left(\frac{2\pi}{T}\right)^2 R$$

考虑到 $v = \frac{2\pi R}{T}$,解得

$$\frac{q}{m} = \frac{\pi}{6Bt_0}$$

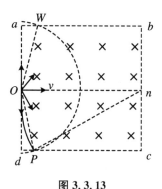

图 3.3.13

(2) 在 t_0 时刻仍在磁场中的粒子应位于以 O 为圆心、OP 为半径的弧上,如图 3.3.13 所示,由图可知 $\angle POW = 5\pi/6$,此时仍在磁场中的粒子数与总粒子数之比为 5/6。

(3) 在磁场中运动时间最长的粒子的轨迹应该与磁场边界 b 点相交,设此粒子运动轨迹对应的圆心角为 θ,则

$$\sin\frac{\theta}{2} = \frac{\sqrt{5}}{4}$$

在磁场中运动的最长时间为

$$t = \frac{\theta}{2\pi}T = \frac{12\arcsin\frac{\sqrt{5}}{4}}{\pi}t_0$$

所以从粒子发射到全部离开所用时间为

$$t = \left(\frac{12}{\pi}\arcsin\frac{\sqrt{5}}{4}\right)t_0$$

点拨 本题的难点在于各粒子的速度方向不同,运动轨迹也不同,需要分析的情况较多,我们需要抓住它们的共性,即运动半径相同,从而得出相同时间内它们走过的弧长相等,弧对应的弦也就相等,于是对各种轨迹的分析转化成了对弦的分析。

2. 如何解决带电粒子在圆形区域磁场中的运动问题?

处理带电粒子在圆形区域磁场中的运动问题时,找到运动轨迹的圆心往往成为解决问题的关键,一个常用到的二级结论是:当粒子向圆形区域磁场的圆心入射时,出射方向反向延长线必过圆心。另外,我们还需注意区分轨道半径(R)和磁场区域半径(r)。

例题 2 如图 3.3.14 所示,一个质量为 m、重力可以忽略、电荷量为 $+q$ 的粒子,从 A 点正对着圆心 O 以速度 v_0 射入半径为 r 的内壁光滑的绝缘圆筒中,圆筒内存在垂直于纸面向里的匀强磁场。粒子与圆筒内壁间的碰撞是弹性的且无电荷转移,最后粒子仍从 A 点射出。

(1) 若粒子与圆筒碰撞 2 次后从 A 点射出,求磁感应强度的大小 B。

(2) 若粒子与圆筒碰撞 $n(n \geqslant 2)$ 次后从 A 点射出,求

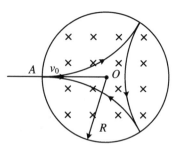

图 3.3.14

磁感应强度的大小 B_n。

分析 速度方向朝圆心入射时,粒子从圆形磁场边界的出射方向的反向延长线必定过圆心。另外,若粒子与圆筒碰撞了 n 次,则同时也可能在圆筒内转了多圈,因此磁感应强度 B 的大小不唯一,需要考虑多解的情况。

解 (1) 带电粒子从 A 点朝圆心射入后,在洛伦兹力作用下做匀速圆周运动,其圆心在 O' 点,其半径 R 为

$$R = \frac{mv_0}{qB}$$

若粒子与圆筒碰撞 2 次后从 A 点射出,则其运动轨迹只可能是图 3.3.15 所示情况,可见

$$2\alpha \cdot 3 = 2\pi$$

由几何关系可得

$$\tan\alpha = \frac{R}{r}$$

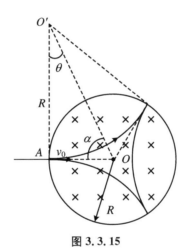

图 3.3.15

联立以上三式,可得

$$B = \frac{\sqrt{3}mv_0}{3qr}$$

(2) 设粒子与圆筒碰撞了 n 次并在圆筒内共转了 k 圈才从 A 点射出,则

$$2\alpha(n+1) = 2\pi k$$

由几何关系有

$$\tan\alpha = \frac{R}{r}$$

则

$$B = \frac{mv_0}{qr}\cot\left(\frac{k\pi}{n+1}\right) \quad (n > 2k-1)$$

点拨 当带电粒子向圆形区域磁场的圆心入射时,常用到的二级结论有:从磁场边界射

出时的速度反向延长线必过圆心;轨道半径(R)与磁场半径(r)满足 $R = r\cot\theta$;在磁场中运动的时间为 $t = \dfrac{\theta}{\pi}T$。

例题 3 (2001年第18届全国中学生物理竞赛预赛)如图 3.3.16 所示,在半径为 a 的圆柱空间中(图中圆为其横截面)充满磁感应强度大小为 B 的均匀磁场,其方向平行于轴线远离读者。在圆柱空间中垂直于轴线的平面内固定放置一个由绝缘材料制成的边长为 $L = 1.6a$ 的刚性等边三角形框架 $\triangle DEF$,其中心 O 位于圆柱的轴线上。DE 边上 S 点($DS = L/4$)处有一发射带电粒子的源,发射粒子的方向皆在图中截面内且垂直于 DE 边向下。发射粒子的电量皆为 $q(q>0)$,质量皆为 m,但速度 v 有各种不同的数值。若这些粒子与三角形框架的碰撞均为完全弹性碰撞,并要求每一次碰撞时速度方向垂直于被碰的边。试问:

(1) 带电粒子速度 v 的大小取哪些数值可使从 S 点发出的粒子最终又回到 S 点?

(2) 这些粒子中回到 S 点所用的最短时间是多少?

分析 要求粒子每次与 $\triangle DEF$ 的三条边碰撞时都与边垂直且能回到 S 点,必须考虑两个因素:其一,每一次碰撞时速度方向垂直于被碰的边;其二,粒子能绕过顶点与 $\triangle DEF$ 的边相碰。

由于碰撞时速度 v 与边垂直,粒子运动轨迹圆的圆心一定位于 $\triangle DEF$ 的边上,粒子绕过 $\triangle DEF$ 顶点 D、E、F 时的圆弧的圆心就一定要在相邻边的交点(D、E、F)上。粒子从 S 点开始向右做圆周运动,其轨迹为一系列半径为 R 的半圆,在 SE 边上最后一次的碰撞点与 E 点的距离应为 R,所以 SE 的长度应是 R 的奇数倍,如图 3.3.17 所示。粒子从 FD 边绕过 D 点转回到 S 点时,情况类似,即 DS 的长度也应是轨道半径的奇数倍。

由于磁场局限于半径为 a 的圆柱范围内,如果粒子在绕 E 点运动时圆轨迹与磁场边界相交,它将在相交处以此时的速度方向沿直线运动而不能返回。所以粒子做圆周运动的半径 R 不能太大,由图 3.3.17 可见必须满足 $R \le DM$($\triangle DEF$ 的顶点沿圆柱半径到磁场边界的距离,当 $R = DM$ 时,粒子圆运动轨迹与圆柱磁场边界相切)。

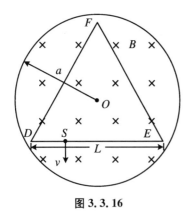
图 3.3.16

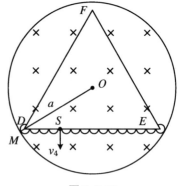
图 3.3.17

解 (1) 带电粒子从 S 点垂直于 DE 边以速度 v 射出后,在洛伦兹力作用下做匀速圆周运动,其圆心一定位于 DE 边上,其半径 R 满足

$$qvB = \frac{mv^2}{R}$$

要求此粒子每次与△DEF的三条边碰撞时都与边垂直且能回到S点,R和v应满足以下两个条件:与边垂直;粒子能绕过顶点与△DEF的边相碰。

先考虑与边垂直的条件。

取 $DS = R_1$,则 DS 的长度被奇数除所得的 R 满足要求,即

$$R = R_n = \frac{DS}{(2n-1)} \quad (n = 1,2,3,\cdots)$$

因此,为使粒子与△DEF各边发生垂直碰撞,R必须满足

$$R = R_n = \frac{1}{2n-1} \cdot \frac{L}{4} = \frac{2a}{5(2n-1)} \quad (n = 1,2,3,\cdots)$$

此时

$$SE = 3DS = (6n-3)R_n \quad (n = 1,2,3,\cdots)$$

SE 为 R_n 的奇数倍的条件自然满足。只要粒子绕过 E 点与 EF 边相碰,由对称关系可知以后的碰撞都能与△DEF的边垂直。

再考虑粒子能绕过顶点与△DEF的边相碰的条件。

由给定的数据可算得

$$DM = a - \frac{8\sqrt{3}}{15}a \approx 0.076a$$

将 $n = 1,2,3,\cdots$ 分别代入 R_n 的表达式中,得

$$n = 1, \quad R_1 = \frac{2a}{5} = 0.400a$$

$$n = 2, \quad R_2 = \frac{2a}{15} = 0.133a$$

$$n = 3, \quad R_3 = \frac{2a}{25} = 0.080a$$

$$n = 4, \quad R_4 = \frac{2a}{35} = 0.057a$$

……

由于 R_1、R_2、R_3 都不小于 DM,这些粒子在绕过△DEF的顶点 E 时将从磁场边界逸出,只有 $n \geqslant 4$ 的粒子能经多次碰撞绕过 E、F、D 点最终回到 S 点。由此可得

$$v_n = \frac{qB}{m}R_n = \frac{qB}{m} \cdot \frac{2a}{5(2n-1)} \quad (n = 4,5,6,\cdots)$$

这就是由 S 点发出的粒子与△DEF的三条边垂直碰撞并最终又回到 S 点时其速度大小必须满足的条件。

(2) 这些粒子在磁场中做圆周运动的周期为

$$T = \frac{2\pi m}{qB}$$

粒子从 S 点出发最后回到 S 点的过程中,与△DEF的边碰撞次数越少,所经历的时间

就越少,所以应取 $n=4$,如图 3.3.17 所示(图中只画出在边框 DE 上的碰撞情况)。由图可看出该粒子的轨迹包括 3×13 个半圆和 3 个圆心角为 $300°$ 的圆弧,所需时间为

$$t = 3\times 13\times \frac{T}{2} + 3\times \frac{5}{6}T = 22T$$

可得

$$t = \frac{44\pi m}{qB}$$

点拨 本题为第 18 届全国中学生物理竞赛预赛的最后一题,需要考虑多种情况,难点在于对情景的分析和空间几何关系的分析,这就要求我们在平时学习时积累一些相关素材,才能提高解题速度。

3. 如何定量解决磁聚焦问题?

涉及利用磁场将带电粒子聚焦的题目较多,难度常常很大。聚焦的方案很多,除了前面在"课外知识延伸"中提到的磁透镜、磁镜、磁瓶,还有多种方案,下面通过几个例题进行探讨。

例题 4 电子从电子枪中发出,忽略其初速度,经过电压为 U 的加速电场加速,再经过一细管,这些电子的速度大小相同,方向相近。这些电子再通过磁场方向平行于管轴的匀强磁场,打到荧光屏上,荧光屏处于磁场中且到电子入射点的距离为 l。这时光屏上观察到模糊的小亮斑。如果改变磁感应强度,可以发现,当磁感应强度为 $B_0, 2B_0, 3B_0, \cdots$(其中 B_0 为最小值)时,电子光斑汇聚成点。求出电子的比荷的表达式。

分析 本题背景为磁聚焦,电子经横向电场加速,速度大小相同,但速度方向略有差异,形成一电子束,电子束以各种发射角度 θ 进入横向匀强磁场,电子的运动轨迹为一螺旋线,如图 3.3.18 所示。

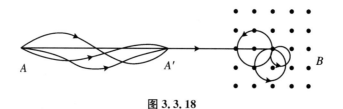

图 3.3.18

解 电子经电场加速的速度为 v,根据动能定理有

$$eU = \frac{1}{2}mv^2$$

电子在磁场中做螺旋运动,其运动的周期都为

$$T = \frac{2\pi m}{eB}$$

电子回旋一周并前进一个螺距

$$h = v_x T$$

若 $l = nh$(n 为正整数),则电子亮斑聚焦成点,由于电子束的发射角度 $\theta\to 0$,因此电子进入

磁场时沿磁场方向的速度分量 $v_x \approx v$，则

$$l = nvT = n\sqrt{\frac{2eU}{m}} \cdot \frac{2\pi m}{eB} = \frac{2n\pi}{B}\sqrt{\frac{2mU}{e}}$$

满足上述条件时，屏上电子汇聚成点，由此解得电子的比荷为

$$\frac{e}{m} = \frac{8\pi^2 U}{B_0^2 l^2}$$

因此，只要测量出 U、B_0、l 的数值，即可得到电子的比荷。

点拨 对于本题，若粒子的速度与磁场之间的夹角较大，则它们不再汇聚于一点。但是只要粒子的速度满足一定的关系，这些粒子就可以汇聚于一点。其中一种可能汇聚的方案如图 3.3.19 所示，一群同种带电粒子（质量为 m，电荷量为 q）同时从坐标原点以不同的初速度 $v_1, v_2, \cdots, v_n$ 射出，若这些初速度在 y 轴上的投影相同，则这群粒子将汇聚在 y 轴上，其坐标为 $y = nh$（n 为正整数），其中 $h = v_1 T = \dfrac{2\pi m v_1}{Bq}$。

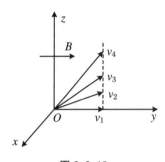

图 3.3.19

例题 5 如图 3.3.20 所示，在 xOy 坐标系中，以 $(r, 0)$ 为圆心、r 为半径的圆形区域内存在匀强磁场，磁场的磁感应强度大小为 B，方向垂直于纸面向里。在 $y > r$ 的足够大的区域内，存在沿 y 轴负方向的匀强电场，场强大小为 E。从 O 点以相同的速率向不同方向发射质子，质子的运动轨迹均在纸面内，且质子在磁场中运动的轨迹半径也为 r。已知质子的电荷量为 q，质量为 m，不计质子所受重力以及质子间相互作用力的影响。

(1) 求质子射入磁场时的速度大小。

(2) 若质子沿 x 轴正方向射入磁场，求质子从 O 点进入磁场到第二次离开磁场经历的时间。

(3) 若质子沿与 x 轴正方向成夹角 θ（弧度制）的方向从 O 点射入第一象限的磁场，求质子在磁场中运动的总时间。

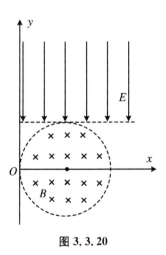

图 3.3.20

分析 质子沿 x 轴正方向射入磁场，在磁场中运动 1/4 个圆周后，以速度 v 逆着电场方向进入电场，沿原路径返回后再射入磁场，在磁场中运动 1/4 圆周后离开磁场。

若质子沿与 x 轴正方向成夹角 θ 的方向从第一象限射入磁场，设质子将从 A 点射出磁场，如图 3.3.21 所示，其中 O_1、O_2 分别为磁场区域圆和质子轨迹圆的圆心。因为轨迹圆的半径等于磁场区域圆的半径，所以四边形 OO_1AO_2 为菱形，即 AO_2 平行于 x 轴，说明质子以平行于 y 轴的速度离开磁场，也以沿 y 轴负方向的速度再次进入磁场。

此后质子轨迹圆的半径依然等于磁场区域圆的半径，设质子将从 C 点再次射出磁场，如图 3.3.21 所示，其中 O_1、O_3 分别为磁场区域圆和质子轨迹圆的圆心，AO_3 平行于 x 轴。

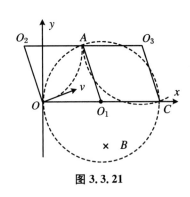

图 3.3.21

由于四边形 O_1AO_3C 为菱形,即 CO_1 平行于 AO_3,即平行于 x 轴,说明 C 就是磁场区域圆与 x 轴的交点,这个结论与 θ 无关。

解 (1) 质子射入磁场后做匀速圆周运动,有

$$qvB = m\frac{v^2}{r}$$

解得

$$v = \frac{qBr}{m}$$

(2) 质子在磁场中运动的周期为

$$T = \frac{2\pi r}{v} = \frac{2\pi m}{qB}$$

质子两次在磁场中运动的总时间为

$$t_1 = \frac{T}{2} = \frac{\pi m}{qB}$$

进入电场后做匀变速直线运动,加速度大小为 $a = \dfrac{qE}{m}$,所以质子在电场中运动的时间为

$$t_2 = \frac{2v}{a} = \frac{2Br}{E}$$

所求时间为

$$t = t_1 + t_2 = \frac{\pi m}{qB} + \frac{2Br}{E}$$

(3) 质子第一次在磁场中运动的时间为

$$t_1' = \frac{\frac{\pi}{2} - \theta}{2\pi} T$$

质子第二次在磁场中运动的时间为

$$t_2' = \frac{\frac{\pi}{2} + \theta}{2\pi} T$$

质子在磁场中运动的总时间为

$$t' = t_1' + t_2' = \frac{T}{2} = \frac{\pi m}{qB}$$

点拨 (1) 通过本题的求解我们可以看到,当圆形磁场区域的半径和粒子在磁场中运动的轨迹半径相同时,从 O 点发出的所有带电粒子射出磁场边界时,速度方向相同。

(2) 对于本题,尽管各粒子的运动轨迹不同,但所有粒子在运动过程中将在 $(2r,0)$ 处汇聚,若在该点放一回收器,可将所有带电粒子全部收回。

例题 6 如图 3.3.22 所示,一簇质量为 m、电量为 $+q$ 的正离子从 $P(-a,0)$ 处以相同

的速率 v 沿 xOy 的上半平面向各个方向射出，在垂直于 xOy 平面内的部分区域存在磁感应强度为 B 的匀强磁场。设 $mv<aqB$，离子轨迹关于 y 轴对称，不计离子的重力和它们之间的相互作用，若磁场将所有的离子聚焦在 $R(a,0)$ 处，求出磁场区域。

分析 由于粒子运动轨迹关于 y 轴对称，粒子在通过 y 轴时的速度必定沿着 x 轴正方向。粒子都从 P 点发出，又都汇聚在 R 点，这些粒子经历了先发散再聚焦的过程，而发散之后的速度方向都相同。若在以 P 点为边界的圆形区域内存在垂直于纸面向外的匀强磁场，从 P 点发出的一簇方向不同的粒子将可能沿 x 轴正方向射出。

解 由于粒子的速度大小都相同，因此所有粒子的运动半径都相同，值为
$$r = \frac{mv}{qB}$$

考虑图 3.3.23 所示的两个关于 y 轴对称且垂直于纸面向外的圆形磁场区域，它们的半径均为 r。左半边区域的圆心位于 $O_1(-r,r)$，它恰好与 x 轴相切于 P 点；右半边区域的圆心位于 $O_2(r,r)$，它恰好与 x 轴相切于 R 点。

所有角度射出的粒子从 O_1 区域射出后，速度方向恰好与 x 轴平行，因此它们来到右半边，会沿着完全对称的轨迹汇聚到 R 点。

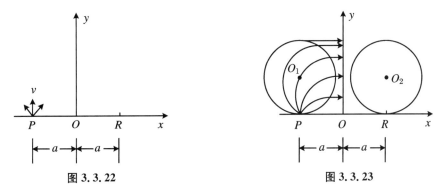

图 3.3.22   图 3.3.23

点拨 （1）虽然这些粒子在空间上聚焦了，但在时间上并没有聚焦，也就是说，如果它们同时从 P 点沿不同方向射出，不会同时到达 R 点。本题中并没有要求这些粒子必须同时到达 R 点，所以我们所找的磁场分布是满足题目要求的。

（2）如果知道磁场的边界，证明这些粒子能够聚焦相对容易；但是反过来，需要构造磁场区域让粒子聚焦，难度就会大大增加。一般来说，如果需要我们构造磁场区域，大家必须把握以下要点：第一，题目中粒子的运动轨迹是否有对称性，如果有某种对称性，就是在提示我们磁场区域也有相应的对称性；第二，常见的圆形、正方形等对称性较高的形状所确定的磁场区域非常常见，我们可以用这些区域去尝试分析；第三，在平时做题中，需要有意识地积累一些素材，特别是几种常见的磁聚焦方法，争取记住部分常见构型，以后在具体题目中灵活应用。

习题实战演练

基础练习

1. 如图 3.3.24 所示,半径为 r 的圆形空间内存在着垂直于纸面向里的匀强磁场,一个带电粒子(不计重力)从 A 点以速度 v 垂直于磁场方向沿半径射入磁场中,并从 B 点射出,$\angle AOB = 120°$,则该带电粒子在磁场中运动的时间为 （　　）

A. $\dfrac{2\pi r}{3v}$ B. $\dfrac{2\sqrt{3}\pi r}{3v}$ C. $\dfrac{\pi r}{3v}$ D. $\dfrac{\sqrt{3}\pi r}{3v}$

2. 如图 3.3.25 所示,长为 L 的水平极板间有垂直于纸面向里的匀强磁场,磁感应强度为 B,板间距离也为 L,板不带电。现有质量为 m、电量为 q 的带正电粒子(不计重力),从左边极板间中点处垂直于磁感线以速度 v 水平射入磁场,欲使粒子不打在极板上,可采用的办法是 （　　）

A. 使粒子的速度满足 $v < \dfrac{BqL}{4m}$ B. 使粒子的速度满足 $v > \dfrac{5BqL}{4m}$

C. 使粒子的速度满足 $v > \dfrac{BqL}{m}$ D. 使粒子的速度满足 $\dfrac{BqL}{4m} < v < \dfrac{5BqL}{4m}$

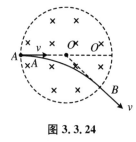

图 3.3.24

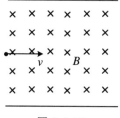

图 3.3.25

3. (2020 年全国卷Ⅲ高考试题)真空中有一匀强磁场,磁场边界为两个半径分别为 a 和 $3a$ 的同轴圆柱面,磁场的方向与圆柱轴线平行,其横截面如图 3.3.26 所示。一速率为 v 的电子从圆心沿半径方向进入磁场。已知电子的质量 m,电荷量为 e,忽略重力。为使该电子的运动被限制在图中实线圆围成的区域内,磁场的磁感应强度最小为 （　　）

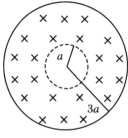

图 3.3.26

A. $\dfrac{3mv}{2ae}$ B. $\dfrac{mv}{ae}$ C. $\dfrac{3mv}{4ae}$ D. $\dfrac{3mv}{5ae}$

4. 如图 3.3.27 所示,在一水平放置的平板 MN 上方有一匀强磁场,磁感应强度的大小为 B,磁场方向垂直于纸面向里,许多质量为 m、带电量为 +q 的粒子以相同的速率 v 沿位于纸面内的各个方向从小孔 O 射入磁场区域。不计重力,不计粒子间的相互影响,下列选项中阴影部分表示带电粒子可能经过的区域,$R = \dfrac{mv}{qB}$,其中正确的是　　　　(　　)

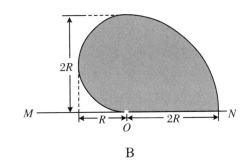

图 3.3.27

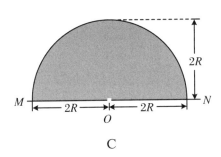

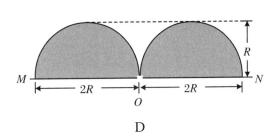

5. 在我们生活的地球周围,每时每刻都会有大量的由带电粒子组成的宇宙射线向地球射来,地球磁场可以有效地改变这些宇宙射线中大多数带电粒子的运动方向,使它们不能到达地面,这对地球上的生命有十分重要的意义。若有一束宇宙射线在赤道上方沿垂直于地磁场的方向射向地球,如图 3.3.28 所示,在地磁场的作用下,射线方向发生改变的情况是
(　　)

A. 若这束射线由带正电荷的粒子组成,则它将向南偏移
B. 若这束射线由带正电荷的粒子组成,则它将向北偏移
C. 若这束射线由带负电荷的粒子组成,则它将向东偏移
D. 若这束射线由带负电荷的粒子组成,则它将向西偏移

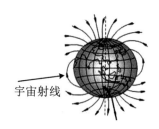

图 3.3.28

6. 在真空中竖直放置一通电长直细导线,俯视图如图 3.3.29 所示。以导线为圆心作圆,光滑绝缘管 ab 水平放置,两端恰好落在圆周上。半径略小于绝缘管半径的带正电小球自 a 端以速度 v_0 向 b 端运动的过程中,下列说法中正确的是 ( )

　A. 小球先加速后减速

　B. 小球受到的洛伦兹力始终为零

　C. 小球在 ab 中点受到的洛伦兹力为零

　D. 小球受到洛伦兹力时,洛伦兹力方向竖直向下

7. (2016 年清华领军卷)如图 3.3.30 所示,在空间有匀强磁场,磁感应强度的方向垂直于纸面向里,大小为 B。光滑绝缘空心细管的长度为 h,管内有一质量为 m、带正电 q 的小球。开始时小球相对于管静止,管带着小球沿垂直于管长度方向匀速运动,速率为 u。设重力及其他阻力均可忽略不计,则小球离开管口后,在磁场中做圆周运动的半径为 ( )

　A. $\dfrac{mu}{qB}\sqrt{1+\dfrac{2qBh}{mu}}$ 　　　B. $\dfrac{mu}{qB}\sqrt{\dfrac{2qBh}{mu}}$

　C. $\dfrac{mu}{qB}\sqrt{\dfrac{qBh}{2mu}}$ 　　　D. $\dfrac{mu}{qB}\sqrt{1+\dfrac{qBh}{2mu}}$

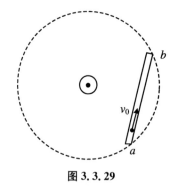

图 3.3.29

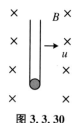

图 3.3.30

8. (2010 年华约卷)如图 3.3.31 所示,圆形区域内有一垂直于纸面向里的匀强磁场,P 为磁场边界上的一点。有无数带有相同正电荷、具有相同质量的粒子,在纸面内沿各个方向以相同的速率,通过 P 点进入磁场。这些粒子射出边界的位置均处于边界的另一段弧上,这段圆弧的弧长是圆周长的 1/3,将磁感应强度的大小从原来的 B_1 变为 B_2,结果相应的弧长变为原来的一半,则 B_2/B_1 等于 ( )

A. 2　　　　　　B. 3　　　　　　C. $\sqrt{2}$　　　　　　D. $\sqrt{3}$

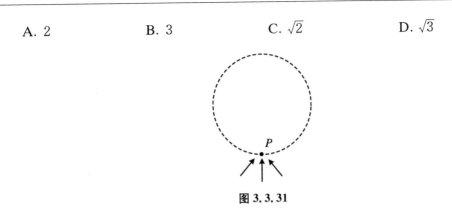

图 3.3.31

9. 如图 3.3.32 所示,在半径为 a(大小未知)的圆柱空间中(图中圆为其横截面),固定放置一个由绝缘材料制成的边长为 L 的弹性等边三角形框架 DEF,其中心 O 位于圆柱的轴线上。在三角形框架 DEF 与圆柱之间的空间中,充满磁感应强度大小为 B 的均匀磁场,其方向平行于圆柱轴线且垂直于纸面向里。在 EF 边上的中点 S 处有一发射带电粒子的粒子加速器,粒子发射的方向皆在截面内且垂直于 EF 边并指向磁场区域。发射粒子的电量皆为 $q(q>0)$,质量皆为 m,速度大小皆为 $v=\dfrac{qBL}{6m}$。若粒子与三角形框架的碰撞均为完全弹性碰撞,且粒子在碰撞过程中所带的电量不变(不计带电粒子的重力,不计带电粒子之间的相互作用):

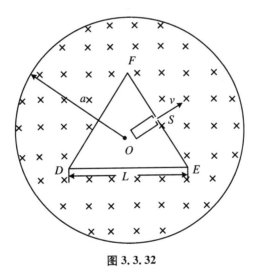

图 3.3.32

(1) 为使初速度为零的粒子速度增加到 $v=\dfrac{qBL}{6m}$,在粒子加速器中,需要的加速电压为多大?

(2) 求带电粒子在匀强磁场区域内做匀速圆周运动的半径。

(3) 若满足从 S 点发射出的粒子都能再次返回 S 点,则匀强磁场区域的横截面圆周半径 a 至少为多大?

(4) 若匀强磁场区域的横截面圆周半径 a 满足(3)问的条件,则某带电粒子从 S 点发射到第一次返回 S 点的时间是多少?

提 高 练 习

10. (2018年北大博雅)如图 3.3.33 所示,被 $U = 1000$ V 电势差加速的电子从电子枪口 P 发射出来,沿直线 a 方向运动,要求电子击中在 $\alpha = 60°$ 方向、距离枪口 $d = 5$ cm 的靶 M,求以下两种情形下应施加的均匀磁场的磁感应强度 B(已知电子电量 $e = 1.6 \times 10^{-19}$ C,电子质量 $m = 9.11 \times 10^{-31}$ kg):

(1) 磁场垂直于由直线 a 与点 M 确定的平面;

(2) 磁场平行于 PM。

11. 如图 3.3.34 所示,半径为 R、质量为 m 的匀质圆板上均匀地分布着相对于圆板不动的正电荷 Q,圆板在水平地面上向右以 v_0 做纯滚动,空间有垂直于纸面向里的水平方向的匀强磁场磁,感应强度大小为 B。为了使圆板不会离开地面,求 v_0 的范围。

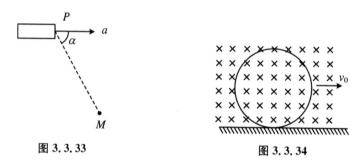

图 3.3.33   图 3.3.34

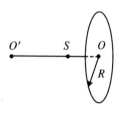

图 3.3.35

12. (1987年第4届全国中学生物理竞赛预赛)如图 3.3.35 所示,S 为离子源,它能均匀地向各方向持续地大量发射正离子,离子的质量、带电量和速率分别为 m、q 和 v_0,在离子源右侧有一半径为 R 的圆屏。图中 $O'O$ 是通过圆屏的圆心并垂直于屏面的轴线,S 位于轴线上 O 点左侧。离子源和圆屏所在空间有一范围足够大的匀强磁场,磁感应强度为 B,方向垂直于圆屏向右。在发射的离子中,有的离子不管 SO 的距离如何变化,总能打到圆屏面上。求这类离子的数目与总发射离子数之比 k。不考虑离子间相互作用和碰撞。

13. (2021年湖南卷)带电粒子流的磁聚焦和磁控束是薄膜材料制备的关键技术之一,带电粒子流(每个粒子的质量为 m,电荷量为 $+q$)以初速度 v 垂直进入磁场,不计重力以及带电粒子之间的相互作用。对处于 xOy 平面内的粒子,求解以下问题:

(1) 如图 3.3.36(a)所示,宽度为 $2r_1$ 的带电粒子流沿 x 轴正方向射入圆心为 $A(0, r_1)$、半径为 r_1 的圆形匀强磁场中,若带电粒子流经过磁场后都汇聚到坐标原点 O,求该磁场磁感应强度 B_1 的大小。

(2) 如图 3.3.36(a)所示,虚线框为边长等于 $2r_2$ 的正方形,其几何中心位于

$C(0,-r_2)$。在虚线框内设计一个区域面积最小的匀强磁场,使汇聚到 O 点的带电粒子流经过该区域后宽度变为 $2r_2$,并沿 x 轴正方向射出。求该磁场磁感应强度 B_2 的大小和方向,以及该磁场区域的面积(无须写出面积最小的证明过程)。

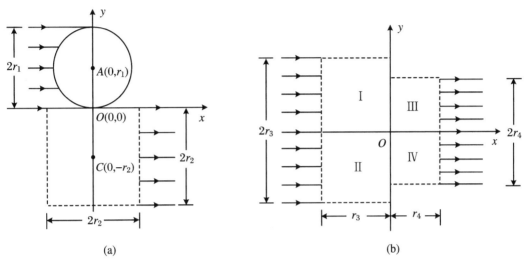

图 3.3.36

(3) 如图 3.3.36(b) 所示,虚线框 Ⅰ 和 Ⅱ 均为边长等于 r_3 的正方形,虚线框 Ⅲ 和 Ⅳ 均为边长等于 r_4 的正方形。在 Ⅰ、Ⅱ、Ⅲ 和 Ⅳ 中分别设计一个区域面积最小的匀强磁场,使宽度为 $2r_3$ 的带电粒子流沿 x 轴正方向射入 Ⅰ 和 Ⅱ 后汇聚到坐标原点 O,再经过 Ⅲ 和 Ⅳ 后宽度变为 $2r_4$,并沿 x 轴正方向射出,从而实现带电粒子流的同轴控束。求 Ⅰ 和 Ⅲ 中磁场磁感应强度的大小,以及 Ⅱ 和 Ⅳ 中匀强磁场区域的面积(无须写出面积最小的证明过程)。

《参考答案》

1. D。
2. AB。
3. C。
4. A。
5. D。
6. C。
7. A。
8. D。
9. (1) $U = \dfrac{qB^2L^2}{72m}$;(2) $r = \dfrac{mv}{qB} = \dfrac{L}{6}$;(3) $a_{\min} = \left(\dfrac{1}{6} + \dfrac{\sqrt{3}}{3}\right)L$;(4) $t = \dfrac{11}{2}T = \dfrac{11\pi m}{qB}$。

提示 (3) 设想某个带电粒子从 S 点发射后又能回到 S 点,则该带电粒子的运动轨迹

如图 3.3.37 所示。当带电粒子的运动轨迹与场区内切时,场区半径有最小值 $a_{\min}$,由几何关系可知

$$a_{\min} = OG = OF + FG = r + \frac{\sqrt{3}}{3}L = \left(\frac{1}{6} + \frac{\sqrt{3}}{3}\right)L$$

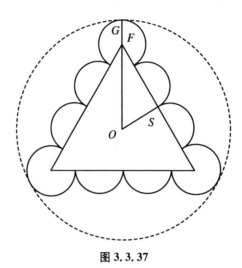

图 3.3.37

(4) 带电粒子在磁场中做匀速圆周运动,由周期公式得

$$T = \frac{2\pi r}{v} = \frac{2\pi m}{qB}$$

由轨迹图得某带电粒子从 S 点发射后第一次返回 S 点的时间为

$$t = \frac{11}{2}T = \frac{11\pi m}{qB}$$

10. (1) $B = 3.7 \times 10^{-3}$ T;(2) $B = 6.7n \times 10^{-3}$ T$(n = 1,2,3,\cdots)$。

提示 (1) 如图 3.3.38 所示,作两垂线相交于 O 点,O 点就是电子做圆周运动的圆心,根据图中的几何关系可得

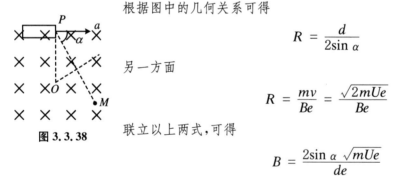

$$R = \frac{d}{2\sin\alpha}$$

另一方面

$$R = \frac{mv}{Be} = \frac{\sqrt{2mUe}}{Be}$$

图 3.3.38 联立以上两式,可得

$$B = \frac{2\sin\alpha\sqrt{2mUe}}{de}$$

代入数据,得

$$B = 3.7 \times 10^{-3} \text{ T}$$

(2) 磁场平行于 PM,则电子在 PM 方向不受力,做速度大小为 $v\cos\alpha$ 的匀速直线运动,故电子运动轨迹为等距螺旋线,如图 3.3.39 所示,根据图中的空间关系得

276

即
$$t = nT$$

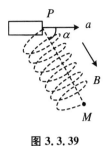

$$\frac{d}{v\cos\alpha} = n\frac{2\pi m}{Be}$$

将 $v = \sqrt{\dfrac{2Ue}{m}}$ 代入并化简,得

$$B = \frac{\pi n}{d} \cdot \sqrt{\frac{2Um}{e}}$$

图 3.3.39

代入数据,得

$$B = 6.7n \times 10^{-3} \text{ T} \quad (n = 1,2,3,\cdots)$$

11. $v_0 < \dfrac{mg}{QB}$。

提示 如图 3.3.40 所示,研究圆板某一条直径上关于圆心 O 对称的 A、B 两微元,它们的带电量均为 Δq,它们相对于地面的速度由 v_0 和它们相对于圆心 O 的速度 $v_r = \omega R$ 构成,其中两个 v_r 产生的洛伦兹力恰好相互抵消,两个 v_0 产生的洛伦兹力都是 $\Delta q v_0 B$,方向向上。

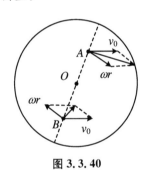

圆板上所有的点都存在一个关于 O 点对称的点,都可以进行上述分析,因此整个圆板上电荷受到的洛伦兹力为

$$F = \sum v_0 B \Delta q = Qv_0 B$$

要使圆板不离开地面,需要满足

$$Qv_0 B < mg$$

即

$$v_0 < \frac{mg}{QB}$$

图 3.3.40

12. 当 $v > \dfrac{BqR}{2m}$ 时,$k = \dfrac{1-\sqrt{1-\left(\dfrac{RqB}{2mv}\right)^2}}{2}$;当 $v \leqslant \dfrac{BqR}{2m}$ 时,$k = \dfrac{1}{2}$。

提示 粒子的运动轨迹是一系列等距螺旋线。假设某粒子的初速度 v 与 SO 的夹角为 θ,则其旋转半径为

$$r = \frac{mv\sin\theta}{qB}$$

螺旋线的包络面为一个圆柱体,其横截面半径为 $2r$,当 $2r < R$ 且 $\theta < 90°$ 时,粒子就可以打在圆屏上,则

$$\sin\theta \leqslant \frac{RqB}{2mv}$$

得

$$\theta \leqslant \arcsin\frac{RqB}{2mv}$$

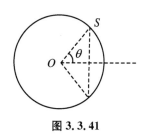

图 3.3.41

如图 3.3.41 所示,满足题目条件的粒子数与总发射粒子数之比为以 θ 为半顶角所对应的球冠面积与球的总面积之比,则

$$k = \frac{2\pi a^2 \left[1 - \cos\left(\arcsin\frac{RqB}{2mv}\right)\right]}{4\pi a^2} = \frac{1 - \sqrt{1 - \left(\frac{RqB}{2mv}\right)^2}}{2}$$

当 $v \leqslant \dfrac{BqR}{2m}$ 时,上述表达式显然不再成立,在这种情况下粒子只要有向右的速度,就都会打到圆屏上,即 $k = \dfrac{1}{2}$。

13. (1) $B_1 = \dfrac{mv}{qr_1}$;(2) $B_2 = \dfrac{mv}{qr_2}$,垂直于纸面向里,$S_2 = \pi r_2^2$;(3) $B_{\text{I}} = \dfrac{mv}{qr_3}$,$B_{\text{III}} = \dfrac{mv}{qr_4}$,$S_{\text{II}} = \left(\dfrac{1}{2}\pi - 1\right)r_3^2$,$S_{\text{IV}} = \left(\dfrac{1}{2}\pi - 1\right)r_4^2$。

提示 (1) 粒子垂直于 y 轴进入圆形磁场,在坐标原点 O 处汇聚,满足磁聚焦的条件是粒子在磁场中运动的半径等于圆形磁场的半径 r_1,则粒子在磁场中运动时洛伦兹力提供的向心力

$$qvB_1 = m\frac{v^2}{r_1}$$

解得

$$B_1 = \frac{mv}{qr_1}$$

(2) 粒子从 O 点进入下方虚线区域,若要从聚焦的 O 点飞入,然后平行于 x 轴飞出(磁发散的过程),即粒子在下方圆形磁场运动的轨迹半径等于磁场半径,粒子轨迹最大的边界如图 3.3.42 所示,图中圆形磁场即为最小的匀强磁场区域,磁场半径为 r_2,则磁感应强度为

$$B_2 = \frac{mv}{qr_2}$$

根据左手定则可知磁场的方向为垂直于纸面向里,圆形磁场的面积为 $S_2 = \pi r_2^2$。

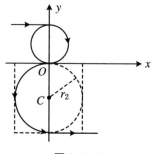

图 3.3.42

(3) 粒子在磁场中运动,3 和 4 为粒子运动的轨迹圆,1 和 2 为粒子运动的磁场圆周,如图 3.3.43(a)所示,可知 I 和 III 中的磁感应强度分别为

$$B_{\text{I}} = \frac{mv}{qr_3}, \quad B_{\text{III}} = \frac{mv}{qr_4}$$

带箭头的实线为粒子运动的轨迹,可知磁场的最小面积为叶子形状,取 I 区域,如图 3.3.43(b)所示。图中阴影部分面积的一半为 1/4 圆周 $S_{\widehat{AOB}}$ 与 $S_{\triangle AOB}$ 之差,所以阴影部分的面积为

$$S = 2(S_{\widehat{AOB}} - S_{\triangle AOB}) = 2 \times \left(\frac{1}{4}\pi r_3^2 - \frac{1}{2}r_3^2\right) = \left(\frac{1}{2}\pi - 1\right)r_3^2$$

类似地,可知 IV 区域的阴影部分面积为

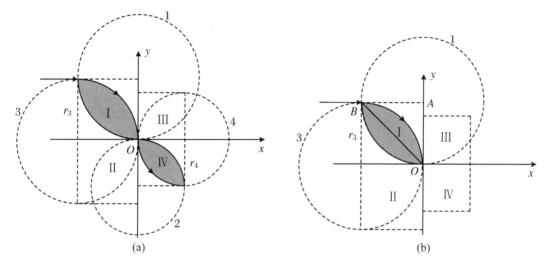

图 3.3.43

$$S_{IV} = 2 \times \left(\frac{1}{4}\pi r_4^2 - \frac{1}{2}r_4^2\right) = \left(\frac{1}{2}\pi - 1\right)r_4^2$$

根据对称性可知Ⅱ中的匀强磁场面积为

$$S_{II} = \left(\frac{1}{2}\pi - 1\right)r_3^2$$

3.4 复合场中带电粒子的运动

课外知识延伸

对于我们学过的"场",按照力的性质来分,主要有引力场(重力场)、电场、磁场;按照场的性质来分,主要分为匀强场和非匀强场,其中非匀强场以研究"力与距离的平方成反比"的场为主。研究复合场中带电粒子的运动具有很实际的意义,因为在实际生产和科研中,带电粒子大多在复合场中运动。本章研究磁场,因此本节中所涉及的"复合场"中有磁场。

1. 复合场中带电粒子受力的完整表达式

通常情况下,在实际生产和科研中,带电粒子所在的实验仪器都处于抽真空状态,因此主要受三个力的作用,即重力、电场力和磁场力,完整的受力表达式为

$$\boldsymbol{F} = \boldsymbol{G} + q\boldsymbol{E} + q\boldsymbol{v} \times \boldsymbol{B}$$

在许多情况下,带电粒子的质量都很小,其所受的电场力、磁场力远大于重力,因此可以忽略重力的作用,受力表达式可以近似写为

$$\boldsymbol{F} = q\boldsymbol{E} + q\boldsymbol{v} \times \boldsymbol{B}$$

2. 复合场中带电粒子运动轨迹的定性分析

带电粒子在重力场、电场和磁场中的一般运动是很复杂的。如果带电粒子做匀速圆周运动，则电场力一定等于重力，洛伦兹力提供向心力；如果带电粒子做匀速直线运动，则可以应用三力平衡来求解；如果不属于上述两种情况，分析起来往往比较复杂，用到的知识和方法综合性较强，可以采用先定性再定量的方法逐渐深入求解。

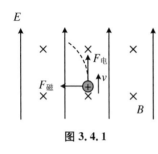

图 3.4.1

如图 3.4.1 所示，电场力的方向与电场线的方向共线，这样的力称为径向力；磁场力的方向与磁感线的方向垂直，这样的力称为切向力。

粒子在径向力的作用下，会沿着力线方向加速，如果粒子初始静止，那么在一小段时间微元内，粒子会沿电场线方向运动；粒子在切向力的作用下，会沿着垂直于电场线的方向拐弯而偏离电场线，所以粒子在两种力的作用下会一边加速一边拐弯，沿着曲线做变速运动。

除了速度选择器中的电磁复合场，带电粒子在一般的电磁复合场的共同作用下大多数做曲线运动，这是由电场力、磁场力的性质决定的。

3. 复合场中带电粒子运动定量分析的方法

解决曲线运动问题时，我们常用两种运动分解与合成的方法。一种是建立直角坐标系，将粒子的运动分解在三个互相垂直的 x、y、z 轴方向上分别讨论，研究清楚之后再进行合成。在课内学习中，我们求解抛体运动时，用的就是这种方法。另一种是按照粒子运动时的自然坐标系对切向运动和径向运动分别分析，研究清楚之后再进行合成。在课内学习中，我们求解圆周运动，用的就是这种方法，只不过没有明确地提"自然坐标系"而已。

如图 3.4.2 所示，重力可以忽略的带正电的粒子在相互垂直的电场和磁场中运动。若以电场方向为 y 轴的正方向，垂直于电场和磁场的方向为 x 轴方向，则在这两个方向的牛顿运动方程分别为

$ma_x = F_{磁 x} = qv_y B$ （x 方向）

$ma_y = F_{电} + F_{磁 y} = qE + q(-v_x)B$ （y 方向）

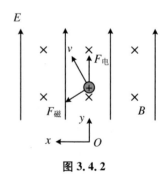

图 3.4.2

列式时需注意，磁场力在 x 方向的分量大小取决于 y 方向的速度大小，在 y 方向的分量大小取决于 x 方向的速度大小。由于粒子的速度大小、方向始终在变化，因此要求解这样的方程往往比较复杂。

若在自然坐标系中考虑上述问题，方程也并不简单，因为粒子的速度大小在变，所以洛伦兹力的大小将发生变化，粒子运动时的曲率半径会变化。

其实，在定量求解上述问题时，一种非常方便的方法就是配速法，方法的具体介绍将在后面的例题中详细展开。

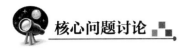

核心问题讨论

1. 怎样分析带电粒子在复合场中做直线运动相关的问题?

例题1 （2013年南京大学强化班）在地面上的真空室内,存在匀强电场和匀强磁场。已知电场强度和磁感应强度的方向是相同的,电场强度的大小为 $E=4.0$ V/m,磁感应强度的大小为 $B=0.15$ T。今有一带负电的质点以 $v=20$ m/s 的速度在此区域内沿垂直于场强的方向做匀速直线运动,重力加速度大小为 $g=10$ m/s^2,求：

（1）此带电质点的电量与质量之比；

（2）磁场的所有可能方向（角度可用反三角函数表示）。

分析 首先要知道带电质点不但受电场力、磁场力的作用,还受到重力的作用,带电质点在这三个力作用下做匀速直线运动,说明这三个力平衡。这三个力中的重力方向竖直向下是确定的,那么电场力和磁场力的合力应竖直向上,且大小和重力大小相等。根据电场强度和磁感应强度的方向相同,说明带电质点受的电场力和磁场力方向垂直。确定了三个力的方向,又知道各力的大小,就可列方程求解。

解 （1）带电质点受到的电场力、磁场力和重力同在竖直平面内,设带电质点垂直于纸面向外运动,则三个力方向如图3.4.3所示。

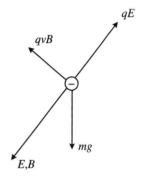

图 3.4.3

根据图中各力的几何关系有

$$mg = \sqrt{(qE)^2 + (qvB)^2}$$

可得

$$\frac{q}{m} = \frac{g}{\sqrt{E^2 + (vB)^2}} = 2 \text{ C/kg}$$

（2）用 θ 表示磁场方向和重力方向夹角,该夹角是以重力方向为轴的一个圆锥角,由

$$qBv\cos\theta = qE\sin\theta$$

可得

$$\theta = \arctan\frac{Bv}{E} = 37°$$

点拨 若带电质点在同时存在匀强电场 E 和匀强磁场 B 的空间里做匀速直线运动,则这时电场方向、磁场方向和质点运动方向均相互垂直,且 $v = \dfrac{E}{B}$,而这道题研究的是带电质点在重力场、电场、磁场共同作用下的运动,希望同学们认真对比一下。

例题2 （2018年中国科大自招试题）新闻报道中关于管道超快速运输的研究引起了小明同学的兴趣,他提出一个模型来进行模拟。如图3.4.4所示,将一个质量为 M、带电量为 Q 的胶囊状车厢置于水平真空管内某站台,车厢与管道接触时动摩擦因数为 μ,在站台加速区内沿管道方向分布有场强为 E 的匀强电场作为启动动力源,在整个管道内存在垂直于纸面向里、磁感应强度为 B 的超导匀强磁场。车厢由静止释放后穿过加速区而获得一定速度,与管道不再接触,车厢将在管道内匀速飞向终点。重力加速度大小为 g,求车厢穿越加速区所需的时间。

分析 胶囊状车厢在真空管内加速的过程中,竖直向上的洛伦兹力增加,地面给的支持力将变小,摩擦力也将变小,所以胶囊状车厢受到的合外力是变力,可以列出牛顿第二定律方程,然后通过积分求解。

解 车厢由静止释放,受电场力作用向右加速,获得向右的速度后受到竖直向上的洛伦兹力,受力分析如图 3.4.5 所示。根据牛顿定律,有

$$QE - f = Ma$$
$$N + QvB = Mg$$

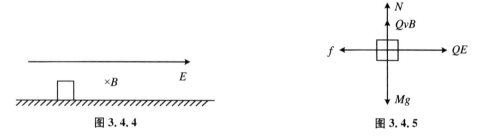

图 3.4.4　　　　　　　　图 3.4.5

考虑到 $f = \mu N, a = \dfrac{\mathrm{d}v}{\mathrm{d}t}$,得

$$\mathrm{d}t = \frac{\mathrm{d}v}{\dfrac{\mu QB}{M}v + \dfrac{QE}{M} - \mu g}$$

积分并代入初始条件($t = 0$ 时 $v = 0$),可得车厢达到速度 v 时所需的时间为

$$t = \frac{M}{\mu QB}\ln\left(\frac{\mu QBv}{QE - \mu Mg} + 1\right)$$

最终车厢做匀速运动的速度为

$$v_{\mathrm{m}} = \frac{Mg}{QB}$$

则最终结果为

$$t = \frac{M}{\mu QB}\ln\left(\frac{\mu Mg}{QE - \mu Mg} + 1\right)$$

点拨 通过上面的步骤,我们可以将速度随时间的变化关系求解出来,其结果可表示为 $v = \dfrac{QE - \mu Mg}{\mu QB}\left(\mathrm{e}^{\frac{\mu QBt}{M}} - 1\right)$。从这个结果我们可以看到,车厢的速度增加得越来越快,这与车厢受到的合外力越来越大是一致的,但该表达式成立的前提条件是 $v < v_{\mathrm{m}}$。

2. 怎样分析带电粒子在复合场中做圆周运动的相关问题?

若带电粒子在复合场中做匀速圆周运动,则一种简单的情况是重力和电场力相互抵消,

洛伦兹力提供向心力。但实际题目往往并没有这么简单：比如，点电荷间的库仑力是沿两者连线的，可以提供向心力；再如，可以构造一个圆周轨道约束，使带电粒子在圆周轨道中运动；甚至可以将粒子的运动进行合成与分解，其中的一个运动可能是圆周运动。这类题目往往综合性较强，具体问题需具体分析。

例题 3 （2019 年北大博雅）在玻尔的氢原子模型中，电子在半径为 r 的轨道中做角速度为 ω 的匀速圆周运动，电子的质量为 m，带电量大小为 e。若再加上垂直于轨道平面的弱磁场，磁感应强度为 B，发现电子角速度会略有变化（轨道保持不变），则变化量为（ ）

A. $\dfrac{eB}{m}$ B. $\dfrac{eB}{2m}$ C. $\dfrac{eB}{3m}$ D. $\dfrac{eB}{4m}$

分析 外加垂直于轨道平面的磁场，空间中的磁场发生了变化，将激发涡旋电场，电子受到的涡旋电场力方向与电子的速度方向共线，所以电子的速度将发生变化，若电子运动的轨道保持不变，则电子的角速度会有变化，注意到这时库仑力和洛伦兹力共同提供向心力，据此可以求出角速度的变化量。

解 设电子原先绕原子核沿逆时针方向运动，如图 3.4.6 所示，根据牛顿第二定律可得

$$k\frac{e^2}{r^2} = m\omega^2 r$$

设外加磁场的方向垂直于纸面向外，角速度将从 ω 增加为 $\omega + \Delta\omega$，根据牛顿第二定律可得

$$k\frac{e^2}{r^2} + e(\omega + \Delta\omega)rB = m(\omega + \Delta\omega)^2 r$$

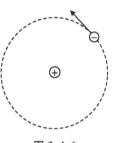

图 3.4.6

由以上两式可得

$$e(\omega + \Delta\omega)rB = 2m\omega\Delta\omega \cdot r + m(\Delta\omega)^2 r$$

当 B 不太大时，$\Delta\omega \ll \omega$，$(\Delta\omega)^2 \ll \omega\Delta\omega$，忽略含 $(\Delta\omega)^2$ 和 $\Delta\omega B$ 的小量，可解得

$$\Delta\omega = \frac{eB}{2m}$$

若外加磁场的方向垂直于纸面向里，同理可得 $\Delta\omega = \dfrac{eB}{2m}$，只是角速度有所减小。

综上所述，本题选 B。

点拨 本题的科学背景是塞曼效应。1896 年荷兰物理学家塞曼发现，原子光谱线在外磁场发生了分裂，这种现象称为塞曼效应。随后洛伦兹在理论上解释了谱线分裂成 3 条的原因。如果认为原子发射光谱的频率就是电子绕核运动的频率，那么根据本题的结论，当外加磁场时，电子绕核运动的频率可能会有所增大或者减小或者不变，于是光谱就被一分为三。这样的解释似乎很简单，但其实并不科学。首先，电子并不存在所谓的轨道；其次，如果磁场与电子运动平面有夹角，那么角速度的值就会随夹角连续变化，角速度的值却是量子化的。要完整解释塞曼效应需要用到量子力学的知识，这已超出本书范围。

例题 4 （2012 年丰台一模）如图 3.4.7 所示，在竖直平面内放置一长为 L 的薄壁玻璃

管，在玻璃管的 a 端放置一个直径比玻璃管直径略小的小球，小球带电荷量为 $-q$、质量为 m。玻璃管右边的空间存在匀强电场与匀强磁场的复合场。匀强磁场方向垂直于纸面向外，磁感应强度为 B；匀强电场方向竖直向下，电场强度大小为 $\dfrac{mg}{q}$。电磁场的左边界与玻璃管平行，右边界足够远。玻璃管带着小球以水平速度 v_0 垂直于左边界向右运动，由于水平外力 F 的作用，玻璃管进入磁场后速度保持不变。经过一段时间，小球从玻璃管 b 端滑出并能在竖直平面内运动，最后从左边界飞离电磁场。设运动过程中小球的电荷量不变，忽略玻璃管的质量，不计一切阻力。求：

（1）小球从玻璃管 b 端滑出时速度的大小；

（2）从玻璃管进入磁场至小球从 b 端滑出的过程中，外力 F 随时间 t 变化的关系；

（3）通过计算画出小球离开玻璃管后的运动轨迹。

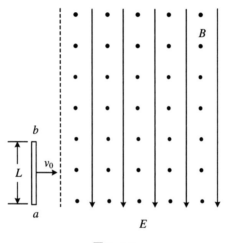

图 3.4.7

分析 因为电场强度大小为 $\dfrac{mg}{q}$，所以电场力和重力相互抵消。带电粒子从管的 b 端出射后，在洛伦兹力的作用下将在磁场中做匀速圆周运动。粒子能否从磁场的左边界射出，如果可以射出，则射出时速度方向与磁场边界的夹角是多大，需要定量计算，这是本题的难点。

解 （1）由 $E = \dfrac{mg}{q}$ 得 $Eq = mg$，即重力与电场力平衡，所以小球在管中运动的加速度为

$$a = \dfrac{F_y}{m} = \dfrac{Bv_0 q}{m}$$

设小球运动至管的 b 端时竖直方向的速度分量为 v_y，则有

$$v_y^2 = 2aL$$

联立上述各式，解得小球运动至 b 端时的速度大小为

$$v = \sqrt{\dfrac{2Bv_0 q}{m}L + v_0^2}$$

（2）由平衡条件可知玻璃管受到的水平外力为

$$F = F_x = Bv_y q$$

沿管方向的速度

$$v_y = at = \frac{Bv_0 q}{m} t$$

解得外力随时间变化的关系为

$$F = \frac{B^2 q^2 v_0}{m} t$$

(3) 设小球在管中运动的时间为 t, 小球在磁场中做圆周运动的半径为 R, 轨迹如图 3.4.8(a) 所示。

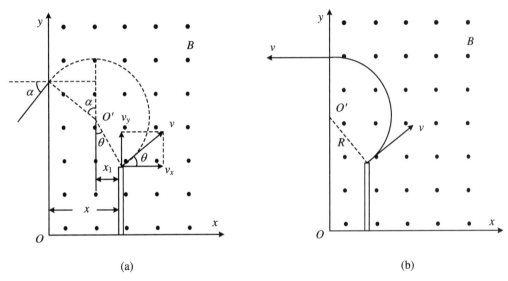

图 3.4.8

t 时间内玻璃管的运动距离为 $x = v_0 t$, 由牛顿第二定律得

$$qvB = \frac{mv^2}{R}$$

由几何关系得

$$\sin\alpha = \frac{x - x_1}{R}, \quad \sin\theta = \frac{x_1}{R} = \frac{v_y}{v}$$

所以

$$x_1 = \frac{v_y}{v} R = \frac{qv_0 Bt}{mv} \cdot \frac{mv}{qB} = v_0 t = x$$

可得 $\sin\alpha = 0$, 故 $\alpha = 0°$, 即小球飞离磁场时速度方向垂直于磁场边界向左, 小球运动轨迹如图 3.4.8(b) 所示。

点拨 小球是垂直于磁场的左边界射出的, 这很难从题意中直接分析出来, 可以设一个角度, 然后定量计算, 这是处理这类问题时常用到的方法。

例题 5 如图 3.4.9 所示, 将固定的半圆形绝缘光滑轨道置于正交的匀强电场和匀强磁场叠加的区域中。轨道半径为 R,磁感应强度为 B,方向垂直于纸面向外,电场强度为 E,方向水平向左。

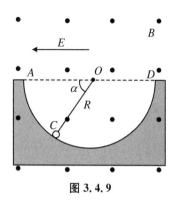

(1) 一个质量为 m 的小球(可视为质点)放在轨道上的 C 点恰好处于静止,圆弧半径 OC 与水平直径 AD 的夹角为 $\alpha(\sin\alpha = 0.8, \cos\alpha = 0.6)$。取重力加速度大小为 g,求小球所带电荷量。

(2) 如果将小球从 A 点由静止释放,小球在圆弧轨道上运动时,对轨道的最大压力是多少?

(3) 若将小球从 A 点由静止释放,小球沿圆弧轨道运动到最低点时,与另一个质量也为 m 且静止在 O 点正下方 P 点的不带电小球(可视为质点)发生碰撞,设碰撞过程历时可以忽略,且无机械能损失,也无电荷转移。两小球在运动过程中始终没有脱离圆弧轨道。求第一次碰撞后到第二次碰撞前,两小球在圆弧轨道上上升的最大高度。

图 3.4.9

分析 小球从 A 点释放后,沿圆弧轨道下滑,还受方向指向轨道的洛伦兹力,洛伦兹力随速度增大而增大,小球通过 C 点时的速度最大,洛伦兹力最大,且 qE 和 mg 的合力方向沿半径 OC,因此小球对轨道的压力最大。质量相同的两小球在最低点发生弹性碰撞,碰后交换速度,根据机械能守恒可得小球 2 上升的最大高度,由动能定理可得小球 1 上升的最大高度。

解 (1) 小球在 C 点的受力如图 3.4.10 所示,由平衡条件可得

$$F_N \cos\alpha = qE$$
$$F_N \sin\alpha = mg$$

解得小球所带电荷量为

$$q = \frac{3mg}{4E}$$

(2) 设小球通过 C 点时的速度大小为 v,由动能定理可得

$$mgR\sin\alpha - qER(1-\cos\alpha) = \frac{1}{2}mv^2$$

通过 C 点的速度为

$$v = \sqrt{gR}$$

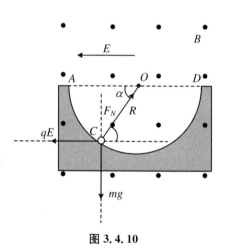

图 3.4.10

小球在重力、电场力、洛伦兹力和轨道的支持力 F 作用下沿轨道做圆周运动,则有

$$F - mg\sin\alpha - qE\cos\alpha - qvB = m\frac{v^2}{R}$$

最大压力等于支持力

$$F = \frac{(9E + 3B\sqrt{Rg})mg}{4E}$$

(3) 小球 1 从 A 点滑下到达 P 点时的速度为 v_P，由动能定理可得

$$mgR - qER = \frac{1}{2}mv_P^2$$

解得

$$v_P = \frac{\sqrt{2gR}}{2}$$

设碰后的速度分别为 v_1 和 v_2，质量相同的两小球在最低点发生弹性碰撞后交换速度，则

$$v_1 = 0, \quad v_2 = v_P = \frac{\sqrt{2gR}}{2}$$

碰后小球 2 仍不带电，向右沿圆轨道上滑，小球 2 上升的最大高度设为 h_2，由机械能守恒定律有

$$\frac{1}{2}mv_2^2 = mgh_2$$

可得

$$h_2 = \frac{1}{4}R$$

碰后小球 1 的质量和电量都不变，从 P 点开始无初速向左沿圆轨道上滑至最高点 F，设 $\angle AOF$ 为 β，小球 1 上升的最大高度为 h_1，则由动能定理可得

$$qER\cos\beta - mgh_1 = 0$$

由几何关系可得

$$h_1 = R - R\sin\beta$$

由以上两式可得

$$h_1 = \frac{18}{25}R$$

点拨 本题的难点在于第 3 问，第 3 问也可以这样快速解决：将重力和电场力合成一个力，该力的方向沿 OC 方向，质量相同的两小球在最低点发生弹性碰撞后交换速度，小球 1 碰后速度为零，接下来小球 1 必将运动到关于 OC 对称的点上，如图 3.4.11 所示，从而求出小球 1 的最高点。

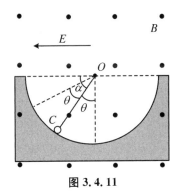

图 3.4.11

例题 6 如图 3.4.12 所示,在同时存在匀强电场和匀强磁场的空间中取正交坐标系 $Oxyz$(x 轴正方向水平向右,y 轴正方向竖直向上)。匀强磁场方向与 Oxy 平面平行,且与 x 轴的夹角为 $45°$,重力加速度为 g。

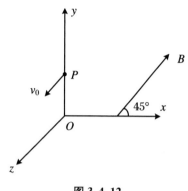

图 3.4.12

(1) 一质量为 m、电荷量为 $+q$ 的带电质点以平行于 z 轴正方向的速度 v_0 做匀速直线运动,求满足条件的电场强度的最小值 $E_{\min}$ 及对应的磁感应强度 B。

(2) 在满足(1)的条件下,当带电质点通过 y 轴上的点 $P(0,h,0)$ 时,撤去匀强磁场,求带电质点落在 Oxz 平面内的位置。

(3) 当带电质点以平行于 z 轴负方向的速度 v_0 通过 y 轴上的 $P(0,h,0)$ 时,改变电场强度大小和方向,同时改变磁感应强度的大小,要使带电质点做匀速圆周运动且能够经过 x 轴,问:电场强度 E 和磁感应强度 B 大小满足什么条件?

分析 在第 1 问中,带电质点受到重力 mg(大小和方向均已知)、洛伦兹力 qv_0B(方向已知)、电场力 qE(大小及方向均未知)的作用做匀速直线运动。根据矢量三角形的知识可知,当电场力方向与磁场方向相同时,场强有最小值 $E_{\min}$。在第 2 问中,撤去磁场后,带电质点受到重力 mg 和电场力 $qE_{\min}$ 作用,其合力与第 1 问中的洛伦兹力等大反向并与 v_0 方向垂直,带电质点在与 Oxz 平面成 $45°$ 角的平面内做类平抛运动。

解 (1) 带电质点的受力如图 3.4.13 所示,根据物体的平衡规律有
$$qE_{\min} = mg\sin 45°, \quad qv_0 B = mg\cos 45°$$
解得
$$E_{\min} = \frac{\sqrt{2}mg}{2q}, \quad B = \frac{\sqrt{2}mg}{2qv_0}$$

(2) 如图 3.4.14 所示,撤去磁场后,带电质点受到重力 mg 和电场力 $qE_{\min}$ 作用,其合力大小等于 $qv_0B = \frac{\sqrt{2}}{2}mg$,带电质点在与 Oxz 平面成 $45°$ 角的平面内做类平抛运动。

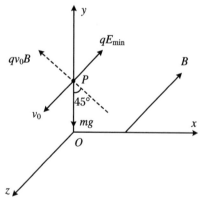

图 3.4.13

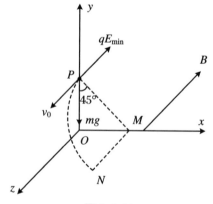

图 3.4.14

由牛顿第二定律得
$$qv_0B = ma$$
解得
$$a = \frac{\sqrt{2}}{2}g$$

设经时间 t 到达 Oxz 平面内的点 $N(x,y,z)$，根据运动的分解，沿 v_0 方向，有
$$z = v_0 t$$
沿 PM 方向，有
$$PM = \frac{1}{2}at^2$$
又 $PM = \frac{h}{\sin 45°}$，$x = h\tan 45°$，联立上述各式，解得
$$x = h, \quad z = 2v_0\sqrt{\frac{h}{g}}$$
则带电质点落在 $N\left(h, 0, 2v_0\sqrt{\frac{h}{g}}\right)$ 处。

（3）当电场力和重力平衡时，带电质点才能只受洛伦兹力作用做匀速圆周运动，则有 $Eq = mg$，得 $E = \frac{mg}{q}$，要使带电质点经过 x 轴，圆周的直径为 $\sqrt{2}h$，由
$$Bqv_0 = m\frac{v_0^2}{r}$$
可得
$$B = \frac{\sqrt{2}mv_0}{qh}$$

点拨 本题涉及三维的空间结构，貌似挺复杂，但是如果只分析某一方向或某一平面的运动和受力，复杂的三维问题将简化成相对简单的二维问题。在第 2 问中，撤去磁场后，合力大小将与洛伦兹力等大反向，初速度与合力垂直，所以粒子做类平抛运动，这是解决本问的关键。

3. 如何处理带电粒子在复合场中三维空间受力或三维空间运动问题？

对于带电粒子在复合场中三维空间受力或三维空间运动的问题，我们能处理的情景往往都需要附加一些约束条件。例如，虽然带电粒子受到空间力系，但是粒子却被约束在一个平面上或一条直线上运动；又如，电场和磁场垂直或电场和磁场平行，则粒子的运动将变得相对简单，甚至在某个平面内观察，粒子的运动就是直线运动。

例题 7 如图 3.4.15 所示，在空间存在水平向右、场强为 E 的匀强电场，同时存在竖直向上、磁感应强度为 B 的匀强磁场。在这个电、磁场共同存在的区域内有一足够长的绝缘杆沿水平方向放置，杆上套有一个质量为 m、带电荷为 $+q$ 的金属环。已知金属环与绝缘杆间的动摩擦因数为 μ，且 $\mu mg < qE$。现将金属环由静止释放，设在运动过程中金属环所带电

荷量不变。求：

(1) 金属环运动的最大加速度；
(2) 金属环运动的最大速度。

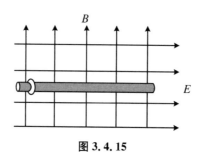

图 3.4.15

分析 金属环运动之后受到的洛伦兹力、重力和绝缘杆施加的弹力都在垂直于电场的平面内，这个平面与运动方向垂直，这个平面内的合外力应该为零；而沿运动方向，金属环只受到电场力和摩擦力，电场力大小恒定，摩擦力逐渐增大，当这两个力等大时金属环的速度达到最大值。

解 (1) 初始时刻，金属环受到的摩擦力最小，此时金属环的加速度最大，即

$$a_{\max} = \frac{Eq - f}{m}$$

考虑到 $f = \mu N$ 并且 $N = mg$，得

$$a_{\max} = \frac{Eq - \mu mg}{m}$$

(2) 在垂直于电场的方向，金属环的受力如图 3.4.16 所示，根据平衡知识可得

$$N = \sqrt{(Bqv)^2 + (mg)^2}$$

在沿电场的方向，当电场力大小等于摩擦力时，金属环的速度达到最大，即

$$f = \mu N = \mu \sqrt{(Bqv_{\max})^2 + (mg)^2} = Eq$$

解得

$$v_{\max} = \frac{\sqrt{\left(\frac{Eq}{\mu}\right)^2 - (mg)^2}}{Bq}$$

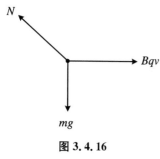

图 3.4.16

点拨 本题虽然属于空间力系问题，但可以在两个垂直平面上进行受力分析和运动过程分析，抓住临界特征，注意到洛伦兹力的表达式与速度是有关系的，从而求出相关量。

例题 8 (2017 年第 34 届全国中学生物理竞赛决赛试题改编) 空间同时存在沿 x 轴正方向的匀强电场 E 和匀强磁场 B。一质量为 m、带电量为 $+q$ 的粒子，从 $x = 0$ 处出发。不计粒子所受重力。

(1) 若出发时粒子的初速度与 x 轴垂直，求粒子经过 x 轴位置时的坐标。

（2）若出发时粒子的初速度除了具有与 x 轴垂直的分量，还有沿 x 轴负方向的分量 v，问：v 为多大时，粒子能回到 $x=0$ 处？

分析 初看此题，粒子运动的情况似乎非常复杂，但是如果分别分析垂直于 x 轴与平行于 x 轴的分运动，则题目可迎刃而解。如果粒子沿 x 轴负方向具有初速度，则粒子沿 x 轴负方向先做减速运动，再沿 x 轴正方向做加速运动。如果粒子在垂直于 x 轴方向的分运动恰好完成若干个完整的周期，而沿轴方向的位移为零，那么粒子正好回到 $x=0$ 处。

解 （1）设粒子初速度大小为 v_0，粒子在垂直于 x 轴方向仅受磁场力的作用，其速度大小不变，做匀速圆周运动，周期为

$$T = \frac{2\pi m}{qB}$$

粒子在沿 x 轴方向仅受电场力的作用，初速度为零，做匀加速运动，加速度大小为

$$a = \frac{qE}{m}$$

由此可见粒子每经过一个周期就能回到 x 轴，所以回到 x 轴时的坐标为

$$\frac{1}{2}a(nT)^2 = \frac{2n^2\pi^2 mE}{qB^2} \quad (n=1,2,3,\cdots)$$

（2）考虑粒子沿轴方向的分运动，粒子正好回到 $x=0$ 处所需时间为

$$t = 2 \times \frac{v}{a} = \frac{2mv}{qE}$$

考虑粒子在垂直于轴方向的分运动，若 $t=nT$，则粒子可以回到 $x=0$ 处，由此可知

$$\frac{2mv}{qE} = n \cdot \frac{2\pi m}{qB}$$

从而解得

$$v = \frac{n\pi E}{B} \quad (n=1,2,3,\cdots)$$

点拨 在本题中，粒子运动的轨迹比较复杂，但如果抓住运动的分解与合成的方法，而不纠结于运动轨迹，那么就可以找到突破口。本题改编自一道物理竞赛决赛题，原题还需要对粒子运动轨道进行更加详细的计算，包括曲线的长度等，这些内容涉及较多的微积分数学运算，此处不再展示。

4. 如何用配速法分析粒子在复合场中的一般运动问题？

我们都知道带电粒子在复合场中的完整的受力表达式为

$$\boldsymbol{F} = \boldsymbol{G} + q\boldsymbol{E} + q\boldsymbol{v} \times \boldsymbol{B}$$

我们完全可以将力和运动在三个垂直方向上进行分解再研究，但这将是非常复杂的运算。在实际解题中，我们常用到的方法是配速法。下面以初速度为零、不受重力的带正电粒子在垂直于纸面向里的匀强磁场和竖直向下的匀强电场的复合场中的运动问题为例来说明此方法。

如图 3.4.17 所示，建立直角坐标系，将粒子初始的运动状态看成是两个匀速运动的叠加：一个匀速运动是沿 x 轴正方向，速度大小为 v_+；另一个是沿 x 轴负方向，速度大小为

v_-。这两个速度大小相等,即

$$v_+ = v_- = \frac{E}{B}$$

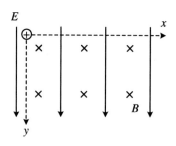

图 3.4.17

那么粒子的受力就可以看成是受到三个力的作用,分别是沿 y 轴正方向的电场力 $F = qE$、沿 y 轴正方向的洛伦兹力 $f_1 = qv_-B$、沿 y 轴负方向的洛伦兹力 $f_2 = qv_+B$。

再将这三个力分为两组:第一组包括 F 和 f_2。这两个力大小相等方向相反,因此在这两个力的作用下,粒子的分运动速度 v_+ 将保持大小、方向不变,即粒子沿 x 轴正方向做匀速直线运动;第二组仅有 f_1 一个力,在这个力的作用下,粒子恰好以 v_- 开始做匀速圆周运动,如图 3.4.18 所示。

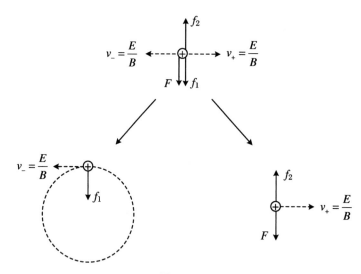

图 3.4.18

在这样的"配速"下,粒子的运动可以看成是沿 x 轴正方向的匀速直线运动与沿逆时针方向的匀速圆周运动的合成。若粒子有初速度,则可以采用类似的"配速"方法进行分析,从而求解相关参量。

例题 9 如图 3.4.19 所示,空间中存在竖直向下的匀强电场 E 和垂直于纸面向内的匀强磁场 B。质量为 m、带电量为 $+q$ 的粒子从坐标原点 $(0,0)$(足够高的地方)由静止释放(也就是说不考虑粒子到达地面的可能性),不计粒子所受的重力。

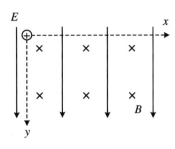

图 3.4.19

(1) 定性画出粒子运动的轨迹。
(2) 求出粒子在 x 方向和 y 方向的速度和位移随时间 t 的变化规律。
(3) 求粒子运动过程中再次到达 x 轴所需的时间以及位置坐标。
(4) 如果粒子有水平向右或水平向左的初速度,通过分析定性地画出这两种情况下粒子运动的轨迹。

分析 开始运动的一小段时间内,粒子受电场力的作用,沿 y 方向加速运动。当粒子有速度时,又要受到沿 x 方向的洛伦兹力的作用,于是粒子运动的方向开始偏转,而洛伦兹力的大小、方向也随之发生变化,这时粒子的运动似乎异常复杂,无从下手,所以应该考虑用配速法进行分析求解。

解 (1) 通过配速法分析可得,粒子的运动可以看成是沿 x 轴正方向的匀速直线运动与沿逆时针方向的匀速圆周运动的合成。粒子的运动在空间中的轨迹就像是一个纯滚动的圆环上的一点在空间中的轨迹,如图 3.4.20 所示。

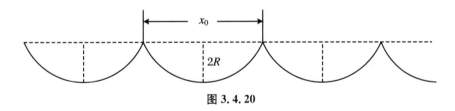

图 3.4.20

(2) 圆周运动的半径和周期分别为
$$R = \frac{mv_+}{qB} = \frac{mE}{qB^2}, \quad T = \frac{2\pi m}{qB}$$

粒子在 x 方向和 y 方向的速度随时间 t 的变化规律为
$$v_x = \frac{E}{B} - \frac{E}{B}\cos\left(\frac{qB}{m}t\right)$$
$$v_y = \frac{E}{B}\sin\left(\frac{qB}{m}t\right)$$

粒子在 x 方向和 y 方向的位移随时间 t 的变化规律为
$$x = \frac{E}{B}t - \frac{mE}{qB^2}\sin\left(\frac{qB}{m}t\right)$$

$$y = \frac{mE}{qB^2} - \frac{mE}{qB^2}\cos\left(\frac{qB}{m}t\right)$$

(3) 粒子每经过一个周期 T 就能重新回到 x 轴上,相邻两点的间距恰好为 $2\pi R$。因此粒子回到 x 轴的时间和坐标分别为

$$t = nT = \frac{2n\pi m}{qB} \quad (n = 1, 2, 3, \cdots)$$

$$x = n \cdot 2\pi R = \frac{2n\pi mE}{qB^2} \quad (n = 1, 2, 3, \cdots)$$

(4) 若粒子具有沿 x 轴正方向的初速度 v_0,则我们依然可以将粒子的运动速度看成是沿 x 轴正方向的 v_+ 和沿 x 轴负方向的 $v_- - v_0$ 两个运动速度的合成。此时粒子圆周运动的线速度就比直线运动的速度小,运动的轨迹就会沿 x 轴方向被"拉伸",大致变为图 3.4.21 所示。与滚轮线相比,该轨迹最高点处的切线方向不在竖直方向上,因为粒子在最高点时有一个水平速度。

图 3.4.21

同理分析可知,若初始时粒子具有沿 x 轴负方向的初速度 v_0,则粒子的运动轨迹会变成图 3.4.22 所示。与滚轮线相比,该轨迹最高点处的粒子速度应该沿 x 轴负方向,因此会产生"回绕"。

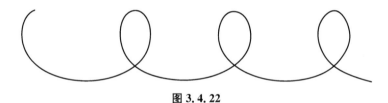

图 3.4.22

点拨 (1) 如果初始时粒子具有任意方向的速度,那么配速的思想依然不变,只是计算更加复杂而已,有兴趣的同学可以自己动手练习。

(2) 第 1 问的轨迹常被称为滚轮线或者摆线,这条线具有两个很有意思的力学特性:① 如果小球沿这样的光滑轨道无初速度释放,无论从哪个高度释放,其往复运动周期都相等,因此这条线也被称为惠更斯等时摆线;② 如果小球在重力作用下从高处某点沿曲线下落至低处某点(两点不在同一竖直线上),那么连接两点的滚轮线是下落时间最短的曲线,因此这条线也被称为最速降线。

基 础 练 习

1. 如图 3.4.23 所示,空间存在竖直向下的匀强电场和垂直于纸面向外的匀强磁场,一带电液滴从静止开始自 A 沿曲线 ACB 运动,到达 B 点时,速度为零,C 点是运动的最低点。以下说法中正确的是 ( )

A. 液滴一定带负电　　　　　　　B. 液滴在 C 点时动能最大

C. 液滴在 C 点机械能最小　　　　D. 液滴还可以沿原路返回 A 点

2. (2007年全国卷)如图 3.4.24 所示,一带负电的质点在固定的正的点电荷作用下绕该正电荷做匀速圆周运动,周期为 T_0,轨道平面位于纸面内,质点的速度方向如图中箭头所示。现加一垂直于轨道平面的匀强磁场,已知轨道半径并不因此而改变,下列说法中正确的是 ( )

A. 若磁场方向指向纸里,则质点运动的周期将大于 T_0.

B. 若磁场方向指向纸里,则质点运动的周期将小于 T_0.

C. 若磁场方向指向纸外,则质点运动的周期将大于 T_0.

D. 若磁场方向指向纸外,则质点运动的周期将小于 T_0.

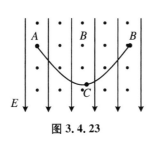

图 3.4.23　　　　　图 3.4.24

3. (2013年海淀一模)如图 3.4.25 所示,空间存在足够大的正交的匀强电、磁场,电场强度为 E、方向竖直向下,磁感应强度为 B、方向垂直于纸面向里。从电、磁场中某点 P 由静止释放一个质量为 m、带电量为 $+q$ 的粒子(粒子受到的重力忽略不计),其运动轨迹如图中虚线所示。对于带电粒子在电、磁场中下落的最大高度 H,下面给出了四个表达式,用你已有的知识计算可能会有困难,但你可以用学过的知识对这四个选项作出判断,你认为正确的是 ( )

A. $\dfrac{2mE}{B^2q}$　　B. $\dfrac{4mE^2}{B^2q}$　　C. $\dfrac{2mB}{E^2q}$　　D. $\dfrac{mB}{2Eq}$

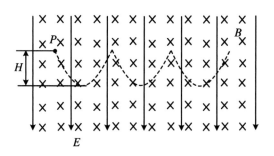

图 3.4.25

4. (2011 年海淀二模)图 3.4.26 所示为一个质量为 m、电荷量为 q 的带正电的圆环(考虑重力),可在水平放置的足够长的粗糙绝缘细杆上滑动,细杆处于磁感应强度为 B 的水平匀强磁场中(不计空气阻力)。现给圆环向右的初速度 v_0,在以后的运动过程中圆环运动的速度图像可能是 ( )

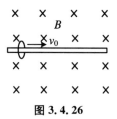

图 3.4.26

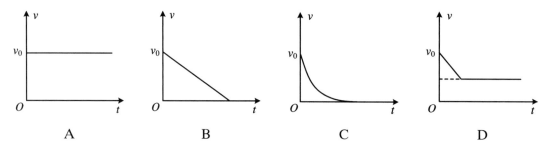

A   B   C   D

5. 如图 3.4.27(a)所示,在空间存在一个变化的电场和一个变化的磁场,电场的方向水平向右(由 B 点到 C 点),电场强度的大小随时间变化的情况如图(b)所示;磁感应强度方向垂直于纸面,磁感应强度的大小随时间变化的情况如图(c)所示。在 $t=1$ s 时,从 A 点沿 AB 方向(垂直于 BC)以初速度 v_0 射出第一个粒子,并在此之后每隔 2 s 有一个相同的粒子均沿 AB 方向以初速度 v_0 射出,射出的粒子均能击中 C 点。若 $AB=BC=l$,且粒子由 A 点运动到 C 点的时间均小于 1 s。不计空气阻力以及电磁场变化带来的影响,以下说法中正确的是 ( )

A. 磁场方向垂直于纸面向外

B. 电场强度 E_0 和磁感应强度 B_0 的比值 $E_0/B_0=2v_0$

C. 第一个粒子由 A 点运动到 C 点所经历的时间 $t_1=\dfrac{\pi l}{2v_0}$

D. 第二个粒子到达 C 点的动能等于第一个粒子到达 C 点的动能

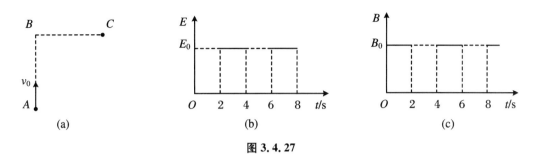

图 3.4.27

6. 一质量为 m 的均匀带电液滴在互相垂直的匀强电场和匀强磁场中运动。已知电场强度为 E，方向竖直向下，磁感应强度为 B，方向垂直于纸面向里，如图 3.4.28 所示。若此液滴在垂直于磁场的平面内做半径为 R 的圆周运动(已知重力加速度大小为 g，且液滴受的空气浮力和阻力不计)：

(1) 液滴受哪几个力作用？

(2) 液滴的速度大小如何？

(3) 若此液滴运行到最低点 A 时分裂成大小相等的两个液滴，其中一个仍在原平面内做半径为 $R_1 = 3R$ 的圆周运动，绕行方向不变，此圆周的最低点也是 A 点，那么另一个液滴是怎样运动的？

7. 如图 3.4.29 所示，在水平向左、电场强度为 E 的匀强电场中，竖直固定着一根足够长的粗糙绝缘杆，杆上套着一个质量为 m、带有电荷量 $-q$ 的小圆环，圆环与杆间的动摩擦因数为 μ。若在匀强电场 E 的空间内再加上磁感应强度为 B、方向垂直于纸面向里的匀强磁场，则圆环仍由静止开始沿杆下滑。已知重力加速度大小为 g，求：

(1) 圆环刚开始运动时加速度 a_0 的大小；

(2) 圆环下滑过程中的最大动能 E_k。

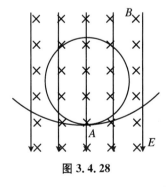

图 3.4.28

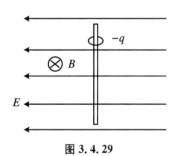

图 3.4.29

8. 在现代科学实验和技术设备中，可以通过施加适当的电场、磁场来改变或控制带电粒子的运动。现用电场或磁场来控制质量为 m、电荷量为 q 的正电荷的运动。如图 3.4.30(a) 所示，在 xOy 平面内有一点 P，OP 与 x 轴夹角 $\theta = 45°$，且 $OP = l$，不计电荷的重力。

(1) 若该电荷以速度 v_0 从 O 点沿 x 轴正方向射出，为使电荷能够经过 P 点，采用下列两种措施：

① 在整个空间只加一平行于 y 轴方向的匀强电场，求电场强度 E 的大小和方向；

② 在整个空间只加一垂直于 xOy 平面的匀强磁场，求磁感应强度 B 的大小和方向。

（2）若整个空间同时存在(1)中的电场和磁场，某时刻将该电荷从 O 点由静止释放，该电荷能否再次回到 O 点？请你在图(b)中大致画出电荷的运动轨迹。

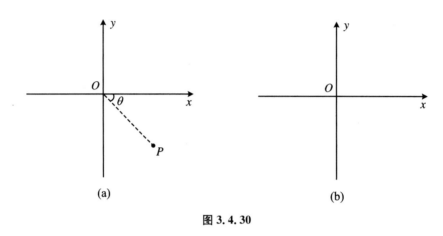

图 3.4.30

提 高 练 习

9. 在图 3.4.31 所示的直角坐标系中坐标原点 O 处固定电量为 Q 的正点电荷，存在指向 y 轴正方向、磁感应强度大小为 B 的匀强磁场，因而另一个质量为 m、电量为 q 的正点电荷微粒恰能以 y 轴上的 O' 点为圆心做匀速圆周运动，其轨道平面与 xOz 平面平行，角速度为 ω。已知重力加速度大小为 g，试求圆心 O' 的坐标值。

10.（2014 年卓越联盟试题）如图 3.4.32 所示，一平行板电容器两极板间电压为 U，相距 d，上极板带正电，极板间有匀强磁场，磁场方向垂直于纸面向里。电子从下极板由静止开始运动，到达上极板，对于给定的电压 U，当磁感应强度等于某一临界值时，电子刚好不能到达上极板。已知元电荷量为 e，电子的质量为 m，不计电子重力。

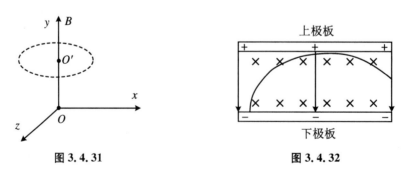

图 3.4.31

图 3.4.32

（1）求磁感应强度的临界值 B。

（2）电子在两极板间的运动为曲线运动，一般的曲线运动可以分为很多小段，每一小段都可以看做圆周运动的一部分,求当磁感应强度为临界值时,电子在曲线最高点等效圆周运动的半径 ρ。

11. (2017 年北大博雅试题)如图 3.4.33 所示,在三维空间 $Oxyz$ 上,存在沿 x 轴正方向的匀强电场 E 和沿 z 轴方向的磁场 B,磁感应强度大小仅随 x 变化。在 xOy 平面内,有一质量为 m、电量为 q 的正粒子做以 O 为圆心、半径为 R 的逆时针方向的圆周运动,且最大速度为最小速度的 2 倍。不计粒子受到的重力,求磁感应强度大小随 x 变化的关系 $B(x)$。

12. (2013 年北约卷)如图 3.4.34 所示,在一竖直平面内有水平匀强磁场,磁感应强度 B 的方向垂直于该竖直平面朝里。竖直平面内 a、b 两点在同一水平线上,两点相距 l。带电量 $q>0$、质量为 m 的质点 P 以初速度 v 从 a 对准 b 射出。略去空气阻力,不考虑 P 与地面接触的可能性,设定 q、m 和 B 均为不可改变的给定量,已知重力加速度大小为 g。

(1) 若无论 l 取什么值,均可使 P 经直线运动通过 b 点,试问:v 应取什么值?

(2) 若 v 为(1)问可取值之外的任意值,则 l 取哪些值,可使 P 必定会经曲线运动通过 b 点?

(3) 对每一个满足(2)问要求的 l 值,计算各种可能的曲线运动对应的 P 从 a 运动到 b 所需的时间。

(4) 对每一个满足(2)问要求的 l 值,试问:P 能否从 a 静止释放后也可以通过 b 点?若可以,再求 P 在之后运动过程中可达到的最大速率 $v_{\max}$。

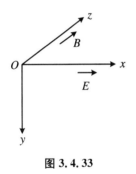

图 3.4.33

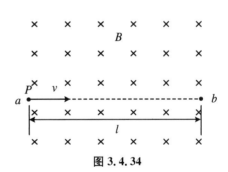

图 3.4.34

《参考答案》

1. ABC。

2. AD。

3. A。

4. A。

5. ABC。

6. (1) 液滴受重力 mg 竖直向下,受电场力 qE 竖直向上,洛伦兹力与运动方向垂直指向运动轨迹的圆心;(2) $v = \dfrac{BgR}{E}$;(3) 如图 3.4.35 所示,第二个液滴分裂后仍做圆周运动,半径为 R,速度大小与原液滴的速度相等,但方向相反。

提示 带电液滴在由电场、磁场构成的复合场中运动。液滴在竖直方向受恒定电场力的作用做圆周运动,是由于液滴的重力正好与电场力平衡,电场力方向必向上,液滴带负电。用左手定则可以判定液滴沿顺时针方向运动。洛伦兹力是带电液滴做圆周运动的向心力,据此可以算出液滴的速度以及分裂后第一个液滴的速度。根据液滴在分裂过程中动量守恒,可进一步解答液滴分裂后第二个液滴的运动情况。

7. (1) $a_0 = \dfrac{mg - \mu qE}{m}$;(2) $E_k = \dfrac{1}{2}mv_m^2 = \dfrac{m(mg + \mu qE)^2}{2\mu^2 q^2 B^2}$。

8. (1) ① 电场强度 E 的方向应当沿 y 轴向下,大小为 $E = \dfrac{2\sqrt{2}mv_0^2}{ql}$。

② 磁感应强度 B 的方向应当垂直于 xOy 平面向外,大小为 $B = \dfrac{\sqrt{2}mv_0}{ql}$。

(2) 该电荷不可能再次回到 O 点。大致的运动轨迹如图 3.4.36 所示。

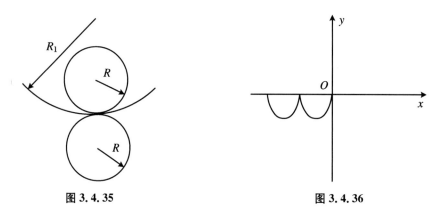

图 3.4.35　　　　　　　　　　图 3.4.36

9. $y = \dfrac{mg}{q\omega B - m\omega^2}$。

提示 带电微粒受重力、库仑力、洛伦兹力。这三个力的合力是向心力。设带电微粒做匀速圆周运动的半径为 R,圆心 O' 的纵坐标为 y,圆周上的一点和坐标原点的连线与 y 轴的夹角为 θ,则

$$\tan\theta = \dfrac{R}{y}$$

以带电微粒为研究对象,列动力学方程

$$mg = F_电 \cos\theta$$
$$f_洛 - F_电 \sin\theta = m\omega^2 R$$

带电微粒所受洛伦兹力为

$$f_洛 = q\omega RB$$

由以上四式得

$$y = \frac{mg}{q\omega B - m\omega^2}$$

10. （1） $B = \frac{1}{d}\sqrt{\frac{2mU}{e}}$；（2） $\rho = 2d$。

提示 （1）电子由静止释放，则初速度为零，我们可以将速度为零等效成向右的速度 v 和向左的速度 v 的合成。其中向右的速度 v 满足对应的洛伦兹力和电场力平衡，则

$$evB = eE$$

可得

$$v = \frac{E}{B} = \frac{U}{Bd}$$

因此，向右的速度保持恒定，电子参与一个水平方向的速度为 v 的匀速直线运动，而向左的速度 v 使得电子参与一个半径为 $r = \frac{mv}{eB}$ 的顺时针方向的匀速圆周运动。电子的实际运动是匀速直线运动与匀速圆周运动的合成，运动轨迹为旋轮线。电子的运动轨迹恰与上极板相切，则有

$$d = 2r = \frac{2mv}{eB} = \frac{2mU}{edB^2}$$

解得

$$B = \frac{1}{d}\sqrt{\frac{2mU}{e}}$$

（2）当电子运行到上极板时，圆周运动的线速度也向右，则电子在该点的实际速度为 $2v$，由圆运动的曲率半径可知

$$e \cdot 2v \cdot B - eE = m\frac{(2v)^2}{\rho}$$

由此可得 $\rho = 2d$。

11. $B(x) = \left(\frac{3x}{R} + \frac{10}{3}\right)\sqrt{\dfrac{mE}{2q\left(x + \dfrac{5}{3}R\right)}}$。

提示 如图3.4.37所示，根据题意，有

$$v_{(x=R)} = 2v_{(x=-R)}$$
$$\frac{1}{2}mv_{(x=R)}^2 - \frac{1}{2}mv_{(x=-R)}^2 = 2qER$$

由此可得

$$\frac{1}{2}mv_{(x=-R)}^2 = \frac{2}{3}qER$$

对于任意位置坐标的速度可得

$$\frac{1}{2}mv_{(x)} - \frac{1}{2}mv_{(x=-R)} = qE(x+R)$$

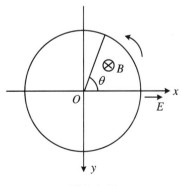

图 3.4.37

$$v_{(x)} = \sqrt{\frac{2qE}{m}\left(x + \frac{5}{3}R\right)}$$

洛伦兹力和电场力提供向心力,则

$$m\frac{v^2}{R} = qvB - qE\cos\theta = qvB - qE\frac{x}{R}$$

由此解得

$$B(x) = \left(\frac{3x}{R} + \frac{10}{3}\right)\sqrt{\frac{mE}{2q\left(x + \frac{5}{3}R\right)}}$$

12. (1) $v = \frac{mg}{qB}$;(2) $l = \frac{2\pi n m^2 g}{q^2 B^2}$ $(n = 1,2,3,\cdots)$;(3) $t = \frac{2\pi n m}{qB}$ $(n = 1,2,3,\cdots)$;
(4) 可以,$v_{\max} = 2v = \frac{2mg}{qB}$。

提示 对于(2),设质点的速度为 $\boldsymbol{v} = \boldsymbol{v}' + \Delta\boldsymbol{v}$,其中 $\boldsymbol{v}'$ 和 $\Delta\boldsymbol{v}$ 满足

$$m\boldsymbol{g} + q(\boldsymbol{v}' + \Delta\boldsymbol{v}) \times \boldsymbol{B} = q\Delta\boldsymbol{v} \times \boldsymbol{B}$$

所以质点的运动可视为沿 ab 方向、速率为 $v' = \frac{mg}{qB}$ 的匀速直线运动和速率为 Δv 的匀速圆周运动的合运动。要使质点通过 b 点,需满足

$$l = v't, \quad t = nT, \quad T = \frac{2\pi m}{qB}$$

联立以上各式,解得

$$l = \frac{2\pi n m^2 g}{q^2 B^2} \quad (n = 1,2,3,\cdots)$$

对于(4),质点 P 从 a 静止释放后的运动可视为沿水平方向、速率为 $v' = \frac{mg}{qB}$ 的匀速直线运动和沿逆时针方向、线速度大小为 $v' = \frac{mg}{qB}$ 的匀速圆周运动的合运动,一个周期内质点前进的距离为

$$L = v'T = \frac{mg}{qB} \cdot \frac{2\pi m}{qB} = \frac{2\pi m^2 g}{q^2 B^2}$$

所以 P 从 a 静止释放后可以通过 b 点。当质点做匀速圆周运动到最低点时运动速率最大,最大运动速率

$$v_{\max} = 2v' = \frac{2mg}{qB}$$

3.5 应用电磁场的几种常见仪器

课外知识延伸

在课内学习时,我们初步接触了与电磁场有关的多种仪器,包括电磁炮、质谱仪、回旋加速器、速度选择器、磁流体发电机、电磁流量计、霍尔元件等。这些仪器足以让我们感受到电磁学为我们的生活与生产带来的巨大进步。

这些仪器大致可以分为三类:第一类,安培力相关仪器,例如电磁炮;第二类,电磁组合场类仪器,这些仪器中的电场、磁场区域空间上不重叠,例如质谱仪、回旋加速器;第三类,电磁复合场类仪器,这些仪器中的电场、磁场区域在空间上重叠在一起,例如速度选择器、磁流体发电机、电磁流量计、霍尔元件等。

1. 电磁炮的自磁场机制

电磁轨道炮的加速原理如图 3.5.1 所示。金属炮弹静止置于两固定的平行导电导轨之间,并与轨道良好接触。开始时炮弹在导轨的一端,通过电流后炮弹会被安培力加速,最后从导轨另一端的出口高速射出。要使炮弹能够加速运动,必须施加一个垂直于纸面向里的磁场。

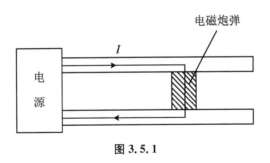

图 3.5.1

也许是一个巧合,这个磁场其实并不需要外界的介入。炮弹两边的导轨上通入的巨大电流恰好在炮弹处形成了方向合适的磁场,用以推动炮弹运动,这就是电磁炮的自磁场机制。

更有意思的是,如果电流反向,炮弹上的电流以及炮弹所在处的磁场都反向,安培力的方向依然可以使得炮弹向出口方向加速运动,所以电磁炮甚至可以用交流电来推动(当然,使用交流电的问题是可能会有电磁感应现象发生)。

如果电源提供的电流加倍,那么根据前面所学的磁场知识,炮弹所在位置的磁场会加倍(虽然弹体各个位置磁场大小不同,但每处磁场都加倍),根据 $F_安 = ILB$ 可知炮弹所受的力会增大为原先的 4 倍。这样会极大增加炮弹出射时的动能。

2. 电磁组合场类仪器的要点

质谱仪和回旋加速器的共同点是，粒子在电场中加速、在磁场中偏转。因此，解决这类问题的要点主要有：① 要能准确计算出每次加速后粒子的速度大小（通常情况下，质谱仪中粒子仅被加速一次），这决定了粒子在磁场中运动的半径与范围；② 判断出粒子在磁场中运动的轨迹。质谱仪中粒子的运动半径用来区分同位素，回旋加速器中粒子运动的轨迹半径并不是均匀增加的，而是呈现内疏外密的特点。

3. 电磁复合场类仪器的要点

这些仪器的核心原理其实都是速度选择器，但无论是磁流体发电机、电磁流量计还是霍尔元件，它们在正常工作时都具有两个垂直方向的电流，也就是说实际上电荷并不是"横着"通过这些仪器的。

磁流体发电机的结构简图如图 3.5.2 所示。把平行金属板 A、B 和电阻 R 连接，A、B 之间有很强的磁场，将一束等离子体（高温下电离的气体，含有大量带正、负电的粒子）以速度 v 喷入磁场，A、B 两板间便产生电压，成为电源的两个电极。

磁流体发电机正常工作时，金属板 A、B 接外电路，因此 A、B 之间会有电荷的定向移动，等离子体在 A、B 之间并不是沿水平方向运动的。那么，此时带电粒子所受的洛伦兹力就不在竖直方向上。如图 3.5.3 所示，此时需要有外力 F 的推动，才能维持磁流体发电机的正常工作。这也符合能量守恒的要求。电磁流量计和霍尔元件在正常工作时，也同样具有类似的机制。

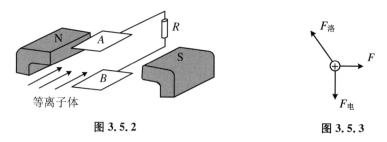

图 3.5.2　　　　　　　　　图 3.5.3

霍尔元件是一种半导体磁电器件，它是利用霍尔效应来进行工作的。这一现象是美国物理学家霍尔于 1879 年在研究金属的导电机制时发现的，目前主要应用于半导体元件中。当电流垂直于外磁场通过半导体时，载流子发生偏转，垂直于电流和磁场的方向会产生一附加电场，从而在半导体的两端产生电势差，这个电势差也被称为霍尔电势差。

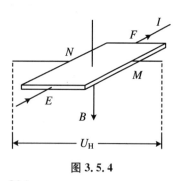

图 3.5.4

如图 3.5.4 所示，在 E、F 之间通入恒定的电流 I，同时外加与薄片垂直的磁场 B，则薄片中的载流子就在洛伦兹力的作用下，朝着与电流和磁场都垂直的方向漂移，使 M、N 之间出现了霍尔电压 U_H。

制作霍尔元件的半导体材料分为主要依靠电子导电的 n 型半导体和主要依靠空穴（一种等效粒子，其电荷量为 $+e$，有效质量通常比电子质量大）导电的 p 型半导体。如果霍尔元件是 n 型半导体材料，那么从上向下看，电荷受到的洛伦兹力的方向指向 N,因此负电荷会在 N 极聚集。稳定后,M 电势高于 N。如果霍尔元件是 p 型半导体材料,那么从上向下看,电荷受到的洛伦兹力的方向指向 N,因此正电荷会在 N 极聚集。稳定后,M 电势低于 N。

核心问题讨论

1. 质谱仪是如何分离同位素的?

质谱仪是测带电粒子荷质比的一种仪器,其核心部件由电场和磁场组合而成。电场的作用是使带电粒子加速,磁场的作用是使带电粒子偏转,最后打在感光物质上,测出粒子发生偏转的半径,从而求出带电粒子的荷质比。同位素的质子数相同而中子数不同,因此荷质比不同,可以利用质谱仪将它们进行分离筛选。

例题 1 （2021 年北京市海淀区高三上学期期末试题改编）质谱仪是一种检测和分离同位素的仪器。如图 3.5.5 所示,某种电荷量为 $+q$ 的粒子,从容器 A 下方的小孔 S_1 进入电压为 U 的加速电场,其初速度可忽略不计。这些粒子经过小孔 S_2 沿着与磁场垂直的方向进入磁感应强度大小为 B 的匀强磁场中,形成等效电流为 I 的粒子束。随后粒子束在照相底片 MN 上的 P 点形成一个曝光点。

衡量质谱仪性能的重要指标之一是与粒子质量有关的分辨率。粒子的质量不同,在 MN 上形成曝光点的位置就会不同。质量分别为 m 和 $m+\Delta m$ 的同种元素的同位素在底片 MN 上形成的曝光点与小孔 S_2 之间的距离分别为 d 和 $d+\Delta d$($\Delta d \ll d$),其中 Δd 是质谱仪能分辨出来的最小距离,定义质谱仪的分辨率为 $\dfrac{m}{\Delta m}$,请写出质谱仪的分辨率 $\dfrac{m}{\Delta m}$ 与 d、Δd 的关系式。（不计粒子的重力以及粒子间的相互作用。）

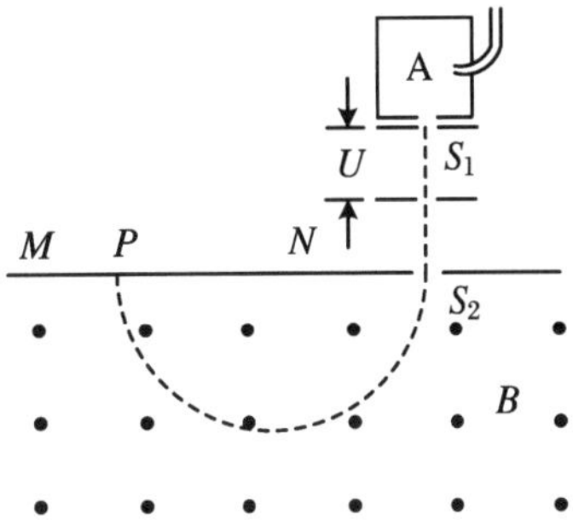

图 3.5.5

分析 带电粒子在磁场中做圆周运动的半径与粒子的质量 m 有关,也就是说曝光点和小孔 S_2 之间的距离 d 与粒子的质量 m 有关,因此可以先求出 m 与 d 之间的关系,再根据质谱仪分辨率的定义 $\dfrac{m}{\Delta m}$ 求出其表达式。

解 粒子在电场中加速运动,根据动能定理有

$$qU = \frac{1}{2}mv^2$$

粒子在磁场中做圆周运动,根据牛顿第二定律有

$$Bqv = m\frac{v^2}{\dfrac{d}{2}}$$

联立以上各式,解得每个粒子质量

$$m = \frac{qB^2d^2}{8U}$$

同理可得

$$m + \Delta m = \frac{qB^2(d+\Delta d)^2}{8U}$$

由此可见,同位素通过质谱仪之后,会被分开到照相底片的不同位置,则

$$\frac{m}{\Delta m} = \frac{d^2}{(d+\Delta d)^2 - d^2} = \frac{d^2}{2d\Delta d + (\Delta d)^2}$$

由于 $\Delta d \ll d$,因此 $(\Delta d)^2$ 可略掉,所以质谱仪的分辨率

$$\frac{m}{\Delta m} = \frac{d}{2\Delta d}$$

点拨 质谱仪中电场的作用是使带电粒子加速,磁场的作用是使带电粒子偏转,过程和物理情境相对简单,为增加难度,许多相关题目都在信息量上下功夫,比如本题引入一个与实际情景相对应的概念——分辨率。

例题2 有一种质谱仪的工作原理图如图3.5.6所示。静电分析器是1/4圆弧的管腔,内有沿圆弧半径方向指向圆心 O_1 的电场,且与圆心 O_1 等距的各点的电场强度大小相等。磁分析器中以 O_2 为圆心、圆心角为90°的扇形区域内,分布着方向垂直于纸面的匀强磁场,其左边界与静电分析器的右边界平行。由离子源发出一个质量为 m、电荷量为 q 的正离子(初速度为零,重力不计),经加速电场加速,从 M 点沿垂直于该点的电场方向进入静电分析器,在静电分析器中,离子沿半径为 R 的1/4圆弧做匀速圆周运动,并从 N 点射出静电分析器。而后离子由 P 点射入磁分析器中,最后离子沿垂直于磁分析器下边界的方向从 Q 点射出,并进入收集器。已知加速电场的电压为 U,磁分析器中磁场的磁感应强度大小为 B。求:

(1)静电分析器中离子运动轨迹处电场强度 E 的大小;
(2)磁分析器中 Q 点与圆心 O_2 的距离 d。

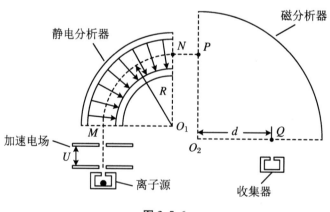

图 3.5.6

分析 带电粒子做圆周运动通过质谱仪的静电分析器时,只受到电场力,所以电场力提

供向心力。这与我们常见的质谱仪有很大的区别,所以针对具体的题目,我们应该具体分析。

解 (1)设离子进入静电分析器时的速度为 v,离子在加速电场中加速,根据动能定理,有

$$qU = \frac{1}{2}mv^2$$

离子在静电分析器中做匀速圆周运动,指向圆心 O_1 的电场力为向心力,则有

$$qE = \frac{mv^2}{R}$$

解得

$$E = \frac{2U}{R}$$

(2)离子在磁分析器中做匀速圆周运动,圆心为 O_2,根据牛顿第二定律,有

$$qvB = m\frac{v^2}{r}$$

$r = d$,解得

$$d = \frac{1}{B}\sqrt{\frac{2mU}{q}}$$

点拨 此处质谱仪中的静电分析器有一个很有意思的"自修正"特性。如果入射粒子的速度略大一些,那么粒子在电场中会做离心运动,这样电场力做负功,粒子的速度就会减小,于是粒子又会做向心运动,粒子会在静电分析器中的圆周附近来回摇摆,修正自己的路径。

2. 如何处理回旋加速器中的粒子的动力学问题?

对于这类问题,关键还是对过程进行分析,在分析过程中可能会用到动力学和功能关系的规律。如图3.5.7所示,两个D形金属扁盒均为半圆形,在它们之间留有一个窄缝 S,在中心附近放有粒子源 A_0。从粒子源中释放一个速率为0的粒子,该粒子经电场加速垂直进入由电磁铁产生的强大磁场中,在磁场中做半径较小的匀速圆周运动,半个周期后由磁场 B

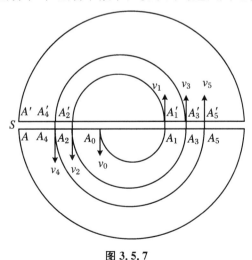

图 3.5.7

进入加速电场 U 中,加速后再次进入磁场 B 中做匀速圆周运动,半个周期后再次由磁场 B 进入加速电场 U 中,加速后又进入磁场中做匀速圆周运动……当带电粒子在 D 形盒内逐渐趋于盒的边缘并达到预期的速率后,用特殊装置把它们引出。

例题 3 1932 年美国物理学家劳伦斯发明了回旋加速器,巧妙地利用带电粒子在磁场中的运动特点,解决了粒子的加速问题。现在回旋加速器被广泛应用于科学研究和医学设备中。如图 3.5.8 所示,回旋加速器的核心部分为 D 形盒,D 形盒装在真空容器中,整个装置放在电磁铁两极之间的磁场中,磁场可以认为是匀强磁场,且与 D 形盒盒面垂直。两盒间狭缝很小,质子从粒子源 A 处(位于中心附近)进入加速电场的初速度不计,D 形盒的半径为 R,两个 D 形盒之间的缝隙宽度为 d。已知磁场的磁感应强度为 B,质子的质量为 m、电荷量为 $+q$,加速器接一定高频交流方波电源,其电压为 U。不考虑相对论效应和重力作用。

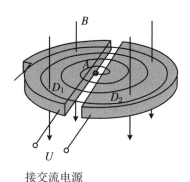

图 3.5.8

(1) 求质子能被加速到的最大动能 E_m。

(2) 求质子在磁场中运动的总时间 t_1 和在电场中加速的总时间 t_2,并据此说明可以忽略粒子在电场中加速的总时间。

(3) 忽略 D 形盒之间缝隙的宽度,尽可能准确地画出质子在加速过程中的运动轨迹。

分析 质子的速度越大,在 D 形盒中运动的轨道半径也越大,所以最大的半径对应质子最大的动能;质子每次被加速后在磁场中运动半圈,所以要求质子在磁场中运动的总时间,需要先求加速的次数;注意到质子在磁场中运动时速率不变,若将质子在电场中的运动拼接起来,将是一个匀加速运动,据此可求出质子在电场中加速的总时间。

解 (1) 质子被加速至运动半径为 R 时,就不能再加速,此时质子的速度最大,最大值为

$$v_m = \frac{q}{m}BR \quad \left(m\frac{v_m^2}{R} = qv_mB\right)$$

最大动能为

$$E_m = \frac{1}{2}mv_m^2 = \frac{q^2}{2m}B^2R^2$$

(2) 质子每次被加速获得的动能为 $\Delta E_k = qU$,因此质子被加速的次数为

$$n = \frac{E_m}{\Delta E_k} = \frac{qB^2R^2}{2mU}$$

质子每次被加速后在磁场中运动半圈,因此在磁场中的总时间为

$$t_1 = n \cdot \frac{T}{2} = \frac{qB^2R^2}{2mU} \cdot \frac{\pi m}{qB} = \frac{\pi R^2 B}{2U}$$

将质子在电场中的所有运动拼接在一起,构成一个匀加速运动,质子在电场区匀加速运

动通过了 nd 长的路程,所需时间为
$$t_2 = \frac{nd}{v_m/2} = \frac{BRd}{U}$$

质子在回旋加速器中运动的总时间为
$$t = t_1 + t_2 = \frac{BR}{U}\left(\frac{\pi R}{2} + d\right)$$

由此可见,如果 D 形盒的间距很小,那么确实可以忽略质子在电场中的运动时间。

(3) 质子在第 $k(k \leq n)$ 次被加速后,其动能为 kqU,运动半径为
$$r_n = \frac{\sqrt{2mE_k}}{qB} = \frac{1}{B}\sqrt{\frac{2kmU}{q}}$$

可见,质子运动的半径并不是均匀增加,半径与加速次数的平方根成正比,因此相邻轨道之间的半径差在逐渐减小,并且这些半圆形并不是同心半圆,而是首尾相接。所以,质子的运动轨迹如图 3.5.9 所示。

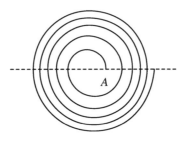

图 3.5.9

点拨 通过本题第 1 问的求解,我们可以看出,要想提高粒子射出加速器时的动能有两种办法。方法一:增大 D 形盒的半径。早期的回旋加速器只有手掌大小,放在口袋里就能带走,现代的回旋加速器已经跟一间教室一样大了。方法二:增大磁场 B。必须注意的是,质子在回旋加速器中的运动周期为 $T = \frac{2\pi m}{qB}$,因此,增大磁场的同时,还需要调节电压的频率,让两者匹配起来才能正常工作。

例题 4 (2017 年第 34 届全国中学生物理竞赛复赛试题节选)某种回旋加速器的设计方案俯视图如图 3.5.10(a)所示,图中粗黑线段为两个正对的极板,其间存在匀强电场,两极板间电势差为 U。两个极板的板面中部各有一狭缝(沿 OP 方向的狭长区域),带电粒子可通过狭缝穿越极板(见图(b));两细虚线间(除两极板之间的区域之外)既无电场也无磁场;其他部分存在匀强磁场,磁感应强度方向垂直于纸面。在离子源 S 中产生的质量为 m、带电量为 $q(q>0)$ 的离子,由静止开始被电场加速,经狭缝中的 O 点进入磁场区域,O 点到极板右端的距离为 D,到出射孔 P 的距离为 bD(常数 b 为大于 2 的自然数)。已知磁感应强度大小在零到 B_{max} 之间可调,离子从离子源上方的 O 点射入磁场区域,最终只能从出射孔 P 射出。假设离子打到器壁或离子源外壁即被吸收。忽略相对论效应。求可能的磁感应强度 B 的最小值。

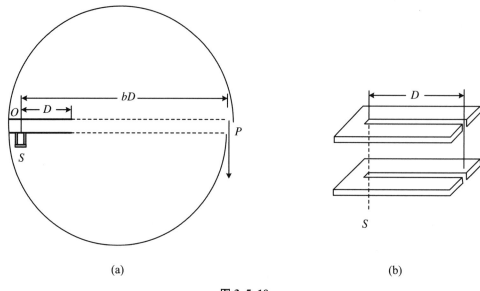

图 3.5.10

分析 注意到,若 $r > \dfrac{bD}{2}$ 或 $\dfrac{D}{2} < r < \dfrac{bD}{2}$,则离子只能打到器壁或离子源外壁被吸收,不能从 P 射出,所以离子从 O 射出后只运动半个圆周即从 P 射出,对应着 B 的最小值。

解 设离子从 O 点射入磁场时的速率为 v,由功能关系得

$$qU = \frac{1}{2}mv^2$$

解得

$$v = \sqrt{\frac{2qU}{m}}$$

设离子在磁场中做匀速圆周运动的轨迹半径为 r,则

$$qvB = m\frac{v^2}{r}$$

解得

$$r = \frac{1}{B}\sqrt{\frac{2mU}{q}}$$

若离子从 O 射出后只运动半个圆周即从 P 射出,则 $r = \dfrac{bD}{2}$,由此可得 B 的最小值为

$$B_{\min} = \frac{2}{bD}\sqrt{\frac{2mU}{q}}$$

点拨 本题节选自一道物理竞赛复赛题,原题计算量很大。有兴趣的同学可以查阅相关资料进行进一步研究。这道题中提到的回旋加速器让人耳目一新——它不需要用交流电就可以对粒子进行连续加速。

3. 磁流体发电机的机理是怎样的?

磁流体发电机、电磁流量计和霍尔元件这三种仪器的工作原理很相似,但是前两者与后者最大的区别在于,磁流体发电机和电磁流量计流入器件的是夹杂着正负粒子而整体不显电性的粒子流,所以对外不显示出电流,而流入霍尔元件的粒子流本身就形成了电流。

例题 5 磁流体发电技术是目前世界上正在研究的新兴技术。图 3.5.11 所示是磁流体发电机示意图,发电管道部分长为 l、高为 h、宽为 d。前后两个侧面是绝缘体,上下两个侧面是电阻可忽略的导体电极。两个电极与负载电阻 R 相连。整个管道放在匀强磁场中,磁感应强度大小为 B,方向垂直于前后侧面向后。现有平均电阻率为 ρ 的电离气体持续稳定地向右流经管道。实际情况较复杂,为了使问题简化,设管道中各点流速相同,电离气体所受摩擦阻力与流速成正比,无磁场时电离气体的恒定流速为 v_0,有磁场时电离气体的恒定流速为 v。

(1) 求流过电阻 R 的电流的大小和方向。

(2) 无论有无磁场存在,都对管道两端电离气体施加附加压强,使管道两端维持一个水平向右的恒定压强差 Δp,求 Δp 的大小。

(3) 求这台磁流体发电机的发电效率。

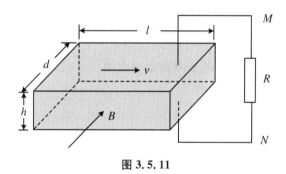

图 3.5.11

分析 整体呈电中性的粒子从左向右流入,正粒子向上偏转,负粒子向下偏转。上下板通过外电路接入电阻,形成回路,在电源内部电流由下向上流,这一股电流必将受到向左的安培力,该安培力阻碍整体呈电中性的粒子继续流入。要使磁流体发电机能稳定工作,就需要外界施加向右的力,即左右两侧形成压强差。

解 (1) 磁流体发电机的电动势为

$$E = Bhv$$

内电阻为

$$r = \rho \frac{h}{ld}$$

根据欧姆定律得

$$I = \frac{Bhv}{R + r}$$

解得

311

$$I = \frac{Bhvld}{Rld + \rho h}$$

电流方向为 M 到 N。

(2) 已知摩擦力与流速成正比,设比例系数为 k,取管道内全部气体为研究对象,根据力的平衡,无磁场时

$$\Delta phd = kv_0$$

有磁场时

$$\Delta phd = kv + BIh$$

解得

$$\Delta p = \frac{B^2 hvv_0 l}{(Rld + \rho h)(v_0 - v)}$$

(3) 输入功率为

$$P_入 = \Delta phdv$$

电源功率为

$$P = EI$$

所以发电效率为

$$\eta = \frac{P}{P_入} = 1 - \frac{v}{v_0}$$

点拨 本题需要注意带电粒子在磁流体发电机内部有两个方向的运动:一个是竖直方向的运动,该运动是由洛伦兹力在竖直方向上的分力引起的;还有一个是由左向右的运动,该运动是由左右两侧的压强差引起的。

4. 霍尔元件是如何测磁场的?

在半导体上外加与电流方向垂直的磁场,会使得半导体中的电子或空穴受到洛伦兹力而在与电流垂直的方向上聚集,聚集起来的电子或空穴会产生电场,电场力与洛伦兹力平衡之后,后来的电子或空穴能沿直线顺利通过霍尔元件而不会偏移。

例题6 如图3.5.12所示,载流导体薄板处在垂直于电流方向的磁场中时,在垂直于电流和磁场的方向上会产生电势差,称为霍尔电压 U_H,这种现象称为霍尔效应。设图中通过导体的电流为 I_s,垂直于薄板表面的磁场磁感应强度为 B,自由电荷的电荷量为 q,单位体积内自由电荷的数量为 n,薄板的厚度为 d,宽度为 b。

(1) 选用上述各量表示霍尔电压 U_H 的值。

(2) 技术上应用霍尔效应可以测量未知磁场的磁感应强度,这样的仪器称为磁强计。

① 请在上问的基础上从原理上说明如何利用霍尔效应测量磁感应强度?

② 当待测磁场发生一很小变化时,测量仪器显示的值变化越大,就称其越灵敏。简要说明如何提高上述测量的灵敏程度?

分析 载流导体薄板在磁场中,自由电荷做定向运动,受洛伦兹力作用,在左右两侧分别聚集正负电荷,薄板内形成电场,当电场力与洛伦兹力平衡时薄板左右两侧间形成稳定的霍尔电压。

解 (1) 载流导体薄板中通有恒定电流 I_s 时,设薄板中自由电荷做定向运动的速度为 v,则

$$I_s = nqvbd$$

当电场力与洛伦兹力平衡时薄板左右两侧间形成稳定的霍尔电压 U_H,此时有

$$qvB = q\frac{U_H}{b}, \quad U_H = \frac{BI_s}{nqd}$$

(2) ① 当载流导体垂直置于待测磁场中时,由 $U_H = \frac{BI_s}{nqd}$ 知:保证通过导体的电流 I_s 一定时,霍尔电压 U_H 与磁感应强度 B 成正比。事先通过理论和实验的方法测定 U_H 与 B 的比值,即可通过测量 U_H 来确定待测磁场的磁感应强度 B。

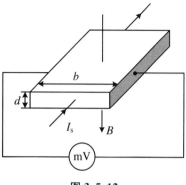

图 3.5.12

② 提高 $\frac{I_s}{nqd}$ 的值,可以使测量磁场的灵敏程度提高。

点拨 本题介绍了霍尔元件的一个基本应用——测量磁场的大小。地磁场的大小可以用霍尔元件测量而得到,为了能够测量如此小的磁场,需要使用灵敏度高的霍尔元件。根据计算可知,除了尽可能把元件做得薄一些,还应当尽量选择载流子浓度 n 小的元件进行测量。

例题 7 (2017年第34届全国中学生物理竞赛预赛)把沿 x 方向通有电流(x 方向的电场强度为 E_x)的长方体形状的半导体材料放在沿 z 方向的匀强磁场中,半导体材料的6个表面分别与相应的坐标平面平行;磁感应强度大小为 B_z。在垂直于电场和磁场的 $+y$ 或 $-y$ 方向将产生一个横向电场 E_y,这个现象称为霍尔效应,由霍尔效应产生的电场称为霍尔电场。实验表明,霍尔电场 E_y 与电流的电流密度 J_x 和磁感应强度 B_z 的乘积成正比,即 $E_y = R_H J_x B_z$,比例系数 R_H 称为霍尔系数。某半导体材料样品中有两种载流子,即空穴和电子;空穴和电子在单位电场下的平均速度(载流子的平均速度与电场成正比的比例系数)分别为 μ_p 和 $-\mu_n$,空穴和电子的数密度分别为 p 和 n,电荷分别为 e 和 $-e$。试确定该半导体的霍尔系数。

分析 本题的难点在于半导体中存在两种载流子,两种载流子受到的外磁场的洛伦兹力方向相同,受到的霍尔电场力方向相反,两种载流子受到的洛伦兹力不可能同时与霍尔电场力平衡。所以在半导体样品内存在载流子的横向流动,当任何时刻流向样品同一侧面的空穴数与电子数相等时,霍尔电场便达到稳定,据此本题得以求解。

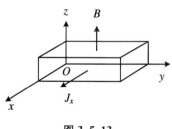

图 3.5.13

解 取坐标系如图 3.5.13 所示,磁场沿 z 方向,通电电流密度 J_x 沿 x 方向。设半导体材料中的载流子空穴和电子沿 x 方向的平均速率分别为 $(v_p)_x$ 和 $(v_n)_x$,沿 x 方向的电流密度为

$$J_x = ep(v_p)_x + (-e)n(-v_n)_x$$

式中

$$(v_p)_x = \mu_p E_x, \quad (-v_n)_x = -\mu_n E_x$$

313

设两种载流子的横向平均速率分别为$(v_p)_y$和$(v_n)_y$,则横向电流密度为
$$J_y = ep(-v_p)_y + (-e)n(-v_n)_y$$
这时,空穴在横向受到的作用力大小为
$$F_{py} = e[E_y - (v_p)_x B_z]$$
电子在横向受到的作用力大小为
$$F_{ny} = (-e)[E_y - (-v_n)_x B_z]$$
这两种载流子的横向平均速度为
$$(-v_p)_y = \mu_p[E_y - (v_p)_x B_z]$$
$$(-v_n)_y = (-\mu_n)[E_y + (v_n)_x B_z]$$
稳定时$J_y = 0$,联立以上各式,可得
$$E_y = \frac{p\mu_p^2 - n\mu_n^2}{(p\mu_p + n\mu_n)} E_x B_z$$
根据霍尔系数的定义,结合电流微观表达式$J_x = pev_p - n(-e)v_n = eE_x(n\mu_n + p\mu_p)$,可得
$$R_H = \frac{1}{e} \frac{p\mu_p^2 - n\mu_n^2}{(p\mu_p + n\mu_n)^2}$$

点拨 本题向我们展示了更接近实际的霍尔元件的工作情况——每一种半导体材料中都同时存在电子导电和空穴导电,以哪种粒子导电为主,这种粒子就被称为多子,另一种被称为少子,而相应的半导体材料也根据多子的性质而进行划分。

习题实战演练

基 础 练 习

1. 如图 3.5.14 所示,有 a、b、c、d 四种带电离子,它们带等量同种电荷,以不等的速率平行于极板且垂直于场的方向射入速度选择器,其中有两种离子分别打在选择器极板上的 A_1 和 A_2 两点,有两种离子从选择器中射出,垂直进入磁感应强度为 B_2 的匀强磁场,分别运动到 D_1 和 D_2 两点。已知质量 $m_a = m_b < m_c = m_d$,速率 $v_a < v_b = v_c < v_d$,不计它们的重力,由此可以判断 ( )

A. 运动到 A_1 的是 a 离子 B. 运动到 A_1 的是 d 离子
C. 运动到 D_1 的是 c 离子 D. 运动到 D_1 的是 d 离子

2. 霍尔式位移传感器的测量原理如图 3.5.15 所示,有一个沿 z 轴方向的磁场,磁感应强度 $B = B_0 + kz$(B_0、k 均为常数)。将传感器固定在物体上,保持通过霍尔元件的电流 I 不变(方向如图所示),当物体沿 z 轴方向移动时,由于位置不同,霍尔元件在 y 轴方向的上下表面的电势差 U 也不同。下列说法中正确的是 ( )

A. 磁感应强度 B 越大,上下表面的电势差 U 越大

B. k 越大,传感器灵敏度 $\left(\dfrac{\Delta U}{\Delta z}\right)$ 越高

C. 若霍尔元件的导电类型是电子导电,则下板电势高

D. 电流 I 取值越大,上下表面的电势差 U 越小

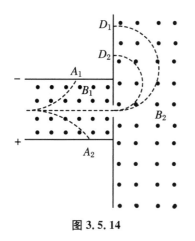

图 3.5.14

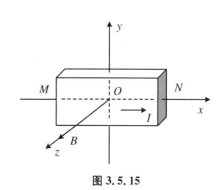

图 3.5.15

3. (2013 年清华夏令营)回旋加速器是给带电粒子加速的装置,其核心部分是分别与高频电源的两极相连的两个 D 形金属盒,两盒间的狭缝中有周期性变化的电场,使粒子每次通过狭缝时都能得到加速,两个 D 形金属盒处于垂直于盒底的匀强磁场中,如图 3.5.16 所示,则下列说法中正确的是 ( )

A. 只增大狭缝间的加速电压,可增大带电粒子射出时的动能

B. 只增大狭缝间的加速电压,可增大带电粒子在回旋加速器中运动的时间

C. 只增大磁场的磁感应强度,可增大带电粒子射出时的动能

D. 用同一回旋加速器可以同时给质子和氦核加速

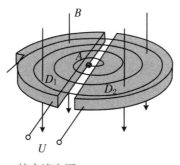

图 3.5.16

4. 图 3.5.17 为某种质谱仪的工作原理示意图。此质谱仪由以下几部分构成:粒子源 N;P、Q 间电压恒为 U 的加速电场;静电分析器,即中心线半径为 R 的 1/4 圆形通道,通道内有均匀辐射电场,方向沿径向指向圆心 O,且与圆心 O 等距的各点电场强度大小相等;磁感应强度为 B 的有界匀强磁场,方向垂直于纸面向外。当有粒子打到胶片 M 上时,可以通

315

过测量粒子打到 M 上的位置来推算粒子的比荷,从而分析粒子的种类和性质。由粒子源 N 发出的不同种类的带电粒子,经加速电场加速从小孔 S_1 进入静电分析器,其中粒子 a 和 b 恰能沿圆形通道的中心线通过静电分析器,并经小孔 S_2 垂直于磁场边界进入磁场,最终打到胶片上,其轨迹分别如图中的 S_1S_2a 和 S_1S_2b 所示。忽略带电粒子离开粒子源 N 时的初速度,不计粒子所受重力以及粒子间的相互作用。下列说法中正确的是 ( )

A. 粒子 a 可能带负电
B. 若只增大加速电场的电压 U,粒子 a 可能沿曲线 S_1c 运动
C. 粒子 a 经过小孔 S_1 时的速度大于粒子 b 经过小孔 S_1 时的速度
D. 粒子 a 在磁场中运动的时间一定大于粒子 b 在磁场中运动的时间
E. 从小孔 S_2 进入磁场的粒子的动能一定相等
F. 打到胶片 M 上的位置距离 O 点越远的粒子,比荷越小

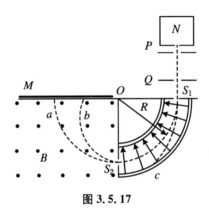

图 3.5.17

5. 回旋加速器是用来给带电粒子加速的装置,图 3.5.18 为回旋加速器的示意图。D_1、D_2 是两个中空的铝制半圆形金属扁盒,在两个 D 形盒正中间开有一条狭缝,两个 D 形盒接在高频交流电源上。在 D_1 盒中心 A 处有粒子源,产生的带正电粒子在两盒之间被电场加速后进入 D_2 盒中。两个 D 形盒处于与盒面垂直的匀强磁场中,在每个 D 形盒中带电粒子在磁场力的作用下做匀速圆周运动,经过半个圆周,再次到达两盒间的狭缝,控制交流电源电压的周期,保证带电粒子经过狭缝时再次被加速。如此,粒子在做圆周运动的过程中一次一次地经过狭缝,一次一次地被加速,速度越来越大,运动半径也越来越大,最后到达 D 形盒的边缘,沿切线方向以最大速度被导出。已知带电粒子的电荷量为 q,质量为 m,加速时狭缝间电压大小恒为 U,磁场的磁感应强度为 B,D 形盒的半径为 R,狭缝之间的距离为 d。设从粒子源产生的带电粒子的初速度为零,不计粒子受到的重力。

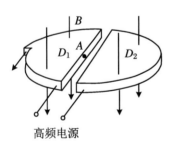

图 3.5.18

(1) 求带电粒子能被加速的最大动能 E_k。
(2) 求带电粒子在 D_2 盒中第 n 个半圆的半径。
(3) 若带电粒子束从回旋加速器输出时形成的等效电流为 I,求从回旋加速器输出的带

电粒子的平均功率 $\bar{P}$。

6. (2012年天津卷)对铀235的进一步研究在核能的开发和利用中具有重要的意义。如图3.5.19所示,质量为 m、电荷量为 q 的铀235离子从容器 A 下方的小孔 S_1 不断飘入加速电场,其初速度可视为零,然后经过小孔 S_2 垂直于磁场方向进入磁感应强度为 B 的匀强磁场中,做半径为 R 的匀速圆周运动,离子行进半个圆周后离开磁场并被收集,离开磁场时离子束的等效电流为 I。不考虑离子重力以及离子间的相互作用。

(1) 求加速电场的电压 U。

(2) 求出在离子被收集的过程中任意时间 t 内收集到离子的质量 M。

(3) 实际上加速电压的大小在 $U\pm\Delta U$ 范围内微小变化。若容器 A 中有电荷量相同的铀235和铀238两种离子,如前述情况,它们经电场加速进入磁场中发生分离,为使这两种离子在磁场中运动的轨迹不发生交叠,$\dfrac{\Delta U}{U}$ 应小于多少?(结果用百分数表示,保留两位有效数字。)

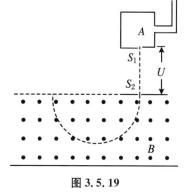

图3.5.19

7. 图3.5.20是导轨式电磁炮实验装置示意图。两根平行长直金属导轨沿水平方向固定,其间安放金属滑块(实验用弹丸)。滑块可沿导轨无摩擦滑行,且始终与导轨保持良好接触。电源提供的强大电流从一根导轨流入,经过滑块,再从另一导轨流回电源。滑块被导轨中的电流形成的磁场推动而发射。在发射过程中,该磁场在滑块所在位置始终可以简化为匀强磁场,方向垂直于纸面,其强度与电流的关系为 $B=kI$,比例常量 $k=2.5\times10^{-6}$ T/A。已知两导轨内侧间距 $l=1.5$ cm,滑块的质量 $m=30$ g,滑块沿导轨滑行5 m后获得的发射速度 $v=3.0$ km/s(此过程视为匀加速运动)。

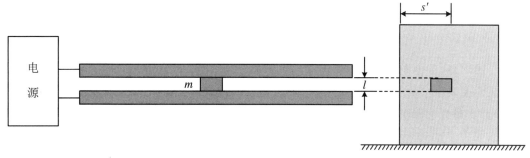

图3.5.20

(1) 求发射过程中电源提供的电流强度。

(2) 若电源输出的能量有4%转换为滑块的动能,则发射过程中电源的输出功率和输出电压各是多大?

(3) 若此滑块射出后随即以速度 v 沿水平方向击中放在水平面上的沙箱,它嵌入沙箱的深度为 s'。设沙箱质量为 M,滑块质量为 m,不计沙箱与水平面之间的摩擦,求滑块对沙箱平均冲击力的表达式。

8. (2021 年天津高考卷) 霍尔元件是一种重要的磁传感器,可用在多种自动控制系统中。长方体半导体材料厚为 a、宽为 b、长为 c,以长方体三边为坐标轴建立坐标系 $Oxyz$,如图 3.5.21 所示。半导体中有电荷量均为 e 的自由电子与空穴两种载流子,空穴可看作是带正电荷的自由移动粒子,单位体积内自由电子和空穴的数目分别为 n 和 p。当半导体材料通有沿 $+x$ 方向的恒定电流后,某时刻在半导体所在空间加一匀强磁场,磁感应强度的大小为 B,沿 $+y$ 方向,于是在 z 方向上很快建立稳定电场,称其为霍尔电场,已知电场强度大小为 E,沿 $-z$ 方向。

(1) 判断刚加磁场瞬间自由电子受到的洛伦兹力方向。

(2) 若自由电子定向移动在沿 $+x$ 方向上形成的电流为 I_n,求单个自由电子由于定向移动在 z 方向上受到的洛伦兹力和霍尔电场力的合力大小 F_{nz}。

(3) 霍尔电场建立后,自由电子与空穴在 z 方向定向移动的速率分别为 v_{nz}、v_{pz},求 Δt 时间内运动到半导体 z 方向的上表面的自由电子数与空穴数,并说明两种载流子在 z 方向上形成的电流应满足的条件。

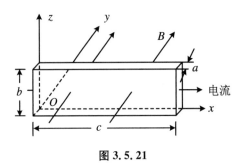

图 3.5.21

提 高 练 习

9. 1932 年,劳伦斯和利文斯设计出了回旋加速器。回旋加速器的工作原理如图 3.5.22 所示,置于高真空中的 D 形金属盒半径为 R,两盒间的狭缝很小,带电粒子穿过的时间可以忽略不计。磁感应强度为 B 的匀强磁场与盒面垂直。从 A 处粒子源产生的粒子,质量为 m、电荷量为 $+q$。加速过程中不考虑相对论效应和重力作用。实际使用中,磁感应强度和加速电场频率都有最大值的限制。若某一加速器磁感应强度和加速电场频率的最大值分别为 B_m、f_m,试讨论粒子能获得的最大动能 E_{km}。

10. 图 3.5.23 是正处于研究阶段的磁流体发电机的简易模型图,其发电通道是一个长方体空腔,长、高、宽分别为 l、a、b,前后两个侧面是绝缘体,上下两个侧面是电阻可忽略的导体电极,这两个电极通过开关与阻值为 R 的某种金属直导体 MN 连成闭合电路,整个发

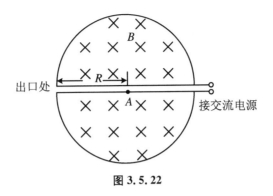

图 3.5.22

电通道处于匀强磁场中,磁感应强度的大小为 B,方向沿 b 向里,垂直于等离子体运动方向。高温等离子体以恒定的速率 v 水平向右喷入发电通道内,发电机的等效内阻为 r,忽略等离子体的重力、相互作用力及其他因素。当开关闭合后,整个闭合电路中就会产生恒定的电流。

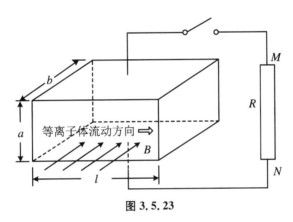

图 3.5.23

(1) 要使等离子体向右速率 v 保持不变地通过发电通道,必须有推动等离子体在发电通道内前进的作用力。如果不计其他损耗,这个作用力的功率 P_T 就应该等于该发电机的总功率 P_D,请你证明这个结论。

(2) 若以该金属直导体 MN 为研究对象,由于电场的作用,金属导体中自由电子定向运动的速率增加,但运动过程中会与导体内不动的粒子碰撞,从而减速,因此自由电子定向运动的平均速率不随时间变化。设该金属导体的横截面积为 S,电阻率为 ρ,电子在金属导体中可认为均匀分布,每个电子的电荷量为 e。求金属导体中每个电子所受平均阻力的大小 f。

11. (2007 年第 24 届全国中学生物理竞赛预赛)如图 3.5.24 所示,M_1M_2 和 M_3M_4 都是由无限多根无限长的外表面绝缘的细直导线紧密排列成的导线排横截面,两导线排相交成 $120°$,OO' 为其角平分线。每根细导线中都通有电流 I,两导线排中电流的方向相反,其中 M_1M_2 中电流的方向垂直于纸面向里。导线排中单位长度上细导线的根数为 λ。图中的矩形 $abcd$ 是用 n 型半导体材料做成的长直半导体片的横截面($ab \ll bc$),长直半导体片与导线排中的细导线平行,并在片中通有均匀电流 I_0,电流方向垂直于纸面向外。已知 ab 边与 OO' 垂直,$bc = l$,该半导体材料内载流子密度为 n,每个载流子所带电荷量的大小为 q。求此半导体片的左右两个侧面之间的电势差。(已知当无限长的细直导线中通有电流 I 时,电流产生的磁场到直导线的距离为 r 处的磁感应强度的大小为 $B = k\dfrac{I}{r}$,式中 k 为已知常量。)

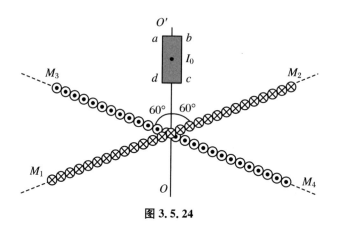

图 3.5.24

《参考答案》

1. BC。

2. AB。

3. C。

4. BF。

5. (1) $E_k = \dfrac{1}{2}mv_m^2 = \dfrac{q^2 B^2 R^2}{2m}$;(2) $r_n = \dfrac{mv_n}{Bq} = \dfrac{1}{B}\sqrt{\dfrac{2(2n-1)mU}{q}}$;(3) $\overline{P} = \dfrac{N \cdot E_k}{t} = \dfrac{qIB^2 R^2}{2m}$。

6. (1) $U = \dfrac{qB^2 R^2}{2m}$;(2) $M = \dfrac{mIt}{q}$;(3) $\dfrac{\Delta U}{U} < 0.63\%$。

提示 设 m' 为铀 238 离子的质量,由于电压在 $U - \Delta U \sim U + \Delta U$ 范围内有微小变化,铀 235 离子在磁场中最大半径为

$$R_{\max} = \dfrac{1}{B}\sqrt{\dfrac{2m(U + \Delta U)}{q}}$$

铀 238 离子在磁场中最小半径为

$$R'_{\min} = \dfrac{1}{B}\sqrt{\dfrac{2m'(U - \Delta U)}{q}}$$

这两种离子在磁场中运动的轨迹不发生交叠的条件为 $R_{max} < R'_{min}$，即

$$\frac{1}{B}\sqrt{\frac{2m(U+\Delta U)}{q}} < \frac{1}{B}\sqrt{\frac{2m'(U-\Delta U)}{q}}$$

得

$$\frac{\Delta U}{U} < \frac{m'-m}{m'+m}$$

其中铀 235 离子的质量 $m = 235$ u(u 为原子质量单位)，铀 238 离子的质量 $m' = 238$ u，故

$$\frac{\Delta U}{U} < \frac{238\text{ u} - 235\text{ u}}{238\text{ u} + 235\text{ u}} = 0.63\%$$

7. (1) $I = \sqrt{\frac{ma}{kl}} = 8.5 \times 10^5$ A；(2) $P = \frac{25mv^3}{4s} = 1 \times 10^9$ W，输出电压 $U = \frac{P}{I} = 1.2 \times 10^3$ V；(3) 平均冲击力 $f = \frac{Mm}{2(M+m)} \cdot \frac{v^2}{s'}$。

8. (1) $+z$ 方向；(2) $F_{nz} = e\left(\frac{I_n B}{neab} + E\right)$；(3) $N_n = nacv_{nz}\Delta t$，$N_p = pacv_{pz}\Delta t$，$N_n = N_p$。

提示 (2) 设 t 时间内流过半导体垂直于 x 轴某一横截面自由电子的电荷量为 q，根据电流定义式，有

$$I_n = \frac{q}{t}$$

设自由电子在 x 方向上定向移动速率为 v_{nx}，可导出自由电子的电流微观表达式为

$$I_n = neabv_{nx}$$

单个自由电子所受洛伦兹力大小为

$$F_{洛} = ev_{nx}B$$

霍尔电场力大小为

$$F_{电} = eE$$

自由电子在 z 方向上受到的洛伦兹力和霍尔电场力方向相同，则其合力大小为

$$F_{nz} = e\left(\frac{I_n B}{neab} + E\right)$$

(3) 设 Δt 时间内在 z 方向上运动到半导体上表面的自由电子数为 N_n、空穴数为 N_p，则

$$N_n = nacv_{nz}\Delta t$$
$$N_p = pacv_{pz}\Delta t$$

霍尔电场建立后，半导体 z 方向的上表面的电荷量就不再发生变化，则

$$N_n = N_p$$

即在任何相等时间内运动到上表面的自由电子数与空穴数相等，这样两种载流子在 z 方向形成的电流应大小相等、方向相反。

9. 当 $f_{B_m} = \frac{qB_m}{2\pi m} \leq f_m$ 时，$E_{km} = \frac{R^2 B_m^2 q^2}{2m}$；当 $f_{B_m} = \frac{qB_m}{2\pi m} > f_m$ 时，$E_{km} = 2\pi^2 mf_m^2 R^2$。

提示 若没有外加条件限制,则最大动能为

$$E_k = \frac{1}{2}mv^2 = \frac{1}{2}m \cdot \frac{R^2 B^2 q^2}{m^2} = \frac{R^2 B^2 q^2}{2m}$$

加速的频率为

$$f = \frac{Bq}{2\pi m}$$

将 B 最大时的频率记为 f_{B_m}。当 $f_{B_m} = \frac{qB_m}{2\pi m} \leq f_m$ 时,$E_{km} = \frac{R^2 B_m^2 q^2}{2m}$;当 $f_{B_m} = \frac{qB_m}{2\pi m} > f_m$ 时,$E_{km} = 2\pi^2 m f_m^2 R^2$。

10. (1) 见提示;(2) $f = \dfrac{Bave\rho}{(R+r)s}$。

提示 (1) 当开关闭合时,由欧姆定律可得

$$I = \frac{E}{R+r}$$

该电流在发电通道内受到的安培力大小为 $F_A = BIa$。

要使等离子体做匀速直线运动,所需的推力为 $F_T = F_A$。推力的功率为 $P_T = F_T v$。由以上各式可得

$$P_T = \frac{B^2 a^2 v^2}{R+r}$$

闭合电路中发电机的总功率为 $P_D = IE$,可得

$$P_D = \frac{B^2 a^2 v^2}{R+r}$$

由此可见 $P_T = P_D$。

(2) 设金属导体 R 内电子运动的平均速率为 v_1,单位体积内的电子数为 n,t 时间内有 N 个电子通过电阻的横截面,则 $N = v_1 tsn$。t 时间内通过横截面的电荷量为 $Q = Ne$,电流为 $I = \dfrac{Q}{t}$,可得

$$v_1 = \frac{Bav}{(R+r)nes}$$

设金属导体中的总电子数为 N_1,长度为 d,由于电子在金属导体内可视为做匀速直线运动,所以电场力的功率(电功率)应该等于所有电子克服阻力 f 做功的功率,即

$$I^2 R = N_1 f v_1, \quad N_1 = dsn$$

结合电阻定律 $R = \rho \dfrac{d}{S}$,由以上各式可得

$$f = \frac{Bave\rho}{(R+r)s}$$

11. $U = k\dfrac{\pi \lambda II_0}{nql}$。

提示 考察导线排 $M_1 M_2$ 中的电流产生的磁场,取 x 轴与导线排 $M_1 M_2$ 重合,y 轴与导线排 $M_1 M_2$ 垂直,如图 3.5.25 所示。位于 x 和 $x + \Delta x$(Δx 为小量)之间的细导线可以看

作是一根通有电流 $I\lambda\Delta x$ 的长直导线,它在 y 轴上 P 点产生的磁感应强度的大小为

$$\Delta B = k\frac{I\lambda\Delta x}{r}$$

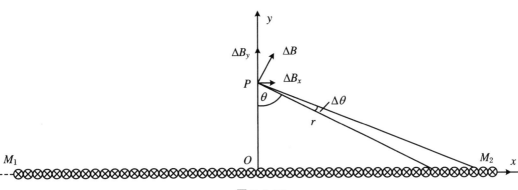

图 3.5.25

r 为 P 点到此直长导线的距离,ΔB 的方向与 r 垂直,与电流构成右手螺旋形式。将 ΔB 分解成沿 x 方向和 y 方向的两个分量 ΔB_x 和 ΔB_y,则

$$\Delta B_x = k\frac{I\lambda\Delta x}{r}\cos\theta, \quad \Delta B_y = k\frac{I\lambda\Delta x}{r}\sin\theta$$

根据对称性,位于 $-x$ 到 $-(x+\Delta x)$ 之间的细导线中电流产生的磁感应强度在 y 方向的分量与 ΔB_y 大小相等、方向相反。可见整个导线排中所有电流产生的磁场在 y 方向的合磁场为零。由图 3.5.25 可知

$$\frac{\Delta x\cos\theta}{r} = \Delta\theta$$

所以

$$\Delta B_x = kI\lambda\Delta\theta$$

导线排上所有电流产生的磁感应强度为

$$B = \sum\Delta B_x = \sum kI\lambda\Delta\theta$$

由 $\sum\Delta\theta = \pi$ 得 $B = k\pi\lambda I$,即每个导线排中所有电流产生的磁场是匀强磁场,磁场的方向分别与 M_1M_2 和 M_3M_4 导线排平行。如图 3.5.26 所示,两导线排中电流产生的磁感应强度 $B(M_1M_2)$ 与 $B(M_3M_4)$ 成 $120°$,它们的合磁场的磁感应强度的大小

$$B_0 = 2B\cos 60° = k\pi\lambda I$$

方向与 OO' 平行,由 O 指向 O'。

当半导体片中通有均匀电流 I_0 时,半导体片中的载流子做定向运动,n 型半导体的载流子带负电荷,故其速度 v 的方向与 I_0 的方向相反,垂直于纸面向里,且有 $I_0 = nqSv$,式中 S 为半导体片横截面的面积 $S = ab\cdot l$。载流子做定向运动时要受到磁场洛伦兹力 f_B 的作用,其大小为 $f_B = qvB_0$。对于带负电荷的载流子,此力的方向指向左侧,于是负电荷积聚在左侧面上,所以左侧面带负电,右侧面带正电,两侧面间出现电势差 $U = U_右 - U_左$。带负电荷的载流子受到的静电力 f_E 由左侧面指向右侧面,达到稳定时,f_E 与 f_B 平衡,即

$$f_E = \frac{U}{ab}q = f_B$$

由此可得

$$U = k\frac{\pi\lambda II_0}{nql}$$

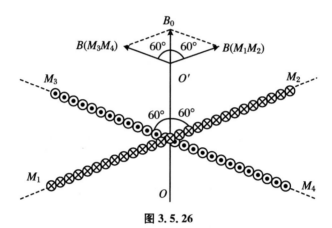

图 3.5.26

第4章 电磁感应

1820年奥斯特发现电流的磁效应以后,人们很自然地思考,既然电流能够产生磁场,反过来,磁场是不是也能产生电流呢?不少物理学家都开始探索怎样用磁体使导线中产生电流,但是在相当长的时间里并没有得到预期的结果。英国物理学家法拉第经过10年坚持不懈的努力,终于取得重大突破,在1831年发现了电磁感应现象——由磁场产生电流的现象。

电磁感应现象是电磁学的重大发现之一,进一步揭示了电与磁之间的密切联系,为麦克斯韦建立完整的电磁理论奠定了基础。根据电磁感应现象,人们后来发明了发电机、变压器等电气设备,使电能在生产和生活中得到广泛应用,开辟了电气化时代。

本章将首先讲解电磁感应现象的基本规律,按照动生和感生两种情况研究感应电流的形成机制以及与之相关的典型模型;然后将电磁感应与电路问题综合,讨论一些典型的电磁感应与电路相关的问题;之后再介绍电工技术中经常用到的自感、互感现象的规律;最后举例讲解与电磁感应相关的几个重要实际应用。其中每一节都在高考要求的基础上有所拓展,尤其是4.3节和4.4节拓展的内容较多,难度也较大。

4.1 动生电动势

课外知识延伸

1. 感应电流大小和方向的判断
（1）楞次定律

闭合回路中感应电流所激发的磁场总是阻碍引起感应电流的磁通量的变化,这就是楞次定律。理解楞次定律时,要注意体会如下两点:① 楞次定律还可以表述为,感应电流的效果总是反抗引起感应电流的原因;② 楞次定律本质上是能量守恒定律在电磁感应现象中的具体体现。

（2）法拉第电磁感应定律

实验表明,闭合回路中的感应电动势 E 与穿过回路的磁通量变化率 $\frac{\Delta \Phi}{\Delta t}$ 成正比,即

$$E = N \frac{\Delta \Phi}{\Delta t}$$

磁通量变化率 $\frac{\Delta \Phi}{\Delta t}$ 可以取平均值,也可以取瞬时值,对应的感应电动势分别为平均值和瞬时值。

感应电动势比感应电流更能反映电磁感应现象的本质。因为感应电流的大小随线圈的电阻而变,而感应电动势仅与磁通量的变化有关,与线圈电阻无关,特别是当线圈不闭合时,只要有磁通量变化,线圈内就有感应电动势,而此时线圈内却没有感应电流,这时我们还是认为发生了电磁感应现象。

(3) 感应电动势 E 和磁通量 Φ 的方向关系

电动势和磁通量都是标量,它们的正负都是相对于某一标定方向而言的。确定电动势的正负时,要先标定回路的绕行方向,与此绕行方向相同的电动势为正,否则为负。

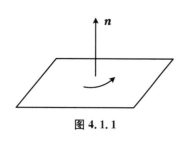

图 4.1.1

穿过回路的磁通量为 $\Phi = \boldsymbol{B} \cdot \boldsymbol{S}$,用 $\boldsymbol{n}$ 表示以此回路为边界面的法线方向,若 $\boldsymbol{B}$ 与 $\boldsymbol{n}$ 的夹角为锐角,则 Φ 为正;若夹角为钝角,则 Φ 为负。

需要注意的是,回路绕行方向与 $\boldsymbol{n}$ 方向并不是各自独立地任意选定的,二者必须满足右手螺旋定则。如图 4.1.1 所示,规定 $\boldsymbol{n}$ 的方向与回路绕行方向满足右手螺旋定则:大拇指沿法线方向,弯曲的四指代表回路的绕行方向。

结合上述规定,法拉第电磁感应定律和楞次定律可以统一为表达式 $E = -N \frac{\Delta \Phi}{\Delta t}$。

2. 动生电动势和感生电动势

在电磁感应现象中,由于引起磁通量变化的原因不同,感应电动势产生的机理也不同,可分为两种:一种是磁场不变,导体运动引起磁通量变化而产生感应电动势,这种电动势称为动生电动势;另一种是导体不动,磁场变化引起磁通量变化而产生感应电动势,这种电动势称为感生电动势。因此,法拉第电磁感应定律也可以写为

$$E = N \frac{\Delta \Phi}{\Delta t} = NB \frac{\Delta S}{\Delta t} + NS \frac{\Delta B}{\Delta t}$$

感应电动势可以写为两项之和,前一项为动生电动势,后一项为感生电动势。

3. 动生电动势的微观本质

当 B、L、v 三者相互垂直时,导体棒在磁场中切割磁感线,常见的形式有两种:一种是导体棒平动切割,导体棒上各点的速度相同,根据法拉第电磁感应定律,动生电动势大小为 $E = BLv$;另一种是导体棒转动切割,如图 4.1.2 所示,导体棒绕 O 点在纸面内旋转,转轴与 B 平行,棒长 L 与 B 垂直,根据法拉第电磁感应定律,动生电动势大小为 $E = \frac{1}{2} BL^2 \omega$。

当导体棒做切割磁感线运动时,不管是哪种切割方式,也不管 B、L、v 三者是否相互垂直,导体中的自由电荷在沿棒方向的洛伦兹力(非静电力)作用下,将产生定向移动,导体两端产生动生电动势,这就是动生电动势的微观本质。据此,我们可以得到动生电动势的另一种计算

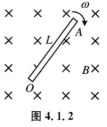

图 4.1.2

表达式为

$$E = \left|\frac{W_{\text{非}}}{q}\right| = \left|\frac{\int_a^b (q\boldsymbol{v} \times \boldsymbol{B}) \cdot \mathrm{d}\boldsymbol{l}}{q}\right| = \int_a^b (\boldsymbol{v} \times \boldsymbol{B}) \cdot \mathrm{d}\boldsymbol{l}$$

其中积分的上下限 a 和 b 分别是导体的两个端点。

核心问题讨论

1. 如何理解动生电动势产生的微观机制?

导体在磁场中切割磁感线,导体中自由电荷所受的沿棒方向的洛伦兹力充当非静电力,非静电力搬运自由电荷做功,产生动生电动势。

以金属导体棒切割磁感线为例,如图 4.1.3 所示。导体棒以速度 v 向右运动,棒中的自由电子随之向右运动($v_1 = v$),根据左手定则,电子将受到沿棒向下的洛伦兹力 $f_1 = evB$ 而向下运动。在电子由导体棒上端(电源正极)向下端(电源负极)定向移动的过程中,f_1(非静电力)对单个电子做功 $W_1 = evBL$。

根据电动势的定义,动生电动势为

$$E = \frac{W_1}{e} = \frac{evBL}{e} = BLv$$

同学们可能会提出这样的质疑:学习"磁场"一章后我们知道洛伦兹力不做功,而上述解释提到,沿棒向下的洛伦兹力 f_1 对定向移动的电子做正功。这两种说法是否矛盾呢?

我们进行如下分析:如图 4.1.3 所示,导体棒中的自由电子随棒向右运动的分速度为 $v_1 = v$,与之对应的沿棒向下的洛伦兹力的分力 $f_1 = Bqv_1$;设电子沿棒向下运动的分速度为 v_2,则与之对应的洛伦兹力的另一个分力 f_2 向左,$f_2 = Bqv_2$。f_1 对电子做正功,功率 $P_1 = f_1 v_2$;f_2 对电子做负功,功率 $P_2 = -f_2 v_1$。

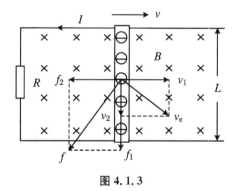

图 4.1.3

至此不难发现 $P_1 + P_2 = 0$,即:洛伦兹力的一个分力做正功,一个分力做负功,两个分力的总功率为零。因此,两种说法不矛盾。

例题 1 如图 4.1.4 所示,金属导线框 $abcd$ 固定在绝缘水平面上,ab、cd 两边平行,线框的宽度为 L。垂直于线框平面的匀强磁场的磁感应强度为 B。长度也为 L 的导体棒 MN

327

搭在线框上,与线框接触良好,MN 保持与 ab、cd 两边垂直,在水平拉力作用下 MN 以速度 v 向右匀速运动。

(1) 应用法拉第电磁感应定律,推导 MN 中产生的动生电动势 E 的大小。

(2) 应用电动势的定义,推导 MN 中产生的动生电动势 E 的大小。

(3) 应用拉力做功和系统产生的电能关系,推导 MN 中产生的动生电动势 E 的大小。

(4) 应用开路稳定时导体中的电子受力平衡,推导 MN 中产生的动生电动势 E 的大小。

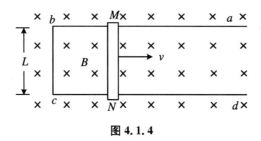

图 4.1.4

分析 导体棒平动切割磁感线,这是电磁感应问题的典型模型。研究动生电动势的大小,可以根据法拉第电磁感应定律推导;可以从微观角度根据电动势的定义式 $E = W_\text{非}/q$ 分析;可以分析导体棒(宏观角度)的运动情况,从功能关系的角度求解;还可以分析自由电荷(微观角度)定向运动的情况,从力和运动的角度求解。

解 (1) 如图 4.1.5 所示,导体棒匀速向右运动,时间 Δt 内闭合回路的磁通量变化为
$$\Delta \Phi = BLv\Delta t$$

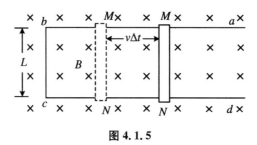

图 4.1.5

因此,感应电动势
$$E = \frac{\Delta \Phi}{\Delta t} = \frac{BLv\Delta t}{\Delta t} = BLv$$

(2) 如图 4.1.6 所示,导体棒中的自由电子随导体棒向右运动的速度为 v,沿导体棒方向的洛伦兹力分力为
$$f = evB$$
这个分力就是产生动生电动势的非静电力。

按照电动势的定义,非静电力将单位负电荷从负极移送到正极所做的功等于电动势,因此感应电动势
$$E = \frac{W_\text{非}}{q} = \frac{BevL}{e} = BLv$$

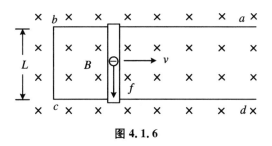

图 4.1.6

(3) 如图 4.1.7 所示,电流大小为 I,导体棒所受安培力 F_A 和水平拉力 F 相等,则

$$F = F_A = BIL$$

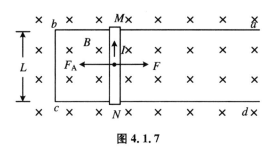

图 4.1.7

在时间 Δt 内,拉力对系统做的功为

$$W_F = Fv\Delta t = BILv\Delta t$$

系统产生的电能为

$$E_电 = EI\Delta t$$

导体棒匀速运动,根据功能关系 $E_电 = W_F$,得

$$E = BLv$$

(4) 如图 4.1.8 所示,设外电路断开,导体棒中的自由电子受洛伦兹力分力 $f = evB$ 而向下移动,导体棒下端聚集负电荷、上端聚集正电荷,设导体棒两端形成的电压为 U,则自由电子还将受到电场力作用,大小为

$$F_电 = \frac{U}{L}e$$

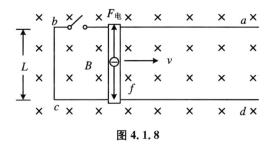

图 4.1.8

当电场力与洛伦兹力平衡时,有

$$\frac{U}{L}e = Bev$$

解得

$$U = BLv$$

外电路断开时,路端电压等于电动势,因此得电动势 $E = BLv$。

点拨 本题研究导体棒平动切割磁感线所产生的动生电动势。模型看似简单,用法拉第电磁感应定律即可解决。但若从电动势的定义、宏观与微观的联系等角度重新审视,此问题能将力和运动、功能关系、恒定电流、磁场、电磁感应等知识紧密联系起来,使我们从微观的角度对动生电动势的产生机制有更深刻的认识。

例题 2 如图 4.1.9 所示,磁感应强度为 B 的匀强磁场垂直于纸面向里,纸面内放置一根长 L 的金属棒 OA,棒以 O 端为轴在纸面内以角速度 ω 沿顺时针方向匀速转动。已知元电荷为 e。

(1) 应用法拉第电磁感应定律,推导感应电动势 E 的大小。
(2) 应用电动势的定义,推导感应电动势 E 的大小。

分析 导体棒在匀强磁场中转动,导体棒切割磁感线产生感应电动势,其大小可以根据法拉第电磁感应定律推导,也可以根据电动势的定义式 $E = W_{非}/q$ 从感应电动势产生机制的角度分析。

解 (1) 导体棒绕 O 点匀速转动,在时间 Δt 内扫过的扇形的面积为

$$\Delta S = \frac{1}{2}\Delta\theta \cdot L \cdot L = \frac{1}{2}L^2\omega\Delta t$$

根据法拉第电磁感应定律,$N = 1$,动生电动势大小为

$$E = \frac{\Delta\Phi}{\Delta t} = \frac{B\Delta S}{\Delta t} = \frac{1}{2}BL^2\omega$$

(2) 如图 4.1.10 所示,导体棒中的自由电子随棒转动,具有与棒垂直方向的分速度,与之对应的洛伦兹力的分力 f 沿棒指向 O 点,此力充当非静电力,搬运自由电子做功,产生动生电动势(A 端电势高)。

图 4.1.9　　　　图 4.1.10

与 O 端相距 x 的位置,自由电子随棒转动的线速度大小为 $v = \omega x$,对应的洛伦兹力分力大小为

$$f = evB = e\omega Bx$$

作出 f-x 图像,如图 4.1.11 所示,图线与 x 轴所围面积表示洛伦兹力将自由电子从 A

移动到 O 所做的功,则

$$W_{非} = \frac{1}{2}e\omega BL^2$$

根据电动势的定义 $E = \dfrac{W_{非}}{e}$,得

$$E = \frac{1}{2}BL^2\omega$$

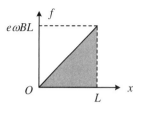

图 4.1.11

点拨 (1) 感应电动势 E 的大小还可以结合平均思想理解。导体棒转动切割磁感线,平均速度等于中点处的瞬时速度,即 $v = \omega L/2$,代入 $E = BLv$,可得 $E = \dfrac{1}{2}BL^2\omega$。

(2) 第二种解法展现了动生电动势产生的微观机制。计算非静电力做功时,巧妙地利用图形面积解决了变力做功的求和问题,体现了数形结合思想在物理中的应用。当然,同学也可以采用积分的方法计算非静电力的功,即 $W_{非} = \displaystyle\int_0^L Be\omega x\,\mathrm{d}x = \dfrac{1}{2}Be\omega L^2$。

2. 如何处理动生电动势中的"杆"模型?

金属棒在磁场中运动时,切割磁感线的金属棒既是电路的电源又是安培力的受力体。金属棒的速度变化会影响回路中的电流大小,从而决定安培力的大小,而安培力的大小又影响杆的加速度,加速度的变化制约着金属棒的速度变化……周而复始,这是相互关联、相互影响的暂态过程,其运动性质可以概括为变加速问题。巧妙地运用微元法处理这类问题,可以回避烦琐的积分运算,化繁为简。

例题 3 (2012 年华约卷改编) 如图 4.1.12 所示,平行长直金属导轨水平放置,导轨间距为 L,一端接有阻值为 R 的电阻;整个导轨处于竖直向下的匀强磁场中,磁感应强度大小为 B;一根质量为 m 的金属杆置于导轨上,与导轨接触良好。已知金属杆在导轨上开始运动的初速度大小为 v_0,方向平行于导轨。忽略金属杆与导轨的电阻,不计一切摩擦。

图 4.1.12

(1) 求导体棒停止运动时滑行的距离。

(2) 求金属杆运动到总路程的 λ($0 < \lambda < 1$)倍时安培力的瞬时功率 P。

(3) 若定义"另类加速度 A"为速度对空间的变化率,求 A 的表达式,并根据 A 的表达式说出金属杆的运动特点。

分析 本题是单棒运动的一般模型:导体棒在安培力作用下做减速运动,加速度逐渐减小。导体棒做变加速运动,描述其运动规律无现成的公式可用,可以将整个运动过程分割成无数个微元,$\Delta t \to 0$,每个时间元内的运动可以看成匀速运动。

解 (1) 导体棒的速度为 v 时,感应电流大小为

$$i = \frac{BLv}{R}$$

设向右为正方向,则加速度为

$$a = -\frac{BiL}{m} = -\frac{B^2L^2v}{mR} = \frac{\Delta v}{\Delta t}$$

微元时间 Δt 内导体棒的位移为

$$\Delta x = v \cdot \Delta t = -\frac{mR\Delta v}{B^2L^2}$$

减速过程中导体棒滑行的距离为

$$x = \sum \Delta x = -\frac{mR}{B^2L^2}\sum \Delta v = \frac{mRv_0}{B^2L^2}$$

(2) 设金属杆运动到总路程的 λ 倍时的速度大小为 v，由上问的求解过程可知

$$\lambda x = \sum \Delta x = -\frac{mR}{B^2L^2}\sum \Delta v = -\frac{mR(v-v_0)}{B^2L^2}$$

结合上问的结果，可得

$$v = v_0(1-\lambda)$$

此时，金属杆受到的安培力为

$$F = -BIL = -\frac{B^2L^2v}{R}$$

考虑到安培力的瞬时功率 $P = Fv$，由以上各式可得

$$P = -\frac{(1-\lambda)^2B^2L^2v_0^2}{R}$$

(3) "另类加速度 A" 为速度对空间的变化率，则

$$A = \frac{\Delta v}{\Delta x} = \frac{\Delta v}{\Delta t} \cdot \frac{\Delta t}{\Delta x} = \frac{a}{v} = -\frac{B^2L^2}{mR}$$

可见"另类加速度 A"为一个定值，速度对空间的变化率恒定，物体速度随位移的增加均匀减小。

点拨 (1) 用微元法解题，不仅整合了物理知识和数学微积分的基本思想（微元、求和），在解题过程中也需要融汇其他思维方法，如隔离法、理想模型法、等效法、对称法等。

(2) 本题也可以用下面的方法研究导体棒的运动过程，分析其速度、位移。导体棒运动的任意时刻满足

$$-\frac{B^2L^2v}{R} = ma = m\frac{dv}{dt}$$

分离变量得

$$\frac{1}{v}dv = -\frac{B^2L^2}{mR}dt$$

两边同时积分，得

$$\ln v = -\frac{B^2L^2}{mR}t + \ln C$$

得

$$v = Ce^{-\frac{B^2L^2}{mR}t}$$

结合初始条件 $t=0, v=v_0$ 得 $C=v_0$，则金属棒在任意时刻的速度

$$v = v_0 e^{-\frac{B^2L^2}{mR}t}$$

当 $t \to \infty$ 时，$v \to 0$。所以金属棒减速运动的位移大小为

$$x = \int_0^\infty v\,\mathrm{d}t = \int_0^\infty v_0 e^{-\frac{B^2L^2}{mR}t}\,\mathrm{d}t = \frac{mRv_0}{B^2L^2}$$

例题 4 如图 4.1.13 所示，"×"形光滑金属导轨 abcd 固定在绝缘水平面上，ab 和 cd 足够长，$\angle aOc = 60°$。虚线 MN 与 $\angle bOd$ 的平分线垂直，O 点到 MN 的距离为 L。MN 左侧是磁感应强度大小为 B、方向竖直向下的匀强磁场。一轻弹簧右端固定，其轴线与 $\angle bOd$ 的平分线重合，自然伸长时左端恰在 O 点。一质量为 m 的导体棒 ef 平行于 MN 置于导轨上，导体棒与导轨接触良好。某时刻使导体棒从 MN 的右侧 L/4 处由静止开始释放，导体在被压缩弹簧的作用下向左运动，当导体棒运动到 O 点时弹簧与导体棒分离。导体棒由 MN 运动到 O 点的过程中做匀速直线运动。导体棒始终与 MN 平行。已知导体棒与弹簧彼此绝缘，导体棒和导轨单位长度的电阻均为 r_0。

(1) 证明：导体棒在磁场中做匀速直线运动的过程中感应电流的大小保持不变。
(2) 求弹簧的劲度系数 k 和导体棒在磁场中做匀速直线运动时的速度大小。
(3) 求导体棒最终静止时的位置与 O 点的距离。

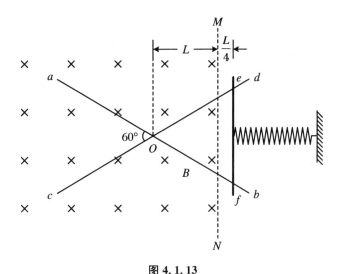

图 4.1.13

分析 本题的难点在最后一问，当导体棒过 O 点后与弹簧脱离，在停止运动前做减速运动，可推知导体棒受到的合外力（安培力）大小为 $F = \dfrac{B^2 lv}{3r_0}$，可见合外力与速度 v 成正比。如果两边同时乘一段很短的时间 Δt，然后再求和，等式的左边将等于动量的变化量，等式的右边也有确切的含义，从而解出结果。

解 (1) 设导体棒在磁场中做匀速直线运动时的速度为 v_0，某时刻导体棒在回路中的长度为 l，则此时感应电动势为

$$E = Blv_0$$

此时回路的电阻为 $R = 3lr_0$,回路中的感应电流为
$$I = \frac{E}{R} = \frac{Bv_0}{3r_0}$$
因为 B、v_0 和 r_0 均为不变量,所以感应电流 I 为不变量。

(2)释放导体棒后,在未进入磁场的过程中,导体棒和弹簧组成的系统机械能守恒,则有
$$\frac{1}{2}k\left(\frac{5L}{4}\right)^2 - \frac{1}{2}kL^2 = \frac{1}{2}mv_0^2$$

导体棒在磁场中做匀速直线运动的过程中,设某时刻导体棒到 O 点的距离为 x,根据牛顿第二定律有
$$2BIx\tan 30° - kx = 0$$
考虑到第1问中的结果,解得
$$k = \frac{B^4 L^2}{12mr_0^2}, \quad v_0 = \frac{\sqrt{3}B^2 L^2}{8mr_0}$$

(3)导体棒过 O 点后在停止运动前受到的合外力为
$$F = BIl = \frac{B^2 lv}{3r_0}$$

取一段很短的时间 Δt,导体棒在回路中的长度为 l、速度为 v,l 和 v 可认为不变。设在这段时间内导体棒速度的变化量大小为 Δv,回路所围面积的变化量为 ΔS。将上式左右两边同时乘 Δt,可得
$$F\Delta t = \frac{B^2 lv}{3r_0}\Delta t$$
则导体棒从 O 点开始运动到静止的过程可表示为
$$\sum F\Delta t = \sum \frac{B^2 lv}{3r_0}\Delta t$$
所以
$$m\sum \Delta v = \frac{B^2}{3r_0}\sum \Delta S$$
设导体棒最终静止的位置到 O 点的距离为 x_0,则
$$mv_0 = \frac{B^2}{3r_0}x_0^2 \tan 30°$$
根据第2问的结果,可解得
$$x_0 = \frac{3\sqrt{2}L}{4}$$

点拨 对于一些较为复杂的问题,如变力做功、变速运动求位移、弯曲程度不断变化的曲线运动求时间……在没有现成公式可以选用的情况下,微元法是很好的变通方法。微元法的关键是"微"。用微元法解决复杂问题时,可以把全过程分成很多短暂的小过程——微元,从而实现"以恒代变""以直代曲",进一步通过对这些小过程的研究,推出适合整个过程或整体的结论。本题最后一问就是把导体棒跨过 O 点的运动分成了许多短暂的小过程,从

而实现"以恒代变",即 $lv\Delta t = \Delta S$。

例题 5 如图 4.1.14 所示,水平光滑导轨电阻不计,左右两部分都足够长,宽度比为 2∶1。两根同样粗细的铜棒 a、b 垂直于导轨放置,棒的长度与所在位置导轨宽度相同,b 的质量为 m,电阻为 r,整个装置放置在磁感应强度为 B 的匀强磁场中,磁场方向垂直于导轨平面向上。原来 a、b 均静止。某时刻给 a 一个瞬时冲量,使其具有向右的初速度 v_0,经过一段时间 a、b 都做匀速运动(a、b 始终分别处于左右两部分导轨上)。

(1) 稳定后铜棒 a、b 的速度大小分别是多少?

(2) 此过程中铜棒 a、b 上产生的热量分别是多少?

分析 本题是典型的双棒切割问题。解决这类题的关键是:抓住物理量变化中的因果关系,动态分析变化过程,并确定最终的稳定状态。在分析电路时,要把切割磁感线的双棒等效为双电源,求感应电流时要注意判断两电源是顺向串联还是反向连接。

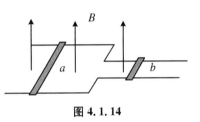

图 4.1.14

解 (1) 铜棒 a 的长度记为 $2L$,铜棒 b 长为 L,则回路电流为

$$i = \frac{2BLv_1 - BLv_2}{3r}$$

分析铜棒 a,则有

$$-2BiL = 2ma_1$$

得加速度

$$a_1 = -\frac{BiL}{m}$$

同理,得铜棒 b 的加速度

$$a_2 = \frac{BiL}{m}$$

当 $i = 0$ 时,两棒的加速度为零,达到稳定状态,此时有

$$2v_1 = v_2 \qquad \text{①}$$

对导体棒 a 应用动量定理,得

$$-\sum Bi \cdot 2L\Delta t = 2mv_1 - 2mv_0$$

对导体棒 b 应用动量定理,得

$$\sum BiL\Delta t = mv_2$$

联立以上两式,可得

$$0 = mv_1 - mv_0 + mv_2 \qquad \text{②}$$

由①②两式可得

$$v_1 = \frac{v_0}{3}, \quad v_2 = \frac{2v_0}{3}$$

(2) 设铜棒 a 和 b 上产生的热量分别为 Q_a 和 Q_b,根据能量守恒,铜棒 a、b 损失的动能都转化成回路的热量,即

$$\frac{1}{2} \times 2mv_0^2 - \left(\frac{1}{2} \times 2mv_1^2 + \frac{1}{2}mv_2^2\right) = Q_a + Q_b$$

由于整个回路只有 a 和 b 有电阻,且电阻之比为 $2:1$,故

$$Q_a = 2Q_b$$

联立以上两式,解得

$$Q_a = \frac{4}{9}mv_0^2, \quad Q_b = \frac{2}{9}mv_0^2$$

点拨 本题中铜棒 a、b 的有效长度(导轨的宽度)不相等,两棒所受的安培力反向但不等大,所以动量不守恒,则只能用动量定理分析。若两棒的有效长度相等,两棒所受的合外力为零,所以动量守恒,稳定后两棒共速,则可类比力学中的完全非弹性碰撞模型。

3. 如何处理动生电动势中的"导线框"模型?

导线框穿过磁场时,组成导线框的边切割磁感线,产生动生电动势。由于导线框自身就是一个闭合回路,导线框在进入和离开磁场时,将产生感应电流,但是当导线框在匀强磁场中平动切割磁感线时,回路中并不产生感应电流,因此导线框也不受安培力,这是导线框模型和杆模型的重要区别。

例题 6 如图 4.1.15 所示,相距 d 的两水平虚线 p_1、p_2 表示方向垂直于纸面向里的匀强磁场的上下边界,磁场的磁感应强度为 B。正方形导线框 $abcd$ 的边长为 $L(L<d)$、质量为 m、电阻为 R,导线框处在磁场正上方,ab 边与虚线 p_1 相距 h。导线框由静止释放,下落过程中导线框平面始终在竖直平面内,导线框的 ab 边刚进入磁场时的速度和 ab 边刚离开磁场时的速度相同。已知重力加速度大小为 g,考虑线框从进入到全部穿过磁场的整个过程,求:

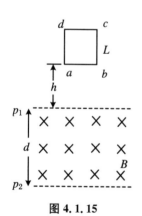

图 4.1.15

(1) 导线框克服安培力所做的功;

(2) 导线框的最小速度;

(3) 导线框进入磁场过程中的速度大小 v 随时间 t 的变化关系 $v(t)$。

分析 本题涉及多个过程:① 仅 ab 边切割磁感线;② ab 边与 cd 边均切割磁感线;③ 仅 cd 边切割磁感线。注意到条件中 ab 边进入磁场与刚离开磁场时的速度相同,①③两个过程中导线框受力情况相同,可见这两个过程中安培力做功相等,再根据动能定理求过程①中安培力的功。由于 $L<d$,当导线框完全进入磁场后,导线框在磁场中做加速运动,加速之后才出现 ab 边刚离开磁场时的速度和 ab 边刚进入磁场时的速度相同,可见导线框进入磁场时一定经历了一段减速的过程,有可能减速到匀速,也有可能没有减速到匀速,不管哪种情况,cd 边刚进入磁场时导线框的速度一定有最小值。

解 (1) ab 边刚进入磁场到 ab 边刚离开磁场的过程中,由动能定理有

$$mgd - W_{安} = 0$$

故导线框全部穿过磁场的整个过程中克服安培力所做的功为
$$W_{总安} = 2mgd$$

(2) cd 边刚进入磁场时导线框的速度一定有最小值,设为 $v_{\min}$。对导线框由静止释放到刚完全进入磁场的过程列动能定理方程

$$mg(L+h) - W_{安} = \frac{1}{2}mv_{\min}^2 - 0$$

可得

$$v_{\min} = \sqrt{2g(h+L-d)}$$

(3) 由 $mgh = \frac{1}{2}mv_0^2$ 可得导线框刚进入磁场时具有速度 $v_0 = \sqrt{2gh}$。进入磁场的过程中,由牛顿第二定律有

$$mg - F_{安} = ma = m\frac{dv}{dt}$$

其中 $F_{安} = \frac{B^2L^2v}{R}$,分离变量后求积分,即

$$\int_{v_0}^{v} \frac{m}{mg - \frac{B^2L^2v}{R}} dv = \int_0^t dt$$

可得

$$v = \frac{R}{B^2L^2}mg + \frac{R}{B^2L^2}\left(\frac{B^2L^2}{R}\sqrt{2gh} - mg\right)e^{-\frac{B^2L^2}{mR}t}$$

点拨 本题难点在于对过程的分析,尤其是第 2 问需要判断什么时候导线框的速度最小。另外,在第 3 问中,由于进入磁场的过程中安培力是变力,故参考例题 3 点拨(2)中列出动力学方程再求积分的方法求 $v(t)$。由于导线框受重力,积分相对复杂。积分过程中注意初始条件:$t=0,v=v_0$。

例题 7 (2009 年江苏卷)如图 4.1.16 所示,两平行的光滑金属导轨安装在一光滑绝缘的斜面上,导轨间距为 l、足够长且电阻可忽略不计,导轨平面的倾角为 α,条形匀强磁场的宽度为 d,磁感应强度大小为 B、方向与导轨平面垂直。长度为 $2d$ 的绝缘杆将导体棒和正方形的单匝线框连接在一起组成"冂"形装置,总质量为 m,置于导轨上。导体棒中通以大小恒为 I 的电流(由外接的恒流源产生,图中未画出)。线框的边长为 $d(d<l)$,电阻为 R,下边与磁场区域上边界重合。将装置由静止释放,导体棒恰好运动到磁场区域下边界处返回,导体棒在整个运动过程中始终与导轨垂直。重力加速度为 g。求:

(1) 装置从释放到开始返回的过程中,线框中产生的焦耳热 Q;
(2) 线框第一次穿越磁场区域所需的时间 t_1;
(3) 经过足够长时间,线框上边与磁场区域下边界的最大距离 x_m。

分析 本题的难点在第 2 问,由于线框的宽度和磁场区域的宽度相同,线框在穿越磁场区域的整个过程中都受到安培力的作用,并且安培力的大小在发生变化。一方面,可以写出动力学方程,通过积分可得 $v(t)$ 关系;另一方面,注意到安培力是与速度成正比的力,可以

写出动力学方程,然后两边对时间求和,即可得到时间和速度的关系。

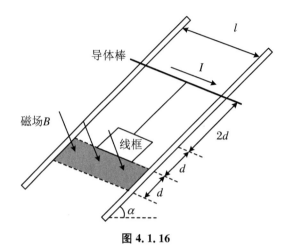

图 4.1.16

解 （1）设装置由静止释放到导体棒运动到磁场下边界的过程中,作用在线框上的安培力做功为 W,由动能定理有

$$mg\sin\alpha \cdot 4d + W - BIld = 0$$

考虑到 $Q = -W$,解得

$$Q = 4mgd\sin\alpha - BIld$$

（2）设线框刚离开磁场下边界时的速度为 v_1,则接着向下运动 $2d$,由动能定理有

$$mg\sin\alpha \cdot 2d - BIld = 0 - \frac{1}{2}mv_1^2$$

求得

$$v_1 = \sqrt{\frac{2BIld}{m} - 4gd\sin\alpha} \qquad ①$$

装置在磁场中运动时受到的合力为

$$F = mg\sin\alpha - F'$$

感应电动势 $E = Bdv$,感应电流 $I' = \dfrac{E}{R}$,故安培力

$$F' = BI'd = \frac{B^2d^2v}{R}$$

由牛顿第二定律有 $F = m\dfrac{\Delta v}{\Delta t}$,$\Delta t$ 为微元时间,可得

$$mg\sin\alpha - \frac{B^2d^2v}{R} = m\frac{\Delta v}{\Delta t}$$

线框第一次通过磁场区域的过程为

$$\sum \Delta v = \sum \left(g\sin\alpha - \frac{B^2d^2v}{mR}\right)\Delta t$$

其中时间为 $0 \to t_1$,速度 $0 \to v_1$,$\sum v\Delta t = 2d$,于是有

$$v_1 = gt_1\sin\alpha - \frac{2B^2d^3}{mR} \qquad ②$$

联立①②式,解得

$$t_1 = \frac{\sqrt{2m(BIld - 2mgd\sin\alpha)} + \frac{2B^2d^3}{R}}{mg\sin\alpha}$$

(3) 经足够长时间,线框在磁场下边界与最大距离 x_m 之间往复运动,由动能定理有

$$mg\sin\alpha \cdot x_m - BIl(x_m - d) = 0$$

解得

$$x_m = \frac{BIld}{BIl - mg\sin\alpha}$$

点拨 (1) 对于第 2 问中线框刚离开磁场下边界时的速度 v_1,注意到线框离开磁场后恒力做功,选取线框离开磁场后向下运动 $2d$ 的过程,列动能定理方程即可求解。

(2) 根据牛顿第二定律,线框在进入磁场的过程中满足方程

$$mg\sin\alpha - \frac{B^2d^2v}{R} = m\frac{dv}{dt}$$

对上式分离变量求积分,并代入 v_1 的表达式,可以进一步解出 m、g、α、R、B、d、I 和 l 之间满足的关系。可见,本题其实条件给多了。

(3) 在电磁感应中,无论是杆切割模型还是导线框模型都常用到微元法,其一般思维过程是:① 选择适当的微元,它可以是一段线元、一个小面积或者一个时间元,应该具有整体的基本特征,也就是具有代表性;② 将微元模型化,如看作质点、点电荷、匀速直线运动、匀强场等,并利用相应物理规律求解该微元对整个问题的贡献;③ 将该微元的结果推广到其他微元,并充分利用各微元之间的关系对各微元进行叠加,求出整体或全过程的解。

习题实战演练

基 础 练 习

1. (2012 年华约卷)铁路上常使用图 4.1.17 所示的电磁装置向控制中心传输信号,以报告火车的位置。在火车首节车厢下面安装一磁铁,磁铁产生垂直于地面的匀强磁场。当磁铁经过安放在两铁轨间的线圈时,会使线圈产生电脉冲信号并被控制中心接收。若火车以恒定加速度通过线圈,则下列表示线圈两端的电压 u 与时间 t 的关系图像中可能正确的是 (　　)

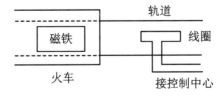

图 4.1.17

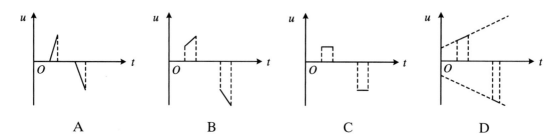

| A | B | C | D |

2. 如图4.1.18所示，平行金属导轨间距为 d，一端跨接电阻为 R，匀强磁场磁感应强度为 B，方向垂直于平行导轨平面，一根长金属棒与导轨成 θ 角放置，棒与导轨的电阻不计，当棒沿垂直于棒的方向以恒定速度 v 在导轨上滑行时，通过电阻的电流是 （ ）

A. $Bdv/(R\sin\theta)$
B. Bdv/R
C. $Bdv\sin\theta/R$
D. $Bdv\cos\theta/R$

3. （2012年四川卷）有半径为 a、右端开小口的导体圆环和长为 $2a$ 的导体直杆，单位长度电阻均为 R_0。圆环水平固定放置，整个内部区域分布着竖直向下的匀强磁场，磁感应强度为 B。杆在圆环上以速度 v 平行于直径 CD 向右做匀速直线运动，杆始终有两点与圆环良好接触，从圆环中心 O 开始，杆的位置由 θ 确定，如图4.1.19所示，则 （ ）

A. $\theta=0$ 时，杆产生的电动势为 $2Bav$

B. $\theta=\dfrac{\pi}{3}$ 时，杆产生的电动势为 $\sqrt{3}Bav$

C. $\theta=0$ 时，杆受的安培力大小为 $\dfrac{2B^2av}{(\pi+2)R_0}$

D. $\theta=\dfrac{\pi}{3}$ 时，杆受的安培力大小为 $\dfrac{3B^2av}{(5\pi+3)R_0}$

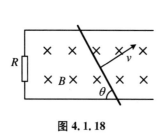

图 4.1.18

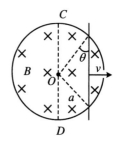

图 4.1.19

4. 如图4.1.20所示，在方向竖直向下、磁感应强度为 B 的匀强磁场中，沿水平面固定一个 V 形金属框架 CAD，已知 $\angle A=\theta$，导体棒 EF 在框架上从 A 点开始在外力作用下沿垂直于 EF 的方向以速度 v 匀速向右平移，使导体棒和框架始终构成等腰三角形回路。已知框架和导体棒的材料、横截面积均相同，其单位长度的电阻均为 R，框架和导体棒均足够长，导体棒运动中始终与磁场方向垂直，且与框架接触良好。下列选项中的图像分别表示回路中

的电流 I 和消耗的电功率 P 随时间 t 变化的关系,其中可能正确的是 （　　）

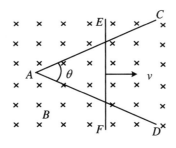

图 4.1.20

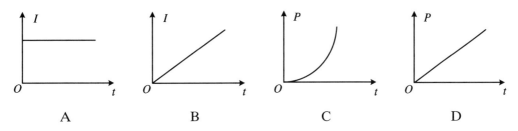

5.（2011年朝阳一模）如图 4.1.21（a）所示,MN 左侧有一垂直于纸面向里的匀强磁场。现将一边长为 l、质量为 m、电阻为 R 的正方形金属线框置于该磁场中,使线框平面与磁场垂直,且 bc 边与磁场边界 MN 重合。当 $t=0$ 时,对线框施加一水平拉力 F,使线框由静止开始向右做匀加速直线运动;当 $t=t_0$ 时,线框的 ad 边与磁场边界 MN 重合。图（b）为拉力 F 随时间变化的图像。由以上条件可知磁场的磁感应强度 B 的大小为 （　　）

A. $B=\dfrac{1}{l}\sqrt{\dfrac{mR}{t_0}}$　　B. $B=\dfrac{1}{l}\sqrt{\dfrac{2mR}{t_0}}$　　C. $B=\dfrac{1}{l}\sqrt{\dfrac{mR}{2t_0}}$　　D. $B=\dfrac{2}{l}\sqrt{\dfrac{mR}{t_0}}$

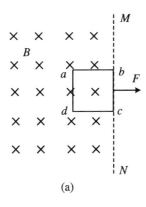
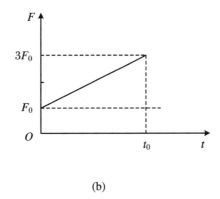

(a)　　　　　　　(b)

图 4.1.21

6.（2010年安徽卷）如图 4.1.22 所示,水平地面上方矩形区域内存在垂直于纸面向里的匀强磁场,两个边长相等的单匝闭合正方形线圈Ⅰ和Ⅱ分别用材料相同、粗细不同的导线绕制（Ⅰ为细导线）。两线圈在距磁场上界面 h 高处由静止开始自由下落,再进入磁场,最后

341

落到地面。运动过程中,线圈平面始终保持在竖直平面内且下边缘平行于磁场上边界。设线圈Ⅰ、Ⅱ落地时的速度大小分别为 v_1、v_2,在磁场中运动时产生的热量分别为 Q_1、Q_2,不计空气阻力,则   (   )

A. $v_1 < v_2, Q_1 < Q_2$ B. $v_1 = v_2, Q_1 = Q_2$

C. $v_1 < v_2, Q_1 > Q_2$ D. $v_1 = v_2, Q_1 < Q_2$

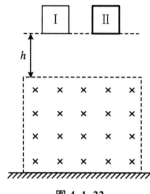

图 4.1.22

7. (2011年西城二模)如图 4.1.23 所示,一个竖直放置的很长的圆柱形磁铁产生一个辐射状的磁场,磁场水平向外。磁极狭缝间某点的磁感应强度与该点到圆柱形磁极中心轴的距离成反比。用横截面积一定的细金属丝制成的圆形单匝线圈,从某高度无初速释放,线圈在磁极狭缝间下落的过程中,线圈平面始终水平且保持与圆柱形磁极共轴。线圈被释放后   (   )

A. 线圈中没有感应电流,线圈做自由落体运动

B. 在图(a)所示的俯视图中,线圈中感应电流沿逆时针方向

C. 线圈有最大速度,线圈半径越大,最大速度越小

D. 线圈有最大速度,线圈半径越大,最大速度越大

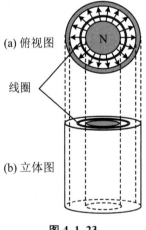

图 4.1.23

8. 图 4.1.24 是法拉第圆盘发电机的示意图。铜盘安装在水平的铜轴上,铜盘的下半部分处在两个磁极间的匀强磁场中。两个电刷 C、D 分别与转动轴和铜盘的边缘良好接触。设定值电阻的阻值为 R,铜盘的半径为 r,其电阻可忽略不计,匀强磁场的磁感应强度为 B,铜盘沿图示方向匀速转动的转速为 n。求:

(1) 通过电阻 R 的电流方向;

(2) 通过电阻 R 的电流 I。

9. (2014 年全国Ⅱ高考题) 半径分别为 r 和 $2r$ 的同心圆形导轨固定在同一水平面内,一长为 r、质量为 m 且质量分布均匀的直导体棒 AB 置于圆导轨上面,BA 的延长线通过圆导轨中心 O,装置的俯视图如图 4.1.25 所示,整个装置位于一匀强磁场中,磁感应强度的大小为 B,方向竖直向下,在内圆导轨的 C 点和外圆导轨的 D 点之间接有一阻值为 R 的电阻(图中未画出)。直导体棒在水平外力作用下以角速度 ω 绕 O 逆时针匀速转动,在转动过程中始终与导轨保持良好接触。导体棒和导轨的电阻均可忽略。求通过电阻 R 的感应电流的方向和大小。

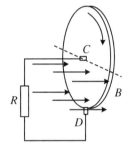
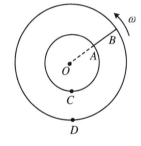

图 4.1.24   图 4.1.25

10. (2004 年第 21 届全国中学生物理竞赛预赛) 如图 4.1.26 所示,两条平行的长直金属细导轨 KL、PQ 固定于同一水平面内,它们之间的距离为 l,电阻可忽略不计;ab 和 cd 是两根质量皆为 m 的金属细杆,杆与导轨垂直,且与导轨良好接触,并可沿导轨无摩擦地滑动。两杆的电阻皆为 R。在 cd 杆的中点系一轻绳,绳的另一端绕过轻的定滑轮悬挂一质量为 M 的物体,滑轮与转轴之间的摩擦不计,滑轮与 cd 杆之间的轻绳处于水平伸直状态并与导轨平行。导轨和金属细杆都处于匀强磁场中,磁场方向垂直于导轨所在平面向上,磁感应强度的大小为 B。现两杆和悬物都从静止开始运动,当 ab 杆和 cd 杆的速度分别达到 v_1 和 v_2 时,两杆加速度的大小各为多少?

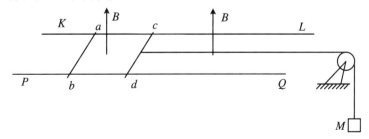

图 4.1.26

提 高 练 习

11. 一个质量为 m、直径为 d、电阻为 R 的金属圆环在范围很大的磁场中沿竖直方向下落,磁场的分布情况如图 4.1.27 所示,磁感应强度竖直方向的分量 B_y 的大小只随高度变化,其随高度 y 变化的关系为 $B_y = B_0(1+ky)$(此处 k 为比例常数,且 $k>0$),其中沿圆环轴线的磁场方向始终竖直向上,在下落过程中金属圆环所在的平面始终保持水平,速度越来越大,最终稳定为某一数值,称为收尾速度。

(1) 俯视观察,求圆环中的感应电流方向。
(2) 求圆环收尾速度的大小。

12. 在图 4.1.28 所示的直角坐标系中,有一半锥角为 θ 的塑料圆锥体 Oab,圆锥体的顶点在原点处,其轴线沿 z 轴方向。长为 l 的细金属丝 OP 固定在圆锥体的侧面上,金属丝与圆锥体的一条母线重合。整个空间中存在着磁感应强度为 B 的匀强磁场,磁场方向沿 X 轴正方向,圆锥体绕其轴沿图示方向做角速度为 ω 的匀角速度转动。

(1) OP 经过何处时两端的电势相等?
(2) OP 在何处时 P 端的电势高于 O 端?
(3) 电势差 U_{PO} 的最大值是多少?

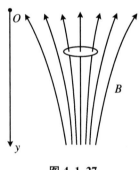

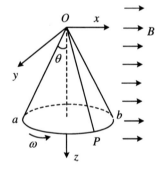

图 4.1.27　　　　　　　图 4.1.28

13. (2015 年清华领军试题)如图 4.1.29 所示,光滑且不计电阻的水平导轨上垂直于导轨放置一根金属棒,金属棒电阻为 R,初速度为 $v_0 = 1\ \text{m/s}$,空间中有恒定的垂直于导轨平面的匀强磁场,磁感应强度大小为 B。若金属棒仅在安培力作用下减速到 $v_0/10$ 用时 1 s,速度识别器最低记录是 $0.001\ \text{m/s}$。求总共记录的该导体棒运动时间 t_2。

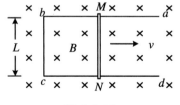

图 4.1.29

14.（2011年北约卷）如图4.1.30所示，在水平桌面放一棒，长为 l，质量为 m，电阻为 R，棒平行于桌缘放置，桌子的侧面有一根相同的棒，用两根无电阻的光滑导线将它与上面的棒系在一起，空间中有匀强磁场 B，方向与桌缘垂直，与水平方向夹角为 $\theta(\theta>45°)$。开始时刻将两棒由静止释放（桌子侧面有挡板阻止下面的棒有水平偏离，图中未画出挡板）。

(1) 求理论上棒的最大速度 v_m。

(2) 当 $v<v_m$ 时，求损耗的机械功率 P_1 与两棒总的电功率 P_2。

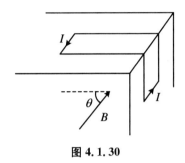

图 4.1.30

≪参考答案≫

1. D。
2. A。
3. AD。
4. AD。
5. B。
6. D。
7. D。
8. (1) 通过电阻 R 的电流方向为从下向上；(2) $I=\dfrac{n\pi Br^2}{R}$。

提示 铜盘可以看作由沿半径方向的一根根铜条组成，在磁场部分的每根铜条都在切割磁感线，每根铜条的电动势为 $E=\dfrac{1}{2}Br^2\omega=\dfrac{1}{2}Br^2\cdot 2\pi n=n\pi Br^2$，所有铜条都是并联的。

9. $I=\dfrac{3\omega Br^2}{2R}$，方向为 $C\to D$。

提示 导体棒切割磁感线产生的电动势为
$$E=\int_r^{2r}B\omega x\,dx=\dfrac{3}{2}B\omega r^2$$

10. ab 杆的加速度 $a_1=\dfrac{B^2l^2(v_2-v_1)}{2mR}$，$cd$ 杆的加速度 $a_2=\dfrac{Mg}{M+m}-\dfrac{B^2l^2(v_2-v_1)}{2(M+m)R}$。

11. (1) 顺时针；(2) $\dfrac{16mgR}{\pi^2k^2B_0^2d^4}$。

提示 圆环中产生的动生电动势为

$$E = S \cdot \frac{dB}{dt} = S \cdot \frac{dB}{dy} \cdot \frac{dy}{dt} = S \cdot kB_0 \cdot v_y$$

稳定后重力的功率等于电功率,即

$$mgv_y = \frac{E^2}{R}$$

12. (1) OP 经过 yOz 平面的瞬间两端的电势相等;(2) 在 $x>0$ 的区域,P 端的电势高于 O 端;(3) $U_{PO} = \frac{1}{2}B\omega l^2 \sin\theta\cos\theta$。

提示 OP 沿 y 轴负方向经过 xOz 平面时,U_{PO} 最大,此时

$$U_{PO} = \int_0^l B \cdot \omega l \sin\theta \cdot dz = \int_0^l B \cdot \omega l \sin\theta \cdot \cos\theta \cdot dl = \frac{1}{2}B\omega l^2 \sin\theta\cos\theta$$

13. $t_2 = 3$ s。

提示 动力学方程为

$$F_{\hat{\ominus}} = -\frac{B^2 L^2 v}{R} = ma = m\frac{dv}{dt}$$

分离变量后求积分,即

$$-\frac{B^2 L^2}{mR}\int_0^t dt = \int_{v_0}^v \frac{dv}{v}$$

得

$$\ln\frac{v}{v_0} = -\frac{B^2 L^2}{mR}t$$

代入数据,即

$$\ln\frac{1}{10} = -\frac{B^2 L^2}{mR}t_1, \quad \ln\frac{1}{1000} = -\frac{B^2 L^2}{mR}t_2$$

可得 $t_2 = 3$ s。

14. (1) $v_m = \frac{2Rmg}{B^2 l^2 (1 - \sin 2\theta)}$;(2) $P_1 = P_2 = \frac{B^2 l^2 v^2 (1 - \sin 2\theta)}{2R}$。

提示 (1) 由法拉第电磁感应定律可得

$$E = Blv_m \sin\theta - Blv_m \cos\theta$$

根据欧姆定律,可得

$$I = \frac{Blv_m \sin\theta - Blv_m \cos\theta}{2R}$$

桌子水平面上的棒和竖直侧面上的棒受到的安培力分别为

$$F_1 = B\sin\theta \cdot Il, \quad F_2 = B\cos\theta \cdot Il$$

平衡时有

$$F_1 = F_2 + mg$$

联立以上各式,解得

$$v_m = \frac{2Rmg}{B^2 l^2 (\cos\theta - \sin\theta)^2} = \frac{2Rmg}{B^2 l^2 (1 - \sin 2\theta)}$$

(2) 根据能量守恒,损耗的机械功率 P_1 与两棒总的电功率 P_2 相等,所以

$$P_1 = P_2 = \frac{E'^2}{R} = \frac{B^2 l^2 v^2 (1 - \sin 2\theta)}{2R}$$

4.2 感生电动势

1. 感生电动势的本质

导体切割磁感线时,洛伦兹力的一个分量充当非静电力做功,产生了动生电动势,当导体不动,因磁场变化而产生感应电动势时,非静电力又是什么呢?

英国物理学家麦克斯韦分析这类电磁感应现象后,提出了自己的理论解释,他认为:变化的磁场能够在它的周围空间产生一种电场,这种电场称为感应电场。感应电场的电场线与静电场的电场线不同,它是封闭的曲线,因此也被称为涡旋电场。

涡旋电场对置于场中的电荷有作用力,但与静电场不同的是,这个力为非保守力。电荷绕涡旋电场的电场线运动一周回到起始点的过程中,电场力做功不为零。因此,置于变化磁场中的导体,涡旋电场对电荷的作用力充当非静电力。我们把这种情况下产生的感应电动势称为感生电动势。

2. 涡旋电场的大小

如图 4.2.1(a)所示,半径为 R 的竖直圆柱形区域内,存在竖直向上的匀强磁场。若该匀强磁场变化,根据麦克斯韦电磁场理论,变化的磁场会在空间激发涡旋电场。该涡旋电场存在于磁场内外的广阔空间中,其电场线是在水平面内的一系列同心圆,圆心与磁场区域的中心重合。若磁场增加,则从上向下看涡旋电场沿顺时针方向,如图 4.2.1(b)所示。

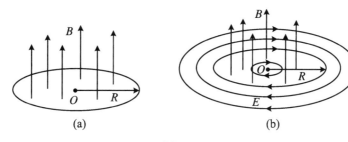

图 4.2.1

在半径为 r 的圆周上,涡旋电场的电场强度大小处处相等,并且可以用 $E_{场} = \dfrac{E}{2\pi r}$ 计算,其中 E 为由于磁场变化在半径为 r 的导体圆环中产生的感生电动势。

假设磁感应强度 B 随时间 t 变化的关系为 $B = B_0 + kt$,则空间中的涡旋电场大小为

$$E_{场} = \begin{cases} \dfrac{kr}{2} & (r \leqslant R) \\ \dfrac{kR^2}{2r} & (r > R) \end{cases}$$

对于更一般的涡旋电场,感生电动势 E 与涡旋电场的场强 $E_{场}$ 之间存在如下关系:

$$E = \oint_L \boldsymbol{E}_{场} \cdot \mathrm{d}\boldsymbol{l}$$

根据该关系,我们可以计算一般的涡旋电场的场强大小,但是通常较为复杂。

3. 涡流

变化的磁场总是伴随着涡旋电场,金属内部的自由电子在涡旋电场力作用下可以形成闭合电流,这种电流称为涡旋电流,简称涡流。

涡流的热效应会造成能量损失。减少涡流损耗的主要途径是增加铁芯的电阻:一方面可以选用高电阻率的材料做铁芯,如硅钢;另一方面可以用彼此绝缘的铁片叠成铁芯代替整块铁,并使铁片的绝缘层与涡流垂直,从而使通过涡流的导体的截面积减少。

在某些情况下,也可以利用涡流的热效应进行加热,如制成感应电炉;还可以利用涡流的机械效应做成电磁阻尼装置。

核心问题讨论

1. 如何理解感生电动势的产生机制?

变化的空间磁场在其周围激发涡旋电场,涡旋电场不同于静电场:其电场线是闭合曲线,涡旋电场对电荷的电场力不是保守力,没有"电势"的概念。

涡旋电场力搬运电荷做功,产生感生电动势。即使不存在导体,变化的磁场也能激发涡旋电场,只是不存在感生电动势和感应电流罢了。

例题 1 (2021 年清华强基)如图 4.2.2 所示,在一圆形磁场区域内有匀强磁场,磁感应强度为 $\boldsymbol{B}$,$\dfrac{\mathrm{d}\boldsymbol{B}}{\mathrm{d}t}$ 为一定值,记 $\varphi_i = \left|\int \boldsymbol{E} \cdot \mathrm{d}\boldsymbol{l}\right|$,$i$ 可取 1 和 2,其中 1 为导线,2 为绝缘线,它们的两端都在过直径的直线上,下列说法中正确的是 ( )

A. $\varphi_1 = \varphi_2$
B. $\varphi_1 \neq 0, \varphi_2 \neq 0$
C. $\varphi_1 < \varphi_2$
D. $\varphi_1 > \varphi_2$

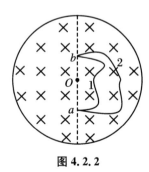

图 4.2.2

分析 变化的磁场在周围空间将激发涡旋电场 $\boldsymbol{E}$,该涡旋电场的电场线是以 O 为圆心的一系列同心圆。$\varphi_1 = \left|\int \boldsymbol{E} \cdot \mathrm{d}\boldsymbol{l}\right|$ 和 $\varphi_2 = \left|\int \boldsymbol{E} \cdot \mathrm{d}\boldsymbol{l}\right|$ 分别表示路径 1 和路径 2 上的电

动势。要比较 $\varphi_1 = \left|\int E \cdot dl\right|$ 和 $\varphi_2 = \left|\int E \cdot dl\right|$ 的大小,可分别构造一个回路,让路径 1 和路径 2 在该回路上,比较回路电动势即可。

解 路径 1 和 ab 构成一个闭合回路,因为涡旋电场的方向与 ab 垂直,所以在该回路中 ab 上没有电动势,闭合回路的电动势是由涡旋电场对路径 1 积分得到的,该电动势的大小为 φ_1;同理,路径 2 和 ab 也构成一个闭合回路,闭合回路的电动势是由涡旋电场对路径 2 积分得到的,该电动势的大小为 φ_2。根据法拉第电磁感应定律得 $\varphi_i = \left|\dfrac{dB}{dt} \cdot S_i\right|$,因为 $S_2 > S_1$,所以 $\varphi_1 < \varphi_2$,本题选 B、C。

点拨 本题的题干给出了一个公式 $\varphi_i = \left|\int E \cdot dl\right|$,但是并没有解释每个字母的含义,这就需要考生具备许多前置知识。公式中的 E 表示的并不是静电场,而是涡旋电场;公式中的 φ 表示的并不是电势,而是电动势。

2. 如何求感生电动势的大小?

求解感生电动势的大小:一方面,我们可以构造闭合回路,先求穿过回路的磁通量,然后根据法拉第电磁感应定律,应用 $E = NS \cdot \dfrac{\Delta B}{\Delta t}$ 求解感生电动势;另一方面,我们如果知道了涡旋电场的分布情况,也可以考虑应用 $E = \int_A^B E_{场} \cdot dl$ 求解一个回路或一段导线上的感生电动势。不管应用何种方法,都需要注重对称性,这样将会简化运算。

例题 2 在半径为 a 的细长螺线管中,均匀磁场的磁感应强度随时间均匀增大,即 $B = B_0 + bt (b > 0)$。一均匀导线弯成等腰梯形闭合回路 $ABCDA$,上底长为 a,下底长为 $2a$,总电阻为 R,如图 4.2.3 所示放置。试求:

(1) 梯形边 AB 和 DC 上的感生电动势;
(2) 梯形边 AD 和 BC 上的感生电动势;
(3) 整个梯形回路中的感生电动势。

分析 根据涡旋电场的分布,很容易确定梯形边 AB 和 DC 上的感生电动势。而要求解梯形边 AD 和 BC 上的感生电动势,构造适当的回路,应用法拉第电磁感应定律求解将会更方便。

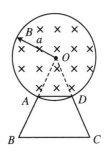

图 4.2.3

解 (1) 涡旋电场线是一系列圆心为 O 的同心圆,对于积分 $E = \int_A^B E_{场} \cdot dl$,若积分路径沿半径方向,则 dl 和 $E_{场}$ 始终垂直,所以梯形边 AB 和 DC 上的感生电动势

$$E_{AB} = E_{DC} = 0$$

(2) 构造回路 OAD,这个回路只有 AD 边有电动势,由法拉第电磁感应定律得

$$E_{AD} = E_{OAD} = \dfrac{d\Phi}{dt} = S \cdot \dfrac{dB}{dt}$$

考虑到 $S = \dfrac{1}{2}a \cdot a\sin\dfrac{\pi}{3}$，得

$$E_{AD} = \dfrac{1}{2}a \cdot a\sin\dfrac{\pi}{3} \cdot b = \dfrac{\sqrt{3}}{4}a^2 b$$

同理，构造回路 OBC，这个回路只有 BC 边有电动势，由法拉第电磁感应定律得

$$E_{BC} = E_{OBC} = \dfrac{1}{6}\pi a^2 b$$

(3) 梯形回路 $ABCD$ 总的感应电动势为

$$E = E_{AB} + E_{BC} + E_{CD} + E_{DA}$$

结合以上两问的结果并注意到 $E_{AD} = -E_{DA}$，得

$$E = \left(\dfrac{1}{6}\pi - \dfrac{\sqrt{3}}{4}\right)b \cdot a^2$$

点拨 若没有前两问作铺垫，本题第 3 问直接应用法拉第电磁感应定律求解整个梯形回路中的感生电动势将会更方便，即

$$E = S \cdot \dfrac{\mathrm{d}B}{\mathrm{d}t} = \left(\dfrac{1}{6}\pi - \dfrac{\sqrt{3}}{4}\right)a^2 \cdot b$$

例题 3 如图 4.2.4 所示，导线框 $ecdf$ 平行于纸面放置，$acdb$ 区域存在匀强磁场，其余空间无磁场，磁感应强度随时间 t 的变化关系为 $B = kt$（$k > 0$ 且为常数）。假设 $ec = 2ac = 2cd = 2l$，求：

(1) 整个回路的电动势 E；

(2) ac、cd、db 段的感应电动势；

(3) $bfea$ 段的感应电动势。

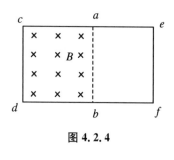

图 4.2.4

分析 本题的难点在于计算 $bfea$ 段的感应电动势，该区域没有磁场，初学者常认为 $bfea$ 段的感应电动势为零。但是稍加分析就会发现，涡旋电场是分布在整个空间中的，$E = \int_A^B \boldsymbol{E}_{场} \cdot \mathrm{d}\boldsymbol{l}$ 积分路径选为 $bfea$，则积分结果应该不为零。本题很难确定空间中的涡旋电场分布情况，很难根据 $E = \int_A^B \boldsymbol{E}_{场} \cdot \mathrm{d}\boldsymbol{l}$ 计算 $bfea$ 段的感应电动势，应该考虑其他对称性计算结果。

解 (1) 根据法拉第电磁感应定律，整个回路的电动势为

$$E = kl^2$$

(2) 假设 $acdb$ 放有导线框，整个导线框的感应电动势为

$$E = kl^2$$

根据对称性知 ac、cd、db 段的感应电动势相等，设为 E_1，则

$$4E_1 = E$$

所以

$$E_1 = \dfrac{E}{4} = \dfrac{kl^2}{4}$$

（3）假设 bfeab 放有导线框，显然导线框中无感应电流，可见 bfea 段的感应电动势 E_2 与 ba 段的感应电动势 E_1 相同，即 $E_2 = E_1$，又因为

$$3E_1 + E_2 = kl^2$$

所以

$$E_2 = \frac{E}{4} = \frac{kl^2}{4}$$

点拨 本题中的涡旋电场不再是一系列严格的同心圆，大致分布情况为：在非常靠近正方形中心的位置，涡旋电场线可以近似认为是一系列同心圆，内疏外密；偏离中心位置，涡旋电场线就偏离圆形；根据对称性可知远离磁场边界时又接近圆形。可以应用麦克斯韦微分方程 $\nabla \times \boldsymbol{E} = -\frac{\partial \boldsymbol{B}}{\partial t}$ 求空间中任意一点涡旋电场的大小和方向，从而严格地画出空间中涡旋电场线的分布，但是计算很麻烦。

例题 4 如图 4.2.5 所示，很长的直导线通有电流 $i = I_0 \sin \omega t$，其旁边有单匝长方形线圈 ABCD，长为 l，宽为 $b-a$，线圈和导线在同一平面内。已知真空中的磁导率为 μ_0，求：

（1）穿过线圈的磁通量随时间的变化关系；
（2）线圈中的感应电动势随时间的变化关系。

分析 无限长直导线电流周围的磁场分布是非均匀的，根据对称性，可应用安培环路定理先计算空间中的磁场分布，应用积分计算线框的磁通量，最后利用法拉第电磁感应定律求线圈中的感生电动势。

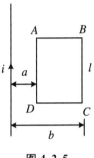

图 4.2.5

解 （1）根据安培环路定理，距导线 r 处的磁感应强度为

$$B = \frac{\mu_0}{2\pi} \cdot \frac{i}{r}$$

穿过线圈的磁通量为

$$\Phi = \int_a^b \frac{\mu_0}{2\pi} \cdot \frac{i}{r} l \, dr$$

积分可得

$$\Phi = \frac{\mu_0 i l}{2\pi} \ln \frac{b}{a} = \frac{\mu_0 l}{2\pi} I_0 \sin \omega t \ln \frac{b}{a}$$

（2）根据法拉第电磁感应定律，线圈中的感应电动势为

$$e = N \cdot \frac{d\Phi}{dt}$$

解得

$$e = \frac{\mu_0 I_0 \omega l}{2\pi} \ln \frac{b}{a} \cos \omega t$$

点拨 用法拉第电磁感应定律 $E = N \frac{\Delta \Phi}{\Delta t}$ 计算感应电动势时要注意：若时间段 Δt 较长，则所得的感应电动势 E 为平均电动势；若时间微元 $\Delta t \to 0$，则 $\frac{\Delta \Phi}{\Delta t}$ 为磁通量对时间 t 的瞬时变化率（导数），所得的感应电动势为瞬时电动势，建议用小写字母 e 表示。确定感应电动

势的瞬时值时,若能写出通过闭合回路的磁通量表达式 $\Phi = \Phi(t)$,则可以用导数知识计算,即 $e = N \cdot \dfrac{\mathrm{d}\Phi}{\mathrm{d}t}$。

例题 5 如图 4.2.6 所示,两根平行金属导轨固定在水平桌面上,每根导轨每米的电阻为 $r_0 = 0.10\ \Omega/\mathrm{m}$,导轨的端点 P、Q 用电阻可忽略的导线相连,两导轨间的距离为 $l = 0.20\ \mathrm{m}$,有随时间变化的匀强磁场垂直于桌面,已知磁感应强度 B 与时间 t 的关系为 $B = kt$,比例系数 $k = 0.020\ \mathrm{T/s}$,一电阻不计的金属杆可在导轨上无摩擦地滑动,在滑动过程中保持与导轨垂直。在 $t = 0$ 时刻,金属杆紧靠在 P、Q 端,在外力作用下杆以恒定的加速度从静止开始向导轨的另一端滑动,求在 $t = 6.0\ \mathrm{s}$ 时金属杆所受的安培力。

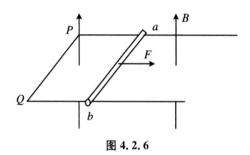

图 4.2.6

分析 根据法拉第电磁感应定律,感应电动势 $E = N\dfrac{\Delta\Phi}{\Delta t}$。在本题的物理情景中,磁感应强度 B 和闭合回路的面积 S 都随时间变化,此时既有动生电动势又有感生电动势,感应电动势是二者的叠加,即

$$E = NB\dfrac{\Delta S}{\Delta t} + NS\dfrac{\Delta B}{\Delta t}$$

解 金属杆的加速度记为 a,任意时刻 t 金属棒的位移和回路的总电阻分别为

$$x = \dfrac{1}{2}at^2,\quad R = 2xr_0$$

回路的感应电动势为

$$E = xl \cdot \dfrac{\Delta B}{\Delta t} + kt \cdot \dfrac{\Delta S}{\Delta t} = \dfrac{1}{2}at^2 l \cdot k + kt \cdot l \cdot at = \dfrac{3}{2}klat^2$$

感应电流强度为

$$I = \dfrac{E}{R} = \dfrac{\dfrac{3}{2}klat^2}{2r_0 \cdot \dfrac{1}{2}at^2} = \dfrac{3kl}{2r_0}$$

安培力为

$$F_{安} = BIl = kt \cdot \dfrac{3kl}{2r_0} \cdot l = \dfrac{3k^2l^2 t}{2r_0} = 1.44 \times 10^{-3}\ \mathrm{N}$$

点拨 本题在计算感应电动势时,也可以先写出通过闭合回路的磁通量解析式 $\Phi = BS = kt \cdot \dfrac{1}{2}at^2 l = \dfrac{1}{2}at^3 kl$,再利用法拉第电磁感应定律 $e = N\dfrac{\mathrm{d}\Phi}{\mathrm{d}t}$ 确定感应电动势。

3. 如何处理带电粒子在涡旋电场中运动的问题?

变化的磁场可以激发涡旋电场,带电粒子在该涡旋电场中受到涡旋电场力,涡旋电场力的大小满足 $F_{涡}=E_{场}q$。可以利用涡旋电场来给带电粒子加速,电子感应加速器就是利用涡旋电场使电子加速的设备。它的基本结构为由电磁铁产生的两个正对磁极,磁极之间有一个环形真空室,电子在真空室中做圆周运动,电磁铁线圈电流的大小、方向可以变化,产生的感生电场使电子加速。

例题 6 (2008 年第 25 届全国中学生物理竞赛复赛)电子感应加速器的基本原理如下:一个圆环真空室处于分布在圆柱形体积内的磁场中,磁场方向沿圆柱的轴线,圆柱的轴线过圆环的圆心并与环面垂直。图中两个同心的实线圆代表圆环的边界,与实线圆同心的虚线圆为电子在加速过程中运行的轨道。已知磁场的磁感应强度 B 随时间 t 的变化规律为 $B=B_0\cos(2\pi t/T)$,其中 T 为磁场变化的周期,B_0 为大于 0 的常量。当 B 为正时,磁场的方向垂直于纸面向外。如图 4.2.7 所示,若持续地将初速度为 v_0 的电子沿虚线圆的切线方向注入环内。求电子在该磁场变化的一个周期内可能被加速的时间段。

分析 设计电子感应加速器时要解决好几个问题:① 电子运动方向与磁场方向应配合好,使洛伦兹力提供向心力;② 电子运动方向与涡旋电场方向应配合好,使电子能不断加速;③ 为了使电子在加速过程中绕一固定圆轨道运动,以便最后用偏转装置将电子引离轨道打到靶上,对磁场的径向分布还有一定的要求。本题先解决前两个问题。

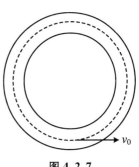

图 4.2.7

解 感生电动势的瞬时值为

$$e=-\frac{\Delta\Phi}{\Delta t}=\frac{2\pi B_0 S}{T}\sin\frac{2\pi t}{T}$$

式中 $S=\pi R^2$ 为电子轨道圆的面积,R 为电子轨道半径。

涡旋场强的瞬时值为

$$E_{场}=\frac{e}{2\pi R}=\frac{\pi B_0 R}{T}\sin\frac{2\pi t}{T}$$

要使电子被加速,涡旋电场方向应该为顺时针方向,$E_{场}<0$,$T/2<t<T$;但 $T/2<t<3T/4$ 时,磁场的方向垂直于纸面向里,与电子旋转方向不一致,不符合题意。

综上所述,电子在该磁场变化的一个周期内可能被加速的时间段为 $3T/4<t<T$。

点拨 (1) 本题中判断感生电动势的瞬时值时,用到了 $e=-\dfrac{\Delta\Phi}{\Delta t}$,此式可以理解为磁通量对时间的导数;另外,可以结合楞次定律理解公式中符号的含义。

(2) 回旋加速器适用于给质量较大、相对论效应不显著的重离子加速。电子感应加速器则适用于给质量较小、相对论效应十分显著的电子加速。

(3) 大型电子感应加速器工作时,可以利用频率为几十赫兹(Hz)的交变励磁电流产生涡旋电场,驱动电子在几毫秒(ms)内完成近 20 万次加速,使电子能量达到 100 MeV,此时电子速度可达 $0.9999860c$,c 为真空中的光速。加速后的高能电子产生的 X 射线和 γ 射线可用于核物理研究、无损伤探伤、癌症治疗等。

例题 7 电子感应加速器的基本结构如图 4.2.8(a)所示,上、下为两个电磁铁,磁极之间有一个环形真空室,电子在真空室内做圆周运动。已知电子质量为 m、电荷量为 $-e$,初速度为零,电子圆形轨道的半径为 R。穿过电子圆形轨道面积的磁通量 Φ 随时间 t 的变化关系如图(b)所示,在 t_0 时刻后,电子轨道处的磁感应强度为 B_0,电子加速过程中忽略相对论效应。

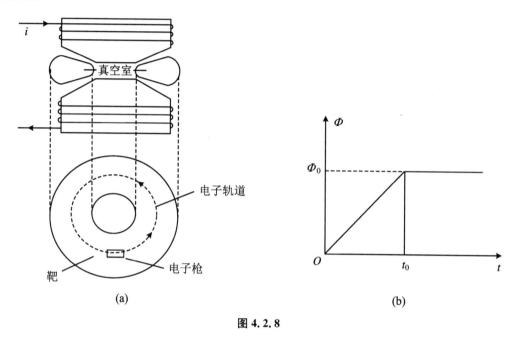

图 4.2.8

(1) 求在 t_0 时刻后电子运动的速度大小(结果用 e、B_0、R 和 m 表示)。

(2) 求电子在整个加速过程中运动的圈数。

(3) 电子在半径不变的圆形轨道上加速是电子感应加速器的关键技术要求。试求电子加速过程中电子轨道处的磁感应强度随时间的变化规律。

(4) 当磁场分布不均匀时,可认为穿过一定面积的磁通量与面积的比值为平均磁感应强度 $\bar{B}$,请进一步说明在电子加速过程中某一确定时刻电子轨道处的磁感应强度与电子轨道内的平均磁感应强度的关系。

分析 在 t_0 时刻之前,由于磁通量 Φ 随时间 t 均匀变化,电子在电子感应加速器中做匀变速圆周运动。一方面,洛伦兹力提供向心力;另一方面,切向的涡旋电场力使电子加速。涡旋电场的大小可以应用法拉第电磁感应定律求解。

解 (1) 在 t_0 时刻后,电子轨道处的磁感应强度为 B_0,电子在磁场中做匀速圆周运动,受到的洛伦兹力提供向心力,则

$$ev_0 B_0 = m\frac{v_0^2}{R}$$

解得

$$v_0 = \frac{eB_0 R}{m}$$

(2) 加速后电子的动能为

$$E_k = \frac{1}{2}mv_0^2 = \frac{e^2 B_0^2 R^2}{2m}$$

感生电场的感应电动势为

$$E = \frac{\Delta \Phi}{\Delta t} = \frac{\Phi_0}{t_0}$$

电子加速运动一圈获得的能量为

$$W = eE_{感}$$

电子在整个加速过程中运动的圈数为

$$n = \frac{E_k - 0}{W}$$

联立以上各式,得

$$n = \frac{eB_0^2 R^2 t_0}{2m\Phi_0}$$

(3) 感生电场的电场强度为

$$E = \frac{E_{感}}{2\pi R}$$

电子加速的加速度为 $a = \frac{eE}{m}$,t 时刻电子的速度为 $v = at$,此时电子做圆周运动所受到的洛伦兹力等于向心力,则

$$evB = m\frac{v^2}{R}$$

联立以上各式,得

$$B = \frac{\Phi_0}{2\pi R^2 t_0}t$$

(4) t 时刻电子轨道内的磁通量为 $\Phi = \frac{\Phi_0}{t_0}t(t<t_0)$,电子轨道内的平均磁感应强度为

$$\bar{B} = \frac{\Phi}{\pi R^2} = \frac{\Phi_0}{\pi R^2 t_0}t$$

可见 t 时刻电子轨道处的磁感应强度与电子轨道内的平均磁感应强度的关系为

$$B = \frac{\bar{B}}{2}$$

点拨 其实,本题的已知条件给多了,因为

$$v_0 = at_0 = \frac{E_{场}e}{m}t_0 = \frac{Ee}{2\pi Rm}t_0 = \frac{\Phi_0 e}{2\pi Rm}$$

可见 v_0 的表达式可以不含 B_0,也就是说 B_0 可以用 Φ_0 表示出来。

习题实战演练

基 础 练 习

1. 如图 4.2.9 所示,有一匀强磁场分布在一个半径为 R 的圆形区域内,并以变化率 $\frac{\Delta B}{\Delta t}$ 均匀变化。长度为 L 的圆弧金属棒按图中形式放置,圆弧圆心与圆形磁场的中心重合。下面给出了此圆弧金属棒中产生的感应电动势的表达式,其中只有一个是合理的。你可能不会求解此圆弧金属棒中产生的感应电动势,但是你可以通过一定的物理分析,对下列表达式的合理性作出判断。根据你的判断,此圆弧金属棒中产生的感应电动势的合理表达式应为 (　　)

A. $E = \frac{\Delta B}{\Delta t}\frac{LR}{2}$ B. $E = \frac{\Delta B}{\Delta t}LR$ C. $E = \frac{\Delta B}{\Delta t}L$ D. $E = 0$

2. (2018 年清华领军)如图 4.2.10 所示,有两个导线组成的回路 L_1 和 L_2,L_1 呈圆形,L_2 由两段圆弧导线和两条在半径上的导线组成,导线材质、粗细均相同,磁感应强度 B 随时间线性变化,则 (　　)

A. 回路 L_1 中有感应电流   B. 回路 L_2 中有感应电流
C. 回路 L_1 中电势处处相等   D. 回路 L_2 中产生了感应电场

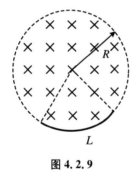

图 4.2.9

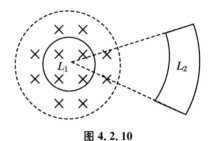

图 4.2.10

3. 如图 4.2.11 所示,内壁光滑、水平放置的玻璃圆环内,有一直径略小于环口径的带正电的小球,正以速率 v_0 沿逆时针方向匀速转动。若在此空间突然加上竖直向上、磁感应强度 B 随时间成正比例增加的变化磁场,设小球在运动过程中的电量不变,那么 (　　)

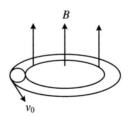

图 4.2.11

A. 小球对玻璃环的压力不断增大

B. 小球受到的磁场力不断增大

C. 小球先沿逆时针方向做减速运动,过一段时间后,沿顺时针方向做加速运动

D. 磁场力一直对小球不做功

4. 麦克斯韦认为,磁场变化会在空间激发感生电场。如图 4.2.12 所示,一个半径为 r 的绝缘细圆环水平放置,环内存在竖直向上的匀强磁场 B,环上静止套着一个带电量为 $+q$ 的小球。若从某时刻起,磁感应强度 B 随时间均匀增加,其变化率为 k,使小球开始在环上运动。下列判断中正确的是 ( )

A. 环上的感生电动势大小为 $k\pi r^2$

B. 小球受到的电场力逐渐增大

C. 小球受到的洛伦兹力大小恒定

D. 每转一周感生电场对小球做的功为 $k\pi qr^2$

5. (2014年西城二模)如图 4.2.13 所示,在圆柱形区域内存在竖直向上的匀强磁场,磁感应强度的大小 B 随时间 t 的变化关系为 $B=B_0+kt$,其中 B_0、k 为正的常数。在此区域的水平面内固定一个半径为 r 的圆环形内壁光滑的细玻璃管,将一电荷量为 q 的带正电小球在管内由静止释放,不考虑带电小球在运动过程中产生的磁场,则下列说法中正确的是 ( )

A. 从上往下看,小球将在管内沿顺时针方向运动,转动一周的过程中动能增量为 $2k\pi qr$

B. 从上往下看,小球将在管内沿逆时针方向运动,转动一周的过程中动能增量为 $2k\pi qr$

C. 从上往下看,小球将在管内沿顺时针方向运动,转动一周的过程中动能增量为 $k\pi qr^2$

D. 从上往下看,小球将在管内沿逆时针方向运动,转动一周的过程中动能增量为 $k\pi qr^2$

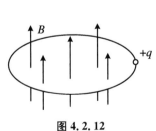

图 4.2.12

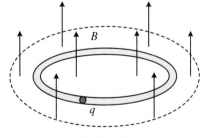

图 4.2.13

6. 固定在水平面上的金属框架 CDEF 处在竖直向下的匀强磁场中,俯视图如图 4.2.14 所示。金属棒 MN 沿框架以速度 v 向右做匀速运动,$t=0$ 时磁感应强度为 B_0。此时 MN 到达的位置恰好使 MDEN 构成一个边长为 l 的正方形。为使 MN 棒中不产生感应电流,从 $t=0$ 开始,磁感应强度 B 应随时间 t 怎样变化?请推导这种情况下 B 与 t 的关系式。

7. 如图 4.2.15 所示,匀强磁场的磁感应强度方向垂直于纸面向里,大小随时间的变化率 $\frac{\Delta B}{\Delta t} = k$,$k$ 为负的常量。用电阻率为 ρ、横截面积为 S 的硬导线做成一边长为 l 的方框,将方框固定于纸面内,其右半部位于磁场区域中。求:

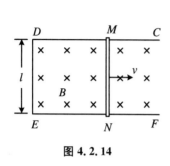

图 4.2.14

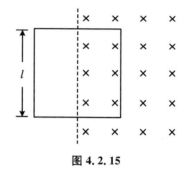

图 4.2.15

(1) 导线中感应电流的大小;
(2) 磁场对方框的作用力大小随时间的变化率。

8. (2012 年福建卷)如图 4.2.16(a)所示,在圆柱形区域内存在一方向竖直向下、磁感应强度大小为 B 的匀强磁场,在此区域内,沿水平面固定一半径为 r 的圆环形光滑细玻璃管,环心 O 在区域中心。一质量为 m、带电荷量为 $q(q>0)$ 的小球,在管内沿逆时针方向(从上向下看)做圆周运动。已知磁感应强度大小 B 随时间 t 的变化关系如图(b)所示,其中 $T_0 = \frac{2\pi m}{qB_0}$。设小球在运动过程中电荷量保持不变,对原磁场的影响可忽略。

(1) 在 $t=0$ 到 $t=T_0$ 这段时间内,小球不受细管侧壁的作用力,求小球的速度大小 v_0。

(2) 在竖直向下的磁感应强度增大的过程中,将产生涡旋电场,其电场线是在水平面内一系列沿逆时针方向的同心圆,同一条电场线上各点的场强大小相等。试求 $t=T_0$ 到 $t=1.5T_0$ 这段时间内:

① 细管内涡旋电场的场强大小 E;
② 电场力对小球做的功 W。

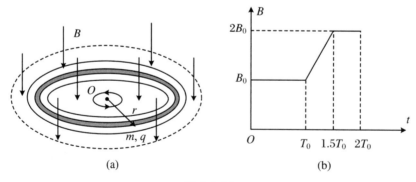

图 4.2.16

提 高 练 习

9. (2013年华约卷)如图4.2.17所示，电阻为 R 的长直螺线管，其两端通过电阻可忽略的导线相连接。一个质量为 m 的小条形磁铁从静止开始落入其中，经过一段距离以速度 v 做匀速运动。已知重力加速度大小为 g，假设小磁铁在下落过程中始终沿螺线管的轴线运动且无翻转。

(1) 定性分析说明：小磁铁的磁性越强，最后匀速运动的速度就越小。

(2) 小磁铁做匀速运动时在回路中产生的感应电动势约为多少？

10. 电子感应加速器是利用感生电场使电子加速的设备。一种电子感应加速器的简化模型如图4.2.18所示，空间存在垂直于纸面向里的磁场，在以 O 为圆心、半径小于 r_0 的圆形区域内磁感应强度 $B_1 = k_1 t$，在大于等于 r_0 的环形区域内磁感应强度 $B_2 = k_2 t$，其中 k_1、k_2 均为正的定值。电子能在环形区域内沿半径等于 r_0 的圆形轨道运动，并不断被加速。

(1) 分别说明 B_1、B_2 的作用。

(2) 推导 k_1 与 k_2 应满足的数量关系。

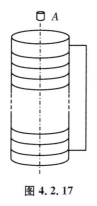

图 4.2.17

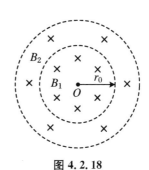

图 4.2.18

11. 某一金属细导线的横截面积为 S、电阻率为 ρ，将此细导线弯曲成半径为 r 的导体圆环，细导线的直径远远小于圆环的半径 r。将此导体圆环水平地固定在空间中，在导体圆环的内部存在竖直向上的匀强磁场，如图4.2.19(a)所示，磁感应强度的大小随时间的变化关系为 $B = kt$（$k > 0$ 且为常量）。

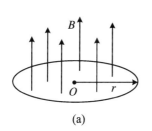

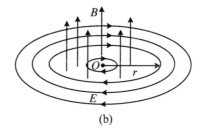

图 4.2.19

经典物理学认为,金属的电阻源于定向运动的自由电子和金属离子(金属原子失去电子后的剩余部分)的碰撞。假设电子与金属离子碰撞后其定向运动的速度立刻减为零,之后再次被涡旋电场加速,再次碰撞减速为零……以此类推;所有电子与金属离子碰撞的时间间隔都为 τ,电子的质量为 m、电量为 $-e$。不考虑电子的热运动速率,忽略电子运动产生的磁场以及电子减速过程中的电磁辐射。

(1) 根据焦耳定律求在 τ 时间内导体圆环内产生的焦耳热的大小。

(2) 求单个电子在与金属离子碰撞过程中损失的动能。

(3) 金属细导线单位体积内的自由电子数为 n,推导金属细导线的电阻率 ρ 的表达式(结果用 n、e、τ、m 表示)。

12. (2016年北大博雅) 如图4.2.20所示,有一个长直螺线管,每单位长度的匝数为 n,半径为 R,通入电流 I,其中 $I = kt + I_0$。有一梯形线圈 $ABCD$,O 为线圈所在平面的圆心,且 OAB、OCD 分别共线,$\angle AOC = 60°$,其中 $OB = BC = CO = l(l < R)$,$AD \parallel BC$,且 $AD = BC/2$。已知 μ_0,求:

(1) 磁场强度 $B(t)$;

(2) A、B、C、D 处的电场强度的大小及方向;

(3) 梯形回路各段(AB、AD、BC、CD)的感生电动势以及整个回路的感生电动势(规定逆时针方向为正)。

13. (2002年第19届全国中学生物理竞赛复赛) 如图4.2.21所示,半径为 R 的圆柱形区域内有匀强磁场,磁场方向垂直于纸面向外,磁感应强度 B 随时间均匀变化,变化率 $\Delta B/\Delta t = K$(K 为一正值常量),圆柱形区域外空间没有磁场,沿 AC 弦的方向画一直线,并向外延长,弦 AC 与半径 OA 的夹角 $\alpha = \pi/4$。直线上有一任意点 P,设该点与 A 点的距离为 x,求从 A 沿直线到该点的电动势的大小。

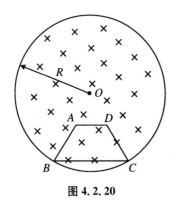

图 4.2.20

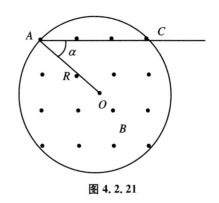

图 4.2.21

―――《 参 考 答 案 》―――

1. A。

2. ACD。

提示 闭合回路 L_1 中磁通量发生了变化,有感应电流,所以 A 正确;根据对称性可知

回路 L_1 中电势处处相等,所以 C 正确。闭合回路 L_2 中磁通量没有发生变化,无感应电流,所以 B 错误;在回路 L_2 所围成的区域有感应电场,所以 D 正确。

3. CD。

4. AD。

提示 感应电动势 $E = \dfrac{\Delta\Phi}{\Delta t} = \dfrac{\Delta B}{\Delta t} \cdot \pi r^2 = k\pi r^2$;小球所在处电场强度 $E_{场} = \dfrac{k\pi r^2}{2\pi r} = \dfrac{kr}{2}$,小球所受电场力 $F = qE_{场} = \dfrac{qkr}{2}$,大小恒定;小球所受洛伦兹力 $f = qvB$ 逐渐增大;一周内电场力做功 $W = qE = k\pi qr^2$。

5. C。

6. $B = \dfrac{B_0 l}{l + vt}$。

提示 不产生感应电流的条件是通过回路的磁通量保持不变。

7. (1) $I = \dfrac{klS}{8\rho}$;(2) $\dfrac{\Delta F}{\Delta t} = \dfrac{k^2 l^2 S}{8\rho}$。

8. (1) $v_0 = \dfrac{qB_0 r}{m}$。

(2) ① $E = \dfrac{qB_0^2 r}{2\pi m}$;② $W = \dfrac{5q^2 B_0^2 r^2}{8m}$。

9. (1) 根据楞次定律,小磁铁的磁性越强,通过螺线管的磁通量变化越快,小磁铁下落过程中产生的感应电流越大,这些感应电流产生的磁场也越强,从而对小磁铁的阻碍也越大,小磁铁向下运动的加速度越小,其收尾速度就越小。

(2) $E = \sqrt{mgvR}$。

提示 (2) 根据能量守恒,小磁铁匀速下落时减小的重力势能转化为内能,因此重力做功的功率等于电路的发热功率,即 $mgv = E^2/R$,得感应电动势 $E = \sqrt{mgvR}$。

10. (1) B_1 的作用是产生感生电场,使电子加速;B_2 的作用是为电子做圆周运动提供向心力。

(2) $k_2 = \dfrac{1}{2} k_1$。

提示 (2) 电子轨道处的涡旋电场为 $E_{场} = \dfrac{k_1 r_0}{2}$,记电子的质量为 m、电荷量为 e,据牛顿第二定律有

$$e \cdot \dfrac{1}{2} k_1 r_0 = m \dfrac{\Delta v}{\Delta t} \qquad ①$$

电子在轨道运动的瞬时速度为 v,洛伦兹力提供向心力,则

$$evB_2 = m \dfrac{v^2}{r_0}$$

经极短时间 Δt,有

$$k_2 = \frac{\Delta B_2}{\Delta t} = \frac{m}{er_0} \cdot \frac{\Delta v}{\Delta t} \quad \text{②}$$

联立①②式,得 $k_2 = \frac{1}{2}k_1$。

11. (1) $Q = \frac{\pi S\tau k^2 r^3}{2\rho}$;(2) $E_{km} = \frac{k^2 r^2 e^2 \tau^2}{8m}$;(3) $\rho = \frac{2m}{ne^2 \tau}$。

提示 (1) 根据法拉第电磁感应定律,$\varepsilon = S\frac{\Delta B}{\Delta t} = \pi r^2 k$,导体圆环的电阻为 $R = \rho\frac{2\pi r}{S}$,则圆环内感生电流为 $I = \frac{\varepsilon}{R} = \frac{krS}{2\rho}$,所以在 τ 时间内

$$Q = I^2 R\tau = \frac{\pi S\tau k^2 r^3}{2\rho}$$

(2) 磁场变化产生的涡旋电场为 $E = \frac{\varepsilon}{2\pi r} = \frac{kr}{2}$,故电子受到的电场力为

$$F = Ee = \frac{ker}{2}$$

电场力的方向与导线相切,即与速度方向相同,电子将会被加速,经过时间 τ,电子的速度达到最大,此时电子有最大的动能,即为碰撞过程中损失的动能。最大速度为

$$v_m = \frac{F}{m}\tau = \frac{ker\tau}{2m}$$

碰撞过程中损失的动能为

$$E_{km} = \frac{1}{2}mv_m^2 = \frac{k^2 r^2 e^2 \tau^2}{8m}$$

(3) 微观上导体中电子数为 $N = n \cdot 2\pi rS$,τ 时间内损失的总动能为 $E_k = NE_{km}$。电子损失的动能表现为宏观上导体发热。τ 时间内的焦耳热已由(1)求得,根据 $E_k = Q$ 求得 $\rho = \frac{2m}{ne^2 \tau}$。

12. (1) $B(t) = \mu_0 n(kt + I_0)$。

(2) $E_A = E_D = \frac{\mu_0 nkl}{4}$,逆时针方向;$E_B = E_C = \frac{\mu_0 nkl}{2}$,逆时针方向。

(3) $E_{AB} = E_{CD} = 0$,AD 边电动势为 $\frac{\sqrt{3}\mu_0 nkl^2}{16}$,$BC$ 边电动势为 $\frac{\sqrt{3}\mu_0 nkl^2}{4}$,整个回路电动势为 $\frac{3\sqrt{3}\mu_0 nkl^2}{16}$,均为逆时针方向。

提示 (1) 通电螺线管内部磁感应强度 $B(t) = \mu_0 nI = \mu_0 n(kt + I_0)$。

(2) 距离轴线 r 处,有 $2\pi r \cdot E = \mu_0 nk \cdot \pi r^2$,得 $E = \frac{1}{2}\mu_0 nkr$。

(3) 在三角形 OAD 中,边总感生电动势为 $\frac{\sqrt{3}\mu_0 nkl^2}{16}$,但 OA、OD 不分配电动势,由此得 AD 边电动势为 $\frac{\sqrt{3}\mu_0 nkl^2}{16}$,同理,$BC$ 边电动势为 $\frac{\sqrt{3}\mu_0 nkl^2}{4}$。

13. $E_{AP} = \dfrac{\sqrt{2}}{4}KRx$，$\dfrac{1}{2}KR^2\left(1+\arctan\dfrac{x-\sqrt{2}R}{x}\right)$。

提示 （1）若 P 在圆内，则

$$E_{AP} = S_{\triangle OAP} \cdot \dfrac{\Delta B}{\Delta t} = \dfrac{1}{2}Rx\sin\alpha \cdot K = \dfrac{\sqrt{2}}{4}KRx$$

（2）若 P 在圆外，连接 OP、OC，因感应电场为涡旋电场，故沿半径方向没有电势差。如图 4.2.22 所示，在三角形 CPO 内，有

$$\dfrac{R}{\sin(\alpha-\beta)} = \dfrac{x-\sqrt{2}R}{\sin\beta}$$

得

$$\beta = \arctan\dfrac{x-\sqrt{2}R}{x}$$

AP 段的电动势为

$$E_{AP} = \left(\dfrac{R^2}{2} + \dfrac{\beta}{2\pi}\cdot\pi R^2\right)\dfrac{\Delta B}{\Delta t} = \dfrac{1}{2}KR^2(1+\beta)$$

$$= \dfrac{1}{2}KR^2\left(1+\arctan\dfrac{x-\sqrt{2}R}{x}\right)$$

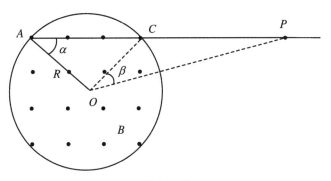

图 4.2.22

4.3 电磁感应与电路

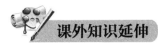

电磁感应与电路知识结合，实际问题的呈现形式多种多样，概括来说可以分为两类：第一类是电路本身的计算，如含容电路、复杂电路的简化；第二类是力电综合问题，需要在受力分析和电路分析的基础上综合运用牛顿第二定律、动能定理、动量定理、法拉第电磁感应定

律、闭合电路的欧姆定律等知识来解决问题。

电磁感应与电路结合的问题中,电流强度与电量往往是联系力学、电学各模块知识的纽带,灵活计算电流强度或电量往往是解决复杂力电综合问题的突破口。

1. 电流强度的计算

(1) 直流电路中,一般用部分电路的欧姆定律或闭合电路的欧姆定律计算电流强度,电流强度 I 与电量 q 之间存在定量关系,即 $I = q/t$。

(2) 含容动态电路中,取 $\Delta t \to 0$,常用 $i = \dfrac{\Delta q}{\Delta t}$ 计算电流强度,可以理解为"电流强度为电量对时间的瞬时变化率"。

2. 电量的计算

(1) 在电磁感应问题中,若闭合回路的电阻为 R,回路中的感应电流为

$$i = \frac{e}{R} = -\frac{N}{R}\frac{d\Phi}{dt}$$

则一段时间内通过导体横截面的感应电荷的电量为

$$q = \int_{t_1}^{t_2} i\, dt = -\frac{N}{R}\int_{\Phi_1}^{\Phi_2} d\Phi = N\frac{\Phi_1 - \Phi_2}{R}$$

(2) 在导体棒变加速切割磁感线的问题中,一段时间内安培力对导体棒的冲量大小与通过导体横截面的电量 q 成正比,即

$$I_{\text{冲}} = \int_{t_1}^{t_2} BiL\, dt = BL\int_{t_1}^{t_2} i\, dt = BLq$$

核心问题讨论

1. 如何分析电磁感应中的动态电路问题?

在一个闭合的电路中,如果切割磁感线的导体棒做变加速运动,将会引起感应电动势、感应电流、安培力以及导体棒的速度、加速度、动能等一系列物理量的连锁动态变化。面对这类问题时,可以按照"电路分析→受力分析→力和运动的关系→动量和能量"的思路展开,进行系统的研究。

例题 1 如图 4.3.1 所示,MN、PQ 两条平行的光滑金属轨道与水平面成 θ 角固定,轨道间距离为 d。空间存在匀强磁场,磁场方向垂直于轨道平面向上,磁感应强度为 B。P、M 间接有阻值为 R 的电阻。质量为 m 的金属杆 ab 水平放置在轨道上由静止释放。金属杆的有效电阻为 r。轨道足够长且电阻不计,回路的自感忽略不计,重力加速度为 g。

(1) 求金属杆 ab 运动的收尾速度。

(2) 若将连接在导轨上端的电阻改换成电动势为 E、内阻为 R 的电源,电源正极与 M 端相连,负极与 P 端相连,求金属杆的收尾速度。

(3) 若将连接在导轨上端的电阻改换成电容值为 C 的电容器,求金属杆下滑的加速度大小。

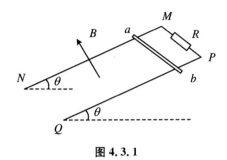

图 4.3.1

分析 本题中金属杆、导轨、电阻(或电源、电容器)构成一个简单回路,在电路分析、金属杆受力分析的基础上综合运用电磁感应、电路、力和运动的关系即可解决问题。值得注意的是,由于导轨上端连接的元件不同,电路中电流 i 的表达式不同。

解 (1) 金属杆沿导轨加速下滑时,沿导轨方向受力有重力分力和安培力。收尾时金属杆下滑速度稳定时,此方向受力平衡,则

$$mg\sin\theta = BI_1 d$$

其中 I_1 可进一步表示为

$$I_1 = \frac{E'}{R+r} = \frac{Bdv_1}{R+r}$$

整理得金属杆的收尾速度

$$v_1 = \frac{mg(R+r)\sin\theta}{B^2 d^2}$$

(2) 根据题意,稳定后金属杆的感应电动势 E' 大于导轨上端电源的电动势 E,当金属杆下滑速度稳定时满足

$$mg\sin\theta = BI_2 d$$

其中 I_2 可进一步表示为

$$I_2 = \frac{E'-E}{R+r} = \frac{Bdv_2 - E}{R+r}$$

整理得金属杆的收尾速度

$$v_2 = \frac{mg(R+r)\sin\theta}{B^2 d^2} + \frac{E}{Bd}$$

(3) 设金属杆向下滑行的速度为 v,则所产生的感应电动势为

$$E' = Bdv$$

电容器所带电量为

$$q = CE' = CBdv$$

电路中的瞬时电流大小为

$$i = \frac{dq}{dt} = CBd\frac{dv}{dt} = CBda$$

分析金属杆受力,根据牛顿第二定律列式

$$mg\sin\theta - Bid = ma$$

整理得金属杆的加速度

$$a = \frac{mg\sin\theta}{m + CB^2 d^2}$$

点拨 (1) 分析收尾速度的两种思路：

分析金属杆的收尾速度时，除了利用力和运动的关系（平衡条件），还可以根据能量转化来分析。以第 1 问为例，金属杆达到收尾速度后，重力的功率等于回路的电功率，即

$$mg\sin\theta \cdot v_1 = \frac{E'^2}{R + r} = \frac{(Bdv_1)^2}{R + r}$$

整理即得收尾速度 v_1 的解析式。

(2) 对于金属杆瞬时速度的探究：

在第 1 问的情境中，金属杆做变加速运动，若将任意时刻的瞬时速度记为 v，根据牛顿第二定律可以列式

$$mg\sin\theta - Bid = ma$$

将 $i = \frac{Bd}{R + r}v, a = \frac{dv}{dt}$ 代入，得

$$mg\sin\theta - \frac{B^2 d^2}{R + r}v = m\frac{dv}{dt}$$

令 $p = mg\sin\theta, q = \frac{B^2 d^2}{R + r}, k = m$，上述方程简化为

$$p - qv = k\frac{dv}{dt}$$

此方程的通解为

$$v = \frac{p}{q}(1 - e^{-\frac{q}{k}t})$$

将 p、q、k 的赋值代入，可得

$$v = \frac{mg(R + r)\sin\theta}{B^2 d^2}\left[1 - e^{-\frac{B^2 d^2}{m(R+r)}t}\right]$$

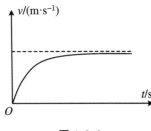

图 4.3.2

其 v-t 图如图 4.3.2 所示。当 $t \to \infty$ 时，$v = \frac{mg(R + r)\sin\theta}{B^2 d^2}$，此即为金属杆的收尾速度。

(3) 相似情景的类比：

高中物理中还有许多类似的情境，如雨滴下落、电容器充电、汽车恒功率启动、通电自感等，其暂态过程的研究方法类似。

① 雨滴下落问题：质量为 m 的雨滴无初速下落，所受空气阻力与速度成正比，根据牛顿第二定律可以列出动力学方程

$$mg - kv = m\frac{dv}{dt}$$

② 电容器充电问题：如图 4.3.3 所示，电源电动势为 E、内阻为 r，电容器的电容为 C，

电容器原来不带电。闭合开关后,电容器开始充电。

充电过程中,由闭合电路的欧姆定律得 $ir + u_C = E$,其中,$i = \dfrac{\mathrm{d}q}{\mathrm{d}t}$,$q = Cu_C$,整理得微分方程

$$E - u_C = rC\dfrac{\mathrm{d}u_C}{\mathrm{d}t}$$

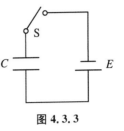

图 4.3.3

……

不难发现,上述暂态过程的方程都具备 $p - qv = k\dfrac{\mathrm{d}v}{\mathrm{d}t}$ 的形式,其通解 $v = \dfrac{p}{q}(1 - e^{-\frac{q}{k}t})$ 都是适用的,同学可以自行写出雨滴瞬时速度、电容器两极板间瞬时电压的解析式。

物理学蕴含着丰富的思想方法。同学们在学习高中物理时,要注意体会思想方法的具体应用和迁移,并思考以下两个问题:这个问题有哪些不同的方法可以解决?这个方法可以解决哪些不同的问题?梳理思想方法,有利于更系统地理解物理学规律。

2. 如何解决电磁感应中的简单电路问题?

所谓简单电路,并不是指该电路有多么简单,而是指应用串联电路知识和并联电路知识可以对电路进行分析,也就是说能说清楚电路中的各用电器之间是串联关系还是并联关系。这类题目往往应用高考内的知识就可以求解,侧重于考查电路相关知识,在强基考试中这类题目也常常出现。

例题 2 (2012年丰台一模)如图 4.3.4 所示,两足够长平行光滑的金属导轨 MN、PQ 相距 L,导轨平面与水平面的夹角为 α,导轨电阻不计。磁感应强度为 B 的匀强磁场垂直于导轨平面斜向上,长为 L 的金属棒 ab 垂直于 MN、PQ 放置在导轨上,且始终与导轨接触良好,金属棒的质量为 m、电阻为 R。两金属导轨的上端连接右侧电路,电路中 R_2 为一电阻箱,已知灯泡的电阻 $R_L = 4R$,定值电阻 $R_1 = 2R$,调节电阻箱使 $R_2 = 12R$,重力加速度为 g,闭合开关 S,现将金属棒由静止释放。

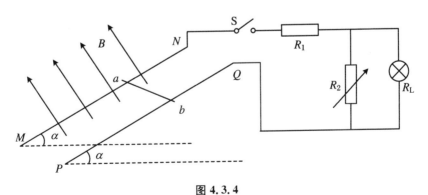

图 4.3.4

(1) 求金属棒下滑的最大速度 v_m。

(2) 当金属棒下滑距离为 s_0 时速度恰好达到最大,求金属棒由静止开始下滑 $2s_0$ 的过程中整个电路产生的电热。

(3) 改变电阻箱 R_2 的值,当 R_2 为何值时,金属棒匀速下滑时 R_2 消耗的功率最大？

分析 本题难度并不大,但综合性较强,前两问综合了力、电的常规知识,第 3 问侧重于对电路的考查。切割磁感线的部分相当于电源,该电路是简单电路,应用串联和并联的知识即可求解。

解 (1) 当金属棒匀速下滑时速度最大,达到最大时有

$$mg\sin\alpha = F_{安}, \quad F_{安} = \frac{B^2 L^2 v_m}{R_{总}}$$

其中 $R_{总} = 6R$。联立以上各式,得金属棒下滑的最大速度

$$v_m = \frac{6mgR\sin\alpha}{B^2 L^2}$$

(2) 方法一 由动能定理得

$$W_G - W_{安} = \frac{1}{2}mv_m^2$$

因为

$$W_G = 2mgs_0\sin\alpha, \quad W_{安} = Q$$

所以

$$Q = 2mgs_0\sin\alpha - \frac{1}{2}mv_m^2$$

结合第 1 问结果,得

$$Q = 2mgs_0\sin\alpha - \frac{18m^3 g^2 R^2 \sin^2\alpha}{B^4 L^4}$$

方法二 可用能量转化和守恒求解

$$mg \cdot 2s_0\sin\alpha = Q + \frac{1}{2}mv_m^2$$

再用第 1 问的结果可得

$$Q = 2mgs_0\sin\alpha - \frac{18m^3 g^2 R^2 \sin^2\alpha}{B^4 L^4}$$

(3) 金属棒匀速下滑,则

$$mg\sin\alpha = BIL$$

考虑到

$$P_2 = I_2^2 R_2, \quad I_2 = \frac{4R}{R_2 + 4R}I$$

联立上述各式,得

$$P_2 = \left[\frac{4Rmg\sin\alpha}{(R_2 + 4R)BL}\right]^2 R_2$$

可进一步化简成

$$P_2 = \frac{16R^2}{R_2 + 8R + \frac{16R^2}{R_2}} \left(\frac{mg\sin\alpha}{BL}\right)^2$$

应用均值不等式,当 $R_2 = \frac{16R^2}{R_2}$,即 $R_2 = 4R$ 时,R_2 消耗的功率最大。

点拨 (1) 缓慢调整电路电阻时,金属棒将保持匀速切割磁感线,处于平衡状态,满足 $mg\sin\alpha = BIL$。此时金属棒作为电源很特殊,输出的电流恒定,是一个恒流源。

(2) 根据例题 1 的结论,金属棒的速度随时间的变化关系为

$$v = \frac{6mgR\sin\theta}{B^2L^2}(1 - e^{-\frac{B^2L^2t}{6mR}})$$

也就是说金属棒需要经过无穷长的时间才能达到匀速。

例题 3 如图 4.3.5(a)所示,目字形轨道的每一短边的长度都等于 a,只有 4 根平行的短边有电阻,阻值都是 r,不计其他各边电阻。使导轨平面与水平面成夹角 θ 固定放置,如图(b)所示。一根质量为 m 的条形磁铁,其横截面是边长为 a 的正方形,磁铁与导轨间的动摩擦因数为 μ,磁铁与导轨间绝缘。假定导轨区域内的磁场全部集中在磁铁的端面,并可视为匀强磁场,磁感应强度为 B,方向垂直于导轨平面。开始时磁铁端面恰好与正方形 3 重合,现使其以某一初速度下滑,磁铁恰能匀速滑过正方形 2,直至磁铁端面恰好与正方形 1 重合。已知重力加速度为 g,求上述过程中:

(1) 磁铁运动经历的时间;
(2) 所有电阻消耗的电能。

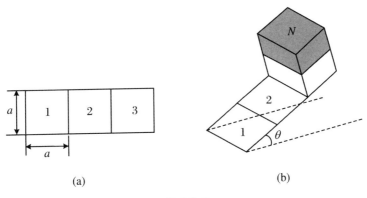

图 4.3.5

分析 本题的导线框并没有动,是磁场在动,导致导线框切割磁感线运动。每次只有目字形轨道的一条边切割磁感线,属于简单电路,可应用串联和并联的相关知识进行分析。

解 (1) 设磁铁匀速进入正方形 2 的速度为 v,等效电路如图 4.3.6 所示。

感应电动势为

$$E = Bav$$

总电阻为

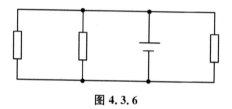

图 4.3.6

$$R = r + \frac{r}{3} = \frac{4}{3}r$$

感应电流为

$$I = \frac{E}{R} = \frac{3Bav}{4r}$$

切割磁感线的短边受到的安培力为

$$F = BIa = \frac{3B^2a^2v}{4r}$$

短边受到的安培力与磁铁受到的力是作用力与反作用力,根据平衡条件可得

$$mg\sin\theta = F + f$$

考虑到滑动摩擦力 $f = \mu mg\cos\theta$,可得

$$v = \frac{4mgr(\sin\theta - \mu\cos\theta)}{3B^2a^2}$$

当磁铁进入正方形 1 时,仍以速度 v 做匀速直线运动,整个过程中磁铁运动经历的时间 $t = \frac{2a}{v}$,解得

$$t = \frac{3B^2a^3}{2mgr(\sin\theta - \mu\cos\theta)}$$

(2) 根据能量守恒定律,得

$$mg \cdot 2a\sin\theta = \mu mg\cos\theta \cdot 2a + E$$

求出

$$E = mg \cdot 2a\sin\theta - \mu mg\cos\theta \cdot 2a$$

点拨 虽然上述第 2 问是求所有电阻消耗的电能,但是并没有必要应用串联和并联电路的知识进行求解,应用能量守恒定律求解将更方便。

例题 4 (2012 年东城二模)如图 4.3.7 所示,竖直平面内有足够长、不计电阻的两组平行光滑金属导轨,宽度均为 $L = 0.5$ m,上方连接一个阻值为 $R = 1$ Ω 的定值电阻,虚线下方的区域内存在垂直于纸面向里、磁感应强度为 $B = 2$ T 的匀强磁场。完全相同的两根金属杆 1 和 2 靠在导轨上,金属杆长与导轨等宽且与导轨接触良好,电阻均为 $r = 0.5$ Ω。将金属杆 1 固定在磁场的上边缘(仍在此磁场内),金属杆 2 从磁场边界上方 $h_0 = 0.8$ m 处由静止释放,进入磁场后恰做匀速运动。g 取 10 m/s²。

(1) 求金属杆的质量 m。

(2) 若金属杆 2 从磁场边界上方 $h_1 = 0.2$ m 处由静止释放,进入磁场下落一段距离后做匀速运动。在金属杆 2 加速的过程中整个回路产生了 1.4 J 的电热。求此过程中流过电阻 R 的电荷量 q。

（3）若金属杆 2 仍然从磁场边界上方 $h_1 = 0.2$ m 处由静止释放，在金属杆 2 进入磁场的同时释放金属杆 1，试求两根金属杆各自的最大速度。

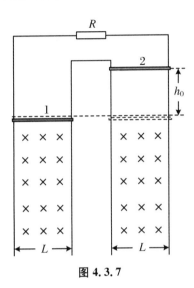

图 4.3.7

分析 金属杆 2 进入磁场后回路中有感应电流，两杆中电流相等，受安培力相同。第 2 问中金属杆 2 做加速运动，随速度增大，感应电流增大，安培力增大，直到安培力和重力相等时速度达到最大。第 3 问中在金属杆 2 进入磁场的同时释放金属杆 1，二者都向下做加速运动，同样安培力和重力相等时速度达到最大。

解 （1）金属杆 2 进入磁场前做自由落体运动，进入磁场的速度为

$$v_m = \sqrt{2gh_0} = 4 \text{ m/s}$$

金属杆 2 进入磁场后切割磁感线，感应电动势为 $E = BLv_m$，则感应电流为

$$I = \frac{E}{2r + R}$$

金属杆恰做匀速运动，受到的安培力和重力平衡，即 $mg = BIL$，解出

$$m = \frac{B^2 L^2 v_m}{(2r + R)g} = 0.2 \text{ kg}$$

（2）金属杆 2 自由下落 h_1，进入磁场，做加速运动，设金属杆 2 在磁场内下降 h_2 后达到匀速运动，在加速的过程中，部分机械能转化为电能产生电热，则

$$mg(h_1 + h_2) = \frac{1}{2}mv_m^2 + Q$$

可得

$$h_2 = \frac{mv_m^2 + 2Q}{2mg} - h_1 = 1.3 \text{ m}$$

金属杆 2 进入磁场到匀速运动的过程中

$$\overline{E} = \frac{\Delta \Phi}{\Delta t} = \frac{BLh_2}{\Delta t}, \quad \overline{I} = \frac{\overline{E}}{2r + R}$$

流过电阻的电量为

$$q = \overline{I} \cdot \Delta t = \frac{BLh_2}{2r + R} = 0.65\,\text{C}$$

(3) 金属杆 2 刚进入磁场时的速度为

$$v = \sqrt{2gh_1} = 2\,\text{m/s}$$

当两杆达到最大速度时,金属杆 1 和 2 产生的感应电动势为 $E_1 = BLv_1$,$E_2 = BLv_2$,感应电流为

$$I = \frac{E_1 + E_2}{2r + R}$$

达到最大速度时杆的重力等于安培力,即 $mg = BIL$,整理得

$$v_1 + v_2 = \frac{mg(2r + R)}{B^2 L^2}$$

代入数据,得

$$v_1 + v_2 = 4\,\text{m/s}$$

又因为 $v_1 - 0 = v_2 - v$,代入数据,得

$$v_2 - v_1 = 2\,\text{m/s}$$

所以

$$v_1 = 1\,\text{m/s}, \quad v_2 = 3\,\text{m/s}$$

点拨 本题的难点在于第 3 问,因为任何时刻两个金属杆受力情况相同,所以任何时刻两者的加速度也都相同,在相同时间内速度的增量也必相同,这是求解第 3 问的关键。

3. 如何解决电磁感应中的复杂电路问题?

当闭合电路的磁通量发生变化时,电路中若干导线组成的闭合回路都会产生感应电动势,这些电路很可能不能直接应用串联和并联电路的知识进行简化,就成了复杂电路。分析这类问题的一般步骤如下:① 明确电路中哪些支路中有感应电动势产生,并判定感应电流方向,如果无法直接作出判断,可以假设某个方向为正方向;② 画出等效电路图;③ 用基尔霍夫定律列方程求解,在求解过程中需要充分地考虑电路的对称性。

例题 5 (2007 年清华自招)用长度为 l、电阻为 R 的一段粗细均匀的金属丝做成圆环以及一条长度等于直径的弦。将圆环放入匀强磁场中,磁感应强度的方向垂直于环面向外,其大小按照规律 $B = kt(k > 0)$ 变化,如图 4.3.8 所示。求在金属丝中释放的热功率。

分析 穿过圆环的磁通量发生变化,环中产生感应电动势,其等效电路如图 4.3.9 所示。整个圆环的感应电动势为 E,左右半环的感应电动势都是 $E/2$。由于涡旋电场的电场线方向沿切线方向,直径 ab 中不产生电动势,由对称性可知直径 ab 中没有感应电流,识别电路时,这条直径可以拿掉。

解 等效电路如图 4.3.9 所示,直径 ab 中没有感应电流。根据几何关系得

$$d + \pi d = l$$

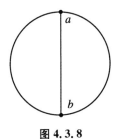

图 4.3.8

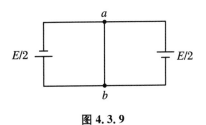

图 4.3.9

圆周的电阻为

$$R' = \frac{\pi d}{l}R = \frac{\pi R}{\pi + 1}$$

根据法拉第电磁感应定律,感生电动势为

$$E = \frac{\Delta \Phi}{\Delta t} = S \cdot \frac{\Delta B}{\Delta t} = k \cdot \frac{\pi d^2}{4}$$

电路的发热功率为

$$P = \frac{E^2}{R'} = \frac{\pi k^2 l^4}{16(\pi + 1)^3 R}$$

点拨 用本题的方法还可以讨论金属丝按不同方式放置的情况。当然,如果金属丝不放在直径的位置,那么金属丝中将有电流通过。

例题 6 半径为 a、电阻为 R 的均匀金属环内存在垂直于纸面向外的磁场,磁感应强度随时间均匀变化,即 $B = B_0 - kt$,$k > 0$,如图 4.3.10 所示。

(1) 用沿半径方向的导线将电压表($R_V \gg R$)接在 A、C 间(图中实线),圆弧 AC 对应的圆心角为 90°,求电压表示数。

(2) 若用沿图中虚线所示的导线连接电压表,求电压表示数。

(3) 撤去电压表,在圆环内放置半径为 b、电阻为 r 的同心小圆环,求圆环中的电流。

分析 本题的电路较为复杂,需要综合运用涡旋电场的特点(电场线沿切线方向、沿半径方向没有电动势)和基尔霍夫定律分析。

解 (1) 沿半径方向没有感生电动势,作出等效电路图,如图 4.3.11 所示。根据基尔霍夫定律列方程组

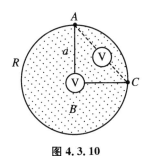

图 4.3.10

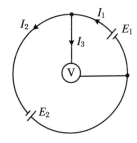

图 4.3.11

$$\begin{cases} E_1 + E_2 = k\pi a^2 = I_1 \cdot \dfrac{R}{4} + I_2 \cdot \dfrac{3}{4}R \\ E_1 = k \cdot \dfrac{\pi a^2}{4} = I_1 \cdot \dfrac{R}{4} + I_3 R_V \\ I_1 = I_2 + I_3 \end{cases}$$

解得

$$I_3 = 0$$

电压表读数为

$$U_V = I_3 R_V = 0$$

（2）作等效电路图，如图 4.3.12 所示。根据基尔霍夫定律列方程组

$$\begin{cases} E_1 + E_2 = k\pi a^2 = I_1 \cdot \dfrac{R}{4} + I_2 \cdot \dfrac{3}{4}R \\ E_1 + E_3 = k\left(\dfrac{\pi a^2}{4} - \dfrac{a^2}{2}\right) = I_1 \cdot \dfrac{R}{4} + I_3 \cdot R_V \\ I_1 = I_2 + I_3 \end{cases}$$

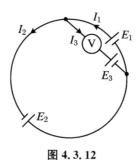

图 4.3.12

解得

$$I_3 = -\dfrac{8ka^2}{16R_V + 3R}$$

电压表读数为

$$U_V = |I_3| R_V = \dfrac{8ka^2 R_V}{16R_V + 3R}$$

（3）若放置同心小圆环，则感生电动势大小为 $E = k\pi b^2$，感应电流为

$$I = \dfrac{E}{r} = \dfrac{k\pi b^2}{r}$$

点拨 分析问题要抓住涡旋电场的特点：在与金属环同心的任意圆周上，涡旋电场沿切线方向；若沿半径方向搬运电荷，涡旋场力不做功，即沿半径方向没有电动势。另外，灵活选择回路，根据基尔霍夫定律列方程，是解决复杂电路问题的关键。

例题 7 （2001年第18届全国中学生物理竞赛复赛）如图 4.3.13 所示，均匀磁场的方向垂直于纸面向里，磁感应强度为 $B = B_0 - kt$（k 为大于 0 的常数）。现有两个完全相同的

均匀金属圆环相互交叠并固定在图示位置,环面处于图中纸面内。圆环的半径为 R、电阻为 r,相交点的电接触良好;两个环的接触点 A 与 C 间的劣弧对圆心 O 的张角为 $60°$。求 $t = t_0$ 时每个环所受的均匀磁场的作用力。(不考虑感应电流之间的作用。)

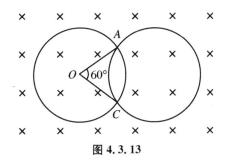

图 4.3.13

分析 本题的电路比较复杂,需要综合感生电动势、基尔霍夫定律求解。图中两交点之间的劣弧上,电流方向不好判断,可以假设为某个方向,最后根据计算结果的正负确定感应电流方向。

解 如图 4.3.14 所示,设各回路的感应电流均沿顺时针方向,由对称性可设优弧中电流记为 I_1,劣弧中电流记为 I_2。分析一个圆环,有

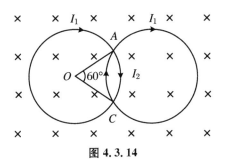

图 4.3.14

$$\pi R^2 \cdot k = \frac{5r}{6} I_1 + \frac{r}{6} I_2$$

分析两段劣弧组成的回路,有

$$2\left(\frac{1}{6}\pi R^2 - \frac{\sqrt{3}}{4}R^2\right) \cdot k = \frac{r}{3} I_2$$

整理得

$$I_1 = \frac{(10\pi + 3\sqrt{3})kR^2}{10r}, \quad I_2 = \frac{(2\pi - 3\sqrt{3})kR^2}{2r}$$

两个圆环受安培力大小相等,即

$$F = B(I_1 - I_2)R = \frac{9\sqrt{3}k(B_0 - kt_0)R^3}{5r}$$

方向沿连心线指向外侧。

点拨 本题的计算结果 $I_2 > 0$,说明假设的方向正确。计算圆环所受的安培力时,有效长度应该选两交点之间公共弦的长度。

习题实战演练

基础练习

1. 如图 4.3.15 所示,由粗细均匀的金属丝制成长方形导线框 *abcd*,已知 $ad = 2ab$,处于匀强磁场中。同种材料、同样规格的金属丝 *MN* 可与导线框保持良好的接触并做无摩擦滑动。*MN* 在外力作用下从导线框左端向右匀速运动到右端的过程中,导线框消耗的电功率的变化情况是 ( )

　　A. 始终增大　　　　　　　　　　B. 先增大后减小
　　C. 先减小后增大　　　　　　　　D. 增大减小,再增大再减小

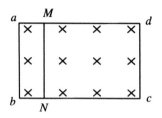

图 4.3.15

2. 用相同导线绕制的边长为 *L* 或 2*L* 的四个闭合导体线框,以相同的速度匀速进入右侧匀强磁场,如图 4.3.16 所示。线框进入磁场的过程中,*M*、*N* 两点间的电压分别为 U_a、U_b、U_c 和 U_d。下列判断中正确的是 ( )

　　A. $U_a < U_b < U_c < U_d$　　　　　　B. $U_a < U_b < U_d < U_c$
　　C. $U_a = U_b < U_c = U_d$　　　　　　D. $U_b < U_a < U_d < U_c$

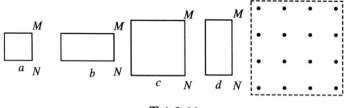

图 4.3.16

3. (2011 年华约卷)如图 4.3.17 所示,空间某区域内存在着匀强磁场,磁场的上下边界水平,方向与竖直平面(纸面)垂直;两个由完全相同的导线制成的刚性线框 *a* 和 *b*,其形状分别是周长为 4*l* 的正方形和周长为 6*l* 的矩形。线框 *a* 和 *b* 在竖直平面内从图示位置自由下落。若从开始下落到线框完全离开磁场的过程中安培力对两线框的冲量分别为 I_a、I_b,则 $I_a : I_b$ 为 ( )

　　A. 3 : 8　　　　B. 1 : 2　　　　C. 1 : 1　　　　D. 3 : 2

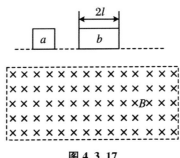

图 4.3.17

4. 在图 4.3.18(a)、(b)、(c)中,除导体棒 ab 可动外,其余部分均固定不动,图(a)中的电容器 C 原来不带电。设导体棒、导轨和直流电源的电阻均可忽略,导体棒和导轨间的摩擦也不计,图中装置均在水平面内,且都处于方向垂直于水平面向下的匀强磁场中,导轨足够长。现给导体棒 ab 一个向右的初速度 v_0,在三种情形下导体棒 ab 的最终运动状态是 （　　）

A. 导体棒 ab 最终都做匀速运动
B. 图(a)、(c)中 ab 棒最终将以不同的速度做匀速运动；图(b)中 ab 棒最终静止
C. 图(a)、(c)中 ab 棒最终将以相同的速度做匀速运动；图(b)中 ab 棒最终静止
D. 导体棒 ab 最终都静止

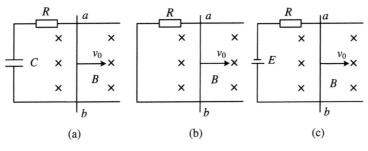

图 4.3.18

5. (2011 年江苏卷)如图 4.3.19 所示,水平面内有一平行金属导轨,导轨光滑且电阻不计。匀强磁场与导轨平面垂直。阻值为 R 的导体棒垂直于导轨静止放置,且与导轨接触良好。$t=0$ 时,将开关 S 由 1 掷到 2。q、i、v 和 a 分别表示电容器所带的电荷量、棒中的电流、棒的速度和加速度。下列选项中正确的是 （　　）

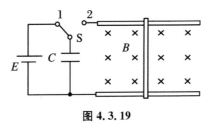

图 4.3.19

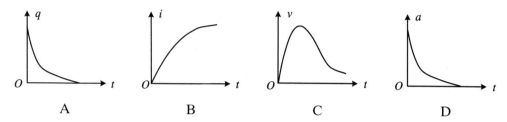

6. 图 4.3.20 所示为一种磁性加热装置,其关键部分是将 n 根间距相等的平行金属条两端焊接在两个等大的金属圆环上,呈鼠笼状。每根金属条的长度为 l,电阻为 R,金属环的直径为 D、电阻不计。图中虚线所示的空间范围内存在着磁感应强度为 B 的匀强磁场,磁场的宽度恰好等于"鼠笼"金属条的间距,当金属环以角速度 ω 绕过两圆环的圆心的轴 OO' 旋转时,始终有一根金属条在垂直切割磁感线。"鼠笼"的转动由一台电动机带动,这套设备的效率为 η,求电动机输出的机械功率。

7. 如图 4.3.21 所示,固定在绝缘水平面上的平行导轨 MN、PQ 之间的距离为 L,导轨间有磁感应强度为 B、垂直于纸面向里的匀强磁场。左端接有阻值为 R 的电阻,右端接有电容为 C 的电容器。长为 $2L$ 的金属棒 ab 开始位置如图中直线所示,b 端在 PQ 上,现使 ab 以 b 为轴,以角速度 ω 顺时针转动 $90°$,求该过程中通过电阻的电荷量。(导轨足够长,导轨和金属棒的电阻不计。)

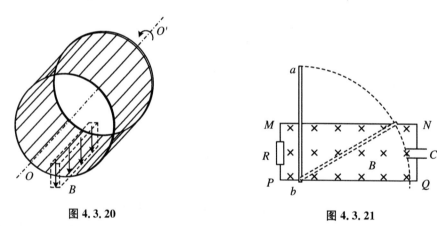

图 4.3.20   图 4.3.21

8. (2008 年上海卷)如图 4.3.22 所示,竖直平面内有一半径为 r、电阻为 R_1、粗细均匀的光滑半圆形金属环,在 M、N 处与距离为 $2r$、电阻不计的平行光滑金属导轨 ME、NF 相接,E、F 之间接有电阻 R_2,已知 $R_1 = 12R$,$R_2 = 4R$。在 MN 上方和 CD 下方有水平方向的匀强磁场 I 和 II,磁感应强度大小均为 B。现有质量为 m、电阻不计的导体棒 ab,从半圆环的最高点 A 处由静止下落,在下落过程中导体棒始终保持水平,与半圆形金属环和轨道接触良好,设平行导轨足够长。已知导体棒下落 $r/2$ 时的速度大小为 v_1,下落到 MN 处时的速度大小为 v_2。

(1) 求导体棒 ab 从 A 处下落 $r/2$ 时的加速度大小。

(2) 若导体棒 ab 进入磁场 II 后棒中电流大小始终不变,求磁场 I 和 II 之间的距离 h 和

R_2 上的电功率 P_2。

(3) 若将磁场 Ⅱ 的 CD 边界略微下移,导体棒 ab 进入磁场 Ⅱ 时的速度大小为 v_3,要使其在外力 F 作用下做匀加速直线运动,加速度大小为 a,求所加外力 F 随时间变化的关系式。

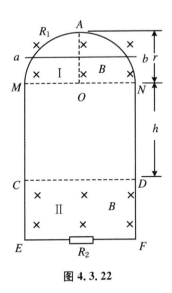

图 4.3.22

提 高 练 习

9. (2006 年北大自招)如图 4.3.23 所示,在水平桌面放着长方形线圈 $abcd$,已知 ab 边长为 l_1,bc 边长为 l_2,线圈总电阻为 R,ab 边正好指向正北方。现将线圈以南北连线为轴翻转 $180°$,使 ab 边与 cd 边互换位置,在翻转的全过程中,测得通过导线的总电量为 Q_1;然后维持 ad 边(东西方向)不动,将该线圈绕 ad 边转 $90°$,使之竖直,测得此过程中流过导线的总电量为 Q_2,求该处地磁场的磁感应强度 B。

10. 在半径为 a 的细长螺线管中,均匀磁场的磁感应强度随时间均匀增大,即 $B = B_0 + bt$。一均匀导线弯成等腰梯形闭合回路 $ABCDA$,上底长为 a,下底长为 $2a$,总电阻为 R,放置如图 4.3.24 所示。已知 $BA = AD = CD$,试求梯形上 B、C 两点间的电势差 U_{BC} 的值。

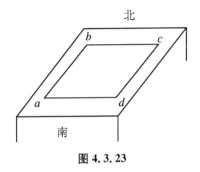

图 4.3.23

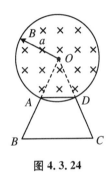

图 4.3.24

11. 如图 4.3.25 所示,导线框 ecdf 平行于纸面放置,acdb 区域存在匀强磁场,磁感应强度随时间 t 的变化关系为 $B = kt$($k>0$ 且为常数)。为了讨论简单,假设 $ec = 2ac = 2cd = 2l$,ac、cd、db 段的电阻值均为 r,bfea 段的电阻值共为 R。

(1) 画出等效电路图。

(2) 计算 a、b 两点间的电势差 U_{ab}。

(3) 求出 $U_{ab}>0$ 的条件。

12. (1990 年第 7 届全国中学生物理竞赛决赛)两根长度相等、材料相同、电阻分别为 R 和 2R 的细导线围成一个直径为 D 的圆环,P、Q 为其两个接点,如图 4.3.26 所示。在圆环围成的区域内,存在垂直于圆面、指向纸内的匀强磁场,磁感应强度的大小随时间增大,变化率为恒定值 b。已知圆环中的感应电动势是均匀分布的,设 M、N 为圆环上的两点,M、N 间的弧长为半圆弧 PMNQ 的一半,试求这两点间的电势差 U_{MN}。

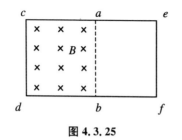

图 4.3.25

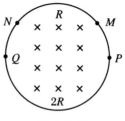

图 4.3.26

13. (2000 年第 17 届全国中学生物理竞赛预赛)如图 4.3.27 所示,在正方形导线回路所围的区域 $A_1A_2A_3A_4$ 内分布有方向垂直于回路平面向里的匀强磁场,磁感应强度 B 随时间以恒定的变化率增大,回路中的感应电流为 $I = 1.0$ mA。已知 A_1A_2、A_3A_4 两边的电阻皆为零;A_4A_1 边的电阻 $R_1 = 3.0$ kΩ,A_2A_3 边的电阻 $R_2 = 7.0$ kΩ。

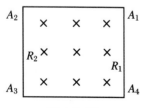

图 4.3.27

(1) 试求 A_1 与 A_2 两点间的电压 U_{12}、A_2 与 A_3 两点间的电压 U_{23}、A_3 与 A_4 两点间的电压 U_{34}、A_4 与 A_1 两点间的电压 U_{41}。

(2) 若一内阻可视为无限大的电压表 V 位于正方形导线回路所在的平面内,其正负端与连线位置分别如图 4.3.28(a)~(c)所示,求三种情况下电压表的读数 U_1、U_2、U_3。

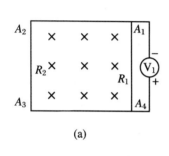

(a)

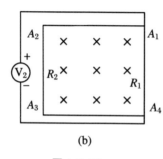

(b)

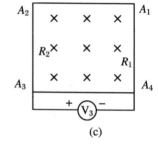

(c)

图 4.3.28

《参考答案》

1. D。
2. B。
3. A。
4. B。
5. D。

提示 $i = \dfrac{\dfrac{q}{C} - Blv}{R}$，$q$ 减小，v 增大，i 是减函数；当 $\dfrac{q}{C} = Blv$ 时 $i = 0$，安培力也为零，此时 $q \neq 0$；导体棒先加速后匀速，不可能减速；$Bl \cdot \dfrac{\dfrac{q}{C} - Blv}{R} = ma$，$a$ 逐渐减小到零。

6. $P = \dfrac{(n-1)B^2 l^2 \omega^2 D^2}{4n\eta R}$。

7. $BL^2 \left(2\omega C + \dfrac{\sqrt{3}}{2R} \right)$。

8. (1) $a = g - \dfrac{3B^2 r^2 v_1}{4Rm}$；(2) $h = \dfrac{9R^2 g m^2}{32B^4 r^4} - \dfrac{v_2^2}{2g}$，$P_2 = \dfrac{9R^2 g^2 m^2}{16B^2 r^2}$；(3) $F = ma - mg + \dfrac{4B^2 r^2 (v_3 + at)}{3R}$。

提示 (1) 下落 $r/2$ 时，$E_1 = \sqrt{3} B r v_1$，$R_{总1} = 4R$。根据牛顿第二定律，有
$$mg - F_1 = ma$$
其中
$$F_1 = \dfrac{3B^2 r^2 v_1}{4R}$$
解得
$$a = g - \dfrac{3B^2 r^2 v_1}{4Rm}$$

(2) 导体棒 ab 在磁场 I 和 II 之间时，$E_2 = 2Brv$，$R_{总2} = 3R$，$I_2 = \dfrac{3}{4} \cdot \dfrac{2Brv}{3R}$，所以
$$P_2 = I_2^2 R_2 = \dfrac{B^2 r^2 v^2}{R} = \dfrac{9R^2 g^2 m^2}{16B^2 r^2}$$
根据
$$mg = \dfrac{4B^2 r^2 v}{3R}, \quad v^2 - v_2^2 = 2gh$$
求得
$$h = \dfrac{9R^2 g m^2}{32B^4 r^4} - \dfrac{v_2^2}{2g}$$

(3) 根据牛顿第二定律,有

$$F + mg - \frac{4B^2 r^2 v}{3R} = ma$$

从而得解。

9. 在北半球,$B = \frac{R}{l_1 l_2}\sqrt{\frac{Q_1^2}{2} + Q_1 Q_2 + Q_2^2}$,与水平面的夹角为 $\arctan \frac{Q_1}{Q_1 + 2Q_2}$,方向斜向下;在南半球,$B = \frac{R}{l_1 l_2}\sqrt{\frac{Q_1^2}{2} - Q_1 Q_2 + Q_2^2}$,与水平面的夹角为 $\arctan \frac{Q_1}{2Q_2 - Q_1}$,方向斜向上。

提示 地磁场有竖直分量 B_1 和水平分量 B_2,在北半球 B_1 竖直向下,在南半球 B_1 竖直向上,需要分类讨论。

① 在北半球,对地磁场 B 的分析如图 4.3.29 所示。

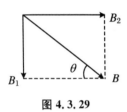

图 4.3.29

第一次翻转过程中初磁通量 $\Phi_1 = B_1 l_1 l_2$,末磁通量 $\Phi_2 = -B_1 l_1 l_2$,故

$$Q_1 = \bar{I} \cdot \Delta t = \frac{2B_1 l_1 l_2}{R \cdot \Delta t} \cdot \Delta t = \frac{2B_1 l_1 l_2}{R}$$

求得

$$B_1 = \frac{Q_1 R}{2 l_1 l_2}$$

同理,第二次翻转过程中

$$Q_2 = \frac{(B_1 - B_2) l_1 l_2}{R}$$

所以

$$B_2 = \frac{R}{l_1 l_2}\left(\frac{Q_1}{2} + Q_2\right)$$

再根据 $B = \sqrt{B_1^2 + B_2^2}$,$\tan \theta = \frac{B_1}{B_2}$ 求解。

② 在南半球,对地磁场 B 的分析如图 4.3.30 所示。同理得

$$B_1 = \frac{Q_1 R}{2 l_1 l_2}, \quad B_2 = \frac{R}{l_1 l_2}\left(Q_2 - \frac{Q_1}{2}\right)$$

故

$$B = \frac{R}{l_1 l_2}\sqrt{\frac{Q_1^2}{2} - Q_1 Q_2 + Q_2^2}, \quad \tan \theta = \frac{B_1}{B_2} = \frac{Q_1}{2Q_2 - Q_1}$$

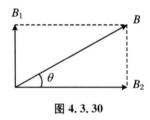

图 4.3.30

10. $U_{BC} = -\frac{\sqrt{3} + \pi}{10} ba^2$。

提示 根据法拉第电磁感应定律,可得梯形回路的电动势为

$$E = \left(\frac{1}{6}\pi - \frac{\sqrt{3}}{4}\right) b \cdot a^2$$

第4章 电磁感应

等效电路如图4.3.31所示,设总电阻为 R,由欧姆定律得

$$I = \frac{E}{R}$$

由基尔霍夫定律得

$$U_{BC} = I \cdot \frac{2}{5}R - E_{CB} = -\frac{\sqrt{3}+\pi}{10}ba^2$$

11. (1) 等效电路如图4.3.32所示;(2) $U_{ab} = \frac{kl^2}{4} - \frac{kl^2 R}{3r+R}$;(3) $r > R$。

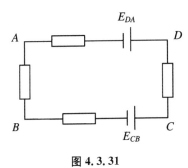

图4.3.31　　　　　　　　　　图4.3.32

提示　根据法拉第电磁感应定律,整个回路的电动势为

$$E = kl^2$$

根据对称性,可知

$$E_2 = \frac{E}{4} = \frac{kl^2}{4}$$

根据等效电路图,可得

$$I = \frac{E}{3r+R} = \frac{kl^2}{3r+R}$$

又因为

$$U_{ab} = E_2 - IR$$

所以

$$U_{ab} = \frac{kl^2}{4} - \frac{kl^2 R}{3r+R}$$

12. $U_{MN} = -\frac{1}{48}\pi D^2 b$。

提示　根据电磁感应定律,整个圆环电动势均匀分布于整个环路,大小为

$$E = \frac{\Delta \Phi}{\Delta t} = \frac{1}{4}\pi D^2 b$$

M、N两点之间的电压

$$U_M - U_N = \frac{3}{4}E - I\left(2R + \frac{R}{2}\right)$$

其中 $I = \frac{E}{R+2R}$。

联立上述各式可求解。

13. (1) $U_{12} = -2.5\,\text{V}, U_{23} = 4.5\,\text{V}, U_{34} = -2.5\,\text{V}, U_{41} = 0.5\,\text{V}$；(2) $U_1 = 3\,\text{V}, U_2 = 7\,\text{V}, U_3 = 0$。

提示 (1) 感应电流沿逆时针方向，电动势 $E = 10\,\text{V}$，回路电流

$$I = \frac{E}{R_1 + R_2}$$

等效电路如图 4.3.33 所示，各边的电动势相等，均为 $E/4 = 2.5\,\text{V}$。

由图 4.3.33 可知

$U_{12} = -E/4 = -2.5\,\text{V}, \quad U_{23} = IR_2 - E/4 = 4.5\,\text{V}$

$U_{34} = -2.5\,\text{V}, \quad U_{41} = IR_1 - E/4 = 0.5\,\text{V}$

(2) 等效电路如图 4.3.34 所示，由于电压表内阻无限大，$I_V \approx 0$，接入电压表不影响原电路电流分布。

如图 4.3.34(a) 所示，对于 $A_1 A_4$ 与电压表构成的回路，有

$$\varphi_4 + E/4 - IR_1 + U_V - E/4 = \varphi_4$$

得 $U_V = 3\,\text{V}$。

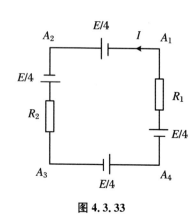

图 4.3.33

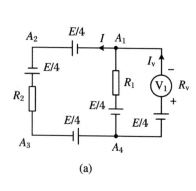

(a)

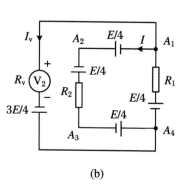

(b)

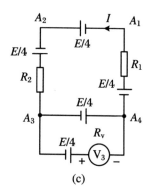

(c)

图 4.3.34

如图 4.3.34(b) 所示，对于 $A_1 A_4$ 与电压表构成的回路，有

$$\varphi_4 + E/4 - IR_1 - U_V + 3E/4 = \varphi_4$$

得 $U_V = 7\,\text{V}$。

如图 4.3.34(c) 所示，对于 $A_3 A_4$ 与电压表构成的回路，有

$$\varphi_3 + E/4 + U_V - E/4 = \varphi_3$$

得 $U_V = 0$。

4.4 自感和互感

1. 自感现象与自感电动势

（1）自感现象

电流流过线圈时，其磁场给线圈自身提供磁通量。当通过一个线圈的电流发生变化时，电流激发的磁场将随之变化，从而使通过线圈自身的磁通量改变，使线圈自身产生感应电动势。这种由自身电流变化引起的电磁感应现象称为自感现象。

如图 4.4.1 所示，闭合开关，电路达到稳定时，灯泡正常发光。当断开开关时，在线圈和灯泡构成的闭合回路中，电流发生变化，导致回路的磁通量发生变化，线圈中产生自感电动势，于是可能观察到灯泡会短暂闪亮一下再熄灭。

（2）自感电动势

自感现象中的感生电动势称为自感电动势。自感电动势的大小和方向同样可以根据法拉第电磁感应定律和楞次定律来判断。

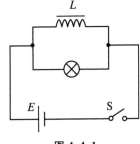

图 4.4.1

考虑一个闭合回路，当通过电流时，根据毕奥-萨伐尔定律，穿过该闭合回路的磁通量 Φ 与其电流强度 I 成正比，记 $\Phi = LI$，则自感电动势可写作

$$E_{自} = -L\frac{\mathrm{d}i}{\mathrm{d}t}$$

式中负号表示自感电动势的方向。比例系数 L 称为自感系数，简称自感。自感系数的大小与线圈单位长度的匝数、粗细、绕法、有无铁芯等因素有关。由上式可知，电流变化率相同时，自感系数越大，线圈产生的自感电动势越大，自感作用越强。

（3）自感的应用和危害

自感现象广泛应用于电工、无线电等技术中。例如，由于自感现象表现为阻碍电流的变化，电路中可以利用线圈来稳定电流；将线圈与电容器组合，可构成谐振电路或滤波器，可应用于无线电设备中。作为一个常见的具体例子，日光灯的镇流器就是一个自感系数很大的有铁芯的线圈。

自感现象有时也会带来危害，在供电系统中切断载有强大电流的电路时，由于电路中自感元件的作用，开关处会出现强烈的电弧，导致开关烧毁，甚至造成火灾等事故，因此切断大电流电路时须使用带有灭弧结构的特殊开关。

2. 互感现象与互感电动势

（1）互感电动势

如图 4.4.2 所示，其中一个线圈中电流发生变化时其激发的磁场发生改变，从而在邻近的另一个线圈中产生感应电动势，这种现场称为互感现象，对应的感生电动势称为互感电动势。

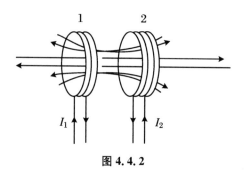

图 4.4.2

（2）互感系数

当两线圈结构、相对位置及其周围介质分布不变时，线圈 1 中电流变化在线圈 2 中产生的互感电动势为 $E_{12} = M_{12}\dfrac{\Delta I_1}{\Delta t}$，线圈 2 中电流变化在线圈 1 中产生的互感电动势为 $E_{21} = M_{21}\dfrac{\Delta I_2}{\Delta t}$。

比例系数 M_{12} 和 M_{21} 为互感系数，单位与自感系数 L 相同，都是亨利（H）。互感系数的大小由线圈的形状、大小、匝数以及线圈之间的相对位置决定。理论和实验都可表明，互感系数 M_{12} 和 M_{21} 是相等的。

（3）互感的应用和危害

互感现象同样广泛应用于电工、无线电技术中，如各种变压器就是利用互感线圈进行能量或信息传递的。有时互感现象也会带来危害，应设法避免。例如，有线电话的两个电话机之间发生互感现象会导致串音，无线电设备中的导线间或器件间发生互感会妨碍正常工作，等等。

3. 磁场能

（1）自感储能

在图 4.4.1 所示的电路中，断开开关后，线圈与灯泡构成回路，在此回路中，线圈充当电源，通过做功把磁场能转化为电能。我们通过测量电源做功就可以得到线圈磁场的储能。

设某时刻回路的电流为 i，则此时线圈的自感电动势为

$$E_L = -L\dfrac{\mathrm{d}i}{\mathrm{d}t}$$

在 $\mathrm{d}t$ 时间内，线圈做的功为

$$\mathrm{d}W = iE_L\mathrm{d}t = -Li\,\mathrm{d}i$$

线圈做的总功为

$$W = -\int_I^0 Li\,\mathrm{d}i = \dfrac{1}{2}LI^2$$

通电线圈中磁场的能量为

$$E = W = \frac{1}{2}LI^2$$

(2) 磁场能量

磁场的性质常用磁感应强度来描述,那么,如何用磁感应强度来描述磁场能量呢? 为简单起见,以长直螺线管为例进行讨论。体积为 V 的长直螺线管的自感系数(将在本节例题中讲解)为

$$L = \mu n^2 V$$

当螺线管中通有电流 I 时,螺线管中磁场的磁感应强度为

$$B = \mu n I$$

螺线管内的磁场能量为

$$W_m = \frac{1}{2}LI^2 = \frac{1}{2}\mu n^2 V \left(\frac{B}{\mu n}\right)^2 = \frac{1}{2}\frac{B^2}{\mu}V$$

(3) 磁场能量密度

以长直螺线管为例,磁场能量与磁感应强度、磁导率和磁场所占的体积有关,即 $W_m = \frac{1}{2}\frac{B^2}{\mu}V$。由此又可得出单位体积磁场的能量——磁场能量密度为

$$w_m = \frac{W_m}{V} = \frac{B^2}{2\mu}$$

w_m 的单位为 $J \cdot m^{-3}$。上式表明,磁场能量密度与磁感应强度的二次方成正比。

上述磁场能量和磁场能量密度,虽然是从长直螺线管这一特例导出的,但是可以证明,在任意的磁场中磁场能量和能量密度都满足这样的规律。

核心问题讨论

1. 如何分析有自感线圈的动态电路问题?

根据楞次定律,可以判断出线圈自感电动势的方向。根据自感线圈在电路中的表现,可以形象地称之为"电磁惯性",阻碍自身磁通量的变化。当电路接通时,这种"阻碍"会体现为,流过线圈的电流缓慢增加,直至稳定。稳定后线圈相当于一根电阻丝(理想电感线圈电阻可视为 0)。同理,电路断开时,线圈产生的自感电动势的作用是阻碍电流的减小,此时若还能构成闭合回路,则线圈内电流会缓慢减小至零。线圈 L 越大,阻碍能力越强,所在支路电流变化越慢。若 L 很大,则可以产生很大的自感电动势,具有实际的应用价值。

例题 1 (2017 年北京卷)图 4.4.3(a)、(b)是教材中演示自感现象的两个电路图,L_1 和 L_2 为电感线圈。实验中,断开开关 S_1 瞬间,灯 A_1 突然闪亮,随后逐渐变暗;闭合开关 S_2,灯 A_2 逐渐变亮,而另一个相同的灯 A_3 立即变亮,最终 A_2 与 A_3 的亮度相同。下列说法中正确的是 ( )

A. 图(a)中,A_1 与 L_1 的电阻值相同

B. 图(a)中,闭合 S_1,电路稳定后,A_1 中的电流大于 L_1 中的电流

C. 图(b)中,变阻器 R 与 L_2 的电阻值相同

D. 图(b)中,闭合 S_2 瞬间,L_2 中的电流与变阻器 R 中的电流相等

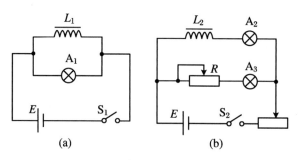

图 4.4.3

分析 本题结合实际情景,分析通断路瞬间,自感线圈对电路中电流的影响。不需要定量计算电路中的电流大小,但需要综合应用楞次定律、部分电路欧姆定律,进行定性和半定量分析即可求解。

解 图 4.4.3(a)所示电路中断开 S_1 的瞬间 A_1 灯闪亮,这是因为电路稳定时 A_1 的电流小于 L_1 的电流,可知 L_1 的电阻小于 A_1 的电阻,选项 A、B 均错误。

图 4.4.3(b)所示电路中,由于电路稳定时两只灯泡发光的亮度相同,两灯泡的功率相同,又两灯泡电阻相同,所以变阻器 R 与 L_2 的电阻值相同,故选项 C 正确。闭合 S_2 的瞬间 L_2 对电流有阻碍作用,所以 L_2 中的电流与变阻器 R 中的电流不相等,故选项 D 错误。

综上所述,本题选 C。

点拨 (1) 灯泡的亮暗反映的是灯泡所在支路的电流大小。可以通过分析电流是否突然增大,判断灯泡是否突然闪亮;通过分析两灯电流的关系,判断两灯是否同时熄灭。

(2) 对于本图(a)中的情景,当开关断开后,L_1 和 A_1 形成一个回路,设此回路某时刻的电流为 i,灯泡电阻为 R,电感线圈自感系数为 L、电阻为 r,应用基尔霍夫定律得

$$-E_L + i(R+r) = 0$$

将 $E_L = -L\dfrac{\mathrm{d}i}{\mathrm{d}t}$ 代入上式,可得

$$L\dfrac{\mathrm{d}i}{\mathrm{d}t} + i(R+r) = 0$$

利用初始条件 $\left(t = 0 \text{ 时}, I_0 = \dfrac{E}{R+r}\right)$,这一微分方程的解为

$$i = \dfrac{E}{R+r}\mathrm{e}^{-\frac{R+r}{L}t}$$

由此可以看出,断开开关后,电流随时间按指数规律减小,如图 4.4.4 所示。

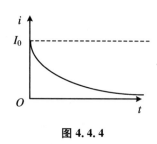

图 4.4.4

例题 2 (2016 年清华暑期学校)如图 4.4.5 所示的电路由直流电源 E、不计电阻的电感线圈 L、电阻 R 组成,下列说法中正确的是 ( )

A. 突然闭合开关，A 点电势比 B 点高
B. 闭合开关且稳定后，两点电势相等
C. 突然断开开关，A 点电势比 B 点高
D. 突然断开开关，A 点和 B 点电势相等

分析 本题分析通断电瞬间，自感线圈两侧电势高低变化，可将自感线圈等效为一个电源后再分析。

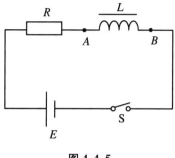

图 4.4.5

解 突然闭合开关，线圈自感电动势如图 4.4.6(a) 所示，可见 A 点电势比 B 点电势高，A 选项正确；闭合开关一段时间稳定后，线圈无自感电动势，且相当于一根导线，所以 A、B 两点电势相等，B 选项正确。

突然断开开关，线圈上自感电动势的方向如图 4.4.6(b) 所示，所以 A 点电势比 B 点电势低，C、D 选项均错误。

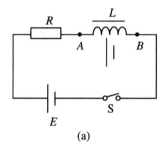 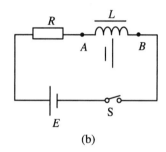

图 4.4.6

综上所述，本题选 A、B。

点拨 对于图 4.4.6(a) 所示的电路，当开关闭合后，某时刻电流为 i，由基尔霍夫定律得

$$-E - E_L + iR = 0$$

则

$$-\frac{di}{dt} - \frac{R}{L}i + \frac{E}{L} = 0$$

利用初始条件（$t = 0$ 时，$i = 0$），上述微分方程的解为

$$i = \frac{E}{R}(1 - e^{-\frac{R}{L}t})$$

上述函数的图像如图 4.4.7 所示，其最大值为 $\frac{E}{R}$。

图 4.4.7

例题 3 在图 4.4.8 所示的电路中，$E = 12$ V，$r = 1.0$ Ω，$R_1 = 2.0$ Ω，$R_2 = 9.0$ Ω，$R_3 = 15$ Ω，$L = 2.0$ H，线圈电阻不计。现让 S 先与 A 接通，当电路已经达到稳定后，然后迅速拨至 B。求自感线圈上可产生的最大自感电动势。

分析 S 接 A 并且电路已经达到稳定后，电路中具有稳恒电流 I。这时 S 再接 B，R_3、R_2 和 L 构成闭合回路，线圈相当于电源，回路中的电流从 I 开始逐渐变小。应用欧姆定律

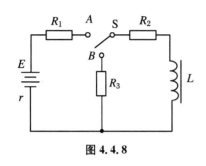

图 4.4.8

即可计算出此时的自感电动势，该电动势就是自感电动势的最大值。

解 S 接 A 时，当 L 中形成稳恒电流后，电流强度为

$$I = \frac{E}{r + R_1 + R_2} = 1\text{ A}$$

S 接 B 后，将 L 视为电源，S 接 B 的瞬间，回路中的电流强度仍然为 I，此时自感电动势为

$$E = I(R_2 + R_3) = 24\text{ V}$$

点拨 本题的解题关键在于：S 接 B 的瞬间，回路中的电流强度仍然为 I，应用欧姆定律即可求解。另外，还需要注意到，随着放电过程的进行，自感电动势在逐渐变小。

例题 4 如图 4.4.9 所示，一个中空的圆柱体的长度为 l，内径为 r，厚度为 d，其中 $l \gg r \gg d$，它由电阻率为 ρ 的材料制成。有一个随时间逐渐减小的电流 I 从切向通过该柱体，电流在柱体长度方向上总是均匀分布。假设柱体位置固定，在处理后面的问题时在柱体内为匀强磁场、外部磁场可忽略不计。

(1) 用通过圆柱体的电流、圆柱体的各种尺寸参数以及基本的物理常数写出其内部磁感应强度 B 的表达式。

(2) 给出沿柱体圆周方向的感应电动势 E（带正负号）与通过电流随时间的变化率 $\mathrm{d}I/\mathrm{d}t$、柱体的形状参数以及物理常数的关系式。

(3) 给出感应电动势 E（带正负号）与电流 I、电阻率 ρ 与柱体形状参数之间的关系。

(4) 当 $t=0$ 时的电流为 I_0，求此后任意时刻 $t>0$ 时的电流 $I(t)$。

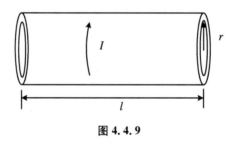

图 4.4.9

分析 显然，本题的难点在最后一问，前 3 问在为最后一问作铺垫，只有将前 3 问一步一步解决，才能求出最后一问的结果，而要求出前 3 问需要运用安培环路定理、法拉第电磁感应定律和基尔霍夫方程等知识。

解 (1) 根据安培环路定理得

$$B\Delta l = \mu_0 \cdot \frac{\Delta l}{l} I$$

解得

$$B = \mu_0 \cdot \frac{I}{l}$$

(2) 穿过中空的圆柱体的磁通量为

$$\Phi = BS = \mu_0 \cdot \frac{I}{l} \cdot \pi r^2$$

沿柱体圆周方向的感应电动势

$$E = -\frac{\mathrm{d}\Phi}{\mathrm{d}t} = -\frac{\mu_0 \cdot \pi r^2}{l} \cdot \frac{\mathrm{d}I}{\mathrm{d}t}$$

(3) 根据基尔霍夫定律得

$$E = I\rho \cdot \frac{2\pi r}{ld}$$

(4) 将 $E = -\frac{\mu_0 \cdot \pi r^2}{l} \cdot \frac{\mathrm{d}I}{\mathrm{d}t}$ 代入 $E = I\rho \cdot \frac{2\pi r}{ld}$,得

$$-\frac{\mu_0 \cdot \pi r^2}{l} \cdot \frac{\mathrm{d}I}{\mathrm{d}t} = I\rho \cdot \frac{2\pi r}{ld}$$

分离变量,得

$$\frac{\mathrm{d}I}{I} = -\frac{2\rho}{\mu_0 rd}\mathrm{d}t$$

解得

$$I = I_0 \mathrm{e}^{-\frac{2\rho}{\mu_0 rd}t}$$

点拨 本题考查的知识点较多,但属于常规模型。首先由安培环路定理求电流产生的磁场;然后由法拉第电磁感应定律求自感电动势;最后根据基尔霍夫方程求电流随时间的变化关系。

2. 如何计算典型模型的自感系数?

自感系数是回路的固有性质,取决于几何形状、尺寸以及周围介质的磁导率。考虑一个匝数为 N 的线圈,通常情况下,计算自感系数有两种方法:其一,记全磁通 $\Psi = N\Phi$,自感系数 $L = \Psi/I$;其二,根据 $E_{自} = -L\frac{\mathrm{d}I}{\mathrm{d}t}$,有 $L = -E_{自}/\frac{\mathrm{d}I}{\mathrm{d}t}$。

例题 5 图 4.4.10 所示为长直密绕螺线管,已知螺线管长度 l、横截面积 S、匝数 N、磁导率 μ,求其自感系数 L。(忽略边缘效应。)

分析 根据本题已知条件,应先设电流 I,根据安培环路定理求得螺线管内磁感应强度 B,再利用 $L = \Psi/I$ 求解。

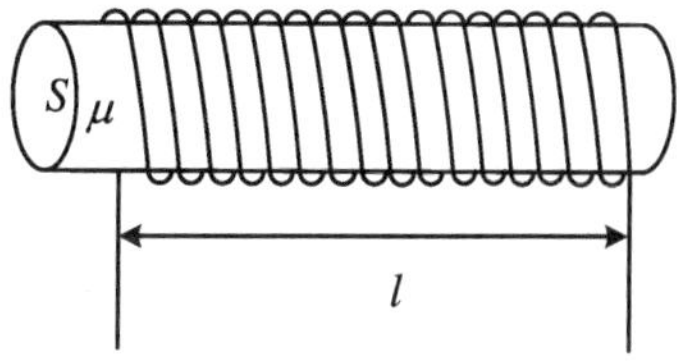

解 设螺线管中单位长度线圈的匝数为 n,则 $n = N/l$。根据安培环路定理,易得磁感应强度为

$$B = \mu n I$$

图 4.4.10

螺线管内为匀强磁场,则

$$\Psi = N\Phi = NBS = N\mu\frac{N}{l}IS$$

所以

$$L = \frac{\Psi}{I} = \mu \frac{N^2}{l} S$$

若引入体积 $V = lS$,则 $L = \mu n^2 V$。

点拨 如图 4.4.11 所示,图(a)为两个线圈 1 和 2。在无漏磁的情况下,若 1 尾与 2 头连接,则称之为顺接串联,如图(b)所示,此时总的自感系数为 $L = L_1 + L_2 + 2\sqrt{L_1 L_2}$;若 1 尾与 2 尾连接,则称之为反接串联,如图(c)所示,此时总的自感系数为 $L = L_1 + L_2 - 2\sqrt{L_1 L_2}$。

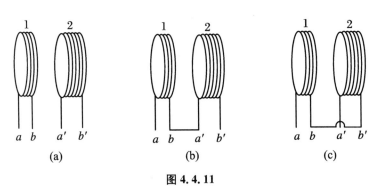

图 4.4.11

电阻箱中电阻(无感电阻)通常由电阻线绕制而成,为了避免绕组的自感影响电路,制作时采用双线绕法,相当于两线圈反接串联。

3. 如何处理与线圈磁场能相关的问题?

在自感电路里,接通直流电源,电流逐渐增加,在线圈内穿过的磁通量也逐渐增大,建立起磁场。在电流达到最大值前电源供给的能量将分成两部分:一部分消耗在线路的电阻上,转变为热能;另一部分克服自感电动势做功,转化为磁场能。如果线路上热能损耗很小,可以忽略不计,那么在电流达到最大值前,电源供应的能量将全部转化为磁场能。当电流达到最大值时,磁场能也达到最大。当电流达到最大值稳定时,自感电动势不再存在,电源不再供给电能。

例题 6 (2021 年清华强基)一个中间有铁芯的无限长直密绕螺线管接通电流后,在内部形成磁场,设中间的能量密度为 w_1。若把铁芯从中间断成两截,中间有一个很小的空隙,则空隙中的能量密度和周围铁芯中的能量密度分别为 w_2 和 w_3。已知铁芯的相对磁导率为 $\mu(\mu \gg 1)$,则 $w_1 : w_2 : w_3$ 为 ( )

A. $1 : 1 : 1$ B. $1 : 1 : 0.5$ C. $1 : \mu : 1$ D. $1 : \mu : 0.5$

分析 本题涉及磁场能量密度,需要应用 $w = \dfrac{B^2}{2\mu\mu_0}$ 公式求解。另外,还需注意,当铁芯从中间断成两截后,小空隙并不影响铁芯中磁感应强度大小,即磁感应强度具有连续性。

解 设单位长度内线圈的匝数为 n,则真空中无限长直密绕螺线管接通电流后的磁感应强度的表达式为

$$B = \mu_0 n I$$

则加入铁芯后

$$B = \mu\mu_0 nI$$

把铁芯从中间断成两截后,小空隙并不影响铁芯中磁感应强度大小,由磁感应强度的连续性可得空隙中的磁感应强度也为

$$B = \mu\mu_0 nI$$

又因为磁场的能量密度满足

$$w = \frac{B^2}{2\mu\mu_0}$$

铁芯部分的 $\mu \gg 1$,空隙中空气相对磁导率约为1,所以铁芯磁场能量密度小于空隙间的磁场能量密度。同时断裂前后的铁芯中磁感应强度基本没有变化,所以能量密度也不发生变化。故答案为 C。

点拨 自感系数不仅和线圈的几何形状以及密绕程度有关,还和线圈中放置铁芯或磁芯的性质有关,如果空心线圈的自感系数为 L_0,放置磁芯后,线圈的自感系数 L 将增大至 μ_e 倍,即 $L = \mu_e L_0$,式中 μ_e 为磁芯的有效磁导率,它和磁芯材料的相对导磁率 μ_r 有内在的联系。闭合的环形磁芯 μ_e 和 μ_r 数值相等。μ_e 和 μ_r 也有所区别,对棒形铁芯或包含有空气隙的环形磁芯来说,$\mu_e < \mu_r$。用 $\mu_r = 400$ 的锰锌铁氧体材料制作的天线磁棒,其 μ_e 常常不到 10。

基 础 练 习

1. 在图 4.4.12 所示的两个电路中,灯泡、电感线圈、电阻分别完全相同,电感线圈的自感系数足够大,且直流电阻不可忽略,闭合开关 S,待电路达到稳定后,灯泡均能发光。现将开关 S 断开,这两个电路中灯泡亮度的变化情况可能是 （   ）

A. 图(a)所示电路中灯泡将渐渐变暗

B. 图(a)所示电路中灯泡将先变得更亮,然后渐渐变暗

C. 图(b)所示电路中灯泡突然熄灭

D. 图(b)所示电路中灯泡将先变得更亮,然后渐渐变暗

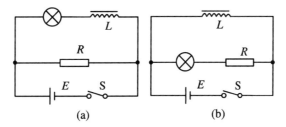

图 4.4.12

2. 如图 4.4.13 所示,A、B 是两个相同的小灯泡,L 是一个自感系数相当大的线圈,线圈电阻与定值电阻 R 的阻值相同。以下关于这个电路的说法中正确的是 ( )

A. 开关 S 闭合瞬间,A、B 两灯亮度相同
B. 开关 S 闭合,B 灯比 A 灯先亮
C. 开关 S 闭合,电路达到稳定后,断开开关 S 时,A、B 两灯同时熄灭
D. 开关 S 闭合,电路达到稳定后,断开开关 S 时,B 灯立即熄灭,A 灯稍迟熄灭

3. 如图 4.4.14 所示,E 为电池,L 是电阻不计、自感系数足够大的线圈,D_1、D_2 是两个规格相同的灯泡。对于这个电路,下列说法中正确的是 ( )

A. S 刚闭合时,D_1、D_2 同时亮
B. S 刚闭合时,D_1、D_2 不同时亮
C. 闭合 S 待电路达到稳定后,D_1 熄灭,D_2 比 S 刚闭合时亮
D. 闭合 S 待电路达到稳定后,再将 S 断开时,D_1 闪亮一下才熄灭,D_2 立即熄灭

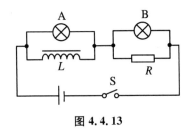

图 4.4.13

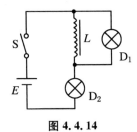

图 4.4.14

4. 图 4.4.15 所示是用电流传感器(相当于电流表,其电阻可以忽略不计)研究自感现象的实验电路,图中两个电阻的阻值均为 R,L 是一个自感系数足够大的自感线圈,其直流电阻值也为 R。图 4.4.16 是某同学画出的在 t_0 时刻开关 S 切换前后通过传感器的电流随时间变化的图像。关于这些图像,下列说法中正确的是 ( )

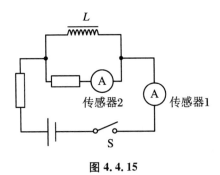

图 4.4.15

A. 图(a)所示是开关 S 由断开变为闭合时通过传感器 1 的电流随时间变化的情况
B. 图(b)所示是开关 S 由断开变为闭合时通过传感器 1 的电流随时间变化的情况
C. 图(c)所示是开关 S 由闭合变为断开时通过传感器 2 的电流随时间变化的情况
D. 图(d)所示是开关 S 由闭合变为断开时通过传感器 2 的电流随时间变化的情况

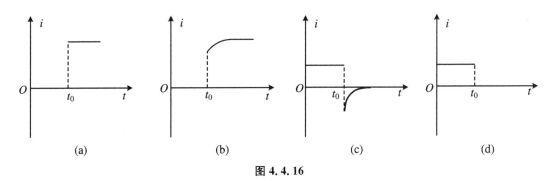

图 4.4.16

5. 在图 4.4.17 所示装置中,cd 杆原来静止。当 ab 杆做如下哪种运动时,cd 杆将向右运动? ( )

   A. 向右匀速运动　　　　　　　B. 向右加速运动
   C. 向左加速运动　　　　　　　D. 向左减速运动

6. 在制作精密电阻时,为消除使用过程中由电流变化引起的自感现象,采取了图 4.4.18 所示的双线绕法,其道理是 ( )

   A. 当电路中电流变化时,两股导线中产生的自感电动势互相抵消
   B. 当电路中电流变化时,两股导线中产生的感应电流互相抵消
   C. 两股导线中电流产生的磁通量互相抵消,电流变化也几乎无自感发生
   D. 以上说法均不正确

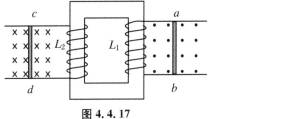

图 4.4.17　　　　　图 4.4.18

7. 目前手机的无线充电技术(图 4.4.19(a))已经成熟,其工作过程可简化为图(b)所示,A、B 两个线圈彼此靠近平行放置,当线圈 A 接通工作电源时,线圈 B 中会产生感应电动势,并对与其相连的手机电池充电。下列说法中正确的是 ( )

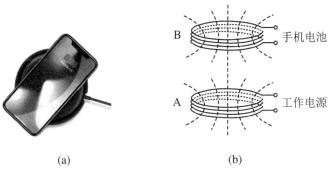

图 4.4.19

A. 只要线圈 A 中输入电流,线圈 B 中就会产生感应电动势

B. 若线圈 A 中输入变化的电流,则线圈 B 中产生的感应电动势也会发生变化

C. 线圈 A 中输入的电流越大,线圈 B 中感应电动势越大

D. 线圈 A 中输入的电流变化越快,线圈 B 中感应电动势越大

8. 如图 4.4.20 所示,三个灯泡 L_1、L_2、L_3 规格相同,螺线管和二极管的导通电阻可以忽略。竖直悬挂的线圈中心轴线与螺线管的轴线水平共线。现突然断开开关 S,将发生的现象是 ( )

A. L_1 逐渐熄灭,L_2、L_3 逐渐熄灭

B. L_1 逐渐熄灭,L_2 立即熄灭,L_3 先变亮后熄灭

C. 线圈向左摆动,并有收缩趋势

D. 从左向右看,线圈中的感应电流方向为逆时针

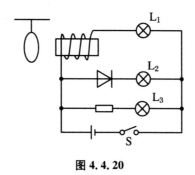

图 4.4.20

9. (2021 年北京卷) 类比是研究问题的常用方法。

(1) 情境 1:物体从静止开始下落,除受到重力作用外,还受到一个与运动方向相反的空气阻力 $f = kv$(k 为常量)的作用。其速率 v 随时间 t 的变化规律可用方程 $G - kv = m\dfrac{\Delta v}{\Delta t}$(①式)描述,其中 m 为物体的质量,G 为其重力。求物体下落的最大速率 v_m。

(2) 情境 2:如图 4.4.21(a) 所示,电源电动势为 E,线圈自感系数为 L,电路中的总电阻为 R。闭合开关 S,发现电路中电流 I 随时间 t 的变化规律与情境 1 中物体速率 v 随时间 t 的变化规律类似。类比①式,写出电流 I 随时间 t 变化的方程,并在图(b)中定性画出 I-t 图像。

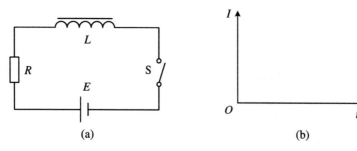

图 4.4.21

(3) 类比情境 1 和情境 2 中的能量转化情况,完成表 4.4.1。

表 4.4.1

情境 1	情境 2
物体重力势能的减少量	
物体动能的增加量	
	电阻 R 上消耗的电能

提 高 练 习

10. 由于接触不完善,在短路的超导螺线管里电流发生变化,这个电流产生的磁场的磁感应强度每小时减小 2%,螺线管的自感系数 $L=1\,\mathrm{H}$,求接触电阻 R。

11. 电感为 L 的线圈和电阻 R 并联,再通过开关 S 接到电动势为 E、内阻为 r 的电池上,如图 4.4.22 所示。开始开关 S 断开,电路中没有电流。求开关闭合后通过电阻的电量。(线圈电阻不计。)

12. (2007 年第 24 届全国中学生物理竞赛预赛)如图 4.4.23 所示,用双线密绕在一个长直圆柱上,形成两个螺线管线圈 aa' 和 bb' (分别以实线和虚线表示),已知两个线圈的自感都是 L。

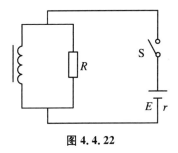

图 4.4.22

图 4.4.23

(1) 若把 a 与 b 两端相连,把 a' 和 b' 两端接入电路,这时两个线圈的总自感等于_____。

(2) 若把 b 与 a' 两端相连,把 a 和 b' 两端接入电路,这时两个线圈的总自感等于_____。

(3) 若把 a 与 b 两端相连作为一端,a' 与 b' 两端相连作为另一端,把这两端接入电路,这时两个线圈的总自感等于_____。

13. (2007 年第 24 届全国中学生物理竞赛复赛)图 4.4.24 中 Oxy 是位于水平光滑桌面上的直角坐标系,在 $x>0$ 的一侧,存在匀强磁场,磁场方向垂直于 Oxy 平面向里,磁感应强度的大小为 B。在 $x<0$ 的一侧,一边长分别为 l_1 和 l_2 的刚性矩形超导线框位于桌面上,框内无电流,框的一对边与 x 轴平行,线框的质量为 m,自感为 L。现让超导线框沿 x 轴方向以初速度 v_0 进入磁场区域,试定量地讨论以后线框可能发生的运动情况以及与初速度 v_0 大

小的关系。(线框始终保持超导状态。)

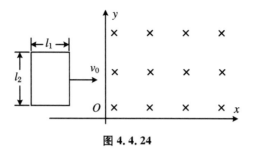

图 4.4.24

《参考答案》

1. AD。
2. D。
3. ACD。
4. BC。
5. BD。
6. C。
7. D。
8. BD。
9. (1) $v_\mathrm{m} = \dfrac{G}{k}$;(2) $E - RI = L\dfrac{\Delta I}{\Delta t}$,如图 4.4.25 所示;(3) 如表 4.4.2 所示。

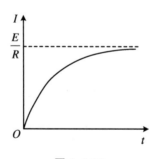

图 4.4.25

表 4.4.2

情境 1	情境 2
	电源提供的电能
	线圈磁场能的增加量
克服阻力做功消耗的机械能	

提示 (1) $G=kv_m$ 时物体下落速度达到最大；(2) 类比①式根据闭合电路欧姆定律即可求解。

10. 5.6×10^{-6} Ω。

提示 螺线管内磁感应强度 $B=\mu_0 nI$，即 B 与 I 成正比，故有

$$\frac{\Delta I}{I} = \frac{\Delta B}{B} = 2\%$$

对接触电阻，有

$$L\frac{\Delta I}{\Delta t} = IR$$

求得

$$R = \frac{L}{\Delta t}\cdot\frac{\Delta I}{I} = 5.6\times10^{-6}\ \Omega$$

11. $Q_R = \dfrac{LE}{Rr}$。

提示 闭合开关后线圈 L 与电阻 R 内电流分别记为 I_L、I_R，由于二者并联，故有

$$L\frac{dI_L}{dt} = I_R R$$

变形后，结合电量与电流的关系，有

$$L dI_L = dQ_R R$$

再结合线圈内电流的变化范围 $0\to\dfrac{E}{r}$，进行定积分，则

$$L\int_0^{E/r} dI_L = Q_R R$$

求得

$$Q_R = \frac{LE}{Rr}$$

12. (1) 0；(2) $4L$；(3) L。

提示 本题的关键在于判断两个线圈的连接方式。第一种情况为两个相同的线圈反接串联；第二种情况为两个相同的线圈顺接串联；第三种情况为两个相同的线圈并联，由于自感系数 $L=\mu_0 N^2 S/l$，两线圈并联，匝数、粗细、长度都不变，L 不变。

13. 有两种情况：① 若初速度 v_0 较小，线框进出磁场的运动为半个周期的简谐运动，振动方程为 $x=\dfrac{v_0}{Bl_2}\sqrt{mL}\sin\left(\dfrac{Bl_2}{\sqrt{mL}}t\right)$ $\left(0\leqslant t\leqslant \pi\sqrt{\dfrac{mL}{B^2 l_2^2}}\right)$，出磁场后以速度 v_0 向左运动。

② 若 $v_0 > \dfrac{Bl_1 l_2}{\sqrt{mL}}$，经时间 $t_1=\dfrac{\sqrt{mL}}{Bl_2}\arcsin\dfrac{Bl_1 l_2}{v_0\sqrt{mL}}$，线框能全部进入磁场，此后以速度 $v=\sqrt{v_0^2-\dfrac{B^2 l_1^2 l_2^2}{mL}}$ 向右运动。

提示 线框处于超导状态，则任意时刻

$$Bl_2 v = -L\frac{\Delta i}{\Delta t}$$

结合 $v = \dfrac{\Delta x}{\Delta t}$,得

$$\frac{\Delta i}{\Delta x} = -\frac{Bl_2}{L}$$

可见 i 与 x 成线性关系。结合 $x=0$ 时 $i=0$,得

$$i = -\frac{Bl_2}{L}x, \quad F = -\frac{B^2 l_2^2}{L}x$$

① 若初速度 v_0 较小,线框进出磁场的运动为半个周期的简谐运动,回复系数为 $k = \dfrac{B^2 l_2^2}{L}$,周期为

$$T = 2\pi\sqrt{\frac{m}{k}} = 2\pi\sqrt{\frac{mL}{B^2 l_2^2}}$$

根据能量守恒,有

$$\frac{1}{2}mv_0^2 = \frac{1}{2}kA^2$$

得振幅

$$A = \frac{v_0}{Bl_2}\sqrt{mL}$$

故振动方程为

$$x = \frac{v_0}{Bl_2}\sqrt{mL}\sin\left(\frac{Bl_2}{\sqrt{mL}}t\right) \quad \left(0 \leqslant t \leqslant \pi\sqrt{\frac{mL}{B^2 l_2^2}}\right)$$

线框出磁场后以 v_0 向左运动。

② 若振幅 $A > l_1$,经时间 t_1,线框能全部进入磁场,此后以速度 v 向右运动。由 $A > l_1$ 得

$$v_0 > \frac{Bl_1 l_2}{\sqrt{mL}}$$

由

$$l_1 = \frac{v_0}{Bl_2}\sqrt{mL}\sin\left(\frac{Bl_2}{\sqrt{mL}}t_1\right)$$

得

$$t_1 = \frac{\sqrt{mL}}{Bl_2}\arcsin\frac{Bl_1 l_2}{v_0\sqrt{mL}}$$

根据能量守恒,有

$$\frac{1}{2}mv_0^2 = \frac{1}{2}kl_1^2 + \frac{1}{2}mv^2$$

得

$$v = \sqrt{v_0^2 - \frac{B^2 l_1^2 l_2^2}{mL}}$$

4.5 电磁感应的综合应用

1. 从能量角度认识电磁感应现象

电磁感应过程伴随能量转化的过程,在这个过程中可以将其他形式的能转化为电能,楞次定律实质上就是能量守恒定律在电磁感应现象中的具体体现。电磁感应中所涉及的能量问题其实就是不同形式的能量转化问题,而并非能量创造过程。并且,功是能量转化的量度,具有定量关系,值得关注的是,克服安培力做了多少功,就有多少其他形式的能转化为电能。

通常,导体切割磁感线或磁通量发生变化在回路中产生感应电流,非静电力做功便将机械能或其他形式的能转化为电能;感应电流做功(更本质的说法是静电力做功),又可使电能转化为机械能或电阻的内能等。分析清楚有哪些力参与做功,就可以知道有哪些形式的能量参与了相互转化,然后分析相关能量的变化,这是正确认识电磁能量问题的重点所在。

2. 反电动势

电动势是电源的一个重要参数,它反映的是电源中的非静电力做正功将其他形式能量转化为电能的本领。反电动势是与电动势正好相反的一个概念,产生反电动势的部分在电路中不再是电源,而是消耗电能的元件。从能量转化角度讲,这种元件内发生的过程是非静电力做负功,将电路中的电能转化为其他形式能量。比如电池充电问题中,非静电力(化学作用)做负功,将电能转化为化学能;电动机中,非静电力(安培力,即洛伦兹力的分力的合力)做负功,将电能转化为机械能等。

反电动势的定义式为 $E_{反}=\dfrac{|W_{非}|}{q}$,反电动势的方向也就是非静电力的方向,与电路中电流方向相反(对电路中的电流有阻碍作用),因而对电荷做负功,导致电势能升高。将 $E_{反}=\dfrac{|W_{非}|}{q}$ 上下都除以 Δt,得 $E_{反}=\dfrac{|P_{非}|}{I}$,即有 $|P_{非}|=IE_{反}$,这就是非静电力将电能转化为其他形式能量的功率,比如电动机输出的机械功率、电池充电时的有效功率、通电自感现象中电能转化为磁场能的功率等。

1. 如何处理与发电机相关的模型?

发电机的目的是对外输出电能,是将其他形式的能转化为电能的装置。运动的导体棒

（在生产实际应用中常常是磁场运动）因切割磁感线而产生感应电动势，其作用相当于电源。从微观角度来看，此过程是沿棒方向的洛伦兹力的分力充当非静电力。若导体棒平动切割磁感线，则电动势为

$$E = \frac{W_{\text{非}}}{e} = \frac{evB \cdot l}{e} = Blv$$

同时，电流流过用电器时，静电力做正功，将电能（本质上就是电势能）又转化成其他形式的能量。根据用电器的不同，其他形式的能量也可能不同，可能是机械能、热能或化学能等。所以，在涉及发电机模型的题目中，常常还需要考虑其他用电器的能量转化问题。

例题 1 发电机发电的过程可用图 4.5.1 所示的模型进行简化。无穷长的平行光滑金属导轨间距为 l，水平放置，导轨所在的空间存在竖直向下的匀强磁场，磁感应强度为 B。导轨一端接阻值为 R 的电阻，质量为 m 的导体棒 ab 放在导轨上，导体棒的电阻为 r。一跨过光滑轻滑轮的轻细线一端连接重物，另一端连接导体棒。已知重物的质量为 M，重力加速度为 g。不计空气阻力，经过一段时间，导体棒将向右匀速滑动。

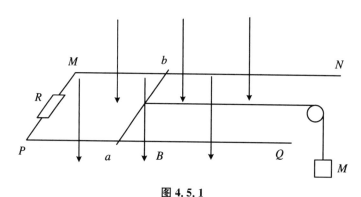

图 4.5.1

（1）请推导在 Δt 时间内，拉力对导体棒 ab 所做的功 W_F；通过计算说明导体棒克服安培力所做的功 $W_{\text{克安}}$、电路获得的电能 $E_{\text{电}}$、重物减少的重力势能 E_p、回路中产生的焦耳热 Q 和拉力对导体棒 ab 所做的功 W_F 的定量关系。

（2）从微观角度看，导体棒 ab 中的自由电荷所受洛伦兹力在上述能量转化中起着重要作用。我们知道，洛伦兹力对运动电荷不做功。那么，导体棒 ab 中的自由电荷所受洛伦兹力是如何在能量转化过程中起到作用的呢？请以本题为例，通过计算分析说明。为了分析方便，假设导体中的自由电荷为正电荷。

（3）经典物理学认为，金属的电阻源于定向运动的自由电子和金属离子（金属原子失去电子后的剩余部分）的碰撞。展开你想象的翅膀，给出一个合理的自由电子的运动模型；在此基础上，求出导线 ab 中金属离子对一个自由电子（带电量为 e）沿导线长度方向的平均作用力 $\bar{f}$ 的表达式。

分析 （1）由于匀速滑动，故安培力为恒力，根据导体棒受力平衡可求出此时速度 v 的大小，进而根据 $W = Fv\Delta t$，$E_{\text{电}} = EI\Delta t$，以及焦耳定律进行求解。（2）自由电荷的运动可分解为随导体棒的向右运动以及沿导体棒的运动，故分别分析洛伦兹力的两个分力各自的作

用。(3) 考虑到电阻上产生的焦耳热是因克服金属离子对电子的平均作用力做功而产生的,故结合能量守恒定律和电路知识可求出平均作用力 $\bar{f}$ 的表达式。

解 (1) 设导体棒匀速滑动时的速度大小 v,因为

$$Mg = \frac{B^2 l^2 v}{R+r}$$

所以

$$v = \frac{Mg(R+r)}{B^2 l^2}$$

在 Δt 时间内,拉力对导体棒 ab 所做的功

$$W_F = Fv\Delta t = \frac{M^2 g^2 (R+r)}{B^2 l^2} \Delta t$$

导体棒克服安培力所做的功

$$W_{克安} = -W_{安} = BIlv\Delta t = \frac{M^2 g^2 (R+r)}{B^2 l^2} \Delta t$$

电路获得的电能

$$E_{电} = EI\Delta t = \frac{B^2 l^2 v^2}{R+r}\Delta t = \frac{M^2 g^2 (R+r)}{B^2 l^2}\Delta t$$

重物减少的重力势能

$$E_p = Mgv\Delta t = \frac{M^2 g^2 (R+r)}{B^2 l^2}\Delta t$$

回路中产生的焦耳热

$$Q = I^2 (R+r)\Delta t = \frac{B^2 l^2 v^2}{R+r}\Delta t = \frac{M^2 g^2 (R+r)}{B^2 l^2}\Delta t$$

可见这 5 个物理量的值应该相等。

(2) 设自由电荷的电荷量为 $+q$,沿导体棒定向移动的速率为 u。如图 4.5.2 所示,沿棒方向的洛伦兹力 $f_1 = qvB$,做正功

$$W_1 = f_1 \cdot u\Delta t = qvBu\Delta t$$

垂直于棒方向的洛伦兹力 $f_2 = quB$,做负功

$$W_2 = -f_2 \cdot v\Delta t = -quBv\Delta t$$

可见 $W_1 = -W_2$,即导体棒中一个自由电荷所受的洛伦兹力做功为零。f_1 做正功,宏观上表现为非静电力做功,提供了导体棒作为电源的电动势;f_2 做负功,宏观上表现为安培力做负功,使机械能减少。因此实现了在发电机模型中机械能向等量电能的转化。

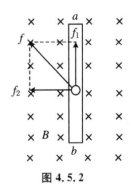

图 4.5.2

(3) 因为电流不变,所以假设电子相对于导线做匀速直线运动。设电子从杆的一端到达另一端经历的时间为 t,则在这段时间内通过杆一端的电子总数为

$$N = \frac{It}{e}$$

电阻上产生的焦耳热是因克服金属离子对电子的平均作用力 $\bar{f}$ 做功而产生的。在时间 t 内,总的焦耳热为

$$Q = N\bar{f}l$$

根据能量守恒定律和电路知识,有

$$Q = \frac{r}{R+r}W_电 = \frac{r}{R+r}EIt = \frac{rBlvIt}{R+r}$$

所以

$$\bar{f} = \frac{rBev}{R+r}$$

点拨 (1) 导体棒 ab 在达到匀速运动之前,第 1 问中 5 个量的大小关系并不相等,应该为 $W_{克安} = E_电 = Q < W_F < E_p$。

(2) 对于第 3 问,也可以从受力的角度进行分析。因为电流不变,所以假设电子相对于导线做匀速直线运动,根据电子受力平衡,有

$$\bar{f} + \frac{U}{l}e = evB$$

又有

$$U = \frac{R}{R+r}Bev$$

可得

$$\bar{f} = \frac{rBev}{R+r}$$

2. 如何处理与电动机相关的模型?

在直流电动机中,电动机的输出功率可表示为 $P_出 = IE_反$。为了从微观上说明上述等式,此处将直流电动机简化为图 4.5.3 所示的情景。

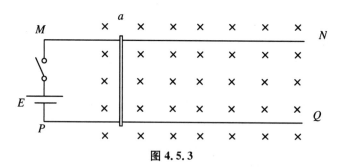

图 4.5.3

在竖直向下、磁感应强度为 B 的匀强磁场中,两根光滑平行金属轨道 MN、PQ 固定在水平面内,相距 L,电阻不计。轨道端点 M、P 之间接有直流电源,电路中的电流为 I。电阻为 R 的金属导体棒 ab 垂直于 MN、PQ 放在轨道上,与轨道接触良好。为了方便,可认为导体棒中的自由电荷为正电荷。

棒中自由电荷所受洛伦兹力的示意图如图 4.5.4 所示,设自由电荷 q 沿导体棒定向移

动的速率为 u。沿棒方向的洛伦兹力 $f_1 = qvB$，做负功

$$W_1 = -f_1 \cdot u\Delta t = -qvBu\Delta t$$

垂直方向的洛伦兹力 $f_2 = quB$，做正功

$$W_2 = f_2 \cdot v\Delta t = quBv\Delta t$$

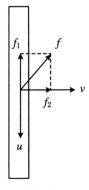

图 4.5.4

f_1 做负功，阻碍自由电荷的定向移动，宏观上表现为反电动势，消耗电源的电能；f_2 做正功，宏观上表现为安培力做正功，使机械能增加。大量自由电荷所受洛伦兹力做功的宏观表现是将电能转化为等量的机械能（电动机输出的能量），此过程中洛伦兹力通过两个分力做功起到传递能量的作用。

可见 $W_1 = -W_2$，则 $W_出 = W_反$，等号两边都除以时间，得

$$P_出 = P_反 = IE_反$$

例题 2 （1）如图 4.5.5(a) 所示，固定于水平面的 U 形导线框处于竖直向下、磁感应强度为 B_0 的匀强磁场中，导线框两平行导轨间距为 l，左端接一电动势为 E_0、内阻不计的电源。一质量为 m、电阻为 r 的导体棒 MN 垂直于导线框放置并接触良好。闭合开关 S，导体棒从静止开始运动。忽略摩擦阻力和导线框的电阻，平行轨道足够长。请分析说明导体棒 MN 的运动情况，在图(b)中画出速度 v 随时间 t 变化的示意图，并推导证明导体棒达到的最大速度为 $v_m = \dfrac{E_0}{B_0 l}$。

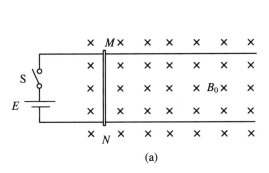
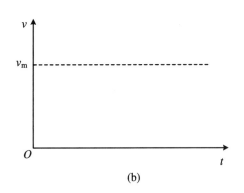

(a)　　　　　　　　　　　　(b)

图 4.5.5

（2）直流电动机是一种使用直流电流的动力装置，是根据通电线圈在磁场中受到安培力的原理制成的。图 4.5.6 是一台最简单的直流电动机模型示意图，固定部分（定子）装了一对磁极，旋转部分（转子）装设圆柱形铁芯，将 abcd 矩形导线框固定在转子铁芯上，能与转子一起绕轴 OO' 转动。线框与铁芯是绝缘的，线框通过换向器与直流电源连接。定子与转子之间的空隙很小，可认为磁场沿径向分布，无论线框转到什么位置，它的平面都跟磁感线平行，如图 4.5.7 所示（侧面图）。已知 ab、cd 杆的质量均为 M、长度均为 L，其他部分质量不计，线框总电阻为 R。电源电动势为 E，内阻不计。闭合开关 S 后，线框由静止开始在磁场中转动，线框所处位置的磁感应强度大小均为 B。忽略一切阻力与摩擦。

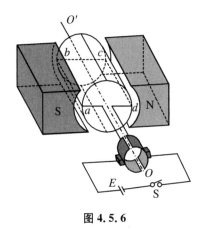
图 4.5.6

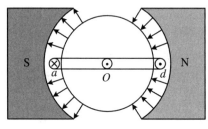
图 4.5.7

① 求闭合开关后,线框由静止开始到转动速度达到稳定的过程中电动机产生的内能 $Q_内$。

② 当电动机接上负载后,相当于线框受到恒定的阻力,阻力不同,电动机的转动速度也不相同。问:ab、cd 两根杆的转动速度 v 为多大时,电动机的输出功率 P 最大?求出最大功率 P_m。

分析 本题第 1 问较简单,而第 2 问和第 3 问较复杂。对于第 2 问中的①小问,由于电流是变化的,可以取一个小过程进行分析,然后再通过小量求和的方式求解。对于②小问,可以根据能量的转化,分析出电动机的输出功率为 $P = EI - I^2R$,求出最大功率对应的电流,进而求出此时杆的转动速度 v 的大小。

解 (1) 闭合开关 S,导体棒在安培力 $F = B_0Il$ 的作用下开始做加速运动,加速度 $a = \dfrac{F}{m}$;导体棒切割磁感线产生反电动势,电流 $I = \dfrac{E_0 - B_0lv}{r}$,当速度 v 增大时,电流 I 减小,安培力 F 减小,加速度 a 减小,导体棒做加速度减小的加速运动;当 $E_0 = B_0lv_m$ 时,电流为零,导体棒的速度达到最大,最大速度 $v_m = \dfrac{E_0}{B_0l}$;此后棒以最大速度 v_m 做匀速运动。v-t 示意图如图 4.5.8 所示。

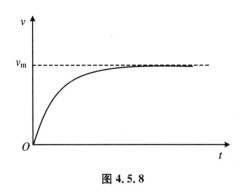
图 4.5.8

(2) ① 设在这个过程中通过杆横截面的电量为 Q,稳定时两杆的速度为 v'_m,根据能量

守恒定律,得

$$EQ = \frac{1}{2} \times 2M{v'_m}^2 + Q_内$$

稳定时有

$$E = 2BLv'_m$$

在很短的时间 Δt 内可认为电流不变,以 ab 为研究对象,根据动量定理,得

$$BIL \cdot \Delta t = \Delta Mv$$

对整个过程求和,有

$$BLQ = Mv'_m$$

联立以上各式,求得

$$Q_内 = \frac{ME^2}{4B^2L^2}$$

② 电动机的输出功率为

$$P = EI - I^2R$$

当 $I = \frac{E}{2R}$ 时,输出功率 P 最大。

根据 $I = \frac{E - 2BLv}{R}$,求出当 $v = \frac{E}{4BL}$ 时,输出功率 P 最大,最大功率为

$$P_m = \frac{E^2}{4R}$$

点拨 在电动机模型中,部分电路欧姆定律表达式为 $I = \frac{U - E_反}{R}$,闭合电路欧姆定律表达式为 $I = \frac{E - E_反}{R + r}$。若定义回路总电动势为 $E总 = E - E_反$,则有 $I = \frac{E总}{R + r}$。

3. 如何处理磁悬浮列车模型?

磁悬浮列车是一种高速运载工具,它一般由两个系统组成:一个是悬浮系统,利用磁力使车体在轨道上悬浮起来从而减小阻力;另一个是驱动系统,即利用磁场与固定在车体下部的感应金属线圈相互作用,使车体获得牵引力。大部分题目侧重对驱动系统的分析,一般来说是磁场向前运动,导致车体下的感应线圈切割磁感线,产生感应电流,于是线圈受到驱动力而使列车运动。

例题 3 图 4.5.9 就是一种磁悬浮列车电磁驱动装置的原理示意图,即在水平面上有两根很长的平行轨道 PQ 和 MN,轨道间有垂直于轨道平面的匀强磁场 B_1 和 B_2,且 B_1 和 B_2 的方向相反,大小相等,即 $B_1 = B_2 = B$。列车底部固定着绕有 N 匝闭合的矩形金属线圈 $abcd$(列车的车厢在图中未画出),车厢与线圈绝缘。两轨道间距以及线圈垂直于轨道的 ab 边长均为 L,两磁场的宽度均与线圈的 ad 边长相同。当两磁场 B_1 和 B_2 同时沿轨道方向向右运动时,线圈会受到向右的磁场力,带动列车沿导轨运动。已知列车车厢及线圈的总质量为 M,整个线圈的总电阻为 R。

(1) 假设通过两磁场同时水平向右以速度 v_0 做匀速运动来启动列车,为使列车能随磁

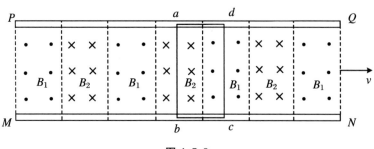

图 4.5.9

场运动,求列车所受的阻力大小应满足的条件。

(2) 设列车所受阻力大小恒为 f,假如使列车水平向右以速度 v 做匀速运动,求维持列车运动磁场的速度大小以及外界在单位时间内需提供的总能量。

(3) 设列车所受阻力大小恒为 f,假如通过两磁场由静止开始向右做匀加速运动来启动列车,当两磁场运动的时间为 t_1 时,列车正在向右做匀加速直线运动,此时列车的速度为 v_1,求两磁场开始运动到列车开始运动所需要的时间 t_0。

分析 本题前 2 问较基础,第 3 问中为实现列车最终沿水平方向做匀加速直线运动,根据题意分析可知其加速度必须与两磁场由静止开始做匀加速直线运动的加速度相同。

解 (1) 列车静止时,电流最大,列车受到的电磁驱动力最大设为 F_m,此时线框中产生的感应电动势为 $E_1 = 2NBLv_0$,线框中的电流为 $I_1 = \dfrac{E_1}{R}$,整个线框受到的安培力为 $F_m = 2NBI_1L$,列车所受阻力大小为

$$f_m < F_m = \frac{4N^2B^2L^2v_0}{R}$$

(2) 当列车以速度 v 匀速运动时,两磁场水平向右运动的速度为 v',金属框中感应电动势为

$$E = 2NBL(v' - v)$$

金属框中感应电流为

$$I = \frac{2NBL(v' - v)}{R}$$

又因为 $F = 2NBIL = f$,所以

$$v' = v + \frac{fR}{4N^2B^2L^2}$$

当列车匀速运动时,金属框中的热功率为 $P_1 = I^2R$,克服阻力的功率为 $P_2 = fv$,所以外界在单位时间内需提供的总能量为

$$E = I^2R + fv = fv + \frac{f^2R}{4N^2B^2L^2}$$

(3) 设列车的加速度和磁场的加速度大小为 a,则 t_1 时刻金属线圈中的电动势为 $E = 2NBL(at_1 - v_1)$,金属框中感应电流为

$$I = \frac{2NBL(at_1 - v_1)}{R}$$

又因为安培力为

$$F = 2NBIL = \frac{4N^2B^2L^2(at_1 - v_1)}{R}$$

所以对列车,根据牛顿第二定律,有

$$\frac{4N^2B^2L^2(at_1 - v_1)}{R} - f = Ma$$

解得

$$a = \frac{fR + 4N^2B^2L^2v_1}{4N^2B^2L^2t_1 - MR}$$

设从磁场运动到列车启动需要时间 t_0,则 t_0 时刻金属线圈中的电动势为 $E_0 = 2NBLat_0$,金属框中感应电流为

$$I_0 = \frac{2NBLat_0}{R}$$

又因为安培力为

$$F_0 = 2NBIL = \frac{4N^2B^2L^2at_0}{R}$$

所以对列车,有

$$\frac{4N^2B^2L^2at_0}{R} = f$$

解得

$$t_0 = \frac{fR}{4N^2B^2L^2a} = \frac{fR(4N^2B^2L^2t_1 - MR)}{4N^2B^2L^2(fR + 4N^2B^2L^2v_1)}$$

点拨 在本题所述的磁悬浮列车模型中,两磁场的宽度均与线圈的宽度相同,并且两磁场的方向相反,当整个磁场沿轨道方向向右运动时,线圈会受到向右的安培力,带动列车沿导轨运动。需要注意的是,两条边切割磁感线,两条边受到安培力,所以安培力的表达式中前面的系数应该有4,并且动生电动势的速度应该取相对速度。

4. 如何处理电磁感应中的力电综合问题?

电磁感应的力电综合问题中涉及众多功能关系,常见的各类功能关系有:合外力做功对应动能的变化($W_{总} = \Delta E_k$);重力做功对应重力势能的变化($W_G = -\Delta E_p$);弹力做功对应弹性势能的变化($W_{弹} = -\Delta E_p$);滑动摩擦力与介质阻力做功对应系统内能的变化($W_{克f} = \Delta E_{内}$);电流做功产生电热($W_{电} = Q$)等。而安培力做功则对应电能与其他形式能之间的转化。可以说,在电磁感应的力电综合问题中,安培力做功是联系力、电之间的纽带,常常成为解题的关键。

例题 4 (2015 年清华夏令营)如图 4.5.10 所示,质量为 M 的足够长金属导轨 $abcd$ 放在光滑的绝缘水平面上。一电阻不计,质量为 m 的导体棒 PQ 放置在导轨上,始终与导轨接触良好,$PQbc$ 构成矩形。棒与导轨间动摩擦因数为 μ,棒左侧有两个固定于水平面的立柱。

导轨 bc 段长为 L，开始时 PQ 左侧导轨的总电阻为 R，右侧导轨单位长度的电阻为 R_0。以 ef 为界，其左侧匀强磁场方向竖直向上，右侧匀强磁场水平向左，磁感应强度大小均为 B。在 $t=0$ 时，一水平向左的拉力 F 垂直作用于导轨的 bc 边上，使导轨由静止开始做匀加速直线运动，加速度为 a。

（1）求回路中感应电动势及感应电流随时间变化的表达式。

（2）经过多少时间拉力 F 达到最大值？拉力 F 的最大值为多少？

（3）某一过程中回路产生的焦耳热为 Q，导轨克服摩擦力做功为 W，求导轨动能的增加量。

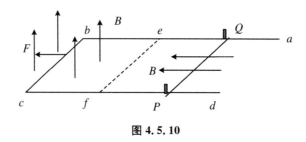

图 4.5.10

分析 本题前 2 问涉及的知识较多，但是难度并不大，综合应用电磁感应规律、全电路欧姆定律、牛顿运动定律等知识即可求解；第 3 问要求导轨动能的增加量，可以从合外力做功的角度进行求解，重点是需要求解导轨的位移，但是导轨受到的摩擦力为变力，可以考虑一个小过程，再应用小量求和的方式解决问题。

解 （1）导轨做初速度为零的匀加速直线运动，则有
$$v = at, \quad s = \frac{1}{2}at^2$$

感应电动势为
$$E = BLv = BLat$$

感应电流为
$$I = \frac{E}{R + R_0 \cdot 2 \cdot \frac{1}{2}at^2} = \frac{BLat}{R + R_0 at^2}$$

（2）导轨所受安培力为
$$F_{安} = \frac{B^2 L^2 at}{R + R_0 at^2}$$

导轨所受摩擦力为
$$f = \mu N = \mu(mg + F_{安})$$

根据牛顿第二定律，可得
$$F - F_{安} - f = Ma$$

联立以上各式，可得
$$F = Ma + \mu mg + (1+\mu)\frac{B^2 L^2 a}{\frac{R}{t} + R_0 at}$$

由均值不等式可知 $\dfrac{R}{t}=R_0at$ 时有最大拉力,此时

$$t=\sqrt{\dfrac{R}{R_0a}},\quad F_{\max}=Ma+\mu mg+\dfrac{1}{2}(1+\mu)B^2L^2\sqrt{\dfrac{R}{R_0a}}$$

(3) 设全过程中导轨运动的距离为 s,根据动能定理,得

$$\Delta E_k=Mas$$

导轨所受摩擦力为

$$f=\mu N=\mu(mg+F_安)$$

两边同乘一个小位移 Δs,得

$$f\Delta s=\mu(mg+F_安)\Delta s$$

对上式两边求和,并考虑到回路产生的焦耳热等于克服安培力做的功,可得

$$W=\mu mgs+\mu Q$$

解得

$$s=\dfrac{W-\mu Q}{\mu mg}$$

故导轨动能的增加量为

$$\Delta E_k=\dfrac{Ma}{\mu mg}(W+\mu Q)$$

点拨 本题由于其知识点综合性强和思维量大,在各种考试中常常出现,最早出现在 2012 年上海卷的高考题中,后来在 2015 年被选为清华夏令营的试题。

基 础 练 习

1. (2016 年东城一模)如图 4.5.11 所示,表面粗糙的水平传送带在电动机的带动下以速度 v 匀速运动。在空间中边长为 $2L$ 的正方形固定区域内有竖直向上的匀强磁场,磁感应强度大小为 B。质量为 m、电阻为 R、边长为 L 的正方形金属线圈 $abcd$ 平放在传送带上,与传送带始终无相对运动。下列说法中正确的是 ( )

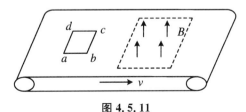

图 4.5.11

A. 在线圈进入磁场过程与穿出磁场过程中,感应电流的方向都沿 $abcda$ 方向

B. 在线圈经过磁场区域的过程中,线圈始终受到水平向左的安培力

C. 在线圈进入磁场过程中,线圈所受静摩擦力的功率为 $\dfrac{B^2L^3v}{R}$

D. 在线圈经过磁场区域的过程中,电动机多消耗的电能为 $\dfrac{2B^2L^3v}{R}$

2. 超导磁悬浮列车是利用超导体的抗磁作用使列车车体向上浮起,同时通过周期性地变换磁极方向而获得推进动力的新型交通工具。其推进原理可以简化为图 4.5.12 所示的模型:在水平面上相距 L 的两根平行直导轨间,有竖直方向等距离分布的匀强磁场 B_1 和 B_2,且 $B_1 = B_2 = B$,每个磁场的宽都是 l,相间排列,所有这些磁场都以速度 v 向右匀速运动。这时跨在两导轨间的长为 l、宽为 L 的金属框(悬浮在导轨上方)在磁场力作用下也将会向右运动。设金属框的总电阻为 R,运动中所受到的阻力恒为 f,则金属框的最大速度可表示为 ( )

A. $v_m = \dfrac{B^2L^2v - fR}{B^2L^2}$

B. $v_m = \dfrac{2B^2L^2v - fR}{2B^2L^2}$

C. $v_m = \dfrac{4B^2L^2v - fR}{4B^2L^2}$

D. $v_m = \dfrac{2B^2L^2v + fR}{2B^2L}$

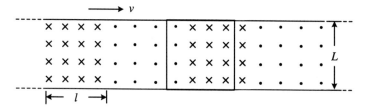

图 4.5.12

3. 两根足够长的光滑导轨竖直放置,间距为 L,底端接阻值为 R 的电阻。将质量为 m 的金属棒悬挂在一个固定的轻弹簧下端,金属棒和导轨接触良好,导轨所在平面与磁感应强度为 B 的匀强磁场垂直,如图 4.5.13 所示。除电阻 R 外其余电阻不计。现将金属棒从弹簧原长位置由静止释放,则 ( )

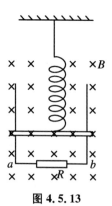

图 4.5.13

A. 释放瞬间金属棒的加速度等于重力加速度 g

B. 金属棒向下运动时,流过电阻 R 的电流方向为 $a \to b$

C. 金属棒的速度为 v 时,所受的安培力大小为 $F = \dfrac{B^2 L^2 v}{R}$

D. 电阻 R 上产生的总热量等于金属棒重力势能的减少量

4. 如图 4.5.14 所示,水平放置的 U 形金属框架中接有电源,电源的电动势为 E,内阻为 r。现在框架上放置一质量为 m、电阻为 R 的金属杆,它可以在框架上无摩擦地滑动,框架两边相距 L,匀强磁场的磁感应强度为 B,方向竖直向上。ab 杆受到水平向右的恒力 F 后由静止开始向右滑动,求:

(1) ab 杆由静止启动时的加速度;

(2) ab 杆可以达到的最大速度 v_m;

(3) 当 ab 杆达到最大速度 v_m 时,电路中每秒放出的热量 Q。

5. 两根足够长的固定的平行金属导轨位于同一水平面内,两导轨间的距离为 l。导轨上面横放着两根导体棒 ab 和 cd,构成矩形回路,如图 4.5.15 所示。两根导体棒的质量皆为 m,电阻皆为 R,回路上其余部分的电阻可不计。在整个导轨平面内都有竖直向上的匀强磁场,磁感应强度为 B。设两导体棒均可沿导轨无摩擦地滑行。开始时,棒 cd 静止,棒 ab 有指向棒 cd 的初速度 v_0。若两导体棒在运动中始终不接触,求:

(1) 在运动中产生的焦耳热;

(2) 当棒 ab 的速度变为初速度的 3/4 时棒 cd 的加速度大小。

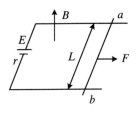

图 4.5.14

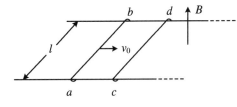

图 4.5.15

6. (2017 年北京卷) 发电机和电动机具有装置上的类似性,源于它们机理上的类似性。直流发电机和直流电动机的工作原理可以简化为图 4.5.16(a)、(b) 所示的情景。

在竖直向下、磁感应强度为 B 的匀强磁场中,两根光滑平行金属轨道 MN、PQ 固定在水平面内,相距 L,电阻不计。电阻为 R 的金属导体棒 ab 垂直于 MN、PQ 放在轨道上,与轨道接触良好,以速度 v(v 平行于 MN) 向右做匀速运动。

图 4.5.16(a) 中轨道端点 M、P 之间接有阻值为 r 的电阻,导体棒 ab 受到水平向右的外力作用。图 4.5.16(b) 中轨道端点 M、P 之间接有直流电源,导体棒 ab 通过滑轮匀速提升重物,电路中的电流为 I。

(1) 求在 Δt 时间内,"发电机"产生的电能和"电动机"输出的机械能。

(2) 从微观角度看,导体棒 ab 中的自由电荷所受洛伦兹力在上述能量转化中起着重要作用。为了方便,可认为导体棒中的自由电荷为正电荷。

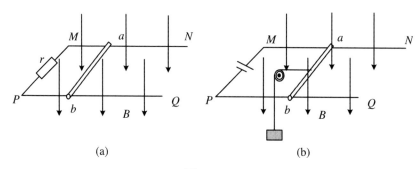

图 4.5.16

① 请在图 4.5.17(a)、(b)(分别对应图 4.5.16(a)、(b)中的导体棒 ab)中,分别画出自由电荷所受洛伦兹力的示意图。

② 我们知道,洛伦兹力对运动电荷不做功。那么,导体棒 ab 中的自由电荷所受洛伦兹力是如何在能量转化过程中起到作用的呢?请以图 4.5.16(b)所示"电动机"为例,通过计算分析说明。

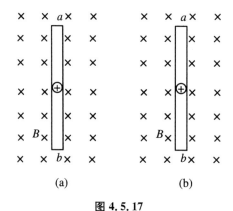

图 4.5.17

提 高 练 习

7. 随着越来越高的摩天大楼在各地落成,现在使用的钢索悬挂式电梯已经不适应现代生活的需求。这是因为钢索的长度随着楼层的增高而相应增加,这些钢索会由于承受不了自身的重力,还没有挂电梯就会被拉断。为此,科学技术人员开发一种利用磁力的电梯,用磁动力来解决这个问题。图 4.5.18 是磁动力电梯示意图,即在竖直平面上有两根很长的平行竖直轨道,轨道间有垂直于轨道平面交替排列的匀强磁场 B_1 和 B_2,$B_1 = B_2 = 1.0$ T,B_1 和 B_2 的方向相反,两磁场始终竖直向上做匀速运动。电梯轿厢固定在金属框 $abcd$ 内(电梯轿厢在图中未画出),并且与之绝缘。已知电梯载人时的总质量为 4.75×10^3 kg,所受阻力 $f = 500$ N,金属框垂直轨道的边长 $L_{cd} = 2.0$ m,两磁场的宽度均与金属框的边长 L_{ad} 相同,金属框整个回路的电阻 $R = 9.0 \times 10^{-4}$ Ω,$g = 10$ m/s²。假如设计要求电梯以 $v_1 = 10$ m/s

的速度匀速上升,求:

(1) 金属框中感应电流的大小以及图示时刻感应电流的方向;

(2) 磁场向上运动速度 v_0 的大小;

(3) 该磁动力电梯以速度 v_1 向上匀速运行时提升轿厢的效率。

8. (2007 年上海卷)如图 4.5.19(a)所示,光滑的平行长直金属导轨置于水平面内,间距为 L、导轨左端接有阻值为 R 的电阻,质量为 m 的导体棒垂直跨接在导轨上。导轨和导体棒的电阻均不计,且接触良好。在导轨平面上有一矩形区域内存在着竖直向下的匀强磁场,磁感应强度大小为 B。开始时,导体棒静止于磁场区域的右端,当磁场以速度 v_1 匀速向右移动时,导体棒随之开始运动,同时受到水平向左、大小为 f 的恒定阻力,并很快达到恒定速度,此时导体棒仍处于磁场区域内。

(1) 求导体棒所达到的恒定速度 v_2。

(2) 为使导体棒能随磁场运动,阻力不能超过多少?

(3) 导体棒以恒定速度运动时,单位时间内克服阻力所做的功和电路中消耗的电功率各为多少?

(4) 若 $t=0$ 时磁场由静止开始水平向右做匀加速直线运动,经过较短时间,导体棒也做匀加速直线运动,其 v-t 关系如图(b)所示,已知在时刻 t 导体棒瞬时速度大小为 v_t,求导体棒做匀加速直线运动时的加速度大小。

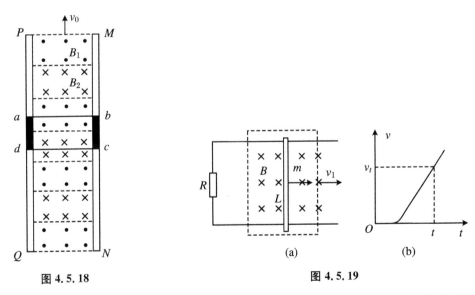

图 4.5.18　　　　　图 4.5.19

9. 如图 4.5.20 所示,在磁感应强度为 B 的水平匀强磁场中,有一竖直放置的光滑的平行金属导轨,导轨平面与磁场垂直,导轨间距为 L,顶端接有阻值为 R 的电阻。将一根金属棒从导轨上的 M 处以速度 v_0 竖直向上抛出,棒到达 N 处后返回,回到出发点 M 时棒的速度为抛出时的一半。已知棒的长度为 L,质量为 m,电阻为 r。金属棒始终在磁场中运动,处于水平且与导轨接触良好,忽略导轨的电阻。重力加速度为 g。

(1) 金属棒从 M 点被抛出至落回 M 点的整个过程中,求金属棒运动的时间。

(2) 经典物理学认为，金属的电阻源于定向运动的自由电子与金属离子的碰撞。已知元电荷为 e。当金属棒向下运动达到稳定状态时，求棒中金属离子对一个自由电子沿棒方向的平均作用力大小。

10. 两根相距 L 的足够长的金属直角导轨如图 4.5.21 所示放置，它们各有一边在同一水平面内，另一边垂直于水平面。质量均为 m 的金属细杆 ab、cd 与导轨垂直接触形成闭合回路，杆与水平和竖直导轨之间有相同的动摩擦因数 μ，导轨电阻不计，回路总电阻为 $2R$。整个装置处于磁感应强度大小为 B、方向竖直向上的匀强磁场中。当 ab 杆在平行于水平导轨的拉力作用下沿导轨匀速运动时，cd 杆也正好以某一速度向下做匀速运动。设运动过程中金属细杆 ab、cd 与导轨接触良好。重力加速度为 g。

(1) 求 ab 杆匀速运动的速度 v_1。

(2) 求 ab 杆所受拉力 F。

(3) ab 杆以 v_1 匀速运动时，cd 杆以 v_2（v_2 已知）匀速运动，则在 cd 杆向下运动 h 的过程中，整个回路中产生的焦耳热为多少？

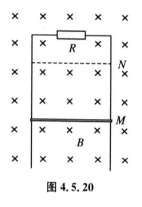

图 4.5.20

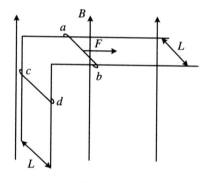

图 4.5.21

11. 某磁悬浮列车的驱动系统可简化为图 4.5.22 所示模型：固定在列车下端的动力绕组可视为一个矩形纯电阻金属框，电阻为 R，金属框置于 xOy 平面内，长边 MN 长为 l，平行于 y 轴，宽为 d 的 NP 边平行于 x 轴，如图(a)所示。列车轨道沿 Ox 方向，轨道区域内存在垂直于金属框平面的磁场，磁感应强度 B 沿 Ox 方向按正弦规律分布，其空间周期为 λ，最大值为 B_0，即 $B = B_0 \sin\left(2\pi \dfrac{x}{\lambda}\right)$，如图(b)所示。金属框同一长边上各处的磁感应强度相同，整个磁场以速度 v_0 沿 Ox 方向匀速平移。列车在驱动系统作用下沿 Ox 方向匀速行驶，速度为 v（$v < v_0$）。列车所受总阻力虽然很小但不能忽略。设在短暂时间内，MN、PQ 边所在位置的磁感应强度随时间的变化可以忽略。

(1) 可以证明：当线框宽度 $d = \lambda/2$ 时，列车可以获得最大驱动力。求驱动力的最大值。

(2) 取宽度 $d = \lambda/2$，由于列车与磁场的相对运动，驱动力大小在随时间变化。写出驱动力大小随时间变化的关系式。

(3) 取宽度 $d = \lambda/2$，为了列车平稳运行，设计方案是在此线框前方合适位置再加一组与线框 $MNPQ$ 同样的线框 $M'N'P'Q'$，两线框间距满足一定条件时，列车可以获得恒定的驱动力。求恒定驱动力大小以及在两线框不重叠的情况下两组线框的 MN 与 M'N' 边的最小距离。

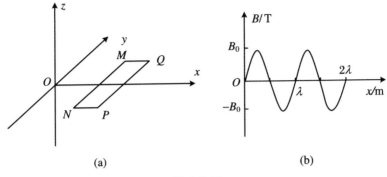

图 4.5.22

《参考答案》

1. D。
2. C。
3. AC。
4. (1) $a_1 = \dfrac{F - F_安}{m} = \dfrac{F}{m} - \dfrac{BEL}{(r+R)m}$；(2) $v_m = \dfrac{F(R+r) - BLE}{B^2L^2}$；(3) $Q = I_m^2(R+r) = \dfrac{F^2(R+r)}{B^2L^2}$。

5. (1) $Q = \dfrac{1}{2}mv_0^2 - \dfrac{1}{2} \cdot 2mv^2 = \dfrac{1}{4}mv_0^2$；(2) $a = \dfrac{B^2l^2v_0}{4mR}$。

6. (1) $E_电 = F_1 \cdot v\Delta t = \dfrac{B^2L^2v^2\Delta t}{R+r}$，$E_机 = F_2 \cdot v\Delta t = BILv\Delta t$。

(2) ① 如图 4.5.23(a)、(b)所示。

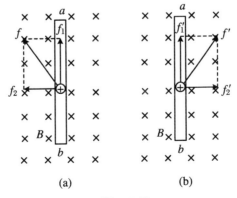

图 4.5.23

② 设自由电荷的电荷量为 q，沿导体棒定向移动的速率为 u。

如图 4.5.23(b)所示，沿棒方向的洛伦兹力为 $f_1' = qvB$，做负功
$$W_1 = -f_1' \cdot u\Delta t = -qvBu\Delta t$$
宏观上表现为反电动势，消耗电源的电能；垂直于棒方向的洛伦兹力 $f_2' = quB$，做正功
$$W_2 = f_2' \cdot v\Delta t = quBv\Delta t$$
宏观上表现为安培力做正功，使机械能增加。因此实现了将电能转化为等量的机械能，洛伦兹力通过两个分力做功起到传递能量的作用。

7.(1) 电流的大小为 $I = 1.2 \times 10^4$ A，沿逆时针方向；(2) $v_0 = 12.7$ m/s；(3) $\eta = 77.9\%$。

提示 (1) 金属框匀速运动，则金属框受到的安培力大小等于重力与阻力之和，即
$$F_{安} = mg + f, \quad F_{安} = 2B_1 I L_{cd}$$
可求得金属框中感应电流的大小，回路中感应电流沿逆时针方向。

(2) 金属框中感应电流的大小为
$$I = \frac{2B_1 L_{cd}(v_0 - v_1)}{R}$$
代入数据，解得 $v_0 = 12.7$ m/s。

(3) 金属框中的热功率、重力功率、阻力功率分别为
$$P_R = I^2 R, \quad P_G = mgv_1, \quad P_f = fv_1$$
则提升轿厢的效率为
$$\eta = \frac{P_G}{P_R + P_G + P_f} \times 100\% = 77.9\%$$

8. (1) $v_2 = v_1 - \dfrac{fR}{B^2 L^2}$；(2) $f_m = \dfrac{B^2 L^2 v_1}{R}$；(3) $P_{棒} = f\left(v_1 - \dfrac{fR}{B^2 L^2}\right)$，$P_{电路} = \dfrac{f^2 R}{B^2 L^2}$；(4) $a = \dfrac{B^2 L^2 v_t + fR}{B^2 L^2 t - mR}$。

提示 (1) 速度恒定时有
$$\frac{B^2 L^2 (v_1 - v_2)}{R} = f$$
其中
$$E = BL(v_1 - v_2), \quad F = BIL = \frac{B^2 L^2 (v_1 - v_2)}{R}$$
可得
$$v_2 = v_1 - \frac{fR}{B^2 L^2}$$

(3) 单位时间内克服阻力所做的功和电路中消耗的电功率分别为
$$P_{棒} = Fv_2 = f\left(v_1 - \frac{fR}{B^2 L^2}\right)$$
$$P_{电路} = \frac{E^2}{R} = \frac{B^2 L^2 (v_1 - v_2)^2}{R} = \frac{f^2 R}{B^2 L^2}$$

(4) 根据

$$\frac{B^2L^2(v_1-v_2)}{R} - f = ma$$

可见导体棒要做匀加速运动，v_1-v_2 必为常数，设为 Δv，则 $a = \frac{v_t + \Delta v}{t}$，即

$$\frac{B^2L^2(at-v_t)}{R} - f = ma$$

解得

$$a = \frac{B^2L^2v_t + fR}{B^2L^2t - mR}$$

9. (1) $t = \frac{3v_0}{2g}$；(2) $f = \frac{emgr}{BL^2}$。

提示 (1) 金属棒从 M 点被抛出至落回 M 点的整个过程中，由动量定理有

$$mg \cdot t + I_安 = m \cdot \frac{v_0}{2} - (-mv_0)$$

将整个运动过程划分成很多小段，可认为在每个小段中感应电动势几乎不变，设每小段的时间为 Δt，则安培力的冲量为

$$I_安 = Bi_1L \cdot \Delta t + Bi_2L \cdot \Delta t + Bi_3L \cdot \Delta t + \cdots$$
$$= BL(i_1 \cdot \Delta t + i_2 \cdot \Delta t + i_3 \cdot \Delta t + \cdots)$$
$$= BLq$$

结合 $q = \bar{I}t$，$\bar{I} = \frac{\bar{E}}{R+r}$，$\bar{E} = \frac{\Delta\Phi}{t}$，$\Delta\Phi = 0$，可知 $I_安 = 0$。所以

$$t = \frac{3v_0}{2g}$$

(2) 当金属棒向下运动达到稳定状态时，单位时间内机械能减少 $P = mgv_m$，热功率为 $P_r = \frac{r}{R+r}P$，回路中的电流为 $I = \frac{BLv_m}{R+r}$。

设棒的横截面积为 S，棒中单位长度的自由电子数为 n，棒中自由电子定向移动的速度为 v，金属离子对自由电子的平均作用力为 f，则

$$P_r = (nSL)fv, \quad I = neSv$$

解得

$$f = \frac{emgr}{BL^2}$$

10. (1) $v_1 = \frac{2Rmg}{\mu B^2L^2}$；(2) $F = \frac{1+\mu^2}{\mu}mg$；(3) $Q = \frac{2(mg)^2hR}{\mu^2 v_2 B^2L^2}$。

提示 (1) ab 杆向右运动时，ab 杆中产生的感应电动势方向为 $a \to b$，cd 杆中的感应电流方向为 $d \to c$，受到水平向右的安培力，大小为

$$F_安 = BIL = BL\frac{BLv_1}{2R} = \frac{B^2L^2v_1}{2R}$$

419

cd 杆向下匀速运动,有
$$mg = \mu F_安$$
联立上述两式,解得 ab 杆匀速运动的速度为
$$v_1 = \frac{2Rmg}{\mu B^2 L^2}$$

(2) ab 杆所受拉力
$$F = F_安 + \mu mg = \frac{B^2 L^2 v_1}{2R} + \mu mg = \frac{1+\mu^2}{\mu}mg$$

(3) 设 cd 杆以速度 v_2 向下运动 h 的过程中,ab 杆匀速运动了距离 s,则
$$\frac{s}{v_1} = \frac{h}{v_2} = t$$
得
$$s = \frac{hv_1}{v_2}$$
整个回路中产生的焦耳热等于克服安培力所做的功,即
$$Q = F_安 s = \frac{B^2 L^2 v_1 s}{2R} = \frac{B^2 L^2 v_1}{2R} \cdot \frac{hv_1}{v_2} = \frac{2(mg)^2 hR}{\mu^2 v_2 B^2 L^2}$$

11. (1) $F_m = \frac{4B_0^2 l^2 (v_0 - v)}{R}$;(2) $F = \frac{4B_0^2 l^2}{R}(v_0 - v)\sin^2\left(2\pi\frac{x - v_0 t}{\lambda}\right)$;(3) $M'N'$ 边与 MN 边最少相距 $\frac{3}{4}\lambda$。

提示 (1) 为了使列车获得最大驱动力,MN、PQ 应位于磁场中磁感应强度同为最大值且反向的位置,这会使得金属框中感应电动势最大,电流最大,也会使得金属框长边受到的安培力最大。此时线框中总的感应电动势为
$$E_m = 2B_0 l(v_0 - v)$$
结合闭合电路欧姆定律与安培力公式,得最大驱动力为
$$F_m = 2B_0 I_m l = \frac{4B_0^2 l^2 (v_0 - v)}{R}$$

(2) 从 MN 边在 $x = 0$ 处开始计时,MN 边到达 x 坐标处,磁场向右移动了 $v_0 t$,则此时线框中总的感应电动势为
$$e = 2B_0 l(v_0 - v)\sin\left(2\pi\frac{x - v_0 t}{\lambda}\right)$$
所以驱动力为
$$F = \frac{4B_0^2 l^2}{R}(v_0 - v)\sin^2\left(2\pi\frac{x - v_0 t}{\lambda}\right)$$

(3) 为了使驱动力不随时间变化,即需要消除牵引力表达式中随时间变化的部分,此时只需线框 $M'N'P'Q'$ 所受力满足
$$F' = \frac{4B_0^2 l^2}{R}(v_0 - v)\cos^2\left(2\pi\frac{x - v_0 t}{\lambda}\right)$$

从而有

$$F_\text{总} = F + F' = \frac{4B_0^2 l^2}{R}(v_0 - v)$$

$F_\text{总}$ 不随时间变化。MN 边受力最大时 $M'N'$ 受力最小,而 MN 边受力最小时 $M'N'$ 受力最大,即 $M'N'$ 边与 MN 边最少相距 $\frac{3}{4}\lambda$。

第 5 章 交流电和电磁波

方向不随时间改变的电流称为直流(DC),其中方向、大小都不变的称为恒定电流。电流大小和方向都随时间做周期性改变的电流称为交变电流(AC),简称交流,其中随时间按正弦或余弦规律变化的交变电流称为简谐交变电流。

实际应用中,不同场合所使用的交变电流波形是多种多样的。电子示波器使用的是锯齿交变电流,电子计算机使用的是矩形交变电流和三角形交变电流,发电厂发出的、家庭使用的、打点计时器使用的是简谐交变电流。

电台、电视台通过向外发射电磁波来传递信息,信息以电磁波的形式在空间中传播,手机通过接收电磁波来获取信息。可见,电磁波和交变电流已经融入了我们的生活和生产,本章我们将在高考学习的基础上进一步拓展一些交变电流和电磁波的知识。

本章具体内容包括:交流电的产生过程、交流电的有效值和平均值等的计算;利用旋转矢量对电路元件串联、并联问题的研究;变压器、整流和滤波,以及 LC 电路、RLC 电路;位移电流、电磁波的发射和接收,以及电磁波的性质等内容。

本章是电磁学的最后一章,既是对前面各章节的总结,又是对前面各章节的延伸。本章涉及非常重要的旋转矢量方法,可以将较为烦琐的三角函数运算大大简化。

5.1 交流电的产生和描述

1. 正弦交流电的产生

如图 5.1.1 所示,设线圈 abcd 的面积为 S,线圈匝数为 n,匀速转动的角速度为 ω,匀强磁场的磁感应强度大小为 B。从图所示位置开始计时,穿过线圈 abcd 的磁通量 Φ 随时间 t 的变化关系为 $\Phi = BS\sin\omega t$,如图 5.1.2 所示。根据法拉第电磁感应定律,线圈产生的感应电动势随时间的变化关系为

$$e = n\frac{\mathrm{d}\Phi}{\mathrm{d}t} = nBS\omega\cos\omega t = E_\mathrm{m}\cos\omega t$$

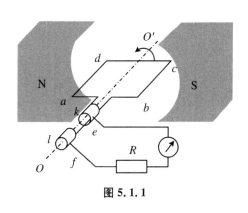
图 5.1.1

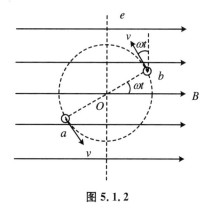
图 5.1.2

2. 交流电的相位

当线圈平面与磁场垂直时,感应电动势为零,我们把该平面称为中性面。线圈经过中性面前后,电动势方向也发生改变。

如果从线圈经过中性面时开始计时,交流电动势的瞬时值是 $e = \varepsilon_m \sin \omega t$。如果从线圈平面与中性面有一夹角 φ_0 开始计时,那么经过时间 t,线圈平面与中性面的夹角为 $\omega t + \varphi_0$,如图 5.1.3 所示,则交流电的电动势瞬时值是

$$e = \varepsilon_m \sin(\omega t + \varphi_0)$$

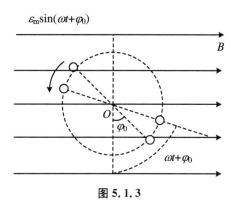
图 5.1.3

从交流电瞬时值表达式可以看出,交流电瞬时值何时为零,何时最大,不是简单地由时间 t 确定,而是由 $\omega t + \varphi_0$ 来确定。这个相当于角度的量 $\omega t + \varphi_0$ 对于确定交流电的大小和方向起重要作用,称之为交流电的相位。φ_0 是 $t=0$ 时刻的相位,称为初相位。在交流电中,相位这个物理量是用来比较两个交流电变化步调的。

两个交流电的相位之差称为它们的相差,用 $\Delta\varphi$ 表示。如果交流电的频率相同,相差就等于初相位之差,即

$$\Delta\varphi = (\omega t + \varphi_{10}) - (\omega t + \varphi_{20}) = \varphi_{10} - \varphi_{20}$$

这时相差是恒定的,不随时间而改变。

两个频率相同的交流电,它们变化的步调是否一致要由相差 $\Delta\varphi$ 来决定。如果 $\Delta\varphi = 0$,

这两个交流电称为同相位;如果 $\Delta\varphi = 180°$,这两个交流电称为反相位;若 $\varphi_{10} > \varphi_{20}$,我们说交流电 I_1 比 I_2 相位超前 $\Delta\varphi$,或说交流电 I_2 比 I_1 相位落后 $\Delta\varphi$。

3. 交流电的有效值

(1) 有效值的定义

交变电流的瞬时值 i 随时间是变化的,如果交变电流流经一个阻值不变的电阻 R,在一个周期内产生的热量跟某一恒定电流 I 经过同一电阻在同一时间内产生的热量相等,则此恒定电流的大小就是交变电流 i 的有效值。它们之间的关系是

$$I^2 RT = \int_0^T R i^2(t) \mathrm{d}t$$

即交变电流的有效值可表示为

$$I = \sqrt{\frac{1}{T}\int_0^T i^2(t) \mathrm{d}t}$$

同理,交流电压 $u = u(t)$ 的有效值为

$$U = \sqrt{\frac{1}{T}\int_0^T u^2(t) \mathrm{d}t}$$

(2) 平均功率

流过用电器的电流为 $i(t)$,其两端的电压为 $u(t)$,则该用电器的瞬时功率为

$$P(t) = i(t) u(t)$$

在许多时候,有实际意义的并不是瞬时功率,而是平均功率。平均功率是瞬时功率在一个周期 T 内对时间的平均值,即

$$\bar{P} = \frac{1}{T}\int_0^T P(t) \mathrm{d}t = \frac{1}{T}\int_0^T i(t) u(t) \mathrm{d}t$$

(3) 简谐交流电的有效值

对于正弦式交变电流 $i(t) = I_\mathrm{m} \sin \omega t$,在纯电阻电路中,$i(t)$ 与 $u(t)$ 相位相同,所以

$$u(t) = U_\mathrm{m} \sin \omega t$$

在一个周期 T 内的平均功率为

$$\bar{P} = \frac{1}{T}\int_0^T I_\mathrm{m} U_\mathrm{m} \sin^2 \omega t \mathrm{d}t = \frac{1}{2} I_\mathrm{m} U_\mathrm{m} = \frac{1}{2} I_\mathrm{m}^2 R$$

在纯电阻电路中,$u(t)$、$i(t)$ 和 $P(t)$ 随时间的变化曲线如图 5.1.4 所示。由于 $u(t)$、$i(t)$ 相位一致,因此任何时刻输入元件中的瞬时功率 $P(t)$ 都是正的,这些能量全部转化为焦耳热。

根据有效值的定义,有

$$I^2 R = \frac{1}{2} I_\mathrm{m}^2 R$$

可见

$$I = \frac{I_\mathrm{m}}{\sqrt{2}}$$

同理,可得 $U = \dfrac{U_\mathrm{m}}{\sqrt{2}}$。以上便是简谐交变电流的电流有效值、电压有效值与峰值之间的关系。

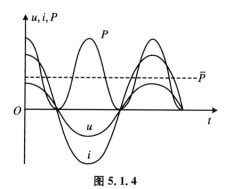

图 5.1.4

我们在生活中经常用有效值来描述交变电流,通常说居民用电的电压为 220 V,这就是指它的有效值。计算交变电流做功、功率及电能转化效率等物理量通常用有效值,如交流电做功的功率为 $P = UI$,发热的功率为 $P = I^2R$ 等。另外,交流电流表和交流电压表的读数也是有效值。

4. 三相交流电

(1) 三相交流电的产生

三相交流电发电机原理如图 5.1.5 所示,其中 AX、BY、CZ 是三组完全相同的线圈,它们均匀排列在圆周上,位置彼此差 $\dfrac{2\pi}{3}$,当磁铁以角速度 ω 匀速转动时,每个线圈中都会产生一个交变电动势,它们彼此相位差为 $\dfrac{2\pi}{3}$,因而有

$$e_{AX} = \varepsilon_\mathrm{m}\sin\omega t, \quad e_{BY} = \varepsilon_\mathrm{m}\sin\left(\omega t + \dfrac{2}{3}\pi\right), \quad e_{CZ} = \varepsilon_\mathrm{m}\sin\left(\omega t + \dfrac{4}{3}\pi\right)$$

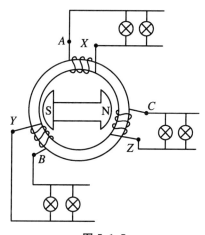

图 5.1.5

(2) 电源的丫形连接

三相交流电源的丫形连接如图 5.1.6 所示。三相中每个线圈的头 A、B、C 各引出一条线,称为端线(火线),而每个线圈尾 X、Y、Z 连接在一起,引出一条线,称为中线。因为总共

接出四根导线,所以连接后的电源称为三相四线制。

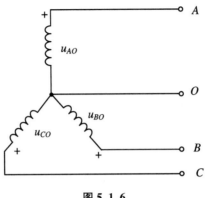

图 5.1.6

在三相电源中,每个线圈中的电流称为相电流,端线中的电流为线电流;每个线圈中的电压称为相电压,任意两条端线的电压为线电压。线电压与相电压的关系为

$$u_{AB} = u_{AO} + u_{OB} = u_{AO} - u_{BO}$$

将相电压的表达式代入,可得

$$u_{AB} = U_m \sin \omega t - U_m \sin\left(\omega t + \frac{2}{3}\pi\right)$$

整理得

$$u_{AB} = \sqrt{3} U_m \sin\left(\omega t - \frac{\pi}{6}\right)$$

所以,相对于有效值而言,有

$$U_{AB} = \sqrt{3} U_{AO}$$

同理,可得

$$U_{BC} = \sqrt{3} U_{BO}, \quad U_{CA} = \sqrt{3} U_{CO}$$

(3) 电源的△形连接

三相交流电源的△形连接如图 5.1.7 所示,它构成三相三线制电路。由图可知,在此情形下线电压等于相电压,但线电流与相电流是不相等的。

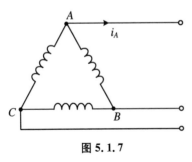

图 5.1.7

(4) 负载的Y形和△形连接

三相交流电负载的Y形连接如图 5.1.8(a)所示。Y形连接时有电压关系 $U_{线} = \sqrt{3} U_{相}$ 和电流关系 $I_{相} = I_{线}$,若三相负载平衡,即 $R_A = R_B = R_C$,则有 $i_0 = i_A + i_B + i_C = 0$,$I_O = 0$,中线可省去,改为三相三线制。

三相交流电负载的△形连接如图 5.1.8(b)所示。△形连接时,$U_{线} = U_{相}$,而负载上电流与线电流不等,当三相平衡时,线电流是相电流的 $\sqrt{3}$ 倍。

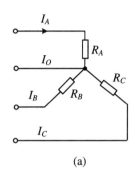 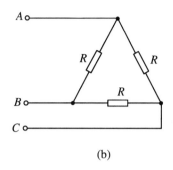

图 5.1.8

核心问题讨论

1. 如何产生和描述交流电?

产生交流电的方式很多,一种简单的方式就是一线圈绕垂直于匀强磁场的轴匀速转动,在线圈中将产生简谐交流电。产生的简谐交流电压的峰值为 $E_m = nBS\omega$,即峰值由线圈的匝数 n、磁场的磁感应强度 B、线圈的面积 S、线圈转动的角速度 ω 共同决定。此时要求转轴和磁场的方向垂直(转轴未必是线圈的对称轴),线圈为平面线圈(未必是矩形)。

线圈在转动过程中,受到的安培力的合力为零,但是安培力的合力矩不为零,该安培力的合力矩将阻碍线圈的转动。当线圈达到稳定时,安培力的合力矩大小等于外界其他力的合力矩的大小,线圈将匀速转动;不考虑线圈的发热等能量损耗,外界的输入功率等于线圈输出的电功率。

例题 1 图 5.1.9(a)是交流发电机模型示意图。在磁感应强度为 B 的匀强磁场中,有一矩形线圈 $abcd$ 可绕线圈平面内垂直于磁感线的 OO' 轴转动,由线圈引出的导线 af 和 dk 分别与两个跟线圈一起绕 OO' 转动的金属圈环相连接,金属圆环又分别与两个固定的电刷保持滑动接触,这样矩形线圈在转动中就可以保持和外电路电阻 R 形成闭合电路。图(b)是线圈的主视图,导线 ab 和 cd 分别用它们的横截面来表示。已知 ab 长度为 L_1,bc 长度为 L_2,线圈以恒定角速度 ω 逆时针转动。(只考虑单匝线圈。)

(1) 求线圈平面处于中性面位置时开始转过 90°过程中的平均电动势。

(2) 线圈平面处于中性面位置时开始计时,写出 t 时刻整个线圈中的感应电动势 e_1 的表达式。

(3) 线圈平面处于与中性面成 φ_0 夹角位置时开始计时,如图(c)所示,写出 t 时刻整个线圈中的感应电动势 e_2 的表达式。

(4) 若线圈的电阻为 r,求线圈每转动一周电阻 R 上产生的焦耳热。(其他电阻均不计。)

(5) 若线圈的电阻为 r,求线圈转动过程中受到的最大安培力矩及位置。

分析 对于一线圈绕垂直于匀强磁场的轴匀速转动的交流电模型,首先要找准线圈的

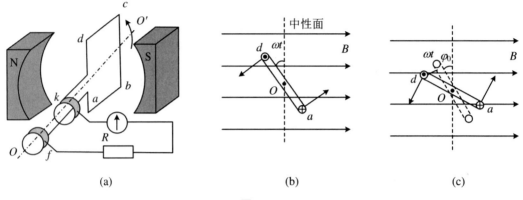

图 5.1.9

中性面和平行面,再依此区分并判断转动线圈所产生的电动势的平均值和瞬时值,要注意是用有效值求交流电热,而对磁力矩的分析要从线圈和磁场的空间方位关系以及电动势、感应电流与安培力、磁力矩之间的定量关系来最终确定最大磁力矩。

解 （1）据法拉第电磁感应定律可得线圈平面自中性面位置时开始转过90°过程中的平均电动势为

$$\bar{\varepsilon} = \frac{\Delta \Phi}{\Delta t} = \frac{BS}{\frac{\pi}{2\omega}} = \frac{2BL_1 L_2 \omega}{\pi}$$

（2）线圈中感应电动势的最大值为

$$e_m = BL_1 L_2 \omega$$

线圈平面处于中性面位置时开始计时,则 t 时刻整个线圈中的感应电动势为

$$e_1 = BL_1 L_2 \omega \sin \omega t$$

（3）线圈平面处于与中性面成 φ_0 夹角位置时开始计时,相当于线圈从中性面开始多加一个初相位 φ_0,则 t 时刻整个线圈中的感应电动势 e_2 的表达式为

$$e_2 = BL_1 L_2 \omega \sin(\omega t + \varphi_0)$$

（4）流经线圈的感应电流的有效值为

$$I = \frac{B(L_1 L_2)\omega}{\sqrt{2}(R + r)}$$

则线圈每转动一周电阻 R 上产生的焦耳热为

$$Q_R = I^2 R t = \left[\frac{B(L_1 L_2)\omega}{\sqrt{2}(R+r)}\right]^2 R \frac{2\pi}{\omega} = \pi R \omega \left(\frac{BL_1 L_2}{R+r}\right)^2$$

（5）当线圈平面与磁场方向平行时,线圈中产生的感应电动势最大,产生的感应电流最大。此时线圈的 ab、cd 边受到的安培力最大且与线圈平面垂直,磁力矩也就最大,最大的磁力矩为

$$M_m = BI_m S = BS \frac{\varepsilon_m}{R + r} = \frac{B^2 (L_1 L_2)^2 \omega}{R + r}$$

点拨 此题重点考查了交流电的电动势平均值、瞬时值和有效值的区分、计算和应用,

是高考和强基考题的典型题目和高频考点,对于线圈磁力矩最值的判定是强基考题提升区分度的考点,希望考生们能引起足够的重视。

例题 2 如图 5.1.10 所示,直角三角形 abc 线框以 ac 边为轴,在匀强磁场中以角速度 ω 匀速转动。已知 ab 边长为 L,$\angle bac = \theta$,三边电阻都为 r,磁感应强度为 B。从图示位置开始计时。

(1) 写出线框中的感应电动势随时间的变化关系 $e(t)$。

(2) 写出 a、b 两点间的电势差随时间的变化关系 $u_{ab}(t)$。

(3) 若磁场方向改为竖直向下,写出 a、b 两点间的电势差随时间的变化关系 $u_{ab}(t)$。

分析 对于第 1 问,我们可以先求通过线圈的磁通量随时间的变化关系,再根据法拉第电磁感应定律,将磁通量对时间求导即可得到电动势随时间的变化关系 $e(t)$;对于第 2 问,abc 线框构成一个完整的回路,可以应用基尔霍夫定律求解该电路的相关信息;对于第 3 问,其实就是前两问的变形和迁移,但需要注意的是整个回路无感应电流。

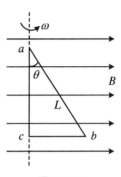

图 5.1.10

解 (1) 三角形线圈的面积为

$$S = \frac{1}{2}ac \cdot bc = \frac{1}{2}L^2 \sin\theta \cos\theta$$

通过线圈的磁通量随时间的变化关系为

$$\Phi = BS\sin\omega t$$

根据法拉第电磁感应定律,线圈中的感应电动势大小为

$$e(t) = \frac{d\Phi}{dt} = B\omega S\cos\omega t = \frac{1}{2}B\omega L^2 \sin\theta \cos\theta \cos\omega t$$

(2) 根据基尔霍夫定律,可知回路电流为

$$I = \frac{e}{3r}$$

三边中只有 ab 边切割磁感线,考虑 ab 边,可得

$$u_{ab} = -(e - Ir) = -\frac{2e}{3}$$

将第 1 问的结果代入,可得

$$u_{ab} = -\frac{1}{3}B\omega L^2 \sin\theta \cos\theta \cos\omega t$$

(3) 若磁场方向改为竖直向下,则线框中磁通量始终为零,线框中感应电动势为零,但 ab 和 bc 两边都切割磁感线,可画出等效电路,如图 5.1.11 所示。ab 和 cb 上的感应电动势为

$$e_{ab} = e_{cb} = \frac{1}{2}B\omega L^2 \sin^2\theta$$

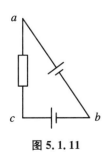

图 5.1.11

所以

$$u_{ab} = \frac{1}{2}B\omega L^2 \sin^2\theta$$

点拨 本题不是常见的矩形线圈,但是当线圈绕垂直于磁场的轴转动时,线圈中感应电动势的最大值的表达式也为

$$e_{\max} = NBS\omega$$

即与垂直磁场的轴的具体位置、线圈的形状都无关,据此也可求出回路的电动势随时间的变化关系为

$$e(t) = e_{\max}\cos\omega t = B\omega S\cos\omega t = \frac{1}{2}B\omega L^2 \sin\theta\cos\theta\cos\omega t$$

2. 如何利用交流电的周期性求解用电器处于某些状态的时间?

某些用电器有一定的工作电压,当交流电电压瞬时值超过该工作电压时,用电器才会正常工作,一般可以利用正弦交流电压的周期性分布来寻求用电器的工作时间。

例题 3 氖灯接入频率 $f = 50$ Hz、电压有效值为 120 V 的交流电路中共 10 min。若氖灯点燃的电压的最小值为 $u_0 = 120$ V,试求氖灯发光的总共时间。

分析 氖灯发光时电压应为瞬时值,而接入的交流电电压 120 V 是有效值。所以要使氖灯发光,须使交流电电压瞬时值 $u \geq u_0$,再利用正弦交流电压的周期性分布来寻求 $u \geq u_0$ 对应的用电器工作时间。

解 设氖灯管两端电压瞬时值为

$$u = U_m \sin\frac{2\pi}{T}t$$

其中

$$U_m = \sqrt{2}U = 120\sqrt{2} \text{ V}$$

如图 5.1.12 所示,设氖灯点燃和熄灭对应的时刻分别为 t_1 和 t_2,在前半个周期内氖灯发光时间为 τ,则有 $\tau = t_2 - t_1$,可见

$$120 = 120\sqrt{2}\sin\frac{2\pi}{T}t$$

即

$$\sin\frac{2\pi}{T}t = \frac{1}{\sqrt{2}}$$

在 $0 \sim \frac{T}{2}$ 时间内,有

$$t_1 = \frac{T}{8}, \quad t_2 = \frac{3T}{8}$$

可得

$$\tau = t_2 - t_1 = \frac{T}{4}$$

在一个周期 T 内,氖灯发光时间为

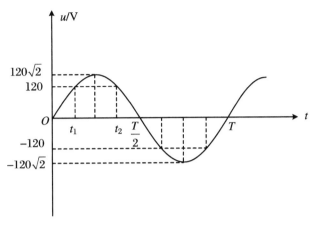

图 5.1.12

$$\tau_0 = 2\tau = \frac{T}{2}$$

所以在 10 min 时间内,氖灯发光时间应占通电时间的一半,为 5 min。

点拨 本题给的数据比较特殊,对应特殊角的三角函数值。若题目给的数据没有对应特殊角的三角函数值时,需要应用反三角函数表示,这时就容易出错了。这时,我们需要根据瞬时电压值 u_0 准确计算出氖灯点燃和熄灭对应的两个时刻,再由交流电的周期性寻求氖灯发光时间。

3. 如何求解交流电的有效值?

让交变电流与恒定电流分别通过大小相同的电阻,如果在交变电流的一个周期内它们产生的热量相等,而这个恒定电流的电流与电压分别为 I、U,我们就把 I、U 称为这一交变电流的有效值。往往根据交流电有效值的热等效定义来定量计算交流电的有效值,而正弦交流电流的有效值是交流电流的最大值 I_m 的 $\frac{1}{\sqrt{2}}$。

例题 4 两个完全相同的纯电阻电热器中分别通过图 5.1.13(a)、(b)所示的方波交流电和正弦交流电。

(1) 当 $I_1 = I_2 = I_m$ 时,求这两个电热器的电功率之比 $P_方 : P_交$。

(2) 当 $I_1 = 2I_2 = 2I_m$ 时,求这两个电热器的电功率之比 $P_方 : P_交$。

分析 交流电的有效值是交流电流的最大值 I_m 的 $\frac{1}{\sqrt{2}}$,这一结论是针对简谐交流电而言的;对于其他的交流电一般来说没有这一结论,这时就需要根据交流电有效值的定义求解了。

解 (1) 当 $I_1 = I_2 = I_m$ 时,对于方波交流电,纯电阻 R 的电功率为

$$P_方 = I_m^2 R$$

对于正弦交流电,纯电阻 R 的电功率为

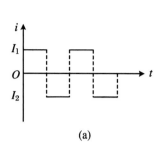 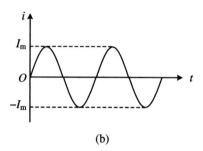

图 5.1.13

$$P_\text{交} = I^2 R = \left(\frac{I_\text{m}}{\sqrt{2}}\right)^2 R = \frac{1}{2}I_\text{m}^2 R$$

所以这两个电热器的电功率之比为

$$P_\text{方} : P_\text{交} = 2 : 1$$

(2) 当 $I_1 = 2I_2 = 2I_\text{m}$ 时,设这两种交流电的周期都为 T,则在一个周期内,对于方波电流,纯电阻 R 产生的热量为

$$Q_\text{方} = I_1^2 R \cdot \frac{T}{2} + I_2^2 R \cdot \frac{T}{2} = \frac{5}{2}I_\text{m}^2 RT$$

对于正弦电流

$$Q_\text{交} = \left(\frac{I_\text{m}}{\sqrt{2}}\right)^2 RT = \frac{1}{2}I_\text{m}^2 RT$$

可见

$$P_\text{方} : P_\text{交} = 5 : 1$$

点拨 对于第 2 问,当 $I_1 = 2I_2 = 2I_\text{m}$ 时,方波电流的有效值应该满足

$$Q_\text{方} = I_1^2 R \cdot \frac{T}{2} + I_2^2 R \cdot \frac{T}{2} = \frac{5}{2}I_\text{m}^2 RT = I^2 RT$$

有效值 $I = \sqrt{\frac{5}{2}}I_\text{m}$,这一结果可能和大部分同学的第一直觉结果 $I' = \frac{3}{2}I_\text{m}$ 并不相同。所以,我们在求交流电的有效值时,最好还是从有效值的定义出发进行求解。

例题 5 如图 5.1.14 所示,矩形闭合金属线圈 $abcd$ 的边长分别为 l_1 和 l_2,电阻为 R。ab 边是固定转动轴,它恰位于有界匀强磁场的边界处,磁感应强度大小为 B。某时刻线圈位置如图所示,磁感线垂直于线圈平面,方向向里。线圈绕固定转动轴匀速转动,角速度大小为 ω,从图示位置开始计时,规定电流沿 $badc$ 方向流动为正方向。

(1) 在直角坐标系上画出线圈内感应电流随时间变化的关系图像(画出两个周期)。

(2) 求此感应电流的有效值。

分析 如果在图 5.1.14 所示的右半部区域里也有磁感应强度为 B 的匀强磁场,则线圈绕 ab 轴匀速转动时,线圈中产生正弦交流电,而且是从中性面开始计时的,可以据此画出电流图像,然后再应用交流电有效值的定义求解有效值。

解 (1) 交流电的图像如图 5.1.15 所示。

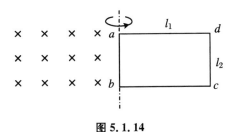

图 5.1.14

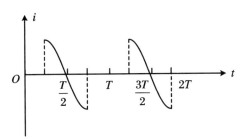

图 5.1.15

（2）此感应电动势的最大值为 $\varepsilon_m = Bl_1 l_2 \omega$，感应电流的最大值为 $I_m = \dfrac{\varepsilon_m}{R}$，所以

$$I_m = \dfrac{Bl_1 l_2 \omega}{R}$$

根据交流电有效值的定义，有

$$\left(\dfrac{1}{\sqrt{2}}I_m\right)^2 R \cdot \dfrac{T}{2} + 0^2 \cdot R \cdot \dfrac{T}{2} = I^2 RT$$

可得

$$I = \dfrac{Bl_1 l_2 \omega}{2R}$$

点拨 对于本题，电流在 $\dfrac{T}{4} \sim \dfrac{3}{4}T$ 时间内的有效值为 $I = \dfrac{1}{\sqrt{2}} I_m$，在另外半个周期的有效值为零，但是在整个周期内的有效值并不是 $\dfrac{1}{2}I$，具体是多少，我们应该从有效值的定义去求解。

例题 6（2019 年清华领军）如图 5.1.16 所示，一个圆柱形铁芯长为 L、半径为 R、相对磁导率为 μ_r、电阻率为 ρ，其上密集地绕有 N 匝导线，导线中通有正弦交流电 $i = I_0 \sin \omega t$。已知真空磁导率为 μ_0，$L \gg R$，则圆柱形铁芯的平均热功率为（　　）

A. $\dfrac{\pi \mu_0^2 \mu_r^2 N^2 \omega^2 I_0^2 R^4}{32\rho L}$
B. $\dfrac{\pi \mu_0^2 \mu_r^2 N^2 \omega^2 I_0^2 R^4}{16\rho L}$
C. $\dfrac{\pi \mu_0^2 \mu_r^2 N^2 \omega^2 I_0^2 R^4}{8\rho L}$
D. $\dfrac{\pi \mu_0^2 \mu_r^2 N^2 \omega^2 I_0^2 R^4}{4\rho L}$
E. $\dfrac{\pi \mu_0^2 \mu_r^2 N^2 \omega^2 I_0^2 R^4}{2\rho L}$

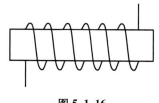

图 5.1.16

分析 本题中的通电长直螺线管铁芯内部的磁感应强度是随时间变化的,这必将形成涡旋电场,到螺线管轴线的距离 r 不一样,涡旋电场的大小也不一样,即螺线管内部的电流密度也不一样,根据焦耳定律的微观表达式,各处的发热快慢也不一样,需要进行微分和积分运算。

解 圆柱形铁芯内部的磁感应强度为

$$B = \mu_0 \mu_r \frac{N}{L} I_0 \sin \omega t$$

磁通量为

$$\Phi = \pi r^2 B = \pi r^2 \mu_0 \mu_r \frac{N}{L} I_0 \sin \omega t$$

在 r 处产生的涡旋电场大小为

$$E = \frac{\mathrm{d}\Phi}{2\pi r \mathrm{d}t} = \frac{r}{2} \mu_0 \mu_r \frac{N}{L} I_0 \omega \cos \omega t$$

在 r 处的体电流密度为

$$j = \frac{E}{\rho} = \frac{r}{2\rho} \mu_0 \mu_r \frac{N}{L} I_0 \omega \cos \omega t$$

根据焦耳定律的微观表达式,在 r 处单位体积内的热功率为

$$p = j^2 \rho = \left(\frac{r}{2\rho} \mu_0 \mu_r \frac{N}{L} I_0 \omega \cos \omega t \right)^2 \rho$$

整个圆柱形铁芯的瞬时热功率为

$$P = \int_0^R p \cdot 2\pi r L \mathrm{d}r = \frac{\pi \mu_0^2 \mu_r^2 N^2 \omega^2 I_0^2 R^4}{8\rho L} \cos^2 \omega t$$

所以,平均功率为

$$\bar{P} = \frac{\pi \mu_0^2 \mu_r^2 N^2 \omega^2 I_0^2 R^4}{16\rho L}$$

点拨 通电长直螺线管这一模型结合交变电流带来的微元建构和微分、积分的运算是本题的难点,本题解答的思路清晰、脉络分明,所用到的物理规律也都是电磁感应涡旋电场部分的经典规律。所以,本题可选为强基校考笔试中拉开分值的选择题。

4. 如何求解三相交流电中的中线电流和线电压?

三相交流电负载星形连接时有电流关系 $I_{相} = I_{线}$。分析的时候要注意,有中线时,三相交流电的三个相电压和三个线电流的相位差,根据中线电流和三线电流的关系以及欧姆定律综合求解。

例题 7 三相交流电相电压的有效值为 220 V,负载是不对称的纯电阻,$R_A = R_B = 22\ \Omega$,$R_C = 27.5\ \Omega$,连接方式如图 5.1.17 所示。求:

(1) 线电压的有效值;

(2) 中线电流的有效值。

分析 有中线时,三相交流电的三个相电压的相位彼此相差 $\frac{2}{3}\pi$,振幅相同。由于负载为纯电阻,三个线电流的相位也应彼此相差 $\frac{2}{3}\pi$。由于负载不对称,三个线电流振幅不同,但始终有 $i_O = i_A + i_B + i_C$ 的关系,据此可求解相关问题。

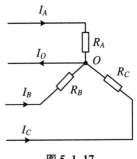

图 5.1.17

解 (1) 线电压 u_{AB}、u_{BC}、u_{CA} 的振幅应相等,最大值皆为 $380\sqrt{2}$ V,有效值为 380 V,彼此相差 $\frac{2}{3}\pi$。

(2) 根据题意,三个相电压的有效值 $U_{AO} = U_{BO} = U_{CO} = 220$ V,彼此相差 $\frac{2}{3}\pi$,对应的瞬时值可表示为

$$\begin{cases} u_{AO} = 220\sqrt{2}\sin\omega t \text{ V} \\ u_{BO} = 220\sqrt{2}\sin\left(\omega t - \frac{2}{3}\pi\right) \text{ V} \\ u_{CO} = 220\sqrt{2}\sin\left(\omega t - \frac{4}{3}\pi\right) \text{ V} \end{cases}$$

三个线电流分别为

$$i_A = \frac{u_{AO}}{R_A}, \quad i_B = \frac{u_{BO}}{R_B}, \quad i_C = \frac{u_{CO}}{R_C}$$

将电压的表达式代入,得

$$\begin{cases} i_A = 10\sqrt{2}\sin\omega t \text{ A} \\ i_B = 10\sqrt{2}\sin\left(\omega t - \frac{2}{3}\pi\right) \text{ A} \\ i_C = 8\sqrt{2}\sin\left(\omega t - \frac{4}{3}\pi\right) \text{ A} \end{cases}$$

因为中线电流 $i_O = i_A + i_B + i_C$,所以

$$i_O = \left[10\sqrt{2}\sin\omega t + 10\sqrt{2}\sin\left(\omega t - \frac{2}{3}\pi\right) + 8\sqrt{2}\sin\left(\omega t - \frac{4}{3}\pi\right)\right] \text{ A}$$

整理得

$$i_O = 2\sqrt{2}\sin\left(\omega t - \frac{\pi}{3}\right) \text{ A}$$

所以,中线电流的有效值为 $I_O = 2$ A。

点拨 这道题的负载虽不对称,三个线电流振幅不同,但始终有 $i_O = i_A + i_B + i_C$。三相交流电的三个相电压的相位彼此相差 $\frac{2}{3}\pi$,振幅相同,由于负载为纯电阻,三个线电流的相位也应彼此相差 $\frac{2}{3}\pi$,这是解决此题的关键。

基 础 练 习

1. 图 5.1.18(a)为一种调光台灯电路示意图,它通过双向可控硅电子器件实现了无级调节亮度。给该台灯接 220 V 的正弦交流电后,加在灯管两端的电压如图 5.1.18(b)所示,则此时交流电压表的示数为 （　　）

A. 220 V　　　B. 110 V　　　C. $\dfrac{220}{\sqrt{2}}$ V　　　D. $\dfrac{110}{\sqrt{2}}$ V

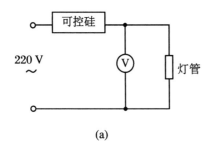

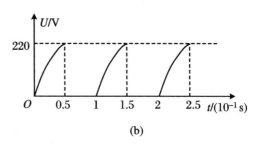

图 5.1.18

2. 如图 5.1.19 所示,矩形线圈 $abcd$ 在匀强磁场中分别以 O_1O_1'、O_2O_2'、O_3O_3' 为轴以同一角速度 ω 转动,通过图示位置时,线圈中感生电动势最大的是 （　　）

A. 以 O_1O_1' 为轴　　　　　　　　B. 以 O_2O_2' 为轴
C. 以 O_3O_3' 为轴　　　　　　　　D. 都一样

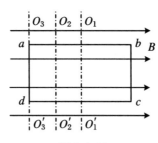

图 5.1.19

3. (2011 年四川卷)如图 5.1.20 所示,在匀强磁场中匀速转动的矩形线圈的周期为 T,转轴 OO' 垂直于磁场方向,线圈电阻为 2 Ω。从线圈平面与磁场方向平行时开始计时,线圈转过 60°时的感应电流为 1 A。那么 （　　）

A. 线圈消耗的电功率为 4 W
B. 线圈中感应电流的有效值为 2 A

C. 任意时刻线圈中的感应电动势为 $e = 4\cos\dfrac{2\pi}{T}t$

D. 任意时刻穿过线圈的磁通量为 $\Phi = \dfrac{T}{\pi}\sin\dfrac{2\pi}{T}t$

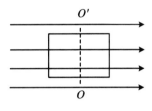

图 5.1.20

4. (2011 年海淀一模)如图 5.1.21 所示,图线 a 是线圈在匀强磁场中匀速转动时产生的正弦交流电的图像,当调整线圈转速后,所产生的正弦交流电的图像如图线 b 所示。以下关于这两个正弦交流电的说法中正确的是 （ ）

A. 线圈先后两次的转速之比为 $1:2$

B. 交流电 a 的电压瞬时值 $u = 10\sin 0.4\pi t$ V

C. 交流电 b 的最大值为 $20/3$ V

D. 在 $t = 0$ 时刻穿过线圈的磁通量为零

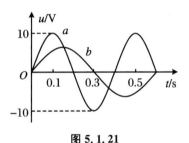

图 5.1.21

5. 图 5.1.22(a)是某种型号的电热毯的电路图,电热毯接在交变电源上,通过装置 P 使加在电热丝上的电压的波形如图(b)所示。此时接在电热丝两端的交流电压表的读数为 （ ）

A. 110 V　　　B. 156 V　　　C. 220 V　　　D. 311 V

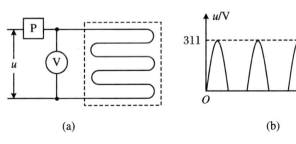

图 5.1.22

6.（2011年天津卷）在图 5.1.23 所示的区域内有垂直于纸面的匀强磁场，磁感应强度为 B。电阻为 R、半径为 L、圆心角为 $45°$ 的扇形闭合导线框绕垂直于纸面的 O 轴以角速度 ω 匀速转动（O 轴位于磁场边界）。线框内产生的感应电流的有效值为（　　）

A. $\dfrac{BL^2\omega}{2R}$ B. $\dfrac{\sqrt{2}BL^2\omega}{2R}$ C. $\dfrac{\sqrt{2}BL^2\omega}{4R}$ D. $\dfrac{BL^2\omega}{4R}$

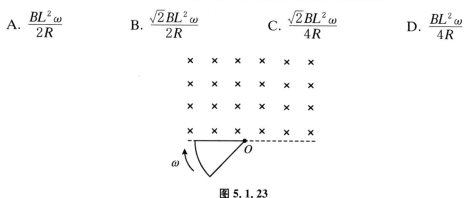

图 5.1.23

7. 如图 5.1.24(a) 所示，长、宽分别为 L_1、L_2 的矩形金属线框位于竖直平面内，其匝数为 n，总电阻为 r，可绕其竖直中心轴 O_1O_2 转动。线框的两个末端分别与两个彼此绝缘的铜环 C、D（集流环）焊接在一起，并通过电刷和定值电阻 R 相连。线框所在空间有水平向右均匀分布的磁场，磁感应强度 B 的大小随时间 t 的变化关系如图(b)所示，其中 B_0、B_1 和 t_1 均已知。在 $0 \sim t_1$ 的时间内，线框保持静止，且线框平面和磁场垂直；t_1 时刻后线框在外力的驱动下开始绕其竖直中心轴以角速度 ω 匀速转动。求：

(1) $0 \sim t_1$ 时间内通过电阻 R 的电流大小；

(2) 线框匀速转动后，在转动一圈的过程中电流通过电阻 R 产生的热量；

(3) 线框匀速转动后，从图(a)所示位置转过 $90°$ 的过程中通过电阻 R 的电荷量。

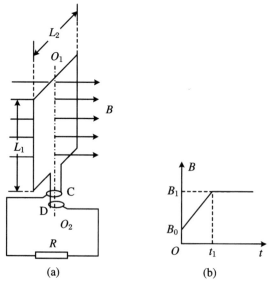

图 5.1.24

8. 有人为汽车设计了一个再生能源装置,原理简图如图 5.1.25(a)所示。当汽车减速时,线圈受到磁场的阻尼作用帮助汽车减速,同时产生电能储存备用。线圈的匝数为 n,ab 长度为 L_1,bc 长度为 L_2。图 5.1.25(b)是此装置的侧视图,切割处磁场的磁感应强度大小恒为 B,有理想边界的两个扇形磁场区夹角都是 $90°$。某次测试时,外力使线圈以角速度 ω 逆时针匀速转动,电刷 M 端和 N 端接电流传感器,电流传感器记录的 i-t 图像如图 5.1.25(c)所示(I 为已知量)。不计线圈转动轴处的摩擦。

(1) 求线圈在图(b)所示位置(ad 在磁场正中央)时产生的总电动势 E 大小,并指明电刷 M 和 N 哪个是电源正极。

(2) 求外力做功的平均功率 P。

(3) 为了能够获得更多的电能,依据所学的物理知识,请你提出改进该装置的两条建议。

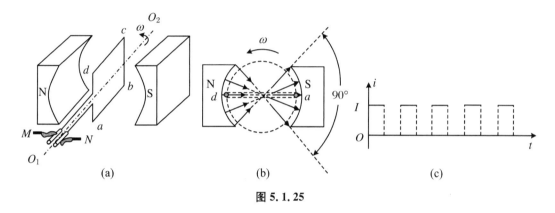

图 5.1.25

9. 如图 5.1.26(a)所示,矩形线框 $abcd$ 的边 $ab=2l$,$ad=3l$,OO' 为线框的转动轴,$aO=bO'=2l$,匀强磁场垂直于线框平面,磁感应强度为 B,OO' 刚好与磁场的边界线重合,线框的总电阻为 R。当线框绕 OO' 以角速度 ω 匀速转动时:

(1) 求线框的 ab 边第一次出磁场前的瞬间,回路中电流的大小和方向。

(2) 从图示位置开始计时,取电流沿 $abcda$ 方向为正,请在图 5.1.26(b)中画出线框中的电流 i 随时间 t 变化的关系图像(画两个周期)。

(3) 求线框中电流的有效值。

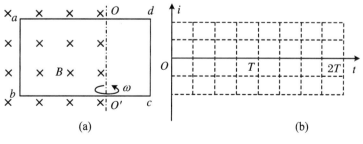

图 5.1.26

提 高 练 习

10. 三相电源采用星形接法，相电压为 $U_{相}$。三个相同的负载采用三角形接法时，每个负载上的电压和电流分别用 $U_{\triangle相}$、$I_{\triangle相}$ 表示；三个负载采用星形接法时，每个负载上的电压和电流分别用 $U_{Y相}$、$I_{Y相}$ 表示。下列表达式中正确的是 （ ）

A. $U_{\triangle相} = U_{Y相} = U_{相}$，$I_{\triangle相} = I_{Y相}$

B. $U_{\triangle相} = \sqrt{3} U_{Y相} = U_{相}$，$I_{\triangle相} > I_{Y相}$

C. $U_{\triangle相} = \sqrt{3} U_{Y相} = \sqrt{3} U_{相}$，$I_{\triangle相} > I_{Y相}$

D. $U_{\triangle相} = \sqrt{3} U_{Y相} = U_{相}$，$I_{Y相} > I_{\triangle相}$

11. 三相星形负载电路中（三相三线制），如果 A 相断开，B 相和 C 相都接有 5 盏"220 V，100 W"灯。开始时，各灯都正常发光，如果突然中线断了，则 （ ）

A. 各灯都被烧毁   B. 各灯都熄灭

C. 各灯都变暗   D. 各灯都增亮

12. 如图 5.1.27 所示，由均匀金属丝折成边长为 l 的等边三角形，总电阻为 R，在磁感应强度为 B 的均匀磁场中，以恒定角速度 ω 绕三角形的高 ac 轴转动，求线圈平面与 B 平行时金属框的总电动势以及 ab、ac 的电势差 U_{ab}、U_{ac}。

13. 如图 5.1.28 所示，闭合的单匝线圈在匀强磁场中以角速度 ω 绕中心轴 OO' 逆时针匀速转动。已知线圈的边长 $ab = cd = l_1 = 0.20$ m，$bc = da = l_2 = 0.10$ m，线圈的电阻值为 $R = 0.050$ Ω，角速度为 $\omega = 300$ rad/s，匀强磁场磁感应强度的大小为 $B = 0.50$ T，方向与转轴 OO' 垂直。规定：当线圈平面与 B 垂直，并且 ab 边在纸面（过 OO' 轴平行于 B 的平面）前时开始计算线圈的转角 θ。

(1) 当 $\theta = \omega t = 30°$ 时，求线圈中感应电动势大小以及线圈所受电磁力矩 $M_{磁}$ 的大小。

(2) 求这时作用在线圈上的电磁力的瞬时功率。

(3) 要维持线圈做匀角速转动，除电磁力矩 $M_{磁}$ 以外，还必须另有外力矩 $M_{外}$ 作用在线圈上。写出 $M_{外}$ 随时间 t 变化的关系式，并以 t 为横坐标，$M_{外}$ 为纵坐标，画出 $M_{外}$ 随 t 变化的图像。

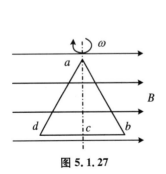

图 5.1.27

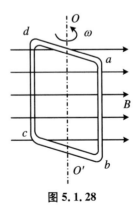

图 5.1.28

14. 三个阻值都是 R 的电阻按星形连接，三个阻值都是 r 的电阻按三角形连接。若所加的三相交流电的线电压相同，并且这两种方式的相电流也相同，试求：

(1) 电阻的阻值之比 R/r；

(2) 消耗的功率之比 P_R/P_r。

《参考答案》

1. B。
2. D。
3. AC。
4. C。
5. B。
6. D。

7. (1) $I = \dfrac{E}{R+r} = \dfrac{nL_1L_2(B_1-B_0)}{(R+r)t_1}$；(2) $Q = I^2Rt = \pi R\omega\left(\dfrac{nB_1L_1L_2}{R+r}\right)^2$；(3) $q = \bar{I}\Delta t = \dfrac{nB_1L_1L_2}{R+r}$。

8. (1) $E = nBL_1L_2\omega$，M 端是电源正极。

(2) $P = \dfrac{nBL_1L_2\omega I}{2}$。

(3) 增加磁感应强度；增加线圈匝数；增加磁场区域面积；适当增加线圈面积；变成多组线圈等。

9. (1) $I_1 = \dfrac{E_1}{R} = \dfrac{4B\omega l^2}{R}$，方向沿 $adcba$ 方向；(2) 如图 5.1.29 所示；(3) $I = \dfrac{\sqrt{5}B\omega l^2}{R}$。

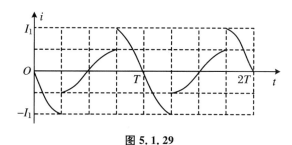

图 5.1.29

提示 对于第 3 问，设电流的有效值为 I，在 $0\sim T$ 时间内，线框中的焦耳热为

$$I^2RT = \left(\dfrac{I_2}{\sqrt{2}}\right)^2 R \cdot \dfrac{T}{2} + \left(\dfrac{I_1}{\sqrt{2}}\right)^2 R \cdot \dfrac{T}{2}$$

解得

$$I = \dfrac{\sqrt{5}B\omega l^2}{R}$$

10. C。

提示 电源接法已固定为星形接法，$U_{线}=\sqrt{3}U_{相}$。负载采用三角形接法时，$U_{\triangle 相}=U_{线}=\sqrt{3}U_{相}$；负载采用星形接法时，$U_{Y相}=U_{相}$，比较后可得 $U_{\triangle 相}=\sqrt{3}U_{Y相}=\sqrt{3}U_{相}$。

每相负载是定值，$U_{\triangle 相}>U_{Y相}$，所以 $I_{\triangle 相}>I_{Y相}$。

综上所述，本题应选 C。

11. C。

提示 中线断开后，B 相和 C 相的负载相互串联接于两相线之间，总电压为 380 V，由于 B 相与 C 相负载相互平衡，故每相负载的端电压均为 190 V，各灯都变暗。答案应选 C。

12. $\varepsilon=\frac{\sqrt{3}}{4}B\omega l^2$，$U_{ab}=\frac{\sqrt{3}}{24}B\omega l^2$，$U_{ac}=0$。

提示 线圈平面与 B 平行时，金属框的总电动势为

$$\varepsilon=BS\omega=B\omega\cdot\frac{1}{2}l^2\sin 60°=\frac{\sqrt{3}}{4}B\omega l^2$$

线圈等效电路如图 5.1.30 所示，由一段含源电路的欧姆定律可得

$$U_{ab}=\frac{\sqrt{3}}{24}B\omega l^2,\quad U_{ac}=-I\cdot\frac{R}{2}+\frac{\varepsilon}{2}=0$$

13. (1) 感应电动势为 1.5 V，$M_{磁}=0.15$ N·m；(2) 瞬时功率为 45 W；(3) $M_{外}=0.60\sin^2 300t$ N·m，图像如图 5.1.31 所示。

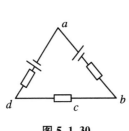

图 5.1.30

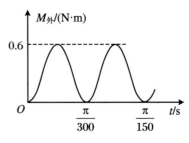

图 5.1.31

提示 (1) 电磁力 f_{ab} 和 f_{cd} 对于 OO' 轴的力矩在俯视图中都是顺时针方向的，大小为 $M_{ab}=M_{cd}=\frac{1}{2}f_{ab}l_2\sin\theta$，线圈所受磁场的合力矩

$$M_{磁}=M_{ab}+M_{cd}=il_1l_2B\sin\theta=(el_1l_2B\sin 30°)/R=0.15\text{ N·m}$$

(2) 根据公式可得 $P=E^2/R=45$ W。

(3) 要维持线圈做匀角速转动，外力矩 $M_{外}$ 的大小和磁场力矩 $M_{磁}$ 的大小必须相等，而方向相反，即

$$M_{外}=M_{磁}=[(Bl_1l_2)^2\omega\sin^2\omega t]/R=0.60\sin^2 300t\text{ N·m}$$

14. (1) $\frac{1}{\sqrt{3}}$；(2) $\frac{1}{\sqrt{3}}$。

提示 (1) 如图 5.1.32(a) 所示，三个阻值均为 R 的电阻按星形连接，所加线电压为

U_1,流经各相的电流分别为 i_a、i_b、i_c,有效值相等,均为 I_a。如图 5.1.32(b)所示,三个阻值均为 r 的电阻按三角形连接,根据题意,所加线电压仍为 U_1,流经各相的电流分别为 i_{ab}、i_{bc}、i_{ca},有效值相等,均为 I_φ。

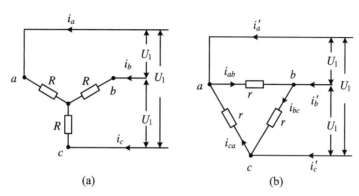

图 5.1.32

根据题意,两种方式下的相电流相等,即
$$I_a = I_\varphi$$
因为
$$I_a = \frac{U_\varphi}{R} = \frac{\frac{1}{\sqrt{3}}U_1}{R}, \quad I_\varphi = \frac{U_1}{r}$$
所以
$$\frac{R}{r} = \frac{1}{\sqrt{3}}$$

(2) 设消耗在三个 R 上的功率记为 $P(R)$,消耗在三个 r 上的功率记为 $P(r)$,则
$$P(R) = 3I_a^2 R, \quad P(r) = 3I_\varphi^2 r$$
得功率之比为
$$\frac{P(R)}{P(r)} = \frac{I_a^2 R}{I_\varphi^2 r} = \frac{1}{\sqrt{3}}$$

5.2 电学元件对交流电的阻碍作用

 课外知识延伸

1. 交流电的旋转矢量表示

交流电的电流或电压是按正弦规律变化的。这一变化规律除了可以用函数关系和图像来表示,还可以用一个旋转矢量来表示。图 5.2.1 是正弦交流电的旋转矢量表示法与图像

表示法的对照图,左边是旋转矢量法,右边是图像法。

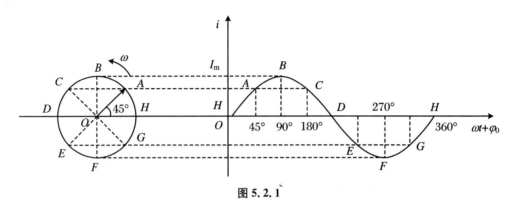

图 5.2.1

在交流电的旋转矢量表示法中,$\overrightarrow{OA}$ 为一旋转矢量,旋转矢量 $\overrightarrow{OA}$ 的大小表示交流电的最大值 I_m,旋转矢量 $\overrightarrow{OA}$ 旋转的角速度是交流电的角频率 ω,旋转矢量 $\overrightarrow{OA}$ 与横轴的夹角 $\omega t + \varphi_0$ 为交流电的相位,旋转矢量 $\overrightarrow{OA}$ 在纵轴上的投影为交流电的瞬时值 $i = I_m \sin(\omega t + \varphi_0)$。

交流电的旋转矢量表示法使交流电的表达更加直观简洁,因而可以为交流电的运算带来极大的方便。

2. 纯电阻对交变电流的阻碍作用

我们把只含有电阻元件(如白炽灯、电热器等)的交流电路称为纯电阻交流电路。如图 5.2.2 所示,给电阻 R 加一正弦交流电,电压的瞬时值与电流的瞬时值之比为一常数(U_m/I_m)。与直流电路一样,比值 U_m/I_m 描述了元件对交变电流的阻碍作用,就是电阻,即

$$R = \frac{U_m}{I_m} = \frac{u(t)}{i(t)}$$

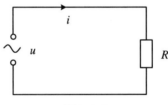

图 5.2.2

可见,在纯电阻交流电路中,电流与电压时时刻刻服从欧姆定律,即

$$i(t) = \frac{u(t)}{R}$$

在纯电阻电路中,u、i 变化步调是一致的,即它们同相,图 5.2.3(a)表示电流、电压随时间变化的步调一致的特性。图 5.2.3(b)是用旋转矢量法来表示纯电阻电路电流与电压相位相同的关系。

3. 纯电感对交变电流的阻碍作用

如果在交流电路中只有电感线圈,且绕制线圈的导线电阻可以忽略,这样的电路就称为纯电感交流电路,如图 5.2.4 所示。

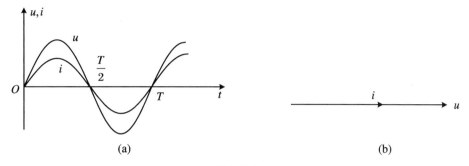

图 5.2.3

设线圈中通过的交变电流为 $i(t) = I_m\sin(\omega t + \varphi_i)$,根据电磁感应的知识,线圈中产生的自感电动势为

$$E = -L\frac{di}{dt} = -L\omega I_m\cos(\omega t + \varphi_i)$$
$$= -L\omega I_m\sin\left(\omega t + \varphi_i + \frac{\pi}{2}\right)$$

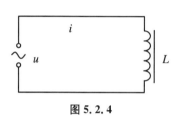

图 5.2.4

由基尔霍夫方程可知 $u = -E$,即

$$u = I_m\omega L\sin\left(\omega t + \varphi_i + \frac{\pi}{2}\right) = U_m\sin(\omega t + \varphi_u)$$

由此可见

$$U_m = I_m\omega L, \quad \varphi_u = \varphi_i + \frac{\pi}{2}$$

比值 U_m/I_m 描述了元件对交变电流的阻碍作用,在纯电感交流电路中,将比值 U_m/I_m 定义为感抗,用 Z_L 表示,其表达式为

$$Z_L = \frac{U_m}{I_m} = \omega L = 2\pi f L$$

可见,在纯电感交流电路中,线圈对交变电流的阻碍作用的强弱与线圈的自感系数 L、交变电流的频率 f 成正比;交流电压的相位比电流的相位超前 $\pi/2$,它们的函数图像和旋转矢量表示分别如图 5.2.5(a)、(b)所示。

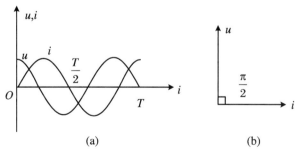

图 5.2.5

4. 纯电容对交变电流的阻碍作用

如果交流电路中只有电容器,连接电路的导线电阻都可忽略不计,这样的电路称为纯电容电路,如图 5.2.6 所示。

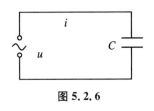

图 5.2.6

设电容器的电容为 C,两极板的外加交变电压为 $u(t) = U_m\sin(\omega t + \varphi_u)$,则电容器所带电荷量随时间的变化关系为

$$Q = CU_m\sin(\omega t + \varphi_u)$$

充放电的电流随时间的变化关系为

$$i = \frac{dQ}{dt} = C\frac{du}{dt} = C\omega U_m\cos(\omega t + \varphi_u)$$

$$= C\omega U_m\sin\left(\omega t + \varphi_u + \frac{\pi}{2}\right) = I_m\sin(\omega t + \varphi_i)$$

其中 I_m、φ_i 满足

$$I_m = C\omega U_m, \quad \varphi_i = \varphi_u + \frac{\pi}{2}$$

比值 U_m/I_m 描述了元件对交流电流的阻碍作用,在纯电容交流电路中,将比值 U_m/I_m 定义为容抗,用 Z_C 表示,其表达式为

$$Z_C = \frac{U_m}{I_m} = \frac{1}{\omega C} = \frac{1}{2\pi f C}$$

根据上述理论推导可知,在纯电容交流电路中,电容器对交变电流阻碍作用的强弱与电容器的电容、交变电流的频率 f 成反比;电流的相位比电压的相位超前 $\pi/2$。它们的图像和旋转矢量表示分别如图 5.2.7(a)、(b)所示。

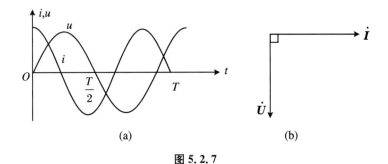

图 5.2.7

5. 交流电路的功率

(1) 交流电路的瞬时功率

在某一时刻,某一元件消耗的瞬时功率 $p(t)$ 应等于该时刻流过该元件的电流 $i(t)$ 和该元件两端的电压 $u(t)$ 的乘积,即

$$p(t) = i(t)u(t)$$

在实际电路中,一般不会是纯电阻、纯电感和纯电容电路,电流和电压的相位差既不会是 0 也不会正好是 $\pi/2$,而是一般角度 φ。所以,在一般情况下,电流和电压的瞬时值可写为

$$i(t) = I_m \sin \omega t, \quad u(t) = U_m \sin(\omega t + \varphi)$$

交流电路的瞬时功率为

$$p = i(t)u(t) = U_m I_m \sin(\omega t + \varphi) \cdot \sin \omega t$$

利用积化和差公式,得

$$p = \frac{1}{2} U_m I_m \cos \varphi - \frac{1}{2} U_m I_m \cos(2\omega t + \varphi)$$

用有效值表示为

$$p = U_{\text{有效}} I_{\text{有效}} \cos \varphi - U_{\text{有效}} I_{\text{有效}} \cos(2\omega t + \varphi)$$

(2) 交流电路的平均功率

在一段时间内,交变电流对某一元件做功,有意义的不是瞬时功率,而是交变电流在一个周期内的平均功率。根据平均功率的定义,可得

$$\bar{p} = \frac{1}{T} \int_0^T p \, dt = U_{\text{有效}} I_{\text{有效}} \cos \varphi$$

对于纯电阻电路,$\varphi = 0$,$\cos \varphi = 1$,所以 $\bar{p} = U_{\text{有效}} I_{\text{有效}}$;对于纯电感电路,$\varphi = \frac{\pi}{2}$,$\cos \varphi = 0$,所以 $\bar{p} = 0$;对于纯电容电路,$\varphi = -\frac{\pi}{2}$,$\cos \varphi = 0$,所以 $\bar{p} = 0$。

(3) 功率因数

电流表和电压表的读数均不为0,由两表读数乘积得到的功率 $p_s = U_{\text{有效}} I_{\text{有效}}$ 并不为0,而实际消耗的平均功率 $\bar{p} = U_{\text{有效}} I_{\text{有效}} \cos \varphi$ 却可能为0。为了区分这两个功率,我们把 $p_s = U_{\text{有效}} I_{\text{有效}}$ 称为表观功率或视在功率,把交流电路中实际消耗的平均功率 $\bar{p} = U_{\text{有效}} I_{\text{有效}} \cos \varphi$ 称为有功功率,把 $\cos \varphi$ 称为功率因数。

核心问题讨论

1. 在串联电路中如何用旋转矢量定量计算电容和电感对交流电的阻碍作用?

在串联交流电路中,常常取流过电阻或电感线圈的电流的旋转矢量方向为参考方向,根据电阻的电压和电流同相位,电感的电压超前电流 $\pi/2$ 的相位,电容的电压落后电流 $\pi/2$ 的相位,可以画出它们的电压对应的旋转矢量,这样就可以方便地进行电压对应的旋转矢量的叠加,从而求出相关量。

例题 1 如图 5.2.8 所示,将阻值为 R 的电阻、自感系数为 L 的纯电感器、电容为 C 的纯电容器依次串联起来。已知流经电路的交变电流的角频率为 ω,求:

(1) 加在电路两端的电压与流经电路的电流的相位差 $\Delta \varphi$;

(2) 电路的阻抗 Z。

分析 如果取某时刻电流的矢量方向为横轴的正方向,则 R 两端的电压矢量正好与横轴的正方向相同,L 上的电压矢量、C 上的电压矢量也正好分别与纵轴的正半轴、负半轴重合,先把纵轴上的矢量合成,再与横轴上的矢量合成,如图 5.2.9 所示。合矢量与横轴的夹

角就是要求的 $\Delta\varphi$;合矢量的长度就是总电压的大小,在此基础之上就可以很容易地计算总阻抗了。

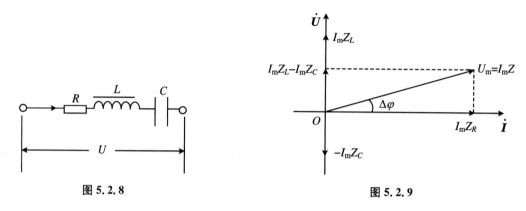

图 5.2.8　　　　　　　　　　　图 5.2.9

解　(1) 设电流的最大值为 I_m,电阻、电感器、电容器的阻抗分别为 Z_R、Z_L、Z_C,则它们的矢量表示如图 5.2.9 所示,则

$$\tan\Delta\varphi = \frac{I_m Z_L - I_m Z_C}{I_m Z_R} = \frac{\omega L - \dfrac{1}{\omega C}}{R}$$

所以

$$\Delta\varphi = \arctan\frac{\omega L - \dfrac{1}{\omega C}}{R}$$

(2) 总电压的最大值为

$$U_m = \sqrt{(I_m Z_L - I_m Z_C)^2 + (I_m Z_R)^2} = I_m \sqrt{\left(\omega L - \frac{1}{\omega C}\right)^2 + R^2}$$

所以,电路阻抗为

$$Z = \frac{U_m}{I_m} = \sqrt{\left(\omega L - \frac{1}{\omega C}\right)^2 + R^2}$$

点拨　(1) 本题也可以采用代数方法求解,将涉及比较烦琐的三角函数运算,运算量将大大增加。

(2) 对于本题中的电路,若 $\omega L = \dfrac{1}{\omega C}$,则 $\Delta\varphi = 0$,同时 $Z = R$。这一结果从旋转矢量的角度是很好解释的,因为电感电压超前电容电压 π 的相位,若幅值 $I_m \omega L$ 和 $I_m \cdot \dfrac{1}{\omega C}$ 相等,则正好抵消。

2. 在并联电路中如何用旋转矢量定量计算电容和电感对交流电的阻碍作用?

在并联交流电路中,因为各元件的电压相同,所以取电压矢量方向为参考方向更为便捷。根据电阻的电压和电流同相位,感的电压超前电流 $\pi/2$ 的相位,电容的电压落后电流

π/2 的相位,可以画出它们的电压对应的旋转矢量,这样就可以方便地进行电压对应的旋转矢量的叠加,从而求出相关量。

例题 2 如图 5.2.10 所示,将阻值为 R 的电阻、电感为 L 的纯电感器、电容为 C 的纯电容器并联起来。已知加在电路上电压的角频率为 ω,求:

(1) 并联电路的电流与电压的相位差 $\Delta\varphi$;
(2) 并联电路的阻抗 Z。

分析 如果取某时刻的电压矢量方向为横轴的正方向,则流过 R 的电流矢量正好与横轴的正方向相同,则流过 L 的电流矢量、流过 C 的电流矢量也正好与纵轴的负半轴、正半轴重合,先把纵轴上的矢量合成,再与横轴上的矢量合成,如图 5.2.11 所示。合矢量与横轴的夹角就是要求的 $\Delta\varphi$;合矢量的长度就是总电流的大小,在此基础上就可以很容易计算总阻抗了。

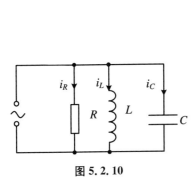

图 5.2.10

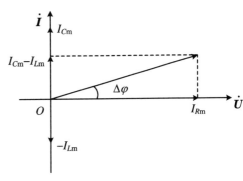

图 5.2.11

解 (1) 设电压的最大值为 U_m,电阻、电感线圈、电容器的阻抗依次为 Z_R、Z_L、Z_C,则流过它们的电流的最大值分别为 U_m/Z_R、U_m/Z_L、U_m/Z_C,它们的旋转矢量表示和合矢量表示如图 5.2.11 所示,所以

$$\tan\Delta\varphi = \frac{U_m/Z_C - U_m/Z_L}{U_m/Z_R} = \left(\omega C - \frac{1}{\omega L}\right)R$$

所以

$$\Delta\varphi = \arctan\left(\omega C - \frac{1}{\omega L}\right)R$$

(2) 根据图 5.2.11 可知总电流的最大值为

$$I_m = \sqrt{(I_C - I_L)^2 + I_R^2} = U_m\sqrt{\left(\omega C - \frac{1}{\omega L}\right)^2 + \left(\frac{1}{R}\right)^2}$$

所以总阻抗

$$Z = \frac{U_m}{I_m} = \frac{1}{\sqrt{\left(\omega C - \frac{1}{\omega L}\right)^2 + \frac{1}{R^2}}}$$

点拨 只要掌握了上述理想电路的串、并联规律,就可以在此基础上处理实际电路问题了。例如,可把实际电感器等效看成是纯电阻和纯电感器的串联,把实际电容器等效看成是纯电容和纯电阻的串联等。

3. 在混联电路中如何用旋转矢量定量计算电容和电感对交流电的阻碍作用?

在混联电路中,首先要识别电路结构,看清各电路元件的串、并联关系,再根据交流电路中含有电容器、电感线圈电路的电压和电流的相位超前、滞后关系以及各支路电压、电流和阻抗的旋转矢量关系综合处理。

例题 3 在图 5.2.12 所示的电路中,简谐交流电源的频率为 $f = 50$ Hz,三个交流电表的示数相同,两个电阻器的阻值都是 $100\ \Omega$。以 a 为节点,设各支路中电流的瞬时值分别为 i_1、i_2、i_3,方向如图所示。

(1) 画出 i_1、i_2、i_3 三个电流对应的旋转矢量间的关系。

(2) 设含 C 支路的阻抗为 Z_2,含 L 支路的阻抗为 Z_3,求 Z_2 和 Z_3 之间的关系。

(3) 求线圈的自感 L 和电容器的电容 C 的值。

分析 本题由电路结构识别入手,根据交流电路元件的串联、并联特点,利用基尔霍夫定律、欧姆定律以及含容、含感电路的电压、瞬时电流和阻抗的旋转矢量关系求解。

解 (1) 根据基尔霍夫定律,有

$$i_1 = i_2 + i_3$$

又因为三个交流电表的示数相同,即对应电流的有效值相同,也就是最大值相同,所以 i_1、i_2、i_3 三个电流对应的旋转矢量关系如图 5.2.13 所示。

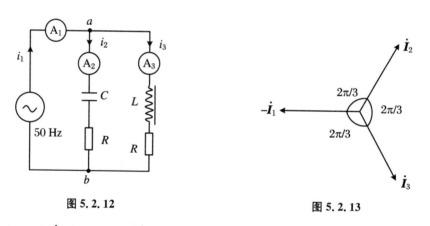

图 5.2.12   图 5.2.13

图 5.2.13 中 $\dot{I}_2$ 的相位超前 $\dot{I}_3$,这是因为含 C 的支路和含 L 的支路加在 a、b 两点的电压相同,含 C 支路的电流相位超前 a、b 间电压相位(小于 $\pi/2$),含 L 支路的电流相位落后于 a、b 间电压(小于 $\pi/2$),所以含 C 支路的电流相位超前(小于 π)。

(2) 根据串联电路中电容和电感对交流电的阻碍作用,有

$$Z_2 = \sqrt{R^2 + \frac{1}{(\omega C)^2}}, \quad Z_3 = \sqrt{R^2 + (\omega L)^2}$$

因为两支路端点 a、b 间的电压相同,所以有关系式

$$I_2 Z_2 = I_3 Z_3$$

又因为 $I_2 = I_3$，所以

$$Z_2 = Z_3$$

(3) 根据第 2 问的求解，可得

$$\frac{1}{\omega C} = \omega L$$

以 a、b 两点间的电压作为参考，含电容电路的电流相位超前，含电感电路的电流落后，且超前和落后的相位相同，再结合第 1 问的图像可知含电容电路的电流相位比 a、b 之间的电压相位超前 $\pi/3$。分析含电容的支路，有

$$\tan \frac{\pi}{3} = \frac{\frac{1}{\omega C} \cdot I_m}{R \cdot I_m} = \frac{\frac{1}{\omega C}}{R}$$

联立以上两式，可得

$$\begin{cases} C = \dfrac{1}{\sqrt{3}\omega R} = \dfrac{1}{2\sqrt{3}\pi f R} = 18.4\ \mu\text{F} \\ L = \dfrac{\sqrt{3}R}{\omega} = \dfrac{\sqrt{3}R}{2\pi f} = 0.55\ \text{H} \end{cases}$$

点拨　在求解本题的过程中，应用了"若三个大小相等的矢量相加结果为零，则这 3 个矢量的夹角必为 120°"的二级结论。这个结论是显然的，在力学中也常常应用，比如三个大小相等的力的合力为零，则这三个分力之间的夹角必定为 120°。

习题实战演练

基 础 练 习

1. 在图 5.2.14 所示的电路中，电源的电动势为 E，内阻为 r，电感 L 的电阻不计，电阻 R 的阻值大于灯泡 L 的阻值。在 $t = 0$ 时刻闭合开关 S，经过一段时间，在 $t = t_1$ 时刻断开 S。下列表示 A、B 两点间电压 U_{AB} 随时间 t 变化的图像中，正确的是　　　　（　　）

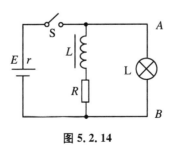

图 5.2.14

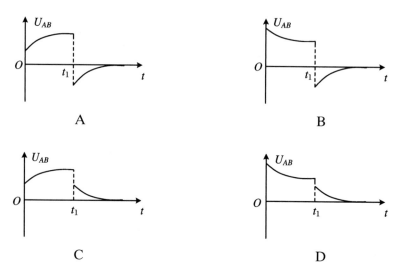

2. 两只相同的白炽灯 L_1 和 L_2 分别与电容器 C 和电感线圈 L 串联,接在如图 5.2.15 所示的电路中。将 a、b 接在电压最大值为 U_m、频率为 f 的正弦交流电源 E_1 两极之间时,两只灯泡都发光,且亮度相同。若更换一个新的正弦交流电源 E_2 后,灯 L_2 的亮度高于灯 L_1 的亮度,则新电源 E_2 的电压最大值和频率可能是哪种情况? ( )

A. 电压的最大值仍为 U_m,而频率大于 f

B. 电压的最大值仍为 U_m,而频率小于 f

C. 电压的最大值大于 U_m,而频率仍为 f

D. 电压的最大值小于 U_m,而频率仍为 f

3. 如图 5.2.16 所示,一个电阻可忽略的、自感系数为 0.1 H 的电感线圈与电压有效值为 20 V、频率为 50 Hz 的交流电源相接。求电流表(内阻可忽略)的示数。

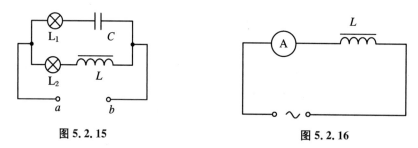

图 5.2.15　　　　　　　　图 5.2.16

4. 一个电阻可忽略的、电容为 25 μF 的电容器与电压有效值为 20 V、频率为 50 Hz 的交流电源相接,如图 5.2.17 所示。求电流表(内阻可忽略)的示数。

5. 如图 5.2.18 所示,从同一交流电路上接出两个支路,一支路上串联一个理想电容器 C,另一个支路上串联一个理想电感线圈 L。AB 和 CD 平行放置,判断它们之间是引力还是斥力。

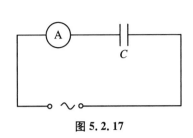

图 5.2.17

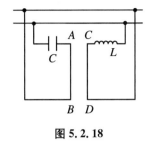

图 5.2.18

提 高 练 习

6. 在图 5.2.19 所示的电路中,已知线圈自感系数为 $L=1$ H,电容器电容为 $C=5$ μF。简谐交流电源电动势有效值为 $E=50$ V,频率为 $f=50$ Hz。设线圈电阻为零,无热耗。

(1) 求电容器上的最大带电量。

(2) 求线圈中电流强度 i_L 的最大值。

(3) 求电容器中电流 i_C 和线圈中电流 i_L 的相位差。

(4) 当交流电源的频率 f 调整到多少时,i_L 和 i_C 各自的最大值相等,此时电源供给的电流为多大?

7. 两个同频率的交流电流,其电流的峰值分别为 3 A 和 4 A,初相位分别为 25°和 115°,它们的频率均为 50 Hz。试求这两个交流电流的和的峰值、频率和初相位,并求出瞬时值的表达式。

8. 有一个图 5.2.20 所示的 R、C 并联电路,电源的电压为 $u=U_m\sin\omega t$,R 和 C 的阻抗相等。求:

(1) 通过 R、C 的电流的瞬时值和有效值;

(2) 电源供给的电流的瞬时值和有效值;

(3) 通过 R、C 的电流和电源供给的电流的相位关系。

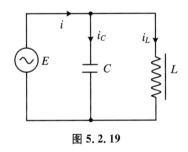

图 5.2.19

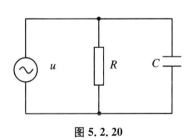

图 5.2.20

9. 在图 5.2.21 所示的电路中,$R_1=2$ Ω,$R_2=4$ Ω,$R_3=4$ Ω,$C_1=2$ F,线圈电感 $L=0.5$ H 和电阻 $r=4$ Ω,电源电动势 $E=12$ V。

(1) 求 S 接通的瞬时各支路的电流和各元件上的电压。

(2) 求稳定后各支路的电流和元件上的电压。

(3) 定性地画出开关接通后电容、电感中的电流变化情况。

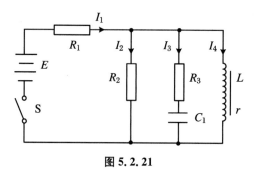

图 5.2.21

10. 图 5.2.22 所示的电路已经达到稳定状态,两个无内阻电源的电动势分别为 $E_1 = E_0 \sin^2 \omega t$ 和 $E_2 = E_0 \cos \omega t$,两个电阻 $R_1 = R_2 = R$,电感 $L = \dfrac{R}{2\omega}$,电容 $C = \dfrac{1}{2\omega R}$。求通过电阻 R_1 的电流 $i_1(t)$。

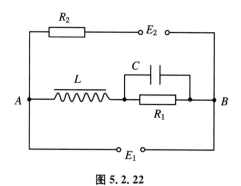

图 5.2.22

《《参 考 答 案》》

1. B。
2. B。
3. $I = 0.64 \text{ A}$。
4. $I = \dfrac{U}{Z_C} = 0.157 \text{ A}$。
5. 作用力为斥力。

提示　设电容器 C 的容抗为 X_C,电感线圈的感抗为 X_L,交流电压 $U = U_m \sin \omega t$。因为在纯电容电路中电流相位比电压超前 $\pi/2$,所以通过 AB 的电流为

$$i_1 = \dfrac{U_m}{X_C} \cdot \sin\left(\omega t + \dfrac{\pi}{2}\right) = \dfrac{U_m}{X_C} \cdot \cos \omega t$$

因为在纯电感电路中电流相位比电压滞后 $\pi/2$,所以通过 CD 电流为

$$i_2 = \frac{U_m}{X_L} \cdot \sin\left(\omega t - \frac{\pi}{2}\right) = -\frac{U_m}{X_L} \cdot \cos\omega t$$

因此,通过 AB 的电流方向与通过 CD 的电流方向相反,它们之间的作用力为斥力。

6. (1) 电容器上的最大带电量为 $q_m \approx 3.5 \times 10^{-4}$ C;(2) 电流强度的最大值为 $(i_L)_m \approx 0.23$ A;(3) i_C 与 i_L 的相位差为 π;(4) 当交流电源的频率 f 调整到约 71 Hz 时,i_L 和 i_C 各自的最大值相等,此时电源供给的电流为零。

提示 (1) 简谐交流电源加在电容 C 上的最大电压为

$$U_m = \sqrt{2}E$$

因此电容器上的最大带电量为

$$q_m = CU_m = \sqrt{2}CE \approx 3.5 \times 10^{-4} \text{ C}$$

(2) 设线圈中的电流强度有效值为 I_L,则电流强度最大值为

$$(i_L)_m = \sqrt{2}I_L = \sqrt{2} \times \frac{E}{2\pi fL} \approx 0.23 \text{ A}$$

(3) 电容器中电流 i_C 相位超前所加电压的相位 $\frac{\pi}{2}$,线圈中电流 i_L 相位落后于所加电压的相位 $\frac{\pi}{2}$,所以 i_C 与 i_L 的相位差为 π。

(4) i_C 和 i_L 各自的最大值相等,则它们各自的有效值也相等,设频率调至 f_0,则

$$\frac{E}{2\pi f_0 L} = E \cdot 2\pi f_0 C$$

解得

$$f_0 = \frac{1}{2\pi\sqrt{LC}} \approx 71 \text{ Hz}$$

此时电源供给的电流 i 为 $i_C + i_L$,而 i_C 和 i_L 相位相反,大小相等,所以 $i = 0$。

7. $I_m = 5$ A,$f = 50$ Hz;初相位为 $75°9'$;交流合电流瞬时值的表达式为

$$i = 5\cos(100\pi t + 78°13')$$

提示 作两交流电的振幅矢量,在 $t = 0$ 的时刻振幅矢量如图 5.2.23 所示。根据平行四边形法则,有

$$I_m = \sqrt{I_{1m}^2 + I_{2m}^2 + 2I_{1m}I_{2m}(\varphi_2 - \varphi_1)} = 5 \text{ A}$$

由几何知识得

$$\tan(\varphi - \varphi_1) = \frac{I_{2m}}{I_{1m}} = \frac{4}{3}$$

从而得 $\varphi - \varphi_1 = 53°13'$,所以初相位 $\varphi = 53°13' + 25° = 78°13'$。

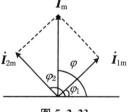

图 5.2.23

由频率 $f = 50$ Hz 得 $\omega = 2\pi f = 100\pi$。

所以,交流合电流瞬时值的表达式为

$$i = 5\cos(100\pi t + 78°13')$$

8. (1) 通过 R、C 的电流的瞬时值分别为 $i_R = \frac{U_m}{R} \cdot \sin\omega t$,$i_C = \omega C U_m \cdot \cos\omega t$;通过

R、C 的电流的有效值为 $I_R = I_C = \dfrac{\sqrt{2}U_m}{2R}$。

(2) 电源供给的电流的瞬时值和有效值分别为 $i = \sqrt{2}I_m\sin\left(\omega t + \dfrac{\pi}{4}\right)$,$I = \dfrac{I_m}{\sqrt{2}} = \dfrac{U_m}{R}$。

(3) 通过 R、C 的电流和电源供给的电流的相位关系为:i 比 i_R 超前相位 $\dfrac{\pi}{4}$,i_C 比 i_R 超前相位 $\dfrac{\pi}{2}$。

提示 (1) 通过 R、C 的电流的瞬时值分别为

$$i_R = \dfrac{U_m}{R}\sin\omega t$$

$$i_C = \dfrac{U_m}{\dfrac{1}{\omega C}}\sin\left(\omega t + \dfrac{\pi}{2}\right) = \omega C U_m \cdot \sin\left(\omega t + \dfrac{\pi}{2}\right)$$

因为 $R = \dfrac{1}{\omega C}$,所以电流的有效值为

$$I_R = I_C = \dfrac{\sqrt{2}U_m}{2R}$$

(2) 电源供给的电流的瞬时值为

$$\begin{aligned}i &= i_R + i_C \\ &= \dfrac{U_m}{R}\left[\sin\omega t + \sin\left(\omega t + \dfrac{\pi}{2}\right)\right] \\ &= \sqrt{2}I_m \cdot \sin\left(\omega t + \dfrac{\pi}{4}\right)\end{aligned}$$

有效值为

$$I = \dfrac{I_m}{\sqrt{2}} = \dfrac{U_m}{R}$$

(3) 流过电容器的电流 i_C 比流过电阻的电流 i_R 超前相位 $\dfrac{\pi}{2}$,因为 R 和 C 的阻抗相等,由矢量相位关系可知电源供给的电流 i 比 i_R 超前相位 $\dfrac{\pi}{4}$。

9. (1) $I_1 = 3\text{ A}, I_2 = I_3 = 1.5\text{ A}, I_4 = 0$;$U_1 = U_2 = U_3 = U_L = 6\text{ V}, U_C = 0$。

(2) $I_1 = 3\text{ A}, I_2 = I_4 = 1.5\text{ A}, I_3 = 0$;$U_1 = U_2 = U_C = U_L = 6\text{ V}, U_3 = 0$。

(3) 如图 5.2.24 所示。

提示 (1) S 接通时,线圈 L 中的电流由零增大,电流变化最快,所以线圈两端的感应电动势最大。此感应电动势反抗电流增大,故 S 接通瞬间,L 中的电流 $I_4 = 0$,即 L 相当于断路。对于电容 C 来说,S 接通瞬间,极板上无电荷,因而两端的电压为零,即 C 相当短路。故电路的总电阻为

$$R = R_1 + \dfrac{R_2 R_3}{R_2 + R_3} = 4\text{ }\Omega$$

根据欧姆定律,可得 $I_1 = \dfrac{E}{R} = 3\text{ A}, I_2 = I_3 = 1.5\text{ A}$, $I_4 = 0$,之后很容易求出相应的电压。

(2) 稳定后,C 两端的电压达到最大值,通过 C 的电流为零,即 $I_3 = 0$,且由于 I 不变,在 L 两端不再产生感应电动势,也就是说 L 不起作用,此时外电路的电阻是

$$R = R_1 + \dfrac{R_2 r}{R_2 + r} = 4\text{ }\Omega$$

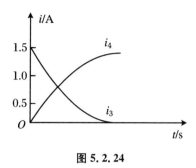

图 5.2.24

根据欧姆定律,可得 $I_1 = \dfrac{U}{R} = 3\text{ A}, I_2 = I_4 = 1.5\text{ A}$。

各元件两端的电压为 $U_1 = I_1 R_1 = 6\text{ V}, U_2 = I_2 R_2 = 6\text{ V}, U_3 = 0, U_C = 6\text{ V}, U_L = 6\text{ V}$。

10. $i_1(t) = \dfrac{E_0}{2R}(1 - \sin 2\omega t)$。

提示 据题意,可知电路电动势

$$E_1 = E_0 \sin^2 \omega t = \dfrac{E_0}{2} - \dfrac{E_0}{2}\cos 2\omega t$$

$$E_2 = E_0 \cos \omega t$$

根据电流叠加原理,两电动势同时存在时在 R_1 上产生的电流 $i_1(t)$ 可视作直流电源 $\dfrac{E_0}{2}$、圆频率为 2ω 的正弦式交流电源 $-\dfrac{E_0}{2}\cos 2\omega t$、圆频率为 ω 的正弦式交流电源 $E_0 \cos \omega t$ 独立存在时各自在电路中的电阻 R_1 上产生的电流之和。下面分别考虑各电源独立作用的情况。

直流电源 $\dfrac{E_0}{2}$ 独立存在时,L 短路,C 断路,R_1 两端电压即为电动势 $\dfrac{E_0}{2}$,其产生的电流为 $i_\text{直} = \dfrac{E_0}{2R}$。

余弦式交流 $-\dfrac{E_0}{2}\cos 2\omega t$ 独立存在时,电感感抗为 $X_L = 2\omega \cdot \dfrac{R}{2\omega} = R$,电容器容抗为 $X_C = \dfrac{1}{2\omega \cdot \dfrac{1}{2\omega R}} = R$,$A$、$B$ 间电压为 $U_{AB} = \dfrac{E_0}{2}\sin\left(2\omega t + \dfrac{3\pi}{2}\right)$,由于电阻与容抗相等,通过 R_1 与 C 的电流大小相等,即 $I_{R_1} = I_C$,而电容器电流 $\dot{I}_C$ 超前 R_1 与 C 并联的电压 $\dot{U}_{RC}$ 的相位为 $\dfrac{\pi}{2}$,R_1 上的电流 $\dot{I}_R$ 与电压同相位。由图 5.2.25 所示的相位关系可知,通过电感 L 的电流大小为 $I_L = \sqrt{2} I_R$,超前 $\dot{I}_R$ 的相位为 $\dfrac{\pi}{4}$。在电感上,电压 $\dot{U}_L$ 超前电流 $\dot{I}_L$ 的相位为 $\dfrac{\pi}{2}$,大小为 $U_L = I_L X_L = \sqrt{2} I_R R = \sqrt{2} U_{RC}$,故图中 $\varphi = \dfrac{\pi}{4}$。于是有

$$U_{RC} = U_{AB} = \dfrac{E_0}{2}\sin\left(2\omega t + \dfrac{3\pi}{2}\right), \quad i_R = \dfrac{E_0}{2R}\sin\left(2\omega t + \dfrac{3\pi}{2}\right)$$

因为 R 上的电流落后于 $\dot{U}_{AB}$ 的相位为 $\dfrac{\pi}{2}$,故可得此电源引起

$$i_{交} = \dfrac{\varepsilon_0}{2R}\sin(2\omega t + \pi) = -\dfrac{\varepsilon_0}{2R}\sin 2\omega t$$

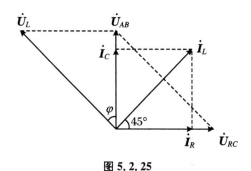

图 5.2.25

最后再考虑只存在正弦式交流电源 $E_2 = E_0\cos\omega t$ 的情况,因电源 E_1 无电阻,相当于使 A、B 短路,故此时无电流通过 R_1。

综上所述,通过电阻 R_1 的电流为

$$i_1(t) = \dfrac{E_0}{2R}(1 - \sin 2\omega t)$$

5.3 交流电的输送

课外知识延伸

1. 理想变压器

(1) 空载时理想变压器的输入电流

在高中课程的学习中,我们对理想变压器有以下三点要求:没有磁漏;没有铁损(忽略铁芯中的涡流损耗);没有铜损(忽略线圈中产生的焦耳热)。

如图 5.3.1 所示,在一个理想变压器的输入端输入角频率为 ω 的交流电压,其有效值为 U_1。若副线圈处于空载状态,则必然有 $I_2 = 0$,那么对应原线圈的 I_1 是否等于 0 呢?第一种分析认为:利用理想变压器的电流变比公式 $N_2 I_1 = N_1 I_2$,很快可以得到 $I_1 = 0$ 的结论。第二种分析认为:原线圈本身是一个电感,而交流电流过电感必然会有电流,因此 $I_1 \neq 0$。究竟谁错了呢?

出现上述矛盾的原因是:我们在高中课程的学习中,对理想变压器的要求并不完整。如果变压器仅仅满足上面说的三个条件,那么第二种分析更有道理。

因为 $I_2 = 0$,所以我们不必考虑副线圈对原线圈的互感。设原、副线圈的电感分别为 L_1

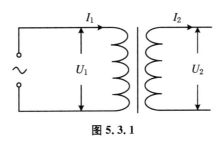

图 5.3.1

和 L_2,则原线圈的感抗为 $Z_{L_1} = \omega L_1$,这时原线圈中的电流为

$$I_0 = \frac{U_1}{Z_{L_1}} = \frac{U_1}{\omega L_1}$$

这个 I_0 就称为空载电流。有趣的是,由于这个空载电流和输入电压相差了 $\frac{\pi}{2}$ 的相位,因此一个周期内的平均功率为零,长时间工作时原线圈是不会消耗能量的。

(2) 理想变压器的电压变比公式

再回头来看看理想变压器的变比关系。因为无磁漏和无铁损,所以原、副线圈的磁通量 Φ 时刻都相等,因此两边的感应电动势分别为

$$e_1 = -N_1 \frac{\Delta \Phi}{\Delta t}, \quad e_2 = -N_2 \frac{\Delta \Phi}{\Delta t}$$

可见

$$\frac{e_1}{e_2} = \frac{N_1}{N_2}$$

设对应电动势的最大值分别为 E_{1m} 和 E_{2m},对应电压的最大值分别为 U_{1m} 和 U_{2m}。因为无铜损,所以有

$$U_{1m} = E_{1m}, \quad U_{2m} = E_{2m}$$

于是我们就得到了电压变比关系

$$\frac{U_1}{U_2} = \frac{U_{1m}}{U_{2m}} = \frac{N_1}{N_2}$$

(3) 理想变压器的电流变比公式

当副线圈有负载时,副线圈中会产生电流 i_2,而这个 i_2 会通过互感影响到原线圈,在原线圈中会激发出一个电流 i_1',这个 i_1' 和上面说的空载电流 I_0 是不相干的。i_1' 又称反射电流,它的作用是在原线圈中再产生一个感应电动势,用来抵抗来自副线圈的互感电动势,因此有

$$L_1 \frac{\Delta i_1'}{\Delta t} = M_{21} \frac{\Delta i_2}{\Delta t}$$

式中的 M_{21} 表示副线圈对原线圈的互感系数,因此有

$$\frac{I_1'}{I_2} = \frac{i_1'}{i_2} = \frac{M_{21}}{L_1}$$

根据无磁漏和无铁损,一定有

$$\frac{M_{21}}{L_1} = \frac{N_2}{N_1}$$

于是我们就得到了电流的变比公式

$$\frac{I_1'}{I_2} = \frac{N_2}{N_1}$$

通过上面的证明我们可以得知,变压器的电流变比公式其实是针对反射电流 I_1' 成立的,与空载电流 I_0 无关,但原线圈中的电流 I_1 却是由 I_0 和 I_1' 一起组成的,因此严格来说 $\frac{I_1}{I_2} \neq \frac{N_2}{N_1}$。

(4) 对理想变压器的要求

其实,作为理想变压器,除了满足前面说到的三个条件,还必须有一个要求,那就是 L_1 与 L_2 都足够大,这样就可以使得 $I_0 \to 0$,且 $I_1 = I_1'$,自然也就可以有 $\frac{I_1}{I_2} = \frac{N_2}{N_1}$。所以,我们重新总结一下,理想变压器满足的条件应当有以下四个:无磁漏;无铜损;无铁损;L 无穷大。

(5) 理想变压器的输入和输出功率

理论上还可以证明,对于理想变压器,u_1 和 i_1 之间的相位差与 u_2 和 i_2 之间的相位差是相等的,记这个相位差为 θ,所以原线圈的有功功率 P_1 与副线圈的有功功率 P_2 相等,即

$$P_1 = U_1 I_1 \cos\theta = U_2 I_2 \cos\theta = P_2$$

上式正好体现了能量守恒,对于理想变压器来说,原线圈的有功功率 P_1 对应的是原线圈消耗的输入端的那部分能量,而副线圈的有功功率 P_2 对应的是副线圈给负载提供的那部分能量,这两部分功率必然是相等的。

特殊地,当负载为纯电阻时,有

$$P_1 = U_1 I_1 = U_2 I_2 = P_2$$

2. 理想变压器的输入与输出等效电路

如图 5.3.2 所示,理想变压器的输入端接电动势为 E、内阻为 r 的交流电源,原、副线圈的匝数分别为 N_1 与 N_2,输出端接有电阻为 R 的负载。在计算 I_1 的大小时,可以将整个变压器和负载一起看作一个等效的输出电路;同理,在计算 I_2 的大小时,我们也可以将整个变压器和电源一起看作一个等效的输入电路。这样的理解方式可以很好地简化交流电的计算,具体等效方法详见本节例题 1 和例题 2。

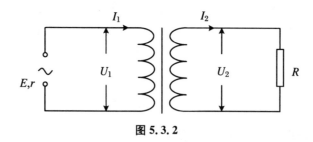

图 5.3.2

3. 半波整流与全波整流

有时候,我们需要将图 5.3.3 所示的一个正弦式交流电转换成一个直流电,一种简单的

做法就是将负方向的电流去掉,只留下正方向的电流,这样的过程称为整流。常见的整流方式有半波整流和全波整流两种。

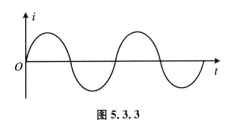

图 5.3.3

(1) 半波整流

如图 5.3.4(a)所示,当在输入端输入图 5.3.3 所示的电流时,只需要在电路中串联一个二极管,就可以阻断反向流过的电流,使得流过 R 的电流波形如图 5.3.4(b)所示。这种整流方式由于只留下了正向的那一半波形,因此称为半波整流。

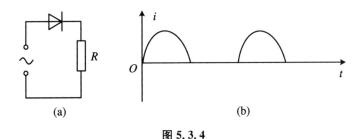

图 5.3.4

(2) 全波整流

半波整流只利用了交流电一半的能量,显得有些浪费,因此我们设计了图 5.3.5(a)所示的桥式整流电路,该电路有 4 个二极管。读者们可以自行分析一下,当在输入端输入图 5.3.3 所示的电流时,流过 R 的电流波形就会如图 5.3.5(b)所示。可以看到,所有负方向的电流都被变到了正方向,这种整流方式称为全波整流,它比半波整流更能充分地利用交流电的能量。

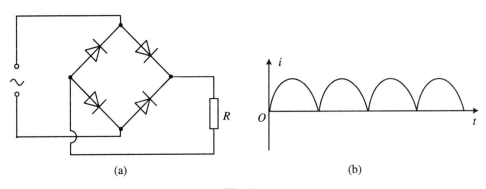

图 5.3.5

4. 滤波电路

很多信号中经常含有多种频率的信息,我们利用某些电路可以将一些频率的交流电阻挡,同时让另一些频率的交流电通过,这种电路称为滤波电路。

正弦式交流电经整流后并不是严格的直流电,实际上其中还含有很多交流成分。举个例子,若图 5.3.3 所示是 50 Hz 的正弦式交流电,经过全波整流所得到的图 5.3.5(b)所示波形其实可以看成是图 5.3.6 中两个波形的叠加(流过 R 的电流 i 正比于其两端电压 u),其中实线代表的是其直流成分,而虚线则是其 100 Hz 的交流成分。

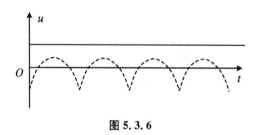

图 5.3.6

如果我们将图 5.3.5(b)所示的信号对应的电压加到图 5.3.7 所示的电路的输入端,就可以将大量的交流成分滤掉,从而让加在输出端两端的电压变成图 5.3.8 中实线所示的波形,这就更接近稳恒直流了。

我们先定性分析一下,输入端中的直流成分虽然可以流过电阻 R,却不会流过电容 C,而交流成分可以流过电容器,电容 C 越大,容抗 Z_C 越小,流过 C 的交流成分就越多,到达输入端的信号的直流成分的比例也就会越大。定量分析详见本节例题 3。

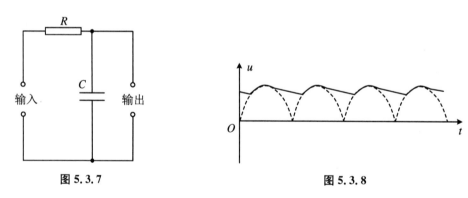

图 5.3.7 图 5.3.8

 核心问题讨论

1. 如何计算理想变压器中相关物理量?

在计算理想变压器原、副线圈的电流和电压时,通常利用电压和电流的变比公式,还要合理使用能量守恒定律。需要注意的是,在匝数比确定的情况下,各物理量之间的逻辑关系如下:输入电压的大小决定了输出电压的大小,输出电压又和负载一起决定输出功率和输出电流的大小,然后输出功率和输出电流大小反过来又决定了输入功率和输入电流的大小(所

以 I_1 又称反射电流)。另外,合理利用等效电路,可以让很多变压器中相关物理量的计算更加简洁。

例题 1 如图 5.3.9 所示,理想变压器原、副线圈的匝数分别为 N_1 和 N_2,输入端交流电源有效值为 E,内阻为 r,输出端连接负载 R。

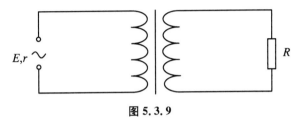

图 5.3.9

(1) 求出原、副线圈的电压和电流有效值 U_1、U_2、I_1、I_2,并进一步求得电源的输出功率 P。

(2) 如果电阻 R 的大小可以调节,试问:R 为多大时,电源有最大的输出功率? 求出该最大功率 P_m。

(3) 可以将整个理想变压器和电阻 R 一起等效为一个负载 $R_{等}$,等效电路如图 5.3.10 所示,求 $R_{等}$ 的大小,并利用该等效电路图重新分析(2)问。

(4) 可以将整个理想变压器和电源一起等效为一个新的电源,该新电源的电动势和内阻分别记为 $E_{等}$ 和 $r_{等}$,等效电路如图 5.3.11 所示,求 $E_{等}$ 和 $r_{等}$ 的大小,并利用该等效电路图重新分析(2)问。

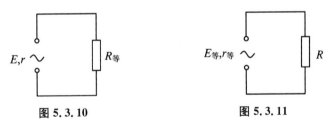

图 5.3.10   **图 5.3.11**

(5) 如图 5.3.12 所示的理想变压器,其原线圈的匝数为 N_1,两个副线圈匝数分别为 N_2 和 N_3,分别接有负载 R_2 和 R_3,写出 U_1、U_2 和 U_3 的关系,再写出 I_1、I_2 和 I_3 的关系;如果尝试把整个变压器和两个负载一起等效成一个负载 R_5,求 R_5 的大小。

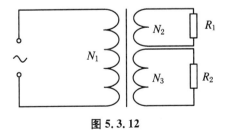

图 5.3.12

分析 利用理想变压器的电压和电流变比关系解决问题是基本要求,需要注意的是电流变比关系对于多个副线圈的情况不可直接套用,此时需要从能量或者互感的本质出发写出电流关系,而利用等效电路分析问题时则将变比关系直接体现到了电路等效上。

解 (1) 在输出端有
$$U_2 = I_2 R \qquad ①$$
在输入端有
$$E = U_1 + I_1 r \qquad ②$$

注意,这里 u_2 和 i_2 的相位是一致的,则 u_1 和 i_1 的相位也是一致的,所以才有上面的式子。

根据理想变压器的变比公式,有
$$\frac{U_1}{U_2} = \frac{N_1}{N_2} \qquad ③$$
$$\frac{I_1}{I_2} = \frac{N_2}{N_1} \qquad ④$$

由①~④式可解得
$$U_1 = \frac{ER}{R + \dfrac{N_2^2}{N_1^2} r} \qquad ⑤$$

$$U_2 = \frac{ER}{\dfrac{N_1}{N_2} R + \dfrac{N_2}{N_1} r} \qquad ⑥$$

$$I_1 = \frac{E}{\dfrac{N_1^2}{N_2^2} R + r} \qquad ⑦$$

$$I_2 = \frac{E}{\dfrac{N_1}{N_2} R + \dfrac{N_2}{N_1} r} \qquad ⑧$$

所以电源的输出功率
$$P = U_1 I_1 = \frac{ER}{R + \dfrac{N_2^2}{N_1^2} r} \cdot \frac{E}{\dfrac{N_1^2}{N_2^2} R + r} = \frac{E^2}{\dfrac{N_1^2}{N_2^2} R + 2r + \dfrac{r^2 N_2^2}{R N_1^2}} \qquad ⑨$$

(2) 由⑨式可知,当 $\dfrac{N_1^2}{N_2^2} R = \dfrac{r^2 N_2^2}{R N_1^2}$ 时,电源有最大输出功率 P_m,化简并计算可得:当 $R = \dfrac{N_2^2}{N_1^2} r$ 时,有 $P_\mathrm{m} = \dfrac{E^2}{4r}$。

(3) 由图 5.3.10 可知,从输入端看来,$R_\text{等}$ 的定义是 U_1/I_1,将⑤式和⑦式代入,可得
$$R_\text{等} = \frac{\dfrac{N_1^2}{N_2^2} R + r}{R + \dfrac{N_2^2}{N_1^2} r} R = \frac{N_1^2}{N_2^2} R$$

这样电路就成了交流电源和 $R_\text{等}$ 的简单连接,而电源的输出功率可以写成
$$P = EI_1 - I_1^2 r$$

由二次函数的简单性质可知：当 $I_1 = \dfrac{E}{2r}$ 时有最大输出功率 $P_\mathrm{m} = \dfrac{E^2}{4r}$，这时电路处于匹配状态，必然有

$$R_{\text{等}} = r = \dfrac{N_1^2}{N_2^2}R \Rightarrow R = \dfrac{N_2^2}{N_1^2}r$$

与(2)问求得的结论一致。

(4) 将①③④式代入②式，可得

$$E = \dfrac{N_1}{N_2}U_2 + \dfrac{N_2}{N_1}I_2 r = \dfrac{N_1}{N_2}I_2 R + \dfrac{N_2}{N_1}I_2 r$$

整理得

$$\dfrac{N_2}{N_1}E = I_2 R + I_2 \dfrac{N_2^2}{N_1^2}r \qquad ⑩$$

由图 5.3.11 可知，从输出端来看，应当有

$$E_{\text{等}} = I_2 R + I_2 r_{\text{等}} \qquad ⑪$$

对比⑩和⑪式，可知

$$E_{\text{等}} = \dfrac{N_2}{N_1}E, \quad r_{\text{等}} = \dfrac{N_2^2}{N_1^2}r$$

这样，电路就成了等效电源和 R 的简单串联，分析电源输出功率的方法与(3)问类似，易知该电路达到最大输出功率时，一定有

$$r_{\text{等}} = \dfrac{N_2^2}{N_1^2}r = R, \quad 且 \quad P_\mathrm{m} = \dfrac{E_{\text{等}}^2}{4r_{\text{等}}^2} = \dfrac{E^2}{4r}$$

同样得到了和前面几问一样的结论。

(5) 因为无磁漏和无铁损，所以原、副线圈的磁通量 Φ 时刻都相等，则感应电动势分别为

$$e_1 = N_1 \dfrac{\Delta \Phi}{\Delta t}, \quad e_2 = N_2 \dfrac{\Delta \Phi}{\Delta t}, \quad e_3 = N_3 \dfrac{\Delta \Phi}{\Delta t}$$

于是得到

$$E_1 : E_2 : E_3 = e_1 : e_2 : e_3 = N_1 : N_2 : N_3$$

又因为无铜损，所以有

$$U_1 = E_1, \quad U_2 = E_2, \quad U_3 = E_3$$

于是我们就得到了电压变比关系

$$U_1 : U_2 : U_3 = N_1 : N_2 : N_3 \qquad ⑫$$

两个副线圈对原线圈的互感电动势之和应当与原线圈的自感电动势抵消，因此有

$$L_1 \dfrac{\Delta i_1}{\Delta t} = M_{21} \dfrac{\Delta i_2}{\Delta t} + M_{31} \dfrac{\Delta i_3}{\Delta t}$$

式中的 M_{21} 和 M_{31} 分别表示两个副线圈对原线圈的互感系数，因此有

$$L_1 I_1 = M_{21} I_2 + M_{31} I_3$$

又因为无磁漏和无铁损，所以有

$$N_1 I_1 = N_2 I_2 + N_3 I_3 \qquad ⑬$$

当然，⑬式也可由⑫式和能量关系 $U_1 I_1 = U_2 I_2 + U_3 I_3$ 得到。

利用⑫⑬式，以及 $R_2 = \dfrac{U_2}{I_2}, R_3 = \dfrac{U_3}{I_3}$，可以写出

$$R_5 = \frac{U_1}{I_1} = \frac{N_1 U_1}{N_2 I_2 + N_3 I_3}$$

对上式两边同时取倒数，可得

$$\frac{1}{R_5} = \frac{N_2 I_2 + N_3 I_3}{N_1 U_1} = \frac{N_2 I_2}{N_1 U_1} + \frac{N_3 I_3}{N_1 U_1} = \frac{1}{\frac{N_1^2}{N_2^2} R_2} + \frac{1}{\frac{N_1^2}{N_3^2} R_3} \qquad ⑭$$

表示该等效电阻 R_5 相当于 $\dfrac{N_1^2}{N_2^2} R_2$ 和 $\dfrac{N_1^2}{N_3^2} R_3$ 的并联电阻。

点拨 在电路分析中，二端网络是一个重要概念，从复杂网络取一个入口和一个出口，出、入口之间的整个复杂网络对端口之外显现某种电学性质。在直流电路中我们就曾利用这样的思路将负载或者电源简化，现在我们又将这种方法延伸到了交流电路中，不仅大大简化了对问题的分析，而且还给了我们不同的视角去研究同一问题。但有一点需要说明，和直流电路一样，这种等效的方法也是针对线性电路的，要是电路中有非线性的元件，比如二极管或者光电池等，就不能进行这样的等效了。

2. 如何计算远距离输电中相关物理量？

在给距离很远的用户供电时，如果用稳恒电流供电，则大量的能量会在输送过程中以焦耳热的形式损耗掉。如果采取交流输电并利用变压器有效地降低输电电流，则可以大大减少输电过程中的焦耳热损耗。图 5.3.13 是一个远程交流输电原理的示意图，发电机的电动势为 E，内阻为 r。先通过匝数比为 $N_1 : N_2$ 的升压变压器将输出电压从 U_1 提升到 U_2，U_2 是相对很高的电压，这会导致远距离输电线路上的电流 I_2 变得很小，从而降低了输送过程中的焦耳热损耗。在用户端附近，再用匝数比为 $N_3 : N_4$ 的降压变压器将电压从依然很高的 U_3 降到用户可以使用的 U_4，这样就可以用来给负载 R 正常供电了。

例题 2 在图 5.3.13 所示电路中，若已知交流发电机的电动势的有效值 E 和内阻 r，理想升、降压变压器的匝数比分别是 $N_1 : N_2$ 和 $N_3 : N_4$，用户端的负载为纯电阻 R。

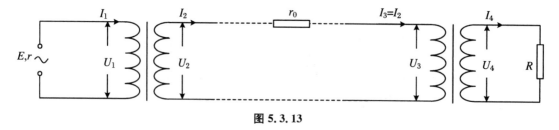

图 5.3.13

（1）两个变压器各自原、副线圈的电压和电流分别是多大？

（2）如果采用电动势为 E、内阻为 r 的稳恒电流对 R 直接供电，则负载 R 获得的功率 $P_直$ 是图 5.3.13 中利用交流输电时负载 R 所获得功率 $P_交$ 的多少倍？

(3) 如果将降压变压器和负载 R 一起看作一个接在 U_3 两端的等效负载 R_3，求 R_3 的大小；如果将两个变压器连同输电线路和负载一起看作一个接在 U_1 两端的等效负载 R_1，求 R_1 的大小。

(4) 如果将升压变压器和电源一起看作一个给升压变压器副线圈两端供电的等效电源，求该等效电源的电动势 E_2 和内阻 r_2；如果将两个变压器连同输电线路和电源一起看作一个给 R 供电的等效电源，求该等效电源的电动势 E_4 和内阻 r_4。

分析 利用交流电进行远程输电最大的好处就是可以利用变压器降低输电线路上的电流，从而减少焦耳热损耗。具体计算时，除了对两个变压器分别使用电流和电压的变比公式，还有两点需要注意：首先，理论可以证明，U_1 和 I_1、U_2 和 I_2、U_3 和 I_3、U_4 和 I_4 都是同相位的，因此利用这些有效值都可以直接写出类似直流电路的基尔霍夫定律的电路方程；其次，I_2 和 I_3 肯定是相等的。另外，和例题 1 一样，我们也可以利用等效电路的方法来研究远程输电问题。

解 （1）在输入端有
$$E = U_1 + I_1 r \qquad ①$$
在输电线路上有
$$U_2 = I_2 r_0 + U_3 \qquad ②$$
在输出端有
$$U_4 = I_4 R \qquad ③$$
根据理想变压器的变比公式，有
$$\frac{U_1}{U_2} = \frac{N_1}{N_2} \qquad ④$$
$$\frac{I_1}{I_2} = \frac{N_2}{N_1} \qquad ⑤$$
$$\frac{U_3}{U_4} = \frac{N_3}{N_4} \qquad ⑥$$
$$\frac{I_2}{I_4} = \frac{N_4}{N_3} \qquad ⑦$$

由①～⑦式可以解得
$$U_1 = \frac{E\left(r_0 + \frac{N_3^2}{N_4^2}R\right)}{\frac{N_3^2}{N_4^2}R + \frac{N_2^2}{N_1^2}r + r_0} \qquad ⑧$$

$$U_2 = \frac{E\left(r_0 + \frac{N_3^2}{N_4^2}R\right)}{\frac{N_1 N_3^2}{N_2 N_4^2}R + \frac{N_2}{N_1}r + \frac{N_1}{N_2}r_0} \qquad ⑨$$

$$U_3 = \frac{ER}{\frac{N_1}{N_2}R + \frac{N_2 N_4^2}{N_1 N_3^2}r + \frac{N_1 N_4^2}{N_2 N_3^2}r_0} \qquad ⑩$$

$$U_4 = \frac{ER}{\frac{N_1 N_3}{N_2 N_4}R + \frac{N_2 N_4}{N_1 N_3}r + \frac{N_1 N_4}{N_2 N_3}r_0} \quad ⑪$$

$$I_1 = \frac{E}{\frac{N_1^2 N_3^2}{N_2^2 N_4^2}R + r + \frac{N_1^2}{N_2^2}r_0} \quad ⑫$$

$$I_3 = I_2 = \frac{E}{\frac{N_1 N_3^2}{N_2 N_4^2}R + \frac{N_2}{N_1}r + \frac{N_1}{N_2}r_0} \quad ⑬$$

$$I_4 = \frac{E}{\frac{N_1 N_3}{N_2 N_4}R + \frac{N_2 N_4}{N_1 N_3}r + \frac{N_1 N_4}{N_2 N_3}r_0} \quad ⑭$$

(2) 若用直流输电,则

$$P_{直} = \left(\frac{E}{R + r + r_0}\right)^2 R$$

若用交流输电,则利用⑭式可得

$$P_{交} = I_4^2 R = \left(\frac{E}{\frac{N_1 N_3}{N_2 N_4}R + \frac{N_2 N_4}{N_1 N_3}r + \frac{N_1 N_4}{N_2 N_3}r_0}\right)^2 R$$

所以

$$\frac{P_{直}}{P_{交}} = \left(\frac{\frac{N_1 N_3}{N_2 N_4}R + \frac{N_2 N_4}{N_1 N_3}r + \frac{N_1 N_4}{N_2 N_3}r_0}{R + r + r_0}\right)^2 \quad ⑮$$

分析⑮式的结果,一般情况下,发电机的内阻 r 都远小于负载 R 和输电线路电阻 r_0,所以可以忽略分子中第二项的影响。又因为升压变压器的升压比 $\frac{N_2}{N_1}$ 与降压变压器的降压比 $\frac{N_4}{N_3}$ 数值通常比较接近,所以分子中的第三项大小与 r_0 非常接近。所以,如果尽量同步增大 $\frac{N_2}{N_1}$ 与 $\frac{N_4}{N_3}$ 的数值,就可以让分子的第一项大大减小,这说明利用交流电经过变压后远程输电的确可以大大增加用电器获得的功率。

(3) 例题1中(3)问关于等效负载的结论可以在此问中直接使用在降压变压器和负载 R 上,故有

$$R_3 = \frac{N_3^2}{N_4^2}R \quad ⑯$$

再对 R_3 和 r_0 的串联和升压变压器一起使用等效负载的结论,可得

$$R_1 = \frac{N_1^2}{N_2^2}(R_3 + r_0) = \frac{N_1^2}{N_2^2}\frac{N_3^2}{N_4^2}R + \frac{N_1^2}{N_2^2}r_0 \quad ⑰$$

于是在输入端可以利用⑰式所表示的 R_1 列电路方程 $E = I_1(R_1 + r)$,从而直接求得⑫式所表示的 I_1 值。

(4) 例题1中(4)问关于等效电源的结论可以在此问中直接使用在升压变压器和电源

上,故有

$$E_2 = \frac{N_2}{N_1}E, \quad r_2 = \frac{N_2^2}{N_1^2}r \qquad ⑱$$

再将 r_0 和 r_2 一起看成 E_2 的内阻,并和降压变压器一起再次使用等效电源的结论,可得

$$E_4 = \frac{N_4}{N_3}E_2 = \frac{N_4}{N_3}\frac{N_2}{N_1}E, \quad r_4 = \frac{N_4^2}{N_3^2}(r_2+r_0) = \frac{N_4^2}{N_3^2}\frac{N_2^2}{N_1^2}r + \frac{N_4^2}{N_3^2}r_0 \qquad ⑲$$

于是对负载 R 就可以利用⑲式所表示的 E_4 和 r_4 列电路方程 $E_4 = I_4(R_1 + r_4)$,从而直接求得⑭式所表示的 I_4 值。

点拨 交流输电可以利用变压器降低输电线路的焦耳热损耗,提高用电器的功率。同例题 1 一样,在分析多个变压器构成的远程输电电路中,我们依然可以利用等效电路的思想来处理问题。有一点需要注意的是,虽然交流输电可以大大降低焦耳热损耗,但输电线会与周围环境构成电容,而交变电压可以通过此电容与周围的环境之间形成电流,从而造成输送电能的损失。为了减少环境电容带来的损耗,我们往往需要把高压线架到高空,这样就可以大大减小导线和大地之间的电容,但这也大大增加了建造成本,而直流输电却不会有电容放电的问题。

3. 如何利用旋转矢量的方法分析简单的滤波电路?

常见的滤波电路有高通和低通两种,高通滤波电路会对低频信号进行阻挡,而让高频信号顺利通过;低通滤波电路则会对高频信号进行阻挡,而让低频信号顺利通过。两种滤波电路应用于不同的场景中。我们在高中阶段可以用前面学到的旋转矢量法对一些简单的滤波电路进行分析,将来学习了更多的数学物理知识,还可以分析更加复杂的滤波电路。

例题 3 处理下面关于滤波电路的相关问题。

(1) 低通滤波电路

功放的音响设备在接上电源后,即使没有声音信号输入,也经常会发出嗡嗡的声音,这是由于给扩音器供电的直流电源来自整流后的 50 Hz 交流电,比如经全波整流后的电压波形与图 5.3.5(b)所示的电流波形一致,该电压中除了直流成分,还包含频率为 100 Hz 的纹波信号,所以我们就会听到来自纹波信号的 100 Hz 的嗡嗡声。假设纹波信号的电压 U = 100 V,如果在扩音器之前加上图 5.3.14 所示的电路,则可以有效减小纹波的幅度。图中 R = 200 Ω,C = 50 μF,试用旋转矢量法求解纹波在输出端的电压 U_1。

(2) 高通滤波电路

如图 5.3.15 所示,R = 200 Ω,C = 50 μF,输入端信号与(1)问中的输入信号相同,则纹波在输出端的电压 U_2 是多大?输出端的直流成分又是多大?

分析 利用矢量图解法可以画出各元件两端交流电压和电流的旋转矢量,进而求得电流大小,再利用输出端所并联的元件特性就可以算出输出电压的大小。

解 (1) 画出 R 和 C 的电压与电路中的电流对应的矢量关系,如图 5.3.16 所示,其中 $\dot{U}_R$ 与 $\dot{I}$ 同相位,而 $\dot{U}_C$ 的相位比 $\dot{I}$ 落后 $\pi/2$,且满足

$$U_R = IR, \quad U_C = \frac{I}{\omega C}$$

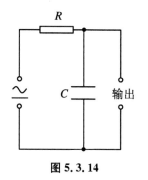

图 5.3.14

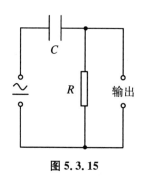

图 5.3.15

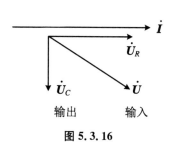

图 5.3.16

于是

$$U = \sqrt{U_R^2 + U_C^2} = I\sqrt{R^2 + \frac{1}{\omega^2 C^2}} \qquad ①$$

所以

$$U_1 = U_C = \frac{I}{\omega C} = \frac{U}{\sqrt{\omega^2 C^2 R^2 + 1}} = 15.7\,\text{V} \qquad ②$$

可见,输出端的纹波的成分相对于输入端下降了很多,而直流成分则完全不会损失,所以这个装置可以大大减少纹波带来的噪声。从②式中我们还可以看出,频率越高的信号,该电路会将其衰减得越剧烈(输出电压越小),而频率较低的信号,则可以较好地从末端输出,所以该电路称为低通滤波电路。另外,在实际中我们往往会采取类似图 5.3.17 这样的多级电路进行滤波,可以达到更好的效果。

(2) 这是一个高通滤波电路,画出电压和电流的矢量关系图,如图 5.3.18 所示,该图和图 5.3.16 几乎完全一样,所以此时的电流 I 与电压 U 的关系同①式。唯一的区别是:在低通滤波电路中,输出电压是 $U_1 = U_C$,而这里的高通滤波电路中的输出电压则是 $U_2 = U_R$,即

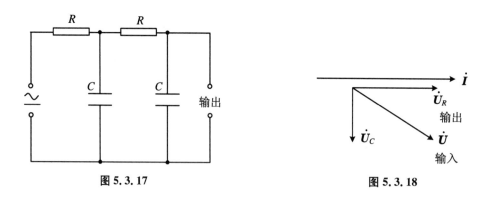

图 5.3.17

图 5.3.18

$$U_2 = U_C = IR = \frac{U\omega CR}{\sqrt{\omega^2 C^2 R^2 + 1}} = \frac{2\pi fCRU}{\sqrt{4\pi^2 f^2 C^2 R^2 + 1}} \qquad ③$$

将 $f = 100\,\text{Hz}$ 代入,可算得 $U_2 = 98.8\,\text{V}$。

可见,交流成分衰减非常少,而直流成分在 R 上的分压为零,所以输出端没有直流成分。从③式还能看出,频率较低的信号在输出端会衰减更多,而频率较高的信号则更容易到达输出端。另外,和(1)问中的讨论一样,在实际中我们也往往会采取多级电路来进行滤波,就可以更好地滤掉低频信号,如图 5.3.19 所示。

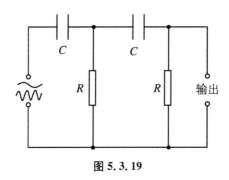

图 5.3.19

点拨 画出电流和电压的矢量图可以帮助我们求解电流值,但更重要的是看清楚输入和输出分别对应的是哪个电压。可以发现,高通滤波电路和低通滤波电路似乎是一种"互补"的关系,同一个电路中,如果某一部分更容易显现出高频信号,那么其余部分就一定更容易显现出低频信号。

基 础 练 习

1. (2020 年山东卷)图 5.3.20(a)中的理想变压器原、副线圈匝数比为 $n_1:n_2=22:3$,输入端 a、b 所接电压 u 随时间 t 的变化关系如图(b)所示。灯泡 L 的电阻恒为 15 Ω,额定电压为 24 V。定值电阻 $R_1=10\ \Omega$,$R_2=5\ \Omega$,滑动变阻器 R 的最大阻值为 10 Ω。为使灯泡正常工作,滑动变阻器接入电路的电阻应调节为 ( )

A. 1 Ω   B. 5 Ω   C. 6 Ω   D. 8 Ω

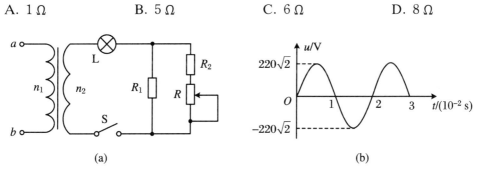

图 5.3.20

2. (2020年全国卷新课标Ⅲ)在图5.3.21(a)所示的交流电路中,电源电压的有效值为 220 V,理想变压器原、副线圈的匝数比为 10∶1,R_1,R_2,R_3 均为固定电阻,$R_2 = 10\ \Omega$,$R_3 = 20\ \Omega$,各电表均为理想电表。已知电阻 R_2 中的电流 i_2 随时间 t 变化的正弦曲线如图(b)所示。下列说法中正确的是 ( )

A. 所用交流电的频率为 50 Hz
B. 电压表的示数为 100 V
C. 电流表的示数为 1.0 A
D. 变压器传输的电功率为 15.0 W

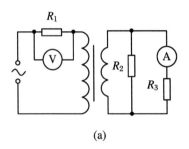
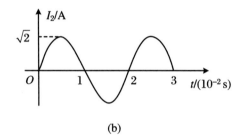

(a)　　　　　　　　　　(b)

图 5.3.21

3. (2020年浙江卷)如图5.3.22所示,某小型水电站发电机的输出功率为 $P = 100\ \text{kW}$,发电机的电压为 $U_1 = 250\ \text{V}$,经变压器升压后向远处输电,输电线总电阻为 $R_{线} = 8\ \Omega$,在用户端用降压变压器把电压降为 $U_4 = 220\ \text{V}$。已知输电线上损失的功率为 $P_{线} = 5\ \text{kW}$,假设两个变压器均是理想变压器,下列说法中正确的是 ( )

A. 发电机输出的电流为 $I_1 = 40\ \text{A}$
B. 输电线上的电流为 $I_{线} = 625\ \text{A}$
C. 降压变压器的匝数比为 $n_3 : n_4 = 190 : 11$
D. 用户得到的电流为 $I_4 = 455\ \text{A}$

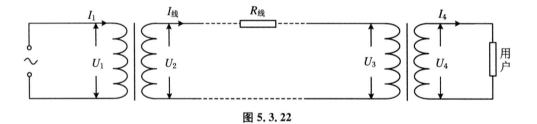

图 5.3.22

4. (2014年全国卷Ⅱ)如图5.3.23所示,一理想变压器原、副线圈的匝数分别为 n_1、n_2。原线圈通过一理想电流表接正弦交流电源,一个二极管和阻值为 R 的负载电阻串联后接到副线圈的两端。假设该二极管的正向电阻为零,反向电阻为无穷大。用交流电压表测得 a、b 端和 c、d 端的电压分别为 U_{ab} 和 U_{cd},则 ( )

A. $U_{ab} : U_{cd} = n_1 : n_2$
B. 增大负载电阻的阻值 R,电流表的读数变小
C. 负载电阻的阻值越小,c、d 间的电压 U_{cd} 越大

D. 将二极管短路,电流表的读数加倍

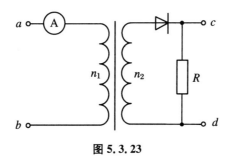

图 5.3.23

5. 如图 5.3.24(a)所示的电路中,A_1、A_2、A_3 为相同的电流表,C 为电容器,电阻 R_1、R_2、R_3 的阻值相同,线圈 L 的电阻不计。在某段时间内理想变压器原线圈内磁场的变化如图(b)所示,则在 $t_1 \sim t_2$ 时间内 ( )

A. 电流表 A_1 的示数比 A_2 的小
B. 电流表 A_2 的示数比 A_3 的小
C. 电流表 A_1 和 A_2 的示数相同
D. 电流表的示数都不为零

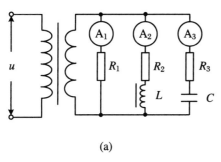
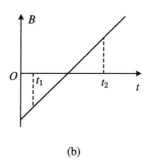

(a)　　　　　　　　　(b)

图 5.3.24

6. 在变电站里,经常要用交流电表去监测电网上的强电流,所用的器材称为电流互感器。如下所示的四个图中,能正确反映其工作原理的是 ( )

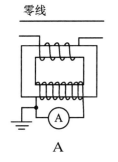
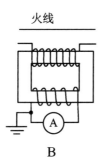
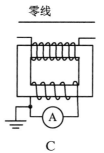
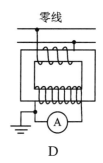

A　　　　　　　　B　　　　　　　　C　　　　　　　　D

7. (2011年浙江卷)如图 5.3.25 所示,在铁芯上下分别绕有匝数 $n_1 = 800$ 和 $n_2 = 200$ 的两个线圈,上线圈两端与 $u = 51\sin 314t$ V 的交流电源相连,将下线圈两端接交流电压表,则交流电压表的读数可能是 ( )

A. 2.0 V　　　　B. 9.0 V　　　　C. 12.7 V　　　　D. 144.0 V

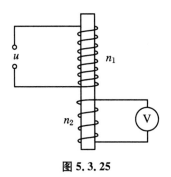

图 5.3.25

8.(2012 年朝阳二模)如图 5.3.26 所示,在一自耦变压器(可看作理想变压器)输入端 A、B 间加一正弦式交流电压,在输出端 C、D 间接灯泡和滑动变阻器。转动滑片 P 可以改变副线圈的匝数,移动滑片 Q 可以改变接入电路电阻的阻值,则 ( )

A. 只将 P 顺时针转动,灯泡变亮

B. 只将 P 逆时针转动,灯泡变亮

C. 只将 Q 向上移动,灯泡变亮

D. 只将 Q 向下移动,灯泡变亮

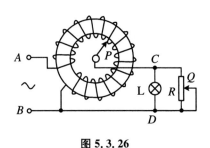

图 5.3.26

9.(2021 年湖南高考)如图 5.3.27 所示,理想变压器原、副线圈匝数比为 $n_1 : n_2$,将输入端 C、D 接入电压有效值恒定的交变电源,灯泡 L_1、L_2 的阻值始终与定值电阻 R_0 的阻值相同。在滑动变阻器 R 的滑片从 a 端滑到 b 端的过程中,两个灯泡始终发光且工作在额定电压以内,下列说法中正确的是 ( )

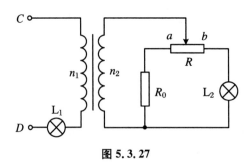

图 5.3.27

A. L_1 先变暗后变亮,L_2 一直变亮

B. L_1 先变亮后变暗,L_2 一直变亮

C. L_1 先变暗后变亮,L_2 先变亮后变暗

D. L_1 先变亮后变暗,L_2 先变亮后变暗

10. 如图 5.3.28 所示,理想变压器初级线圈和两个次级线圈的匝数分别为 $n_1=1760$, $n_2=288$,$n_3=8000$,电源电压为 $U_1=220\,\text{V}$。线圈 n_2 上连接的灯泡的实际功率为 36 W,测得初级线圈的电流为 $I_1=0.3\,\text{A}$,求通过线圈 n_3 上连接的负载 R 的电流 I_3。

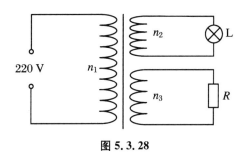

图 5.3.28

提 高 练 习

11. 在图 5.3.29 所示的整流电路中,当原线圈中输入交流电压后,副线圈 aO 和 Ob 段的交流电压的有效值都是 U,则 ( )

A. D_1、D_2 的最大反向电压是 $\sqrt{2}U$

B. D_1、D_2 的最大反向电压是 $2\sqrt{2}U$

C. R 两端的最大电压是 $\sqrt{2}U$

D. 有一只二极管 D_1 或 D_2 断路时,就成了半波整流

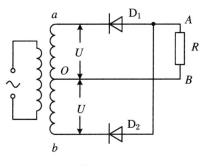

图 5.3.29

12. 把图 5.3.30(a)所示电路中的 A、B 端连接示波器,观察到的波形如图(b)所示;将 a、b 端连接示波器,观察到的波形如图(c)所示,则可能是因为 ( )

A. D_1 断路　　　B. D_2 断路　　　C. D_3 断路　　　D. D_1 和 D_3 短路

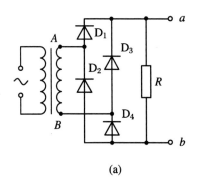
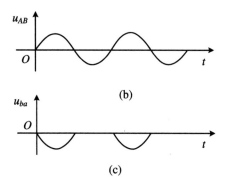

图 5.3.30

13. (1991年第8届全国中学生物理竞赛预赛)在图 5.3.31 所示的有铁芯的变压器中，原线圈匝数为副线圈的 2 倍。原线圈的电阻为 R_1，副线圈的电阻为 R_2，电源的电动势为 $E = E_0 \sin \omega t$，电源的内阻可忽略。设磁感线都集中在铁芯内，并且铁芯不损耗电能。当副线圈开路时，用 i_1 表示原线圈中的电流，u_2 表示副线圈两端的电压。

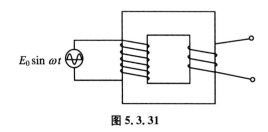

图 5.3.31

(1) 对于电流 i_1，下列选项中正确的是 （　）

A. $i_1 = 0$ 　　　　　　　　B. $i_1 = \dfrac{E_0}{R_1} \sin \omega t$

C. $i_1 = \dfrac{1}{4} \dfrac{E_0}{R_2} \sin \omega t$ 　　　D. i_1 的值无法根据题目所给的数据确定

(2) 对于电压 u_2，下列选项中正确的是 （　）

A. $u_2 = 0$ 　　　　　　　　B. $u_2 = \dfrac{1}{2} E_0 \sin \omega t$

C. $u_2 = \dfrac{1}{2}(E_0 \sin \omega t - i_1 R_1)$ 　　D. u_2 的值无法根据题目所给的数据确定

14. 无线电电路中常见的场景如图 5.3.32 所示，输入信号的电动势为 $E = 6$ V，内阻为 $r = 100\ \Omega$，扬声器的电阻 R 只有 $8\ \Omega$，若直接将扬声器接到信号后方，其输出的功率会非常低，此时我们就可以利用变压器来对负载阻抗和信号源内阻进行匹配。

(1) 计算直接将扬声器接在信号源上时的输出功率 P_1。

(2) 若利用原、副线圈匝数比为 $N_1 : N_2 = 3 : 1$ 的理想变压器来进行耦合输出：

① 在输入等效电路中看，扬声器的反射等效电阻 $R_\text{等}$ 为多大？根据 $R_\text{等}$ 计算此时的输出功率 P_2。

② 在输出等效电路中看,等效信号源的等效电动势 $E_{等}$ 和内阻 $r_{等}$ 分别是多大?根据 $E_{等}$ 和 $r_{等}$ 计算此时的输出功率 P_2。

15. 利用旋转矢量法分析图 5.3.33 所示的电路,并指出这是高通滤波电路还是低通滤波电路?

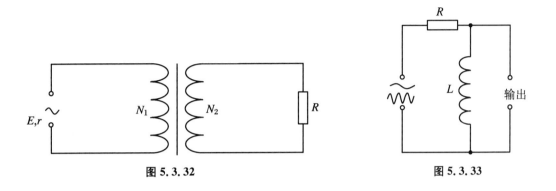

图 5.3.32　　　　　　　　　　　　　图 5.3.33

《参考答案》

1. A。
2. AD。
3. C。
4. BD。
5. C。
6. A。
7. A。

提示　若是理想变压器,则副线圈的电压应为 9 V,但本题中的装置不是理想变压器,穿过下线圈的磁通量较少。

8. B。
9. A。

提示　易知滑片从 a 端滑到 b 端的过程中,副线圈输出对应负载的并联总电阻 $R_{并}$ 先增大后减小(滑片滑到 R 的中点时有最大值)。为了方便研究,在输入等效电路中进行观察,将变压器和 $R_{并}$ 一起看作等效负载 $R_{等}$,则 $R_{等} = \dfrac{n_1^2}{n_2^2} R$ 也会先增大后减小,因此流过 L_1 的电流 I_1 先减小后增大,故 L_1 先变暗后变亮(滑片滑到 R 的中点时最暗)。

接下来分析 L_2 的亮度变化:滑片滑到 R 的中点之前,I_1 变小,L_1 两端电压减小,则 U_1 增大,对应副线圈两端的 U_2 也变大,同时 L_2 与 R 右侧电阻一起进行分压的比例也变大,所以 L_2 两端电压一定在变大,故 L_2 在滑片滑到 R 的中点之前会一直变亮;当滑片滑过 R 的中点之后,I_1 变大,则对应流过副线圈的电流 I_2 也随之变大,同时 R_0 所在支路电阻变大,L_2

所在支路电阻变小,故 L_2 所在支路分到 I_2 的比例也在增大,所以流过 L_2 的电流一定变大。综上所述,L_2 一直在变亮。

10. $I_3 = 0.03$ A。

提示 由于两个次级线圈都在工作,不能用 $I \propto 1/n$,而应该用 $P_1 = P_2 + P_3$ 和 $U \propto n$。由 $U \propto n$ 可求得 $U_2 = 36$ V,$U_3 = 1000$ V;由 $U_1 I_1 = U_2 I_2 + U_3 I_3$ 和 $I_2 = 1$ A 可得 $I_3 = 0.03$ A。

11. BCD。

提示 D_1 和 D_2 总是有一个处于正向导通状态,同时另一个处于反向截止状态,所以 D_1 或 D_2 的最大反向电压就是 a、b 间电压的最大值,即 $U_m = \sqrt{2} U_{ab} = 2\sqrt{2} U$。而 R 两端的电压总是等于 a、O 或 O、b 间的电压,所以 C 正确。如果有一只二极管断路,则半周期导通,半周期截止,即半波整流。这时工作的二极管承受的最大反向电压为 $\sqrt{2} U$。

综上所述,本题应选 B、C、D。

12. BC。

提示 本题中的电路为桥式整流电路,电流有两条通路:$U_{AB} > 0$ 时,电流方向为 A-D_1-R-D_4-B;$U_{AB} < 0$ 时,电流方向为 B-D_3-R-D_2-A。由图 5.3.30(c) 可知,在 $U_{AB} > 0$ 阶段电流可以正常流过 R,在 $U_{AB} < 0$ 阶段没有电流流过 R,所以 D_1 和 D_4 必须是完好的,而 D_3 和 D_2 中至少有一个断路。所以本题应选 B、C。

13. (1) D;(2) CD。

提示 (1) 注意到题中并没有说原、副线圈的自感系数足够大,因此该变压器并不是理想变压器,所以空载电流 $i_1 \neq 0$,但题中并没有给出原线圈的自感系数 L_1,故无法求得 i_1 的具体数值。

(2) 由于该变压器无磁漏、无铁损,类似理想变压器的电压变比关系成立,但 i_1 的数值无法求得,所以选项 C、D 正确。

14. (1) $P_1 = \left(\dfrac{E}{r+R}\right)^2 R = 25$ mW。

(2) ① $R_\text{等} = \dfrac{N_1^2}{N_2^2} R = 72$ Ω,$P_2 = \left(\dfrac{E}{r+R_\text{等}}\right)^2 R_\text{等} = 88$ mW;② $E_\text{等} = \dfrac{N_2}{N_1} E = 2$ V,$r_\text{等} = \dfrac{N_2^2}{N_1^2} r = \dfrac{100}{9}$ Ω,$P_2 = \left(\dfrac{E_\text{等}}{r_\text{等}+R}\right)^2 R = 88$ mW。

提示 直接利用例题中的等效电阻、等效电动势和等效内阻观点即可得到答案。可以看到,通过变压器将原负载变为等效负载,可以改变电源的输出功率。

15. 高通滤波电路。

提示 画出图 5.3.33 中 L 和 C 的电压与电路中电流的矢量关系,如图 5.3.34 所示,其中 $\dot{U}_R$ 与 $\dot{I}$ 同相位,而 $\dot{U}_L$ 的相位比 $\dot{I}$ 超前了 $\pi/2$,且满足

$$U_R = IR, \quad U_L = I\omega L$$

于是

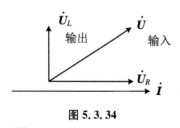

图 5.3.34

$$U = \sqrt{U_R^2 + U_L^2} = I\sqrt{R^2 + \omega^2 L^2}$$

输出信号 U_3 即 L 两端的电压,故有

$$U_3 = U_L = I\omega L = \frac{\omega L U}{\sqrt{R^2 + \omega^2 L^2}}$$

可以看出,U_3 是 ω 的增函数,因此高频信号比低频信号更容易输出,这是一个高通滤波电路。

5.4 电 磁 波

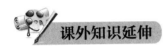

1. 位移电流

(1) 修正之后的磁场安培环路定理

图 5.4.1 所示为一个正在充电的电容器,在空间中取一个回路 L(图中实线部分),以 L 为边界取两个曲面Ⅰ和Ⅱ,其中曲面Ⅰ通过导线而不通过电容器内部,曲面Ⅱ通过电容器内部而不通过导线。对于曲面Ⅰ,如果应用磁场的安培环路定理,可得

$$\oint_L \boldsymbol{B} \cdot \mathrm{d}\boldsymbol{l} = \mu_0 \iint_S \boldsymbol{j} \cdot \mathrm{d}\boldsymbol{S}$$

而曲面Ⅱ中并没有电流通过,如果应用磁场的安培环路定理,可得

$$\oint_L \boldsymbol{B} \cdot \mathrm{d}\boldsymbol{l} = 0$$

为了解决上述矛盾,麦克斯韦提出了"位移电流"的假设。通过仔细观察可以发现,曲面Ⅱ上虽然没有传导电流穿过,但由于此时电容器正在充电,就会使得周围空间的电场强度随时间有所变化,因此我们猜想空间中变化的电场也可以影响到磁场的环路积分。

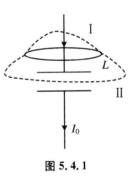

图 5.4.1

将曲面Ⅰ和Ⅱ围成的封闭曲面记为 S,我们可以对其写出电场的高斯定理:

$$\oiint_S \boldsymbol{E} \cdot \mathrm{d}\boldsymbol{S} = \iiint \frac{\rho \mathrm{d}V}{\varepsilon_0}$$

将上式对时间求偏导:

$$\frac{\partial}{\partial t}\oiint_S \boldsymbol{E} \cdot \mathrm{d}\boldsymbol{S} = \frac{\partial}{\partial t}\iiint \frac{\rho \mathrm{d}V}{\varepsilon_0} = \frac{\partial q}{\varepsilon_0 \partial t} = -\oiint_S \frac{\boldsymbol{j} \cdot \mathrm{d}\boldsymbol{S}}{\varepsilon_0}$$

整理可得

$$\oiint_S \left(\varepsilon_0 \frac{\partial \boldsymbol{E}}{\partial t} + \boldsymbol{j}\right) \cdot \mathrm{d}\boldsymbol{S} = 0$$

麦克斯韦将 $\oiint_S \varepsilon_0 \frac{\partial \boldsymbol{E}}{\partial t} \cdot \mathrm{d}\boldsymbol{S}$ 称为位移电流,而 $\varepsilon_0 \frac{\partial \boldsymbol{E}}{\partial t}$ 就对应地称为位移电流密度。他猜想磁场的环路积分中除了传导电流的贡献,还应该包含位移电流的贡献,即

$$\oint \boldsymbol{B} \cdot \mathrm{d}\boldsymbol{l} = \iint \mu_0 \left(\varepsilon_0 \frac{\partial \boldsymbol{E}}{\partial t} + \boldsymbol{j}\right) \cdot \mathrm{d}\boldsymbol{S} = \mu_0 I_0 + \mu_0 \varepsilon_0 \iint \frac{\partial \boldsymbol{E}}{\partial t} \cdot \mathrm{d}\boldsymbol{S}$$

这是修正之后的磁场的安培环路定理,其中 $\iint \frac{\partial \boldsymbol{E}}{\partial t} \cdot \mathrm{d}\boldsymbol{S}$ 也可以写成 $\frac{\partial \Psi}{\partial t}$,即通过对应曲面的电通量随时间的变化率,$I_0 + \varepsilon_0 \iint \frac{\partial \boldsymbol{E}}{\partial t} \cdot \mathrm{d}\boldsymbol{S}$ 称为全电流,全电流包含了传导电流和位移电流。

之前磁场的安培环路定理只考虑了传导电流对磁场环路积分贡献,因此是修正之后的安培环路定理在稳恒电流情况下的表现形式而已。同时,修正之后的安培环路定理还告诉我们一个重要信息:随时间变化的电场可以在周围的空间中激发出磁场。

(2)位移电流和传导电流的等价性

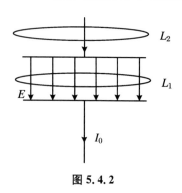

图 5.4.2

接下来看一个比较特殊的例子帮助我们理解修正之后的安培环路定理。如图 5.4.2 所示,某一瞬间平行板电容器正在被竖直向下、大小为 I_0 的长直电流充电。设电容器极板为圆形,半径为 r,假设 r 非常大,于是可以认为板间分布着匀强电场 E,而板外电场强度则忽略不计。取两个回路 L_1 和 L_2(图中实线),两个回路的形状都与极板的边缘完全一致,并且回路圆心与极板中心都在同一条直线上,回路 L_1 位于两板之间,回路 L_2 位于极板上方距离极板很远的位置。

如果认为回路 L_2 上的磁场完全是由传导电流产生的,则根据安培环路定理,有

$$2\pi r B_2 = \mu_0 I$$

可得

$$B_2 = \frac{\mu_0 I}{2\pi r}$$

对于回路 L_1,则可以认为其上的磁场完全是由极板间变化的电场激发的,有

$$2\pi r B_1 = \mu_0 \varepsilon_0 \frac{\partial E}{\partial t} \cdot \pi r^2$$

再将平行板电容器的电场强度公式 $E = \frac{q}{\varepsilon_0 \pi r^2}$ 代入上式,可得

$$B_1 = \frac{\mu_0}{2\pi r} \frac{\partial q}{\partial t} = \frac{\mu_0 I}{2\pi r}$$

可见,$B_1 = B_2$,周围的空间似乎完全感觉不到电流在电容器的极板间中断了,极板间随时间变化的电场似乎弥补了那段"缺失的"电流。看来,在激发磁场这件事上,位移电流和传导电流的确是等价的。

2. 真空中的麦克斯韦方程组

在真空中，没有传导电流，没有自由电荷，也没有电介质和磁介质。我们将之前学过的电磁场的高斯定理和安培环路定理应用于真空中，得到

$$\oiint \boldsymbol{E} \cdot \mathrm{d}\boldsymbol{S} = 0 \quad ①$$

$$\oint \boldsymbol{E} \cdot \mathrm{d}\boldsymbol{l} = -\iint \frac{\partial \boldsymbol{B}}{\partial t} \cdot \mathrm{d}\boldsymbol{S} \quad ②$$

$$\oiint \boldsymbol{B} \cdot \mathrm{d}\boldsymbol{S} = 0 \quad ③$$

$$\oint \boldsymbol{B} \cdot \mathrm{d}\boldsymbol{l} = \mu_0 \varepsilon_0 \iint \frac{\partial \boldsymbol{E}}{\partial t} \cdot \mathrm{d}\boldsymbol{S} \quad ④$$

上面的①~④式组成了真空中的麦克斯韦方程组，这4个方程分别描述了电场和磁场的包络面积分和回路积分与哪些因素有关，它们是解决真空中电磁学问题的基本规律。其中②式说明空间中变化的磁场可以激发出电场，而④式说明变化的电场也可以激发出磁场。

3. 电磁波

如果磁场（或电场）随时间正弦式变化，就可以激发出电磁波向周围的空间传播。下面我们以平面简谐波的情况为例进行讨论。

如图 5.4.3 所示，设平面电磁波沿 z 方向传播，则与 z 方向垂直的面都是等相位面，再假设振幅在等相位面上也都相等，即 E 与 B 都只是 z 和时间 t 的函数，则

$$\frac{\partial E_x}{\partial x} = \frac{\partial E_y}{\partial x} = \frac{\partial E_z}{\partial x} = \frac{\partial E_x}{\partial y} = \frac{\partial E_y}{\partial y} = \frac{\partial E_z}{\partial y} = 0$$

$$\frac{\partial B_x}{\partial x} = \frac{\partial B_y}{\partial x} = \frac{\partial B_z}{\partial x} = \frac{\partial B_x}{\partial y} = \frac{\partial B_y}{\partial y} = \frac{\partial B_z}{\partial y} = 0$$

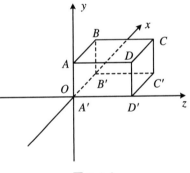

图 5.4.3

研究图 5.4.3 中小体积元 $ABCD$-$A'B'C'D'$（三个方向长度分别为 $\mathrm{d}x$、$\mathrm{d}y$ 和 $\mathrm{d}z$）。因为 E 与 x、y 均无关，所以 E 在小体积元的上下前后 4 个表面的通量之和一定为零，而①式要求整个小体积元的表面电通量之和都是零，所以通过左右两个表面的 E_z 必须一样，即 $\frac{\partial E_z}{\partial z} = 0$。同理，由③式可得 $\frac{\partial B_z}{\partial z} = 0$。

对回路 $AA'B'BA$ 使用②式：

$$\frac{\partial E_y}{\partial x}\mathrm{d}x\mathrm{d}y - \frac{\partial E_x}{\partial y}\mathrm{d}x\mathrm{d}y = -\frac{\partial B_z}{\partial t}\mathrm{d}x\mathrm{d}y = 0 \Rightarrow \frac{\partial B_z}{\partial t} = 0$$

对回路 $AA'B'BA$ 使用④式：

$$\frac{\partial B_y}{\partial x}\mathrm{d}x\mathrm{d}y - \frac{\partial B_x}{\partial y}\mathrm{d}x\mathrm{d}y = \mu_0\varepsilon_0\frac{\partial E_z}{\partial t}\mathrm{d}x\mathrm{d}y = 0 \Rightarrow \frac{\partial E_z}{\partial t} = 0$$

由此可知，E_z 和 B_z 是与时间和空间都无关的常量，也就是说即使 E_z 和 B_z 不为零，它们也只是一个外加的恒定场，并不属于"电磁波"的范畴，因此为了方便，我们不妨设 $E_z = B_z = 0$，

这说明电磁波是横波。在得知电磁波是横波的情况下,为了进一步简化问题,我们可以设电场全部都在 x 方向,即 $E_y = 0$。

对回路 $AA'D'DA$ 使用②式,因为 $E_z = E_y = 0$,所以电场强度 $\boldsymbol{E}$ 在 4 条边上的线积分都是 0,故 $\dfrac{\partial B_x}{\partial t} = 0$。

再对回路 $ABCDA$ 使用④式,因为 $B_z = 0, E_y = 0$,所以 $\dfrac{\partial B_x}{\partial z}\mathrm{d}x\mathrm{d}z = 0$,即 $\dfrac{\partial B_x}{\partial z} = 0$。

综上所述,B_x 也是与时间和空间都无关的常量,若只考虑电磁波对应的场,则必然有 $B_x = 0$。

这样,我们就得到了以下结论:电磁波的电场强度 $\boldsymbol{E}$ 和磁感应强度 $\boldsymbol{B}$ 互相垂直,且都垂直于其传播方向,即在图 5.4.3 中只有 E_x 和 B_y 分量不为零,且 E_x 和 B_y 在相同的 z 坐标处是等相位的。

再对回路 $ABCDA$ 使用②式:

$$\frac{\partial E_x}{\partial z}\mathrm{d}x\mathrm{d}z = -\frac{\partial B_y}{\partial t}\mathrm{d}x\mathrm{d}z \Rightarrow \frac{\partial E_x}{\partial z} = -\frac{\partial B_y}{\partial t} \qquad ⑤$$

再对回路 $AA'D'DA$ 使用④式:

$$\frac{\partial B_y}{\partial z}\mathrm{d}y\mathrm{d}z = -\mu_0\varepsilon_0\frac{\partial E_x}{\partial t}\mathrm{d}y\mathrm{d}z \Rightarrow \frac{\partial B_y}{\partial z} = -\mu_0\varepsilon_0\frac{\partial E_x}{\partial t} \qquad ⑥$$

将⑤式对 z 求偏导,将⑥式对 t 求偏导,对比结果,可得

$$\frac{\partial^2 E_x}{\partial z^2} = -\frac{\partial B_y}{\partial z\partial t} = \mu_0\varepsilon_0\frac{\partial^2 E_x}{\partial t^2} \qquad ⑦$$

关于 E_x 的偏微分方程⑦式又称波动方程,其解具有波的形式,不妨设

$$E_x = E_0\cos(\omega t - kz)$$

代入⑦式,得

$$-k^2 E_x = -\omega^2\mu_0\varepsilon_0 E_x \Rightarrow c = \frac{\omega}{k} = \frac{1}{\sqrt{\mu_0\varepsilon_0}} \qquad ⑧$$

式中 c 是真空中电磁波的波速,将实验测得的 $\varepsilon_0 = 8.9\times10^{12}\ \mathrm{C^2/(N\cdot m^2)}$ 和人为规定的 $\mu_0 = 4\pi\times10^{-7}\ \mathrm{N/A^2}$ 代入⑧式,可以算出 $c = 3\times10^8\ \mathrm{m/s}$。当年麦克斯韦发现这个结果和已经在实验中测得的光速非常接近,于是他就大胆地预言:光的本质就是一种电磁波,光在真空中传播的速度就是 c。

4. 真空中电磁波的一些性质

与机械波一样,电磁波也具有很多波的共同性质,我们通常定义电场强度的最大值为电磁波的振幅。对于平面简谐波,我们可以用 $E_x = E_0\cos(\omega t - kz + \varphi)$ 来描述,而该电磁波中的磁场与电场保持垂直,且做着与电场相位完全一样的振动传播,即 $B_y = B_0\cos(\omega t - kz + \varphi)$,其中 B_0 为 B 的振幅。这里可以类比机械波中的质点,无论是横波还是纵波,任一体积元的形变量(类比 E_x)和速度(类比 B_y)随时间变化的相位也是完全一致的。

电磁波的传播方向是 $\boldsymbol{E}\times\boldsymbol{B}$ 的方向。将 E_x 和 B_y 的表达式代入 $\dfrac{\partial E_x}{\partial z} = -\dfrac{\partial B_y}{\partial t}$,可得

$$kE_0\sin(\omega t - kz + \varphi) = \omega B_0\sin(\omega t - kz + \varphi) \Rightarrow E_0 = \frac{\omega}{k}B_0 \Rightarrow E = cB \quad \text{①}$$

所以,电场强度的大小始终等于磁感应强度的大小乘 c。

图 5.4.4 展示了一个沿 z 方向传播的电磁波的电场和磁场关系,图中实线代表某时刻 **E** 的波形,虚线则代表该时刻 **B** 的波形,可以看到 **E** 和 **B** 的相位相同,且 $\bm{E}\times\bm{B}$ 的方向为 z 方向。现在在垂直于波的传播方向上取一个面积为 A 的截面,我们来计算一下一个周期内有多少能量通过该面积。首先我们需要利用真空中的电场和磁场的能量密度公式 $\omega_e = \frac{1}{2}\varepsilon_0 E^2$,$\omega_m = \frac{B^2}{2\mu_0}$,而在研究电磁波时,我们可以将电磁波的性质 $E = cB$ 和 $c = \frac{1}{\sqrt{\mu_0\varepsilon_0}}$ 代入磁场的能量密度公式:

$$\omega_m = \frac{B^2}{2\mu_0} = \frac{\varepsilon_0 c^2 B^2}{2} = \frac{1}{2}\varepsilon_0 E^2 = \omega_e \quad \text{②}$$

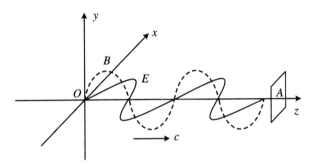

图 5.4.4

所以电磁波中空间同一位置的电场能量密度 ω_e 和磁场能量密度 ω_m 是相等的,这一点也可以类比机械波,无论是横波还是纵波,任一体积元的势能和动能总是相等的。利用②式,我们可以写出空间中一个波长范围内截面积为 A 的体积内的总电磁能,这也就是一个周期内流过 A 的能量:

$$W = \int_z^{z+\lambda}(\omega_e + \omega_m)A\,\mathrm{d}z = \int_z^{z+\lambda}(\varepsilon_0 E^2)A\,\mathrm{d}z$$
$$= \int_z^{z+\lambda}\varepsilon_0[E_0\cos(\omega t - kz + \varphi)]^2 A\,\mathrm{d}z = \frac{\pi\varepsilon_0 E_0^2}{k}A$$

所以,真空中的电磁波在单位时间内通过与其传播方向垂直的单位面积的能量(又称能流密度)大小为

$$\overline{S} = \frac{W}{TA} = \frac{\pi\varepsilon_0 E_0^2}{kT} = \frac{\varepsilon_0 c E_0^2}{2} = \frac{1}{2}\sqrt{\frac{\varepsilon_0}{\mu_0}}E_0^2 \quad \text{③}$$

能流密度 $\overline{\bm{S}}$ 是个矢量,其大小如③式所示,其方向就是波传播的方向,即 $\bm{E}\times\bm{B}$ 的方向。

既然电磁波会在空间中传递能量,那么就一定会在空间中传递动量,理论上可以证明,能量为 E 的电磁波在空间中携带的动量大小为 E/c,所以这部分电磁波还可以对被辐射的物体产生压力,这就是光压。关于光压的具体计算参看例题 2。

5. 介质中的麦克斯韦方程和电磁波

只考虑各项同性且均匀的介质,可以有以下关系:
$$\boldsymbol{D} = \varepsilon_r \varepsilon_0 \boldsymbol{E} = \varepsilon \boldsymbol{E}, \quad \boldsymbol{B} = \mu_r \mu_0 \boldsymbol{H} = \mu \boldsymbol{H}$$

理论可以证明,在介质中,用 ρ_0 表示自由电荷密度,j_0 表示传导电流密度,麦克斯韦方程组可以写成

$$\begin{cases} \oiint \boldsymbol{D} \cdot \mathrm{d}\boldsymbol{S} = \iiint \rho_0 \mathrm{d}V & \text{①} \\ \oint \boldsymbol{D} \cdot \mathrm{d}\boldsymbol{l} = -\varepsilon\mu \iint \dfrac{\partial \boldsymbol{H}}{\partial t} \cdot \mathrm{d}\boldsymbol{S} & \text{②} \\ \oiint \boldsymbol{H} \cdot \mathrm{d}\boldsymbol{S} = 0 & \text{③} \\ \oint \boldsymbol{H} \cdot \mathrm{d}\boldsymbol{l} = \iint \left(\boldsymbol{j}_0 + \dfrac{\partial \boldsymbol{D}}{\partial t}\right) \cdot \mathrm{d}\boldsymbol{S} & \text{④} \end{cases}$$

在远离介质边界的自由空间中,$\rho_0 = 0$,$j_0 = 0$,以上 4 式简化为

$$\begin{cases} \oiint \boldsymbol{D} \cdot \mathrm{d}\boldsymbol{S} = 0 \\ \oint \boldsymbol{D} \cdot \mathrm{d}\boldsymbol{l} = -\varepsilon\mu \iint \dfrac{\partial \boldsymbol{H}}{\partial t} \cdot \mathrm{d}\boldsymbol{S} \\ \oiint \boldsymbol{H} \cdot \mathrm{d}\boldsymbol{S} = 0 \\ \oint \boldsymbol{H} \cdot \mathrm{d}\boldsymbol{l} = \iint \dfrac{\partial \boldsymbol{D}}{\partial t} \cdot \mathrm{d}\boldsymbol{S} \end{cases}$$

利用知识点 3 中推导真空中电磁波的方法可以得出介质中的电磁波波速

$$v = \frac{1}{\sqrt{\mu\varepsilon}} = \frac{c}{\sqrt{\mu_r \varepsilon_r}} \qquad \text{⑤}$$

可见,介质中的波速小于真空中的波速,而 $n = \dfrac{c}{v} = \sqrt{\mu_r \varepsilon_r}$ 就是材料的折射率。而对于非铁磁介质而言,$\mu_r \approx 1$,则 $n = \sqrt{\varepsilon_r}$,这个结论对很多介质都很适合。但也有一些物质(比如水),由于其分子的极性变化很难跟上高频电磁波(比如可见光)的频率变化,所以 ε_r 便失去了意义,而其折射率就会严重偏离 $\sqrt{\mu_r \varepsilon_r}$。

在介质中,电磁波的能流密度可以写成

$$\overline{S} = \frac{1}{2}\sqrt{\frac{\varepsilon}{\mu}} E_0^2$$

6. LCR 电路与电磁波的发射

图 5.4.5 所示为 LCR 电路,电容器上极板带电量记为 q,q 的变化是一种阻尼振荡的形式,振动角频率为

$$\omega = \sqrt{\frac{1}{LC} - \frac{R^2}{4L^2}} \approx \sqrt{\frac{1}{LC}}$$

振动周期约为

$$T = 2\pi\sqrt{LC}$$

可见，上述电路中有周期性变化的电磁场，所以只要不断给它补充振荡的能量，它就可以充当一个电磁波的发射源。

实际上，为了更有效地向外发射电磁波，我们还需要让电路尽量开放，即让电场和磁场尽量延伸到 C 和 L 之外的空间；同时，理论证明电磁波向外辐射的功率与频率的 4 次方成正比，所以为了增大发射功率，就需要尽量减小 L 和 C。

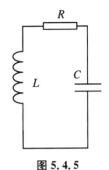

图 5.4.5

综合考虑，为了更好地发射电磁波，我们需要将 L 的匝数做到最少，并且要让 C 的两个极板正对面积尽量小、距离远，这样一来，最理想的 LCR 电路就是一根长长的棍子，而且棍子端点还要做得尽量尖锐，这就不难理解为什么广播电视塔的天线要做得那么高了。

 核心问题讨论

1. 如何理解位移电流激发的磁场？

位移电流的概念完善了磁场的安培环路定理，将其使用范围扩展到了非稳恒电流的情况。对磁场做环路积分时，以某一个积分回路为边界，可以构造无穷多个曲面，通过这些曲面的传导电流和位移电流可能各不相同，但通过这些曲面的全电流（传导电流 + 位移电流）必须是一样的。明白这点才能真正理解麦克斯韦方程组中的第 4 个方程。

例题 1 如图 5.4.6 所示，在一根半无穷长直导线的右端点连接一个很小的导体球 O，导线上有从左向右的电流 I。假设导线的半径远小于导体球的半径，这样就可以认为每一瞬间所有的净剩余电荷几乎都均匀地积累在导体球表面。在导体球外右斜向上有一点 P，P 到导体球心的距离为 R，OP 与电流方向夹角为 θ。

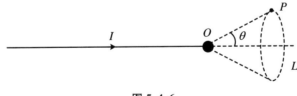

图 5.4.6

（1）请根据毕奥-萨伐尔定律 $d\boldsymbol{B} = \dfrac{\mu_0 I}{4\pi r^3} d\boldsymbol{l}' \times \boldsymbol{r}$，通过积分求得 P 点的磁感应强度 B 的大小。

（2）因为磁场在空间的分布有明显的轴对称性，所以取 P 绕电流所在直线旋转一周形成的回路 L，再利用麦克斯韦方程组中关于磁场的环路积分式

$$\oint \boldsymbol{B} \cdot d\boldsymbol{l} = \iint \mu_0 \left(\varepsilon_0 \frac{\partial \boldsymbol{E}}{\partial t} + \boldsymbol{j} \right) \cdot d\boldsymbol{S}$$

就可以比较方便地求得 P 点的磁感应强度 B。但以回路 L 为边界的曲面可以任意选取，请

根据以下几种曲面的取法,分别求解 B 的大小:

① 回路 L 围成的圆面(曲面 a);

② 与导线相交但未和导体球相交的曲面 b;

③ 以 OP 为母线、电流所在直线为对称轴的圆锥侧面 c。

分析 传导电流和变化的电场都是产生磁场的原因,毕奥-萨伐尔定律中只有传导电流,没有包含位移电流;但麦克斯韦方程组中关于磁场的环路积分则需要同时考虑传导电流和位移电流的影响。因此,尤其要注意观察回路 L 对应的不同曲面上各对应了多少传导电流和位移电流。

解 (1) 为了方便计算,建立图 5.4.7 所示的 x 轴,坐标原点在回路 L 的圆心处,以水平向左为正方向,坐标 x 处和 P 点的连线与 x 轴所夹锐角记为 φ,则有

$$r = \frac{R\sin\theta}{\sin\varphi}, \quad x = \frac{R\sin\theta}{\tan\varphi}$$

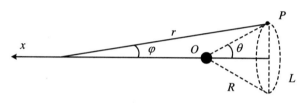

图 5.4.7

可得

$$dx = -\frac{R\sin\theta}{\sin^2\varphi}d\varphi$$

注意到导线上任意一段电流元对应的 dl' 与电流元到 P 点的位矢 r 的叉乘结果 $dl' \times r$ 都沿同一个方向,只需要将每一小段电流元对 P 点的磁场贡献直接相加即可。于是有

$$B = \int_\infty^{R\cos\theta} \frac{\mu_0 I r \sin\varphi}{4\pi r^3}(-dx) = \int_0^\theta \frac{\mu_0 I \sin\varphi}{4\pi \left(\frac{R\sin\theta}{\sin\varphi}\right)^2}\left(\frac{R\sin\theta}{\sin^2\varphi}\right)d\varphi$$

$$= \int_0^\theta \frac{\mu_0 I \sin\varphi}{4\pi R\sin\theta}d\varphi = \frac{\mu_0 I(1-\cos\theta)}{4\pi R\sin\theta} \qquad ①$$

(2) 根据对称性,可知回路 L 上 B 的大小处处相等,且方向都沿 L 的切向方向,所以有

$$\oint_L \boldsymbol{B} \cdot d\boldsymbol{l} = 2\pi R B \sin\theta \qquad ②$$

下面利用 L 对应的不同曲面来求解 B。

① 先计算当导体球带电量为 q 时通过曲面 a 的电通量 Ψ_a:

$$\Psi_a = \frac{\int_0^\theta 2\pi R^2 \sin\alpha \, d\alpha}{4\pi R^2} \frac{q}{\varepsilon_0} = \frac{q}{2\varepsilon_0}(1-\cos\theta)$$

再考虑到回路所围成的圆面中没有传导电流穿过,但是存在位移电流,有

$$\oint_L \boldsymbol{B} \cdot \mathrm{d}\boldsymbol{l} = 2\pi RB \sin\theta = \mu_0\varepsilon_0 \frac{\partial \Psi_a}{\partial t} = \mu_0(1-\cos\theta)\frac{\partial q}{2\partial t} = \mu_0(1-\cos\theta)\frac{I}{2}$$

解得

$$B = \frac{\mu_0 I(1-\cos\theta)}{4\pi R\sin\theta}$$

这与第 1 问求得的结果一致。

② 穿过曲面 b 的既有传导电流也有位移电流,定义向右穿过曲面 b 为通量的正方向,则传导电流 I 取正,而电场的通量 Ψ_b 取负。因为曲面 a 和曲面 b 正好构成了一个包含导体球的闭合曲面,所以有

$$\Psi_a + |\Psi_b| = \frac{q}{\varepsilon_0}$$

可得

$$\Psi_b = -\left(\frac{q}{\varepsilon_0} - \Psi_a\right) = -\frac{q}{2\varepsilon_0}(1+\cos\theta)$$

对曲面 b 写出磁场回路积分

$$\oint_L \boldsymbol{B} \cdot \mathrm{d}\boldsymbol{l} = 2\pi RB\sin\theta = \mu_0 I + \mu_0\varepsilon_0 \frac{\partial \Psi_b}{\partial t} = \mu_0 I - \mu_0(1+\cos\theta)\frac{\partial q}{2\partial t}$$
$$= \mu_0(1-\cos\theta)\frac{I}{2}$$

解得

$$B = \frac{\mu_0 I(1-\cos\theta)}{4\pi R\sin\theta}$$

结果也与第 1 问求得的结果是一致的。

③ 圆锥面 c 的每一条母线都正好有一条电场线与之重合,所以并没有一条电场线能够穿过该曲面,即其电通量 $\Psi_c = 0$,故通过曲面 c 的位移电流为零。下面我们再来看一下传导电流,注意到曲面 c 右侧所夹的导体球表面电荷 q_c 在不断增加,一定会有传导电流经过曲面 c,根据几何关系

$$q_c = \frac{\int_0^\theta 2\pi R^2 \sin\alpha \mathrm{d}\alpha}{4\pi R^2}q = \frac{q}{2}(1-\cos\theta)$$

对曲面 c 写出磁场回路积分

$$\oint_L \boldsymbol{B} \cdot \mathrm{d}\boldsymbol{l} = 2\pi RB\sin\theta = \mu_0 \frac{\partial q_c}{\partial t} = \mu_0(1-\cos\theta)\frac{I}{2}$$

解得

$$B = \frac{\mu_0 I(1-\cos\theta)}{4\pi R\sin\theta}$$

结果和使用之前的方法算出来的完全一样。

点拨 除了会正确地使用毕奥-萨伐尔定律和磁场的环路积分来计算磁场,我们还需要注意以下事实:安培环路定理最早是由毕奥-萨伐尔定律在稳恒电流的情况下推演出来的,

麦克斯韦为了将其推广到变化的电流而引入了"位移电流"的概念,从而得到了正确的磁场环路积分表达式,同时揭示了产生磁场的两个原因——电流和变化的电场。而在此题的(1)问中,利用毕奥-萨伐尔定律计算 P 点磁场时并没有考虑空间中变化的电场对 P 点磁场的贡献,这是因为本题中的电场是球对称的,这种变化的电场不会产生磁场,如果将导线的右端换成一块平板,就无法只依靠毕奥-萨伐尔定律算出空间的磁场了。

2. 如何理解平面电磁波的相关性质?

电磁波传播过程中电场和磁场总是保持同相位,也可以理解为一个电波与一个和它垂直的磁波在空间中同步传播,电磁波会传递能量和动量,传播的速率会受到介质的影响,但在没有介质的空间电磁波也能传播。要想理解电磁波的诸多性质,除了要理解电场和磁场的定量关系,还需要掌握波的相关知识。

例题 2 在图 5.4.8 所示的空间中,有一列沿 z 方向传播的平面电磁波,且已知在 $z=0$ 处的磁感应强度随时间的变化规律为

$$\boldsymbol{B}(0) = (B_1\boldsymbol{e}_x + B_2\boldsymbol{e}_y)\sin(\omega t + \varphi)$$

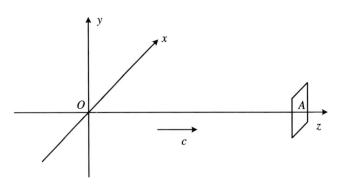

图 5.4.8

在 $z=L$ 处有一个垂直于 z 轴、面积为 A 的平板,可以将照到其表面的电磁波完全吸收。已知光速大小为 c,电磁波每携带能量 E 就会对应携带大小为 E/c 的动量。

(1) 写出电磁波中磁感应强度 $\boldsymbol{B}(z,t)$ 的表达式。
(2) 写出电磁波中电场强度 $\boldsymbol{E}(z,t)$ 的表达式。
(3) 写出电磁波的能量密度 $\omega_0(z,t)$ 的表达式。
(4) 求出平板吸收电磁波能量的功率 P 的表达式。
(5) 求出电磁波对平板的压力 F 的表达式。
(6) 如果平板可以将电磁波完全反射,求其受到电磁波的作用力 F' 的表达式。
(7) 如果在平板和坐标原点之前插入一块与平板平行的、厚度为 D、相对介电常数为 ε_r 的透明介质板,求相对于该介质板插入之前,电磁波从坐标原点传到平板产生的相位差变化的大小。

分析 利用电场、磁场和电磁波的传播方向之间的关系就可以确定电场方向,利用波的相关知识可以写出任意时刻电场和磁场在空间的分布,能量密度和功率就可以进一步求得。

需要注意的是，求光压时需要从力的定义出发，即力等于动量的变化率。而电磁波在介质中传播时，波速会减小，因此传播时间会变长，但波的频率在介质中没有变化，可以由此求出介质对传播相位的影响。

解 （1）因为波是沿 z 正方向传播的，所以有

$$\boldsymbol{B}(z,t) = \boldsymbol{B}\left(0, t - \frac{z}{c}\right) = (B_1\boldsymbol{e}_x + B_2\boldsymbol{e}_y)\sin\left(\omega\left(t - \frac{z}{c}\right) + \varphi\right) \quad ①$$

利用波数 $k = \dfrac{\omega}{c}$，还可以将上式写成

$$\boldsymbol{B}(z,t) = (B_1\boldsymbol{e}_x + B_2\boldsymbol{e}_y)\sin(\omega t - kz + \varphi)$$

（2）考虑到 $\boldsymbol{E}\times\boldsymbol{B}$ 的方向就是电磁波的传播方向，且电磁波的电场和磁场在大小上满足关系 $E = cB$，如果将波速写成矢量形式 $\boldsymbol{c} = c\boldsymbol{e}_z$，则有 $\boldsymbol{E} = \boldsymbol{B}\times\boldsymbol{c}$，再将①式代入，可得

$$\boldsymbol{E} = (B_1\boldsymbol{e}_x + B_2\boldsymbol{e}_y)\times(c\boldsymbol{e}_z)\sin\left(\omega t - \frac{\omega}{c}z + \varphi\right)$$

根据单位向量之间的叉乘关系，上式可以写为

$$\boldsymbol{E} = c(B_2\boldsymbol{e}_x - B_1\boldsymbol{e}_y)\sin\left(\omega t - \frac{\omega}{c}z + \varphi\right) \quad ②$$

（3）根据电磁波的性质，可知在任一位置电场的能量密度与磁场的能量密度大小相等，即 $\omega_\mathrm{m} = \omega_\mathrm{e} = \dfrac{B^2}{2\mu_0}$，所以 $\omega_0 = \omega_\mathrm{m} + \omega_\mathrm{e} = 2\omega_\mathrm{m} = \dfrac{B^2}{\mu_0}$，再将①式代入，可得

$$\omega_0 = \frac{B^2}{\mu_0} = \frac{1}{\mu_0}(B_1\boldsymbol{e}_x + B_2\boldsymbol{e}_y)\cdot(B_1\boldsymbol{e}_x + B_2\boldsymbol{e}_y)\sin^2\left(\omega t - \frac{\omega}{c}z + \varphi\right)$$

根据单位向量之间的点乘关系，上式可以写为

$$\omega_0 = \frac{1}{\mu_0}(B_1^2 + B_2^2)\sin^2\left(\omega t - \frac{\omega}{c}z + \varphi\right) \quad ③$$

（4）设 E_0 为电场强度的振幅，B_0 为磁感应强度的振幅，因为板完全吸收了所有能量，所以利用能流密度公式即可求得板吸收能量功率的表达式，即

$$P = \overline{S}A = \frac{1}{2}A\sqrt{\frac{\varepsilon_0}{\mu_0}}E_0^2 = \frac{1}{2}A\sqrt{\frac{\varepsilon_0}{\mu_0}}c^2B_0^2 = \frac{1}{2}A\frac{c}{\mu_0}(B_1^2 + B_2^2) \quad ④$$

（5）根据电磁波理论，沿某方向传播的平面电磁波每携带能量 E 就会对应携带大小为 E/c 的动量，于是有

$$F = \frac{P\Delta t}{c\Delta t} = \frac{P}{c} = \frac{A}{2\mu_0}(B_1^2 + B_2^2) \quad ⑤$$

由④式和⑤式还可以进一步写出平板受到的压强

$$p = \frac{F}{A} = \frac{\overline{S}}{c} = \frac{B_1^2 + B_2^2}{2\mu_0}$$

（6）如果电磁波被完全反射，则平板与电磁波之间的动量交换率是（5）问的2倍，所以

$$F' = 2F = \frac{A}{\mu_0}(B_1^2 + B_2^2)$$

对应地，平板受到的电磁波压强也会翻倍，即

$$p' = 2p = 2\frac{\overline{S}}{c} = \frac{B_1^2 + B_2^2}{\mu_0}$$

（7）电磁波在介质中的波速为 $v = \dfrac{c}{\sqrt{\varepsilon_r}}$，所以经过介质使得电磁波到达平板的时间延长了 δt，有

$$\delta t = \frac{D}{v} - \frac{D}{c} = \frac{D}{c}(\sqrt{\varepsilon_r} - 1)$$

所以，相对于没有介质时，电磁波从原点传到平板的相位会延迟

$$\delta\varphi = \omega\delta t = \omega\frac{D}{c}(\sqrt{\varepsilon_r} - 1)$$

点拨 电磁波满足所有波的性质，如同在机械波中我们会关注质元的速度（动能）和应变（势能）的关系，在电磁波中我们会关注 E 和 B 的关系，需要熟记 $E = cB$，以及 E、B 和波速的方向关系。机械波中质元的运动规律满足牛顿定律，因此机械波的传播需要介质；而电磁波的电磁场变化规律满足麦克斯韦方程组，因此电磁波的传播可以不需要介质。至于电磁波为什么会携带沿传播方向的动量，很难直观地看出来，这里给出一个可帮助读者定性理解的实例：假设空间中有个自由电子，在电场的加速下沿电场方向振动，而沿电场方向的速度在磁场的作用下将获得沿电磁波传播方向的洛伦兹力，这样电磁波就可以给电子一个沿传播方向的动量，而这个动量一定来自电磁波本身所携带的动量。

3. 如何处理 LC 振荡电路？

在 LC 振荡电路中，虽然涉及很多物理量的变化，但这些物理量基本上都可以归为两类——电和磁，只要分清楚了这些物理量的归属，就不难判断其变化规律。至于电场和磁场的变化规律，可以通过基尔霍夫定律列出微分方程再结合初始条件求解。

例题 3 图 5.4.9 所示为 LC 电路，电路中的直流电阻为零，$t = 0$ 时刻流过电感 L 的电流向上，大小为 I_0，电容器 C 的上极板带有 q_0 的正电荷，讨论下列问题：

（1）定性分析并判断 $t = 0$ 瞬间以下物理量是增大还是减小：电容器上极板带电量 q、极板间电场强度 E、线圈内磁感应强度 B、电流强度 I、通过 L 的磁通量 Φ、磁通量的变化率 $d\Phi/dt$。

（2）利用基尔霍夫定律写出 q 关于时间的微分方程，并结合初始条件求解 q 的表达式。

（3）求解该电路向外辐射的电磁波在真空中的波长。

（4）分析并判断该电路产生的电磁波在空间中的传播方向。

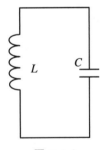

图 5.4.9

分析 定性判断物理量变化时，首先应该关注电场和磁场的变化，然后再去讨论别的物理量是与电场有关还是与磁场有关。LC 电路的解一定是正弦形式的，利用初始条件可以确定其初相位和振幅。

解 （1）由 $t = 0$ 时刻上极板的电性和电流方向可以判定电容器正在被充电，所以 q 一定在增大，则与 q 成正比的 E 也必然在增大。因为电路中的能量是在电场能和磁场能之间

不断转化的,而该瞬间电场能在增大,所以磁场能一定在减小,故 B 在减小,且与 B 成正比的 I 和 Φ 也一定在减小。$\mathrm{d}\Phi/\mathrm{d}t$ 正比于 L 两端的感应电动势,该电动势必须等于电容器两端电压,也就正比于 E,故 $\mathrm{d}\Phi/\mathrm{d}t$ 也在增大。

(2) 规定顺时针为电流正方向,由基尔霍夫环路定律可知任一瞬间有

$$L\frac{\mathrm{d}I}{\mathrm{d}t} + \frac{q}{C} = 0, \quad I = \frac{\mathrm{d}q}{\mathrm{d}t}$$

整理可得

$$\frac{\mathrm{d}^2 q}{\mathrm{d}t^2} + \frac{q}{LC} = 0 \qquad ①$$

这就是关于 q 的微分方程,其解应具有正弦函数的形式,可设

$$q = A\sin\left(\frac{1}{\sqrt{LC}}t + \varphi\right)$$

将初始条件代入①式,在 $t=0$ 时,有

$$q_0 = A\sin\varphi \qquad ②$$

$$I_0 = \left.\frac{\mathrm{d}q}{\mathrm{d}t}\right|_{t=0} = \frac{1}{\sqrt{LC}}A\cos\varphi \qquad ③$$

由②式和③式可得

$$A = \sqrt{I_0^2 LC + q_0^2}, \quad \tan\varphi = \frac{q_0}{I_0\sqrt{LC}}$$

进而得出

$$q = \sqrt{I_0^2 LC + q_0^2}\sin\left(\frac{1}{\sqrt{LC}}t + \arctan\frac{q_0}{I_0\sqrt{LC}}\right) \qquad ④$$

(3) 由④式可知该 LC 振荡电路的周期为 $T = 2\pi\sqrt{LC}$。注意,LCR 电路的周期只是近似等于该结果,而 LC 电路的周期严格等于 $2\pi\sqrt{LC}$。再根据波的传播规律,可求得对应电磁波的波长为

$$\lambda = cT = 2\pi c\sqrt{LC}$$

(4) 电磁波的传播方向一定与电场和磁场都垂直,图 5.4.9 中电容器之间的电场和螺线管内的磁场都是竖直方向的,因此它们激发出来的电磁波主要沿水平方向向四周传播。所有的广播电视塔的天线也都是竖直方向的,目的就是让电磁波可以向四周传播,如果天线设计为水平方向的,则大部分信号就无法传到远处的接收者了。

点拨 写 LC 电路的微分方程时,一定要先规定电流和电量的正方向,如果规定的正方向不同,方程的形式就会不同,但最终方程的解都一样。需要说明的是,④式代表的结果是无阻尼情况下的解,然而实际情况中,即使电路中没有电阻,也会因向外辐射电磁波而带走电路的能量,从而振荡的振幅迅速衰减。所以,无论什么样的发射电路,都需要持续的能量补充。

基 础 练 习

1. 在真空中任意一点,电磁波的电能密度 ω_e 和磁能密度 ω_m 的比为 （ ）

A. $1:1$ B. $\sqrt{\varepsilon_0}:\sqrt{\mu_0}$ C. $\varepsilon_0:\mu_0$ D. $1:\sqrt{\varepsilon_0\mu_0}$

2. 关于位移电流和传导电流的共同点,下列说法中正确的是 （ ）

A. 都源于电荷的定向运动   B. 都可以让电阻元件产生焦耳热
C. 都可以在周围的空间激发出磁场   D. 一定都有变化的电场

3. 类比是一种有效的学习方法,归类和比较有助于掌握新知识,提高学习效率。在类比过程中,既要找出共同之处,又要抓住不同之处。某同学对机械波和电磁波进行类比,总结出下列内容,其中不正确的是 （ ）

A. 机械波的频率、波长和波速三者满足的关系对电磁波也适用
B. 机械波和电磁波都能产生干涉和衍射现象
C. 机械波的传播依赖于介质,而电磁波可以在真空中传播
D. 机械波既有横波又有纵波,而电磁波只有纵波

4. 对处于图 5.4.10 所示时刻的 LC 振荡电路,下列说法中正确的是 （ ）

A. 电容器正在放电,电场能正转变成磁场能
B. 电容器正在充电,电场能正转变成磁场能
C. 电容器正在放电,磁场能正转变成电场能
D. 电容器正在充电,磁场能正转变成电场能

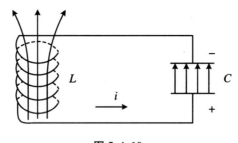

图 5.4.10

5. (2012年浙江卷)为了测量储罐中不导电液体的高度,将与储罐外壳绝缘的两块平行金属板所构成的电容器 C 置于储罐中,电容器可通过开关 S 与线圈 L 或电源相连,如图 5.4.11 所示。当开关从 a 拨到 b 时,由 L 与 C 构成的回路中产生周期为 $T=2\pi\sqrt{LC}$ 的振荡电流。当罐中的液面上升时 （ ）

A. 电容器的电容减小   B. 电容器的电容增大

C. LC 回路的振荡频率减小　　　　　D. LC 回路的振荡频率增大

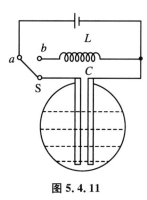

图 5.4.11

6. 如图 5.4.12 所示,电源的电动势为 $E=1.5\,\text{V}$,电阻为 $R=3\,\Omega$,线圈自感系数为 $L=0.1\,\text{H}$,直流电阻为零,电容器的电容为 $C=40\,\mu\text{F}$,闭合开关,待电路达到稳定后再断开开关。以断开开关为 $t=0$ 时刻,不考虑电路中能量的衰减,则下列说法中正确的是　（　　）

A. $t=0$ 时刻电容器上极板电势高

B. $t=3\pi\times10^{-3}\,\text{s}$ 时刻,电容器上极板带正电,且带电量达最大值

C. $t=\pi\times10^{-2}\,\text{s}$ 时刻,通过 L 的电流为零

D. 电容器两端最大电压可达 25 V

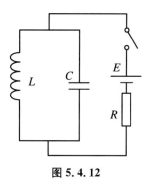

图 5.4.12

7. (2011 年海淀一模)近年来,随着移动电话的普遍使用,无线电台站(基站)的分布越来越密集,电磁辐射污染的话题越来越受到人们的关注。其实电磁辐射并不可怕,只要被控制在可以接受的标准水平,对人体健康就不会有危害。我国制定的基站辐射标准规定对人体电磁辐射强度(单位时间内垂直通过单位面积的电磁辐射能量)不得超过 $0.40\,\text{W/m}^2$。若某基站电磁辐射功率为 40 W,以下数据是人体到基站最小安全距离的估算,其中正确的是（　　）

A. 1.0 m　　　　B. 10 m　　　　C. 1.0×10^2 m　　　　D. 1.0×10^3 m

8. (2016 年朝阳一模)今年是爱因斯坦发表广义相对论 100 周年。引力波是爱因斯坦在广义相对论中预言的,即任何物体加速运动时给宇宙时空带来的扰动,可以把它想象成水面上物体运动时产生的水波。引力波在空间传播的方式与电磁波类似,以光速传播,携带有

一定的能量,并有两个独立的偏振态。

引力波探测是难度较大的尖端技术之一,因为只有质量非常大的天体加速运动时才会产生较容易探测的引力波。2016年2月11日,美国激光干涉引力波天文台宣布探测到了引力波,该引力波是距离地球13亿光年之外的两个黑洞合并时产生的。探测装置受引力波影响,激光干涉条纹发生相应的变化,从而间接探测到引力波。下列说法中正确的是 (　　)

A. 引力波是横波

B. 引力波是电磁波

C. 只有质量非常大的天体加速运动时才能产生引力波

D. 爱因斯坦因预言引力波的存在而获得诺贝尔物理学奖

9.(2016年丰台二模)麦克斯韦的电磁场理论指出:变化的电场产生磁场,变化的磁场产生电场。电场和磁场在空间的交替传播就形成了电磁波。从1888年赫兹用实验证实了电磁波的存在至今,电磁波已经与我们的生活紧密相关:机场安检门使用频率为7 kHz的电磁波;GPS定位系统使用频率为10.23 MHz(1 MHz = 10^6 Hz)的电磁波;手机工作时使用频率为800~1900 MHz的电磁波;WiFi使用频率为2.4 GHz(1 GHz = 10^9 Hz)的电磁波;地铁行李安检使用频率为10^{18} Hz的电磁波。根据图5.4.13中给出的电磁波谱和相关信息,下列说法中正确的是 (　　)

A. 手机工作时使用的电磁波是纵波

B. 机场安检门使用的电磁波只能在空气中传播

C. 地铁行李安检使用电磁波是利用了电磁波的穿透本领

D. WiFi使用的电磁波比GPS定位系统使用的电磁波更容易发生衍射现象

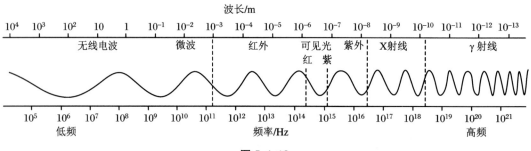

图 5.4.13

10.(2018年北京卷)观测宇宙中辐射电磁波的天体,距离越远,单位面积接收的电磁波功率越小,观测越困难。为了收集足够强的来自天体的电磁波,增大望远镜口径是提高天文观测能力的一条重要途径。2016年9月25日,世界上最大的单口径球面射电望远镜FAST在我国贵州落成启用,被誉为"中国天眼"。FAST直径为500 m,有效提高了人类观测宇宙的精度和范围。

(1)设直径为100 m的望远镜能够接收到的来自某天体的电磁波功率为P_1,计算FAST能够接收到的来自该天体的电磁波功率P_2。

(2)在宇宙大尺度上,天体的空间分布是均匀的。仅以辐射功率为P的同类天体为观测对象,设直径为 100 m 望远镜能够观测到的此类天体数目是 N_0,计算 FAST 能够观测到的此类天体数目 N。

提 高 练 习

11. (2018 年清华领军)电磁波传播中,正确的是 (　　)
A. 电场和磁场同相位振动且垂直于传播方向
B. 都采用国际单位的情况下电场强度的数值比磁感应强度的数值大很多
C. 一般情况下,电磁波受电场作用比受磁场作用效果更明显
D. 电磁波中电场的能量密度比磁场大很多

12. 一平板电容器两极板都是半径为 r 的圆金属片,充电时,极板间电场强度的变化率为 $\dfrac{dE}{dt}$。

(1) 两极板间的位移电流强度为 (　　)

A. $\dfrac{r^2}{4\varepsilon_0}\dfrac{dE}{dt}$ 　　　B. $2\pi\varepsilon_0 r\dfrac{dE}{dt}$ 　　　C. $\varepsilon_0\dfrac{dE}{dt}$ 　　　D. $\pi\varepsilon_0 r^2\dfrac{dE}{dt}$

(2) 极板边缘的磁感应强度 B 的大小为 (　　)

A. $\dfrac{\mu_0\varepsilon_0 r^2}{4\pi}\dfrac{dE}{dt}$ 　　　B. $\dfrac{\varepsilon_0 r}{\mu_0}\dfrac{dE}{dt}$ 　　　C. $\dfrac{\mu_0\varepsilon_0 r}{2}\dfrac{dE}{dt}$ 　　　D. $\dfrac{\mu_0 r}{4\varepsilon_0}\dfrac{dE}{dt}$

13. (2021 年清华领军)将电导率为 σ、相对介电常数为 ε_r 的介质填充到半径为 R、间距为 h 的平行板电容器中,在电容器两极板间加电压 $U=\beta t$,则在电容器中距离中轴线 r 处的电场强度与磁感应强度分别为 (　　)

A. $E=\dfrac{\beta t}{h}, B=\dfrac{\mu_0 r\beta\sigma t}{2h}$ 　　　B. $E=\dfrac{\beta t}{h}, B=\dfrac{\mu_0 r\beta(\sigma t+\varepsilon_0\varepsilon_r)}{2h}$

C. $E=\dfrac{\beta t}{\varepsilon_r h}, B=\dfrac{\mu_0 r\beta\sigma t}{2h}$ 　　　D. $E=\dfrac{\beta t}{\varepsilon_r h}, B=\dfrac{\mu_0 r\beta(\sigma t+\varepsilon_0\varepsilon_r)}{2h}$

14. 如图 5.4.14 所示,已知电路中两个电容器的电容 C_1、C_2,线圈电感 L(不计电阻且自感系数足够大),电源电动势 ε(不计电阻),电阻阻值 R。开始时将单刀双掷开关 S 拨向端点 2,达到平衡后,再拨向端点 3。求线圈中流经的电流最大值。

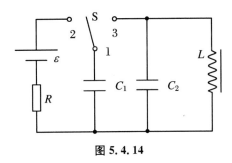

图 5.4.14

15. 地表某处接收到太阳光直射的功率密度约为 $S=1000$ W/m^2。

(1) 估算阳光中电场强度和磁感应强度的方均根值。

(2) 假设地球到太阳的距离增加一倍,阳光中的电场强度与磁感应强度会变为原来的几倍?

16. 如图 5.4.15 所示,相对介电常数为 ε_r 的无穷大介质中($\mu_r=1$)有一个带电导体球,正在均匀地向周围的空间漏电,其上的电量随时间的变化规律为 $q = q_0 e^{-\alpha t}$,其中 α、q_0 均为已知常量。在介质中取一个圆形回路 L,L 上的点到导体球心的距离均为 r,且 L 上的点与导体球心的连线和回路圆心与导体球心的连线夹角为 θ。求:

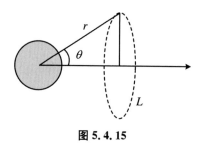

图 5.4.15

(1) t 时刻流过 L 所在圆面的传导电流 I_1;
(2) t 时刻通过 L 所在圆面的位移电流 I_2;
(3) 回路上的磁感应强度 B 的大小。

参考答案

1. A。
2. C。
3. D。
4. D。
5. BC。
6. BD。
7. B。
8. A。
9. C。
10. (1) $P_2 = \dfrac{500^2}{100^2} P_1 = 25 P_1$;(2) $N = \dfrac{L^3}{L_0^3} N_0 = 125 N_0$。

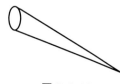

图 5.4.16

提示 在宇宙大尺度上,天体的空间分布是均匀的。因此,一个望远镜在某一方向能观测到的此类天体数目正比于以望远镜为底面、最远观测距离 L 为母线长的锥体体积,如图 5.4.16 所示。注意,该锥体顶角非常小。易知远处星体发出星光的强度反比于 L^2,而望远镜能接收到某方向星光的功率正比于望远镜的面积,即

正比于直径 d 的平方(故得(1)问结果)。若认为能被望远镜观测到的最低功率相同,则 d 增大到了 5 倍,L 也就增大到了 5 倍,所以锥体的体积增大到了原来的 125 倍。

以上结论对任意方向均成立,所以 $N = 125N_0$。

11. AB。

提示 电磁波电场的能量密度与磁场的能量密度相等,则

$$\frac{1}{2}\varepsilon_0 E^2 = \frac{1}{2\mu_0}B^2$$

得

$$E = \frac{1}{\sqrt{\mu_0 \varepsilon_0}} \cdot B = c \cdot B$$

所以 D 选项错误,B 选项正确。

12. (1) D;(2) C。

提示 (1) 位移电流为电位移矢量 $\boldsymbol{D}$ 的通量的变化率,则

$$I_{位移} = \varepsilon_0 \frac{\mathrm{d}\Psi}{\mathrm{d}t} = \varepsilon_0 \pi r^2 \frac{\mathrm{d}E}{\mathrm{d}t}$$

(2) 利用麦克斯韦方程组中关于磁场的回路积分:

$$2\pi r B = \mu_0 I_{位移} = \mu_0 \varepsilon_0 \pi r^2 \frac{\mathrm{d}E}{\mathrm{d}t} \Rightarrow B = \frac{\mu_0 \varepsilon_0 r}{2} \frac{\mathrm{d}E}{\mathrm{d}t}$$

13. B。

提示 电容器中电场强度 $E = \frac{U}{h} = \frac{\beta t}{h}$。相应的电流密度 $j = \sigma E$。磁场由两部分组成,分别由流过介质的传导电流 I 和位移电流 I' 产生。其中

$$I = j \cdot \pi r^2 = \frac{\sigma \beta t}{h} \cdot \pi r^2$$

$$I' = \pi r^2 \varepsilon_0 \varepsilon_r \frac{\mathrm{d}E}{\mathrm{d}t} = \frac{\varepsilon_0 \varepsilon_r \pi r^2 \beta}{h}$$

$I_{总} = I + I'$,由 $\mu_0 I_{总} = B \cdot 2\pi r$ 得

$$B = \frac{\mu_0 r \beta (\sigma t + \varepsilon_0 \varepsilon_r)}{2h}$$

14. $I_\mathrm{m} = \frac{Q_1}{\sqrt{LC_{12}}} = \frac{C_1 \varepsilon}{\sqrt{L(C_1 + C_2)}}$。

提示 将开关 S 拨至端点 2,达到平衡后,电容 C_1 被充电,电压达到 ε,带电量为 $Q_1 = C_1 \varepsilon$;将开关 S 拨至端点 3 时,C_1 开始放电。由于线圈有自感 L,有阻止电流通过的特性,因此 C_1 上的电荷以极短时间无阻碍地先给 C_2 充电,二者迅速到达相同的电压。然后 C_1、C_2 与 L 组成振荡回路,回路中电流从零增至最大值 I_m。此时电容不带电,振荡中满足电磁能守恒,有关系式

$$\frac{1}{2}LI_\mathrm{m}^2 = \frac{Q_1^2}{2C_{12}}$$

其中 C_{12} 为电容 C_1 和 C_2 的并联电容,有

$$C_{12} = C_1 + C_2$$

解得流经线圈的最大电流

$$I_m = \frac{Q_1}{\sqrt{LC_{12}}} = \frac{C_1\varepsilon}{\sqrt{L(C_1+C_2)}}$$

15. (1) $\sqrt{\overline{E^2}} = 614 \text{ N/C}$, $\sqrt{\overline{B^2}} = 2.05 \times 10^{-6}$ T;(2) 电场强度和磁感应强度均变为原来的 1/2。

提示 (1) 电场随时间正弦式变化,易知其方均根值 $\sqrt{\overline{E^2}}$ 是其振幅 E_0 的 $\frac{1}{\sqrt{2}}$,再根据电磁波的能流密度公式,有

$$S = \frac{1}{2}\sqrt{\frac{\varepsilon_0}{\mu_0}}E_0^2 = \frac{\overline{E^2}}{\sqrt{\frac{\mu_0}{\varepsilon_0}}}$$

将数值代入,可得常量 $\sqrt{\frac{\mu_0}{\varepsilon_0}} = 377 \,\Omega$,具有电阻的量纲,于是解得

$$\sqrt{\overline{E^2}} = \sqrt{377\,\Omega \times S} = 614 \text{ N/C}$$

磁感应强度的方均根值则为

$$\sqrt{\overline{B^2}} = \frac{\sqrt{\overline{E^2}}}{c} = 2.05 \times 10^{-6} \text{ T}$$

(2) 如果日地距离加倍,则阳光到达地球时太阳辐射的总能量将分布到表面积为原来 4 倍的球面上,所以 S 将变为原来的 1/4,故 E 和 B 都变为原来的 1/2。

16. (1) $I_1 = \frac{\alpha q_0 e^{-\alpha t}}{2}(1-\cos\theta)$;(2) $I_2 = \frac{-\alpha q_0 e^{-\alpha t}}{2}(1-\cos\theta)$;(3) $B = 0$。

提示 (1) 导体向周围空间放电产生向四周均匀扩散的传导电流,流过 L 所在圆面则按其到导体球心的立体角占全空间立体角 4π 的比例来分得传导电流,所以有

$$I_1 = \frac{\int_0^\theta 2\pi r^2 \sin\theta\, d\theta}{4\pi r^2}\left(-\frac{dq}{dt}\right) = \frac{\alpha q_0 e^{-\alpha t}}{2}(1-\cos\theta)$$

(2) 根据麦克斯韦方程组中电场的高斯定理,可求得 L 上对应的 D 的大小:

$$4\pi r^2 D = q = q_0 e^{-\alpha t} \Rightarrow D = \frac{q_0 e^{-\alpha t}}{4\pi r^2}$$

因为穿过 L 所在圆平面的 D 的通量等于以 r 为半径的球面上被 L 截取的右半部分球冠上的 D 的通量,所以

$$\Phi_D = \int_0^\theta 2\pi r^2 D\sin\theta\, d\theta = 2\pi r^2(1-\cos\theta)\frac{q_0 e^{-\alpha t}}{4\pi r^2} = \frac{q_0 e^{-\alpha t}}{2}(1-\cos\theta)$$

因此

$$I_2 = \frac{d\Phi_D}{dt} = \frac{-\alpha q_0 e^{-\alpha t}}{2}(1-\cos\theta)$$

(3) 因为 $I_1 + I_2 = 0$，所以穿过 L 回路所在圆面的全电流为零，故在 L 上有 $\oint_L \boldsymbol{B} \cdot \mathrm{d}\boldsymbol{l} = 0$。根据对称性可知 L 上每一小段的 $\boldsymbol{B} \cdot \mathrm{d}\boldsymbol{l}$ 都相等，所以 $\boldsymbol{B}$ 为零。说明：此问无须求全电流也可根据对称性得出，因为该系统具有球对称性，所以磁场的分布一定也是球对称的，即磁场只能是背离导体球心发散的或者指向导体球心汇聚的，且 $\boldsymbol{B}$ 的大小只能是到球心距离的函数，但 $\boldsymbol{B}$ 又必须是个无源场，因此空间中的 $\boldsymbol{B}$ 只能为零。

中国科学技术大学出版社中学物理用书

初中物理培优讲义(一阶、二阶)/郭军
初中物理导练拓/刘坤
初中物理易错题精析/刘坤
重点高中自主招生辅导:物理/邹家武
新编初中物理竞赛辅导/刘坤
聋校初中物理同步导读(八年级、九年级)/魏贤福
高中物理学(1—4)/沈克琦
高中物理学习题详解/黄鹏志　李弘　蔡子星
抽丝剥茧学物理竞赛(上、下册)/王震　王会会
加拿大物理奥林匹克(第2版)/黄晶　俞超　邱为钢
美国物理奥林匹克/黄晶　孙佳琪　矫健
俄罗斯物理奥林匹克/黄晶　俞超　申强
中学奥林匹克竞赛物理教程:力学篇(第2版)/程稼夫
中学奥林匹克竞赛物理教程力学篇习题详解/于强　朱华勇　张鹏飞　程稼夫
中学奥林匹克竞赛物理教程:电磁学篇(第2版)/程稼夫
中学奥林匹克竞赛物理讲座(第2版)/程稼夫
中学奥林匹克竞赛物理进阶选讲/程稼夫
奥林匹克物理/舒幼生
奥赛物理辅导教程:力学篇/舒幼生
高中物理奥林匹克竞赛标准教材(第2版)/郑永令
中学物理奥赛辅导:热学·光学·近代物理学(第2版)/崔宏滨
物理竞赛教练笔记/江四喜
物理竞赛专题精编/江四喜
物理竞赛解题方法漫谈/江四喜
奥林匹克物理一题一议/江四喜
奥林匹克物理一题一议(第二辑)/江四喜
中学奥林匹克竞赛物理实验讲座/江兴方　郭小建

国际物理奥林匹克竞赛理论试题与解析(第31—47届)/陈怡　杨军伟
亚洲物理奥林匹克竞赛理论试题与解析(第1—19届)/陈怡　杨军伟
全国中学生物理竞赛预赛试题分类精编/张元元
全国中学生物理竞赛复赛试题分类精编/张元元
全国中学生物理竞赛决赛试题分类精编/张元元
高中物理竞赛复赛模拟试题精选/唐鹏
物理学难题集萃(上、下册)/舒幼生　胡望雨　陈秉乾
大学物理先修课教材(3册)/鲁志祥　黄诗登　钟小平
强基计划校考物理模拟试题精选/方景贤　陈志坚
强基计划校考物理培训讲义/江四喜
高校强基计划物理教程(3册)/邓靖武　肖址敏
强基计划物理一本通:给高中物理加点难度(上、下册)/郑琦
高中物理重难点一本通:给高中物理夯实基础(6册)/郑琦
高中物理母题与衍生:力学篇(第2版)/董马云
高中物理母题与衍生:电磁学篇(第2版)/董马云
高中物理原理与方法(3册)/秦建云　肖址敏
物理解题理论/郑青岳　赵顺法　吴磊峰　蔡千斌
物理高考题典(5册)/尹雄杰　张晓顺
高中物理解题方法与技巧(第2版)/尹雄杰　王文涛
高中物理必修学习指导:概念·规律·方法(3册)/王溢然
物理高考题精编(3册)/王溢然
高考物理解题24法/王溢然
中学物理数学方法讲座/王溢然
高中物理经典名题精解精析/江四喜
高三物理总复习核心72讲(上、下册)/莫原　崔亚龙
高中物理一点一题型(第2版)/温应春
高中物理一诀一实验/温应春　闫寒　肖国勇
玩转高中物理模型/陈卫国
高中物理创新实验设计与课堂实践:电学篇/王竑
力学问题讨论/缪钟英　罗启蕙
电磁学问题讨论/缪钟英
中学生物理思维方法丛书(13册)/王溢然　束炳如